KB213497

세 계 관 과
변증법적 유물론

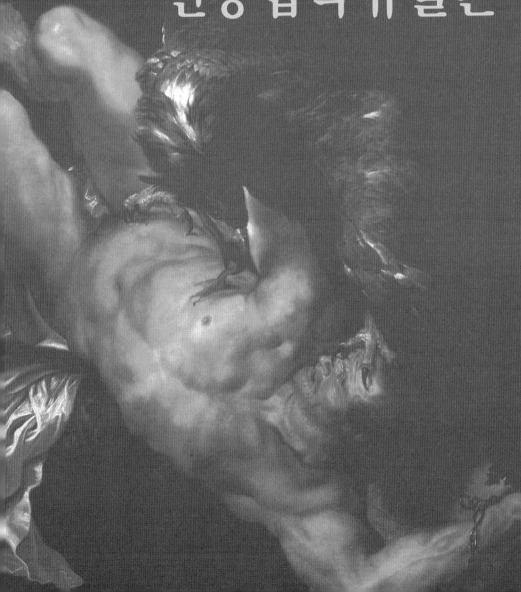

세계관과 변증법적 유물론

문영찬 지음

<차   례>

서 문

이 책은 노동사회과학연구소의 기관지인 ≪정세와 노동≫에 연재되었던 같은 제목의 '세계관과 변증법적 유물론'의 내용을 수정, 보완한 것이다. 이 글이 처음 연재되었을 당시는 박근혜 정권의 폭압이 위세를 떨치던 때였다. 2014년 말에 통합진보당에 대한 해산선고가 있었고 그 직후인 2015년 1월부터 연재를 시작했으니 말이다. 통합진보당에 대한 해산선고가 있었던 당시에 '얼음장 밑에도 물은 흐른다'라는 격언을 곱씹던 것이 떠오른다. 이후 철학연재는 2016년 말의 촛불시위를 지나 문재인 정권이 출범한 이후 마무리되었다. 필자로서는 박근혜 시기를 철학연재를 통해 견뎌낸 셈이다. 그리고 이 과정에서 함께 해주고 또 연재물을 실어주었던 노동사회과학연구소의 동지들께 감사를 드린다.

필자는 노동사회과학연구소에서 철학세미나를 맡고 있었다. 약 10여년 동안 맑스-레닌주의 철학을 세미나 형식을 통해 공부하고 토론했다. 그런데 필자가 세미나의 형식을 넘어서서 하나의 책으로 맑스-레닌주의 철학을 발간해야 하겠다고 결심한 것은 박근혜 정권이 들어서고 난 이후였다. 한국사회가 이명박, 박근혜를 거치며 후퇴하는 것을 목도하면서, 동시에 한국의 사회운동이 후퇴하는 것을 목도하면서 세계관의 문제가 해결되지 않으면 더 이상의 운동의 발전은 불가능하다는 판단이 들었던 것이다.

다행히 한국의 사회운동은 박근혜 정권에 맞서 반파쇼 민주주의 투쟁을 전개하였고 이러한 노력이 촛불시위와 맞물리면서 박근혜를 퇴진시키고 문재인 정권으로의 정권교체가 이루어졌다. 그런데 한국의 사회운동은 문재인 정권 들어서서 박근혜 때와는 또 다른 위기에 부딪히고 있는데 그것은 헤게모니의 위기이다. 문재인 정권의 '개혁'이 추진되면서 또 북-미 회담 등으로 한반도와 동아시아의 정세가 격동하면서 한국의 사회운동은

방향을 상실하고 있다. 그리하여 노동자계급과 민중들은 무기력
하게 문재인 정권의 헤게모니에 끌려가고 있다. 노동자계급이
이러한 상황에 놓인 것은 근본적으로 노동자계급이 하나의 독
자적 계급으로 서고 있지 못하기 때문이다. 그리고 노동자계급
이 독자적 계급으로 서지 못하는 이유 중 하나는 노동자계급이
자신의 세계관을 온전하게 갖고 있지 못하다는 것이다.

노동운동은 1997년 정리해고, 비정규직을 수용한 후 후퇴를 거
듭하여 몰락의 길을 걸어왔는데 지금은 조합주의에 의해 심각
하게 병든 상태이다. 노동운동이 이러한 상황에 몰린 일차적 원
인은 정규직과 비정규직으로 노동자계급을 분할하여 통치하려
는 자본가계급의 신자유주의 공세이다. 그러나 그러한 공세에
올바르게, 계급적으로 대처하지 못하고 조합주의의 수렁에 빠진
것은 쏘련 붕괴 후에 사회주의의 기치가 꺾이고 노동자계급의
세계관인 변증법적 유물론이 청산된 것과 깊은 연관이 있다. 그
리하여 자본과 노동의 대립을 극복하여 새로운 사회를 형성할
변혁적 주체로서 노동자계급이라는 관점이 사라지고 당장의 실
리를 위해 조합주의적으로 대응해 온 것이 20여 년의 세월이
다. 그 과정에서 전 민중을 이끌고 자본주의에 맞서 새로운 사
회, 무계급사회를 향해 싸워나간다는 노동자계급의 위상은 무너
져 내렸고 노동자계급의 헤게모니는 사라지게 되었다.

노동자계급이 하나의 독자적 계급으로 서기 위해서는 자신의
세계관을 갖는 것이 필요하다. 자신의 세계관을 갖는 것이 노동
자계급이 독자적 계급으로 서기 위한 필요충분조건은 아니지만
적어도 필요조건 중의 주요한 부분임은 분명하다. 노동자계급이
하나의 독자적 계급으로 서는 것은 궁극적으로 당건설을 요구
하는 문제이다. 당을 가질 때만, 사회주의의 기치를 펼럭이는
당을 가질 때만 노동자계급은 온전히 독자적 계급으로 설 수
있다. 노동자계급이 독자적 세계관을 갖는다는 것은 그러한 길

에 이르기 위한 중요한 디딤돌을 마련하는 것이다.

노동자계급의 세계관으로서 변증법적 유물론은 쏘련 붕괴 후에 부르주아 이데올로그들의 집요한 공격을 받으면서 청산되고 매장되었다. 쏘련 붕괴 후 밀려들었던 서유럽의 철학들, 예를 들면 푸코, 들뢰즈, 데리다, 하버마스, 지젝 등등의 철학들이 공통적으로 주장하는 것은 변증법에 대한 부정이다. 20세기에, 80년대 운동에서 혁명의 대수학으로 불렸던 변증법은 이러한 공격들에 의해 청산되고 매장되는 과정을 거쳤던 것이다. 그에 따라 노동자계급은 독자적 세계관을 상실하고 민주노동당 혹은 정의당 류의 개량주의에 빠지거나 아니면 노동운동 내의 부르주아 이데올로기를 의미하는 조합주의에 빠지게 되었던 것이다. 그리고 현실의 사회운동은 자본주의에 의해 배제되는 자들의 연합을 의미하는 '배제에 대한 저항'이라든지 혹은 환경, 여성, 성소수자, 인권 등의 다양한 영역들에서 저항의 연합으로 대체되었다. 이른바 신좌파적인 운동이 대세가 된 것이다. 유럽에서 68혁명 후에 배태되었던 신좌파 운동은 계급투쟁 노선의 청산을 핵심으로 하는데 그러면서도 내세우는 것은 자본주의의 억압에 맞서는 다양한 이질적인 세력의 연합을 모토로 한다는 것이다. 그리고 노동자계급은 이들 다양한 세력 중의 하나로 규정되게 되었다. 그 과정에서 저항은 하지만 전망은 없는 운동이 하나의 흐름으로 되었는데 이 과정은 실제로는 노동운동과 계급투쟁 노선의 해체 과정에 다름 아니었던 것이다.

따라서 이러한 신좌파적인 계급투쟁 노선의 청산에 대응하기 위해서는, 노동자계급이 하나의 독자적 계급으로 재정립되기 위해서는, 나아가 노동자계급의 헤게모니를 위한 노력이 필요하다. 그를 위해서 자본주의 사회에 존재하는 계급 중에서 특수한 계급으로서 노동자계급이라는 위상, 저항하는 세력 중 처음부터 끝까지 변혁적인 계급으로서 노동자계급이라는 위상, 계급사회

를 극복하고 사회주의 사회를 건설할 유일한 세력으로서 노동
자계급이라는 위상을 회복하는 노력이 필요하며 세계관을 위한
투쟁은 바로 그러한 노력의 첫걸음이다.

변증법적 유물론이 쏘련의 붕괴와 더불어 청산된 역사적 과정
은 뼈아픈 자기반성을 요구하는 것이다. 세계관으로서 변증법적
유물론이 청산된 것은 그것을 자신의 것으로 하는 운동에 대한
반성을 요구하는 것이다. 변증법의 3대 법칙을 의미하는 양·질
전화, 모순(대립물의 통일과 투쟁), 부정의 부정 등을 외우면 마
치 변증법과 변증법적 유물론을 이해하는 듯이 착각하던 것이
과거 운동의 풍조였던 것이다. 심지어 이진경은 유물론은 과학
이 아니라 '믿음'의 문제였다고 고백하기도 했다.

맑스와 엥겔스가 1840년대 운동을 시작하면서 우선적으로 역점
을 두었던 것은 세계관을 정립하는 문제였다. 맑스와 엥겔스는
변증법을 유물론적으로 적용하는 과정, 인간 사회에 대한 유물
론(역사적 유물론)을 정립하는 과정을 거쳐서 총체적인 세계관
으로서 변증법적 유물론이라는 세계관을 정립하였다. 이러한 세
계관은 맑스와 엥겔스 자신의 운동을 뒷받침하였을 뿐만 아니
라 노동자계급의 해방투쟁의 강력한 무기가 되었다.

한국 사회에서 노동자계급의 세계관으로서 변증법적 유물론을
다시 세워내는 것은 일차적으로 변증법적 유물론을 자신의 세
계관으로 하는 운동을 강화시키는 것을 필요로 한다. 그러나 이
러한 실천적 측면을 떠나 이론적 측면에서 보면 그것은 한편으
로 온갖 부르주아적, 소부르주아적 철학을 비판하는 과정을 필
요로 한다. 그리고 다른 한편으로 변증법적 유물론이 인류의 철
학 발전의 합법칙성의 결과로 탄생했다는 것을 논증하는 것을
필요로 한다. 철학의 발생에서부터 시작하여 유물론과 관념론의
투쟁의 역사를 거치며, 특히 칸트, 헤겔 등의 독일고전철학에서
인간의 인식에서 비약이 이루어지며 변증법이 완성되었다는 것,

그리고 변증법이 맑스와 엥겔스에 의해 유물론적으로 개작되고 인간 사회에 대한 유물론이 완성되면서 총체적인 세계관으로서 변증법적 유물론이 완성되었음을 논증할 필요가 있다.

변증법적 유물론은 한편으로 인류의 과학의 발전의 산물이다. 19세기 당시 과학의 비약적 발전과 그에 기초한 변증법적 자연관의 성립이 없었다면 맑스와 엥겔스가 변증법적 유물론을 정립하는 것은 불가능했을 것이다. 그런 점에서 변증법적 유물론은 과학발전의 산물이고 과학적 세계관이다. 그런데 변증법적 유물론의 정립에 있어서 가장 중요했던 것은, 즉 맑스와 엥겔스의 세계관의 정립에서 결정적이었던 것은 노동자계급이 역사의 전면에 등장했다는 사실이다. 1840년대의 차티스트 운동 등 노동자계급의 역사적, 정치적 진출은 맑스와 엥겔스로 하여금 인간사회에 대한 과학, 역사적 유물론의 정립에 매진하게 했다. 그리고 인간사회에 대한 과학이 정립됨에 따라 비로소 세계 전체, 즉 자연, 사회, 인간의 사고를 포함하는 세계 전체에 대한 세계관으로서 변증법적 유물론이 형성될 수 있었다.

세계관을 가진 계급 혹은 세력과 세계관을 갖지 못하는 계급 혹은 세력은 현실에서 하늘과 땅의 차이가 있다. 그리고 노동자계급은 자신의 세계관을 가질 때만 하나의 독자적 계급으로 서는 것이 가능해진다. 세계관은 끊임없이 변화, 발전하는 세계를 파악하게 해주는 하나의 나침반과 같은 것이다. 그리고 그러한 나침반의 도움을 빌어 세계에 대한 과학적 인식을 획득할 때 노동자계급의 운동은 비로소 진정한 의미의 해방운동으로 발전할 것이다.

1장, 세계관과 철학의 근본문제

1. 세계관이란 무엇인가

사람은 누구나 자신을 둘러싼 세계에 대해 인식한다. 그리고 자신의 활동 범위가 늘어나고 관계를 맺는 사회적 범위가 늘어남에 따라 세계에 대한 인식은 증대된다. 이러한 세계에 대한 인식이 양적으로 점차 확대되고 질적으로 심화되는 과정을 거치면서 사람은 자신의 삶에 대한 가치관과 이 세계에 대한 세계관을 형성하게 된다. 자신을 둘러싼 세계에 대한 인식이 체계화되고 총체성을 띠는 과정이 곧 세계관 형성의 과정이다.

그러나 사람마다 삶의 방식이 다르고 세계를 바라보는 눈이 상이하므로 세계관도 상이할 수밖에 없고 세계관이 무엇인가에 대한 규정 또한 상이할 수밖에 없다. 나아가 사회에서 차지하는 지위가 어떠한가에 따라, 사회적 존재와 계급적 존재에 따라 세계관은 판이하다. 또한 이 사회에서 많은 수의 사람들은 종교를 믿고 있는데 그들은 종교적 세계관을 갖고 있다. 이들은 '믿음'에 따라 자신의 삶을 살아간다. 그러나 또 한편으로 많은 수의 사람들은 '믿음'이 아니라 '앎'에 따라, 지식과 과학적 인식에 따라 자신의 삶을 살아간다. 이렇게 상이한 삶의 양식을 갖는 사람들은 세계관 또한 상이할 수밖에 없다.

철학은 지식을 기초로 세계관을 제공하는 역할을 해왔다. 철학이 무엇인가에 대한 인식에 대해서는 세계관이 무엇인가에 대한 인식 못지않게 다양한 견해가 있지만 다양한 철학 사조들의 공통점은 지식에 기초한 것이라는 점이다. 종교는 믿음 혹은 계시가 본질이지만 철학은 종교와 달리 일차적으로 지식에 기초한다. 그리고 그러한 지식은 먼저 자연이라 일컬어지는 이 세계에 대한 지식을 말하며 또한 인간 사회에 대한 지식과 인간의 정신, 의식, 사고에 대한 지식을 말한다. 이러한 지식들이 축적되고 체계화되면 그것은 곧 세계관으로서 역할하게 된다. 따라서 철학적 지식은 자신의 세계관과 밀접하게 연결된다는 점에서 매우 중요한데 중세유럽의 경우 지배계급은 민중들에게는 종교만이 필요하고 철학은 필요하지 않다고 하여 민중들이 철학에 접근하는 것을 가로막았다.

철학하면 떠오르는 것은 어려운 것, 신비로운 지식이라는 인상이다. 철학에 대한 이미지가 대중적으로 이렇게 각인된 것은 철학사조의 많은 부분이 사변적이었기 때문이다. 이 세계, 자연에 대한 인식보다 고상한 정신세계, 혹은 절대정신, 혹은 현실 세계 너머의 이데아의 세계 등을 일차적으로 사고하는 철학적 경향은 대중들이 철학에 거리를 두게 하는 하나의 요인이었고 이러한 경향의 철학자들 스스로는 철학이 대중과는 관계가 없는 것으로 여겼다. 그러나 철학에는 이러한 경향만이 있는 것이 아니었다. 정신세계보다는 자신을 둘러싼 세계, 자연을 일차적으로 사고하고 탐구하고 정신보다 자연이 일차적이라고 주장하는 철학적 경향도 면면히 이어져 왔다.

이렇게 대립하는 경향들은 수천 년이나 역사를 이어왔는데 이러한 철학의 역사는 곧 인류의 지적 발전의 역사이기도 하다. 이 세계의 근본요소는 물이다 혹은 불이다하는 자연철학으로부터 시작하여 철학은 고대 세계에서 이미 초보적 과학을 정립하였고 근대에는 인식의 도구인 인간의 이성 자체를 탐구의 대상으로 놓으면서 인간 사고의 본질은 무엇인가라는 점을 탐구하기도 하였다. 그리고 인간의 인식과 이 세계의 관계를 탐구하면서 고대의 초보적 과학을 넘어서는 고차적 인식, 변증법적 인식이 발전했다. 또한 이러한 철학의 역사 전체에 걸쳐서 자연을 일차적으로 볼 것인가(유물론唯物論), 정신을 일차적으로 볼 것인가(관념론觀念論)라는 경향 간의 대립이 의연히 관철되었다. 그러면 여기서 철학과 세계관의 관계를 파악하기 위해 엥겔스가 철학 발전의 역사를 요약한 내용을 살펴보자.

"고대철학은 본원적이고 자연성장적인 유물론이었다. 그러한 유물론인 한에서 고대철학은 물질에 대한 사유의 관계를 분명히 할 수 없었다. 이 점에 관해 똑똑히 알아야 할 필요성으로부터 육체와 분리될 수 있는 영혼에 관한 학설이 나왔고, 이 영혼의 불멸성에 대한 주장이 나왔으며, 마지막으로 일신론이 나왔다. 이처럼 낡은 유물론은 관념론에 의해 부정되었다. 그러나 철학이 더 발전해 나가면서 이 관념론도 역시 더 유지될 수 없게 되어 현대 유물론에 의해 부정되었다. 부정의 부정인 이 현대 유물론은 낡은 유물론의 복귀에 그치는 것이 아니라, 이천 년에 걸친 철학 및 자연과학의 발전에 담겨 있는 사상 내용 전체와 이 이천 년의 역사 자체에 담겨 있는 사상 내용 전체를 이 낡은 유물론의 영속적 기초에 첨가한 것이다. 그것은 더 이상 철학이 아니라 하나의 단순한 세계관이며, 이 세계관은 과학의 과학이라는 특별한 과학에서가 아니라 실제적인 과학들에서 확증되고 실증되어야 하는 것이다. 따라서 여기서 철학은 "지양"되었다. 말하자면 '극복되는 동시에 보존되었다'; 형식에서 보면 극복되었고, 그 현실적 내용에서 보면 보존되었다."[1]

여기서 엥겔스가 언급한 자연성장적인 고대의 유물론은 세계의 근본요소가 물이니, 불이니, 흙이니, 공기니 하는 고대 그리스 철학을 가리키는 것이다. 이 철학들은 세계의 근본요소를 자연에서, 물질에서 찾았다는 점에서 유물론이었다. 그러나 이 철학들은 세계의 근본요소라는 접근법은 수립했지만 인간 정신의 본질이 무엇인지, 정신과 물질의 관계는 무엇인지를 당시 과학의 한계로 인해 해명할 수 없었고 그에 따라 인간 정신이 세계의 근본요소라고 주장하는 관념론에 자리를 내어줄 수밖에 없었다. 이렇게 고대 유물론은 관념론에 의해 부정되었지만 16세

---

1) 엥겔스, 반듀링론, 칼 맑스 프리드리히 엥겔스 저작 선집 5권, 박종철 출판사, pp.154-155

기, 17세기에 이르러 근대 과학의 발전으로 인해 세계에 대한 인식이 한층 풍부화되고 과학화됨에 따라 고대철학의 세계의 근본요소라는 관념은 한층 엄밀한 내용을 갖는 '물질' 개념을 통해 부활하게 되었고 이러한 현대 유물론은 인간 정신이 물질의 산물이며 물질의 성질이라는 주장을 정립하였다. 그런 점에서 관념론은 한층 풍부화되고 발전된 현대 유물론에 의해 다시 부정되었다. 그리고 여기서 주목되는 점은 엥겔스가 "더 이상 철학이 아니라 하나의 단순한 세계관"이라고 언급한 점인데 이는 철학과 세계관의 관계에 대한 뛰어난 묘사이다. 철학이 "지양"되고 하나의 단순한 세계관이 되기 전에 철학은 일종의 지식의 총체였다. 신, 자연, 우주, 사회, 도덕, 정신 등 이 세계의 모든 것에 대한 지식의 총체가 철학이었고 이러한 지식의 총체를 담는 그릇이 세계관이었다. 철학(philosophy)이라는 용어 자체가 고대 그리스에서 '지혜에 대한 사랑'을 의미했다는 점에서 그리고 철학의 발생 자체가 인류의 지식이 어느 정도 축적되어서 일목요연한 체계가 발생하면서부터였다는 점에서 철학은 지식의 총체를 가리키는 것이었고 그러한 상태가 근대과학이 발생하기까지 이천 년 이상이나 이어져 왔다. 그러나 역학, 물리학, 화학, 생물학 등 근대과학이 발전하여 기존의 지배적 철학이었던 관념론과 형이상학이 과학의 발전 자체에 의해 부정되고 무너져가면서 새롭게 맑스, 엥겔스에 의해 정립된 변증법적 유물론은 더 이상 기존의 철학과 같이 과학의 과학, 지식의 제왕이 아니라 단순한 세계관이 되었고 이를 일컬어 엥겔스는 '철학의 지양'이라고 했다. 따라서 기존에 철학에 담겨 있던 많은 영역들은 분화되어 발전하는 개별과학의 대상이 되어 그 영역에서 실증적으로 대상을 탐구하고 법칙을 발견하는 것으로 전화되었고 그에 따라 철학에서 더 이상 남아 있는 것은 세계를 인식하는 총체적 관점을 의미하는 세계관으로 되는 것이다.

이렇게 현대 유물론은 고대 유물론의 관점을 계승하면서도 그와 비교할 수 없이 풍부한 내용을 내포하게 되었고 철학을 지양하고 단순한 세계관으로 자신을 정립했다. 그러면 여기서 현대 유물론, 변증법적 유물론이 세계관으로서 어떠한 의미를 갖는가를 살펴보자.

먼저 변증법적 유물론은 과학적 세계관이다. 이것은 소극적으로는 변증법적 유물론이 근대와 현대의 과학 발전과 모순되지 않는다는 것을 말한다. 즉, 비과학적 내용, 허구적인 내용이 없다는 것을 말한다. 그런데 적극적인 측면을 보면 변증법적 유물론은 근대, 현대 과학의 성과, 끊임없이 발전하는 과학의 내용을 자신의 내부로 포섭하고 과학의 발전을 추동한다. 사실 변증법적 유물론의 성립 자체가 근대과학의 성과에 기초한 것이었다. 코페르니쿠스의 지동설은 천상계와 지상계라는 구분을 무너뜨려 세계관적 충격을 가져왔고 뉴튼의 만유인력은 우주가 상호연관된 하나의 전체라는 인식을 성립하게 했다. 또한 결정적으로 19세기 근대과학의 3대 발견, 즉 진화론, 세포의 발견, 에너지 보존 및 전화의 법칙 등은 변증법적 자연관의 성립을 가져왔다. 자연은 고정불변의 것이 아니라 끊임없이 유동하고 변화하며 상호연관되어 있고 상호전화하는 운동으로 가득차 있다는 자연관, 변증법적 자연관의 성립은 변증법적 유물론의 성립을 예비하는 것이었다. 그런데 이러한 변증법적 자연관에 더하여 인간사회에 대한 과학이 맑스와 엥겔스에 의하여 수립됨에 의해 비로소 총체적이고 과학적인 세계관으로서 변증법적 유물론이 성립할 수 있었다. 그 이전에 인간사회는 관념론의 최후의 도피처였다. 맑스와 엥겔스가 인간 사회에 대한 과학을 발견하기 전에 인간의 역사가 어떻게 발전하는지에 대해 과학적 인식은 존재하지 않았다. 신의 섭리에 따라 혹은 왕, 영웅, 고귀한 정신에 의해 역사가 발전한다는 식의 인식이 지배적이었다. 그

러나 맑스와 엥겔스는 19세기에 유럽 전체에 걸쳐 발전하는 자
본주의를 분석하면서 물질적 삶, 물질적 생산의 문제가 역사발
전의 추동력임을 인식하였고 한편으로는 생산력의 발전, 다른
한편으로는 물질적 생산에서 형성되는 사람 간의 관계, 생산관
계라는 개념을 정립하면서 생산력과 생산관계 간의 모순에 의
해 인간의 역사가 추동된다는 점을 발견하였다. 이를 기초로 생
산관계에서 비롯되는 계급관계와 계급투쟁이 인류역사의 본질
을 이룬다는 역사인식을 정립하였다. 이렇게 역사에 대한 과학
적 관점, 유물론적 관점이 정립됨에 따라 자연, 사회, 정신 등
일체의 영역에 걸친 유물론적 관점의 정립이 가능했고 과학적
세계관이 정립되었다. 변증법적 유물론의 성립은 이렇게 변증법
적 자연관과 인간역사에 대한 유물론, 역사과학이 성립하고 상
호 맞물리면서 이루어진 것이다.

그러면 여기서 변증법적 유물론의 또 하나의 특징인 혁명적 세
계관이라는 점으로 넘어가 보자. 혁명은 어느 한 계급의 의지와
무관하게 발생하는 것이고 그 사회구성체가 수명이 다하여 필
사적인 질적인 비약을 통해 새로운 사회구성체로 이행하는 것
이다. 그러나 동시에 혁명은 인간집단의, 계급의 혁명적 실천이
없이는 불가능하다. 여기서 혁명적 세계관으로서 변증법적 유물
론을 세 측면에서 살펴보자. 첫째, 변증법적 유물론은 혁명이
하나의 자연사적 과정임을 인식하게 하여 혁명의 철학적 토대,
세계관적 토대를 제공한다. 인간의 역사는 인간 자신의 목적성
을 띠는 실천으로 인해 자연의 역사와 구분되지만 인간 상호간
의 목적을 가진 실천들이 어우러져 이루어지는 역사는 동시에
하나의 자연사라는 것을 변증법적 유물론은 전적으로 승인한다.
인간의 역사를 자연사로 파악하는 인식은 사회에 대해 물질적
생산을 토대로 하는 유물론적인 인식에 기초하고 있다. 물질적
생산을 중심으로 하는 경제적 토대와 국가권력, 이데올로기 등

22

을 내용으로 하는 상부구조가 결합되어 하나의 사회구성체를 이루며, 혁명은 이러한 사회구성체가 자신의 진보적 역할을 다하고 소멸의 길을 걷게 되는 시점에서 '발생'하는 것으로 인식되게 되었다. 즉, 사회구성체가 자연사적 과정의 한 부분으로서 질적인 비약을 하는 과정이 곧 혁명으로 인식되었다. 이렇게 혁명의 자연사적 필연성을 승인함에 의해 변증법적 유물론은 이 사회의 혁명적 계급, 노동자계급의 세계관이 되었다.

다른 한편으로 변증법적 유물론은 혁명적 실천의 의의를 정확히 드러내준다. 맑스는 ≪포이에르바하에 관한 테제≫ 11번에서 "철학자들은 세계를 단지 다양하게 해석해 왔을 뿐이다. 그러나 중요한 것은 세계를 변화시키는 것이다"[2]라고 파악하여 혁명적 실천의 의의를 전면에 드러내었다. 실천, 혁명적 실천을 맑스가 철학의 영역에 끌어들임에 의해, 그리고 실천을 인간의 인식과정의 하나의 요소로 파악함에 의해 철학에서는 거대한 혁명이 이루어졌다. 맑스 이전에 철학의 대부분은 실천과는 유리된 사변적, 관조적 철학이었다. 심지어 유물론자인 포이에르바하조차 관조적 철학자였다. 이러한 상황에서 맑스는 인간의 인식에서 실천의 의의를 전면적으로 드러냄으로써 철학과 정치의 통일을 이룰 수 있었고 인간의 인식과정에 대한 과학을 정립할 수 있었다. 마오쩌둥은 ≪실천론≫에서 실천→ 인식→ 재실천→ 재인식이라는 정식을 정립했는데 이는 실천을 인식과정의 하나로 승인하면서 인식과 실천의 통일과 상호작용을 통한 인식과 실천의 부단한 상승을 보여준다. 또한 인식과 실천의 통일이 이루어짐에 따라 진리의 검증기준은 실천이라는 인식이 성립되었다. 사실 인식은 실천과 결부될 때만 구체성과 풍부함, 정확성을 획득할 수 있다. 또한 실천은 인식에 반성의 자료를

---

2) 맑스, 포이에르바하에 관한 테제들, 칼 맑스 프리드리히 엥겔스 저작 선집 1권, 박종철 출판사, p.189

제공해주면서 변증법적 부정을 통한 도약을 가능하게 한다.

또한 변증법적 유물론은 변증법이 혁명의 대수학임을 분명히 한다. 모순 개념은 자본주의 사회의 계급적 적대를 설명하는 철학적 토대가 되며 양적 변화의 질적 변화로의 전화는 사회혁명을 설명하는 철학적 고리가 된다. 또한 부정의 부정, 지양 등의 개념은 사회운동이 과학으로 성립할 수 있는 철학적 토대가 된다. 즉, 변증법은 혁명의 대수학으로서 계급투쟁의 과학을 가능하게 한다. 기존의 형식논리학이 단지 인식의 형식을 문제삼았다면 변증법은 기존의 형식논리학의 한계를 깨고 인간의 인식과 이 세계 간의 일치된 인식을 추구한다. 인간의 인식과 이 세계의 일치로서 변증법은 형식논리학을 넘어서는 고차적 인식인데 자연과 세계의 온갖 변화, 인간사회의 적대와 모순들, 인간 사고의 변화무쌍함을 정직하고 과학적으로 인식하게 하여 인간이 이 세계를 변혁하는 무기로 작용한다.

이렇게 변증법적 유물론은 혁명의 자연사적 필연성의 승인, 혁명적 실천의 의의를 전면화하여 인식과 실천의 통일을 이루는 것, 혁명의 대수학으로서 변증법을 자신의 무기로 삼는 것을 통해 노동자계급의 혁명적 세계관이 되었다.

2. 철학의 근본문제

철학은 인간이 자신을 둘러싼 세계를 어떻게 인식할 것인가의 문제라는 점에서 철학은 세계관의 개념과 밀접히 연관되어 있다. 그런데 계급 사회가 발생한 이후로 사회는 계급으로 분열되었고 사회적 처지, 사회적 존재가 다름에 따라 사람들은 다양한 세계관을 갖게 되었다. 이러한 사정은 철학의 영역에 반영될 수밖에 없었는데 역사상 유명한 철학자들은 대부분 자신의 총체적이고 독자적인 세계관을 가졌다는 것이 특징이다. 그리고 이렇게 다양한 철학자들의 세계관의 차이는 당파적 차이로 발전했다. 고대 그리스에서는 귀족과 민주주의 당파간의 투쟁, 중세 유럽에서는 봉건영주계급과 농노의 적대적 대립, 근대 자본주의에서는 자본가계급과 노동자계급의 대립은 세계관의 문제를 둘러싸고 자신의 당파성을 각인할 수밖에 없었고 철학에서의 당파는 갈릴 수밖에 없었다. 이러한 철학에서의 당파의 성격은 이론적으로 철학의 최고문제, 근본문제가 무엇인가를 둘러싼 대립을 가져왔고 이러한 대립은 지금의 자본주의 사회에서도 의연히 존재한다. 그러면 여기서 철학의 근본문제에 대한 엥겔스의 고전적인 언급을 들어보자.

"존재에 대한 사유의 관계, 자연에 대한 정신의 관계에 관한 문제, 철학 전체의 최고의 문제는 모든 종교와 마찬가지로 야만적인 상태에서 나타난 편협하고 무지한 표상들에 그 뿌리를 가지고 있다. 그러나 유럽 인류가 기독교 중세의 오랜 겨울잠에서 깨어났을 때 비로소 이 문제는 매우 날카롭게 제기될 수 있었고 충분한 의미를 얻을 수 있었다. 그런데 중세 스콜라 철학에서도 큰 역할을 했던 존재에 대한 사유의 지위에 관한 문제, 다음과 같은 문제: 무엇이 본원적인가, 정신인가 아니면 자연인가? ─ 이 문제는 교회에 맞서 다음과 같은 물음으로 날카로워

졌다: 신이 세계를 창조했는가 아니면 세계는 영원한 옛날부터 거기에 존재하는가?

이 문제에 어떻게 대답하느냐에 따라 철학자들은 두 개의 큰 진영으로 갈라졌다. 자연에 대해 정신의 본원성을 주장하고 따라서 어떤 종류든 결국 세계의 창조를 받아들인 철학자들―그런데 이 창조는 흔히 기독교의 경우보다 예컨대 헤겔 같은 철학자들의 경우 훨씬 더 복잡하고 허황되다―은 관념론 진영을 이루었다. 자연을 본원적인 것으로 여긴 그 밖의 철학자들은 유물론의 다양한 학파에 속한다.

관념론과 유물론이라는 두 표현은 본래 이것 말고는 다른 것을 의미하지 않으며, 여기서도 다른 의미로 사용되지 않는다. 이 두 표현에 다른 의미를 집어넣으면 어떤 혼란이 생기는지는 아래서 살펴볼 것이다.

그러나 사유와 존재의 관계에 관한 문제에는 또 하나의 측면이 있다: 우리를 둘러싼 세계에 대한 우리의 사상은 이 세계 자체와 어떤 관계가 있는가? 우리의 사유는 현실 세계를 인식할 수 있고 우리는 현실 세계에 대한 우리의 표상과 개념으로 현실의 올바른 영상을 만들어 낼 수 있는가? 이 문제는 철학 용어로 사유와 존재의 동일성에 관한 문제라고 불리며, 절대 다수의 철학자들은 이 문제에 긍정적으로 대답한다. …"3)

여기서 엥겔스는 자연과 정신의 관계, 존재에 대한 사유의 관계가 철학자들을 양대 진영으로 갈라놓은 철학의 근본물음이라고 정식화하고 있다. 자연과 존재, 물질을 일차적으로 보는 철학자들은 유물론의 진영으로, 정신, 사유, 의식을 일차적으로 보는 철학자들은 관념론의 진영으로 나뉘어진다. 이러한 엥겔스의 정의는 논리적으로 그리고 역사적으로 타당하다. 먼저, 존재와 사

3) 엥겔스, 루드비히 포이에르바하 그리고 독일 고전철학의 종말, 칼 맑스 프리드리히 엥겔스 저작선집 6권, 박종철 출판사, pp.254-255

유, 물질과 의식의 문제는 논리적으로 철학의 근본물음이다. 인간의 정신, 의식과 그를 둘러싼 세계의 관계에서 다양한 철학적 범주들이 존재하지만 부차적인 것을 쳐내고 추상화하는 과정을 거치면 궁극적으로 남는 것은 한편으로 의식 그리고 다른 한편으로 세계 혹은 자연, 물질이다. 그러나 고대철학에서 이러한 물음이 정확하게 정식화된 것은 아니었으며 근대의 독일 고전철학에 와서야 철학의 근본물음은 정확히 정식화되었다. 그런데 자연과 정신이라는 개념보다 물질과 의식이라는 개념이 한층 더 엄밀한 것이며 철학과 과학의 발전을 담고 있는 개념이다. 그럼에도 고대 그리스의 데모크리토스 노선과 플라톤 노선의 대립으로부터 시작하여 중세의 유명론과 실재론의 대립, 근대 유물론과 관념론의 대립에 이르기까지 이 물음, 정신이 일차적인가, 자연이 일차적인가는 철학자들을 가르는 물음이었음은 익히 알려져 있다. 이 세계가 정신의 산물인가 아니면 정신이 물질의 산물인가는 세계를 바라보는 관점, 세계관의 근본적 차이를 낳을 수밖에 없었다. 현대 과학의 관점에서 보면 잘 이해가 가지 않는 이러한 철학의 근본물음의 역사는 종교를 집어넣고 이해하면 수긍이 간다. 강력한 종교의 권력은 신에 의한 세계의 창조, 지배를 전제로 하기 때문에 종교는 정신이 이 세계, 자연, 물질보다 선차적이라는 관념을 필요로 했고 중세 유럽에서 카톨릭의 지배는 이러한 관념론적 인식의 풍부한 토대였다.

고대 유물론은 이 세계, 자연을 근원적으로 보았지만 당시 과학의 발전의 한계로 인하여 자연의 최고의 산물인 인간의 정신, 사고, 사유를 해명할 수 없었다. 인간의 정신은 어떻게 발생하고 존재하고 변화하는지, 정신과 자연과의 관계는 무엇인지에 대해 고대 유물론은 답을 할 수 없었고 부동의 정신, 현실 세계 너머의 이데아의 세계를 주장하는 관념론에 밀려날 수밖에 없었다. 그리고 근대 과학과 철학의 여명이 시작되는 16세기, 17

세기의 자본주의의 발생기에 와서야 다시금 유물론은 무대에 등장하고 발전하게 된다. 그런데 이러한 근대 유물론은 당시 과학이 뉴튼의 역학을 기초로 하여 발전했던 것의 영향을 받아 기계적, 형이상학적 유물론으로 발전했기 때문에 운동과 변화의 과학이라 할 변증법은 유물론보다는 관념론의 기반 위에서 발전되고 관념론적인 독일 고전철학에서 완성되게 된다. 그리하여 17, 18세기 유물론의 형이상학적, 기계론적 측면을 극복하고 변증법과 유물론을 통일시켜 변증법적 유물론으로 나아간 것은 노동자계급의 세계관을 개척하는 길을 걸은 맑스와 엥겔스에 의해서였다. 맑스와 엥겔스에 의한 변증법적 유물론의 창시는 이렇게 인류의 지적 발전, 철학과 과학발전의 합법칙적 산물이라는 점이 지적될 필요가 있다.

물질이 일차적인가, 의식이 일차적인가라는 최고의 물음에서는 선택하는 방식 이외에 다른 방식은 불가능하다. 최고 물음이 아닌 일반적 개념의 정의에서는 하나의 개념을 다른 개념에 종속시키는 방식으로 정의가 이루어진다. 고양이는 동물이다라는 규정에서는 고양이라는 개념을 동물이라는 개념에 종속시키는 것을 통해 정의가 이루어진다. 그러나 물질과 의식과 같은 최고의 물음에서는 이와 같이 하나의 개념을 다른 개념에 종속시키는 것은 불가능하고 오직 선택하는 것만이 가능하다. 물질을 선택하면 유물론, 의식을 선택하면 관념론이 된다. 그런데 이러한 물질과 의식의 대립은 현실 세계, 자연에서의 대립이 아니다. 즉, 물질과 의식의 대립은 철학의 영역 내부의 대립, 인식론적 영역 내부의 대립이다. 만약 물질과 의식의 대립을 절대화하여 그러한 대립을 자연과 현실 세계로 확장하면 세계에는 근본적인 두 가지 요소가 있다는 이원론(二元論)에 빠지게 된다.

고대 유물론이 정신을 해명하지 못하여 관념론에 밀려났지만 현대 과학은 의식이 물질의 산물이라는 것을 증명하고 있다.

20세기의 뇌과학, 생리학 등의 발달은 의식, 정신이 뇌라는 물질의 내적 성질임을 증명하고 있다. 즉, 의식의 이차적 성격, 파생적 성격이 과학에 의해 입증되고 있다. 인간정신, 사고에 대한 생리학적 접근이 사고의 본질을 직접적으로 해명하는 것은 아니지만 적어도 인간 정신이 뇌라는 물질의 산물임은 과학적으로 증명하는 것이다. 이렇게 철학의 근본물음에 대한 유물론적 해결은 현대 과학에 의해 뒷받침되고 있다.

그러면 여기서 철학의 근본물음의 두 번째 측면, 즉 우리가 이 세계를 인식할 수 있는가, 이 세계에 대한 우리의 인식은 진리 혹은 진리에 가까운 것인가에 대해 살펴보자. 이 세계에 대한 인간의 인식가능성에 대해 긍정적으로 답하는 사람이 대부분이지만 이 세계에 대한 인식은 불가능하다고 주장한 철학자들도 있다. 대표적인 사람이 흄과 칸트인데 이들은 불가지론자(不可知論者)라고 불린다. 한자를 풀어 말하면 아는 것이 가능하지 않다는 이론이다. 흄의 경우 이러한 불가지론을 밀고 나가기 위해 인과성, 즉 원인과 결과의 관계는 이 세계에 존재하지 않는다고 주장했다. '아니 땐 굴뚝에 연기나랴!'라는 속담처럼 인과성은 과학적 인식의 가장 기초가 되는 것인데 흄은 이러한 기본적인 지점을 부정함으로써 불가지론에 빠졌다. 원인과 결과의 관계, 인과성을 둘러싼 논쟁은 철학의 역사에서 상당한 비중을 차지하는데 인과성을 승인하는가 아닌가가 한 때 철학자들을 양대 진영으로 나누었을 정도였다. 변증법적 유물론에서는 세계의 인식가능성을 전적으로 승인하고 있고 원인과 결과의 관계가 이 세계에 존재함을 완전히 승인한다. 이렇게 세계의 인식가능성을 승인하는 이유는 물질, 자연이 일차적이고 정신은 이차적이라고 보는 점에 근거한다. 정신은 이차적인 것으로서 근본적으로 현실 세계, 자연의 반영으로서의 성질을 지니기 때문에 우리의 인식은 세계에 대해 거의 정확하게 인식가능하다고 본다. 이것은 거울의 상이 대상을 훌륭히 반영하고 또 카메라의 필름에 맺히는 상이 피사체를 근사하게 묘사하는 것과 같은 이치이다. 단 인간의 인식이 이들 기계적 반영과 다른 점은 판단과 추리, 분석과 종합, 목적성에 따른 복잡한 기획 등의 과정을 거쳐서 반영된다는 점인데 그럼에도 불구하고 인간 인식의 반영이라는 본질은 고수된다.

그러면 세계의 인식가능성의 다른 표현인 사유와 존재의 동일성의 문제를 고찰해보자. 사유와 존재의 동일성은 인간의 인식에 맺히는 상이 현실의 대상과 일치하는가를 어떻게 알 수 있는가의 문제이다. 즉, 세계의 인식가능성의 문제이다. 여기에 대해 관념론자는 사유가 곧 존재를 의미한다는 점에서 사유와 존재가 동일하다고 본다. 대표적인 것이 주관적 관념론자들이 세계는 인간의 감각에 불과하다고 보는 것이다. 그러나 유물론의 입장에서는 이와 다르다. 인간의 인식이 대상과 일치한다는 것을 어떻게 입증할 것인가라는 물음에 대해 오랜 기간 철학의 발전을 거치면서 인식, 사유, 사고의 본질은 무엇인가에 대한 탐구가 이루어졌고 인식, 사유(개념)과 대상이 일치되는 것이 진리라는 진리관이 정립되었다. 또한 이렇게 인식의 본질의 파악을 추구하면서 서서히 변증법적 사고가 싹트고 발전했는데 변증법적 사고는 아리스토텔레스가 정립한 형식논리학(동일율, 모순율 등 인식의 형식으로서 논리학)을 넘어서면서 인식과 대상, 인식과 세계의 일치를 추구하는 것이었는데 이는 사유(인식, 개념)와 존재(대상, 세계)의 동일성의 문제의 해결과정이기도 했다.

철학의 근본물음은 사회의 영역에서는 다르게 변형된다. 즉, 구체화된다. 여기에서는 물질과 의식, 존재와 사유라는 범주가 사회적 존재와 사회적 의식 중 어느 것이 선차적인가라는 문제로 변형된다. 생산에서 차지하는 지위에 의해 결정되는 사회적 존

재가 일차적인가, 아니면 사회적으로 획득한 의식이 일차적인가
라는 물음에 대해 맑스주의는 사회적 존재의 일차성을 주장한
다. 맑스는 "의식은 결코 의식된 존재이외의 어떤 것일 수
없"[4]다고 보았다. 이는 명확히 의식에 대한 존재의 선차성을
주장하는 것이다. 그리고 이러한 인식에 기초하여 사회적 존재
가 사회적 의식을 규정한다는 테제가 정립된다. 이 테제의 정립
은 거대한 의의가 있는데 이 테제로 인해 비로소 역사적 유물
론이 성립될 수 있었기 때문이다. 생산력과 생산관계, 계급대립
과 계급투쟁, 사회구성체의 성립과 변동 등 역사적 유물론의 주
요 범주들은 사회적 존재의 사회적 의식에 대한 선차성에 기초
하여 성립된 것들이다.

---

4) 맑스, 독일 이데올로기, 칼 맑스 프리드리히 엥겔스 저작 선집 1권, 박종철
   출판사, p.202

3. 세계의 통일성

세계관 그리고 철학의 근본문제와 밀접하게 연관되어 있는 것이 세계의 통일성이라는 범주이다. 이 세계는 천상의 세계와 지상의 세계로 나뉘어진 두 개의 세계인가, 아니면 무수한 연관의 사슬로 이루어진 하나의 전체인가라는 문제는 직접적으로 세계관에 영향을 미치는 것이다. 흔히 코페르니쿠스적 충격이라는 말이 많이 쓰이는데 이는 코페르니쿠스의 지동설이 전 세계에 대해 세계관적 충격을 가져왔다는 것을 말한다. 태양이 지구를 도는 것이 아니라 지구가 태양을 돈다는 지동설은 지구가 우주의 중심이라는 중세적 세계관을 붕괴시키는 것이었다. 이이서 갈릴레이의 역학이 정립되면서 수많은 별들, 천상계의 운행법칙, 운동법칙이 지상의 운동법칙과 동일하다는 것이 입증되었을 때 천상의 세계와 지상의 세계로 세계를 둘로 나누어보는 세계관이 붕괴하고 세계의 통일성 관념이 싹트기 시작했다. 뉴튼이 발견한 만유인력의 법칙은 태양계와 우주에 존재하는 많은 행성과 별들에도 상호간에 끌어당기는 인력, 만유인력이 존재함을 주장하여 이 세계에 존재하는 물질들의 상호연관성이라는 관념이 성립되는데 크게 기여하였다. 그러나 이러한 종교적 세계관의 붕괴와 과학적 세계관의 성립 과정은 순탄하지 않았는데 브루노는 코페르니쿠스의 지동설을 열렬히 선전하고 자신의 과학적 세계관을 굽히지 않아 종교법정에 의해 화형을 당하기도 했다. 그리고 18세기, 19세기 근대과학의 발전은 이 세계의 상호연관과 세계의 통일성을 가리키는 많은 자료를 축적하였다. 스펙트럼을 통해 지구에 들어오는 빛의 성질을 분석한 결과 우주의 물질과 지구의 물질이 거의 차이가 없다는 것이 확인되었고 지구에 떨어지는 운석에 대한 분석을 통해 지상과 우주는 통일적인 세계라는 인식이 구축되었다. 또한 화학과 물리학의 발전으로 원자와 분자 개념이 성립하여 생물계와 무생물계의 구성 원리가 같다는 점이 확인되었고 진화론을 통해 인간은 신의 창조물이 아니며 동물과의 통일성이 존재한다는 점이 확인되었다. 이와 같이 이 세계가 상호연관된 하나의 전체라는 개념, 세계의 통일성이라는 개념은 오랜 기간에 걸친 철학과 과학발전의 산물이다. 그러면 여기서 세계의 통일성에 대한 엥겔스의 정식화를 살펴보자.

"세계가 하나일 수 있기 전에 먼저 그것이 존재해야 하므로 세계의 존재가 그 통일체의 전제이기는 하지만, 세계의 통일체의 요체가 그 존재에 있는 것은 아니다. 정말이지, 우리의 시야를 넘어서는 지점부터는 존재는 일반적으로 하나의 해결되지 않은 문제이다. 세계의 진정한 통일체의 요체는 그 물질성에 있으며, 이 물질성은 요술쟁이의 두세 마디 공문구가 아니라 철학과 자연과학의 장기간에 걸친 지속적 발전에 의해 증명된 것이다."5)

고대부터 많은 철학자들은 이 세계의 통일성의 문제를 탐구해 왔다. 고대 그리스의 자연철학자들이 이 세계의 근본요소가 물이니, 불이니, 공기니, 흙이니 하면서 논해왔던 것은 이 세계의 통일성을 전제로 하고 통일성의 내용을 파악하려 한 것이다. 이들 철학자들은 과학이 아니라 직관에 근거한 논리적 추리에 의해 그러한 근본요소를 탐구했다. 그러나 이들 철학자들의 건강한 문제의식은 관념론과 종교에 의해 밀려나고 다시금 세계의 통일성이 논의되고 탐구되고 정립되게 되었던 것은 엥겔스의 말대로 장구한 자연과학 발전, 철학 발전의 결과였다. 여기서 엥겔스가 말한 세계의 통일성은 그 존재가 아니라 물질성에 있다는 것을 음미해 보자. 이 세계가 하나의 통일체라는 것은 관념론에 의해서도 가능하다. 헤겔의 경우 자연과 이 세계는 절대

---

5) 엥겔스, 반듀링론, 칼 맑스 프리드리히 엥겔스 저작 선집 5권, 박종철 출판사, p.48

정신의 외화(外化)이다. 따라서 절대정신에 의해 이 세계의 통일성은 담보된다. 그러나 이러한 세계의 통일성은 허구이다. 또 존재라는 개념은 정신적 존재에 대해서도 가능하며 따라서 반드시 현실적인 존재를 말하는 것이 아닐 수 있다. 그러므로 존재한다는 것만 갖고 세계의 상호연관성을 말하는 것은 불가능하다. 이 세계의 통일성의 내용인 세계 만물의 상호연관성은 엥겔스의 말대로 바로 그 물질성에 의해 담보되는 것이다. 이 세계가 물질적 세계이고 그러한 물질적 구성원리가 세계의 근본법칙이고 물질성에 의해 만물의 상호연관이 규정된다는 것을 인식할 때만 그것을 철학적으로 표현하는 개념인 세계의 통일성이 과학성을 획득하는 것이다. 이러한 세계의 통일성 개념은 탈레스가 세계의 근본요소가 물이라고 말한 것에서 출발하여 코페르니쿠스의 지동설, 뉴턴의 만유인력, 화학과 물리학에서 원자와 분자의 발견, 아인슈타인의 상대성이론에 의한 공간과 시간개념의 과학화 등에 의해서 점차적으로 더 완전한 모습을 갖추었고 이 과정은 지금도 계속되고 있다.

세계의 통일성에 대한 관념은 하나의 세계관이 형성되기 위해 중요한 역할을 한다. 세계의 통일성 개념에 의해 세계에 대한 총체적 인식이 과학적으로 뒷받침되고 일체의 허황된 이데올로기로부터 벗어날 수 있다. 천상의 세계는 존재하지 않는다는 것, 지상의 삶이 가장 현실적인 가치를 갖는다는 것, 중요한 것은 천상의 세계라는 정신적 환상을 쫓는 것이 아니라 현실의 모순을 극복하려 노력하는 삶이라는 것 등이 바로 세계의 통일성이라는 개념에 의해 뒷받침된다.

2장, 유물론과 관념론의 투쟁의 역사

1. 철학의 발생

노동자계급의 세계관, 변증법적 유물론에 대해 논리적으로 접근하는 것을 넘어서 역사적으로 접근하는 것은 세계관에 대한 과학적 인식을 위해 중요하다. 그리하여 변증법적 유물론의 탄생이 철학 발전의 합법칙적인 결과라는 것을 논증함을 통해 한국 사회에서 변증법적 유물론의 복원을 도모할 수 있다. 이를 위해 철학을 그 발생에서부터 고찰하는 것이 필요하며 그를 통해 철학에 대한 신비로운 이해를 벗어 던지고 철학 발전의 합법칙성이 무엇인지에 대한 이해에 다가설 수 있다.

고대 사회에서 철학의 탄생은 그 전에 인간의 인식이 원시단계에서 지적 단계로 발전하였음을 전제로 한다. 유인원에서 인류로 진화함에 있어서 중요한 것은 인간이 두 발로 서서 걷게 되었다는 점, 불의 사용, 언어의 발생 등인데 이 과정에서 결정적인 역할을 한 것은 인간이 노동을 하였다는 점이다. "손의 형성 및 노동과 함께 시작된 자연에 대한 지배는 매번 새로운 진보가 이루어질 때마다 인간의 시야를 확장시켰다. … 이렇게 언어의 발생을 노동으로부터, 노동과 함께 설명해내는 것이 유일하게 옳은 것임은 동물과 비교함으로써 증명된다."[6] 노동과정에서 인간들 상호간의 공동협력의 필요성이 언어의 발생을 가져왔다. 그런데 이러한 언어의 발생은 인간의 인식에서 비약을 의미하는 것이었다. "두뇌와 이에 예속되어 있는 제 감각의 발달, 점점 더 깨어나는 의식, 추상능력 및 추리능력 등이 노동과 언어에 끼친 반작용은 이 양자에게 항상 지속적인 발전을 위한 새로운 충격을 주었다."[7] 그리하여 추상능력과 추리능력의 발

---

6) 엥겔스, 원숭이의 인간화에 있어서 노동의 역할, 자연변증법, 중원문화, pp.169-170
7) 앞의 책, p.171

전은 인간이 일반적 개념을 사고하는 것을 가능하게 했다. 자신의 주위에 있는 여러 산들을 보면서 '산'이라는 일반개념을 생각하게 되고 쌓인 눈, 내리는 눈, 눈보라 등 눈에 관련된 현상을 고찰하면서 '눈'이라는 일반명사를 사고하게 되었다. 실제로 지금도 원시부족의 언어를 보면 개별의 구체적 현상을 가리키는 언어는 많이 있으나 그것들 모두를 일반화하는 일반명사는 없는 경우가 있는데 이는 일반화 능력이 인간 사고의 오랜 기간의 발전의 산물임을 말한다. 이러한 일반화의 능력, 추리능력의 발전과 더불어 철학의 발생에서 중요한 의미를 갖는 것은 다음과 같은 인식이다. "자연으로부터 인간의 분리, 즉 자연은 우리들의 외부에 우리와는 따로 존재함을 가장 소박한 형태로 이해하는 것, 즉 이것이 의식의 발전에서 가장 중요한 단계이다."[8], "인간은 일상생활에서 만물에 대한 관찰을 수없이 되풀이함으로써 자신 이외의 사람, 동물, 식물, 산, 강 등이 자신과는 독립하여 객관적으로 실재하는 존재임을 깨닫게 되었다. 인간 사회의 전 역사를 통하여 모든 인간이 삶의 실천 속에서 이룩해낸 것, 그것으로부터 도출해 낼 수 있는 단 하나의 필연적인 결론은 우리들 외부에 우리로부터 독립적으로 대상, 사물, 물체가 존재하고 있다는 사실이다."[9] 자신을 둘러싼 세계를 자신과 독립되어 있는 객관적 실재로 이해하는 것은 과학적 사고의 출발점이 형성되었음을 의미한다. 이로써 관찰을 통해서 얻는 지식의 축적, 세계에 대한 분석과 종합, 체계화 등이 가능하게 되었고 이러한 지식의 축적이 어느 정도 이루어지면서 일정 시점에서 철학이 발생하게 되었다.

지식의 축적을 기초로 한 철학의 발생은 전통적인 신앙과의 충돌을 수반하는 것이었다. 신앙에서 과학적 사고로! 이것이 철학

---

8) 러시아 과학아카데미 편, 세계철학사(1), 중원문화, p.50
9) 앞의 책, p.49

발생의 본질이었다. 원시사회에서 종교 혹은 신앙이 발생했던 것은 자연에 대한 인간의 무력감 때문이었다. 또한 인간 사고에 있어서 추상능력, 일반화의 능력이 공상과 결합되면서 태양신, 산신령 등 자연물과 결부된 종교적 관념이 발생했다. 그러나 인간의 지식이 축적되고 체계화되면서 과학적 사고 혹은 로고스(이성)를 추구하는 철학이 종교적 관념과의 투쟁 속에서 발생했다.

인류의 유년기, 고대 사회에서 철학의 발생은 고대 이집트, 인도 등에서 그 원형이 보인다. 이집트는 기원전 4,000년대 말엽에 노예제가 발생했고 이후 노예제에서 상품화의 비율이 높아지고 교환이 발전하고 사회생활에서 화폐의 의의가 증대되었다. 그리하여 종래의 노예 소유자계층에 대하여 새로운 노예 소유자계층이 나타나고 이들 계층의 진보적 사상이 종래 지배계층의 낡은 종교적 관념에 대해 공격을 가했다. "고대 이집트 문학의 고전적 작품(하프의 노래)은 내세를 이야기하러 오는 사자(死者)는 한 사람도 없다고 단정하고 내세를 기대하는 대신에 '현세의 일'에 부지런해야 한다고 이 노래는 소리높여 부르짖고 있다. 인류 사상사에서 이 문헌이 갖는 큰 의의는 이 속에서 비로소 '내세'를 잘 알기 위한 근거로 지금껏 체험에 또한 감각과 이성에 의거하려는 시도는 전혀 존재하지 않는다는 것이 대단한 솔직성과 논리적인 힘으로 고창되고 있다는 점에 있다."[10] 이리하여 역사상 처음으로 "지식과 신앙이 공공연히 충돌"[11]하였다. 고대이집트에서는 역사상 최초의 달력이 만들어졌고 체계적인 천문학의 관측이 실시되었고 농업발전은 기하학의 맹아를 탄생시켰고 수학이 발전했다. 그리하여 철학의 맹아가 나타났는데 "맹아적 형태로 자연현상들의 물질적 근원에 관한 문제가

---

10) 앞의 책, p.59
11) 앞의 책, p.60

이미 제기되었고 모든 생물을 만들어내고 또 모든 것의 근원이 되는 차가운 물과, 마찬가지로 또한 공간을 채우는 '모든 것 속에 들어있는' 공기에 관한 기술(記述)이 발전되었다."12) 그러나 이집트에서 철학과 과학사상은 높은 수준에 이르지 못했는데 이는 강력한 종교적 관념 때문이었다.

고대의 인도는 이집트보다 훨씬 더 발전된 철학과 과학사상을 보여주고 있다. 고대 인도에서 지배적이었던 것은 브라만교였다. "브라만교를 기초지우고 있는 관념론의 학설은 비인격적인 세계정신—브라만—이 유일한 본질, 곧 제1의 실재라고 선언하였다. 그리고 객관적 물질세계 전체를 브라만의 유출이라고 간주하였다."13) 그런데 기원전 9-2세기에 인도에서 유물론의 사조가 형성되고 관념론에 대한 투쟁이 시작되었다. 고대 인도철학의 최초의 발전단계는 이미 반(反)브라만교적이었는데 사후세계에 대한 교의를 비판하는 것이었다. "살아 있는 한은 행복하구나! 죽지 않은 사람은 모두가 다 귀하다. 죽어 재가 된 그 때에는 어디서 다시 태어날까?", "종국적인 해탈은 존재하지 않는다. 내세에서 영혼도 존재하지 않는다."14) 이러한 내용은 찬가의 일종인 베다(Veda)에 있는 것인데 종교적 관념에 의문을 제기하는 철학의 발생을 보여주고 있다. 이러한 인도의 유물론 철학은 매우 발전된 모습을 띠는데 ≪우파니샤드≫에서는 "원질곧 물·불·공기·빛·공간·시간 등의 하나가 바로 세계의 근본원소라고 보는 학설"15)이 여러 곳에 나타나고 있다. 또한 이러한 유물론은 의식적으로 관념론에 맞서는 것이었다. "영혼이란 다만의식의 총체에 불과하다. 이들 원소(물·흙·불·공기)로부터 생긴후 그것(영혼)은 그들 원소로 돌아간다. 인간이 죽으면 의식은

---

12) 앞의 책, p.63
13) 앞의 책, p.74
14) 앞의 책, pp.70-71
15) 앞의 책, p.75

철학의 발생

아무 것도 남지 않는다."16) 이러한 인식은 나름대로 인간의 정
신, 의식을 유물론적으로 해명하려 시도한 것이었다. 여기서는
의식의 일차성, 절대성이 부정되고 있고 물질적 원소들이 궁극
적인 것이라는 사상이 명백히 나타나고 있다. 또 유물론 사조의
하나였던 프로트 상키야 학파는 물질 개념에 대한 주목할 만한
일반화를 이루고 있다. "이 학설은 물질(프라크리티)을 세계의
궁극적 실재라고 본다. 프라크리티는 영원히 존재하고 어떤 것
에 의해서도 창조되지 않은 자기 원인이며 끊임없는 창조와 붕
괴의 상태에 있다."17) 물질에 대한 이러한 관념은 당시의 미발
달된 과학의 수준을 고려하면 직관에 기초하여서는 거의 완성
된 수준으로 물질 개념을 끌어올리고 있음을 보여준다. 이러한
관념은 고대 그리스의 수준과 비교하여 거의 뒤지지 않는 것이
라 할 수 있다. 또 고대 인도철학에서 주목되는 것은 고대 그리
스와 같이 원자론이 존재했다는 점이다. "나야 학파와 바이세시
카 학파의 학설에 따르면 세계는 물·흙·공기·불이라는 질적으로
종류가 다른 작은 미립자(원자)로 구성되고 이들 미립자는 공간
과 시간과 방향 속에 포함되어 있다. 자연계의 모든 객체는 이
들 원자로부터 형성된다. '원자' 자체는 영원하여 창조될 수도
파괴될 수도 없지만, 그들로부터 형성된 객체는 변천해가는 것
이며 가변적이고 항상 멈추어 있는 것이 아니다. 원자는 질적으
로 구별될 뿐만 아니라 양적으로도 자신의 크기와 형태에 의해
구별된다."18) 이러한 고대 인도의 원자론은 고대 그리스의 데모
크리토스의 원자론과 비교되는데 고대 인도의 유물론이 매우
높은 수준으로 발전했음을 말해준다.
이외에도 중국 등 많은 곳의 고대 문명에서 지식의 축적이 신

16) 앞의 책. p.76
17) 앞의 책, p.80
18) 앞의 책, p.89

앙과 충돌하면서 철학이 발생하기 시작했다. 그리스 식으로 말하면 철학의 발생은 신앙(신화)에서 로고스(이성)로의 이행으로 특징지어진 것이었다[19]. 그러면 고대 철학의 정점에 서있는 고대 그리스에서 철학의 발생을 검토해 보자.

고대 그리스에서 철학의 발생은 기원전 6세기에 원시공동체가 노예제 체제로 교체되던 시기에 이루어졌다. 노예들은 가혹한 노동에 시달리고 서로 다른 종족으로 구성되었고 상이한 문화와 언어를 가지고 있어서 철학의 담당자가 될 수 없었다. 고대 그리스에서 철학의 담당자는 노예소유자 계급이었는데 이 노예소유자 계급 내에서 귀족과 민주주의 당파간의 차이가 고대 관념론과 유물론의 당파적 대립을 낳은 사회적 배경이었다.

고대 그리스의 유물론 철학은 흔히 자연철학이라 불린다. 이는 그 당시의 철학자들이 세계의 근본요소를 물·불·흙·공기 등 자연의 물질에서 찾았기 때문인데 철학의 발생 당시는 아직 의식적인 철학적 관념론이 존재하지 않았고 철학하면 자연에 대한 근원적인 지식을 의미한다는 인식이 지배적이었기 때문이다.

고대 그리스 유물론(자연철학)의 창시자는 탈레스이다. 기원전 6세기에 활동을 했던 탈레스는 이집트 등의 선진적인 학문을 받아들이고 수학·천문학·기상학·물리학 등의 발전에 기여했고 고대 그리스의 7현인의 한 사람으로 유명했다. 탈레스는 세계의 근본요소(아르케)를 물(水)에서 찾았다. 그러나 물에서 세계의 근원성을 찾는 관념은 탈레스에 고유한 것은 아니었고 고대 이집트에서 유래되었을 가능성이 크다. 그런데 이러한 탈레스의 주장의 의미는 세계를 신화로부터 벗어나 합리적으로 설명하려 하고 세계의 다양한 현상들 속에서 자연적인 통일성을 추구한 것이었다.[20] 이 점이 아르케 혹은 세계의 근본요소라는 관점,

19) 이병수·우기동, 철학의 철학사적 이해, 돌베개, p.17
20) 콘스탄틴 J. 밤바카스, 철학의 탄생, 알마, p.85

그러한 접근법의 의미였다. 이를 통해 고대 그리스에서 신앙에서 로고스(이성)로!의 이행이 시작되었다. "자연의 다양한 현상들을 자연 안에 있는 어떤 것의 변환으로 설명하려고 한 최초의 인물"21)이라는 점에서 탈레스는 그리스 철학의 문을 열었다. "우주의 합법칙적인 질서를 굳게 믿었던 것, 자연현상에 대한 결정론적인 입장을 고수한 것, 보편적인 이론에 도달하기 위해 경험주의를 극복하려고 시도했던 것"22) 등이 탈레스가 개척한 새로운 단계의 내용이었다. 그리고 탈레스의 아르케 혹은 세계의 근본요소라는 접근법은 이 세계의 통일성을 당연한 것으로 전제하고 그 통일성의 내용으로서 '물'(水)이라는 요소를 제기한 것이었다. 이 세계가 무수한 연관으로 이루어지는 하나의 전체라는 통일성 관념은 이 그리스 철학자가 자연발생적으로 변증법적 사고를 하고 있었음을 보여주는데 고대 그리스의 대부분의 철학자들 또한 마찬가지로 자연발생적인 변증법론자였다.

탈레스의 제자 아낙시만드로스는 세계의 근본요소를 아페이론(무한자: 불확정적이며 무한정한 물질)에서 찾았다. 이 아페이론이라는 개념은 탈레스와 달리 근원물질에 구비되어 있던 감성적 구체성이 탈각된 것인데 이는 획기적인 진전이었다. 아낙시만드로스에게는 자연발생적인 변증법적 사고가 보이는데 그는 "아페이론으로부터 그 속에 있는 차가운 것과 뜨거운 것, 건조한 것과 습한 것이라는 대립물이 분리되어 모든 물체가 형성된다"23)고 설명했다. 여기서 주목되는 것은 대립물이라는 관념이다. 세계를 어떤 대립되는 요소간의 관계로 설명하는 것은 직관에 기초한 변증법적 관념의 발전이었다. 아낙시만드로스는 아페이론을 통해 우주의 발생을 설명한다. "아페이론은 발생과 소멸

---

21) 앞의 책, p.89
22) 앞의 책, p.89
23) 러시아 과학
  아카데미 편, 세계철학사(1), 중원문화, p.129

의 모든 원인을 포함하고, 그로부터 모든 하늘과 무수히 많은 세계전체가 분리되었다."24) 특이한 것은 아낙시만드로스가 인간의 기원에 대해 언급하고 있는 것인데 그는 "생물은 태양에 의해 증발된 습기로부터 생겨난다"는 인식에 기초하여 "처음에 인간은 물고기들 사이에서 태어났다. 그 후에 인간이 상어처럼 먹이를 먹으면서 자신을 지킬 능력을 획득하게 되자, 비로소 물을 떠나 육지로 올라오게 되었다."25)라고 파악하는데 이는 인간의 기원을 신에 의한 창조라고 보는 종교적 관념을 떠나 합리적, 과학적으로 접근하는 것이었고 실로 고대의 진화론이라 일컬을 만하다.

아낙시만드로스의 제자 아낙시메네스는 세계의 근본요소를 공기라고 보았다. "공기는 희박성과 농밀성에 따라 다양한 존재형태를 지닌다. 희박해지면 불이 되고, 보다 농밀해지면 바람이 되었다가 다시 구름이 되고, 더 농밀해지면 물이 되었다가 이윽고 땅이 되며, 그 다음에는 돌과 이 돌에서 생겨나는 다른 모든 것들이 된다. 아낙시메네스는 운동이란 영원하며, 변화도 이 운동을 통해 일어난다고 주장한다."26) 이러한 아낙시메네스 주장의 특징은 질적 변화를 공기의 희박성과 농밀성이라는 양적 변화에 의해 설명한다는 점인데 이 또한 자연발생적인 변증법적 사고라 할 수 있다. 또한 아낙시만드로스의 아페이론과 아낙시메네스의 차이는 아페이론이 직관에 기초한 추상임에 반해 아낙시메네스는 공기의 희박화와 농밀화라는 물리적 과정으로 세계를 설명함으로써 철학에서 물리적 사고를 개척했다는 점이다.

이러한 고대 그리스 철학자들에 대해 엥겔스는 다음과 같이 파악한다. "그리하여 바로 여기에 원초적이고 자연발생적인 유물

---

24) 앞의 책, p.130
25) 철학의 탄생, 알마, pp.101-102
26) 앞의 책, p.113

44

론이 보이는데, 이 유물론은 매우 당연하게도 그 시초에 있어서 제 자연현상의 끝없는 다양성 속에서의 통일을 자명한 것으로 보고, 이 통일을 탈레스가 물에서 찾았던 것처럼 특정한 물체적인 것에서, 특수한 것에서 찾았다."27)

탈레스, 아낙시만드로스, 아낙시메네스는 자연철학자 혹은 자연발생적인 유물론자였다. 이 시기는 그리스에서 이집트 등 동방의 학문을 흡수하면서 철학이 발생하던 시기였다. 그런데 이후의 시기는 이전 시기를 이어가면서도 철학에서 당파가 발생하고 이 당파의 투쟁이 뚜렷이 형성된 시기였다. 대표적인 사람이 헤라클레이토스와 파르메니데스였다. 헤라클레이토스는 자연발생적인 변증법을 거의 완성된 형태로 제출했고 반대로 파르메니데스는 변증법에 의식적으로 반대하면서 부동(不動)의 정신이 근본적 요소라는 관념론의 원형을 제기했다. 파르메니데스의 관념론은 플라톤으로 이어지면서 오늘날까지 존재하는 관념론의 원형을 보여주는데 이로써 철학의 양대 진영인 유물론과 관념론의 대립이 형성되었다.

헤라클레이토스는 세계의 근본요소를 불에서 찾았다. 여기서 불의 의미는 다음과 같다. "세계, 즉 모든 것으로 이루어진 하나의 것은 신들 및 인간에 의해서 만들어진 것이 아니고 그것은 법칙에 따라 불타고, 법칙에 따라서 꺼지면서, 과거·현재·미래에 걸쳐 영원히 살아 있는 불이다."28) 이것은 극히 제한적으로 전해지는 헤라클레이토스 자신의 언급인데 여기에는 유물론의 정신과 변증법의 정신이 훌륭히 통일되어 있다. 세계, 자연은 신이든, 인간이든 만들어진 것이 아니며 영원히 스스로 존재하는 것이라는 주장은 현대 유물론의 물질개념과 동일하다. 또한 법칙에 따라 불타고 영원히 살아 있는 불이라는 것은 운동의 불

27) 엥겔스, 자연법증법. 중원문화, p.185
28) 세계철학사(1), 중원문화, p.138

멸성을 말하는 것으로서 이는 현대 유물론에서 주장하는 물질과 운동의 불멸성과 동일한 것이다. 따라서 헤라클레이토스의 불은 물질의 영원한 운동과 변화를 가리키는 것으로 해석될 수 있다. 헤라클레이토스가 변증법의 철학자, 유동(流動)의 철학자라는 것은 다음과 같은 그의 말에서 전형적으로 확인된다. "같은 시냇물에서도 항상 새로운 물이 흘러들어 오기 때문에," 따라서 "어느 누구도 같은 시냇물에 두 번 들어가는 것은 불가능하다."29) 여기에는 이 세계가 부단한 변화와 운동의 과정이라는 점에 대한 번득이는 통찰이 담겨 있는데 헤라클레이토스의 변증법은 그러한 세계에 대한 정직한 인식이었다. 또한 그는 대립물의 통일과 상호전화라는 변증법의 사상을 표현하고 있다. "생과 사, 각성과 수면, 젊음과 노년은 어느 것이나 모두 동일한 것으로서 우리들 속에 있다. 이것이 전화하여 저것이 되고, 저것이 변화하여 이것이 되기 때문이다."30) 여기에는 대립물의 동일성, 혹은 통일성이 정확히 표현되고 있고 나아가 그 대립물의 상호전화라는 사상이 훌륭히 표현되고 있다. 그리하여 헤겔은 "헤라클레이토스의 문장 가운데 내가 나의 논리학에 수용하지 않은 것은 하나도 없다."31)고까지 말하였다.

그러면 헤라클레이토스의 변증법을 좀 더 살펴보자. "대립이야말로 유익하고, 상이한 것으로부터 가장 아름다운 조화가 생겨나며, 만물은 투쟁에 의해 발생한다."32) 이것은 대립을 부조화 내지는 악덕, 예외로 치부하는 기성의 사고와 정면으로 대립하는 것으로서 대립물의 통일과 투쟁이야말로 만물의 생성과 변화의 원리라는 것을 보여준다. 후대의 아리스토텔레스는 논리학의 초석인 모순율을 정식화하고 형식논리학을 완성하였는데 논

29) 앞의 책, p.132
30) 앞의 책, p.132
31) 철학의 탄생, 알마, p.264
32) 러시아 과학아카데미 편, 세계철학사(1), 중원문화, p.133

46

리에 있어서의 모순은 승인하였지만 자연과 현실적 대상 내에
서의 모순, 대립물의 통일과 투쟁은 부정하였다. 그런 점에서
아리스토텔레스는 그리스의 철학과 학문을 총괄하였다는 업적
에도 불구하고 변증법에 관한 한 헤라클레이토스보다 후퇴하였
다. 또한 헤라클레이토스에게는 진리가 무엇인가에 대한 변증법
적 통찰이 보이는데 그것은 '진리는 구체적이다'라는 점이다.
"바다는 마실 수 있는 가장 맑은 물인 동시에 가장 더러운 물
이다. 그것은 고기에게는 마실 수 있고 생명을 가져다주지만 인
간에게는 마시면 생명을 앗아간다."[33] 이것은 무엇이 올바른가
는 그것과 연관되는 조건들, 상황들과 떨어져서 파악될 수 없다
는 것으로서 진리의 문제에 대한 변증법적 인식을 보여준다. 이
러한 헤라클레이토스의 변증법에 대해 엥겔스는 다음과 같이
말한다.
"자연이나 인간의 역사 또는 우리 자신의 정신적 활동을 곰곰
이 고찰해 볼 때 우리 앞에 제일 먼저 나타나는 것은 연관들과
상호 작용들의 무한한 착종상인 바, 거기서는 사태가 어떠하며
어디에 어떻게 있는지가 불변인 채로 있는 것이 아니라 모든
것이 운동하고 변화하고 생성하고 소멸한다. 원시적이고 소박하
긴 하지만 사실상 올바른 이 세계관은 고대 그리스 철학의 세
계관이며, 이 세계관은 헤라클레이토스에 의해서 처음으로 다음
과 같은 말로 명료하게 표명되었다: 만물은 존재하는 동시에 또
한 존재하지 않는데, 그 이유는 만물이 **유동**하기 때문이며, 만
물이 끊임없는 변화와 끊임없는 생성과 소멸의 과정 속에 있기
때문이다."[34]
그리하여 헤라클레이토스는 유동(流動)의 철학으로 불리었는데

33) 앞의 책, p.134
34) 엥겔스, 반듀링론, 칼 맑스 프리드리히 엥겔스 저작선집 5권, 박종철 출판
　　사, p.23

반면에 파르메니데스는 부동(不動)의 철학이라 불리었다.

파르메니데스는 부유한 귀족가문 출신인데 그는 "가변적이고 다양한 자연현상을 '억견'(臆見)의 대상으로 간주"했고 "그가 '진정으로' 존재하는 것으로 인정했던 것은 변화하지 않는, 부동의 단일한 '존재하는 것' 일반뿐으로, 이것을 그는 사고와 동일시했다."35) 파르메니데스의 견해는 자연의 다양성과 변화를 억견, 즉 근거가 없는 생각으로 치부하는 것을 기초로 하여 자연의 변화에 대립하여 '진정으로 존재하는 것'이라는 범주를 설정하고 그것을 부동의 정신이라고 파악하는 것이다. 이러한 파르메니데스의 관점은 관념론의 원형, 관념론의 기본적인 정신을 보여주는데 파르메니데스의 논리를 하나하나 추적해 보자. 첫째, 파르메니데스는 헤라클레이토스와 정반대로 운동과 변화를 억견이라고 치부하여 부정한다. 운동과 변화는 진정으로 존재하는 것이 아니며 따라서 사고의 대상에서 제외된다. 둘째, 그러면 운동, 변화하지 않는 것, 즉 부동의 것이 진정한 존재가 된다. 셋째, 그런데 운동, 변화하는 것은 물질, 자연이므로 부동의 것은 정신적 존재가 될 수밖에 없다. 넷째, 따라서 부동의 정신적 존재가 이 세계의 본질이 된다. 또한 그러한 부동의 정신만이 존재하는 것이며 우주와 세계 전체는 이러한 부동의 정신의 단일한 실재일 뿐이다.

헤라클레이토스의 변증법에 따르면 현실에서의 운동과 변화는 존재와 비존재(非存在)의 통일이다. 그런데 운동과 변화를 억견이라고 부정하는 파르메니데스의 입장에서는 비존재가 부정되게 된다. 파르메니데스는 "존재하지 않는 것이 존재한다고 하는 것은 말할 수도 생각할 수도 없"36)다고 본다. 이는 비존재의 설정 자체를 거부하는 것이다. 헤라클레이토스의 경우 만물은 존

---

35) 러시아 과학아카데미 편, 세계철학사(1), 중원문화, p.146
36) 앞의 책, p.147

재하는 동시에 존재하지 않기 때문에 변화하고 유동한다고 보는데 반해 파르메니데스는 이러한 관점을 철저히 거부하고 변화하지 않는 부동의 정신적 존재를 세계의 본질로 보는 것이다. 한편 세계와 우주를 부동의 정신적 존재로 보는 파르메니데스는 존재와 사고를 동일시하고 있다. " … 그리고 사고와 그 사상은 그것이 존재하는 바의 것과 동일하다. 왜냐하면 그것에 관한 사상이, 말로서 표현되는 바의 존재하는 것과 관계없는 사고를 당신은 발견할 수 없을 테니까. … "37) 여기서 파르메니데스는 존재와 사고의 동일성의 근거를 존재와 무관한 사고는 없다는 점에서 구하고 있다. 그러나 여기에는 논리의 비약이 있다. 존재하지 않는 것에 대한 사고는 불가능하며 그렇기 때문에 존재와 사고는 동일하다는 것인데, 이는 두 가지 점에서 비판받을 수 있다. 첫째, 존재하지 않는 것에 대한 사고도 얼마든지 가능하다. 공상과 상상은 존재하지 않는 것에 대한 사고이다. 둘째, 존재하는 것에 대한 사고가 있을 때 사고 자체가 존재와 동일하다는 것은 비약이다. 사고는 단지 존재의 반영물, 상(像)에 지나지 않는다는 관점도 얼마든지 성립할 수 있기 때문이다.

파르메니데스는 인식의 세 가지 서로 다른 길을 구별했다. 그의 견해에 따르면 자신의 길은 옳지만 나머지 두 가지 길은 잘못된 것이다. "(1) 있는 것은 있고 없는 것은 없다. … (2) 있는 것은 있고 그리고 없는 것도 있다.(피타고라스의 이원론) (3) 존재와 비존재는 동일하고 또한 동일하지 않다.(헤라클레이토스의 변증법)"38) 여기서 파르메니데스는 (1)의 길인 자신의 견해만이 올바르다고 했다. 파르메니데스에게는 비존재 자체가 상정되지 않는다. 비존재는 존재하는 것이 아니기 때문에 사고의 대상이 되지 않고 그것을 사고하는 것은 불가능하다. 따라서 비존재가

---

37) 앞의 책, p.148
38) 앞의 책, p.149

존재하지 않는 세계는 오직 존재일 뿐이며 그것은 단일한 부동의 정신이다. 반면에 헤라클레이토스의 견해는 존재와 비존재의 통일을 승인하는 것이다. 운동과 변화는 바로 그것이면서 동시에 그것이 아닐 때 성립하므로 운동과 변화를 설명하기 위해서는 존재와 비존재의 통일이라는 변증법적 관점이 불가피하기 때문이다.

그런 점에서 파르메니데스는 한편으로는 변증법을 반대하는 부동의 존재라는 관점, 다른 한편으로는 자연의 현상을 억견으로 간주하면서 부동의 정신만이 진정한 존재라는 관념론을 수립했다는 점에서 고대 그리스에서 자연철학의 시대를 넘어서는 관념론적인 철학적 당파의 시대를 열었다.

이러한 관념론의 발생, 많은 고대 문명의 철학에서 유물론과 관념론의 대립의 발생은 일정한 합법칙성과 근거를 갖는 것인데 이에 대해 엥겔스는 관념론의 발생근거를 다음과 같이 정식화하고 있다.

"손과 언어기관, 그리고 두뇌의 협력이 개개인에게서 뿐만 아니라 사회 속에서 이루어짐으로써 인간은 더욱 복잡한 작업을 수행할 수 있는 능력, 더욱 고도의 목적을 설정하고 달성할 수 있는 능력을 갖게 되었다. 노동은 세대가 거듭할수록 더욱 완성되고 다면적이며 다양한 노동으로 되었다. 사냥과 목축에 이어 농경이, 농경에 이어 방직과 직조가, 금속가공이, 제도(도자기 제조-필자)와 운항이 등장하였다. 상공업과 함께 마침내 예술과 과학이 출현하였고, 종족으로부터 민족과 국가가 형성되었다. 법과 정치가 발전되었고, 이와 함께 인간적인 것이 인간두뇌에 공상적으로 반영된 것, 즉 종교가 발생하였다. 당초에는 두뇌의 산물로 나타났으나 곧 인간사회를 지배하는 것으로 여겨지게 된 이러한 모든 창작물 앞에서 노동하는 손의 보잘 것 없는 생산물들은 배후로 밀려나게 되었다. 이러한 과정은 이미 사회발전 단계의 매우 초기(예를 들면 단순가족 내에서)에 노동을 계획하는 두뇌가 계획된 노동을 자신의 손이 아닌 타인의 손을 통해 수행할 수 있게 됨으로써 더욱 촉진되었다. 급속히 발전하는 문명이 모두 머리의, 두뇌의 발전 및 활동의 공적으로 되었다. 인간은 자신의 행위를 자신의 욕구로부터가 아니라(물론 이 욕구는 머리에 반영되어 의식으로 나타난다) 사유로부터 설명하는데 익숙해졌다—이렇게 해서 특히 고대세계의 몰락 이후 두뇌를 지배해 온 저 관념론적 세계관이 시간이 지남에 따라 성립되어 갔다."[39]

노동을 통해 인간의 문화와 문명의 발생이 가능해졌지만 그 결과 종교, 법 등 정신의 생산물들이 사회에서 지배적 위치를 차지함에 따라 인간이 자신의 행위를 손(노동)이 아니라 사유로부터 설명하게 되고 이러한 점이 물질에 비해 정신을 일차적으로 보는 관념론적 세계관의 토대가 되었다고 엥겔스는 파악하고 있다. 이는 정신노동과 육체노동의 분리가, 그리고 육체노동에 대한 정신노동의 지배가 관념론의 뿌리임을 말하는데 파르메니데스의 관념론은 당시 사회의 지배계급인 귀족계급의 이데올로기로서 자연철학, 고대 유물론에 맞서 의식적으로 창출되었다.

이렇게 헤라클레이토스와 파르메니데스는 자연이 근원적인가 정신이 근원적인가라는 점에서 근본적으로 대립했고 또 세계를 생성과 소멸, 유동의 관점에서 볼 것인가 아니면 부동성, 절대성의 관점에서 볼 것인가라는 점에서 방법론상의 차이를 보였는데 이는 이후의 철학의 역사에서 유물론과 관념론의 대립, 변증법과 형이상학의 대립의 원형을 보여준다.

---

39) 엥겔스, 자연변증법, 중원문화, pp.174-175

2. 데모크리토스 노선과 플라톤 노선의 투쟁

헤라클레이토스와 파르메니데스의 대립에서 원형이 보이기 시
작한 유물론과 관념론의 대립은 지속적으로 발전한다. 변화와
운동을 부정하고 부동의 정신을 주장한 파르메니데스의 견해를
넘어서고자 하는 노력을 보여준 것은 엠페도클레스와 아낙사고
라스였는데 이들은 데모크리토스의 원자론의 전제를 마련하는
데 기여했다. "파르메니데스가 변화를 부정한 것은 단일한 실재
를 상정했기 때문이라고 믿은 엠페도클레스는 실재의 단일성을
포기하고 궁극적 실재를 불, 공기, 흙, 물의 네 가지 원소(만물
의 뿌리)로 보았다. … 세계의 사물은 이 네 가지 뿌리가 여러
비율로 결합된 복합체이며 생성과 소멸은 실은 이 결합과 분리
에 주어진 명칭에 불과하다. 엠페도클레스는 변화를 무(비존재)
에서 존재가 생겨나는 것으로 이해하지 않았으며, 무로부터 아
무 것도 생겨날 수 없고 참된 존재는 영원 불변하다는 파르메
니데스의 주장을 그대로 받아들였다. 그러나 동시에 변화를 궁
극적 실재들의 결합과 분리라는 기계적 운동으로 이해함으로써
변화와 불변을 중재하려 하였다."[40] 이러한 엠페도클레스의 견
해는 만물의 뿌리라는 원소를 상정함으로써 원자론의 전제를
보여주고 있고 또 그러한 원소들의 결합과 분리를 통해 운동과
변화를 설명하려 했다. 그런데 원소들의 결합과 분리를 통해 운
동을 설명하는 것은 기계적인 것으로서 헤라클레이토스의 변증
법적 사고로부터는 일정하게 후퇴한 것이다.
아낙사고라스는 "만물이 지니고 있는 무한한 다양성을 네 개의
요소로 설명하는 것은 불가능하다고 생각하여 궁극적 요소를
스페르마타라고 불리는 만물의 종자로 보았다. 스페르마타는 질
적으로 상이한 영원불변의 미세한 물질로서 무한히 존재하며

---

40) 이병수·우기동, 철학의 철학사적 이해, 돌베개, pp.43-44

이들의 결합과 분리로부터 사물의 변화가 초래된다. 스페르마타는 질적으로 상이하며 무한히 분할될 수 있다는 점에서 원자론의 원자와 구분된다."41) 이러한 아낙사고라스의 견해는 엠페도클레스가 사물의 근원을 네 가지 원소로 국한한 것을 극복하고 만물의 종자라는 일반화를 시도한다는 점에서 진일보이고 원자의 개념에 접근하는 것이다. 그러나 여전히 운동과 변화를 이들 원소들의 결합과 분리라는 기계적인 것으로 인식한다는 점에서 한계가 있고 대립물의 상호 이행이라는 헤라클레이토스의 관점과는 차이가 있다. 이러한 아낙사고라스의 견해에 대해 레닌은 다음과 같이 파악하고 있다. "여기서 어떤 사람들은 전화라는 것을 질적으로 규정된 미립자들의 현존 및 이 미립자들의 증가(내지 감소)[결합과 분리]라고 하는 의미로 파악한다. 또 다른 파악(헤라클레이토스)-일자의 타자로의 전화."42)

이러한 엠페도클레스, 아낙사고라스의 견해는 당시 고대 그리스의 유물론자들이 "자연현상을 물질적 미립자의 결합과 분리로 간주했다"43)는 것을 보여주고 있다. 데모크리토스의 원자론은 이러한 흐름의 연장선상에 있었던 것이며 나아가 이들을 극복하고 원자론을 확립함으로써 고대 유물론을 완성했다.

데모크리토스의 직접적 선행자는 스승인 레우키포스였는데 그는 고대 그리스 철학 최초로 원자와 공허(空虛)에 관한 학설을 제기하고 인과성의 원리도 정식화하였다. "어느 것도 터무니없이 생겨날 수는 없다. 오히려 모든 것은 근원으로부터 필연에 의해 생겨난다."44) 그러나 레우키포스에 대해서는 자세한 내용이 전해지지 않고 있고 데모크리토스 또한 방대한 내용의 많은 저술을 했지만 그의 책으로서 전해지는 것은 없고 단지 많은

---

41) 앞의 책, p.44
42) 레닌, 철학노트, 논장, p.228
43) 러시아 과학아카데미 편, 세계철학사(1), 중원문화, p.159
44) 앞의 책, p.162

해석자들의 단편적인 내용을 통해서만 전해질 따름이다. "데모
크리토스는 원자를 있는 것(존재), 공허를 있지 않은 것(비존재)
으로 불렀는데 이때 그는 공허를 원자에 못지않게 실재하는 것
으로 생각했다."45)

데모크리토스의 원자 개념에 대해서 전해지는 내용은 다음과
같다. "원자는 질을 갖고 있지 않은 극히 작은 물체이고 공허는
어떤 장소이다. 이 속에서 이들 모든 물체는 영원한 옛날부터
위로 또는 아래로 뛰어 다니고 또는 어떤 방법으로 서로 뒤얽
히며 서로 충돌하고 배척하며 뿔뿔이 흩어지고 또한 다시 서로
마주치는 결합물이 된다. 이렇게 하여 그것들은 다른 모든 복잡
한 물체도 우리의 신체도 그 상태와 감각도 만들어내는 것이
다."46)

이러한 데모크리토스의 원자개념은 아낙사고라스의 종자 개념
이 다양한 질을 갖는데 비해 원자는 질이 없고 단지 양적으로
만 구분된다는 점에서 서로 다르다. 데모크리토스의 원자론의
구성은 원자와 공허로 이루어지고 있는데 원자는 스스로 운동
하는 성질을 지니고 있다. "'커다란 공허' 속에서 우주의 무한한
공간 속에서, 원자는 저절로(자동적으로) 영원히 운동하고 있다.
… 특히 귀중한 의의를 갖는 것은 운동이 물질로부터 분리될
수 없다는 데모크리토스의 추론이다. 그의 견해에 의하면 원자
의 운동은 영원히 존재하며 시간상의 기원을 갖지 않는다. 이처
럼 이 사상가는 자연 그 자체로부터 설명하려고 했다."47) 이렇
게 원자 스스로 운동성을 지니고 있다는 추론에 의해 그는 물
질과 운동의 통일성이라는 유물론의 초석을 세웠고 자연과 세
계에 대한 설명에 있어서 세계 전체는 물질의 운동에 다름 아

---

45) 앞의 책, p.163
46) 앞의 책, p.165
47) 앞의 책, pp.166-167

니라는 견해로 나아갈 수 있었다.

여기서 원자론의 또 하나의 축인 공허에 대해 살펴보자. 공허는 장소적 의미의 빈 공간으로 해석되기고 하고 혹은 비존재로 해석되기도 한다. 파르메니데스가 비존재는 없다고 하면서 오직 존재만이 가능하다고 한데 반해 데모크리토스는 비존재, 공허 또한 원자 못지않게 실재한다고 보았다. 스스로 운동하는 원자는 공허 속에서 운동하는 것으로서 공허는 원자의 자기운동을 설명하기 위한 하나의 필요조건이다. 왜냐하면 공허가 없고 세계 전체가 꽉 찬 존재로만 이루어져 있다면 원자의 운동이 불가능하기 때문이다. 이 점에서 데모크리토스는 파르메니데스의 변화에 대한 부정과 부동의 정신의 단일한 존재라는 형이상학을 극복할 수 있었다. 이 공허 개념은 변증법적으로 설명되고 있는데 비존재의 실재성이 바로 그것이다. '없는 것(비존재)이 있다(존재)'는 것인데 없는 것, 비존재가 원자의 운동이라는 변화와 실재성의 조건이 되고 존재와 비존재의 통일이 곧 운동으로 파악되고 있다. 헤겔은 "생성은 존재와 무의 통일"[48]이라고 설명하고 있는데 이러한 헤겔의 관점과, 원자의 운동이라는 생성과 변화를 공허라는 비존재의 실재성을 조건으로 파악하는 데모크리토스의 관점은 일맥상통한다.

이와 같이 데모크리토스의 원자론은 공허라는 비존재를 원자의 운동의 조건으로 도입함으로써 성립되었다. 이러한 "원자론의 위대성은 운동하는 원자 외부에 운동의 원인을 설정하지 않고 운동을 원자에 내재해 있는 한 특성으로 파악한 점에 있다. … 원자론 철학은 소박하나마 물질의 영원성과 불멸성, 세계의 무한성 그리고 물질과 운동의 통일성을 인식했다는 점에서 고대 유물론의 완성된 형태"[49]였다.

---

48) 헤겔, 대논리학(1), 벽호, p.76
49) 이병수·우기동, 철학의 철학사적 이해, 돌베게, pp.49-50

이렇게 세계를 원자의 자기운동으로 설명하는 관점에 서서 데모크리토스는 "자연에는 인과성이 없으며 합목적성이 지배한다는 목적론과 달리 자연에 있어서 객관적인 인과성, 필연성 그리고 합법칙성을 승인하였다."50) 돼지는 인간에게 잡아먹히기 위해 신이 창조하였다는 식의 목적론은 세계에 대한 과학적 인식이 부족하기 때문에 발생한 것인데 이에 대해 인과성의 객관성을 승인하는 것은 목적론을 극복하고 세계의 여러 현상들에 대한 과학적 인식의 토대를 구축하는 것이었다. 그런데 데모크리토스는 인과성을 철저히 밀고나가기 위해 필연성만을 인정하고 우연성은 부정하는 오류를 범하였다. "우연히 일어나는 일은 없다. 사람들이 우연적으로 혹은 운명에 따라 일어난다고 하는 모든 일들도 정확히 규정되어 있는 원인에 따라 일어난다.", "그러므로 우연히 일어나는 일의 원인은 규정될 수 없다. 따라서 우연은 규정될 수 없는 것의 영역에 속하는 듯하며, 인간은 이를 설명할 수 없는 것이다."51) 이렇게 우연성을 부정하고 모든 것을 필연으로 설명하는 것은 숙명론으로 나아가는 것이다. 이는 당시 과학의 한계를 반영하는 것이지만 인과성을 철저히 관철하는 것이 곧 우연성의 부정으로 귀결되는 것은 아니다. 현실에서 많은 현상들은 우연성과 필연성의 통일로 나타난다. 우연성 속에 관철되는 필연성이라는 관점은 과학적 탐구의 길잡이가 된다. 확률이라는 개념 또한 많은 우연적 현상 속에서 관철되는 필연성을 도출하기 위한 것이다. 이와 같은 데모크리토스의 한계는 인간 정신에 대한 그의 설명에서도 나타난다. "데모크리토스는 영혼을 초자연적 원리라고 보는 관념론적 생각을 거부하고 영혼의 물질적 성격에 관해 설명했다. 영혼이나 불은 둥글고 민활한 원자의 결합이고 영혼은 신체 내의 '불의 원리'

---

50) 앞의 책, p.50
51) 콘스탄틴 J. 밤바카스, 철학의 탄생, 알마, pp.430-431

56

라고 그는 말했다. 죽음이란 신체로부터 영혼의 이탈이 아니고 신체의 원자와 영혼의 원자 사이의 자연필연적인 분리이며, 영혼도 신체와 같이 죽을 수 있는 것이다."52) 이는 데모크리토스가 영혼으로 파악되는 인간 정신에 대해서도 원자론에 입각하여 유물론적 관점에서 일관되게 설명하려 했다는 점을 보여준다. 그러나 인간정신 혹은 영혼을 원자의 결합이라고 파악하는 것은 현대 유물론, 변증법적 유물론의 관점에서 보면 기계적이고 속류적이다. 물론 영혼의 불사를 주장하는 관념론에 대한 투쟁에서 그러한 관점이 큰 역할을 했지만 엄밀하게 보면 인산정신에 대한 과학적인 관점은 아니다. 인간의 정신, 의식은 물질 발전의 오랜 역사의 결과 성립한 물질의 최고산물이다. 뇌라는 심리기관의 성립과 발전은 자연의 발전과 진화의 오랜 기간의 산물인데 이러한 뇌의 내적 상태, 뇌에서 일어나는 심리적 및 물리적 과정의 통일이 의식이다. 따라서 의식 혹은 영혼을 원자의 단순한 결합과 분리로 파악하는 것은 인간의 정신, 의식에 대한 속류적, 기계론적 인식이라 할 수 있다. 데모크리토스가 인간 정신 혹은 영혼에 대해 과학적 해명을 하지 못했다는 것은 큰 의미가 있는데 부동의 정신, 현실 너머의 이데아의 세계를 주장하며 물질에 대한 정신의 선차성을 주장하는 관념론을 온전히 극복하지 못하고 나아가 그러한 관념론에 의해 원자론이 밀려나는 원인이 되기 때문이다. 그럼에도 불구하고 데모크리토스는 원자론에 입각하여 모든 방면에서 과학적 인식을 추구한다.

데모크리토스의 큰 공적은 인간 사고에 있어서 감각과 사고의 의의에 대해 유물론적으로 해결을 시도한 점에 있다. 그는 '참으로' 존재하는 것과 '관습으로' 존재하는 것을 구별했는데 '참으로' 존재하는 것은 원자와 공허뿐이며 '관습으로' 존재하는 것

52) 러시아 과학아카데미 편, 세계철학사(1), 중원문화, p.168

은 색·맛·향기·소리·따듯함·차가움 등이다. '관습으로' 존재하는
것은 원자의 결합에 의해 발생된 표상일 뿐 원자 자체에는 고
유하지 않다. "데모크리토스는 감각을 지식의 최초의 단계로 간
주했다. 감각을 설명하기 위해 그는 소박하지만 유물론적인 '에
이돌라'의 이론을 만들어냈다. 그는 대상의 표면으로부터 극히
얇은 흐름—대상의 박리상(에이돌라)—이 떨어져 나와 그 상이
인간의 눈앞에 있는 공기에 작용하여 눈이 그 대상을 보는 것
처럼 되는 것이다. 그러나 감각은 '어두운' 인식이다. 그것만으
로 원자와 공허에 대한 지식을 줄 수 없고 그렇게 하는 데는
더욱 예민한 종류의 인식, 요컨대 '참된' 인식, 즉 이성(이론적
사고)의 관여가 필요하다."53), "데모크리토스는 인식론을 형상
적으로 서술했다. 그는 '감성'과 '이성'으로 하여금 서로 논쟁하
게 했다. 이 논쟁에서 '이성'은 바로 자신이 원자를 인식하게 하
는 것이고 따라서 진리를 인식하지 못하는 감성보다 뛰어난 것
이라는 의견을 진술했다. 그러나 '이성'의 이 의견은 '감성'과 충
돌한다. '불쌍한 이성이여, 그대는 우리에게서 증거를 입수한 끝
에, 그 증거에 의해서 우리를 논박하려고 시도하고 있다! 그대
의 승리란 그대의 몰락이 아닌가!'"54) 이렇게 이성과 감성을 충
돌시켜 그 과정에서 인식의 발전을 도모하는 접근은 매우 변증
법적이라 할 수 있고 또한 인식에 있어서 이성과 감성 중 감성
의 일차성을 분명히 한 것은 유물론적 인식론의 틀을 세운 것
이다.

데모크리토스의 원자론은 고대 유물론의 정점이었다. 세계 전체
를 원자라는 물질의 운동으로 설명한 것, 운동에 대해 원자의
자기 스스로의 성질로 파악한 것, 공허라는 비존재를 원자의 운
동의 조건으로 파악하여 운동에 대한 변증법적 관점을 정립한

---

53) 앞의 책, p.170
54) 앞의 책, p.171

것, 인식론에 있어서 감성과 이성의 구별을 정립하여 유물론적 인식론의 초석을 놓은 점 등이 그러하다. 그러나 이러한 원자론의 성과는 당시 과학의 한계를 반영하고 있는데 우연성을 부정하고 필연성만을 주장하여 숙명론에 빠진 점, 인간 정신에 대해 원자의 결합과 분리로 파악하는 기계론적 설명을 보여서 이후 물질에 대한 인간정신의 선차성을 주장하는 관념론에 밀려날 수밖에 없었다는 점 등이 한계이다.

데모크리토스의 원자론이 고대 유물론을 완성된 형태로 제출한 것이었다면 고대 관념론 또한 플라톤에 의해 완성된 형태로 제출된다. 파르메니데스가 부동의 정신의 단일한 존재를 주장하여 관념론의 원형을 제공했다면 플라톤은 그러한 파르메니데스의 주장을 계승하여 발전시켜 이데아론을 제출하여 객관적 관념론의 창시자가 된다.

데모크리토스와 거의 동시대 사람으로 기원전 5세기에 활동한 플라톤은 귀족집안의 자손으로서 소크라테스에게 배우고 소크라테스의 죽음 후에 아테네에 아카데미아라는 철학연구기관을 창설한다. 플라톤은 정치적으로 민주주의 당파에 반대하고 귀족계급의 이익을 옹호하였으며 데모크리토스 사상에 대해 반대하여 활동하였다.

플라톤의 이데아론은 현실세계 너머의 일종의 정신적 세계인 이데아의 세계를 주장하는 이론이다. 그 이데아의 세계는 계층적인데 맨 위에 선(善)의 이데아가 있고 그 아래 덕(德)의 이데아가 있는 식이다. 그리고 현실의 세계는 이데아 세계의 그림자에 불과하다고 본다. 그의 이데아론은 이데아 자체가 정신적 본질로서 영구불변의 부동의 것이라는 점에서 파르메니데스의 부동의 정신적 존재 이론을 계승한 것이다. 그러나 플라톤의 이데아가 파르메니데스와 다른 점은 부동의 정신적 존재를 실제적 존재로 끌어올린 점인데 그 과정에서 플라톤이 사용한 방법은 보편의 자립화, 실재화이다. "그렇다면 '많은 아름다운 것'을 보되, '아름다운 것 자체'는 못 보며, 거기로 자신들을 인도하는 사람을 따라갈 수 없는 사람들을, 또한 '많은 올바른 것'을 보되 '올바른 것 자체'는 못 보는 사람들, 그리고 또 일체의 것에 대해서 그러는 사람들을 가리켜 우리는 그들이 모든 것에 대해 의견은 갖지만, 자기들이 의견을 갖는 것들에 대해서 아무 것도 인식하지 못하고 있다고 말할 걸세."[55] 이러한 플라톤의 접근은 '아름다운 것 자체'(보편)를 인식하지 못하면 아름다운 것들(개별)을 보더라도 아무 것도 인식하지 못하는 것과 같다는 것으로서 개별적인 것은 의미없고 오직 보편만이 의미있다는 주장이다. 이것은 보편을 절대화시키는 것인데 플라톤이 이렇게 보편을 절대화하는 것은 그렇게 절대화된 보편의 자립성, 독립적 실재성을 주장하기 위해서이다. "'많은 아름다운 것' 아닌 '아름다운 것 자체'가 또는 '많은 각각의 것' 아닌 '각각의 것 자체'가 '있다'고 대중이 인정하거나 믿게 되는 게 가능하겠는가?"[56] 아름다운 것 자체라는 보편의 독립적 실재성의 주장! 그러한 보편이 개별과 독립되어 독자적으로 존재한다는 것! 이것이 플라톤의 이데아론의 현실적 내용이다. 즉, 보편이 개별로부터 분리되어 자립화되어 독립적 존재를 갖게 된다는 것인데 플라톤은 거꾸로 그러한 자립적인 보편 존재를 이데아로서 상정하고 그 이데아에 의해 현실세계와 개별적 존재를 역규정한다. "그런가 하면 아름다운 것 자체니, 좋은 것 자체니 하고, 그리고 그때 우리가 '많은 것'으로 상정한 모든 것과 관련해서도 이런 투로 말하며, 이번에는 각각의 것에 한 이데아가 있는 것으로 상정하여 이 한 이데아에 따라 이 각각을 '실재하는 것'이라 우리가 일컫네.", "그리고 앞엣 것들은 '보이기는' 하되 '지성에 알려지지는'

---

55) 플라톤, 국가·政體, 서광사, p.381
56) 앞의 책, p.406

않는다고 우리가 말하는 반면에 이데아들은 지성에 알려지기는 하나 보이지는 않는다고 말하네."57) 아름다운 어떤 것에는 그에 상응하는 아름다운 것 자체라는 이데아가 있는데 그 이데아는 눈에 보이지는 않지만 실재하는 것(지성에 알려지는 것)이며 눈에 보이는 아름다운 것은 실재하는 것이 아니라는 주장이다.

이러한 플라톤의 이데아론은 부동의 정신적 존재의 선차성이라는 관념론에 기초를 두는 것이지만 방법론에 있어서는 개별과 보편의 관계에 대한 잘못된 인식에 기초한 것이다. 많은 아름다운 것을 보며 아름다움 자체를 사고하는 것은 많은 꽃들을 보며 그것의 공통된 성질인 꽃이라는 관념을 떠올리는 것과 같은 이치이다. 여러 개별적인 것들 속에서 그것들에 공통된 보편적 성질을 추출하는 것은 인식의 발전과정의 하나이다. 그러나 여기서 중요한 것은 개별과 보편의 관계에 대해 플라톤이 오류를 범하고 있다는 점이다. 보편이 개별로부터 독립되어 별도로 실재한다는 것은 공상이다. 정반대로 보편은 개별 '속에' 실재하는 것이다. 즉, 개별과 독립된 것이 아니라 개별과의 관련 속에서만, 개별에 존재하는 성질의 하나, 한 측면으로서 보편은 존재(실재)하는 것이다. 한편 플라톤의 이데아론과 정반대로 보편은 실재하는 것이 아니라는 주장도 있는데 이는 잘못된 것이고 보편은 개별 속에, 개별을 통하여 존재(실재)한다고 인식하는 것이 보편과 개별의 관계에 올바른 접근이다. 이렇게 플라톤은 개별과 보편의 관계를 그르치고 부당하게 보편을 자립화하여 개별로부터 독립시켜서 이데아의 세계를 창조했다. 그리고 현실의 세계, 감각적 세계는 이러한 이데아의 세계로부터의 파생물에 불과한 것으로 파악된다. 이러한 플라톤의 이데아론은 이후 역사에서 많이 등장하는 객관적 관념론의 원형이라 할 수 있는데 객관적 관념론은 인간의 정신적 본질을 절대화하고 자립화하여

---

57) 앞의 책, pp.433-434

인간으로부터 분리시키고 독립적으로 실재화하는 것이다.

플라톤은 이렇게 현실세계 너머의 정신적 세계인 이데아의 세계를 창조하고 거꾸로 그로부터 현실세계와 인간의 인식을 설명한다. 그의 인식론은 상기론(想起論)이다. 즉, 우리가 현실세계에서 느끼고 사고하는 모든 것은 이데아의 세계에서 있었던 일을 상기하는 것에 불과하다. 그에 따라 그는 참된 인식에 있어서 감각의 역할을 부정한다. "철학은 영혼에게 눈과 귀와 그 밖의 감각 기관들에 의한 인식은 거짓으로 가득 차 있다는 것을 가르쳐주고, 그런 감각 기관들을 사용하지 않으면 안되는 경우 이외에는 그런 감각 기관들을 사용하지 말라고 설득하네. 그리고 철학은 영혼에게 자기 자신에게 집중하고 가라앉아 자기 자신 이외의 것은 아무 것도 신뢰하지 말고 오직 영혼 자신이 스스로 이해한 '사물 그 자체'만을 신뢰해야 하며, 자신 이외의 경로를 통해 들어오는 모든 것과 서로 다른 형태를 취하는 모든 것들은 감각적이고 눈에 보이는 것들이므로 결코 참된 것으로 보아서는 안된다는 것과, 그러나 영혼이 자기 자신의 본성으로써 보는 것은 지혜를 예측하고 보이지 않는 것이라고 가르쳐주네."58) 이는 인간의 인식에서 감각의 의의를 전면 부정하고 영혼이 인식하는 사물 그 자체만을 신뢰해야 한다는 것으로서 절대화되고 자립화된 보편에 대한 인식이외에 감각을 통한 인식은 참된 인식과 배치된다는 주장이다. 그러나 인간의 인식은 감각을 통하지 않고서는 이성적 판단을 위한 자료를 얻을 수 없고 나아가 사물 그 자체라는 절대적 보편성 혹은 보편에 대한 참된 인식 또한 감각을 통한 개별에 대한 인식없이는 불가능하다. 왜냐하면 보편은 개별의 어떤 성질, 측면을 추상한 것이며 개별 속에 존재하는 것이기 때문이다. 감각은 인간의 인식에서 이성과 더불어 주요한 두 측면의 하나이다. 감각을 통한

---

58) 플라톤, 파이돈, 육문사, p.254

인식은 구체성과 직접성을 인식에 가져다주고 이성적 인식은 이를 가공하는 것일 뿐이며 우리의 인식은 감성적 인식과 이성적 인식의 총체적인 통일과정에 다름 아니다. 따라서 인식에서 감각의 의의를 전면 부정하는 플라톤의 인식론은 독선적이고 일면적이다.

상기론은 이데아의 세계를 전제로 하는 것인데 인간 인식의 구체성과 풍부함, 능동성을 부정한다. "우리가 태어나기 전에 획득한 지식을 태어날 때 잊어버렸다가 나중에 감각을 사용하여 예전에 알고 있었던 것들을 되찾는 것이라고 한다면, 우리가 배움이라고 부르는 것은 본래 우리의 소유였던 지식을 되찾는 것이 아니겠나? 그러므로 우리는 그것을 상기라고 부르는 것이 옳지 않겠나?"[59] 현실의 삶과 사고는 이데아의 세계에서 있었던 일을 떠올리는 것에 불과하다는 상기론은 숙명론적 삶과 사고를 강요하는 것이다. 그러나 인간의 인식이 단지 상기에 불과한 것인가? 개념의 획득과 인식은 인류가 축적한 지식에 상당 부분 의존하는 것이다. 그러나 그 개념의 내용을 구성하는 것은, 예를 들면 아름답다거나 멋있다거나 하는 인식은 어떤 대상을 전제로 하고 주체와 대상의 상호작용을 전제로 하는 것이며 그것은 단지 과거의 것, 이데아의 세계를 떠올리는 것이 아니라 현실의 삶이며 상호작용이며 능동적인 것이다. 즉, 인간의 인식은 이데아의 상기가 아니라 현실의 대상에 대한 주체의 능동적 인식이다. 그에 따라 현실의 다면성과 풍부함, 구체성이 인간의 인식에 들어오고 주체의 능동성에 따라 인식의 폭과 깊이는 얼마든지 변화하고 발전할 수 있다. 그런 점에서 인간 인식의 본질은 이데아의 상기가 아니라 현실의 대상의 반영이라 할 수 있다. 대상의 변화를 반영하는 것, 대상의 많고 적음, 대상의 크기와 길이, 질적 차이의 발생과 변화 등등을 반영하는 것이 인

---

59) 앞의 책, p.240

간 인식이다. 그에 따라 진리의 개념은 대상과 인식의 일치가
된다. 우리의 인식이 대상을 올바르게 반영할 때 진실된 인식,
오류가 없는 인식이 된다. 반대로 상기론은 자립화된 보편을 진
리로 못박고 인간의 인식을 수동적으로 가두는 것이다. 그러나
진리의 본질은 절대화되고 자립화된 보편이 아니며 진리는 구
체적인 것이다. 여기서 옳은 것이 저기서는 오류가 될 수 있고
이때는 옳은 것이 저때는 잘못된 것이 될 수도 있는 것이 비일
비재하다. 개별에서 보편으로 나아가는 것은 인식의 발전을 의
미하지만 인식의 그러한 한 측면을 절대화하면 그것은 오류로
전화된다. 플라톤의 이데아론은 그러한 인식의 한 측면, 보편의
추구를 절대화하고 나아가 자립화한 것이며 따라서 인간 인식
의 발전을 속박하는 것이다.

그런데 플라톤은 이렇게 이데아론으로써 보편의 절대화와 자립
화를 추구하지만 한편으로는 자연발생적인 변증법의 일면을 보
인다. "분리와 결합, 차가워짐과 뜨거워짐 등등은 모두 그러한
생성이며, 때로는 이름 붙일 수 없는 생성들도 있지만 어쨌든
서로 반대되는 것들은 반드시 그 반대되는 것으로부터 생겨나
며, 각각으로부터 반대되는 것으로의 생성과정이 있는 것일세
."60) 대립물의 통일로서의 생성, 그 상호전화라는 이러한 관점
은 변증법적 인식을 보여준다. 그런데 플라톤은 이러한 자연발
생적인 변증법적 인식에서 궤변으로 나아간다. 반대되는 것들은
그 반대로부터 생겨난다는 것을 절대화하여 생명은 죽음으로부
터 생겨난다고 비약을 한다. "삶으로부터 생겨나는 것은 무엇인
가?", "죽음입니다.", "그러면 죽음으로부터 생겨나는 것은?", "삶
이라고 대답할 수밖에 없군요.", "그렇다면 살아있는 것은 사람
이건 사물이건 죽은 것으로부터 생겨나는 것이겠지?", "그렇습니
다."61) 이것은 변증법의 외양을 취하고 있으나 실은 궤변에 불

---

60) 앞의 책, p.231

과하다. 삶이 죽음으로부터 나온다는 것은 일면의 진실이 있다. 생명은 무생물로부터 영양분을 공급받아 생명을 유지하고 또 씨앗이 수분과 양분을 흙으로부터 얻어 싹을 틔우는 것은 살아 있지 않은 것으로부터 살아있는 것이 생겨나는 것이다. 그러나 플라톤은 이러한 것을 말하는 것이 아니라 죽음으로부터 삶이 생겨나기 때문에 죽은 자의 영혼이 죽음의 세계 어디에 있다가 현실세계로 되돌아온다고 말하고 있다. 이것은 대립물의 상호전화라는 개념을 주관적으로 왜곡하는 것이다. 이에 대해서는 레닌의 다음과 같은 언급이 적절한 비판이 될 것이다. "제 개념의 전면적, 보편적 굴신성, 대립물의 동일성에까지 나아가는 굴신성—여기에 본질적인 것이 있다. 이러한 굴신성이 주관적으로 적용되면, 절충주의 및 궤변으로 된다. 이러한 굴신성이 객관적으로 적용되면, 즉 이 굴신성이 물질적 과정의 전면성 및 이 과정의 통일성을 반영하면, 그것은 변증법이며, 세계의 끊임없는 발전에 대한 올바른 반영인 것이다."[62]

이와 같이 플라톤은 이데아론에 기초하여 자신의 철학을 전개하는데 보편의 절대화와 자립화를 진리로 치부하고서는 그러한 철학에 기초한 철학자가 다스리는 이상국가론을 전개한다. "철학자들이 이 나라에 있어서 군왕들로서 다스리거나, 아니면 현재 이른바 군왕 또는 '최고 권력자'들로 불리는 이들이 '진실로 그리고 충분히 철학을 하게' 되지 않는 한, 그리하여 이게, 즉 '정치권력'과 철학이 한데 합쳐지는 한편으로, 다양한 성향들이 지금처럼 그 둘 중의 어느 한쪽으로 따로따로 향해 가는 상태가 강제적으로나마 저지되지 않는 한, … 인류에게 있어서도 '나쁜 것들의 종식'은 없다네."[63] 이는 정치가 진리를 추구하는

61) 앞의 책, p.232
62) 레닌, 철학노트, 논장, p.55
63) 플라톤, 국가·政體, 서광사, p.365

철학에 기초해야 한다는 점에서는 올바르지만 철학자가 곧 정치권력자가 되어야 한다는 주장은 비약이라고 할 수 있고 당시 그리스의 현실과 맞아떨어지지 않는 것이며 자신의 이데아론이 그리스의 지배적인 철학과 정치현실이 되어야 한다는 강변에 불과한 것이었다. 그의 이상 국가는 현대의 관점에서 보면 일종의 전체주의 사회라 할 수 있다. 이상 국가에서는 여성과 아이들 그리고 재산이 공유의 대상이 된다. "이들 모든 남자의 이들 모든 여자는 공유하게 되어 있고, 어떤 여자도 어떤 남자와 개인적으로는 동거하지 못하게 되어 있다네. 또한 아이들도 공유하게 되어 있고, 어떤 부모도 자기 자식을 알게 되어 있지 않으며, 어떤 아이도 자기 부모를 알게 되어 있지 않다네."64) 이러한 플라톤의 주장은 현상적으로는 사적 소유를 부정하고 있지만 공산주의를 꿈꾸는 공동체적 주장이라기보다는 전체주의와 가까운 것인데 왜냐하면 이상 국가에서 계급질서는 의연히 유지되고 있기 때문이다. "내 생각으론 그 성향 상으로 장인이거나 또는 다른 어떤 돈벌이를 하는 사람이 나중에 부나 다수 또는 힘에 의해 또는 이런 유의 다른 어떤 것에 의해 우쭐해져서는 전사의 부류로 이행하려 들거나, 혹은 전사들 중의 어떤 이가, 그럴 자격도 없으면서, 숙의 결정하며 수호하는 부류로 이행하려 든다면, 그리하여 이러한 사람들이 서로의 도구나 직분을 교환하게 된다면, 또는 동일한 사람이 이 모든 일을 동시에 하려 든다면, 그런 경우에 내 생각에도 그렇지만, 자네한테도 이들의 이 교환이나 참견이 이 나라에 파멸을 가져다주는 것으로 여겨질 것이라 생각하네.", " 전적으로 그렇습니다.", "그렇다면 세 부류의 이들 사이의 참견이나 상호 교환은 이 나라에 대한 최대의 해악이며, 따라서 무엇보다도 더한 '악행'이라 불러 지당할 걸세."65) 여기서 플라톤은 사회의 계급을 철학하는 수호

---

64) 앞의 책, p.334

자 집단, 전사 집단, 장인이나 돈벌이로써 경제적 역할을 하는 집단으로 나누고 있고 이들의 구분을 절대화하고 그 구분을 약화시키는 것을 '악행'이라 규정하고 있다. 플라톤이 이러한 정치관을 펴는 것은 당시 그리스 상황에서 귀족과 민주주의 당파간의 투쟁에서 플라톤이 민주주의 당파를 적대시했던 것과 연관이 있다. 이러한 플라톤의 이상국가는 철저한 계급사회, 전체주의적 사회라 하지 않을 수 없다. 플라톤의 이상국가에 대해 일찍이 맑스는 "이집트의 신분제도의 아테네적 이상화에 지나지 않는다 …"66)고 하였다.

플라톤은 또한 이데아론에 입각하여 자신의 예술론을 펼치는데 현실의 세계가 이데아의 세계의 모방이며, 예술은 현실 세계의 모방이므로 예술은 모방의 모방에 지나지 않는다고 하여 예술을 매우 낮게 평가하였다. 이러한 플라톤 철학의 의미는 이전의 파르메니데스의 철학을 계승하여 이데아론으로써 관념론을 고대세계에서 완성했다는 점이다. 플라톤에 이르러 이전의 자연철학, 유물론과 구별되는 관념론, 정신을 세계의 일차적 요소로 보는 철학이 완성된 모습을 나타내었다.

고대 유물론과 원자론이 밀려나고 플라톤의 철학과 관념론의 흐름이 지배적인 된 것은 정치적 측면을 제외하면 철학 내적으로는 고대 유물론과 원자론이 인간정신의 본질을 제대로 해명할 수 없었던 때문이다. 이는 당시 과학발전의 한계를 반영하는 것인데 이러한 한계는 근대에 접어들어 다시금 자연과학이 발전하고 변증법적 자연관이 성립하게 되면서 극복이 된다. 고대 원자론은 이후 헬레니즘 시대의 에피쿠로스와 로마의 루크레티우스에 의해 계승, 발전된 모습을 띠게 되는데 중세 이후 잠복되었다가 근세에 이르러 가상디에 의해 재조명된다.

---

65) 앞의 책, pp.288-289
66) 맑스, 자본론1권(상), 비봉출판사, 1993, p.465

3. 아리스토텔레스

아리스토텔레스는 플라톤의 제자였다. 18세에 플라톤의 아카데미아에 들어가서 플라톤에게서 20년간 수학했으나 플라톤과 이견이 생기면서 플라톤 사후 아카데미아를 나왔고 이후 마케도니아의 왕이 된 알렉산더의 스승이 된다. 그리고 아테네에 자신의 학문기관인 리케이온을 창설하고 활동하는데 알렉산더가 죽은 후에 아테네를 떠날 수밖에 없었고 얼마 못가서 사망하였다. 맑스는 아리스토텔레스를 '고대의 가장 위대한 사상가'로 불렀고 엥겔스는 아리스토텔레스를 고대 그리스 철학자들 가운데 '가장 보편적인 두뇌'로 평가하였다. 아리스토텔레스는 철학, 논리학, 심리학, 자연과학, 역사학, 정치학, 윤리학, 미학 등 전 방면에서 연구하였으며 방대한 저술을 남겼다. 그런 점에서 아리스토텔레스는 전해지지 않는 데모크리토스의 저작들을 제외한다면 최대의 백과전서적인 사상가였다고 할 수 있다. 또한 그는 모순율을 핵으로 하는 논리학의 창시 등 뛰어난 업적을 남겼다. 그런데 이러한 아리스토텔레스의 사상은 모순적인 면이 있는데 과학적 논리학을 창시하는 등 과학의 추구를 중심으로 하면서도 신에 대한 승인 등 관념론적인 면을 동시에 갖고 있었다.

아리스토텔레스는 우선 자신의 스승인 플라톤의 핵심적 주장인 이데아론을 철저히 거부한다. "꼴들이 본(원형)이고 다른 것들은 이것을 '나눠 갖는다'(분유한다)고 말하는 것은 빈말하는 것과 같고, 시적인 비유를 말하는 것과 같다. 도대체 이데아들에 시선을 두고 (이를 본뜨며) 일하는 것은 무엇이란 말인가?"[67] 여기서 아리스토텔레스는 이데아가 현실로 존재하는 것이 아니라 단지 시적인 비유에 불과하다고 격하하여 이데아의 실체성을 부정한다. 번역체 단어인 '꼴'은 과거에는 '형상(形象)'으로

---

[67] 아리스토텔레스, 형이상학, EjB, p.83

번역되곤 했었는데 형태를 의미하며 이데아를 가리키기 위해
쓰이고 있다. 그리고 '다른 것들', 즉 현실세계의 사물이 이데아
를 '나눠 갖는다'(분유分有한다)는 것이 현실적 의미가 없다고
평가되고 있다. 이데아를 '나눠 갖는다'는 것은 현실세계의 사물
이 이데아를 본떠서 만들어 만들어졌다는 플라톤의 논리인데
아리스토텔레스는 이를 부정하고 있는 것이다. 이러한 기본관점
에 기초하여 아리스토텔레스는 이데아가 현상들의 원인이 아님
을 지적한다. "일반적으로 지혜('철학')는 '보이는 것'(현상)들의
원인을 찾지만 우리(플라톤주의자들)는 이 점을 내버려 두었다.
… 우리는 (눈에) 보이는 것들의 실체를 설명한다고 생각하면서
다른 (종류의) 실체('이데아')들이 있다(존재한다)고 주장하지만,
어떻게 이것들이 보이는 것들의 실체인지에 대해선 빈말을 한
다. '나눠가짐'(分有)은 앞서 말했듯이 아무것도 뜻하지 않기 때
문이다."68) 여기서 아리스토텔레스는 현실 세계의 개별 사물이
이데아의 세계의 이데아를 나눠가진다(분유한다)는 플라톤의 주
장이 현실세계, 현상들의 원인의 설명이 못됨을 지적하고 있다.
'나눠가짐'(분유)은 시적인 비유는 될지언정 과학적인 원인 개념
에는 해당하지 않는다고 보는 것이다.
아리스토텔레스는 플라톤의 이데아론의 오류의 핵심인 개별과
보편의 관계에 대해 평가를 한다. "여기서 내가 말하고자 하는
건, 예를 들어, '개별적인 것들'(즉, 동물들의 꼴들)과 따로 (떨
어져) 어떤 '동물'도 있지 않으며, (일반적으로) 규정 속에 든
것(요소)들은 어떤 것도 '개별적인 것들'과 따로 (떨어져) 있지
않다는 점이다."69) 여기서 아리스토텔레스는 개별적 동물과 떨
어진 동물일반은 존재하지 않으며 '규정 속에 든 것', 즉 보편
혹은 일반은 '개별적인 것과 떨어져 있지 않다'고 하고 있다. 이

---

68) 앞의 책, p.89
69) 앞의 책, p.337

는 아리스토텔레스가 보편은 개별과 떨어져 있는 것이 아님을 지적하여 개별로부터 떨어진 보편의 자립화를 내용으로 하는 이데아론을 정면으로 부정하는 것이다.

아리스토텔레스의 주요저작인 ≪형이상학≫은 자신의 선행자들에 대한 평가로부터 시작한다. "'모든 것'(우주)을 한 가지 것으로, 그리고 어떤 한 가지 실재를 밑감(재료)으로, 그것도 물질적이고 크기를 갖는 밑감으로 놓은 사람들은 분명히 여러모로 잘못을 저지르고 있다. 그들은 오로지 물체들의 요소들만을 놓을 뿐, 비물체적인 것들의 요소들은 [비물체적인 것들이 또한 있음에도 불구하고] 놓지 않기 때문이다."70) 우주를 한 가지 것, 즉 물질적인 것으로만 '밑감'(밑감이라는 단어는 과거에는 대체로 '질료(質料)'라고 번역되곤 했었는데 사물, 대상의 물질적 요소를 가리킨다)을 놓는다는 주장을 하는 이전의 선행자들(자연철학자들)은 우주의 구성은 물질만으로 이루어져 있다고 주장한 셈인데 아리스토텔레스는 이들(자신의 선행자들)이 비물체적 요소, 즉 정신적 요소를 간과하고 있다는 것을 예리하게 비판하고 있다. 즉, 자신의 선행자들인 탈레스, 헤라클레이토스, 나아가 데모크리토스 등이 세계의 물질적 구성원리를 세계의 근본요소라는 개념으로 혹은 원자론으로 나름대로 해명하고 있으나 인간 정신에 대해서는 올바른 해답을 주지 못하는 한계가 있음을 지적하는 것이다. 이러한 점은 아리스토텔레스의 철학이 이들 자연철학자들을 넘어서고 있음을 말해주는 것이다.

아리스토텔레스는 데모크리토스의 원자론을 평가하면서 "운동에 관련하여, 사물들이 어디로부터, 어떻게 운동을 하게 되느냐는 문제를 그들은 다른 사람들과 마찬가지로 안이하게 제쳐 놓았다."71)고 비판하였다. 데모크리토스는 원자가 저절로 스스로

---

70) 앞의 책, p.71
71) 앞의 책, p.54

운동한다고 했는데 이에 대해 아리스토텔레스는 '어떻게 저절로 움직이게 되는가'에 대한 설명이 없다는 것을 지적하고 있는 것인데 이는 데모크리토스 원자론의 한계에 대한 정확한 지적이다.

아리스토텔레스 철학은 위와 같이 선행자들에 대한 비판에 기초하여 질료와 형상의 철학을 전개하는데 질료와 형상의 철학은 후대에 막대한 영향을 미쳤다. 그러면 이를 조금 더 자세히 살펴보자. 질료(밑감)는 물질적 요소를 말하는 것이고 형상(꼴)은 형태, 형식을 말하는 것인데 예를 들면 청동그릇에서 청동은 질료(밑감)가 되고 그릇이라는 형태는 형상(꼴, 모양)이 된다. 그런데 그는 질료와 형상의 상호관계에 있어서 관념적 요소가 포함되는 형상을 물질적인 질료보다 근본적인 것으로, 나아가 실체로 놓는다. "예를 들어 "이것(밑감)은 왜 집인가?"라고 묻는다. … 이렇듯 우리가 찾는 것은 밑감의 원인이며 [이것은 꼴(형상)이다]. 이것 때문에 밑감은 어떤 (특정한) 것이 된다. 그리고 이것은 (그 사물의) 실체다."[72] 여기서 아리스토텔레스는 집을 분석하면서 집에 들어간 재료(질료 혹은 밑감) 때문에 집이 되는 것이 아니라 집의 형태를 의미하는 형상(꼴)에서 집의 본질을 찾고 있다. 그리하여 질료와 형상 중에서 관념적 요소가 포함된 형상이 사물의 본질이며 나아가 사물의 실체라 하고 있다. 그는 앞서 자신의 선행자들이 비물체적 요소(정신적 요소)를 간과하고 있다고 비판한 것에 기초하여 이렇게 형상을 실체로 보는 자신의 철학을 수립했다. 이는 지금의 물질 개념에 해당하는 질료(밑감)가 아니라 정신적 요소를 포함하는 형상(꼴)을 실체(즉, 일차적 요소)로 본다는 점에서 아리스토텔레스가 관념론으로 기울고 있다는 것을 보여준다.

아리스토텔레스는 원인과 결과의 관계를 승인한다는 점에서 결

---

72) 앞의 책, p.351

정론자라 할 수 있는데 그는 세계에 존재하는 원인들의 종류를
네 가지로 분류한다. 첫째는 질료인으로서 어떤 물질적 요소로
서의 원인을 가리킨다. 둘째는 형상인으로서 어떤 모양으로서의
원인이다. 셋째는 운동인(작용인)으로서 어떤 운동을 일으키는
원인이다. 넷째는 목적인으로서 어떤 사물이 어떤 목적을 위해
쓰이는가에 따른 것이다. 이러한 원인들의 종류에 대해 아리스
토텔레스는 건축에 비유하여 설명한다. "예를 들어, 집의 경우
'움직임이 비롯하는 곳'(운동의 근원)은 기술('건축술')이며, '무
엇을 위해서'(목적)는 (집의) 기능이며, 밑감(재료)은 흙과 돌들
이며, 꼴(형상)은 (집의 본질에 대한) 정의(定義)이다."[73] 집의
재료는 질료인, 집짓는 기술은 운동인, 집의 형태는 형상인으로
서 집의 본질에 해당하고 그리고 집의 기능은 목적인으로 분류
되고 있다. 원인에 대해 이렇게 종류를 분류하여 규정한 것은
고대세계에서 과학의 일보 전진을 의미한다. 원인과 결과 관계
의 승인, 어떤 현상의 원인은 무엇인가라는 접근은 과학적 인식
의 초석이기 때문이다. 그런데 문제는 목적을 원인으로 파악하
고 있다는 것인데 바로 이 점이 이후에 다양한 목적론이 나타
나는 근거가 되었다. 목적은 원인의 한 종류가 될 수 있는가?
목적을 원인으로 파악하면 목적론이 나타나는 것은 불가피해지
는데 예를 들면 젖소는 인간에게 젖을 제공하기 위해 생겨났다
는 식의 설명이 가능해지기 때문이다. 그러나 목적은 현실에 많
은 영향을 미치지만 원인의 한 종류로 파악될 수는 없다. 왜냐
하면 어떤 현상이 있을 때 그러한 현상을 초래한 원인은 목적
자체가 아니라 목적에 따른 행위이기 때문이다. 목적은 그 배후
에 있는 것으로서 어떤 결과를 초래하는 행위의 근거로 작용하
는 것이지 목적 자체가 원인인 것은 아니다. 그런 점에서 아리
스토텔레스가 목적을 원인의 한 종류로 파악한 것은 그의 오류

---

73) 앞의 책, p.114

이며 고대 세계에서 과학적 인식의 한계라 할 수 있다.

또한 중요한 것은 아리스토텔레스가 철학의 근본물음을 제기하고 있다는 점인데 오늘날과 같은 물질과 의식의 대립의 문제로 파악하는 것이 아니라 '있음', '무엇임'의 문제, 즉 실체가 철학의 근본문제라 하고 있다. "그리고 정말, 예나 지금이나 늘 묻지만, 늘 (대답하기) 어려운 물음은 "있는 것이란 무엇인가? 다시 말해 실체란 무엇인가?"라는 물음이다. 왜냐하면 어떤 사람들이 하나라고, 어떤 사람들이 하나보다 많다고, 그리고 어떤 사람들이 (개수에서) 한정된다고, 어떤 사람들이 무한하다고 주장했던 것이 바로 이 실체였기 때문이다. 그렇기 때문에 우리도 '이렇게(으뜸으로) 있는 것'(실체)에 관해, 이것이 무엇인지를 특히 비중을 두어 집중적으로 연구해야 한다"74) 아리스토텔레스가 실체라는 개념으로 철학의 근본물음을 제기하는 것은 자신의 선행자인 데모크리토스와 플라톤의 날카로운 대립을 보면서 그러한 대립을 규정하는 근본적인 물음이 무엇인가를 사고할 수밖에 없었기 때문이다. 그리하여 '있음', '무엇임'의 문제, 실체의 문제가 철학의 근본적 물음이라고 정식화를 하고 있다. 그러면서 아리스토텔레스는 실체의 종류를 세 가지로 나눈다. "실체는 세 가지다. 그 중에 감각되는 실체가 있다. {그리고 이 실체 중 어떤 것은 (즉 해, 달, 별 등의 천체들은) 영원하며 어떤 것은 사라진다(소멸한다). 사라지는 실체는 온갖 동식물처럼 사람들이 다들 실체로 인정하는 것들이다}. 이런 감각되는 실체의 요소들을, 이것들이 하나든 여럿이든, 우리는 파악해야 한다. 그리고 남은 한 종류의 실체는 움직이지(변하지) 않는 것인데, 사람들은 이것이 '따로 떨어져 있는'(독립한) 것이라고 말한다."75) 여기서 아리스토텔레스는 실체를 세 가지로 분류하고 있는데

---

74) 앞의 책, p.285
75) 앞의 책, pp.496-497

첫째, 감각되는 것 중 영원한 것, 둘째 감각되는 것 중 소멸하는 것 그리고 셋째 감각되지 않는 불변의 것으로 나누고 있는데 감각되지 않는 불변의 것은 플라톤의 이데아와 같은 것이거나 아니면 신을 의미한다. 여기서 감각되는 것은 자연학, 즉 자연과학의 대상이 되며 감각되지 않는 불변의 것은 형이상학의 고찰의 대상이 된다. 그런데 아리스토텔레스가 철학의 근본물음을 실체라는 개념으로 제기한 것은 철학의 발전에 매우 큰 족적을 남긴 것이다. 실체라는 개념은 철학사에서 중요한 위치를 차지하는데 근대 유럽에서 스피노자도 실체 개념을 지렛대로 하여 자신의 철학을 전개했는데 스피노자는 실체를 자연과 동일한 것으로 보았다.

아리스토텔레스는 인식의 문제에 있어서는 유물론적인 경향을 보인다. "'감각을 불러일으키는, 바탕이 되는 것들은 감각이 없으면 있을 수 없다'는 주장은 성립할 수 없다. 왜냐하면 감각은 분명히 자신에 대한 감각이 아니며, 감각에 반드시 앞선, 감각 외의 다른 어떤 것이 또한 (그 대상으로서) 있기 때문이다."76) 감각에 의해 감각되는 대상이 규정되는가 아니면 감각되는 대상에 의해 감각이 규정되는가는 인간의 인식의 본질에 관련된 것이고 관념론적 인식론과 유물론적 인식론을 가르는 지점이다. 감각되는 대상의 일차성을 승인하는 것, 감각은 감각되는 대상에 의해 규정된다는 것은 유물론적인 인식론인데 아리스토텔레스는 이 지점에서는 명백히, 의식적으로 유물론적 인식론의 입장을 취하고 있다. "네가 (얼굴이나 입고 있는 옷이) 희다고 생각하는 우리의 생각이 맞기 때문에 네가 흰 것이 아니다. 반대로 네가 희기 때문에 이를 주장하는 우리의 말이 맞다."77) 대상의 희다는 성질이 주관이 희다고 생각하게 하는 원인이며 주관

---

76) 앞의 책, p.185
77) 앞의 책, p.406

과 객관 중에 객관이 일차적이라는 유물론적 인식을 아리스토
텔레스는 명백히 승인하고 있다.

그는 물질과 운동의 관련에 대해 유물론적 입장에 근접해 있다.
"그리고 일반적으로 움직임(변화)은 움직여지는(변화되는) 것
안에 (들어) 있다."78) 움직임, 즉 운동은 움직여지는 것, 즉 물
질과 대상 안에 있다는 것은 물질과 운동은 분리되어 있지 않
다는 인식, 즉 물질과 운동을 통일성을 의미한다. 이와 같이 아
리스토텔레스는 자연에 대한 인식에서는 유물론적인 면모를 보
이고 있다. 아리스토텔레스는 다른 곳에서는 다음과 같이 물질
과 운동의 통일성을 직접적으로 말한다. "사물들과 따로 떨어져
있는 움직임(운동)이란 있을 수 없다. 왜냐하면 변화는 늘 '있
음'의 범주에 따라 일어나기 때문이다."79) 물질과 분리된 운동
은 관념론적 인식인데 아리스토텔레스는 운동은 물질과 분리되
어서는 있을 수 없다는 것을 명확히 표현하고 있다. 아리스토텔
레스는 나아가 물질의 불멸성, 운동의 불멸성의 인식에 다가서
고 있다. "다음으로 (주목할 것은) 밑감(재료)도 꼴(형상)도 {여
기서 밑감과 꼴은 마지막 밑감과 꼴을 말한다} 생겨나지 않는
다는 점이다. 모든 것은 어떤 것(A)이다가 어떤 것(B)에 의해
어떤 (상태의) 것(C)으로 변한다."80) 여기서는 물질의 불멸성에
대해 소박한 인식이 보인다. 밑감도 꼴도 생겨나지 않는다고 하
는 것은 무로부터는 아무 것도 생기지 않는다는 것을 아리스토
텔레스가 승인하는 것이고 따라서 물질은 어떤 형태에서 다른
형태로 전화할 뿐이라는 것, 즉 물질의 불멸성을 말하는 것이
다. 아리스토텔레스는 또한 운동의 불멸성도 승인하고 있다.
"그러나 움직임(운동)이 (언젠가) 생겨난 것이거나 사라진 것일

---

78) 앞의 책, p.398
79) 앞의 책, p.475
80) 앞의 책, p.500

75

수는 없다. {그것은 항상 있어왔기 때문이다}."81) 그는 운동이 생겨난 것이거나 사라지는 것이 아니라 항상 있어왔다는 것을 명백히 말하고 있는데 이는 현대의 용어로 운동의 불멸성을 의미한다.

그러면 아리스토텔레스의 운동학에 대한 견해를 좀 더 살펴보자. 아리스토텔레스는 운동에 대해 일정한 과학적인 접근을 하고 있다. 그는 운동을 다음과 같이 정의한다. "나는 '잠재 상태로 있는 것'이 그것인 조건 아래에서 (완성상태로) 실현되어 감을 "움직임(운동)"이라 부른다."82) 여기서 아리스토텔레스의 운동에 대한 정의는 잠재상태 혹은 가능성이 일정한 조건아래에서 완성상태 혹은 현실성으로 전화되는 것을 가리키는 것이다. 그리고 그는 그러한 운동의 종류를 나누는데 생성과 소멸, 성질의 변화, 크기의 증감, 위치의 이동이 그것이다.83) 단 생성과 소멸은 변화에는 포함되지만 아리스토텔레스에 의하면 운동은 아니다. 왜냐하면 운동은 '있는 것'의 운동인데 생성은 있지 않은 것으로부터 생겨나는 것이기 때문이라고 한다.

아리스토텔레스는 운동의 원인을 고찰함에 있어 일정한 비과학성을 보여주고 있다. 그는 자신은 움직이지 않으면서 다른 것을 움직이게 하는 으뜸가는 것을 상정하고 있다. "왜냐하면 움직이는(변하는) 것들을 항상 움직이게(변하게) 하는 어떤 것이 있으며, '(다른 모든 것들을) 움직이게(변하게) 하는 으뜸가는 것'(原動者) 자신은 움직이지(변하지) 않기 때문이다."84) 여기서 원동자(原動者)는 자신은 움직이지 않으면서 모든 것을 움직이게 하는 궁극적인 것인데 이는 사실 신의 이름에 다름 아니다. 이렇게 아리스토텔레스가 운동의 원인에 대해, 운동의 원천에 대해

81) 앞의 책, pp.509-510
82) 앞의 책, p.475
83) 아리스토텔레스, 범주들·명제에 관하여, EjB, p.83
84) 아리스토텔레스, 형이상학, EjB, p.195

아리스토텔레스

비과학적인 입장을 취한 것은 그가 변증법에 대해 거리를 둔 것과 관련이 있다. 아리스토텔레스는 논리학의 초석이 되는 모순율을 정립했으나 거기서 더 나아가 현실적 대상에서 모순의 존재를 부정했다. 변증법의 입장에서는 운동의 원천이 되는 것이 모순인데, 아리스토텔레스는 논리형식상 모순을 범해서는 안 된다는 인식을 넘어서 그것을 존재, 실체에까지 확대하여 대상의 내적 모순을 부정했다.

그러면 아리스토텔레스의 모순 개념에 대한 인식을 검토하면서 그가 확립한 형식논리학의 내용을 살펴보자. 아리스토텔레스는 모순율을 다음과 같이 정식화하고 있다. "이 원리는 정말 모든 원리들 중에서 가장 확실한 원리다. 왜냐하면 이 원리는 앞에서 말한 특성을 갖고 있기 때문이다. 정말이지 아무도 '같은 것이 있으면서/...이면서 (동시에) 있지/...이지 않다'고 믿을 수 없다. 어떤 이들은 헤라클레이토스가 그런 (모순율을 부인하는 식의) 말을 한다고 생각하지만 말이다."[85] 'A가 A이면서 동시에 A가 아닐 수는 없다'는 것을 의미하는 모순율은 형식논리학의 초석이면서 최소한의 논리적 오류를 범하지 않게 하는 기준이다. 존재의 영역이 아닌 논리의 영역에서 A가 A이면서 동시에 A가 아니다 라고 말하는 것은 헛소리가 된다. 논리의 형식을 위배했기 때문에 헛소리가 되는 것이다. 이러한 주장이 헛소리임을 근거지우는 것이 바로 모순율이며 모순율에 위배했기 때문에 잘못된 것이라는 주장이 성립한다. 이와 같이 모순율은 (형식)논리학의 초석이며 과학적 탐구에 있어서 범하지 말아야할 선을 가리키는 것이다. 지금은 당연한 듯이 보이는 이러한 모순율이 아리스토텔레스에 의해 정립되었다는 것은 인류의 지적 발전에서 큰 의미를 가지는 것이었다. 이는 기존의 철학이 의존하는 직관을 넘어서서 과학이 초보적이나마 성립되었다는 것을 의미

---

85) 앞의 책, p.161

하였다. 그리고 이 모순율은 아리스토텔레스 이후 근대에 이르러 변증법이 성립하기 전까지 2천년 동안 지고의 과학으로 여겨져 왔다. 그런데 아리스토텔레스는 모순율이 논리형식상 참, 거짓을 판별하는 것임을 넘어서 현실 세계에서, 사물의 존재에서 서로 반대되는 것이 동시에 존재할 수 없다는 주장을 했다. "(사유의) 혼란에 빠진 사람들은 감각대상들(에 대한 관찰)에 바탕을 두고 그러한 견해에 이르게 되었다. 먼저 (1) 그들은 같은 것(사물)에서 반대되는 것(성질)들이 생겨가는 것을 봄으로써, 모순되는 것(성질)들이나 반대되는 것(성질)들이 동시에 (같은 것 안에) 들어 있다는 견해에 이르게 되었다. … 아낙사고라스가 "모든 것은 모든 것 안에 섞여 있다"고 말하듯이. 그리고 데모크리토스가 말하듯이 말이다. 데모크리토스는 (텅) 빈 것(空)과 (꽉) 찬 것(滿)이 똑같이 모든 부분에 들어 있고, 이 가운데 뒤의 것은 '있는 것'이지만 앞의 것은 '있지 않은 것'이라고 말한다."[86], "모순되는 것(술어)들이 동시에 같은 것(주어)에 대해 참일 수 없기 때문에, 반대되는 것(성질)들도 분명히 동시에 같은 것(대상)에 들어 있을 수 없다."[87] 이렇듯 아리스토텔레스는 논리의 형식의 문제인 모순율을 존재의 영역으로 확장시켰다. 보다 정확히 말하면 아리스토텔레스는 논리의 영역과 존재의 영역을 구분하지 않고 모순율을 규정했다. 그러나 존재의 영역에서, 특히 운동에 대한 이해에 있어서 모순 개념은 불가피하다. 왜냐하면 대상에 존재하는 내적 모순은 그 존재 자체를 규정하며 나아가 그 대상의 운동의 원천이 되기 때문이다. 아리스토텔레스는 모순율을 정립하여 과학적 진보를 이루었지만 현실 대상에 존재하는 모순을 부정함으로써 이후 시대에 있어 변증법적 사고를 제약했다. 변증법적 사고의 제약은 아리스

---

86) 앞의 책, p.177
87) 앞의 책, p.189

토텔레스의 저작 곳곳에서 드러난다. 아리스토텔레스는 《범주론》이라는 저작을 쓸 정도로 인식의 과학적 기초를 다지는데 힘을 쏟았다. 그가 정립한 범주들은 실체, 양, 관계, 질, 능동과 수동, 대립, 반대되는 것, 먼저(시간), 같이, 가짐(소유) 등이다. 이러한 범주들은 이후 중세를 넘어 근대철학에까지 영향을 미쳤는데 칸트가 전개한 범주들도 아리스토텔레스의 《범주론》의 영향을 받은 것이다. 아리스토텔레스가 정립한 이러한 범주들은 변증법적 사고의 전제가 되는 것들이다. 예를 들면 범주들의 상호연관이라는 인식(예를 들면 양과 질의 상호관계)은 곧 헤겔에 의해 정립된 변증법의 법칙이 된다. 그러나 아리스토텔레스는 각각의 범주에 대해 상호연관을 따지는 것이 아니라 각 범주의 의미 자체가 무엇인가를 확립하는데 집중했다. 예를 들면 관계 혹은 부분과 전체의 개념에 있어서 관계하는 주체들의 상호작용, 부분과 전체의 상호관계라는 인식으로 나아가면 변증법이 되지만 아리스토텔레스는 거기까지 나아가지 못하고 부분의 개념 자체, 전체의 개념 자체를 확정하는데 치중했다. 이는 논리를 형식논리로만 제한하는 것이다. 그리하여 아리스토텔레스는 헤라클레이토스에게서 맹아가 보였던 모순 혹은 대립물의 통일이라는 관념을 거부하고 반대되는 것은 가장 큰 차이 남을 가리킨다는 것으로 그친다. "완전한 차이성은 끝을 가지며 끝의 바깥에는 아무 것도 없다. … 끝의 바깥에는 아무 것도 없으며, 완전한 것은 모자란 게 아무 것도 없다. 이렇듯 분명히 반대됨은 완전히 차이 남이다."[88] 만약 여기서 헤라클레이토스였다면 반대됨은 완전히 차이 남이지만 그럼에도 반대되는 것은 서로 통일되어 있고 상호 전화한다고 했을 것이다. 이러한 아리스토텔레스의 한계는 그가 논리를 모순율에 위배되지 않는 형식논리로 국한하고 있기 때문이다. 그리하여 그의 《변증론》에서도

---

88) 앞의 책, p.425

실제 변증법적인 내용은 거의 없고 '논쟁술', '논쟁의 규칙'에 대한 연구에 머물고 있다.

아리스토텔레스는 이렇게 모순율을 초석으로 하는 형식논리학을 완성했지만 그의 관심은 단지 이론적인 것에만 머문 것은 아니었다. 그가 대제국을 이룬 알렉산더 왕의 스승이었듯이 그는 현실사회와 현실정치에 깊숙이 개입했다. 그가 쓴 ≪니코마코스 윤리학≫과 ≪정치학≫은 윤리학과 정치학에 있어서 현대에까지도 많은 영향을 미치고 있다.

아리스토텔레스의 윤리개념은 플라톤의 선(善 좋음)의 이데아를 비판하는 것으로부터 시작한다. "또 좋음은 존재가 이야기되는 방식만큼이나 많은 방식으로 이야기된다. … 그렇기에 좋음이 어떤 공통적이며 단일한 보편자로 존재하지 않을 것이라는 점은 분명하다. 만약 그렇다고 한다면 모든 범주에서 좋음이 이야기되지 않고 오직 하나의 범주에서만 이야기되어야 했을 테니까."[89] 플라톤이 이데아의 세계의 최고로 선의 이데아를 놓은 것에 대해 좋음(선善)은 각각의 영역마다 좋음이 있기 때문에 공통적인 좋음은 없고 따라서 윤리의 으뜸 덕목이 될 수 없다고 아리스토텔레스는 논리를 전개하고 있다. 이리하여 아리스토텔레스는 선(善)의 이데아로써 사회의 윤리를 재단하는 길을 거부하고 현실사회에서 요청되는 실제적 윤리가 무엇인가를 탐구하는 길로 들어선다. "그렇다면 각각의 좋음은 무엇인가? 그것을 위해서 나머지 것들이 행해지는 것인가? 이것은 의술의 경우에는 건강이고, 병법의 경우에는 승리이며, 건축술에서는 집이고, 다른 경우에는 각기 다른 것으로, 모든 행위와 선택에 있어서 그 목적이다."[90], "그런데 우리는 그 자체로 추구되는 것이 다른 것 때문에 추구되는 것보다 더 완전하다고 말하며, 다

---

89) 아리스토텔레스, 니코마코스 윤리학, 도서출판 길, pp.22-23
90) 앞의 책, pp.26-27

른 것 때문에 선택되지 않는 것이 그 자체로도 선택되고 그것 [다른 것] 때문에도 선택되는 것보다 더 완전하다고 말한다. … 그런데 무엇보다도 행복이 이렇게 단적으로 완전한 것으로 보 인다. 우리는 행복을 언제나 그 자체 때문에 선택하지, 결코 다 른 것 때문에 선택하지는 않기 때문이다."91) 아리스토텔레스는 각각의 영역에서 목적으로 추구되는 것에 대해 탐구하고 이어 서 수단이 아닌 목적 자체인 것으로서 행복을 단적으로 완전한 것으로 도출하고 있다. 이러한 접근은 플라톤의 선의 이데아라 는 관념을 넘어서서 나름대로 현실적인 윤리의 기준을 도출하 는 것이다. 그런데 이러한 아리스토텔레스의 윤리학은 실천적이 다. 그는 어떤 개념을 기준으로 윤리적인가 아닌가를 파악한다 는 접근을 거부한다. "이렇게 정의로운 일을 행함으로써 우리는 정의로운 사람이 되며, 절제 있는 일들을 행함으로써 절제 있는 사람이 되고, 용감한 일들을 행함으로써 용감한 사람이 되는 것 이다."92) 기존에 윤리에 대한 지배적인 인식은 사람은 선한 존 재인가, 악한 존재인가라는 식의 형이상학적인 것이었다. 지배 적 통념은 정의로운 사람이니까 정의로운 일을 한다고 보고 따 라서 정의로운 사람이 무엇인가를 배우고 연마해야 하는 것이 윤리에 대한 올바른 접근이라는 것이었다. 그러나 아리스토텔레 스는 정반대로 정의로운 일을 행함으로써 정의로운 사람이 된 다는 접근을 제시한 것이다. 이러한 접근은 중요한데 왜냐하면 윤리에서 일차적인 것은 어떤 관념이 아니라 실천이라는 것이 기 때문이며 이는 곧 유물론적인 접근이다.

그런데 아리스토텔레스는 중용을 으뜸가는 윤리로 친다. "그렇 다면 세 가지 성향이 있는 셈인데, 그중 둘은 악덕으로서 하나 는 지나침에 따른 악덕이고 또 다른 하나는 모자람에 따른 악

---

91) 앞의 책, p.27
92) 앞의 책, p.52

덕이다. 나머지 하나가 중용이라는 탁월성의 성향이다."93) 중용
은 아리스토텔레스만이 아니라 고대 동아시아에서도 널리 이야
기되었다. 그런데 아리스토텔레스가 중용을 도출하는 방식은 관
념적인 면이 있다. 지나치거나 모자라면 안된다는 것은 당연한
것이지만 이를 윤리의 으뜸가는 덕목으로 삼는 것은 또 다른
문제이다. 헤라클레이토스의 변증법을 아리스토텔레스가 거부한
것과 중용은 일정한 관계가 있다. 모순, 대립물의 투쟁을 원리
적으로 거부한 아리스토텔레스에게 있어서 실천의 기준은 중용
이 되는 것이다. 그러나 중용이 무엇인지, 지나치거나 모자라지
않은 것은 무엇인지가 선험적으로 결정될 수 있는 것은 아니다.
선험적인 중용이 아니라 진리의 구체성을 추구하는 것, 올바름
을 때와 장소, 조건에 따라 구체적으로 판단하는 것이 필요하며
이를 통해 아리스토텔레스의 중용 개념을 넘어설 수 있다.
아리스토텔레스는 ≪니코마코스 윤리학≫에서 오늘날까지 전해
지는 정의(正義)에 대한 고전적인 분류를 하였다. 분배적 정의,
시정(是正)적 정의, 교환적 정의가 그것이다. 그러면 이들 분류
를 고찰하기에 앞서 정의에 대한 아리스토텔레스의 규정을 살
펴보자. "우리는 하나의 단일한 방식에 따라 정치적 공동체를
위해 행복과 행복의 부분들을 만들어 내고 그것들을 보전하는
것이 정의로운 것이라고 말한다."94) 이러한 아리스토텔레스의
주장은 몇 가지 요소로 나뉠 수 있는데 '단일한 방식'이라는 것
은 법률에 따라서라는 의미로 해석될 수 있고 정치적 공동체라
는 것은 국가를 의미하는 것으로서 국가에 요구되는 선과 복지
를 만들어내는 것이 정의라고 하고 있음을 알 수 있다. 즉, 법
률에 따라 공동체를 위한 행복의 요소들을 만들고 보전하는 것
이 아리스토텔레스의 정의에 대한 규정이다. 이러한 아리스토텔

---

93) 앞의 책, p.72
94) 앞의 책, p.162

82

레스의 정의에 대한 규정은 오늘날까지 통용되는 정의에 대한 일반적 규정이라 할 수 있다. 그러나 법률, 정치공동체라는 지배계급의 요소를 뺀다면 나머지 규정은 매우 추상적이다. 정의라는 관념은 부정의한 현실을 전제로 한다는 것을 생각한다면 정의 개념에 내포되는 내용은 역사적 단계, 역사적 현실에 따라 달라진다고 보는 것이 타당하다.

분배적 정의는 분배에 있어서 정의의 문제인데 "정의로운 것은 일종의 비례적인 것이다."95)라고 한다. 여기서 비례적임은 정의와 관련되는 요소 간에, 주체들 간에 적절한 비례가 지켜지는 분배여야 한다는 것이다. 시정적 정의는 상대에게 어떤 불법행위를 하여 손해를 끼쳤을 경우, 누구에게 상해를 입혔을 경우 보상의 문제 등을 올바로 처리하는 것을 가리킨다. 여기서는 "바로잡는다는 의미에서 정의로운 것은 이익과 손해의 중간일 것이다."96)라고 하여 시정적 정의에도 중용의 원칙을 적용한다. 교환적 정의는 화폐가 개입되는 거래관계에서의 올바름의 문제이다.

아리스토텔레스는 실천적 지혜를 검토함에 있어서 다음과 같이 말한다. "또 실천적 지혜는 보편적인 것에만 관계하는 것이 아니라 개별적인 것들까지도 알아야만 하는 것이다. 실천적 지혜는 실천적인데, 실천 혹은 행위는 개별적인 것들에 관련하기 때문이다."97), "나이가 젊더라도 기하학자나 수학자가 될 수 있고 또 그와 같은 일에 있어서 지혜로운 자가 될 수 있지만 실천적 지혜를 가진 사람이 될 수는 없는 것과 같다는 사실이다. 그 까닭은 실천적 지혜가 개별적인 것들에도 관련하는데, 개별적인 것들은 경험으로부터 알려지고 젊은이들에게는 경험이 부족하

---

95) 앞의 책, p.169
96) 앞의 책, p.172
97) 앞의 책, p.216

다는 데 있다."98) 실천에 대해 아리스토텔레스는 보편과 개별의 관련 속에서 '지혜'를 말하고 있는데 보편의 인식, 법칙의 인식, 과학을 인식하는 것만으로는 실천에 있어 부족하고 개별적 조건, 개별적 대상까지도 포함하여 실천을 구상하고 행해야 한다는 것으로서 이는 매우 타당하다.

그런데 아리스토텔레스는 완전한 행복은 관조적인 것이라고 자신의 윤리학을 결론짓고 있다. "이 관조적 활동만이 그 자체 때문에 사랑받는 것 같다. 관조적 활동으로부터는 관조한다는 사실 이외에 아무것도 생겨나지 않는 반면, 실천적 활동으로부터는 행위 자체 외의 무엇인가를 다소간 얻고자 하기 때문이다."99) 그런데 관조는 여가를 전제로 하는 것인데 이는 지배계급이 아니고서는 불가능한 입장이다. 아리스토텔레스의 윤리의 모든 개념은 당시 그리스에서 노예에게는 해당되는 것이 아니었다.

그러면 아리스토텔레스의 보다 실천적인 입장, 당시 그리스에서 정치에 대한 견해로 넘어가 보자. 먼저 아리스토텔레스는 국가를 자연스런 것이라 파악한다. "이전 공동체들이 자연스런 것이라면 모든 국가도 자연스런 것이다. … 이로 미루어 보건대 국가는 자연의 산물이며, 인간은 본성적으로 국가공동체를 구성하는 동물임이 분명하다."100) 이러한 입장은 국가의 발생에 대한 과학적인 입장은 아니다. 인간의 본성에서 국가의 필연성을 끌어내는 것은 계급의 문제를 간과하는 것이다. 국가의 필연성을 인간의 본성으로부터 파악하면 국가를 도구로 한 지배계급의 착취와 억압, 수탈은 자연스러운 것이 되고 그것을 극복하는 것은 불가능해진다.

---

98) 앞의 책, pp.218-219
99) 앞의 책, pp.370-371
100) 아리스토텔레스, 정치학, 숲, p.20

84

그는 노예를 생명있는 도구로서 재산으로 파악하고 노예제도 또한 자연스러운 것이라 본다. 그리고 남성의 여성 지배도 마찬가지로 자연스런 것으로 본다. "마찬가지로 수컷이 본성적으로 더 우월하고 암컷은 열등하다. 그래서 수컷이 지배하고 암컷은 지배받는다. 그리고 이런 원칙은 인간관계 전반에 적용되어야 한다."101) 이러한 아리스토텔레스의 관점은 윤리가 인간 본성의 불변적인 것이 아니라 역사적으로 형성, 발전되는 것임을 보여준다.

그는 플라톤의 이상국가를 비판하는 것을 기초로 자신의 정치적 견해를 전개한다. 그는 국가를 구성하는 시민의 개념을 먼저 규정하는데 다음과 같다. "이제 시민의 개념이 분명해지기 시작한다. 의결권과 재판권에 참여할 권리가 있는 사람은 누구나 그 나라의 시민인 것이다."102) 여기서 시민은 노예와 여성, 외국인을 제외하고 또 평민 중에서 처지가 열악하여 정치에 참여하지 못하는 사람은 제외하고 구성된다. 따라서 아리스토텔레스의 시민 개념의 핵심은 해당 국가에서 정치적 권리를 가지는 자라 할 수 있다.

그의 《정치학》에서 주된 개념은 정체(政體)이다. 그는 정체를 국가의 연속성과 동질성을 판별하는 기준으로서 들고 있다. "국가는 공동체, 그것도 하나의 정체에 참여하는 시민들의 공동체인 만큼, 정체가 바뀌어 다른 종류의 것이 되면 국가도 필연적으로 더 이상 같은 국가일 수 없다."103) 정체가 바뀌면 다른 국가가 되는 것이므로 정체가 국가에 있어서 결정적 요소로 파악된다. 그런데 그러한 정체가 무엇인지에 대해 아리스토텔레스는 다음과 같이 정의하고 있다. "정체란 여러 공직, 특히 모든 일

101) 앞의 책, p.29
102) 앞의 책, p.134
103) 앞의 책, p.139

에 최고 결정권을 가진 기구에 관한 국가의 편제이다."104) 이렇게 국가의 편제가 정체라고 규정하는 아리스토텔레스는 이어서 어느 국가에서나 정부가 최고권력을 가지므로 정부가 실제로는 정체라고 규정한다. 그리고 정체가 나라에 따라 다양한 이유에 대해 "여러 정체가 존속하는 것은 모든 국가가 여러 부분과 상이한 계층으로 구성되어 있기 때문이다."105)고 본다. 그런데 이러한 입장은 앞서 이야기한 국가 발생 근거와는 다르다. 아리스토텔레스는 국가 발생은 인간 본성에서 비롯되는 자연스러운 것이라고 했지만 정체의 다양성에 대해서는 '상이한 계층'에서, 즉 계급구성의 문제에서 근거를 찾았다. 이러한 접근은 국가의 발생과 그 구성에서 논리적으로 일관되지 못함을 보여준다. 아리스토텔레스는 정체의 종류를 왕정, 귀족정, 입헌정체로 나누면서 이것이 올바른 정체의 종류이며 이것들이 왜곡될 때 참주정, 과두정, 민주정체가 나타난다고 했다.

아리스토텔레스는 법의 지배를 주장한다. "여기서 우리는 법과 마주치게 된다. 공직을 번갈아 맡는 것과 같은 제도는 법이기 때문이다. 따라서 시민들 가운데 한 명이 지배하는 것보다는 법이 지배하는 것이 더 바람직하다."106) 이것은 지배계급의 자의적인 지배를 비판하면서 법치를 주장하는 것인데 당시로서는 일정한 진보성을 띤다고 할 수 있다. 그런데 아리스토텔레스는 법의 지배를 정체의 문제와 연관지어 다음과 같이 고찰하고 있다. "왜냐하면 실제로 그러하듯, 정체에 법을 맞춰야지 법에 정체를 맞춰서는 안되기 때문이다. 정체는 공직들이 어떻게 배분되며 국가의 최고권력은 누가 가지며 각각의 공동체가 추구하는 목표가 무엇인지를 결정하는 국가의 제도인 반면, 법은 정체

---

104) 앞의 책, p.148
105) 앞의 책, p.203
106) 앞의 책, p.189

의 이런 규정과는 달리 치자들이 거기에 따라 통치하고 위반자를 감시하고 제지하는 규칙들이기, 때문이다."107) 여기에는 아리스토텔레스가 파악하는 정치의 본질이 드러나고 있는데 그는 법과 정체의 관계에 대한 이러한 고찰에서 정치에서 본질적인 것은 권력이며 법은 그러한 권력이 행사되는 규칙인 것임을 말하고 있다.

이렇게 아리스토텔레스의 사상은 철학, 논리학, 윤리학, 정치학, 자연학 등등 모든 방면에 걸쳐 있다. 따라서 아리스토텔레스는 고대 그리스의 학문과 칠학, 사상을 집대성한 인물이라 할 수 있고 중세유럽에서는 아리스토텔레스의 학문이 종교와 결합되어 스콜라 철학이 되기도 했다. 아리스토텔레스의 철학사에서 위치를 보면 모순율을 핵으로 하는 형식논리학을 정립하여 철학과 과학이 발전하는데 크게 기여하였다는 점을 들 수 있다. 또한 자연학과 인식론에서 유물론적 입장에 가까웠고 변증법의 전제가 되는 범주들을 정립했으나 변증법으로까지 나아가지 못하고 오히려 후퇴한 측면도 있었다.

---

107) 앞의 책, p.199

4. 에피쿠로스, 루크레티우스에 의한 고대 원자론의 계승, 발전

데모크리토스에 의해 정립된 고대 원자론은 세계를 원자라는 물질의 자기운동으로 설명하여 고대 유물론을 공고한 기초 위에 놓았다. 이러한 원자론은 지속적으로 이어졌는데 기원전 3세기 이후의 헬레니즘 시대에 에피쿠로스에 의해 더욱 발전되었고 로마의 루크레티우스에게까지 이어졌다.

에피쿠로스의 원자론은 세계를 원자와 공허로 구성하는 데모크리토스의 철학을 이어받은 것이었으나 일정한 차이가 있다. 대표적인 것이 원자의 운동에서 옆으로 비껴나가는 원자의 자발적 일탈을 상정한 점, 데모크리토스와 달리 우연성을 승인한 점 등이 그러하다. 원자의 자발적 일탈은 맑스에 의해 데모크리토스와 에피쿠로스 철학의 결정적 차이로 설명되기도 했다.

에피쿠로스는 원자의 운동을 다음과 같이 설명한다. "원자들은 영원히 운동한다. 원자들 중 어떤 것은 아래로 곧장 떨어지고 어떤 것들은 비스듬히 떨어지고 다른 것들은 충돌해서 위로 튕긴다. 그리고 튕겨나가는 것들 중 어떤 것은 서로 멀리 떨어지게 되는 반면, 어떤 것들은 다른 원자들과 엉키거나 주위를 둘러싼 원자들에 갇혀서, 한 곳에 정지해서 진동한다."[108] 여기서 "어떤 것들은 비스듬히 떨어지고"라는 부분이 편위라고 불리는 원자의 자발적 일탈을 가리킨다. 이러한 편위의 의미에 대해 맑스는 다음과 같이 파악하고 있다. "우리는 직선으로부터 원자의 편위가 초래한 결과를 고려하기 이전에 오늘날까지 완전히 간과되어 온 지극히 중요한 계기를 강조하지 않을 수 없다. 직선으로부터의 원자의 편위는 에피쿠로스 자연학에서 우발적으로

---

108) 에피쿠로스, 쾌락, 문학과 지성사, pp.56-57

생겨난 규정이 아니다. 그것이 표현하는 법칙은 오히려 에피쿠로스 철학 전체를 관통하고 있는 말할 것도 없이 자명한 것이지만, 이 법칙 발현의 규정성은 그 법칙이 적용되는 영역에 의존하여 있다. … 루크레티우스가 원자들이 편위를 하지 않는다면 어떤 충돌이나 마주침도 일어나지 않을 것이고 세계는 결코 창조되지 못했을 것이라고 말한 것은 옳았다. 왜냐하면 원자들은 자기 자신의 유일한 대상이고 그들 자신과만 관계하기 때문이다. 공간적으로 표현하자면 다른 것에 관계되어 있는 것과 동일한 원자의 어떤 상대적인 실존도 부정됨으로 해서 그것들[원자들]이 서로 마주칠 수 있기 때문이다. 이 상대적 실존은 우리가 보아 온 대로 원자들의 본원적 운동, 즉 직선으로 낙하하는 운동이다. 그래서 원자들은 직선으로부터 편위의 힘에 의해서만 만나게 된다. … 에피쿠로스에게는 원자개념의 실현이었던 것이 데모크리토스에게는 대조적으로 강제된 운동, 맹목적 필연성의 행위로 변형된다."109) 이와 같이 맑스는 에피쿠로스가 원자의 운동에서 비껴나가는 운동, 자발적 일탈을 상정함으로써 데모크리토스가 원자의 운동을 맹목적 필연성으로 설명했던 것과 달리 세계의 다양성과 변화를 포착할 수 있었다고 보고 있다.

데모크리토스는 우연성을 인정하지 않고 모든 것을 필연성의 결과로 파악하여 숙명론에 빠졌는데 에피쿠로스는 이와 달리 우연성을 승인하고 있다. "모든 것이 필연에 따라 생겨난다고 주장하는 사람은 자신의 주장("모든 것이 필연에 따라 생겨난다")을 부정하는 사람들을 논박할 수 없다. 왜냐하면, 그는 자기 이론에 대한 부정도 필연적으로 생겨난다고 인정해야 하기 때문이다."110) 모든 것이 필연적이라고 하면 위와 같은 논리적 모순에 처하게 됨을 들어 에피쿠로스는 데모크리토스를 비판하고

---

109) 맑스, 데모크리토스와 에피쿠로스 자연철학의 차이, 그린비, pp.77-81
110) 에피쿠로스, 쾌락, 문학과 지성사, pp.29-30

있다. 이와 같이 에피쿠로스는 원자의 운동에서 자발적 일탈을 승인하는 점, 우연성을 승인하는 점 등에서 데모크리토스의 원자론의 한계를 극복하려 했다.

에피쿠로스는 인식론에 있어서도 유물론으로 일관하고 있다. "우리는 주어진 인생의 목적과 지각의 분명한 증거—우리는 우리의 추측을 지각의 분명한 증거에 비추어 보아야 하는데—를 곰곰이 따져 보아야 한다. 그렇게 하지 않으면 만사가 미결정성과 혼란으로 가득 차게 될 것이다. 당신이 모든 감각에 대항해서 싸운다면, 당신은 감각이 틀렸다고 말할 기준도 가지지 못할 것이다."111), "또한 우리는 감각에 의지해서 모든 탐구를 진행해야 하며, 확증을 필요로 하는 것이나 불분명한 것을 판단할 증거를 가지려면, 전적으로 마음의 직접적 영상 포착과 다른 어떤 판단 기준의 직접적 포착에 의존해야 하며, 마찬가지로 우리 안에 존재하는 느낌들에 의존해야 한다."112) 이와 같이 에피쿠로스는 인식에 있어서 감각의 역할을 전적으로 승인하고 있고 '감각에 대항해서 싸우는 것'의 어리석음을 말하고 있다. 이는 플라톤 등의 관념론이 감각을 불신할 것을 조장하는 것에 대한 비판인데 과학적 인식론의 기초를 놓는 것이다.

에피쿠로스 학파는 후대에 쾌락주의로 불렸는데 이는 정확한 개념이 아니다. 에피쿠로스가 강조하는 쾌락의 의미는 속류적으로 이해되는 쾌락이 아니다. 에피쿠로스에게 있어 쾌락은 일차적으로 고통이 없는 상태를 가리킨다. "우리가 쾌락의 부재로 인해 고통을 느낄 때에는 쾌락을 필요로 하지만, 고통을 느끼지 않는다면 더 이상 쾌락을 필요로 하지 않는다. 이런 이유 때문에 우리는 쾌락이 행복한 인생의 시작이자 끝이라 말한다."113),

---

111) 앞의 책, p.18
112) 앞의 책, pp.53-54
113) 앞의 책, pp.54-46

에피쿠로스, 루크레티우스에 의한 고대 원자론의 계승, 발전

"마음의 동요가 없음과 몸의 고통이 없음은 정적 쾌락이다. 하지만 즐거움과 환희는 운동을 동반한 실제적 쾌락이다."114), "나는 맛의 즐거움, 사랑의 쾌락, 듣는 즐거움, 아름다운 모습을 보아서 생기는 즐거운 감정들을 모두 제외한다면, 선을 무엇이라고 생각해야 할지 모르겠다."115), "우리가 우주의 본성이 무엇인지 모르고, 신화의 정당성을 의심한다면, 우리는 가장 중요한 것들에 대한 두려움을 떨칠 수 없다. 그러므로 자연학이 없다면, 우리는 순수한 쾌락을 얻을 수 없다."116) 이와 같이 에피쿠로스는 마음의 동요없음과 몸의 고통없음을 중심으로 하면서 육체적 즐거움까지 포함하는 것을 쾌락이라 보고 있다. 이러한 에피쿠로스의 쾌락에 대한 개념은 무감동을 강조하고 금욕으로 나아갔던 스토아 철학과 대비된다.

에피쿠로스는 지금은 그의 저작이 거의 전해지지 않을 정도지만 당시에는 상당한 영향을 끼쳤던 것으로 보인다. 로마시대의 루크레티우스는 에피쿠로스를 매우 높이 평가하면서 그의 원자론을 내용으로 철학시를 썼다. ≪사물의 본성에 대하여≫라는 그의 철학시는 고대원자론에 대해서 오늘날까지 완전한 형태로 전해지는 거의 유일한 것이다.

루크레티우스의 철학시는 '아무것도 무에서 생겨나지 않음'을 말하는 것으로 시작된다. "그러므로 정신의 이 두려움과 어둠을, 태양의 빛살과 낮의 빛나는 창들이 아니라, 자연의 모습과 이치가 떨쳐버려야 한다. 그것의 첫 원리는 다음과 같은 것에서 우리를 위한 시작점을 얻어야 한다. 즉, 그 어떤 것도 신들의 뜻에 의해 무(無)로부터 생겨나지 않았다는 것이다."117) 이것은 신에 의한 세계창조를 부정하는 것이고 세계에 대한 유물론적

114) 앞의 책, p.36
115) 앞의 책, p.40
116) 앞의 책, p.16
117) 루크레티우스, 사물의 본성에 대하여, 아카넷, p.37

인식의 틀을 놓는 것이다. "왜냐하면 만일 이것들이 무로부터 만들어졌다면, 모든 것들로부터 모든 종(種)이 생겨날 수 있었을 것이고, 어떤 것도 씨가 필요치 않았을 것이다."[118) 이는 소박한 형태로 세계의 창조불가능성을 말하는 것인데 씨앗의 존재를 들어 무로부터의 생성을 부정하고 있다. 이어서 그는 '아무것도 무로 돌아가지 않음'을 말한다. "여기에 다음 것이 덧붙여진다. 즉, 자연은 각각의 것들을 다시금 그 자신의 알갱이로 해체한다는 것, 사물들을 결코 무(無)가 되도록 파괴하지 않는다는 것이."[119) 여기서 알갱이로 해체된다는 것은 원자로 분해된다는 것을 말한다. 단지 원자로 분해될 따름이지 무가 되는 것은 아니라는 것이다. 그리하여 그는 원자로 표현되는 물질의 불멸성을 말한다. "그러나 만일 그 시간과 지나가버린 세월에 그것들로부터 사물들의 이 총체가 재생되어 유지된 그런 것들이 있었다면, 그것들은 확실히 불멸의 본성을 부여받은 것들이다. 따라서 각각의 것들이 무로 돌려질 수는 없다."[120) '사물들의 이 총체'는 우주, 세계를 가리키는 것인데 그것을 유지하는 것, 즉 원자 혹은 물질은 '불멸의 본성'을 부여받았다고 명확히 표현하고 있다.

그는 세계, 자연을 원자와 공허의 구성으로 파악한다. "자연 전체는 그러므로, 그것이 자체적인 한에 있어서, 두 가지 것으로 이루어져 있다. 물체들과 빈 공간이 있어서."[121) 이렇게 그는 물체와 빈 공간, 즉 원자와 공허가 세계, 자연을 구성하는 본질적인 두 요소라고 파악한다. 그리고 주목되는 것은 시간과 물질과의 연관성, 통일성에 대한 접근인데 다음과 같다. "마찬가지로 시간도 그 자체로 존재하지 않으며, 바로 사물들로부터 그것

---

118) 앞의 책, p.38
119) 앞의 책, p.42
120) 앞의 책, p.43
121) 앞의 책, pp.55-56

에피쿠로스, 루크레티우스에 의한 고대 원자론의 계승, 발전

의 감각이 유래한다. 세월 속에 무엇이 지나가버렸는지, 어떤 사물이 현재 남아 있는지, 또 어떤 것이 그 다음에 나올 것인지, 누구도 결코 시간을, 사물의 움직임과 고요한 정지에서 분리된 자체적인 것으로 지각하지 못함이 인정되어야 한다."122) 이는 시간을 사물과의 연관 속에서 파악해야 한다는 것으로서 이러한 관점은 시간에 대한 유물론적인 접근이다. 그리고 이는 칸트가 시간을 물질과 무관하게 인간 인식의 주관적 형식으로 파악한 것과 대비된다.

루크레티우스는 우주와 공간의 무한함을 승인한다. 세계의 무한성은 지금도 현대의 철학과 과학의 쟁점이라 할 수 있는데 고대인이 세계의 무한성을 승인하는 근거는 매우 흥미로운 것이다. "자, 그러면, 온 존재는 길의 어떤 방향으로도 한정되어 있지 않다. 만일 그랬다면 맨 가장자리를 갖고 있을 것이기 때문이다. 더 나아가, 그 어떤 것도 가장자리를 가질 수 없음이 분명하다. 그 너머에 한정짓는 것이(그 너머로는 도저히 우리의 감각의 본성이 그것을 따라갈 수 없는, 그런 점이 드러나 보이게끔) 있지 않는 한, 이제 우리는 존재의 총체 바깥에는 아무것도 없음을 인정해야 하므로, 그것은 가장자리를 갖지 않으며, 그래서 끝과 한계가 없다."123) 루크레티우스는 비유를 드는데 해안가에서 창을 던졌을 때 창이 무엇에 부딪쳐 튕겨지면 물질이 있는 것이고 계속 날아가면 공간이 있는 것이므로 그와 같이 우주는 한계를 갖지 않는다고 보고 있다. 세계의 무한성에 대한 그의 주장은 이어지는데 원자와 빈 공간의 개념과 한계라는 개념의 통일이 흥미롭다. "나아가 자연은, 사물들의 총체가 스스로 자신에게 한계를 놓을 수 없도록 한다. 그것은, 물체는 빈 공간에 의해서, 그리고 빈 공간인 것은 다시금 물체에 의해

---

122) 앞의 책, p.59
123) 앞의 책, p.95

서 한정되도록 강제한다. 이렇게 번갈음으로 해서 전체를 무한하게 만들면서, 혹은 최소한 이들 중 어느 한 쪽은, 혹시 다른 쪽이 한계를 부여하지 않는다면, 그 경우에라도 섞임 없는 본성으로써 한정 없이 펼쳐질 것이다."124) 이는 물질 혹은 원자의 개념과 빈 공간, 공허라는 개념을 통일시켜 세계의 무한성을 구성하는 것인데 물체가 공허를 한정하고 공허가 물체를 한정하는 것의 연속이 무한한 세계라는 것이다. 이러한 관념은 직관의 수준이기는 하지만 가설로서는 일정한 타당성을 갖고 있다.

루크레티우스는 에피쿠로스와 마찬가지로 원자의 자발적 일탈, 빗겨나가는 운동을 승인하는데 그 논거가 흥미롭다. "반대로 빈 허공은 그 어떤 부분에서도, 그 어떤 시점에도 사물을 떠받칠 수 없고, 그 본성이 추구하는 대로, 양보하기를 계속할 뿐이다. 따라서 모든 것은 고요한 허공을 통하여, 같지 않은 무게를 지녔어도 똑같이 움직여 가야 한다. 그러므로 더 무거운 것들은 결코 위로부터 더 가벼운 것들에게로 떨어져 부딪힐 수 없고, 자체로서, 자연이 그것을 통해 일하는 저 운동을 다양하게 할 수 있는 타격을 만들지도 못한다. 그래서 거듭거듭 입자들이 약간 비껴나는 것이 필요하다."125) 빈 공간의 성질은 계속 원자에 양보하는 것이기 때문에 원자의 비껴나가는 운동이 없으면 원자 간의 충돌과 결합이 불가능하다고 보고 있다. 이 점은 루크레티우스가 데모크리토스에 비한 에피쿠로스 원자론의 우위를 정확히 인식했음을 보여준다.

그는 원자의 불멸성을 승인할 뿐만 아니라 운동의 불멸성 또한 승인한다. "시초의 몸체들은 이전 지나간 시대에도, 그들이 지금 처해 있는 것과 같은 운동 속에 있었으며, 이후에도 이것들은 항상 비슷한 방식으로 움직여질 것이다."126) 이러한 주장은

---

124) 앞의 책, p.99
125) 앞의 책, p.127

운동을 물질의 속성으로 파악하는 것에 기초하여 물질이 불멸이기 때문에 운동 또한 불멸이라고 파악하는 것이다. 데카르트 등 근대 철학과 과학에 의해 물질과 운동의 통일성과 불멸성이 정립되기 이전에 이 고대 원자론자는 물질과 운동의 통일성과 불멸성을 확고하게 세우고 있었던 것이다.

그의 유물론적 인식은 신에 대한 부정으로 나아간다. "그대가 이것을 잘 이해해서 붙들고 있다면, 자연은 보인다. 곧장 자유로운 것으로, 오만한 주인들 없이, 자체가 스스로 자기 뜻대로 신들 없이 모든 것을 행하는 것으로. 왜냐하면, 고요한 평화로써 평온한 세월과 잔잔한 삶을 보내는 신들의 신성한 가슴에 걸고 묻노니, 대체 누가 측량할 수 없는 것의 총체를 다스릴 수 있으며, 누가 손 안에 심연의 강력한 고삐를 통제력 있게 지닐 수 있으며, 누가 모든 하늘들을 균일하게 돌리고, 모든 땅들을 천상의 불들로써 열매 맺게 데우거나, 모든 장소에 모든 시간에 있을 수 있겠는가."127) 자연은 자유로운 존재라는 것, 신들없이 자기 뜻대로, 즉 자연 스스로 자기운동한다는 것을 소박하게 말하는데 이는 자연의 본성에 대한 인식에 기초하여 신이라는 것의 의미없음을 말하는 것인데 신학에 대한 비판의 본질을 잘 말해준다.

그는 인간 정신에 대해서도 육체로부터의 독립성을 부정한다. "창공에는 나무가, 깊은 바다엔 구름이 있을 수 없으며, 물고기들은 경작지에선 살 수 없고, 나무에는 혈액이, 돌에는 수액이 있을 수 없다. 어디서 각각의 것이 자라고 존재할 수 있는지는 정해져 있고, 배정되어 있다. 그러므로 정신의 본성은 육체 없이 혼자는 생겨날 수 없으며, 힘줄과 혈액으로부터 지금보다 멀리 떨어져서는 존재할 수 없다."128) 이는 인간의 정신을 육체로

126) 앞의 책, p.131
127) 앞의 책, p.184

부터 분리시키고 나아가 자립화시키는 관념론에 맞서 인간정신과 육체는 통일되어 있는 것임을 소박한 형태로 말하는 것이다. 이러한 루크레티우스의 원자론은 한편으로는 고대인의 자연에 대한 파악을 가감없이 보여주고 있는데 자연을 지배와 수탈의 대상으로 보는 현대인의 관점과는 많은 차이가 있다. 루크레티우스의 자연관은 자연에 대한 고대의 치열한 과학적 탐구를 포함하고 있으며 그 결과가 원자와 공허로 구성되는 자연이라는 관점이다.

---

128) 앞의 책, p.245

에피쿠로스, 루크레티우스에 의한 고대 원자론의 계승, 발전

96

5. 유명론과 실재론의 논쟁, 토마스 아퀴나스

고대 로마는 노예의 반란과 이민족의 침입에 의해 멸망해갔는데 노예제로부터 봉건제로의 이행이 시작되었다. 그 결과 경제와 문화가 쇠퇴하고 도시와 상업이 쇠퇴하였다. 생활의 중심이 도시에서 농촌으로 이동하였고 이데올로기에서는 카톨릭이 지배적이 되었다.

중세유럽에서 카톨릭의 지배를 이론적으로 기초지운 사람은 아우렐리우스 아우구스티누스였다. 그는 자신의 철학을 신비직인 신플라톤주의의 기초 위에 놓았는데 "그에게 있어 플라톤의 이데아는 '창조행위 이전의 창조자의 사상'이었다."129) 그는 중세 카톨릭주의의 '진리의 기둥이자 초석'으로 불렸는데 그의 "정치적 결론은 세속적 권력에 대한 영적 권력의 우위, 카톨릭 교회의 전 세계 지배가 불가피하다"130)는 것이었다.

이리하여 중세는 정신적 암흑 상태에 놓였는데 '철학은 신학의 시녀이다'라는 것이 당시의 지적 조건을 말해준다. 그러나 그러한 가운데서도 인간의 지식, 이성을 위한 노력은 계속되었는데 대부분의 지식의 영역을 신학이 차지하였지만 신학과 연관을 맺으면서도 철학적 사고가 지속되었고 철학적 논쟁이 발생하였는데 이것이 수백 년간 이어진 유명론(唯名論)과 실재론(實在論)의 논쟁이었다.

유명론과 실재론의 논쟁은 보편이 개별과 독립되어 실재하는가, 아니면 보편은 이름뿐이고 실재하는 것은 개별뿐인가를 둘러싼 논쟁이었다. 여기서 카톨릭 주류는 실재론의 입장을 취하였고 유명론은 이단적 분위기를 띄는 것이었다. 보편 문제에 대한 실재론의 견해는 다음과 같이 요약된다. "1) 보편자는 현실적(실

129) 러시아 과학아카데미 편, 세계철학사(1), 중원문화, p.395
130) 앞의 책, p.396

재적)이며, 2) 보편자는 적어도 (개개의) 사물들보다는 더 높은 존재, 즉 더 높은 실재성의 등급을 갖는다. 3) 보편 개념은 (개개의) 사물들에 앞서 존재한다. 다른 말로 하면 실재론은 보편 개념을 인간 의식의 외부에, 의식으로부터 독립하여 그리고 동시에 개개의 사물에 앞서 신 속에 존재하는 보편자로 간주한다."[131] 이러한 실재론의 보편에 대한 입장은 관념론이라 할 수 있는데 보편이 개별과 분리되어 개별에 앞서 실재한다는 것이며 플라톤적 색채를 띠는 것으로서 이는 중세 신학을 뒷받침하는 것이었다.

유명론은 보편은 단지 이름에 불과한 것이며 실재하는 것은 개별뿐이라고 주장한다. 보편 문제에 대한 유명론적 해결은 다음과 같다. "1. 보편자는 실재성(현실성)을 갖지 않는다. 2. 오직 개개의 사물, 개체만이 실재한다. 3. 보편 개념은 단지 구체적인 사물들 <뒤에> 있는(구체적인 사물들의 집합을 지칭하는) 이름뿐이다. 다시 말해서 보편 개념은 구체적인 사물들로부터 추상화되어 획득된 것이다. <보편은 개개의 사물 뒤에 있는 이름일 뿐이다.>"[132] 여기서 유명론은 현대의 변증법적 유물론과는 일정한 차이가 있는데 유명론이 보편은 이름뿐이며 실재성이 없다고 보는 점은 보편이 개별 속에, 개별의 한 측면으로서 실재한다는 변증법적 유물론의 입장과는 다르다. 그럼에도 유명론은 보편의 개별로부터 독립성과 실재성을 주장하는 관념론적인 실재론에 맞서서 일정하게 유물론적인 경향을 띠는 것이었다.

이러한 유명론의 경향은 중세 카톨릭에 반대하는 경향의 철학적 표현이었다. "유명론은 개별자를 완전히 강조하는 동시에 보편자를 완전히 무시함으로써, 우선 중세 카톨릭 교회의 존립기반을 파괴했다. 보편자의 실재성을 부정함으로써 필연적으로 도

---

131) 한국 철학사상연구회 편, 철학대사전, 동녘, p.768
132) 앞의 책, p.958

출되는 결론은, 일체를 포괄하는 결합체로서의 교회, 교회의 위계적 질서, 그리고 모든 고차적인 보편자들을 내용으로 삼고 있는 교회의 교리가 아니라 교회의 구성원인 <개별적> 인간이 우선적으로 권위를 갖는다는 점이다. … 보편자에 대한 유명론적인 평가로부터 도출되는 또 하나의 결론은 교회의 교리가 개별적인 인간들에 대해서는 궁극적으로 아무런 말도 해주지 않는다는 것 그리고 교회의 교리는 기껏해야 믿음의 문제일 뿐 결코 사유나 지식의 대상일 수는 없고 따라서 학문의 대상일 수도 없다는 것이다."[133]

이렇게 유명론은 보편을 지고지선으로 강조하며 개별은 보편에 의해 존재한다는 종교적 교리의 토대가 되는 실재론을 비판하여 종교권력에 타격을 주었다. 또한 그를 통해 종교와 구분되고 종교로부터 독립적인 지식의 영역, 과학의 영역이 필요함을 추구했다.

중세의 주류적 철학은 신학과 결합된 스콜라철학이었는데 이는 교황권력이 세속의 황제권력보다 우위에 서게 되면서 공고화되었다. 캔터베리 안셀무스는 '최후의 교부이자 최초의 스콜라 학자'로 불리는데 아우구스티누스의 후계자로서 그는 장기간에 걸쳐 스콜라학의 기본적인 철학내용을 결정했다. 그는 지식은 신앙의 하녀라고 주장하고 플라톤의 관념론을 가톨릭 교의에 봉사하게 했다.

실재론은 이렇게 보편을 개별로부터 분리시키고 독립시켜 실재화하는 플라톤의 이데아론을 원천으로 하는 것이었는데 후에는 아리스토텔레스의 '형상' 개념에 기초하여 수정되어 전개된다. 이에 맞서는 유명론은 10-11세기의 초기 유명론과 14세기 오컴의 후기 유명론으로 나뉜다. 초기 유명론자인 베렌게르 드 투르는 "우리가 감각기관에 의해 지각하는 것만을 실재적이라고

---

133) 앞의 책, pp.958-959

인식하고, 일반적인 정신적 본질의 실재성을 부정"[134]했다. 후기 유명론자인 윌리엄 오컴은 교황권과의 투쟁에 앞장섰는데 그는 "정치적 저작에서 세속의 권력은 교회의 권력으로부터 독립해 있고, 후자의 권능은 '영혼의 구제문제'에 한정되어 있다는 사상을 확립"[135]하였다. "개개의 개별적인 물(物)만이 실재하고 보편은 '영혼 속에서 혹은 말 속에서만' 보여질 뿐이다. 인식의 방법에 관한 문제에서 감각론적 경향, 즉 객관적 세계의 인식은 경험으로부터 비롯된다는 경향은 오컴에게서 표명되기 시작했다. 정통파 스콜라 학자들의 무수한 '본질' '형상' '숨겨진 질'에 대해 오컴은 투쟁을 선언했다."[136] 이러한 유명론의 투쟁은 스콜라학의 붕괴를 촉진하여 자연과학의 발전을 위한 토양을 준비했는데 코페르니쿠스, 브루노, 갈릴레이 등도 유명론의 영향을 받았다.

중세 카톨릭의 지배는 이후 수많은 종교개혁 투쟁에 의해 균열되었고 나아가 근대 부르주아 혁명에 의해 정교분리가 이루어지면서 카톨릭 독재는 종식되었다. 그리고 중세 스콜라학은 근대의 철학과 과학의 발전에 의해 극복되었는데 그럼에도 여전히 현대의 카톨릭은 중세의 스콜라학을 자신의 철학으로 하고 있다. 지금도 존재하는 교황과 카톨릭의 권력은 막강한데 이들이 전면에 내세우고 있는 스콜라 학자가 중세의 토마스 아퀴나스이다. 토마스 아퀴나스는 수많은 저작을 썼는데 그의 ≪신학대전≫은 수십 권에 달한다. 그는 "당시 부르던 방식으로는 '숨마'(Summa)를 후세에 남겼다. '숨마'는 완전히 인위적이고 대단히 형식적인 도식에 따라 구성되어 있다. 그것은 수백 개의 문제로 나뉘어져 있고, 그 문제는 다시 '세부 문제'로 분할되어 이

---

134) 러시아 과학아카데미 편, 세계철학사(1), 중원문화, p.404
135) 앞의 책, p.417
136) 앞의 책, p.417

세부 문제가 수백, 수천의 편과 세부 편을 구성하고 있다. …
이 혼란스럽고 엄청난 분량의 체계 전체는 '성서'와 기타 '권위'
의 무수한 인용으로 채워져 있고, 또한 가장 공허한 3단 논법의
끝없는 연쇄로 가득 차 있다."137)
중세 철학사를 보면 토마스 아퀴나스는 아리스토텔레스 철학을
신학과 결합시켜 이후 스콜라학의 전형을 창출한 인물이다. 그
전까지 플라톤이 종교적 교리를 뒷받침했다면 토마스 아퀴나스
이후로는 아리스토텔레스 철학을 '편집'하여 신학을 뒷받침했는
데 이에 대해 레닌은 다음과 같이 평가하고 있다. "교권주의는
아리스토텔레스 내부에 있는 살아 있는 것은 죽이고 죽은 것을
불후의 것으로 만들었다."138) 토마스 아퀴나스가 아리스토텔레
스를 활용하는 방식은 아리스토텔레스에게서 유물론적인 내용
은 거세하고 아리스토텔레스의 저작 중에서 관념론적이거나 형
이상학적인 문구에 신학적 개념을 갖다 붙이는 것이다.
그의 ≪신학요강≫은 신이 존재한다는 증명으로 시작하는데 그
것은 아리스토텔레스의 개념인 원동자(原動者) 혹은 제1동자 개
념에 신 개념을 결합하는 방식이다. "우리는 움직이는 모든 것
이 다른 것들에 의해 움직여진다는 사실을 보게 된다. … 그런
데 이것이 무한 소급되는 것은 불가능하다. 왜냐하면 어떤 것에
의해서 움직여진 모든 것은 마치 최초로 움직이는 것[제1동자]
에 [의해 움직여진] 일종의 도구나 마찬가지이기 때문이다. …
그러므로 모든 것 중에서 최고의 것인 제1동자[최초로 움직이
는 자]가 존재해야 하며, 우리는 이를 신이라고 부른다."139) 이
는 아리스토텔레스의 원동자(제1동자) 개념을 신 존재의 직접적
근거로 사용하는 것인데 아리스토텔레스는 ≪형이상학≫에서

137) 앞의 책, pp.406-407
138) 러시아 과학아카데미 편, 세계철학사(1), 중원문화, p.406에서 재인용
139) 토마스 아퀴나스, 신학요강, 나남, pp.39-41

다음과 같이 원동자 개념을 사용하고 있다. "그리고 분명히 모든 것들이 '가만히 있다'(변하지 않는다)고 주장하는 사람들도 참을 말하지 않으며, 모든 것들이 '움직인다'(변한다)고 말하는 사람도 참을 말하지 않는다. 모든 것들이 가만히 있을 경우, 참인 것은 항상 참이고 거짓인 것은 항상 거짓일 것이다. … 그리고 모든 것들이 움직이고(변하고) 있다면, 어떤 것도 참이 아닐 것이다. … 움직이는(변하는) 것들을 항상 움직이게(변하게) 하는 어떤 것이 있으며, '(다른 모든 것들을) 움직이게(변하게) 하는 으뜸가는 것'(원동자) 자신은 움직이지(변하지) 않기 때문이다."140) 이것이 원동자 개념에 대한 아리스토텔레스의 원래의 내용이다. 즉, 아리스토텔레스는 운동이 없다는 파르메니데스의 견해에 반대하고 또 모든 것이 운동한다는 헤라클레이토스의 견해에 반대하면서 운동은 존재하지만 그것의 원인되는 것 또한 존재하며 그것을 거슬러 가면 최초의 원인이 존재하며 그것은 모든 것을 운동하게 하지만 자신은 운동하지 않는 원동자라고 했다. 바로 이 점이 아리스토텔레스의 운동에 대한 비변증법적, 형이상학적 관점과 한계를 보여주는 것인데 이 점을 토마스 아퀴나스가 신 존재증명의 근거로 사용한 것이다. 아리스토텔레스의 한계는 운동이 내적 모순에 의한 것이라는 변증법적 관념을 거부하고 최초의 원동자라는 형이상학에 의존한 것인데 이 점이 신학에 의해 활용된 것이다.

이러한 원동자 개념을 기초로 토마스 아퀴나스는 이후 모든 신학적 교리를 설명해간다. 원동자는 부동적이므로 신은 부동적이다. "그런데 이로부터 신이 영원하다는 사실이 분명해진다. 왜냐하면 존재하기를 시작하거나 멈추는 모든 것은 운동이나 변화를 통해서 이루어지기 때문이다. 그러나 '신이 전적으로 부동적이다'라는 사실은 명백하다. 그러므로 신은 영원하다."141) 원

---

140) 아리스토텔레스, 형이상학, EjB, p.195

동자는 부동적이므로 시작과 끝이 없고 따라서 원동자인 신은 영원하다는 것이다. 이것이 변증법에 반대된다는 의미에서 형이상학으로 불리는 것의 전형적인 내용이다. 따라서 신의 존재와 영원성이라는 관념의 논리적 뿌리는 운동의 본질에 대한 잘못된 이해에 기초한 것이다.

토마스 아퀴나스는 전형적인 신학자답게 신이 '무에서 세계를 창조'했다는 주장을 한다. 이는 '무로부터는 아무 것도 나올 수 없다'는 유물론의 인식에 정면으로 배치되는 것인데 토마스 아퀴나스는 아리스토텔레스의 가능대와 현실태, 질료와 형상 개념을 통해 무로부터 세계창조를 설명한다.[142] 신은 제1의 현실태인데 가능태에 불과한 질료를 전제로 하여 작용하지 않으며 따라서 신은 세계창조에 있어서 질료(물질)를 필요로 하지 않고 무로부터 세계를 창조했다는 것이다. 토마스 아퀴나스의 이러한 주장의 근거가 될 수 있는 아리스토텔레스의 견해는 다음과 같다. "밑감(재료)은 바로 그것이 꼴(의 상태)로 나아갈 수 있기 때문에 잠재 상태로 있다. 실현 상태로 있게 될 때, 그것은 제 꼴(의 상태)에 있게 된다."[143] 여기서 밑감, 즉 질료는 가능태(잠재상태)이고 꼴(형상)이 현실태(실현상태)로 파악되고 있다. 아리스토텔레스의 견해 중 가능태와 현실태의 구분은 과학적인 것이다. 그런데 문제는 그것이 질료와 형상이라는 관념론적 견해와 결합되어 질료는 가능태이고 형상은 현실태라는 비과학적인 주장으로 이어진다는 점인데 바로 이 점이 토마스 아퀴나스에 의해 활용되어 제1의 현실태인 신은 세계창조에 질료를 전제하지 않는다는 주장으로 연결된 것이다.

또 토마스 아퀴나스는 인간의 최초상태가 완전성을 갖고 있었

---

141) 토마스 아퀴나스, 신학요강, 나남, p.44
142) 앞의 책, pp.125-126
143) 아리스토텔레스, 형이상학, EjB, p.397

다고 주장하는데 이는 성경에서 신에 의한 인간의 창조를 말하기 위함이다. 그러나 이는 이미 진화론에 의해 반박되었는데 인간을 포함하는 현실의 생물의 종들은 오랜 역사를 통해 생물과 환경의 상호작용을 통해 진화를 거듭한 결과임은 이미 과학적으로 증명되고 있다.

이렇게 토마스 아퀴나스의 신의 존재에 대한 증명, 세계창조설 등은 아리스토텔레스의 철학을 당시의 신학적 교리에 결합시킨 것이다. 아리스토텔레스 철학은 당시로서는 선진적인 과학적인 내용이 많으면서도 동시에 관념론적, 형이상학적인 한계를 갖는 것이었는데 이러한 아리스토텔레스 철학의 약점이 신학에 의해 활용되었다. 그리하여 토마스 아퀴나스의 신학 혹은 철학은 이후 중세 전체에 걸쳐 지배적인 스콜라 철학이 되었고 지금도 토마스 아퀴나스의 철학은 현대 카톨릭의 대표적인 논리가 되고 있다.

6. 코페르니쿠스, 케플러, 브루노, 갈릴레이, 뉴튼

코페르니쿠스의 지동설로부터 시작하여 뉴튼에 이르는 시기는 일반적으로 과학혁명의 시기로 불린다. 이 시기는 중세의 신학으로부터 과학이 독립을 이루어가는 시기였다. 과학의 비약적인 발전은 당시 지리상의 발견 이후 상품생산이 급속히 발전하고 그에 따라 부르주아지가 성장하던 시대를 배경으로 한 것이었다. 이에 대해 엥겔스는 다음과 같이 부르주아지의 발전과 과학의 발전의 관계를 설명한다. "시민 층의 발흥과 발을 맞추어 과학의 엄청난 약진이 이루어졌다. 천문학, 역학, 물리학, 해부학, 생리학이 다시금 연구되었다. 시민 층은 자신의 공업생산의 발전을 위해, 자연의 물체들의 속성들과 자연력의 실행방식을 연구하는 과학을 필요로 하게 되었다. 그러나 그때까지 과학은 교회에 순종하는 하녀에 불과했으며, 신앙에 의해 설정된 한계를 넘어가는 것을 결코 허락하지 못했다.—요컨대 그것은 결코 과학이 아니었다. 이제 과학은 교회에 대해 반란을 일으켰다; 시민 층은 과학이 필요했고 이 반란에 참여했다."[144]

과학혁명의 시대로 일컬어지는 이 시기는 주로 천문학과 역학에서 비약적인 발전이 이루어졌는데 왜 천문학과 역학에서부터 과학혁명이 시작되었는가에 대해서 엥겔스는 다음과 같이 파악하고 있다. "막 시작된 자연과학의 제1기에 있어서 주요 작업은 근접해 있는 소재를 완전히 사용하는 것이었다. 대부분의 영역에서는 완전히 처음부터 시작해야 했다. 고대는 유클리트와 프톨레마이오스의 태양계를, 아랍인들은 십진법과 대수학의 시초, 근대 수학 그리고 연금술을 유산으로 남겼다. 이에 반해 기독교의 중세는 전혀 아무것도 남겨놓지 않았다. 이러한 상황에서는

---

144) 엥겔스, 유토피아에서 과학으로의 사회주의의 발전, 칼 맑스 프리드리히 엥겔스 저작선집 7권, 박종철 출판사, p.418

가장 기본적인 자연과학, 즉 지구 및 천체의 제 물체의 역학이 필연적으로 최고의 지위를 점하였고, 이 역학을 보조하기 위해 수학적 방법의 발견 및 완성이 또한 이루어졌다."145) 그리하여 코페르니쿠스의 지동설이 세계관적 충격을 준 이래 "제 과학의 발전은 엄청난 속도로 전진하였으며, 그 출발점으로부터의 (시간적) 거리에 대해 제곱의 비율이라 할 만한 속도로 힘이 증가되었다."146)

코페르니쿠스가 지동설(地動說)을 주장하기 전에 지배적이었던 견해는 프톨레마이오스의 천동설(天動說)과 아리스토텔레스의 우주관이었다. 고대 그리스의 프톨레마이오스의 천동설은 지구가 우주의 중심에 정지한 채 존재하며 태양이 지구를 돈다고 설명하였고 천상의 별들은 천구에 박혀서 회전한다고 보았다. 이러한 프톨레마이오스의 체계가 오랜 기간동안 정설로 인정되고 받아들여져 왔던 까닭은 "어쨌든 현상을 제대로 설명했기 때문이었다. 즉, 그 체계를 통해 과거와 미래의 행성위치를 계산할 수 있었던 것이다. 이 능력은 달력 제작과 항해 뿐만 아니라 천궁도 그리기와 점성술에 따른 예측을 하는 데도 중요했다."147) 그러나 프톨레마이오스 체계는 행성의 위치를 계산하는 것은 가능하게 했지만 매우 부정확하여 "(부활절 날짜를 계산하는데 필요한) 춘분이 실제보다 열흘이나 앞당겨 일어났다. 더군다나 그 체계에 따라 계산된 보름달은 밤하늘에 실제로 보이는 현상과는 전혀 관련이 없었다. … 이 때문에 부활절 날짜는 해마다 잘못 잡히곤 했다."148) 이와 같이 프톨레마이오스 체계는 눈에 보이는 천문현상을 대략 맞게끔 체계를 만들었지만 실제와는 맞지 않는 것이었고 나아가 우주의 진정한 구조에 대한

145) 엥겔스, 자연변증법, 중원문화, p.18
146) 앞의 책, p.17
147) 존 헨리, 서양과학사상사, 책과 함께, p.125
148) 앞의 책, p.128

코페르니쿠스, 케플러, 브루노, 갈릴레이, 뉴튼

이해를 가로막는 것이었다. 이에 대해 코페르니쿠스는 다음과 같이 프톨레마이오스 체계를 비판하고 있다. "관건은 우주의 구조와 각 부분의 진정한 대칭성이다. 이와 달리 그들의 경험은 여러 군데에서 손, 발, 머리 그리고 다른 부분들을 가져와서 그럴듯한 모양을 만들긴 하지만 하나의 인간을 표현하지 못하는 것과 마찬가지다. 이 조각들은 전혀 들어맞지 않는지라, 이것들을 한데 모으면 하나의 온전한 인간이 아니라 괴물이 등장한다."149) 그리하여 코페르니쿠스는 발상의 전환을 하여 과감하게 태양이 지구를 도는 것이 아니라 지구가 태양주위를 돌고 하루에 한번 자전한다고 가정하였다. "지구에 운동을 부여한다고 가정하자. … 장기간의 집중적인 연구를 통해 나는 마침내 알게 되었다. 즉, 다른 행성들의 운동이 지구의 회전과 관계있다고 가정하고 각 행성의 회전을 계산해보니, 이들 행성의 천체현상이 그 계산대로 일어날 뿐만 아니라, 모든 행성과 천구들의 순서와 규모 그리고 하늘 자체가 서로 긴밀히 연결되어 있어서 우주 전체의 나머지 부분을 방해하지 않고서는 어느 한 부분도 변경시킬 수 없다는 사실을 알게 되었다."150) 이렇게 지구가 태양주위를 회전하고 운동한다는 가설을 세우고 나서 계산을 해보니 프톨레마이오스 체계에 있었던 부조리가 없어지고 모든 계산이 맞아 떨어졌다. 그런데 이러한 지동설은 기존의 아리스토텔레스적 우주관과 충돌하는 것이었다. "지구가 더 이상 우주의 중심이 아니게 되면 무거운 물체가 굳이 일개 행성에 불과한 지구의 중심을 향해야 할 이유가 없어"지게 되고 또 "완전불변의 천상계와 불완전하고 변화가 있는 지상계의 엄격한 구별도 지구가 우주의 중심이 아니면 더 이상 의미를 지니지 못하게 된다. 그뿐만이 아니다. … 코페르니쿠스의 우주구조를 받

---

149) 앞의 책, pp.126-127에서 재인용
150) 앞의 책, p.131

아들이기 위해서는 지구와 항성천구의 거리가 그동안 생각해오던 것에 비해서는 아주 멀다는-거의 무한히 멀다는-결론을 내리게 되었으며 이는 결국 우주의 크기가 거의 무한이 되게 만들었다. 그리고 이렇게 우주의 크기가 무한하다면 그러한 우주에 있어서 '중심'과 같은 관념은 더 이상 의미를 지니지 못하게 되는 것이다."151) 이렇게 지동설은 천상계와 지상계를 나누는 중세의 관념이 무너져 내리게 하고 나아가 우주를 지구중심의 유한한 세계로 보는 우주관을 변혁하여 우주의 무한성의 관념을 고취시켰다. 그러나 코페르니쿠스는 지동설을 주장하면서도 프톨레마이오스와 아리스토텔레스 이래 이어져온 행성의 등속 원운동이라는 관념을 깨지 못하였고 따라서 지구가 태양주위를 등속 원운동한다고 보았다. 이는 원운동이 가장 완전한 운동형 태라는 고대 그리스 시대 이래의 형이상학적 사고를 코페르니 쿠스가 깨지 못했다는 것을 말한다. 이렇게 지구의 회전을 등속 원운동으로 보면 왜 지구가 태양주위를 회전하는가라는 물음은 뒷전으로 밀리게 된다. 왜냐하면 천상의 운동은 완전한 운동이 고 그것은 원운동이라는 형이상학적 인식의 틀이 그러한 물음 을 가로막기 때문이다. 그러나 행성의 등속원운동이라는 이러한 형이상학적 사고는 케플러가 행성의 타원궤도 운동을 발견하면 서부터 깨지게 된다.

"케플러의 위대한 업적은 오늘날 행성운동의 세 가지 법칙으로 알려진 다음 내용을 발견한 것이다. 첫째, 행성은 완전한 원형 이 아니라 타원형 궤도를 그린다. 둘째, 태양과 행성을 잇는 직 선이 동일한 시간에 쓸고 지나가는 면적은 언제나 동일하다(어 떻게 행성이 궤도를 따라 움직이는지-움직이면서 빨라지고 느 려지는지를 알려주는 법칙). 셋째, (고대부터 정확하게 알려져 있던) 행성의 공전주기의 제곱은 태양과 행성사이의 평균거리의

---

151) 김영식, 과학혁명, 아르케, pp.38-39

코페르니쿠스, 케플러, 브루노, 갈릴레이, 뉴튼

세제곱에 정비례한다."152) 이러한 케플러의 행성궤도 법칙의 발견의 의미는 태양주위를 도는 행성이 원형 궤도가 아니라 타원형 궤도를 돈다는 것을 밝힘으로써 천상의 완전한 원운동이라는 형이상학적 사고를 깨버렸다는 것, 그리고 타원운동에 따라 운동하는 행성의 속도가 빨라지기도 하고 느려지기도 하여 등속운동이 아니라 부등속운동이라는 것을 밝혀서 행성운동에 대해 형이상학적 사고를 대체하는 현실의 법칙을 발견한 것 등이라 할 수 있다. 이로써 천상의 운동, 우주의 운동에 대해서도 일정한 법칙성을 발견하는 것이 가능하다는 인식이 수립되었다. 나아가 케플러가 발견한 이러한 법칙들은 우주의 보편적인 질서가 파악가능하다는 것으로까지 나아갔는데 뉴튼의 만유인력의 법칙은 케플러의 법칙들을 일반화하고 수학적으로 표현한 것에 지나지 않는다.

케플러가 원운동이라는 관념을 넘어 타원운동을 발견한 것은 자신의 독자적 노력이라기보다는 튀코라는 천문관찰자의 관찰자료들의 도움을 얻어서였다. 이는 법칙의 발견이 이론적 사고만이 아니라 경험적 노력과 통일될 때 가능하다는 것을 시사하는 것인데 케플러의 타원궤도의 발견은 그러한 관찰자료를 분석하여 이론화한 결과였다. 이렇게 과학은 그 수단과 도구, 방법론과 같이 발전하는 것이다.

코페르니쿠스가 지동설을 주장한 ≪천구의 회전에 관하여≫가 출판된 해는 1543년이다. 그러나 코페르니쿠스의 이 책은 카톨릭 교회에 의해 금서가 된다. 그럼에도 불구하고 코페르니쿠스의 학설은 서서히 확산되어 가는데 브루노는 그러한 학설의 열렬한 지지자 중의 한 명이었다. 브루노는 자신의 주장으로 인해 이탈리아를 떠나 유럽 곳곳으로 망명했는데 후에 이탈리아로 돌아왔을 때 감금되고 이단심문소의 재판을 받았다. 브루노는

---

152) 존 헨리, 서양과학사상사, 책과 함께, p.172

끝내 자신의 주장을 굽히지 않아 종교법정에 의해 화형을 당하였다. 이 당시 카톨릭은 종교개혁 운동에 의해 권위가 흔들리던 상황이었는데 다시 자신의 권위를 확립하고자 하는 시도를 하는 가운데 과학적 세계관을 가일층 억눌렀던 것이다.

브루노의 사상과 세계관은 코페르니쿠스의 지동설이 미친 세계관적 충격을 잘 보여준다. 우주의 무한성을 열렬히 주장하고 그러면서도 형이상학적 사고를 쉽사리 벗어나지 못하고 또 범신론적 모습을 보이면서 과학적 세계관을 탐구하고 전개한다. 또한 당시 여전히 지배적이었던 아리스토텔레스의 우주관, 세계관을 넘어서고자 하는 노력을 보여준다.

먼저 브루노는 세계, 우주의 무한성에 대해 말한다. "만일 이 세계의 크기에 일치하며 플라톤주의자들이 질료라고 일컫는 공간 안에 이 세계가 있다면, 마찬가지로 저 공간 안에 그리고 세계 저쪽의 무수한 다른 공간 안에 또 다른 세계, 그리고 무수히 많은 또 다른 유사한 천체들이 있을 수 있습니다."[153] 그런데 브루노는 세계의 무한성을 말하면서도 우주와 신의 모습을 결합시키는 범신론을 말한다. "왜냐하면 나는 단순한 연장(延長)이나 물질적 질량을 존중해서 실로 무한한 공간을 요구하는 것이 아닙니다. 그리고 자연은 어떤 무한한 공간도 가지고 있지 않습니다—공간내의 가능한 자연과 물질적 종류들의 존재가치로 인하여 무한한 공간을 요구합니다. … 필연적으로 불충분한 신의 모습에는 역시 무한한 영상이 일치하지 않으면 안 됩니다. 이 영상 안에는 무수한 부분들로서 무수한 천체가 존재합니다. 그런데 만일 신의 고귀함이 무수한 단계의 완전성에서 물질적으로 전개되어야 한다면, 무수한 개체들은 존재하지 않으면 안 됩니다."[154] 여기서 브루노는 신을 승인하고 있지만 신은 물질

---

153) 브루노, 무한자와 우주와 세계 외, 한길사, pp.88-89
154) 앞의 책, p.93

코페르니쿠스, 케플러, 브루노, 갈릴레이, 뉴튼

적 세계와 분리된 존재가 아니라 물질적 세계로 전개되는 신으로 파악되고 있다. 즉, 브루노의 신은 범신론적 의미에서 신 개념으로 파악될 수 있다.

브루노는 우주를 무한자로 파악한다. "이 무한자 그리고 헤아릴 수 없는 것은 외부 사물에 관계되는 아무런 일정한 형태도, 아무런 느낌도 (아무런 감각도) 가지지 않은 살아 있는 존재입니다. 왜냐하면 그것 자체가 전체 영혼을 자신 안에 소유하며 영혼을 지닌 모든 것을 포괄하는 전체이기 때문입니다."155) 이렇게 우주를 무한자로, 하나의 살아 있는 존재로 파악하는 것은 무한을 승인하면서도 그것을 형이상학적으로 파악하는 것이다. 변증법에서 우주의 무한성은 유한과 무한의 통일로 파악된다. 그러나 브루노는 이렇게 나아가지 못하고 무한성의 개념을 무한자라는 하나의 단일한 실체로 설명하고 있는 것이다. 이는 브루노가 우주의 무한성을 주장함에도 기존의 형이상학적 사고를 쉽사리 벗어나지 못함을 보여준다. 무한자라는 개념을 설정하면 무한성에 대한 설명이 이루어진다고 간주하는 것은 전형적인 형이상학적 주장이다. 그러나 브루노는 변증법적 사고를 일정하게 보여주기도 한다. "젊은이는 아이 때 가졌던 것과 동일한 육신을 더 이상 소유하지 않으며, 노인은 젊은이일 때 가졌던 것과 똑같은 육신을 더 이상 소유하지 않습니다. 왜냐하면 우리들은 변화의 흐름 안에 있기 때문입니다. 이 흐름은 쉬지 않고 새로운 원자를 우리들 안으로 흘러 들어오게 하며, 다른 시간에 우리가 받아들인 원자를 다시금 분비하게 합니다."156), "그처럼 천체는 대립물들로 혼합되었으며 하나의 대립물, 말하자면 지구들과 물의 천체들은 다른 대립물, 곧 태양들과 불의 천체들에 의해서 살아가며 운동합니다. 생각건대 전체는 일치하는 것의

---

155) 앞의 책, p.152
156) 앞의 책, pp.132-133

투쟁과 투쟁하는 것의 사랑을 통해서 성립한다고 주장한 사람이 이러한 사실을 말하려고 할 것입니다."157) 여기서 브루노는 세계를 변화의 흐름으로 보고 있고 천체를 대립물로 구성된 것으로 파악하고 있는데 이는 전형적으로 변증법적 인식이다. 또한 브루노는 대립물의 통일과 전화를 주장한다. "하나의 대립물이 다른 대립물을 전화시키고 변화시키며 스스로 동화하기 때문에, 자연에서 하나의 대립물은 다른 대립물의 매개에 의해서 살아가며 성립합니다. … 대립물들이 서로 가장 먼 거리를 유지하지 않으면 안 된다는 것은 전적으로 옳지 못합니다. 모든 사물들에서 대립물들은 서로 결합되어 있습니다. 전체는 바로 대립물들의 복합과 통일에서 성립합니다."158) 전체는 대립물의 통일이라는 것은 브루노가 변증법적 모순 개념을 승인하고 있다는 것을 말한다. 즉, 브루노는 형이상학적 사고에 의해 제약받으면서도 코페르니쿠스의 지동설이 미친 충격 속에서 변증법적 세계관으로 나아가고 있는 것이다.

브루노는 지구를 우주의 중심으로 보는 관점을 다음과 같이 비판하고 있다. "왜냐하면 모든 천체의 원주 바깥은 '상부'를, 내적 중심은 '하부'를 형성하기 때문입니다. 그리고 모든 천체의 부분들은 자연적으로 중심점을 향하기 때문입니다. 그리고 모든 천체의 부분들은 자연적으로 중심점을 향하는데, 중심점의 개념은 외부의 점에 의해서가 아니라 그 자신의 내면에 의해서 규정됩니다. 우주의 보편적인 가장자리를 상상하고, 어리석게도 전체를 제한시키고, 세계의 중심을 지구의 중심으로 여기는 그러한 모든 사람들은 위의 사실을 파악하지 못했습니다."159) 여기서 브루노는 지구가 우주의 중심이라는 관점을 비판하며 모

---

157) 앞의 책, p.187
158) 앞의 책, p.244
159) 앞의 책, p.201

코페르니쿠스, 케플러, 브루노, 갈릴레이, 뉴튼

든 천체가 자신의 중심점을 갖고 있다는 우주론을 전개한다. 이는 우주가 무한하다는 관념에 기초하여 각각의 천체가 중심을 갖는다는 관념을 피력하는 것이다.

이러한 우주관을 기초로 브루노는 중력에 대한 개념을 전개한다. "이 중력 관계의 공간은 중심으로부터 둘레에 이르기까지 제한된 반지름에 의해서 측정되며, 둘레에서 중력은 가장 작고 중심에서 가장 크며, 어느 한 쪽에 대한 근접 정도에 따라서 중력은 더 커지거나 작아집니다."160) 이러한 중력개념은 근대적 의미의 중력개념과 거의 동일한데 이는 브루노가 형이상학적 사고에 의해 제약되어 있으면서도 지동설에 기초하여 중세적 사고를 뛰어넘어 근대적 과학의 길을 걷고 있음을 보여준다. 그는 또한 물질과 운동의 통일성에 대한 접근을 보여준다. "운동은 물체에만 있고 아무런 물체도 없는 곳에는 아무런 운동도, 즉 아무런 운동의 기준도 없습니다. 이미 우리들은 세계 바깥에는 아무런 물체도 없다는 것을, 따라서 그곳에는 아무런 운동도, 아무런 시간도 없다는 것을 증명했습니다."161) 물체없이는 운동이 없고 운동의 기준도 없다는 것인데 여기서 브루노는 운동의 기준으로 시간을 말하고 있다. 이는 시간을 물질의 운동과 통일시켜서 파악하는 것인데 이는 매우 현대적인 감각이다. 시간에 대한 브루노의 이러한 파악은 공간과 시간의 무한성에 대한 승인으로 나아간다. "우리들이 유유하게 공허라고 표시할 수 있는 것은 보편적 장소, 곧 헤아릴 수 없는 공간이며, 이 공허 안에는 우리들이 살고 움직이는 이 세계와 같은 무수한 천구들이 떠다닙니다. 이 공간은 무한합니다. 왜냐하면 이 공간을 제한시키는 것은 아무런 이유도, 아무런 가능성도, 아무런 의미도 소유하지 않기 때문입니다. 또한 단순히 상상된 세계의 볼록한

160) 앞의 책, p.215
161) 앞의 책, p.229

원주 바깥에도 시간은 있습니다. 왜냐하면 그곳에도 운동과 운동의 기준이 있기 때문입니다. 즉, 그곳에는 이 지구처럼 유사하게 움직이는 천체들이 있기 때문입니다."162) 브루노는 '상상된 볼록한 원주', 즉 아리스토텔레스 우주관에서 상정되었던 천구 밖에도 천체들이 있다고 주장하고 있고 거기에도 운동의 기준, 시간이 있다고 보고 있다. 이는 공간과 시간의 무한성, 우주의 무한성을 주장하는 것인데 지동설에 의해 우주의 유한성 관념이 깨지고 우주의 무한성이 추리되고 있음을 잘 보여준다.

또한 브루노는 세계가 하나라는 세계의 통일성에 대한 관념을 보여준다. "무한한 세계 전체는 실제로는 단 하나일 뿐이며, 무수한 천체들로 채워진 순수한 에테르의 헤아릴 수 없는 연속체입니다. 무수한 천체들은 마치 지구가 존재하는 부분에서의 지구와 마찬가지로 에테르의 상이한 부분들 안에서 움직이며 살아 있습니다."163) 여기서 브루노는 세계가 하나인 근거로서 에테르의 연속체임을 들고 있는데 에테르는 근대적인 물질 개념이 성립하기 전에 널리 쓰였던 개념이다. 에테르는 빛의 파동을 가능하게 하는 일종의 매질로 파악되었으나 이후 그러한 매질은 존재하지 않음이 밝혀졌다. 그런 점에서 브루노의 세계의 통일성 관념은 과학적이라기보다는 하나의 추리, 직관이라고 할 수 있다.

브루노는 인간의 정신을 물질과 연관지어 파악하고 있다. "그렇지만 그것은 음료와 음식이 지닌 맛과 향의 작용에 의해서 성립하는 정서들처럼 정서를 통해서 뇌가 지배당하는 곳에서의 향연에 불과했습니다. 말과 정신의 향연도 물질적이며 신체적인 종류의 향연과 전적으로 유사합니다."164) '말과 정신의 향연도

---

162) 앞의 책, p.238
163) 앞의 책, p.249
164) 앞의 책, p.289

물질적'이라는 것은 정신의 본질이 물질과 독립되어 있는 것이 아니라 물질과 연관되어 있다는 것으로서 이는 브루노가 기본적으로 유물론의 지반 위에 서 있다는 것을 보여준다. 그리고 브루노의 이러한 유물론적 경향은 물질의 불멸성에 대한 승인으로 이어진다. "피타고라스 학파의 가르침에도 불구하고 우리들은 질료로부터 아무것도 소멸하지 않고, 아무것도 존재를 상실하지 않으며, 단지 우연하고 외적이며 물질적인 형상만 상실한다는 것을 추론해낼 수 있습니다."165) 질료, 즉 물질은 소멸하지 않고 형상만 상실된다는 이러한 주장은 물질이 불멸하며 단지 전화될 뿐이라는 사고를 보여준다. 이러한 물질의 불멸성 개념은 유물론적인 물질 개념을 공고히 하는 것이다.

브루노의 사상과 세계관은 범신론의 외피에 쌓인 유물론적 경향을 보여주고 있는데 신은 곧 자연이고 자연이 곧 신이라는 범신론은 종교의 권력이 압도적인 상황에서 과학의 영역을 확보하고자 하는 방편임을 보여준다. 브루노는 기본적으로 무한자라는 형이상학적 개념으로 우주관을 펼치지만 변증법적 사고를 상당부분 보여준다. 브루노 사상의 이러한 여러 측면에서 두드러지는 것은 우주의 무한성에 대한 주장인데 이는 코페르니쿠스의 지동설이 일으킨 세계관의 혁명의 파고가 브루노에게 반영된 것이다.

브루노가 카톨릭 종교법정에 의해 화형당했다는 사실은 당시 과학발전에 있어서 엄혹한 조건을 말해주지만 낡은 종교의 굴레가 과학의 발전을 막을 수는 없었다. 종교에 의해 탄압을 받은 과학자로는 또한 갈릴레이가 있는데 그가 종교법정에서 자신의 주장을 철회하고 나오면서 '그래도 지구는 돈다'고 말했다는 일화는 유명하다. 코페르니쿠스와 케플러가 천문학의 영역에서 과학을 개척했다면 갈릴레이는 그러한 전통에 서 있으면서

---

165) 앞의 책, p.366

도 단지 천문학의 영역에 국한되는 것이 아니라 천상과 지상 모두에서 관찰되는 운동 일반에 대한 과학, 즉 역학을 개척하는 길을 걸었다.

갈릴레이는 망원경에 의한 관찰로 잘 알려져 있다. 그가 자신이 제작한 망원경으로 달을 쳐다보았을 때 달의 모양이 울퉁불퉁하다는 사실을 발견했는데 이는 지상과 달리 천상은 완전한 존재라는 중세의 종교적 관념이 무너지게 하는데 기여했다. 또한 망원경으로 발견한 태양의 흑점의 존재는 천상에서 가장 완벽한 물체라는 태양의 완전무결성에 반하는 것으로서 이 역시 지상계와 천상계의 구분이 무너지는데 기여했다. 이와 같이 갈릴레이는 망원경에 의한 관찰로 코페르니쿠스의 지동설을 뒷받침하는 많은 자료를 발견했는데 갈릴레이의 과학에 대한 본질적인 기여는 아리스토텔레스의 운동관을 극복하고 근대 역학의 문을 연 것이다.

아리스토텔레스는 운동의 종류를 자연적인 운동과 비자연적인 운동으로 나누었다. "아리스토텔레스에 따르면 자연적 운동은 오직 세 가지로, 흙으로 구성된 물체의 지구 중심을 향한 하강운동, 주로 공기와 물로 구성된 가벼운 물체의 상승운동 그리고 천체의 완전한 등속 원형운동이다. 다른 운동들은 전부 비자연적인 운동이다."166) 따라서 사람이 돌을 던져서 포물선을 그리며 낙하하는 운동, 포탄을 발사하여 낙하하는 운동 등은 전부 비자연적인 운동이다. 이러한 비자연적인 운동에는 반드시 '운동의 원인'이 있어야 했다. 이렇게 운동의 원인을 상정하는 것은 아리스토텔레스가 운동의 본질을 가능태(잠재상태)에서 현실태(운동의 상태)로의 변화로 파악했기 때문이다. 즉, 가능태는 현실적으로 정지상태를 가리키는 것인데 운동의 원인의 작용에 의해 현실적인 운동의 상태가 된다는 것이 아리스토텔레스의

---

166) 존 헨리, 서양과학사상사, 책과 함께, p.194

코페르니쿠스, 케플러, 브루노, 갈릴레이, 뉴튼

견해였다.

그런데 갈릴레이 역학의 발전은 바로 이러한 아리스텔레스의 견해를 극복하는 과정에 다름 아니었다. 갈릴레이는 상대성 원리에 의해 정지와 운동의 단절적 구분을 넘어선다. 지구가 1일 1회전 하면 사람들은 어떻게 그것을 느끼지 못하는가라는 물음에 대해 "갈릴레오는 운동의 '상대성'의 원칙을 사용했다. 즉, 운동은 운동을 하지 않는 물체에 대해서 상대적으로 나타나는 것이고 그 운동을 같이 하고 있는 물체에 대해서는 나타나지 않는다는 것이다. 다시 말해서 운동하는 물체와 같은 운동을 하고 있는 물체는 그 물체의 운동을 느끼지 못한다는 것이다. 운동을 이처럼 상대적으로 이해하게 되면 어떤 물체가 운동을 하는지 하지 않는지를 절대적으로 구별할 수는 없고 따라서 물체의 운동과 정지를 본질적으로 구별할 수도 없게 된다. 그리고 운동은 물체의 본질적 성질과는 관계가 없고 운동에 의해 물체의 성질이 아무런 영향도 받지 않는다. 결국 운동은 물체가 가지게 된―또는 처하게 된―상태에 불과하며, 갈릴레오 자신의 말을 빌면 물체는 운동이나 정지에 '무관한' 것이다."167) 이렇게 운동과 정지를 상대적으로 파악하게 되면 정지 또한 운동의 하나의 상태라는 파악이 가능하게 되고 따라서 운동과 정지를 단절적으로 구분하는 아리스토텔레스의 운동관은 무너지게 된다. 또한 상대성 원리는 운동에 대한 단선적인 이해를 넘어서서 복합적인 운동이라는 사고를 가능하게 했는데 예컨대 포탄의 포물선 운동은 화약의 폭발에 의한 직선운동과 지구의 중력에 의한 낙하운동의 복합으로 파악될 수 있었고 그에 따라 아리스토텔레스의 자연스러운 운동과 비자연스러운 운동이라는 구분은 사라지게 되었다. 이외에도 갈릴레이는 관성 개념의 도입, 낙하하는 물체는 시간의 제곱에 비례해서 낙하하는 거리가 늘어난

---

167) 김영식, 과학혁명, 아르케, pp.75-76

다는 법칙의 발견 등 많은 공헌을 했다.

뉴턴의 만유인력은 제 물체의 상호연관이 운동이라는 점에 부합하지만 행성들의 운동의 원인을 설명하지 못하고 행성들의 운동이 처음에 어떻게 시작되었는지를 설명하지 못한다는 한계가 있다. 뉴턴의 저작 ≪자연철학의 수학적 원리≫는 고전역학을 완성한 저작인데 거기에는 뉴턴 역학의 3개의 법칙과 만유인력의 개념이 들어 있다. "제1법칙은 관성의 법칙으로서 이미 갈릴레오를 거쳐 데카르트에서 확립된 법칙을 뉴튼이 다시 천명한 것이다. 제3법칙은 작용과 반작용의 원리로서 뉴튼이 처음 제시한 것이다. … 그렇다면 뉴튼의 세 법칙 중 가장 독창적인 것은 제2법칙이었다. '운동의 변화는 가해진 힘에 비례하여 그 힘이 가해진 직선의 방향으로 나타난다'."168) 여기서 제1법칙인 관성의 법칙은 제2법칙에서 힘이 0이 되는 특수한 경우이다.

뉴튼은 또한 "행성의 궤도는 데카르트의 제안처럼 원심력과 구심력의 균형으로 설명할 수 없고 단지 태양과 행성간의 거리 제곱에 반비례하며 작동하는 단일한 구심력에 의해 접선 방향의 관성운동이 닫힌 궤도를 그리는 현상으로 설명할 수 있다"169)고 보았다. 이러한 인식에 기초하여 뉴튼은 케플러의 운동법칙을 수학적으로 증명하였고 태양과 행성 간에 존재하는 인력을 만유인력의 개념으로 파악하였다.

뉴튼이 만유인력 개념을 제출하고 케플러의 법칙을 수학적으로 증명하면서 놓친 것이 있었는데 그것은 행성이 태양주위를 처음에 어떻게 운동하게 되었는가라는 점, 그리고 태양이 행성을 당기는 인력 이외에 행성이 타원운동하게 하는 비스듬한 방향의 접선력은 어떻게 설명될 것인가였다. 이에 대해 뉴튼은 운동은 주어진 것이고 태양의 인력도 주어진 것으로 파악했는데 이

168) 앞의 책, p.150
169) 존 헨리, 서양과학사상사, 책과 함께, p.260

코페르니쿠스, 케플러, 브루노, 갈릴레이, 뉴튼

에 대해 엥겔스는 신을 끌어들이는 것이라 비판했다. "뉴튼의 중력―이것에 관하여 말할 수 있는 최선의 것은 그것이 유성의 운동에 관한 현재의 상태를 해결하는 것이 아니라 고작해야 그것을 직관적으로 표현한다는 것이다. 뉴튼에게는 운동이란 주어진 것이고 태양의 인력 또한 그러하다. 이렇게 주어진 것으로부터 운동을 어떻게 설명할 수 있을까? 그것은 힘의 평행사변형에 의해서이다. 즉, 오늘날 우리가 채용해야만 하는 필연적인 하나의 요청이 되고 있는 접선력에 의해서이다. 그것은 현존하는 상태의 영원성을 전제로 하여 우리가 최초의 충격, 즉 신을 필요로 하고 있다는 것이다."170) 이렇듯 뉴튼은 만유인력의 존재를 해명했지만 그것이 어떻게 생겨나게 되었는가에 대해 해명을 하지 못하고 신의 최초의 충격이라는 인식의 여지를 남겨두었다. 그러나 타원궤도의 행성운동에서 보이는 접선력(행성이 공전운동을 할 때 궤도의 접선방향으로 나아가게 하는 힘)은 우주생성론을 펼친 칸트-라플라스 가설에 의해 해명되었다. 엥겔스는 "이 신비스런 접선력을 중심쪽의 방향으로 일어나는 운동형태로 환원시키는 것이 문제로 되었는데 이는 칸트-라플라스의 우주생성론에 의해 이루어졌다."171)고 설명한다. 우주의 생성 시에 이루어지는 거대한 회전운동을 통해 가스분자들의 반발력이 변형되어 접선력을 형성하게 되었다는 것이 그 가설의 내용이다. 여기서 엥겔스는 뉴튼의 약점과 한계를 칸트-라플라스 가설의 도움을 빌어 극복하고 있다.

뉴튼의 만유인력은 태양계의 질서를 불변의 것으로 보는 형이상학적 한계가 있었고 반면에 칸트-라플라스 가설은 태양계의 생성과 발전 나아가 소멸이라는 변증법적 관점을 취하고 있는데 뉴튼에까지 이르는 이 시기의 세계관의 특징에 대해 엥겔스

---

170) 러시아 과학아카데미 편, 세계철학사(2), 중원문화, p.252에서 재인용
171) 엥겔스, 자연변증법, 중원문화, pp.68-69

는 다음과 같이 파악한다. "이 시기를 특징지우는 것은 무엇보다도 하나의 독특한 전체관의 산출이었는데, 그 중심에는 자연의 절대적 불변성에 관한 견해가 놓여 있었다. 자연은 그 자체가 어떠한 방식으로 성립되었든 간에 일단 존재하기 시작한 이상 그것이 존속하는 한 있는 그대로 남아 있다는 것이었다. 혹성과 그 위성은, 일단 신비로운 "최초의 충격"에 의해 운동상태에 접어든 이상, 영구히 혹은 만물이 종말을 고하는 그날까지 각자가 예정된 타원형의 궤도를 계속해서 돌고 또 돈다. 별들은 영원히 자신의 자리에 확고히 정지해 있으며 "만유인력"을 통하여 서로를 그 자리에 고정시켜 둔다. 지구는 영원으로부터 혹은 그것이 창조된 날부터 (어떠한 경우에도) 변하지 않고 동일하게 남아 있다."[172] 이와 같이 뉴튼이 구축한 만유인력의 역학의 체계는 형이상학적인 한계를 띠고 있었는데 이러한 형이상학적 사고는 이후의 철학과 과학발전을 심대하게 제약한다. 이후의 18세기의 철학에서 기계적이고 형이상학적 유물론의 형태가 지배적이었던 것은 뉴튼의 역학의 형이상학적 성격의 영향이 컸다. 엥겔스는 다음과 같은 말로 이 시기를 총괄한다. "이 시기의 초기에 코페르니쿠스는 신학에 절교의 편지를 보낸 반면 뉴튼은 신의 최초의 충격을 요청함으로써 이 시기를 종결짓는다."[173]

---

172) 앞의 책, p.19
173) 앞의 책, p.20

코페르니쿠스, 케플러, 브루노, 갈릴레이, 뉴튼

7. 베이컨, 홉스

코페르니쿠스부터 뉴튼에 이르는 과학혁명의 시기는 철학의 발전을 수반하는 것이었다. 과학발전의 요구가 철학에서 세계관과 방법론의 차원에서 혁신을 요구했고 또 과학과 철학은 상호 영향을 끼치면서 발전을 시작했다. 이 시기의 철학 발전의 가장 큰 특징은 신학으로부터 과학의 독립의 요구를 철학이 대변했다는 것이다. 그리하여 베이컨의 경우 과학의 기치를 내걸었는데 고대의 아리스토텔레스 이론의 지양과 새로운 과학정신을 제창했고 그의 제자인 홉스는 베이컨을 이어받으면서도 기계적 유물론으로 나아갔다.

베이컨이 자신의 저서 ≪신기관≫에서 제창하는 과학정신은 기본적으로 유물론적 인식을 토대로 했다. 그는 인식과정에서 감각의 중요성을 역설한다. "인간의 정신활동은 감각활동에 뒤이어 일어나게 마련인데, 일단 정신활동이 시작되고 나면 최초의 감각활동이 닫히고 마는 경향이 있다. 그러므로 정신활동이 감각을 닫아버리지 못하도록 감각 그 자체의 지각에서 출발하는 방법이야말로 정신활동에 오히려 새롭고도 확실한 길을 열어주는 것이다."174) 이는 인간의 인식에서 감각의 일차성을 승인하는 것으로서 유물론적 인식론이다. 또한 베이컨은 원인과 결과의 관계를 승인한다는 점에서 결정론의 견해를 피력한다. "인간의 지식이 곧 인간의 힘이다. 원인을 밝히지 못하면 어떤 효과도 낼 수 없다. 자연은 오로지 복종함으로써만 복종시킬 수 있기 때문이다. 자연의 고찰에서 원인으로 인정되는 것이 작업에서는 규칙의 역할을 한다."175) 원인과 결과의 범주는 과학적 인식의 초석이다. 어떤 현상이 있을 때 그것의 원인은 무엇인가라

174) 베이컨, 신기관, 한길사, p.34
175) 앞의 책, p.39

는 접근을 통해 분석과 종합, 판단과 추리가 가능해진다. 원인과 결과의 범주를 부정하는 비결정론과 원인과 결과의 범주를 승인하는 결정론의 대립이 철학사에서 수백 년 동안 존재했는데 베이컨은 이렇게 명확히 결정론을 승인하여 과학의 길로 나아가고 있다.

베이컨은 귀납법을 진리에 이르는 길로 주장한다. "진리를 탐구하고 발견하는 데에는 두 가지 방법이 있으며, 이 두 가지 방법밖에 없다. 하나는 감각과 개별자에서 출발하여 일반적인 명제에 도달한 다음, 그것을 [제 1]원리로 혹은 논쟁의 여지없는 진리로 삼아 중간 수준의 공리를 이끌어 내거나 발견하는 것이다. 현재 널리 사용되고 있는 방법이다. 다른 하나는 감각과 개별자에서 출발하여 지속적으로, 점진적으로 상승한 다음, 궁극적으로 가장 일반적인 명제에까지 도달하는 방법이다. 지금까지 시도된 바 없지만 이것이야말로 진정한 [과학적] 방법이다."[176] 첫 번째 방법은 지금의 입장에서는 연역법에 가까운데 베이컨은 이 방법이 기존에 스콜라적으로 오용된 데 반발하여 후자의 방법인 귀납법을 제창하고 있다. 귀납법은 개별에서 출발하여 그것의 계열과 순서를 탐구하여 일반적인 명제에 도달하는 방법인데 기존의 스콜라적인 방법에 대립하는 것으로 의식적으로 주장되고 있다. 베이컨이 스콜라적인 방법으로 들고 있는 대표적인 것이 중세에 유행했던 아리스토텔레스의 삼단논법이다. "참된 귀납법 혹은 진정한 증명방법을 도입하기 위해서는 지금까지 아무도 생각하지 못했던 많은 일들을 해야 하거니와, 특히 사람들이 삼단논법에 쏟아왔던 노력보다 더 많은 노력을 기울여야 한다."[177] 스콜라학에서 삼단논법은 전가의 보도로 쓰여왔다. 전혀 말이 되지 않는 것도 삼단논법을 구사하여 올바른 것

---

176) 앞의 책, p.43
177) 앞의 책, pp.114-115

으로 강변되고는 했던 것이다. 그리고 그 정당성은 삼단논법이 아리스토텔레스의 방법이라는 점에서 찾았다. 바로 이러한 스콜라적인 작풍, 방법에 대해 베이컨은 과감하게 반기를 들었고 과학정신을 제창하면서 그 방법론으로 귀납법을 제시했던 것이다. 그러면서 베이컨은 실험의 중요성을 강조했다. "자연에 대한 더 나은 해석은 오직 사례에 의해, 적절하고 타당한 실험에 의해 얻을 수 있다. 감각은 실험을 판단할 수 있을 뿐이고, 오직 실험만이 자연과 사물 그 자체에 대해 판단할 수 있다."[178] 실험은 개별에서 출발할 것을 주장하는 귀납법과 궤를 같이 하는 것으로서 공리공론이 아닌 실사구시의 정신을 보여준다.

이러한 과학적 방법의 제창은 기존의 비과학적 요소에 대한 공격으로 나아가는데 그는 아리스토텔레스가 원인의 네 가지 종류의 하나로서 제시했던 목적인을 비판한다. "이 목적인이라는 것은, 우주의 본성이라기보다는 확실히 인간의 본성과 관계있는 개념으로서, 철학이 이토록 병들게 된 것도 다 목적인이라는 개념 때문이다. 외연(外延)에 속한 개체들의 원인을 찾을 생각은 하지 않고 가장 보편적인 것의 원인을 찾으려는 것이야말로 미숙하고 경박한 철학자의 전형적인 사고방식이다."[179] 질료인, 작용인(운동인), 형상인, 목적인이라는 아리스토텔레스의 네 가지 원인 개념은 질료와 형상이라는 관념론적인 접근에 기초한 것인데 그 중에서도 목적인은 다양한 목적론이 발생하는 근거가 되었다. 목적은 인간의 행동을 일으키지만 어떤 현상, 사물의 변화는 목적 자체에 의해 초래되는 것이 아니라 목적에 따른 어떤 행위에 의해 결과되는 것이다. 따라서 목적을 원인으로 승인하면 원인과 의도를 혼동하는 것으로서 원인 개념의 과학성을 잠식하는 것이 되고 돼지는 인간에게 고기를 제공하기 위

---

178) 앞의 책, p.56
179) 앞의 책, p.55

해 만들어졌다는 식의 목적론이 발생하게 된다. 그런 점에서 목적인 개념에 대해 베이컨은 철학을 병들게 한 주된 요인으로 지목하고 비판을 가한 것이다. 또한 베이컨은 중세에 신학의 주류로 자리매김되었던 토마스 아퀴나스를 비판하는데 그의 ≪신학대전≫을 직접 거론하면서 그것의 스콜라적인 측면을 비판하는데 이는 신학과 과학 사이에 선을 긋고 신학으로부터 과학의 독립을 목적으로 한 것이었다. "자연철학에 대한 연구 환경으로 말하자면, 오늘날은 스콜라 신학자들의 ≪대전≫(大典)과 방법 때문에 한층 어렵고 위험한 지경에 이르러 있다. 이들은 신학을 될 수 있는 대로 질서정연하게, 학문적 형식에 맞게 만들려고 했을 뿐만 아니라, 그것으로도 모자라 종교의 실체를 논하면서 아리스토텔레스의 논쟁적이고 가시돋힌 철학을 필요이상으로 많이 끌어들이고 있다."[180] 토마스 아퀴나스의 신학 혹은 철학은 카톨릭을 아리스토텔레스 철학으로 뒷받침한 것인데 바로 이 점을 베이컨은 정면으로 비판하고 있다. 새로운 과학의 제창은 스콜라학과 선을 그을 수밖에 없다는 인식이다.

베이컨은 이렇게 스콜라학을 비판하면서 경험과 이성의 능력의 결합을 주장한다. "참된 철학은 오로지 (혹은 주로) 정신의 힘에만 기댈 것도 아니요, 자연지나 기계적 실험을 통해 얻은 재료를 가공하지 않은 채로 기억 속에 비축할 것도 아니다. 그것을 지성의 힘으로 변화시켜 소화해야 하는 것이다. 그러므로 이 두 가지 능력(경험의 능력과 이성의 능력)이 지금까지 시도되었던 것보다 더 긴밀하고 순수하게 결합된다면 (아직은 아니지만) 좋은 결과가 나올 것이 틀림없으므로 이것으로 희망의 근거를 삼아도 좋다."[181] 이는 경험의 일면성, 이성의 일면성을 지적하면서 경험과 이성의 통일을 주장하는 것인데 그것에서 희망을

---

180) 앞의 책, p.101
181) 앞의 책, p.108

124

찾아야 함을 베이컨은 호소하고 있다. 그리하여 베이컨은 종교와 인간의 지성을 대립시키면서 신성한 전당을 인간의 지성 안에 건립할 것을 주장한다. "내가 하고자 하는 일은 인간의 자존심을 드높이기 위해 카피톨 신전이나 피라미드를 건립하자는 것이 아니라 저 세계를 본받은 신성한 전당을 인간의 지성 안에 건립하자는 것이다. 나는 저 세계의 가르침을 따라 존재할 가치가 있는 모든 사물은 알 가치가 있다고 믿고 있다. 지식은 존재의 영상이기 때문에 저속한 것이든 고귀한 것이든 존재하는 한 마땅히 지식의 대상이 되어야 하는 것이다."182) 여기에는 베이컨의 사고와 인식이 집약되어 있는데 지식은 존재의 영상이라는 관점은 지식, 혹은 인식에 앞선 존재의 일차성을 승인하는 유물론적 관점이다. 또한 인간의 지성 안에 건립할 전당은 그 본질이 저 세계, 즉 외적 세계, 자연을 본받은 것이라 주장되고 있는데 이 또한 유물론적인 관점이다.

지금의 관점에서 보면 베이컨의 이러한 주장은 상식적인 것이지만 종교와 스콜라학이 지배하던 당시로서는 일종의 지적인 혁명이었다. 코페르니쿠스가 지동설을 주장하여 세계관의 혁명이 이루어지면서 종교적 세계관이 타격을 받는 가운데 철학의 영역에서 베이컨은 귀납법을 핵심으로 하는 과학적 방법론, 과학의 기치를 내세웠던 것이다. 베이컨이 귀납법을 진정한 과학적 방법이라 한 것은 일면적이다. 과학은 하나의 접근방법으로 귀착되는 것이 아니라 대상에 따라, 상황에 따라 다양한 방법으로 나아가야 하고 적용되는 방법을 구체적으로 찾아야 하는 것인데 당시로서는 스콜라학에 대립되는 과학적 방법론의 제시 자체가 중요했다고 할 수 있다.

베이컨의 제자인 홉스는 우리에게는 ≪리바이어던≫이라는 국가론으로 유명하다. 막 발돋움하고 있었던 부르주아지의 입장을

---

182) 앞의 책, pp.126-127

표현한 ≪리바이어던≫은 '만인의 만인에 대한 투쟁'이라는 주장을 하고 있는데 이는 이후 이어지는 자연상태론과 사회계약론으로 구성되는 부르주아 국가론의 흐름의 출발점이다.

홉스는 베이컨의 제자였는데 그런 점에서 유물론적 지향을 분명히 한다. 그러나 그의 유물론은 기계적 유물론으로 일면화되어 나타난다. "생명은 바로 팔다리의 운동이고 그 움직임이 내부의 어느 중요한 부분에서 시작된다는 점을 헤아려 보면, 모든 자동기계(시계처럼 태엽 또는 톱니바퀴로 스스로 움직이는 기관)가 하나의 인공적 생명을 지니고 있다고 말할 수 있지 않을까? 심장은 바로 태엽과 같은 것이고 신경은 수많은 가닥의 줄에 해당하며, 관절은 톱니바퀴에 해당한다고 볼 수 있는데, 이것이 우리의 온 몸을 제작자가 의도한 대로 움직이게 하는 것이 아니겠는가?"183) 인간의 신체를 하나의 기계로 보는 것은 기계적 유물론의 전형적인 파악이다. 이는 당시의 과학이 물체의 위치이동에 관한 역학을 중심으로 발전한 결과 철학에서도 역학적 사고, 기계적 사고가 지배적이었음을 보여준다. 그러나 기계적 유물론은 그러한 한계가 있었음에도 불구하고 유물론의 기본적인 내용을 포함하는 것이다. 홉스는 인식론에서 유물론적 경향을 분명히 한다. "모든 사고의 뿌리는 감각에 있다. 인간의 이성 속에 존재하는 모든 개념은 처음에는 전체든 부분이든 감각기관에 의해 얻어진 것이기 때문이다. 즉, 감각기관이 얻은 것을 바탕으로 나머지 개념들이 생겨난다. … '감각할 수 있는' 이 모든 성질들은 그 감각을 일으키는 대상 속에 있지만, 그것은 실은 우리의 기관을 다양하게 자극하는 그것과 같은 수의 물질의 운동이며, 자극을 받아 우리 내부에서 일어나는 일도 결국 다양한 운동일 뿐이다."184) 여기서는 인간의 인식에서 감각

---

183) 토마스 홉스, 리바이어던, 동서문화사, p.16
184) 앞의 책, pp.21-22

의 일차성이 분명히 승인되고 있다. 감각을 일으키는 성질이 대상 속에 있다고 파악하고 있고 또한 감각을 물질의 운동으로 파악하고 있는데 이는 유물론적 인식론이다.

또한 홉스는 세계관적 차원에서 유물론의 입장을 보인다. "세상(내가 의미하는 것은 그것을 사랑하는 사람들을 일컬어 '세속적인 사람들'이라고 하는 그 대지 뿐만 아니라, '우주', 즉 존재하는 모든 것의 집합체이다)은 물질, 즉 물체이다. … 물체가 아닌 것은 우주에 속하지 않는다. 그런데 우주는 전부이기 때문에, 우주에 속하지 않는 것은 '아무 것도 아닌 것'이며 따라서 '아무데도 없다'."185) 세계는 물질이며 물체가 아닌 것은 우주에 속하지 않는다는 파악은 전형적인 유물론적 인식인데 다만 이러한 유물론적 인식에서 빠진 것은 인간 정신의 문제이다. 물질로서의 세계가 인간 정신과 어떤 관계를 갖는가가 보충될 때 비로소 유물론적 세계관은 완성될 수 있는 것이다.

홉스는 베이컨과 마찬가지로 스콜라학에 대해 비판을 하는데 스콜라학이 이성을 억압하고 있다는 점을 규탄한다. "합법적 권한도 없고, 충분한 연구도 하지 않아서 진리의 판단자가 될 자격을 갖추지 않은 사람들이 허무맹랑한 철학을 끌어들인 다음에 하는 일은 바로 진정한 철학을 억압하는 것이다."186) 여기서 스콜라적인 허무맹랑한 철학과 진정한 철학이 대비되고 있는데 진정한 철학은 베이컨이 제창한 과학적 철학을 가리키는 것으로 해석될 수 있다.

홉스는 사회이론에 있어서 자연상태론을 전개한다. "사람은 날 때부터 평등하다. 자연은 인류를 육체적·정신적 능력에서 평등하게 창조했다. … 육체적으로 아무리 약한 사람이라도 음모를 꾸미거나 같은 위험에 처해 있는 약자들끼리 공모하면 아무리

---

185) 앞의 책, pp.633-634
186) 앞의 책, p.645

강한 사람도 충분히 쓰러뜨릴 수 있기 때문이다."187) 이러한 자연상태론은 사회계약론의 토대가 되는 것인데 국가가 없었던 상태를 자연상태로 파악하고 거기로부터 비롯되는 문제를 해결하기 위해 국가가 창출되었다는 주장으로 나아가기 위한 개념이다. 홉스는 자연상태를 '만인의 만인에 대한 전쟁'으로 파악한다. "인간은 그들 모두를 위압하는 공통 권력이 없이 살아갈 때는 전쟁상태로 들어간다는 것이다. 이 전쟁은 만인에 대한 만인의 전쟁이다."188) 홉스가 파악하는 만인의 만인에 대한 전쟁이라는 개념은 과학적인 것이 아니라 국가의 존재를 정당화하기 위한 추론에 불과하다. 국가가 없던 상태, 즉 홉스에 따르면 자연상태에서 사람들은 실제적으로는 (원시) 공동체적인 삶을 살았다. 이러한 공동체는 생산력이 미약하던 원시시대의 상황에서 생존을 위해 사람들이 불가피하게 결합한 결과였다. 이러한 현상, 국가가 존재하기 전에 있었던 원시공동체는 전 세계적인 현상이었다. 따라서 지금의 관점에서 만인에 대한 만인의 전쟁이라는 홉스의 관점은 전혀 타당하다고 할 수 없다. 다만 사회계약론적인 국가론을 구성하기 위한 이론적 전제로 파악될 수 있을 뿐이다.

자연상태를 주장하는 홉스는 국가의 성립으로 나아가기 위해 그 과정에서 자연권과 자연법의 개념을 도입한다. "모든 사람은 평화를 획득할 가망이 있는 한 그것을 얻기 위해 노력해야 한다. 평화 달성이 불가능할 경우에는 전쟁에서 이기기 위한 어떤 수단이라도 바라거나 사용해도 좋다. … 인간은 평화와 자기 방어를 위해 그가 필요하다고 판단하는 한, 또한 다른 사람들도 모두 그럴 경우에는 만물에 대한 이 권리를 기꺼이 포기하고, 자신이 타인에게 허락한 만큼의 자유를 갖는 것으로 만족해야

---

187) 앞의 책, p.129
188) 앞의 책, p.131

한다."189) 홉스는 자연상태에서 '모든 사람들은 만물에 대한 권리'를 가지지만 평화와 자기 방어를 위해 필요하다고 판단되면 이 권리를 포기할 수 있다고 한다. 자연상태론에 입각하여 자연권을 설정하지만 자연권의 포기에 기초하여 국가의 구성으로 나아가는 논리이다. 이 과정에서 중요한 역할을 하는 것이 소유권의 개념의 등장인데 이는 홉스의 국가론의 부르주아적 성격을 보여준다. "정의와 불의 개념이 설 자리를 얻기에 앞서, 먼저 어떤 강제적 힘이 존재해야 한다. 이 강제권력이 하는 일은 신약 파기를 통해 기대할 수 있는 이익보다 더 큰 처벌의 두려움을 통하여 신약 당사자들이 각각의 약속을 이행하도록 평등하게 강제하고, 그들이 보편적 권리를 포기한 대가로 상호계약에 의해 획득되는 소유권을 확보할 수 있도록 보장하는 것이다. 그런 권력은 코먼웰스가 세워지기 전까지는 존재하지 않는다."190) 이러한 논리의 구성은 자연권의 포기와 상호계약에 의한 소유권의 획득 그리고 국가에 의한 그러한 소유권의 보장이다. 그리고 그러한 국가를 일컬어 코먼웰스라 하고 있다. 이러한 홉스의 이론은 이후에 이어지는 사회계약론과 일맥상통하며 이러한 논리는 국가, 즉 리바이어던의 형성으로 이어진다. "이것은 동의나 화합 이상의 것이며, 사람이 사람과 서로 신약을 맺음으로써 인간이 단 하나의 동일 인격으로 결합되는 참된 통일이다. … 이리하여 위대한 리바이어던이 탄생한다."191) 여기서 동의 이상의 참된 통일이라는 것은 일반적인 계약의 개념을 넘어서는 것인데 계약은 해제나 해지가 가능하지만 참된 통일은 그것과는 차이가 있고 되물리는 것이 불가능하다. 그리하여 이렇게 성립한 국가의 주권자의 권력은 절대적이다. 주권은 박탈할 수

189) 앞의 책, p.136
190) 앞의 책, pp.149-150
191) 앞의 책, pp.176-177

없는데 "국민들 가운데 어느 누구도 박탈을 위한 어떤 구실에 의해서도 복종의 의무로부터 자유로울 수 없다."192) 국가 혹은 주권의 성립과정은 계약적 성질을 띠지만 일단 성립한 후에는 절대적 성격을 갖는 것이 홉스의 국가론의 특징이다. 그리하여 홉스에게서는 저항권이 부정된다. "그렇다고 하더라도 국민들이 주권자를 상대로 전쟁을 일으키거나, 부당하다고 고소하거나, 어떤 방식으로든 그를 비난할 권한이 생기지는 않는다."193) 홉스 이후의 사회계약론자들의 경우 저항권을 인정하기도 하는데 홉스는 이를 부인하고 절대권력을 성립시킨다. 또한 홉스는 권력의 분할 혹은 분립이라는 관점을 부정한다. "코먼웰스의 본질에 분명하게, 그리고 직접적으로 어긋나는 여섯 번째의 학설은 '주권은 분할될 수 있다'는 것이다. 분할된 권력은 서로를 파괴하기 때문에 코먼웰스의 권력을 분할하는 것은 코먼웰스를 해체하는 것이다."194) 이렇게 권력의 분할 혹은 분립을 부인하는 것은 당시 발흥하던 부르주아지의 힘이 약한 상태에서 부르주아지가 절대왕정을 지지하면서 발전을 도모하던 것을 배경으로 한 것이다.

흥미로운 것은 홉스가 자유와 필연의 관계를 논하는 것이다. "자유와 필연은 양립한다. 물은 물길에 따라 흘러내려갈 '자유' 뿐만 아니라 '필연성'도 지니는 것처럼 인간의 자발적인 여러 행위도 이와 같다. 사람의 행위는 그의 의지, 즉 '자유'에서 비롯되는 것이지만 다른 한편으론 '필연성'에서 비롯된다고 할 수 있다. … 이 원인들의 연쇄를 알 수 있는 자의 관점에선 인간의 모든 자발적 행위가 '필연적'임이 분명하다. 그러므로 인간이 자기 생각대로 행하는 '자유'는 신의 의지에 따라 행하는 '필연성'

---

192) 앞의 책, p.180
193) 앞의 책, p.249
194) 앞의 책, p.317

이 따르며, 그 이상도 그 이하도 아니라는 것을 모든 일을 주관하는 하나님은 알고 계시다."195) 여기서 홉스는 자유와 필연성의 관계를 논하면서 신의 개념을 끌어들여서 해결을 시도한다. 그러나 이는 진정한 해결이라고 보기는 어렵다. 이렇게 자유는 곧 필연이라고 파악하면 자유의 개념은 실질적으로 부정되게 된다. 그러나 자유의 개념은 단순한 장식품이 아니다. 자유는, 특히 정치적 자유는 인간의 삶에서 자주성을 보장하고 개성의 발전을 가능하게 하는 조건이다. 따라서 자유는 곧 필연이라는 홉스의 주장은 형식적으로는 자유와 필연의 관계를 논하지만 실질적으로는 그 관계의 해명을 가로막는 것이다. 자유의 폭과 깊이는 개인의 개인적인 바람에 의해 규정되는 것이 아니다. 자유는 개인적인 것이지만 동시에 역사발전에 의해 규정되는 것이다. 이러한 자유의 발전의 역사를 철학적으로 일반화한다면, 필연에 대한 인식이 사회와 역사, 과학의 발전에 의해 확대되는 것에 기초하여 자유의 폭이 확대되는 것으로 보는 것이 옳다. 즉, 필연성의 인식의 자유로의 전화!라는 관점이 자유와 필연성에 대한 과학적 접근이다. 홉스가 이렇게 자유의 개념을 필연성으로 형해화시키는 것은 그가 국가권력을 절대화하고 주권자의 권력을 불가침으로 만드는 것과 연관이 있다.

홉스는 베이컨에 이어서 유물론을 발전시켰지만 기계적 유물론이라는 한계가 있었다. 또 사회이론에 있어서 자연상태, 자연권 개념을 발전시키고 소유권 보장을 제기하면서 국가론을 전개했는데 이는 부르주아적 성격을 띠는 것이었다. 또한 그의 국가론은 권력분립과 저항권의 부정한다는 점이 특징적이다.

---

195) 앞의 책, p.214

8. 데카르트

17세기 영국에서 베이컨, 홉스가 중세 스콜라학에 반대하여 과학의 기치를 들었다면 프랑스에서는 데카르트가 철학과 과학에서 커다란 기여를 하였다. 데카르트는 지주귀족 출신이었지만 그는 "상승해가는 부르주아지의 지적 지향과 과감한 용기"[196]를 보여주었다. 그리하여 "데카르트 철학 속에는 중세 스콜라학의 중압을 극복하는 과정에서 생겨났던 과학의 발전에 대한 성숙된 제 요구가 이론적으로 표현되어 있다."[197]

데카르트는 우리에게 '나는 생각한다, 그러므로 나는 존재한다'는 명제로 유명하다. 이 명제의 올바름 여부를 떠나 이는 데카르트가 학문적 방법의 확실성에 천착했다는 것을 보여주는데 철학과 과학에서 올바른 방법론의 확립은 스콜라학에 맞서 새로운 길을 개척하는데 있어서 필수적이었다. 데카르트는 사물에 대한 인식의 두 가지 방법으로 경험과 연역을 들고 그 중에서 연역을 확실한 것으로 파악한다. "우리가 사물에 대한 인식에 도달하는 데는 두 가지 방식, 즉 경험과 연역이 있다. 나아가 사물에 대한 경험은 종종 오류에 빠질 수 있는 반면에 연역, 즉 어떤 하나를 다른 하나에서 끌어내는 순수한 추리는, 주의하지 않을 경우에는 가끔 빠트릴 수 있지만, 오성에 의해 혹은 이성적으로 이루어지기 때문에 잘못될 수 없다."[198] 이성에 의한 연역이 경험보다 확실하다는 데카르트의 관점은 귀납법을 강조한 베이컨이 경험론이라 불리는데 비해 데카르트가 합리론이라 불리는 계기가 되었다. 이와 같이 방법적 확실성을 강조하는 데카르트는 그 확실성의 기준을 수학과 기하학적 증명에 놓는다.

---

196) 러시아 과학아카데미 편, 세계철학사(2), 중원문화, p.169
197) 앞의 책, p.169
198) 데카르트, 정신지도를 위한 규칙들, 문예출판사, pp.21-22

"이 모든 것에서 귀결되는 것은, 산술과 기하학이 탐구할 유일한 학문이라는 것이 아니라, 진리에 이르는 올바른 길을 모색하고자 하는 사람들은 산술적 및 기하학적 증명이 지닌 것과 대등한 확실성을 얻을 수 없는 대상과는 씨름해서는 안 된다는 것이다."199) 데카르트가 진리의 기준으로 강조하는 명석성과 판명성은 이와같이 수학과 기하학에서 유래한다.

데카르트는 기존의 스콜라학을 통렬히 비판한다. "우리가 작금의 철학에서 논쟁을 허용하지 않을 만큼 명증적이고 확실한 어떤 것도 발견할 수 없는 가장 큰 이유는, 학자들이 분명하고 확실한 것을 인식하는 것으로 만족치 않고, 단지 개연적인 추측을 통해 얻은 모호하고 잘 알지 못하는 것을 감히 주장하고 있기 때문이다. 그들은 점차 이것을 믿게 되고, 그것을 참된 것 및 명증적인 것과 뒤죽박죽 섞어 놓아, 마침내 그들은 그와 같은 종류의 명제에 의존하지 않는 따라서 불확실한 것이 아닌 어떤 것도 도출할 수 없었던 것이다."200) 여기서 말하는 학자들은 스콜라학자를 말하는 것으로서 그들이 개연적인 추측을 과학적인 내용과 뒤섞어 놓고 있어서 과학의 발전이 저해되고 있다는 점을 비판하고 있다. 그리고 이러한 인식에 기초하여 데카르트는 스콜라적 방법의 대표적인 것으로서 삼단논법을 버릴 것을 주장한다. "삼단논법의 형식은 사물의 진리를 인식하는 일에 전혀 도움이 되지 않으므로, 독자는 삼단논법을 던져 버리고 단순하고 순수한 직관에 의한 개별적인 것의 인식이 아닌 모든 인식은 두 개 혹은 그 이상의 것을 비교함으로써 얻게 된다고 생각하는 편이 바람직한 것이다."201) 삼단논법은 아리스토텔레스에서 유래하는 것으로서 그 자체로는 추론을 위한 과학적인 논리

---

199) 앞의 책, p.22
200) 앞의 책, pp.25-26
201) 앞의 책, p.108

의 형식(일종의 형식논리)이지만 그것이 남용되는 폐해가 심하였기 때문에 새로운 과학은 삼단논법을 넘어설 것을 데카르트는 주장하고 있다.

그러면 데카르트가 자신의 방법론을 확립해가는 과정을 추적해보자. 데카르트가 진리의 기준으로 삼고 있는 명석성과 판명성은 오늘날의 과학의 개념과 일치하는 것은 아니다. 그럼에도 이것은 당시에 진보성이 있었는데 명석성과 판명성이라는 개념으로 스콜라학을 벗어나 과학의 영역을 개척하는 의미가 있었기 때문이다. 데카르트는 직관을 통해 진리에 도달하는 것이 가능하다고 본다. "이와 같은 잘못을 저지르지 않기 위해 우리는 이제 오류에 대한 두려움 없이 사물의 인식에 이르게 해주는 오성의 작용을 모두 조사해야 한다. 이 작용은 직관과 연역이다. … 직관은 순수하고 주의를 집중하는 순수한 정신의 의심할 여지없는 파악이며, 이것은 오직 이성의 빛에서 유래하는 것이다. 그래서 앞에서 보았듯이, 연역이 비록 잘못 행해질 수는 없다고 하지만, 직관이 연역보다 더 단순하기 때문에 더 확실한 것이다. 그래서 우리 각자가 현존한다는 것, 사유한다는 것, 삼각형은 세 변으로, 또 원은 단일한 표면으로 둘러 쌓여 있다는 것 등등을 우리는 직관할 수 있다."[202) 직관으로써 의미하는 명증성과 확실성은 인식에 있어서 일정한 발전단계를 표현한다. 문득 깨닫는다 혹은 깨달음이라는 말도 직관과 유사하다. 그러나 직관은 현대적 의미의 과학성과는 차이가 있다. 명증성, 판명성, 확실성을 표현하는 직관은 과학적 인식의 전 단계라 할 수 있다. 과학성 혹은 과학적 인식은 명증성을 넘어서는 것인데 거기에는 객관성, 필연성, 법칙성이라는 내용이 요구된다. 주관과 독립된 객관성을 표현하고 있는가, 많은 우연 속에서도 관철되는 필연적인 내용을 포함하는가, 또 주관의 의지와 무관하게 그 자

---

202) 앞의 책, p.26

134

체의 논리에 따라 관철되는 법칙성이 있는가가 과학성 혹은 과학적 인식의 내용이 된다. 따라서 데카르트의 직관이라는 방법론은 스콜라학에 비해서는 진일보이지만 한계가 있다.

이렇게 직관을 통한 진리에의 접근을 강조하는 데카르트는 인간의 이성, 인간의 정신 자체의 능력에 대해 고찰한다. "정신이 무엇을 할 수 있는지를 우리가 확실히 알기 위해, 또 정신이 그릇되고 쓸모없는 일을 하지 않도록 하기 위해서는 개별적인 것을 인식하기 전에 인간 이성이 인식할 수 있는 것이 어떤 것인지를 일생에 한 번은 진지하게 고찰해야 한다."203) 인식의 주체인 인간 이성 자체를 검증하자는 이러한 사고는 중세적 사고와는 확실히 결을 달리한다. 종교적 신앙은 신에 대한 인간의 종속을 전제로 하는 것이기 때문에 인간의 이성은 신앙에 종속되는 것이고 그에 따라 중세에서 철학은 신앙의 시녀였다. 그러나 인간 이성의 능력 자체를 검증하자는 것은 인간 이성을 주체로 사고하는 것으로서 신앙으로부터 인간 이성의 독립의 첫걸음을 내딛는 것이었다. 이러한 사고, 즉 인식의 도구로서 인간의 이성 자체를 고찰해야 한다는 사고는 칸트의 이성 비판에서 정점에 달한다. 그러나 이러한 사고는 한계가 있는데 인간 이성의 능력 자체를 아무리 검증한다고 해도 그 자체로 진리에 이르는 길이 확보되지는 않기 때문이다. 진리에 이르는 길, 과학적 사고의 첫 걸음은 이 세계, 자신을 둘러싼 세계의 객관성을 승인하는 것이다. 따라서 객관과 주관의 관계의 출발점은 주관이 아니라 객관이며 객관과 주관의 관계는 객관세계를 변혁함으로써 주관, 주체를 변혁한다는 것이다. 여기에 주관과 객관에 대한 유물론과 관념론의 근본적 차이가 놓여 있다. 이렇게 인간 이성을 일차적으로 사고하는 데카르트는 심지어 이성이 인간과 동물을 구별하는 유일한 것이라고 한다. "이성 혹은 양식이 우리

203) 앞의 책, p.59

를 인간으로 만들어 주고 짐승과 구별되게 해 주는 유일한 것"204)으로 보고 있다. 그러나 이성은 인간과 동물의 구별의 결정적 표지는 아니다. 인간이 동물로부터 갈라져 나올 때 결정적인 역할을 한 것은 이성이 아니라 노동이었다. 노동을 통해 인간의 손과 뇌가 발달하고 노동과정에서 협력의 필요성으로 인해 언어가 발생하고 언어의 발생은 역으로 인간의 정신에 반작용하여 이성의 능력을 제고하였다. 또한 고등동물들은 인간과 마찬가지로 판단과 추리, 분석과 종합을 한다. 동물들이 사냥감을 찾거나 협동하여 사냥할 때를 보면 그들의 판단능력이 고도로 발휘되고 있다는 것은 쉽사리 알 수 있다. 따라서 이성 혹은 뇌의 판단기능만 갖고 동물과 인간을 나누는 것은 정확하지 않다. 그런데 엥겔스는 헤겔이 변증법적 사고만이 이성적이라고 주장한 것을 긍정하면서 동물과 인간의 차이에 대해 흥미 있는 분석을 한다. "그 본성상 이 모든 처리방식들은—즉 보통의 논리학이 인정하는 과학적 연구의 모든 수단들—인간에서나 고등동물에서나 완전히 똑같다. 단지 (매번의 방법의 발전의) 정도에 있어서만 이 방식들은 서로 다르다. … 이와는 반대로 변증법적 사고는—바로 그것이 개념의 본성 그 자체에 대한 연구를 전제로 하고 있기 때문에—오직 인간에게만 가능하고, 인간에 있어서도 비교적 높은 발전단계에서야 비로소 가능하고(불교도들과 그리스인들), 그것의 완전한 발전은 훨씬 뒤에야 근대철학에 의해 이룩되었다."205) 따라서 엥겔스에 따르면 뇌의 기능, 정신능력에 관해서도 인간과 동물을 가르는 것은 이성 자체가 아니라 변증법적 사고를 하느냐, 아니냐라고 할 수 있다. 사실 현대 자본주의 사회는 이성적 능력이 고도로 발휘되는 사회이지만 동시에 매우 동물적인 사회, 생존경쟁의 사회라고 할 수 있는데

---

204) 데카르트, 방법서설, 문예출판사, p.147
205) 엥겔스, 자연변증법, 중원문화, p.226

자본주의를 지양함을 통해 인간해방을 쟁취할 때만 인간의 이
성적 능력의 고양, 변증법적 사고의 전면화는 가능할 것이다.
이렇게 데카르트는 자신의 방법론을 세움에 있어서 이성 자체
의 능력을 검증한다. 그리하여 유명한 테제 '나는 생각한다, 그
러므로 나는 존재한다'는 테제로 나아간다. "우리 감각은 종종
우리를 기만하므로, 감각이 우리 마음속에 그리는 대로 있는 것
은 아무것도 없다고 가정했다. … 이런 식으로 모든 것이 거짓
이라고 생각하고 있는 동안에도 이렇게 생각하는 나는 반드시
어떤 것이어야 한다는 것을 알게 되었다. 그리고 나는 생각한
다, 그러므로 나는 존재한다라는 이 진리는 아주 확고하고 확실
한 것이고, 회의론자들이 제기하는 가당치 않은 억측으로도 흔
들리지 않는 것임을 주목하고서, 이것을 내가 찾고 있던 철학의
제일원리로 거리낌없이 받아들일 수 있다고 판단했다."[206] 데카
르트가 자신의 제일원리를 세우는 과정은 양 측면이 있다. 첫
번째의 측면은 방법적 회의이다. 조금이라도 의심이 드는 것은
거짓이라고 가정하고 보다 확실한 것을 추구하는 것은 진보적
인 측면이 있다. 특히 스콜라학이 횡행하던 당시에 이러한 방법
적 회의는 과학으로 나아가기 위한 중요한 디딤돌이 되었다. 그
러나 둘째로 방법적 회의 자체는 올바르지만 그것을 구성하는
방식은 유물론적이지 않고 관념론적이다. 불확실한 것을 쳐내면
서 확실한 준거를 찾는 것은 타당하지만 데카르트가 도달한 결
론은 생각하고 있는 나는 존재한다라는 매우 협소한 지반이었
고 나아가 생각한다는 것 자체만이 확실하다는 관념론적인 결
론이었다. '나는 생각한다, 그러므로 나는 존재한다'는 테제는
매우 협소한데 왜냐하면 그것으로써는 과학으로 나아가기 위한
지반이 충분히 확보될 수 없기 때문이다. 물론 신학과 스콜라학
에 비해서는 인간의 정신을 제일원리로 고양한다는 점에서 진

---

206) 데카르트, 방법서설, 문예출판사, pp.184-185

보적이지만 그럼에도 그것 자체로 과학의 지반이 확보되는 것은 아니다. 따라서 이러한 협소함을 극복하기 위해서는 인간 정신을 제일원리로 보는 관념론적 접근을 넘어서서 유물론적인 접근이 필요하다. 즉, 불확실한 것을 쳐내고 확실함을 추구하는 방법적 회의를 거쳐서 '확실한 유일한 것은 이 세계가 나의 의식, 의지와 독립한 객관적 실재'라는 것임을 승인함에 도달하는 것이다. 이로써 '나는 생각한다, 그러므로 나는 존재한다'는 테제의 협소함도 극복할 수 있고 세계의 객관성의 승인에 따라 세계 자체에 대한 과학적 탐구의 길을 열어갈 가능성이 열린다. '나는 생각한다, 그러므로 나는 존재한다'라는 테제는 이와 같이 인간을 주체로 끌어올린다는 점에서는 진보적이지만 접근방법은 관념론적인데 데카르트는 관념론과 신에 대한 승인으로 나아간다. "내가 그때까지 상상했던 나머지 다른 것들이 설령 참이라고 하더라도, 내가 단지 생각하는 것만 중단한다면, 내가 존재하고 있었다는 것을 믿게 할 만한 아무런 근거도 없음을 알았다. 이로부터 나는 하나의 실체이고, 그 본질 혹은 본성은 오직 생각하는 것이며, 존재하기 위해 하등의 장소도 필요없고, 어떤 물질적 사물에도 의존하지 않는 것임을 알게 되었다. 그래서 이 나, 즉 나를 나이게끔 해 주는 정신은 물체와는 전적으로 다른 것이며, 심지어 물체보다 더 쉽게 인식되고, 설령 물체가 존재하지 않는다고 하더라도 정신은 스스로 중단없이 존재하는 것이다."207) 이러한 언급은 전형적으로 관념론적인데 나의 본성은 생각한다는 것이며, 그리고 물질적 사물에 의존하지 않으며 물체가 없더라도 정신은 스스로 중단없이 존재한다는 것은 물질과 정신 중 어느 것이 일차적인가라는 철학의 근본문제를 정신을 일차적으로 파악하는 관념론의 입장에서 해결하는 것이다.

207) 앞의 책, p.186

데카르트

그런데 데카르트는 관념론의 입장에 서면서도 물질의 본성과 정신의 본성을 나누어 이원론(二元論)적 경향을 보인다. "지성적 본성이 물질적 본성과 다르다는 것을 나 자신 안에서 아주 분명하게 알고 있었으므로, 그리고 모든 합성은 의존성을 나타내는 것이고, 의존성은 분명히 일종의 결함이라는 것을 유념하면서 나는 이 두 본성으로 합성된 것은 신에 있어 완전성일 수 없으며, 따라서 신은 합성체일 수 없다고 생각했다."208) 여기서는 신에 대한 승인이 나타나 있고 또 지성의 본성과 물질의 본성이 다르며 상호 의존성은 결함이라 파악되고 있는데 이는 물질과 정신은 본성적으로는 결합될 수 없는 것으로 파악하는 것으로서 이원론을 말하는 것이다. 그런데 데카르트가 정신을 일차적으로 보는 관념론의 입장에 서면서도 물질의 본성의 독자성을 승인하는 이원론을 취하는 것은 카톨릭의 억압이 강하던 당시 상황에서 신학으로부터 독립된 과학의 영역을 확보하기 위한 것으로 볼 수 있다.

데카르트의 주저인 ≪철학의 원리≫는 처음에 신에 대한 승인과 장황한 설명으로 시작한다. 이는 당시 갈릴레이가 카톨릭 법정에 의해 유죄판결을 받은 것을 의식하는 것으로서 데카르트는 자신의 과학적 접근과 신학과의 충돌을 피해가면서 조심스럽게 논리를 전개한다. 데카르트는 아리스토텔레스의 목적인을 부정하면서 자신의 방법론을 세운다. "피조물들의 목적인이 아니라 작용인을 탐구해야 한다. 따라서 자연물들과 관련해서 우리는 결코 신이나 자연이 그것들을 창조하는데 세운 목적으로부터 설명을 취하지 않을 것이다. 왜냐하면 우리가 신의 계획에 참여하고 있다고 생각할 정도로 우쭐대서는 안 되기 때문이다."209) 이러한 데카르트의 언급은 당시의 정치적 조건, 학문·사

---

208) 앞의 책, p.189
209) 데카르트, 철학의 원리, 아카넷, p.28

상의 조건을 집약한다고 할 수 있다. 목적인이라는 허황되고 비과학적인 것을 부정해야 하지만 그 부정의 근거는 다시 신 개념이 되어야 하는 것이 당시의 상황이었다.

데카르트는 ≪철학의 원리≫에서 다시금 자신의 이원론을 확인한다. "나는 사물들에 있어서 두 개의 최고류만을 인정한다. 그 하나는 지적인 혹은 사유하는 것들, 다시 말해 정신 혹은 사유실체에 속하는 것이다. 다른 하나는 물질적인 것들, 혹은 연장실체에 속하는, 다시 말해 물체에 속하는 것들이다."[210] 여기서 이원론은 정식화되고 있는데 이원론임을 확인시켜 주는 것은 실체라는 개념이다. 실체는 아리스토텔레스 당시에도 철학의 최고물음을 가리키는 개념으로 사용되었는데 궁극적인 존재를 의미하는 것이다. 그런데 이러한 궁극적 존재로서 사유실체와 연장 실체(즉, 물질적 실체, 물체)를 나란히 놓는 것은 두 개의 뿌리가 있다는 것으로서 데카르트의 이원론을 명백히 보여주는 것이다. 그러나 데카르트는 이러한 자신의 이원론을 신학과 화해시킨다. "우리는 실체를 존재하기 위해서 다른 어떤 것도 필요로 하지 않는 것으로 이해할 수 있고, 존재하기 위해서 다른 어떤 것도 필요로 하지 않는 실체는 오로지 하나 뿐이라고 할 수 있는데, 바로 그것은 당연히 신이다."[211] 이렇게 데카르트는 실체는 곧 신이라고 하는데 이것은 신학과의 화해를 위한 것일 뿐이며 데카르트 실체 개념의 과학적 의미는 이원론이라 할 수 있다.

데카르트는 실체 개념을 이원론적으로 정립하고 이어서 실체의 하위 개념으로 속성 개념과 양태 개념을 설정한다. "실체는 저마다 하나의 주된 속성을 가지고 있다. 정신의 속성은 사유이며, 물체의 속성은 연장이다. … 실체는 저마다 하나의 주된 고

---

210) 앞의 책, p.40
211) 앞의 책, p.43

140

유한 성질을 가지고 있는데, 이것은 실체의 본성과 본질을 이루며 다른 모든 성질들은 그것에 연관되어 있다. 길이, 너비, 깊이로의 연장은 물체의 본성을 이루며, 사유는 사유실체의 본성을 이룬다."212) 여기서 보듯이 속성이라는 개념은 실체 개념의 하위개념으로서 각 실체의 주된 본성, 성질을 가리키는 개념이다. 그리고 사유실체와 연장실체라는 두 개의 실체의 각각의 속성은 사유와 연장인데 여기서 연장(延長)은 크기, 넓이 등을 말하는 공간적 개념으로서 데카르트 당시에 물체의 속성을 가리키는 개념으로서 널리 사용된 것이다.

그리고 속성 다음으로 주요한 개념이 양태(樣態)이다. "실체가 속성들이나 성질들에 의해 자극되거나 변화되는 점을 고려할 때, 나는 그것들을 양태라고 부른다."213) 속성이 실체에 내재해 있는 성질이라 한다면 양태는 속성들에 의한 실체의 변화의 양상을 가리키는 개념이다. 데카르트가 양태의 하나로 들고 있는 것은 시간이다. "우리가 시간을 우리가 일반적으로 이해하고 있는 지속과 구분하고 그것을 운동의 수라고 한다면, 시간은 단지 사고의 양태일 뿐이다. … 시간은 일반적으로 이해하고 있는 지속에 단지 사고의 양태만을 첨가한 것에 불과하다."214) 여기서 어떤 물체의 운동과 관련되어서 그 운동의 지속을 인간의 사고가 파악할 때 시간 개념이 도입된다는 것을 들어 데카르트는 시간을 사고의 양태로 파악하고 있는 것이다. 또 데카르트는 양태를 다음과 같이 설명한다. "모양이나 운동은 그것들에 내재해 있는 물체와 양태적으로 구분되며, 긍정과 기억은 정신과 구분된다."215)고 한다. 여기서 모양, 운동은 물체, 즉 연장실체의 양태이며 긍정과 기억은 사유실체의 양태로 설명되고 있다. 이

212) 앞의 책, p.44
213) 앞의 책, p.46
214) 앞의 책, p.47
215) 앞의 책, p.50

와 같이 양태는 물체와 정신이라는 두 개의 실체의 변화의 측면, 특정 양상의 측면을 가리키고 있다.

이와 같이 데카르트 철학의 얼개는 실체 개념을 최고의 위치에 두고 이어서 속성, 양태라는 개념으로 이어지는 것이다. 그런데 이 개념들이 기본적으로 이원론적으로 전개되고 있다는 점이 데카르트 철학의 특징인데 여기서 데카르트의 이원론의 철학적 의미를 조금 더 검토해 보자. 사유실체와 연장실체라는 데카르트의 이원론은 철학의 근본문제의 2차적 측면, 즉 사유와 존재의 동일성의 문제에서 딜레마에 처할 수밖에 없다. 인간의 사고가 대상을 인식한다고 할 때 사고에 맺히는 대상의 상과 실제 대상이 일치할 것인가의 문제에서 데카르트의 이원론은 답을 줄 수가 없다. 왜냐하면 사유와 물질적 대상은 각각 분리된 두 개의 실체이기 때문에 사유의 상과 대상의 일치여부, 그 동일성에 대한 확인이 원리적으로 불가능하다. 이러한 근본적인 딜레마에 대해 데카르트는 신 개념을 끌어들였다. 즉, 신이 서로 다른 뿌리를 가진 독자적 실체인 사유와 대상의 일치를 가능하게 한다는 것이다. 그러나 이러한 입장은 사유실체와 연장실체라는 이원론의 비과학적 성격을 신 개념을 통해 보완하는 것에 지나지 않으며 과학적으로는 승인될 수 없는 주장이다. 이러한 데카르트의 딜레마, 이원론의 딜레마는 후대의 스피노자에 이르러 일원론이 주장되면서 해결의 길로 들어선다. 스피노자는 사유와 연장을 두 개의 실체가 아니라 동일한 실체의 두 가지 속성으로 놓아 데카르트의 이원론을 극복하는 길을 간다. 스피노자의 실체는 신, 자연, 정신을 모두 아우르는 최고의 개념인데 사실상 스피노자의 실체는 자연을 가리키는 것으로서 범신론적 의미를 지닌다. 그런데 스피노자는 사유와 연장을 독자적 실체가 아니라 실체의 하위범주로서, 즉 실체(자연)의 두 가지 속성으로 놓는다. 이로써 스피노자는 자연을 의미하는 실체개념으로써

142

(유물론적) 일원론의 기반을 확보하였고 사유와 연장은 그러한 자연의 두 가지 속성에 지나지 않게 되어 데카르트 이원론이 가졌던 딜레마를 극복할 수 있게 되었다. 왜냐하면 사유와 연장이 실체의 두 속성에 불과하기 때문에 데카르트와 같은 사유실체와 연장실체의 분리라는 딜레마 자체가 성립하지 않기 때문이다.

그러면 다음으로 자연과학에 대한 데카르트의 공헌과 한계에 대해 검토해 보자. 먼저 공간과 시간에 대한 데카르트의 인식을 보면 데카르트는 시간을 사고의 양태로 파악하여 시간의 객관적 실재성을 부정하고 시간에 대한 인식에서 관념론적인 면모를 보인다. 이는 뉴튼의 절대시간이라는 개념과도 다르며 칸트가 시간을 주관의 인식의 형식으로 관념론적으로 파악하는 것과 유사하다. 또한 아인슈타인이 시간을 물질의 존재형식으로 보는 것과는 판이하다. 그런데 데카르트는 시간에 대해서는 관념론적으로 파악하지만 공간에 대해서는 그렇지 않다. 그는 물질과 공간의 통일성을 승인한다. "우리는 사물의 본성과 공간의 본성을 이루는 연장이 동일한 것이며, 이 둘의 차이가 종이나 류의 본성과 개별자의 본성 간의 차이 이상이 아니라는 것을 아주 쉽게 인식할 수 있다."216) 사물의 본성을 이루는 연장과 공간의 본성을 이루는 연장이 동일하다는 것은 뉴튼의 절대공간과는 개념이 다르다. 뉴튼은 빈 박스와 같은 절대공간이 있고 물체는 그러한 공간에 담겨지는 것이라 파악했는데 데카르트는 이와 달리 공간(연장)을 사물의 본성으로 파악하고 있다. 이는 공간을 물질의 존재형식으로 파악하는 변증법적 유물론의 관점과 유사하다. 그러나 시간을 사고의 양태로 파악하는 것은 공간에 대한 인식과는 정반대로 관념론적이다. 이와 같이 데카르트 당시는 과학이 발돋움하면서 공간과 시간의 본성에 대한 인식

---

216) 앞의 책, pp.74-75

이 발전하였지만 그에 대한 과학적 관점을 확립하기에는 시대적 한계가 있었다.

흥미로운 것은 데카르트가 공간의 본성을 물체의 연장과 동일하게 파악하는 관점에 기초하여 진공이라는 개념을 부정한다는 점이다. "공간 혹은 내적 장소의 연장은 물체의 연장과 다르지 않기 때문에, 철학적인 의미로서의 진공, 즉 그 안에 어떤 실체도 존재하지 않는다는 의미로서의 진공이란 있을 수가 없다. … 왜냐하면 무(無)가 연장을 가진다는 것은 명백하게 모순이기 때문이다."[217] 여기서 데카르트는 철학적인 의미로서의 진공을 부정한다. 그 근거는 무(無)는 연장을 가질 수 없다는 것인데 이러한 데카르트의 인식은 날카롭다. 그런데 진공에 대한 데카르트의 부정은 고대 원자론(원자와 공허)과 충돌하는 면이 있다. 여기서 고대 원자론에 대한 대한 데카르트의 견해를 검토하기 전에 먼저 진공, 빈공간, 비존재의 개념을 중심으로 데카르트와 고대 원자론을 비교해 보자. 고대 원자론에서 공허는 빈 공간 혹은 비존재로 파악되었다. 세계가 꽉 찬 존재이기만 하면 운동이 불가능하다는 것이 그러한 파악의 근거였다. 그에 따라 고대 원자론에서 운동은 존재와 비존재의 통일로 파악되었고 이는 변증법적 관점이다. 현대적 관점에서 데카르트의 견해와 고대 원자론을 비교해보면 고대원자론에서 공허 혹은 비존재로 파악되었던 것은 물질(원자) 사이에 존재하는 우주의 빈 공간을 가리키는 것이다. 이에 대해 데카르트는 그것은 진공 혹은 무가 아니라고 보고 있는 것이고 고대 원자론은 그것을 비존재로 보고 있다는 차이가 있다. 그러나 여기서 주목할 점은 고대 원자론에서 비존재는 순수한 무를 가리키는 것이 아니라 비존재 또한 존재 못지않게 실재한다고 보았다는 점이다. 따라서 중요한 것은 우주의 빈 공간의 성질 혹은 본성이 무엇인가라는 점이다.

---

217) 앞의 책, p.79

이것은 현대 과학에 의해서도 아직 정확히 밝혀지지 않는 점인데 그것은 철학적 의미에서는 순수한 무가 아니라 '존재 못지않게 실재하는 비존재'로 파악될 수 있다. 이렇게 본다면 진공은 존재하지 않는다는 데카르트의 견해와 그리고 고대 원자론의 원자와 공허(빈 공간, 비존재)라는 견해 그리고 공간을 물질의 존재형식으로 보는 현대의 변증법적 유물론의 관점이 다같이 수용될 수 있다.

그러면 데카르트가 고대 원자론에 대해 취하는 입장을 검토해 보자. 데카르트는 고대 원자론을 부정하는데 그 근거는 원자를 상정한다 하더라도 그 원자 또한 연장을 갖는 한 나누어질 수 있다는 점이다. "우리는 본성상 나누어질 수 없는 원자나 물질의 부분들이 존재한다는 것이 불가능하다는 것을 인식한다. 만일 그런 부분들이 존재한다면, 우리가 그것들을 아무리 작게 상상한다 하더라도 그것들은 필연적으로 연장되어 있어야 한다. 그렇기 때문에 여전히 우리는 그것들을 머릿속에서 둘 혹은 그 이상으로 나눌 수 있으며 따라서 그것들이 나누어질 수 있다는 것을 인식한다."[218] 이러한 데카르트의 인식은 한편으로 타당하면서 동시에 타당하지 않다. 더 이상 나누어질 수 없다는 의미에서 원자는 존재하지 않는다는 점에서는 맞지만 물질의 본성을 이루는 원자는 존재한다는 점에서는 맞지 않다. 원자 또한 원자핵과 전자로 나누어진다는 것이 밝혀진 지금의 입장에서 본다면 원자 또한 나누어진다는 것은 맞지만 물질의 화학적 성질을 이루는 최소단위로서 원자개념은 과학적으로 증명되었고 유효하다.

데카르트는 원자가 나누어질 수 있다는 근거로 연장의 개념을 사용했는데 이번에는 연장의 개념을 세계의 무한성에 적용시킨다. "그밖에 우리는 이 세계 혹은 물체의 총체의 연장에는 한계

---

218) 앞의 책, pp.82-83

도 있지 않다는 것을 인식한다. 왜냐하면 우리가 그런 한계가 존재한다고 상상하는 곳에 우리는 항상 그 한계 너머로 부정(不定)하게 연장된 공간들을 상상할 수 있을 뿐만 아니라, 그 공간들이 실제로 상상될 수 있는 것, 다시 말해 실제라는 것을 지각하기 때문이다. … 하늘 물질과 지구 물질은 서로 다르지 않다. 만일 세계들이 무한하다면, 그 세계들은 모두 동일한 하나의 물질로 이루어진 것이 아닐 수가 없다. 따라서 다수의 세계가 아니라 오직 하나의 세계만이 존재할 수 있을 뿐이다."[219] 이렇게 데카르트는 세계의 무한성을 연장의 개념으로 해결한다. 한계 너머의 또 다른 세계를 인식하는 것이 가능하다는 것을 들어 세계에는 한계가 없다는 것을 주장한다. 그런데 보다 주목되는 것은 그가 세계의 통일성(세계가 하나라는 것)의 근거로 물질성을 들고 있는 점인데 이는 뛰어난 통찰이다. 하늘물질과 지구물질이 동일하며 따라서 세계, 우주가 동일한 물질로 구성된다는 점에서 세계는 하나라고 명백히 밝히고 있는 것이다.

데카르트는 운동의 본성을 고찰하면서 물질과 운동의 통일성에 다가간다. "나는 항상 운동이 운동하게 하는 것에가 아니라 운동할 수 있는 것에 존재하는 것이라는 점을 드러내기 위하여 운동을 이동시키는 힘이나 행위가 아니라 이동이라 부르겠다."[220] 운동은 운동할 수 있는 것에 존재한다는 인식은 물질과 운동이 분리되어 있지 않다는 것을 말하는 것이다. 그런데 여기서 데카르트가 운동을 이동이라 부르는 것은 당시 운동은 곧 위치이동, 즉 역학적 운동으로 사고되었던 시대적 한계 때문이다.

그러면 데카르트의 물질과 운동에 대한 견해를 조금 더 살펴보자. 그는 "물질의 다양함이나 물질의 형상들의 차이는 모두 운

---

219) 앞의 책, p.84
220) 앞의 책, p.87

동에 의존해 있다"[221]고 주장한다. 물질의 다양함이나 형상이라는 양태를 규정하는 것이 바로 운동이라는 것인데 이는 직접적으로 물질과 운동의 통일성을 말하는 것이다. 이리하여 고대 그리스의 원자론에서 직관에 의존하여 정립되었던 물질과 운동의 통일성이라는 관념은 데카르트에 의해 근대 과학에 기초하여 다시 소생하게 되었다. (물질과 운동의 통일성이라는 범주는 변증법적 유물론의 근본적인 범주인데 이렇게 데카르트에 의해, 즉 근대과학에 의해 정립된 것이다.)

데카르트의 과학적 기여는 그가 아리스토텔레스의 운동관을 넘어서고 있다는 점에서 드러난다. 데카르트는 "운동과 정지는 운동하는 물체의 상이한 양태에 불과하다"[222]고 파악한다. 아리스토텔레스는 운동을 가능태(잠재상태)에서 현실태(실현상태)로의 이행으로, 즉 정지에서 운동상태로의 이행으로 파악하고 운동을 위해서는 '운동의 원인'이 필요하다고 보아 운동과 정지 사이에 단절이 있었는데 데카르트는 운동과 정지가 본성의 차이가 아니라 운동하는 물체의 양태의 차이에 불과하다고 보아 운동과 정지에 대한 상대적 관점을 성립시키고 있다. 이는 갈릴레이가 상대성의 원리를 도입하여 아리스토텔레스의 운동관을 무너뜨린 것과 같은 맥락이다. 그러나 데카르트는 운동의 원인에 대해서는 신을 운동의 제 1원인으로 놓는 비과학적 모습을 보인다. "운동의 원인은 두 가지이다. 첫째로, 보편적이고 근원적인 원인, 즉 세계에 있는 모든 운동의 일반 원인. 둘째로, 특수한 원인, 즉 전에 운동하고 있지 않던 물질의 부분들을 운동하게 하는 원인. 일반 운동 원인이 신 이외에 어떤 것일 수 없다는 것은 명백해 보인다."[223] 이렇게 운동 일반의 원인으로 신을 설정

---

221) 앞의 책, p.85
222) 앞의 책, p.88
223) 앞의 책, p.97

하는 것은 데카르트의 한계이다. 아리스토텔레스가 운동의 제1 원동자를 설정하고 뉴튼이 태양계의 운동을 가능케 하는 최초의 충격을 설정하여 신 개념을 끌어들인 것과 같은 맥락이다. 데카르트 등의 이러한 한계는 운동의 원천이 무엇인가에 대한 과학적 인식의 부족 때문이다. 단순한 위치이동에서는 미는 힘 혹은 충격이 운동의 원인이 된다. 그러나 운동의 원천 자체가 무엇인가라는 접근에 있어서는 내적 모순이라는 개념이 필요하다. 내적 모순 혹은 대립물의 통일과 투쟁이라는 개념만이 신 개념을 끌어들이지 않고 운동의 원천을 온전히 설명한다. 대립하기 때문에 투쟁할 수밖에 없는데 그 대립물이 통일되어 있기 때문에 투쟁(즉, 운동)의 지속은 불가피한 것이다. 그러나 데카르트 당시에는 이러한 내적 모순의 개념, 대립물의 통일과 투쟁이라는 변증법의 개념은 (헤라클레이토스가 잊혀지고 있었듯이) 잠복되어 있었고 그것이 과학적 개념으로 복원된 것은 헤겔에 이르러서였다.

한편 데카르트의 공적 중 탁월한 것은 운동량의 보존이라는 중대한 사상을 제기한 점이다. "비록 그 운동이 물질의 양태로서 운동하는 물질에 존재하는 것에 불과할 지라도, 그 운동은 규정된 특정한 양을 지니고 있다. 비록 물질의 각각의 부분들에 있어서는 그 양이 변한다 하더라도, 우주 전체에 있어서는 항상 동일하다는 것을 쉽게 알 수 있다."[224] 데카르트가 여기서 제기하는 운동량 보존의 사상은 이후 발견된 에너지 보존 및 전화의 법칙의 토대가 되는 개념이다. 우주에 존재하는 운동의 양은 동일하다는 것은 에너지 보존의 법칙과 같은 맥락이다. 즉, 하나의 운동(량)이 다른 운동(량)으로 전달되거나 변화될 뿐 총운동(량)은 같다는 것이다. 이러한 인식이 발전하여 운동 혹은 에너지의 보존 및 전화의 법칙의 인식에 다다르면 물질과 운동

---

224) 앞의 책, p.97

148

의 불멸성 및 상호전화라는 견해로 나아가게 되는데 이는 곧 변증법적 자연관을 의미하여 변증법적 유물론은 바로 이러한 자연관에 기초하여 성립한 것이다.

데카르트의 자연과학에 대한 공헌의 하나는 뉴튼 역학의 제1법칙인 관성의 법칙을 뉴튼에 앞서서 제기한 점이다. "각각의 것은 자신에게 달려 있는 한 항상 동일한 상태를 유지하고자 한다. 따라서 일단 움직여진 것은 항상 운동을 유지하고자 한다."[225] 물질의 자기 유지라는 본성을 운동에까지 확장하여 운동의 유지라는 개념으로 발전시킨 것이 바로 관성의 법칙이다. 이러한 파악은 데카르트가 물질과 운동의 통일성을 전제했기 때문에 가능한 것이었다. 그리고 운동에 있어서 관성에 대해 엥겔스는 "관성이란 운동의 불멸성의 소극적 표현에 불과"[226]하다고 하였다.

이외에도 데카르트는 천체의 제 현상에 대해서 많은 서술을 남겼는데 태양의 흑점, 사라지는 별, 갑자기 나타나는 별, 동일한 별이 나타났다 사라지는 현상, 우주의 소용돌이 등에 대한 그의 서술은 중세의 스콜라적인 천체관, 우주관이 붕괴되는데 많은 기여를 했다.

데카르트는 방법적 회의를 통해 과학적 방법을 추구하여 스콜라학을 극복하려 하였고 비록 관념론적이었지만 '나는 생각한다, 그러므로 나는 존재한다'는 테제를 통해 신학에 맞서 인간을 주체로 끌어올리면서 과학의 길을 개척했다. 그는 사유실체와 연장실체라는 세계에 대한 이원론으로 신학에서 독립된 과학의 영역을 확보하려 하였고 오늘날의 자연과학에 해당하는 영역에 있어서 운동량 보존의 사상, 관성의 법칙 등을 제기하여 근대과학의 발전에 크게 기여하였다. 그리하여 데카르트 사후

225) 앞의 책, p.98
226) 엥겔스, 자연변증법, 중원문화, p.9

데카르트 학파가 생겨났고 이들 데카르트파는 뉴튼파와 대결하면서 오랫동안 과학적 논쟁의 주역이 되었다.

데카르트

9. 스피노자

스피노자는 17세기 중, 후반 활동했던 네덜란드의 철학자이다. 당시 네덜란드는 부르주아 혁명을 유럽 최초로 수행했고 공업과 상업이 급속히 발전하고 예술이 개화했다. 렘브란트의 사실적 회화는 바로 이 시기에 나타난 것이다. 또한 과학이 발전하고 선진적인 지적인 운동이 발전했는데 스피노자의 철학적, 과학적 활동은 바로 이러한 배경 하에서 이루어졌다.

스피노자는 유태인 가정에서 태어나 어려서부터 유태교의 ≪탈무드≫ 등을 공부하고 부모에 의해 유태교 랍비가 될 것을 요구받았으나 그의 관심을 끈 것은 당시 발돋움하던 천문학, 역학 등의 과학과 베이컨, 홉스, 데카르트의 사상이었다. 그리하여 그는 랍비들에 의해 파문을 당하고 자신의 철학의 길을 걸어갔다. 스피노자의 초기의 저작은 ≪데카르트 철학의 원리≫이다. 이 저작은 데카르트의 사상을 흡수한 결과인데 신학적 사고와 데카르트적 사고가 혼합되어 있다. 이 저작 전체에는 신학의 중압 속에서도 과학적 사고를 열어가는 노력이 흐르고 있다. 스피노자는 관념에 대해 비유물론적 사고를 보인다. "관념이란, 모든 생각의 형상이며 우리는 이 형상을 직접 지각함으로써 생각 그 자체를 의식한다. … 정확히 말해 내가 여기서 관념이라고 부르는 것은 신체적 상상력, 즉 두뇌의 한 부분에서 모사된 것들이 아니라, 두뇌의 그 부분을 주목하고 있는 정신 자체에 자신의 형상을 전해주는 것들이다."[227] 유물론에서는 관념은 현실의 반영이고 모사라고 보는데 비해 스피노자는 모사라는 개념을 거부하고 생각의 형상을 직접 지각하는 것이 관념이라고 보고 있다. 스피노자는 이와 같이 사고, 관념에 대해 아직 유물론적 인식을 분명히 수립하고 있지는 못했다. 이것은 시대적 한계와 더

---

227) 스피노자, 데카르트 철학의 원리, 책세상, p.26

불어 그의 방법론이 형이상학적인 측면이 있었다는 점에서 비롯된다. 형이상학적 방법론은 스피노자의 전체 저작에 흐르고 있는데 데카르트가 사용했던 실체 개념과 속성 개념이 스피노자에게서는 매우 중요한 지위를 차지한다. "우리가 지각하는 것, 즉 우리의 관념들 중 하나에 표상적으로 있는 것이 한 사물 안에서 형상대로 또는 우월하게 실존할 때, 이 사물은 실체이다. … 어떤 실체에 생각이 직접 귀속되어 있다면, 이러한 실체는 정신이다. … 어떤 실체가 연장의 직접적 주체이자, 이 연장을 전제하고 있는 속성(모양, 장소, 위치 이동 등)의 직접적 주체라면, 이러한 실체는 물체이다."228) 실체는 스피노자에게서 신 또는 자연, 정신이라는 궁극적 존재를 가리키는 개념인데 그가 신과 자연을 동일하게 보는 범신론자라는 점에서 실체는 자연을 가리키는 것이다. 그러나 스피노자의 실체 개념은 자연을 생성과 소멸, 운동과 변화 속에서 파악하는 것이 아니라 궁극적인 어떤 것, 고정된 것으로 보는 점에서 형이상학적인 개념이다. 이러한 스피노자의 실체 개념에 대해 맑스는 "인간으로부터 분리되고 형이상학적으로 개작된 자연"229)이라고 보았다. 스피노자는 신 또는 자연을 가리키는 최고의 개념으로서 실체를 설정하고 그 하위 개념으로 속성을 놓는다. 속성은 실체에 존재하는 어떤 주요한 성질을 가리키는 것인데 데카르트가 사유와 연장을 주요한 두 개의 속성으로 분류했던 것을 스피노자 또한 그대로 사용한다. 그리고 사유 속성을 갖는 실체는 정신이며 연장 속성을 갖는 실체는 물체라고 본다. 그런데 데카르트가 사유와 물체(연장)의 두 실체가 별도의 분리된 것이라고 보아 이원론의 입장을 취했다면 스피노자는 실체의 두 가지 속성으로서 사유와 연장을 설정하여 일원론이며 자연을 곧 실체로 본다는

---

228) 앞의 책, p.27
229) 러시아 과학아카데미 편, 세계철학사(2), 중원문화, p.222에서 재인용

점에서 유물론적 일원론이다.

스피노자가 세상에 알려지게 된 것은 비실명으로 발간했던 그의 저작 ≪신학정치론≫이 파문을 일으키면서부터이다. ≪신학정치론≫은 기존의 신학에 대한 비판과 신학과 철학의 분리를 선언한 책이다. 실제로는 신학에 대한 절교의 선언이라 할 수 있다. 그는 계시에 의한 인식과 자연적 인식은 별개라고 파악한다. "이제 신앙의 기본원리들이 명확하게 되었으므로, 나는 계시에 의한 인식의 목적이 순종에 불과하며, 따라서 그것이 목적과 근거와 방법에 있어서 자연적 인식과 완전히 다르므로, 이 둘은 공통적인 것이 전혀 없고, 그것들 각각은 서로에게 끼어들지 않는 분리된 영역을 갖고 있으며, 둘 중의 어느 것도 상대편에 대해 보조적인 것으로서 간주되어서는 안된다는 결론에 도달한다."[230] 이렇게 신학(계시에 의한 인식)과 철학(자연적 인식)이 별개의 영역이라고 하여 철학과 신학의 분리를 주장하는 것은 철학은 신학의 시녀라는 중세의 지배적 틀을 깨는 것이었다. 또한 그는 정부가 종교적 법의 해석자라는 주장으로까지 나아간다. "그 후에 나는 정부가 시민법과 마찬가지로 종교적 법의 수호자이고 해석자라는 것과, 오직 정부만이 공정한 것과 불공정한 것, 경건한 것과 불경한 것을 결정할 권리를 갖고 있다는 것을 증명한다."[231] 이러한 주장은 사실상 종교권력을 전면 부정하는 것인데 이러한 주장이 가능했던 것은 네덜란드가 유럽 최초로 부르주아 혁명을 수행했고 또 정치와 종교의 분리가 부르주아 혁명의 주요 과제의 하나였기 때문이다.

스피노자는 종교적 예언이 자연적 인식보다 하위라는 주장을 하는데 이는 종교에 대한 과학의 우위를 주장하는 것이다. "표상은 본질적으로, 모든 의심할 여지없이 명확한 관념들과 같지

---

230) 스피노자, 신학정치론, 신아출판사, p.21
231) 앞의 책, p.22

않게, 단독으로는 확실성을 지니지 못한다. 우리가 표상한 것의 확실성을 얻기 위해서는, 표상에 더한 어떤 것, 즉 추리[논증]가 있어야만 한다. 그러므로 예언은, 내가 밝혔듯이, 전적으로 표상에만 의존했기 때문에, 스스로 확실성을 지닐 수 없다. … 그렇기 때문에, 이점에서, 예언은 자연적 인식보다 하위인데, 자연적 인식은 징표를 필요로 하지 않고, 본질적으로 확실성을 지닌다."232) 예언은 단순한 표상일 뿐 논증이 없기 때문에 논증을 요하는 자연적 인식보다 하위라고 보는 것인데 이는 과학의 입장에 선 종교비판의 전형적인 모습이고 과학적 인식이 종교적 인식보다 우월하다는 주장이다. 그러나 스피노자의 종교비판은 범신론의 입장에 선 비판이라는 한계가 있다. 그리하여 그는 자연과 신을 사실상 동일한 것으로 놓는다. "우리가 자연 현상에 대한 인식을 더 많이 얻음에 따라 우리는 신에 대해 더 탁월하고 더 완전한 인식을 획득한다. 다른 말로 바꿔 말하면, 원인을 통한 결과의 인식은 그 원인의 특성에 대한 인식에 불과하므로, 자연현상에 대한 우리의 인식이 뛰어날수록, 모든 사물의 원인인 신의 본질에 대한 우리의 인식이 더 완전하다."233) 자연에 대한 이해가 증대될수록 신에 대한 인식이 완전해진다는 것은 사실상 신은 곧 자연이라고 보는 것인데 이는 기존의 신학에 대한 정면 도전이었다. 기존의 신학은 신 자체의 완전성, 절대성을 준거로 하는 것인데 스피노자는 이와 달리 자연을 준거로 하여 신을 파악하여 기존의 종교적 교리를 전복시키고 있다. 그러나 그가 완전한 무신론으로 나아가지 못하고 범신론의 외피를 취하는 것은 17세기 당시의 상황, 즉 갈릴레이가 과학적 세계관을 이유로 종교법정에 의해 유죄판결을 받는 등의 시대적 한계 때문이었다.

---

232) 앞의 책, p.44
233) 앞의 책, p.81

스피노자는 비록 범신론의 외피를 취했지만 그는 철학과 신앙의 분리를 공식선언한다. "이제 나에게 마지막으로 남은 것은, 한편에 있는 신앙 및 신학과 다른 편에 있는 철학 사이에는 아무런 관계가 없고 유사함이 없다는 것을 제시하는 것인데, … 철학의 목적은, 아주 간단히, 진리이고, 반면에 신앙의 목적은, 우리가 풍부하게 제시했듯이, 순종과 경건 이외에 아무것도 아니다. 또 철학은 일반적으로 타당한 공리들의 기초 위에 놓여 있고, 오로지 자연만을 연구하는 것으로 구성되어야 하지만, 그와 달리 신앙은 역사와 언어에 기초를 두고 있으며, … 오로지 성서와 계시에만 의거해서 이끌어내져야 한다."234) 신학과 철학 사이에 아무런 관련이 없다는 선언은 신학에 대한 철학의 절교의 선언이었다. 브루노가 종교재판에 의해 화형당한 것이 17세기 초반인데 17세기 중반의 스피노자의 이러한 주장은 정치적으로 파장을 일으킬 수밖에 없었다. 그런데 자연은 철학의 몫으로, 역사와 언어는 신앙의 몫으로 분리한 것은 문제가 된다. 역사 또한 철학의 대상이 될 때만 하나의 온전한 세계관이 완성될 수 있기 때문이다. 이 또한 당시의 시대적 한계라 할 수 있는데 당시의 과학이 역학 등으로 한정되어 있었고 인간 사회에 대한 과학, 역사에 대한 과학이라는 관념은 당시에 존재하지 않았다.

스피노자는 철학과 신앙의 분리를 선언하고 정치사상을 전개하는데 그것은 자연권의 개념, 사회계약의 사상, 그리고 민주주의 국가론이다. 그는 신학과 철학의 분리를 '사상의 자유'라는 개념으로 파악하고 자연권이라는 개념을 도입한다. "전체로서의 자연의 일반적 능력은 모두 합쳐진 모든 개물의 능력 이외에 다른 것이 아니므로, 각 개체는 자신이 할 수 있는 모든 것을 할 최고의 권리를 가진다는 결론이 내려진다. 바꿔 말하면 개체의

---

234) 앞의 책, pp.243-244

권리는 그것의 결정된 능력과 동일 범위에 있다."235) 자연에서
각 개체의 능력이 곧 권리의 범위가 되는 것 즉, 자신의 능력
말고는 자신을 제한하는 것이 없는 것이 자연권이다. 그런데 이
러한 자연권 개념은 국가 혹은 사회의 구성을 위한 사회계약론
의 바탕이 된다. "자연권에 대한 어떠한 침해도 없이, 누구나
자신이 소유한 모든 능력[권력]을 공동체에 이양하는 조건을
기초로 하여 공동체가 형성될 수 있고 계약은 절대로 성실하게,
전적으로 항상 보존될 수 있다."236) 스피노자의 이러한 사회계
약론은 계약의 개념을 사용하고 또 그러한 계약의 절대성을 주
장한다는 점에서 다른 사회계약론자와 동일하다. 그런데 스피노
자의 사회계약론이 다른 점은 그의 민주주의 국가론이다. "민주
주의 국가에서는 한 모임의 다수가, 그게 상당한 규모가 된다
면, 어리석은 행위에 대해 똑같이 동의하는 일이 실질적으로 불
가능하기 때문에, 정부가 비이성적으로 행동할 위험성이 훨씬
더 적다."237) 스피노자의 이러한 민주주의 사상은 홉스가 사회
계약론에 입각하면서도 절대주의 국가론을 주장한 것과 비교되
는데 스피노자가 민주주의를 주장한 것은 당시 네덜란드가 부
르주아 혁명을 하고 난 뒤의 정치적 상황이었기 때문이다.
스피노자의 ≪지성교정론≫은 인식의 도구인 인간의 이성 혹은
지성을 먼저 고찰하고 다듬어야 한다는 당시의 사고를 반영한
다. 그는 ≪지성교정론≫에서 기본적으로 유물론적인 접근을 보
인다. "참된 관념(왜냐하면 우리는 참된 관념을 가지고 있으므
로)은 그것의 대상과는 다른 것이다. 왜냐하면 원과 원의 관념
은 다른 것이기 때문이다."238) 관념론에서는 관념이 곧 대상이
라고 보는데 반해 스피노자는 관념과 관념의 대상을 분명히 구

---

235) 앞의 책, p.257
236) 앞의 책, p.262
237) 앞의 책, p.263
238) 스피노자, 에티카, 도서출판 피앤비, p.20

스피노자

156

별하여 유물론적인 인식을 보인다. 이러한 유물론적 인식은 정신과 자연의 관계에 대한 인식에서 더욱 명료하게 표현된다. "정신이 자연에 대해 더 많은 것을 이해할수록, 정신은 자기를 더 잘 이해한다는 것이 자명하므로, 그것으로부터 정신이 더 많은 사물을 이해함에 따라 방법의 이 부분이 더욱 완전하게 될 것이며, 정신이 가장 완전한 실재의 인식에 주의하거나 이것을 반성할 때 가장 완전하게 될 것임이 명백하다."239) 자연을 더 잘 이해할수록 정신을 더 잘 이해하게 된나는 주장은 관념론자들과 정반대의 입장이다. 관념론자는 정신이 자연을 규정한다고 봄에 반해 스피노자는 자연을 통해 정신이 규정된다고 보고 있다. 이와 같이 스피노자는 정신과 자연의 관계, 철학의 근본물음에서 유물론적인 방향을 분명히 세우고 있다. 그러나 스피노자의 이러한 유물론적 인식은 변증법적 유물론의 인식론인 반영론과는 일정하게 차이가 있는데 반영론은 인식, 관념을 현실세계, 대상의 반영, 모사라고 보는데 반해 스피노자는 반영의 개념을 세우지 못하고 있고 형이상학적 사고에 의해 제약되어 있다. "참된 사유의 형상은 다른 사물들과 관계없이 그 사유 자체 내에 있지 않으면 안되며, 또한 그것은 그것의 대상을 원인으로 인정하지 않고 오히려 지성의 능력 및 본성에 의거하지 않으면 안된다."240) 대상을 인식의 원인으로 인정하지 않고 지성의 본성에 의해 참된 사유를 한다는 것은 유물론에서 이탈하는 것이고 반영론과는 거리가 있다. 변증법적 유물론의 입장에서 보면 참된 사유란 대상의 본질을 파악하는 것인데 스피노자는 참된 사유를 대상과 무관하게 지성의 본성에 의거하는 것으로 본다.

스피노자의 주저는 ≪에티카≫이다. 이 책은 그의 생전에는 출

239) 앞의 책, p.23
240) 앞의 책, p.37

판되지 못하였다. 그러나 사후 스피노자의 사상이 집약된 이 책이 널리 읽혀지면서 18세기의 계몽사상가들에게 많은 영향을 미쳤다. ≪에티카≫는 데카르트와 같이 기하학적 증명의 방법으로 서술되어 있다. 정리–증명–주석 등의 체계가 바로 기하학적 증명의 체계이다. 어떤 간략한 명제, 혹은 주장을 설정하고 그것을 수학과 같은 논리적 방식으로 증명하고 필요하면 주석을 붙이는 식이다. 그러나 이러한 형식적 체계보다 더 중요한 것은 스피노자의 실질적 철학사상인데 스피노자는 17세기 당시의 형이상학의 중압에 놓여 있으면서도 그 한계를 돌파하면서 과학적 인식, 유물론적 인식을 개척하고 있다.

≪에티카≫에서 처음에 오는 개념은 실체의 개념이다. "실체란, 그 자체 안에 있으며 그 자체에 의하여 파악되는 것, 즉 그것의 개념을 형성하기 위하여 다른 것의 개념을 필요로 하지 않는 것이라고 나는 이해한다."[241] 다른 것을 필요로 하지 않는 최고의 개념으로서 실체는 일종의 궁극적 존재를 의미한다. 현대적으로 말하면 철학의 근본범주인 물질 혹은 의식의 범주와 동일한 차원의 궁극적 개념이라 할 수 있다. 그런데 스피노자의 실체의 개념은 물질 혹은 의식과는 차이가 있는데 신, 정신, 자연을 모두 아우르는 최고의 범주 혹은 실재를 가리키는 개념이다. 그리하여 실체는 자연과 같은 의미에서 자기원인으로 파악된다. 자연이 왜 그러한 모습인가에 대해 자연 외의 어떤 원인의 작용이 필요하지 않고 자연 스스로의 원인에 의해 그러하다는 것을 가리키는 자기원인이라는 개념이 실체에 적용되고 있는 것인데 이렇게 실체가 자기원인을 갖는다는 것은 실체라는 개념의 궁극성, 최고성을 말하는 것이다.

그리고 이러한 실체 개념에 이어지는 개념이 속성이라는 개념이다. "속성이란, 지성이 실체에 대하여 그것의 본질을 구성하

---

241) 앞의 책, pp.56-57

고 있는 것으로서 지각하는 것이라고 나는 이해한다."242) 속성
의 대표적인 예가 사유와 연장인데 사유는 정신적 실체의 속성
이고 연장은 물질적 실체의 속성이다. 따라서 속성은 실체의 본
질을 구성하는 성질이다. 그러나 이러한 파악이 데카르트와 다
른 점은 데카르트는 정신적 실체와 물질적 실체를 분리하여 이
원론을 주장했지만 스피노자에게서는 속성은 실체(자연)의 두
가지 속성일 뿐이다. 그리고 바로 이 점이 스피노자가 데카르트
를 극복하고 자신의 고유한 철힉을 개적한 핵심적 지점이다. 왜
냐하면 데카르트는 이원론에 따라 정신과 물질이 분리되어 있
어서 인간의 사유가 물질적 대상을 올바로 인식할 수 있는가에
대한 과학적 답을 줄 수 없었는데 반해 스피노자는 실체의 두
가지 속성으로서 사유와 연장을 설정함에 따라 정신과 물질 혹
은 정신과 신체의 통일을 근본적 전제로 하고 있어서 데카르트
와 같은 딜레마에 빠지지 않았기 때문이다. 또한 사유가 실체
(자연)의 속성으로 파악된다는 것은 정신의 본질에 대한 유물론
적 인식을 가능하게 하는 것인데 왜냐하면 정신은 자연의 하나
의 속성에 불과하기 때문이다. 그리하여 스피노자는 이러한 관
점을 기초로 인간의 정신과 신체는 통일되어 있다는 유물론적
인식을 개척해 갔다.243)

스피노자는 이렇게 최고의 개념으로서 자연을 의미하는 실체
개념을 설정하고 이어서 그 하위 개념으로 속성 개념을 설정한
다. 그리고 속성에 이어지는 개념이 양태이다. "양태란 실체의
변용 또는 다른 것 안에 있으면서 다른 것을 통하여 파악되는
것이라고 나는 이해한다."244) 양태는 일종의 변화 양상을 가리

---

242) 앞의 책, p.56
243) 스피노자의 체계의 의미, 즉 동일한 실체의 하위 개념으로서 사유와 연
장이라는 속성을 설정하는 것의 유물론적 의미와 그것의 철학사적 의미에
대한 자세한 고찰은 ≪변증법적 논리학의 역사와 이론≫ E. V. 일렌코프,
(연구사)를 참조하시오.

키는 것이라 할 수 있는데 물체에 있어서 색깔, 모양 등이고 정신에 있어서 능동과 수동 등 다양한 변화양상을 가리킨다.

흥미로운 것은 스피노자가 자유와 필연을 대립시키는 것이다. "자신의 본성의 필연성에 의해서만 존재하며, 자기 자신에 의해서만 행동하도록 결정되는 것을 우리는 '자유롭다'고 말한다. 그러나 일정하고 결정된 방식으로 존재하고 작용하도록 다른 것에 의하여 결정되는 것을 우리는 '필연적'이라거나, 오히려 '강제된다'고 말한다."[245] 자기 본성에 의한 것은 자유이고 다른 것에 의한 강제는 필연이라고 보고 있는데 문제는 이렇게 자유와 필연을 구분하면 자유와 필연 사이에 단절이 존재하게 된다는 점이다. 이것은 자유와 필연을 대립시키기는 하지만 자유와 필연 사이의 연관성은 밝히지 못하는 것이다. 변증법적 유물론에서는 자유가 필연으로 전화되고 필연이 자유로 전화되는 것으로 본다. 주체가 자유를 가질수록 그의 행동이 필연에 가까워지는 것은 자유가 필연으로 전화되는 것이고 필연에 대한 인식이 심화될수록 그의 자유의 폭이 확대되는 것은 필연이 자유로 전화되는 것이다. 그런데 스피노자가 자유와 필연에 대한 변증법적 인식에 도달하지는 못했지만 17세기 당시에 자유와 필연의 범주를 설정한 것 자체는 커다란 진보이다. 특히 홉스가 자유는 곧 필연이라고 보아 자유의 개념을 형해화한 것에 비하면 획기적 진전이다.

스피노자의 실체 개념은 형이상학적 개념인데 그것은 실체 개념과 변증법적 유물론의 물질 개념을 비교하면 분명하다. 스피노자 자신이 실체 개념과 물질 개념을 구분하고 있는데 흥미로운 대목이다. "물(物)은, 물인 한에 있어서, 분할되어 그것의 부분들이 서로 분리되지만, 그것이 물질적 실체인 한에 있어서는

---

244) 앞의 책, p.56
245) 앞의 책, p.56

160

그렇지 않다고 우리는 파악한다. 왜냐하면 실체인 한에 있어서의 그것은 분리되지도 않고 분할되지도 않기 때문이다. 더욱이 물은, 물인 한에 있어서, 생성되고 소멸하지만, 실체인 한에 있어서는 생성되지도 소멸되지도 않는다."246) 물질은 현실에서는 분할되지만 그것이 실체로 파악되면 분할불가능하다는 것이 요지이다. 여기에는 형이상학이 무엇인가가 고스란히 녹아 있다. 형이상학적 방법, 개념의 본질은 불변성, 고정성, 항구성이고 그러한 경향이 강할수록 참다운 개념으로 간주된다. 따라서 최고의 개념인 실체는 고정불변성이 본질일 수밖에 없고 그에 따라 현실에서 분할가능한 물질이 실체의 개념으로 파악되면 분할불가능하게 되는 것이다. 신학적 사고의 잔재가 강요하는 형이상학적 사고! 그런데 중요한 점은 이러한 형이상학적 사고가 스피노자 철학의 알맹이가 아니라는 점이다. 위와 같은 형이상학적 사고는 17세기 지식인 혹은 철학자 다수가 공유한 것이었다. 그러나 스피노자는 이러한 형이상학적 사고의 중압에 놓여 있으면서도 과학적 사고, 유물론적 사고를 개척했다는 점에서 높이 평가되는 것이며 특히 데카르트의 이원론을 극복하고 유물론적 일원론을 수립했으며 나아가 인간 정신에 대한 유물론적 사고를 명확히 수립했다는 점에서 탁월했다고 할 수 있다.

스피노자는 자유의지를 부정하고 원인과 결과의 관계, 결정론을 승인한다. "의지는 유한한 것으로 파악되든 무한한 것으로 파악되든, 그것이 존재하고 작용하도록 결정하는 원인을 필요로 한다. 따라서 의지는 자유로운 원인이라고는 불릴 수 없고, 단지 필연적 또는 강제된 원인이라고 불릴 수 있다."247) 자유의지론과 결정론의 대립은 철학사에서 오래된 것인데 이에 대해 스피노자는 단호하게 결정론을 승인하고 있다. 사실 원인과 결과의

---

246) 앞의 책, p.73
247) 앞의 책, p.87

관계, 그것의 필연성의 승인은 과학적 사고의 초석을 놓는 것이다. 인간의 의지 혹은 자유의 개념을 원인과 결과의 관계, 인과성에 대립시키는 것은 관념론적으로 흐르고 비과학적 사고의 문을 여는 것이다. '하면 된다'는 주관적 관념론의 사고가 전형적으로 자유의지론에 입각한 사고라 할 수 있다. 그런데 스피노자의 결정론에 대한 승인은 형이상학적 한계가 있다. 그리하여 그는 원인의 종류에 대해 필연만 승인하고 우연은 존재하지 않는 것으로 파악한다. "자연에는 우연적인 것이 아무것도 없으며, 모든 것은 일정한 방식으로 존재하고 작용하도록 신의 본성의 필연성으로 결정되어 있다."[248] 여기서 신의 본성이라는 개념은 스피노자가 범신론자임을 고려하면 자연의 법칙으로 바꾸어 해석해도 무방하다. 따라서 위의 인용문은 자연의 법칙에 의해, 자연의 성질에 의해 모든 것이 필연적으로 결정되어 있다는 주장이다. 그러나 우연은 단지 파악되지 않은 원인일 뿐인가? 아니면 우연이라는 개념 자체를 부정해야 하는가? 스피노자가 우연을 부정한 것은 형이상학적인데 형이상학은 필연성에서 이탈하고 변동을 가져오는 것을 허용하지 않는 것이다. 그러나 현실에서 필연성은 무수한 우연성 속에 관철된다. 또한 자연에서 그리고 인간사회에서 현실의 모습은 우연과 필연의 통일이다.

스피노자는 이렇게 형이상학적 사고의 한계에 의해 가로막히면서도 끊임없이 진리 혹은 과학적 인식을 추구한다. 대표적으로 그는 아리스토텔레스로부터 유래하는 목적원인을 부정한다. "사람들은 흔히 모든 자연물이, 자신들처럼, 어떤 목적을 가지고 움직인다고 생각한다. … 이 편견은 미신으로 변질되었으며, 사람들의 마음속에 깊이 뿌리내리게 되었다. 이것이 그들 각자가 온갖 사물의 목적원인을 인식하고 설명하는 데에 최대의 노력을 기울인 이유였다. … 자연은 아무런 정해진 목적을 갖고 있

---

248) 앞의 책, p.84

지 않다는 것, 그리고 모든 목적 원인은 인간의 허구일 뿐이라는 것 등을 지금 밝히는 데는 많은 말이 필요하지 않을 것이다."[249] 스콜라적인 목적 원인을 거부하는 것은 원인 개념에 대한 과학적 인식을 세우는 것이다. 이 시대 17세기의 과학자, 철학자들은 아리스토텔레스를 넘어서고 스콜라학을 극복하고 과학적 인식을 추구하는 것이 시대적 과제였다.

그런데 진리의 문제에 있어서 스피노자는 형이상학적 한계에 갇혀 오류를 범한다. "진리의 규범으로서 참된 관념보다 더 명백하고 더 확실한 것이 있을 수 있겠는가? 진실로 빛이 빛 자체와 어둠을 명시하는 것과 같이 진리는 진리 자체와 허위의 규범이다. … 만일 참된 관념이 <사유의 양태인 한에 있어서가 아니라> 단지 그것의 대상과 일치한다고 일러지는 한에 있어서만 거짓된 관념과 구별된다면, 참된 관념은 실재성이나 완전성 면에서 거짓된 관념 이상의 것을 조금도 갖추고 있지 않은 것은 아닌지 … ?"[250] 참된 관념 자체가 진리의 규범이며 인식과 대상의 일치가 진리의 본질이 아니라는 것인데 이는 진리의 개념에 대한 스피노자의 형이상학적 사고와 데카르트적 한계를 동시에 보여준다. 참된 관념이라는 개념은 데카르트가 말한 명석성, 판명성, 직관 등과 같은 맥락이다. 그러나 그러한 참된 관념 혹은 명석성 자체가 진리인 것은 아니다. 진리는 구체적인 것이다. 어떤 때는 올바른 견해가 다른 조건에서는 올바르지 못하게 되는 것은 충분히 가능하다. 참된 관념의 획득 혹은 승인으로 진리에 대한 접근이 끝나면 그것은 결함있는 것이다. 인식과 대상의 일치를 구체적으로 획득하는 것, 때와 장소에 따라 대상의 변화에 상응하는 인식을 지속적으로 획득하는 것이 진리에 대한 올바른 접근이다. 그런 점에서 스피노자의 참된 관념

---

249) 앞의 책, pp.93-96
250) 앞의 책, pp.142-143

이라는 진리 개념은 형이상학적이고 데카르트적 한계를 넘어서
지 못하는 것이다.

이와 같은 형이상학적 한계 속에서 스피노자는 사물에는 반대
되는 본성이 있을 수 없다고 하여 대상(사물)에 존재하는 내적
모순을 부정한다. "사물들은 하나가 다른 것을 파괴할 수 있는
한에 있어서 반대되는 본성을 가진다. 즉, 그러한 사물들은 동
일한 주체 안에 있을 수가 없다. … 만일 그러한 것들이 서로
일치하거나 혹은 동일한 주체 안에 동시에 존재할 수 있다면,
동일한 주체 안에 그 주체를 파괴할 수 있는 어떤 것이 존재할
수 있게 된다. …"251) 반대되는 것이 동일한 주체 안에 있을 수
없다는 이 주장은 모순 개념에 대한 부정이다. 반대되는 것들의
일치성과 동시성, 통일성이 모순 개념을 구성하는 것인데 형이
상학의 입장에서는 그러한 모순 개념을 승인하는 것이 불가능
하다. 만약 여기서 스피노자가 모순 개념을 승인했다면 헤겔보
다 150년 앞서서, 그것도 유물론적 지반위에서 변증법의 완성
으로 나아갔을 것이다.

스피노자의 철학은 당시 상승하던 부르주아지의 진취적 사고를
반영하는데 개인의 이익의 추구와 이성을 연관지어 파악하는
것에서 부르주아적 요소가 나타난다. "각 인간이 자신에게 유익
한 것을 가장 많이 추구할 때 사람들은 서로에게 가장 유익하
다. 왜냐하면 각자가 자기의 이익을 보다 많이 추구하고, 자기
를 보존하기 위해 보다 많이 노력하면 할수록 더욱 더 많은 덕
을 가지게 되며, 또는 같은 것이지만, 자기 본성의 법칙에 따라
행동하는 능력, 즉 이성의 지도에 따라 생활하는 능력이 그만큼
더 크다."252) 개인의 이익을 추구하는 것이 사회 전체에게도 이
익이 크다는 것인데 이는 개인과 사회의 관계에 대한 전형적인

---

251) 앞의 책, pp.167-168
252) 앞의 책, p.261

부르주아적 접근이다. 이러한 파악은 봉건제, 절대주의에 맞서 소유, 정치적 권리 등을 주장하던 당시 부르주아지의 사상적 기치였다고 할 수 있다.

스피노자가 활동했던 17세기 중, 후반은 아직 신학의 중압이 크던 때였다. 중세의 잠에서 이제 갓 깨어나기 시작하고 스콜라학을 극복하면서 과학의 기치를 내걸던 때였다. 이러한 상황에서 스피노자는 신학과 철학의 분리를 사상적으로 이루어내고 지배적이던 형이상학의 한계를 돌파하면서 진리의 추구, 과학의 추구를 위해 혼신의 노력을 다했다. 스피노자가 데카르트의 이원론을 극복하고 실체(자연)의 속성으로서 사유와 연장이라는 일원론을 확립한 것은 새로운 철학발전의 방향을 세운 것이었다. 그리고 범신론으로 포장된 그의 유물론적 인식은 그의 사후 많은 철학자와 사상가들에게 영향을 주어 18세기 철학의 풍부한 원천이 되었다.

10. 존 로크

존 로크는 17세기 후반 영국의 철학자이다. 이 당시 영국은 명예혁명을 거치며 정치적 자유의 폭이 확대되고 있었는데 이러한 시대적 배경 하에서 로크는 베이컨, 홉스 등의 전통을 이어받아 경험론적 관점에 서서 자신의 철학을 전개해 갔다. 로크는 스피노자와 달리 형이상학의 속박을 거의 받지 않았다. 그래서 그의 철학은 현대적인 감각을 보이고 있고 또 데카르트파 등과 논전하면서 18세기까지 이어지는 유물론의 흐름을 형성해갔다. 로크는 생득관념을 부정한다. "타고난 (이론적) 원리는 없다"253)고 주장하면서 흔히 타고나면서부터 알고 있다는 공준이라는 것도 실제로는 배워서 아는 것일 뿐이며 또 사람들이 보편적으로 동의한다 할지라도 그것만 갖고 타고난 관념이라는 것을 증명하는 것은 아님을 주장한다. 이러한 주장은 수학과 기하학의 공리, 예를 들면 삼각형의 내각의 합은 180°라는 것은 사람들이 선천적으로 알고 있다는 주장에 대한 반박으로서, 로크의 주장은 경험론의 전통에 충실한 것이다.

로크는 경험론의 입장에 서서 인식의 원천에 대해 유물론적 입장을 보인다. "우리가 갖는 대부분의 관념의 이들 원천은 전적으로 감각에 의존하고, 감관에 의해 지성으로 옮겨오므로 나는 이 원천을 감각이라고 부른다. … 거듭 말하거니와 이들 둘, 즉 감각 대상으로서의 외부의 물질적 사물과 내성 대상으로서의 내부의 우리 자신 마음의 작용, 이것만이 우리의 모든 관념이 시작되는 기원이다."254) 이러한 인식론은 전적으로 유물론적인데 외부의 사물을 우리 관념의 기원이라고 보는 것은 감각에 대해 외적 세계가 선차적임을 승인하는 것이다. 따라서 유물론

---

253) 존 로크, 인간지성론, 동서문화사, p.36
254) 앞의 책, pp.112-113

적 감각론이라고 불릴 수 있다. 또한 로크는 관념의 기원을 외적 세계에 국한하는 것이 아니라 내성 대상으로서 우리 내부의 마음의 작용을 들고 있는데 이는 현대적으로 보면 이성을 말하는 것으로서 인식의 감각(감성)적 단계와 이성적 단계를 나누는 것이다. 이러한 인식론은 변증법적 유물론과 매우 유사한데 그러나 로크는 이렇게 인식과정에 대해서는 과학적으로 접근하지만 인식의 본질에 대해서는 변증법적 유물론과 차이를 보인다. 로크는 관념을 한편으로 마음에 있는 관념과 다른 한편으로 물체가 낳는 물질의 변용으로 구분하고 있는데 "이와 같이 구별해서, 관념은 (물질적) 주체에 속하는 (고유한) 어떤 사물의 정확한 심상(心像), 유사물이라고 우리가 (아마도 일반적으로는 그렇게 생각하지만) 생각하지 않기 위해서이다"[255]라고 파악한다. 이는 관념을 사물의 심상, 상이라고 보는 변증법적 유물론의 인식론인 반영론과는 차이가 있다. 반영론에서는 관념은 외적 세계의 반영, 상, 모사라고 파악한다. 이것은 인식의 감성적 단계, 이성적 단계를 막론하고 그렇다는 것이다. 그러나 로크는 내부 마음의 작용에 의한 관념, 이성적 단계의 인식은 사물의 심상이 아니라고 보고 있다. 그러나 이성적 단계의 인식도 감각이 제공하는 자료를 가공하고 또 관념들의 조합을 거치지만 그 본질은 외적 세계의 반영이다. 다만 감성적 인식 단계와 이성적 인식 단계가 다른 점은 이성적 인식 단계는 감성적 인식 단계와 달리 내적 성찰과 판단과 추리를 거친다는 것이다. 그런 점에서 로크는 인식에 있어서 유물론적 경향을 보이고 인식과정을 감성적 단계와 이성적 단계로 올바르게 나누지만 인식의 본질에 있어서는 변증법적 유물론과 차이를 보인다.

로크에 있어서 중요한 진보는 형이상학적인 실체 개념에 대한 비판이다. 스피노자의 경우, 세계의 궁극적 존재로서 실체는 신,

---

255) 앞의 책, p.150

자연, 정신을 포괄하는 것이었고 이러한 실체관념에서 출발하는 것이 스피노자의 사고를 형이상학적으로 제약했는데 로크의 경우 실체 관념의 형이상학적 성격을 비판한다. 로크는 실체관념을 다음과 같이 파악한다. "실체의 관념은 자기 스스로 존립하는 개개의 사물을 표시하는 것과 같은 단순관념의 집성이고, 이 집성 안에서 실체라는 상정된 관념 또는 혼란한 관념이 상정되어 혼란한 관념이면서 언제나 가장 주된 관념이다."256) 실체 관념은 단순한 관념의 집합이지만 혼란한 관념이고 또 가장 주된 관념이라고 로크는 파악한다. 이렇게 로크는 실체 관념이 혼란한 관념이라고 주장하는데 그것은 신, 자연, 정신이라는 서로 다른 성격의 관념을 하나로 묶어 설명하기 때문이라고 본다. "실체라는 둘로 엮어진 음에 그토록 힘을 쏟는 사람들에게, 그 사람들이 하는 것처럼 이 음을 무한하고 헤아릴 수 없는 신과 유한한 정신과 물체에 적용하는 것은 같은 의미인지의 여부, 즉 이와 같은 3개의 대단히 다른 사물이 제각기 실체로 불릴 때 같은 관념을 나타내는지의 여부를 생각하기 바란다."257) 이렇게 로크는 실체라는 형이상학적 관념을 신, 자연, 정신이라는 세 개의 관념으로 분해한다. 이로써 로크는 형이상학적 사고의 틀을 벗어날 수 있게 된다. 그리하여 그는 "추상적 실체 관념은 없다"258)고 선언한다. 실체라는 관념은 아리스토텔레스부터 시작하여 철학의 근본물음을 형성해왔던 개념이다. 있음이란 무엇인가, 존재란 무엇인가라는 물음으로 시작하여 세계의 근원적 존재를 설명하기 위해 신, 자연, 정신을 아우르는 개념으로서 실체개념이 사용되어 왔는데 그러한 실체 개념은 형이상학적 사고의 산물이었다. 불변의 궁극적 존재, 세계의 모든 것을 포

256) 앞의 책, p.190
257) 앞의 책, p.202
258) 앞의 책, p.368

괄하는 최고의 개념, 신, 정신, 자연을 아우르는 개념으로서의 실체! 이에 대해 로크는 그것은 혼란한 개념일 뿐이라고 주장하면서 실체 개념을 분해하여 더 이상 추상적인 실체 개념은 없다고 선언하여 형이상학과 결별한 것이다. 그리하여 로크 또한 신의 관념은 승인하고 있지만 그의 철학은 전반적으로 현실적이고 과학적인 면모가 두드러진다.

로크의 ≪인간지성론≫은 공간과 시간에 대한 고찰에 상당한 비중을 할애한다. 이 과정에서 로크는 데카르트의 견해와 대립하면서 자신의 견해를 전개한다. 그는 "물체와 연장은 똑같은 사물이라고 우리를 설득하려는 자가 있다"259)고 데카르트를 비판하면서 "운동은 공간이 아니고, 공간은 운동이 아니다. 공간은 운동이 없어도 존재할 수 있고 공간과 운동은 전혀 별개의 관념이다. 그래서 공간의 관념과 고성(固性)의 관념은 같다고 나는 생각한다."260)고 주장한다. 연장이 물체의 본질적 속성이라고 보는 데카르트에 반하여 로크는 고성, 즉 고체적 성질을 물체의 속성으로서 강조한다. 그리하여 물체가 없는 공간도 얼마든지 상정가능하다고 보아 순수공간의 관념을 승인한다. 이러한 관점은 뉴튼의 절대공간 관념과 유사한 것인데 공간과 연장을 동일한 성질로 보아 물질이 없는 공간인 진공은 없다고 보는 데카르트의 견해와 대립한다. 길이와 거리라는 연장을 갖는 진공이라는 관념은 연장을 갖는 무(無)라는 관념과 마찬가지로 모순이라고 데카르트는 주장했는데 이에 반해 로크는 연장과 공간의 개념을 분리시킨다. 또한 로크는 운동과 공간을 분리시키고 있는데 이는 당시 운동에 대한 관념이 물체의 거리변화, 즉 역학적 운동으로만 상정되었기 때문이다. 여기서 로크와 데카르트가 대립하는 것은 공간의 본성에 관한 것인데 17세기 말

---

259) 앞의 책, p.198
260) 앞의 책, p.199

의 공간에 대한 관념으로서 공간과 물체의 연장을 동일한 성질로 보는 데카르트의 견해와 공간과 물체를 분리시키고 순수공간, 절대공간을 주장하는 로크, 뉴튼 등의 견해가 대립하고 있음을 볼 수 있다.

로크는 시간에 대해서도 물질의 운동과 분리시킨다. 로크는 "시간은 운동의 척도가 아니다"[261]라고 파악하면서 시간의 관념을 다음과 같이 정의한다. "우리의 마음에 이처럼 여러 가지 관념이 잇따라 나타나는 것의 내성이야말로 우리에게 계기의 관념을 제공하는 것이고, 이 계기의 임의의 부분간의 거리, 다시 말해서 임의의 두 관념이 마음에 나타나는 사이의 거리를 우리는 지속이라고 부르는 것이다."[262] 이러한 시간 개념은 시간의 객관성을 부인하고 시간의 본질을 우리 관념들의 연속의 계기로 파악하는 것이다. 이러한 시간개념은 현대적인 시간개념과는 차이가 있는 것이다. 현대의 과학은 시간이 운동의 척도라는 것을 완전히 승인하고 있고 나아가 아인슈타인의 경우 시간을 물질의 존재형식으로 보아 시간의 객관성을 승인하고 있다. 그러나 17세기 당시는 역학이 최고의 과학이었던 상황이었고 따라서 공간과 시간에 관한 엄밀한 과학이 성립하기는 어려운 조건이었다.

로크는 공간의 무한성을 승인하지만 그의 공간관념은 물질과 분리된 공간관념이다. "마음이 어느 사유에 의해서 마음 자체를 물체의 사이에 두건, 물체에서 멀리 떨어진 곳에 두건, 마음은 이 한결같은 공간관념 속에서 한계·끝을 어디에서도 발견하지 못하고, 더 나아가 공간의 본성 자체와 각 부분의 관념에 의해서 공간은 실제로 무한하다고 필연적으로 결론짓지 않으면 안된다."[263] 이러한 관점은 우리 스스로 관념적 사고 속에서 공간

---

261) 앞의 책, p.224
262) 앞의 책, p.213

의 한계를 발견하지 못하므로 공간은 무한하다고 보는 것이다. 그러나 공간의 객관성을 승인하고 공간과 물질과의 통일성을 승인하는 입장에서는 공간의 무한성에 대한 파악이 다를 수 있다. 로크는 시간에 대해서도 마찬가지로 영원성을 승인하는데 시간을 관념의 연속적인 계기로 파악하는 그는 영원한 실재가 있었는지를 아는 것은 별개의 것이라고 한다. "여기에서 지속이 영원이었던 것과 같은 어느 실재의 존재가 있었는지의 여부를 아는 것은 우리가 영원한 관념을 갖는 것과 전혀 별개의 문제이다."264) 이러한 견해는 시간을 '영원한 실재' 혹은 물질(의 운동)과 분리시켜서 파악하는 것이다. 영원성이라는 관념은 실재 혹은 물질과 무관하게 단지 관념의 문제라고 보는 것이다. 이렇게 공간적 무한성과 시간적 영원성을 관념의 문제로 파악하는 로크는 물질과 시간 및 공간의 관련을 다음과 같이 부인한다. "물질의 존재는 공간의 존재에 조금도 필요치 않고 그 점은 지속이 운동 내지 태양에 의해서 측정되어 있음에도 불구하고 운동 내지 태양의 존재가 지속에 필요치 않은 것과 같다."265) 사실 이렇게 물질, 나아가 물질의 운동과 시간 및 공간을 분리시키는 관점은 20세기 아인슈타인의 상대성이론이 나오기 전까지 일반적인 과학자들이 사고하는 공간과 시간 개념이었다. 다만 데카르트만이 공간의 속성과 (물체의) 연장의 속성이 본성상 동일한 것이라고 주장했을 따름이다.

로크는 자유와 필연성의 관계에 대해 논하면서 자유의지를 부정한다. "둘 가운데 하나를 선택하는 것은 그 인간이 피할 수 없는 것이므로 인간은 의지한다는 이 작용에 관해서 필연성 하에 있고 따라서 다음과 같지 않는 한, 즉 필연성과 자유가 양립

---

263) 앞의 책, p.253
264) 앞의 책, p.253
265) 앞의 책, p.265

할 수 있고 인간은 동시에 자유로 속박된다는 것이 가능하지 않는 한 자유로울 리가 없는 것이다."[266] 자유의지라는 것이 실은 선택의 문제인데 선택 자체는 이미 필연성에 의해 규정된다는 주장으로서 자유의지론에 대한 적절한 비판이라 할 수 있다. 로크는 또한 "진정한 행복을 추구하는 필연성이 자유의 근저"라고 파악하여 자유와 필연성의 통일을 추구한다. "우리가 행복 전반의, 즉 우리의 최대 선이고 그와 같은 것으로서 우리가 언제나 추구하는 행복 전반의 변경할 수 없는 추구에 강하게 결부되어 있으면 있을수록 우리의 의지가 더욱 더 어느 특정의 행동으로 필연적으로 결정되는 것, 어느 특정의 그때 선택해야만 할 것으로 보이는 선으로 향해진 욕망에 필연적으로 맹종하는 것에서 자유이고, …"[267] 이러한 로크의 견해는 자유의지론을 부정하면서도 자유는 곧 필연이라고 보는 견해에 반대하여 필연성과 자유를 대립시키는 것이다. 행복을 추구하는 것이 강할수록 필연적 맹종으로부터 자유롭다는 것인데 자유와 필연에 대한 자유주의적 인식에 가깝다. 이러한 로크의 인식은 아직은 자유와 필연에 대한 변증법적 인식은 아니다. 필연성에 대한 인식의 심화에 기초한 자유의 영역의 확대라는 변증법적 인식은 아닌 것이다.

로크에게서 흥미로운 것은 그가 정신과 물질의 연관을 추적하는 부분이다. "마음은 물체 (내지 신체)를 움직이는 능동적 능력의 관념을 매일 우리에게 제공한다. … 이런 점에서 창조된 여러 영은 능동적이기도 하고 수동적이기도 하므로 물질과 전면적으로 분리해 있지 않다고 추측을 해도 좋을 것이다."[268] 로크는 마음, 즉 정신이 신체(물체)를 움직인다는 것에서 정신과

---

266) 앞의 책, p.296
267) 앞의 책, pp.318-319
268) 앞의 책, p.376

172

물질이 분리되어 있지 않다는 추측을 하고 있다. 이와 같이 정신과 물질(신체)의 통일성을 조심스럽게 탐색하는 로크는 또한 '물질이 사고하는가'라는 중요한 문제를 제기한다. "사고가 없는 고성이 있는 사물, 즉 물질과 마찬가지로 고성이 없는, 즉 비물질적으로 사고하는 사물이 존재하는 것을 왜 받아들여서는 안 되는지 알 수 없다. 특히 사고가 물질없이 어떻게 존재하는가를 상념하는 것은 어떻게 물질이 사고하는가에 비해 어렵지 않은데 그것은 (둘 다 모르기) 때문에 그렇다."269) 여기서 로크는 비물질적으로 사고하는 사물을 주장하고 있는데 사고가 사물(물질)의 산물임을 제기하는 것이다. 또한 중요한 것은 '어떻게 물질이 사고하는가'라는, 당시로서는 혁명적 주장을 내비치고 있다는 점이다. 이전의 데카르트까지만 해도 정신(사유)는 물질(연장)과 별개의 실체라고 파악했었고 또한 당시의 지배적인 신학은 당연히 정신은 물질과 본성이 다른 것이라고 보고 있었는데 로크는 과감히 '물질이 사고한다'라는 혁명적 주장을 제기하고 있는 것이다. 다만 이러한 관점에 대해 로크는 알 수 없는 것이라고 넘어가고 있지만 로크의 이러한 파악은 당시 과학의 발전이 인간 정신에 대해서도 유물론적 관점을 자극하기 시작했음을 보여준다.

로크는 실체라는 형이상학적 관념을 분해하고 해체함으로써 형이상학에서는 해방되었으나 아직 변증법적 관점에는 도달하지 못하고 있다. 로크의 비변증법적 관점은 보편과 개별에 대한 문제, 본질 개념에 대한 그의 파악에서 드러난다. "일반적 또는 보편적이라고 하는 것은 실재하는 사물에 속하지 않고, 지성이 쓰기 위해서 만든 창조물로서 말이든, 관념이든 기호에만 관계되는 것이다."270) 이러한 파악은 로크가 보편의 실재성을 부정

269) 앞의 책, p.379
270) 앞의 책, p.515

하는 것인데 보편의 실재성을 부정하고 존재하는 것은 개별뿐
이라고 파악한 중세의 유명론적 관점에 로크가 서있음을 보여
준다. 보편을 단지 기호로만 파악하는 것은 전형적인 유명론적
관점이다. 그러나 보편은 현실에서는 개별 속에, 개별의 한 측
면으로서 존재한다. 그런 점에서 보편도 실재하는 것이다. 단,
보편이 개별로부터 분리되어 독립적으로 존재한다는 플라톤적
관점은 허구이다. 그러나 이러한 관점을 비판하기 위해 보편의
실재성 자체를 부정할 필요는 없다. 또한 로크는 보편에 대한
유명론적 관점을 본질 개념에 대해서도 적용하여 "개체에게 본
질적인 것은 아무 것도 없다"271)고 주장한다. "본질이라고 하는
말의 통상적인 사용법에서는 본질은 종에 관계하며, 개개의 (특
수한) 존재자의 경우에는 단지 종으로 유별될 때에만 생각할 수
있는데, … 개체를 종별해서 하나의 보통명(내지는 공통명) 아
래 유별하는 추상관념, 그러한 추상관념을 제거하기만 하면, 개
체의 어느 것인가에 대해서 본질적인 어떤 사물이라고 하는 생
각은 이내 소멸하는 것이다."272) 본질은 종(種)의 차원에서 보
는 관념이며 따라서 개체의 경우 본질적인 것이 없다는 것으로
서 이는 보편을 단지 기호로 파악하고 개별에는 보편이 없다는
유명론적 인식의 연장선이다. 그러나 본질은 단지 종적인 관념
이 아니며 개체 혹은 개별에도 본질적인 것은 존재한다. 인간
성, 인류라는 보편적 규정은 홍길동이라는 개별에게도 존재하며
인간적 본질은 개인에게도 존재한다고 보는 것이 정확하다. 코
스모스라는 하나의 꽃송이에도 꽃의 본질은 존재하는 것이다.
로크의 이러한 파악은 보편, 본질과 같은 개념이 중세에 스콜라
적으로 오용되고 신학적 논리의 무기가 되어온 것에 대한 반발
로 볼 수 있지만 개별에 본질이 존재하지 않는다고 보면 개별

---

271) 앞의 책, p.550
272) 앞의 책, p.550

은 본질이 빠진 덧없는 것이 된다. 하지만 모든 개별은 겉으로 드러나는 현상적 존재이면서 동시에 그 내부에는 본질이 들어 있는 존재이다. 이러한 점은 본질 개념에 있어서 중세의 유명론 혹은 로크의 유명론적 파악과 변증법적 유물론의 인식의 차이를 드러낸다.

로크는 영국의 변혁기의 철학자로서 정치에도 관여했는데 18세기의 계몽사상가의 선구로서 자연상태론, 사회계약론을 주장한다. 그는 자연상태에서 소유의 발생근거를 노동에서 찾는다. "자연이 준비하고, 그대로 방치한 상태에서 그가 제거하는 것이 무엇이든 자신의 노동을 혼합하고, 또한 무엇인가 자신의 것을 더하면 그것은 그 자신의 소유물이 된다. … 주워 모은다는 노동이 그가 주워 모은 것들과 공유물을 구별해준다. 노동이 만물의 어머니인 자연 이상의 무엇인가를 그것에 더한 것이다. 이렇게 하여 그것들은 그의 사적인 권리가 된다."[273] 로크가 이렇게 노동을 소유권의 근거로 파악하는 것은 일면 진보적인 면이 있다. 봉건제 하에서 봉건영주의 토지와 농노에 대한 소유권은 노동의 산물로 여겨지는 것이 아니라 타고난 신분의 산물이었다. 그러나 발흥하는 부르주아지를 대변하는 로크는 소유권의 철학적 근거를 노동에서 구하고 있는 것이다. 그런 점에서 로크의 견해는 진보성을 띠는데 그러나 이 견해가 소유권의 발생에 대한 과학적인 관점은 아니다. 소유권, 사적 소유가 발생하기 전에도 원시(공동체)사회에서 인간은 노동을 하며 살았다. 즉, 원시(공동체)사회에서 노동은 있었지만 소유는 없었다. 그러나 인간의 노동생산력이 발전하여 잉여생산물이 발생하면서부터 사적 소유가 발생했다. 처음에는 동산에 대하여 사적 소유가 발생했고 나중에는 토지를 비롯한 생산수단에 대한 사적 소유가 발생했다. 그리하여 사회는 가진 자와 못가진 자로 분열되었고 끝

273) 존 로크, 통치론, 동서문화사, p.308

내 원시공동체가 분해되고 사회는 노예주와 노예라는 계급으로 구성되는 계급사회가 되었던 것이다.

그럼에도 당시로서는 진보성을 띠었던 로크는 노동을 소유권의 근거로 보면서 동시에 소유권의 한계를 규정한다. "누구나 원한 만큼 많은 양을 독점해도 좋은가 … 신은 우리에게 어느 정도 까지 내려주신 것일까. (인간이 자연의 혜택을) 누릴 수 있는 만큼이다. 결국 사물이 부패하기 전에 생활의 편의를 위해 이용할 수 있는 한, 누구나 자신의 노동으로 소유권을 확정해도 좋은 것이다. 이것을 초과하는 것은 모두 그의 몫을 넘어서는 것이며, 다른 사람의 몫이다."274) 소유권을 사회계약의 핵심적 논거로 삼되 소유권의 한계를 승인하여 '공정한' 사회계약의 기준을 수립한다는 것이 로크의 논리이다.

로크는 토지에 대해서도 토지에 노동이 개입되었기 때문에 소유권의 대상이 된다는 논리를 편다. "나는 인간의 생활에 유용한 토지의 산물 중 10분의 9는 노동의 성과라고 해도 지나친 평가라고 생각하지 않는다. … 토지에 가장 큰 가치를 부여하는 것은 노동이며, 노동없이 토지는 아무런 가치도 없다."275) 토지 또한 노동이 없이는 무가치하다는 것은 지대가 토지 자체의 산물이 아니라 노동의 산물임을 반영하는 것이다. 그런데 이렇게 로크가 소유권의 근거로서 노동을 강조하는 것은 이후 아담스미스, 리카르도 등에 의해 주장된 노동가치설, 즉 인간 노동만이 가치의 원천이라는 학설로 발전할 수 있는 맹아를 보여주는 것이다.

그런데 로크는 소유권, 사적 소유를 옹호하기 위하여 사유재산제도 자체가 불평등을 발생시키는 것이 아니라 화폐의 도입이 불평등을 낳았다는 주장을 편다. "이와 같이 불균등한 사유재산

---

274) 앞의 책, p.310
275) 앞의 책, pp.316-318

을 만들어내는 사물의 분배법은, 사회의 틀 밖에서 계약없이 단지 금이나 은에 부여한 가치를 인정하고 암묵적으로 화폐의 사용에 동의했기 때문에 실행할 수 있게 되었다."[276] 즉, 사유재산 제도 자체가 불평등을 만들어내는 것이 아니라 화폐가 불평등의 원천이라는 주장이다. 그러나 이러한 주장은 화폐에 대한 과학적 주장이 아니며 사유재산과 화폐사이의 연관성을 제대로 보지 못하는 것이다. 화폐는 단지 상품 교환에서의 등가물이다. 그리고 등가물이라는 점에서 화폐는 그 자체로 부당한 교환을 만들어내는 것도 아니고 불평등을 야기하는 것도 아니다. 뿐만 아니라 화폐 자체는 역사적으로 볼 때 사유재산 제도의 산물이다. 사유재산 제도에 의해 불가피하게 되는 상품교환의 발전으로 말미암아 교환에서의 일반적 등가물이 금으로 고정된 것이 바로 화폐이다. 그렇기 때문에 화폐는 단지 사유재산(소유권)의 운동을 촉진하는 것일 뿐이며 가진 자와 못가진 자로의 사회의 분열, 주인과 노예의 발생은 사유재산 제도 자체에 근거한 것이다.

로크는 사회계약에 대해 인간이 자연상태의 권리를 포기하고 사회의 법률의 보호를 받는 것에 동의함으로써 정치적 사회가 성립한다고 주장한다. 그런데 그에게서 특이한 것은 절대군주제를 부정한다는 점이다. "여기서 분명한 것은 일부 사람들에게 지상에 존재하는 유일한 통치형태로 간주되는 절대군주제가 실제로는 시민사회와 모순되고 있어 시민적 통치형태가 될 수 없다는 것이다."[277] 이러한 로크의 견해는 절대군주제를 옹호한 홉스와 비교되는데 이는 명예혁명 등의 과정을 로크가 경험했기 때문이다. 또한 로크는 저항권을 공식적으로 승인하고 있다. "국민이 힘을 가지고 반항해야 하는 것은 군주의 부정적이고

---

276) 앞의 책, p.322
277) 앞의 책, p.347

불법적인 폭력에 대해서만이다. … 이 신성불가침이라는 특권은 국왕의 신병에만 속하는 것이기 때문에 국왕으로부터 위임받았다는 것을 구실로 법적 권한이 없는 부당한 폭력을 행사하는 사람이 있다면, 국민은 국왕의 특권에 방해받음 없이, 이것에 대해 이의를 제기하고 반대하며 저항할 수 있다."278) 저항권의 인정은 영국에서 부르주아 혁명의 전개를 반영하는 것인데 시민적 권리의 하나로서 저항권이 승인되고 있음이 특징적이다.

로크의 철학은 17세기 말의 영국과 유럽의 상황을 반영하는데 로크는 베이컨, 홉스 등의 전통을 이어받으면서 형이상학에서 해방되어 한층 발전된 유물론의 모습을 보인다. 그러나 로크는 당시 과학의 한계를 반영하여 시간과 공간에 대한 관념에서, 물질과 운동에 대하여 잘못된 견해를 갖고 있었고 보편과 본질의 문제에 있어서는 유명론적 한계 속에서 비변증법적인 모습을 보인다. 그럼에도 로크의 철학은 자유정신과 과학정신을 보여주고 있다.

---

278) 앞의 책, pp.432-433

11. 라이프니츠

라이프니츠는 17세기 말, 18세기 초의 독일의 철학자이다. 당시 독일은 수백 개의 작은 나라로 나뉘어져 있었으며 경제적으로 후진 상태에 있었다. 자본주의적 관계는 이제 막 움트고 있었고 지배적인 것은 봉건적 생산관계였다. 그러나 독일은 발돋움하는 영국, 네덜란드 등의 철학과 과학을 흡수하면서 발전을 모색했는데 라이프니츠의 철학에는 이러한 독일의 사회, 경제상태가 반영되어 있었다.

라이프니츠는 철학자이면서 자연과학자, 수학자였는데 실천적 활동에도 뛰어들어 정치가, 법률가, 외교관으로서 활동하고 학술단체의 창립자가 되기도 했다. 라이프니츠의 철학에는 당시 독일 부르주아지의 이해가 표현되어 있는데 봉건제도와 타협하고 계몽적 절대주의의 도움을 빌어 경제적, 정치적 권리를 획득하려는 부르주아지의 요구가 반영되어 있었다. 그리하여 라이프니츠의 철학은 과학의 추구를 지향하면서도 과학과 신학을 화해시키려는 경향을 띠고 있었고 형이상학적 사고를 기본으로 하면서도 변증법적 요소가 존재했다.

라이프니츠는 객관적 실재로서 외적 세계를 부인하고 지각의 대상이 되는 외적 대상은 존재하지 않는다고 선언한다. "형이상학적 진리의 엄밀한 의미에서 말하면, 신을 제외하고는 우리에게 영향을 미치는 어떠한 외적 근거도 존재하지 않는다. 그리고 그만이 우리의 끊임없는 의존성을 통하여 직접적으로 자신의 관념을 우리에게 전달한다. 이로부터 우리의 영혼을 접촉하고 우리의 지각을 직접적으로 불러일으키는 어떠한 다른 외적 대상도 존재하지 않는다는 사실이 도출된다."[279] 신을 제외하고는 지각을 불러일으키는 외적 대상은 존재하지 않는다는 주장은

---

279) 라이프니츠, 형이상학 논고, 아카넷, p.107

물질보다 정신(신)을 일차적으로 놓는 관념론적 인식이다. 유물론은 지각을 불러일으키는 외적 세계가 객관적 실재임을 승인하는 것을 기본으로 하는데 여기서 라이프니츠는 명확히 자신이 관념론자임을 선언하고 있다. 그러면 외적 세계를 부인하면 우리의 지각은 어떻게 되는가? 우리가 지각하는 것은 무엇이고 그 대상의 성질은 무엇인가? 이에 대해 라이프니츠는 신을 통하여 사물을 인식하는 것이라고 본다. "우리는 단지 우리에 대한 신의 끊임없는 작용을 통해서만 모든 사물들에 대한 우리의 관념을 우리 안에 갖게 된다. 왜냐하면 모든 결과는 그 원인을 표현하고, 따라서 우리 영혼의 본질은 신적인 본질, 사유 및 의지 그리고 그 안에 포함되어 있는 모든 관념에 대한 일종의 표현 내지 모방 또는 영상이기 때문이다. 따라서 신은 우리 밖에 있는 우리의 유일한 직접적인 대상이며, 우리는 모든 사물을 신을 통하여 본다고 말할 수 있다."[280] 우리 영혼은 신적인 본질과 사유의 모방이므로 신을 통하여 인간이 사물들에 대한 관념을 갖게 된다는 논리이다. 영혼, 즉 우리의 정신은 일종의 모방인데 단, 외적 세계의 모방이 아니라 신적인 본질의 모방이며 따라서 우리의 인식은 신을 통해서만 외적 세계, 사물에 대한 관념을 갖게 된다. 이러한 라이프니츠의 인식론은 신의 존재를 인식의 전제로 삼는다는 점에서 일종의 객관적 관념론이다. 신적인 본질이 우리의 주관을 넘어 객관적으로 존재하고 그것이 외적 세계를 향하는 우리 인식의 창이라고 보는 것이다. 여기서 주체의 인식과 외적 세계의 직접적 연관은 사라지고 신을 통하지 않으면 우리의 인식 자체가 불가능하게 된다. 이러한 객관적 관념론은 현실의 인식과정과는 맞지 않는데 신학과의 타협, 화해를 모토로 하는 라이프니츠는 인식론에서도 관념론적 인식론을 내세우고 있다.

---

280) 앞의 책, p.107

180

이렇게 지각의 대상으로서 외적 세계를 부인하고 신만이 직접적 대상이라고 보는 라이프니츠는 세계를 실체라는 관념으로 이해한다. 실체라는 관념은 데카르트에서는 사유실체와 물질적 실체를, 스피노자에게서는 신, 자연, 정신을 포괄하는 최고의 존재, 궁극적 존재를 가리키는 형이상학적인 개념이었는데 라이프니츠의 실체 개념은 형이상학적 개념이라는 점에서는 이들과 같지만 내용에서는 일정하게 차이가 난다.

실체가 형이상학적 개념이라는 것은 실체라는 관념으로 궁극의 존재, 불변의 영원한 존재를 가리킨다는 것을 의미한다. 궁극의 불변의 존재는 신학에서 신을 가리키는 것이었는데 이러한 사고를, 즉 영원한 불변의 개념이 최고의 인식이라는 사고가 여전히 철학에서 지배적이었음을 보여준다. 로크의 경우 실체 개념을 신, 자연, 정신으로 분해하여 형이상학적 인식틀을 깨버렸지만 라이프니츠의 경우 부분적으로는 변증법적 인식을 보여주지만 기본적이고 주요한 인식틀은 형이상학적 사고였고 따라서 실체 개념은 라이프니츠 철학의 초석이 되는 개념이었다. 그런데 스피노자가 물체도 실체의 하나로 파악한 것과 달리 라이프니츠는 물체의 실체성을 부인한다. "더구나 우리는 크기, 형태 그리고 운동의 개념은 사람들이 생각하는 것처럼 그렇게 판명한 개념이 아니고, 그들이 실제로 우리의 외부에 있는 사물의 본성에 존재하는지 여부가 의심될 수 있는 색채, 열 그리고 이와 유사한 다른 성질들이 그러하듯이—이들이 정도에 있어 좀 더 강하기는 하지만—, 그것은 어떤 가상적인 것과 우리의 지각에 관련된 것을 포함하고 있다는 사실을 증명할 수 있다. 따라서 이러한 종류의 성질들은 어떠한 실체도 구성할 수 없다."281) 여기서 라이프니츠는 크기, 형태, 운동, 색채, 열 등과 같은 물질적 성질은 실체를 구성하지 않는다고 주장한다. 따라서 남는

---

281) 앞의 책, pp.58-59

것은 영혼 혹은 정신인데 이것이 실체를 구성하는 내용이 된다. 그리하여 똑같이 실체라는 개념을 사용하지만 스피노자가 범신론적인 유물론적 경향이었다면 라이프니츠는 정반대로 관념론적 경향을 띤다. 그런데 특이한 것은 스피노자의 실체는 신, 자연, 정신을 포괄하는 일체의 단일한 것이었다면 라이프니츠는 실체의 다수성을 승인한다는 점이다. 그리하여 이 세계가 무수한 개별적 실체로 이루어져 있다고 본다. "모든 실체는 그 자체로 신을 제외한 모든 다른 사물들로부터 독립적인 하나의 세계"282)라고 파악하여 개별적 실체의 독립성을 승인하는데 바로 이 점이 라이프니츠 철학의 특성을 형성하는 지점이다. 그리하여 이 세계는 독립성을 갖는 그러한 개별적 실체들로 이루어져 있다는 세계상이 제출된다. 또한 라이프니츠는 개별적 실체 개념을 구체화하는데 상당한 노력을 기울이고 이 개별적 실체의 관념이 발전하여 모나드론(단자론 單子論)을 형성하게 된다.

모나드 혹은 단자라는 개념은, 고대 원자론의 영향 속에서 당시 자연과학에서 형성되고 있었던 원자 개념에 대당하는 것으로서 정신적 의미의 원자, 관념론적으로 이해되는 원자 개념으로서 라이프니츠 철학의 핵이다. 그런데 이러한 모나드 개념은 일거에 완성된 것이 아니라 서서히 형성, 발전된 것이다. 따라서 모나드 개념의 원형이라 할 수 있는 개별적 실체 관념의 형성을 우선 추적해보고 이후 모나드론에 접근해 보자. 라이프니츠의 초기 저작인 ≪라이프니츠와 아르노의 서신≫에는 개별적 실체 관념의 형성과정이 들어 있다. "모든 단일 실체는 자신의 방식으로 전 우주를 표현한다는 것, 그리고 그 단일 실체의 개념에는 자신의 모든 사건들이 사건의 모든 정황과 함께 포함되어 있고, 외부 사물들의 모든 연쇄가 포함된다는 것."283) '모든 단

---

282) 앞의 책, p.69
283) 라이프니츠, 라이프니츠와 아르노의 서신, 아카넷, p.12

일 실체'라는 개념은 개별적 실체라는 개념과 같은 것인데 이 개념에는 자신의 모든 사건과 정황이 포함되어 있고 모든 연쇄가 포함되어 있다고 라이프니츠는 주장한다. 마치 씨앗이 장래에 자라날 식물의 맹아를 모두 포함하고 있다는 것과 유사한 관념인데 씨앗과 다른 것은 관련된 정황과 사물들의 연쇄가 포함된다는 점이다. 라이프니츠는 이를 신학적으로 파악하여 신이 아담을 창조했을 때는 아담의 자손인 인류 전체의 모든 역사와 전개기 아담의 창조행위에 들어 있었다고 주장한다. 그런데 이러한 주장에는 일정한 변증법적 요소가 들어 있는데 개별적 실체 자체가 전 우주를 표현한다는 것, 개별이 사물의 연쇄를 포함한다는 인식은 개별과 보편의 상호연관성이라는 변증법적 인식을 보여준다. 그러나 라이프니츠에게서 변증법적 요소는 전면적인 것이라기보다는 형이상학적 사고에 의해 한계지워지면서 부분적으로 나타날 뿐이다. 그런데 개별적 실체와 우주의 연관, 사물의 연쇄는 신학적으로 이해된 신비적인 것이다. "모든 개체적 실체 혹은 모든 완전한 존재는 각각이 하나의 세계와 같다는 것, 그리고 각각의 실체는 한 실체가 다른 실체에 직접적으로 작용하는 방식이 아니라 사물의 공존을 통해서 그리고 자신의 고유한 개념에 의해서 자신 안에 다른 모든 실체의 모든 사건을 포함한다는 것입니다. 신은 우선 나머지 모든 피조물들과의 완전한 관계에서 한 실체를 창조하고 보존하며 또 연속적으로 생산하기 때문입니다."284) 하나의 실체와 다른 실체와의 관련은 '사물의 공존'이라는 개념으로 설명되고 있는데 사물의 공존이 무엇인가에 대해서는 '신이 나머지 피조물과의 완전한 관계에서 하나의 실체를 창조한다'는 것으로 설명한다. 따라서 '완전한 관계'가 무엇인지는 신의 영역에 속하는 것이 되고 만다. 라이프니츠의 변증법적 요소라 할 수 있는 하나의 개별적 실체

---

284) 라이프니츠, 형이상학 논고, 아카넷, pp.93-94

에 포함되어 있는 전 우주적 관계, 사물들의 연쇄는 과학적 근거가 제시되는 것이 아니라 신학적 설명으로 그치고 있는 것이다.

그러면 개별적 실체라는 개념을 넘어서서 그것의 완성된 표현인 모나드(단자) 개념에 대해 검토해보자. "실체는 활동이 가능한 존재이다. 그것은 단순하거나 복합적이다. 단순한 실체는 어떠한 부분도 갖지 않는 것이다. 복합적 실체는 단순한 실체 또는 모나드들의 집적이다."[285] 여기서 실체는 라이프니츠에 의하면 물질적인 것이 아니므로 신에 의해 창조된 정신적 실체를 의미하는데 복합적 실체가 아닌 단순한 실체를 일컬어 모나드라고 부르고 있다. 즉, 모나드는 정신적인 단순한 실체이다. 물리적 원자가 세계만물을 구성하는 가장 근본적인 최소의 단위로 상정된다면 모나드라는 관념론적 개념은 정신적 의미의 원자에 해당하는 것이다.

또한 라이프니츠는 모나드 개념을 보강하기 위해 물리적 원자 개념을 비판하면서 '형이상학적 점'이라는 개념을 제시한다. "활동성의 근원이며, 사물의 합성의 제일의 절대적인 원리이고, 말하자면 실체적 사물의 분석에서 최후의 요소인 것은 다만 실체적인 원자, 즉 실제적이고 절대적으로 부분을 갖지 않는 단일성밖에 없다. 우리는 이것을 형이상학적인 점이라고 부를 수 있다."[286] 물질적 원자는 크기, 길이 등의 연장이 있으므로 부분을 가질 수밖에 없지만 실체적인 원자는 형이상학적인 점이기에, 즉 관념적인 원자이기에 부분을 갖지 않는다는 것이다. 이러한 파악은 물질은 곧 연장이라는 당시의 지배적인 관념에 기초하여 부분 혹은 연장 등의 물질적 성질을 극복한 정신적 원자, 부분을 갖지 않는 원자를 형이상학적 점이라는 개념을 통해

---

285) 앞의 책, pp.225-226
286) 앞의 책, pp.157-158

제기하는 것이다.

형이상학적인 점으로서 모나드가 물질적 원자개념을 대체하고 자 한다는 것은 다음에서도 드러난다. "부분이 없는 곳에서는 연장도, 형태도 또한 분할도 불가능하다. 따라서 모나드들은 자연의 진정한 원자이고, 간단히 말하면 사물들의 요소이다."[287] 모나드가 자연의 진정한 원자라면 물리학의 원자 개념은 거짓이 된다. 라이프니츠의 이러한 주장은 당시 과학의 한계를 비판하는 측면이 있다. 즉, 관념론적인 형이상학에서 볼 때 물리학적 원자는 물질이기에 연장을 가질 수밖에 없고 따라서 분할가능하고 부분을 갖기에 완전한 개념이 아니다. 이는 더 이상 분할 불가능한 최소단위라는 원자개념에 위배되는 것이다. 따라서 완전한 원자개념은 형이상학적 점으로서 정신적 요소를 내용으로 하는 모나드(단자)가 된다. 이와 같이 모나드 개념은 당시 과학의 불충분한 발전에 근거한 것이었다. 그러나 이후 과학의 발전은 더 이상 분할불가능하다는 의미에서 원자 개념은 무너뜨렸지만 그럼에도 물리적 원자 개념은 사라진 것이 아니라 물질의 화학적 성질을 규정하는 최소단위라는 의미로 재정립되었다.

그러면 형이상학적 점으로서 모나드에 대해 계속 살펴보자. 라이프니츠는 모나드는 부분을 갖지 않기에 생성과 소멸을 하지 않는다고 본다. "모나드들은 어떠한 부분도 가지고 있지 않으므로 생성될 수도 파괴될 수도 없다. 그들은 자연의 변화과정에서 시작도 끝도 가질 수 없고, 따라서 그들은, 변화는 하지만 소멸되지 않는 우주와 마찬가지로 계속 존속한다."[288] 부분을 갖지 않는다는 것은 모나드가 물질적 점이 아니라는 것을 의미한다. 따라서 물질이 아니므로 생성도 소멸도 불가능하다. 그리고 생

287) 앞의 책, pp.251-252
288) 앞의 책, p.227

성, 소멸하는 것이 아니므로 계속 존속한다고 보는 것이다. 그런데 라이프니츠는 모나드에 대해 생성과 소멸은 부인하지만 창조는 승인한다. "모나드들은 단지 한번에 생성되거나 소멸될 수 있다고, 즉 그들은 단지 창조를 통해서만 생성되고 파괴를 통해서만 소멸된다고 말할 수 있다."[289] 모나드는 정신적 의미의 원자이기에 자연적인 생성과 소멸은 불가능하지만 신에 의한 창조와 파괴는 가능하다고 본 것이다. 여기서 다시금 모나드론의 관념론적인 성격과 신학과의 타협이 확인된다.

그런데 라이프니츠는 이렇게 모나드를 정신적인 최소의 점 혹은 원자로 보지만 그러면서도 그것을 물질적 실체와 연결짓는다. "모나드의 지각과 물체의 운동들 사이에는, 태초부터 작용인의 체계와 목적인의 체계 사이에 예정된 완전한 조화가 존재한다. 바로 여기에 한쪽이 다른 쪽의 법칙을 변화시킬 수 없으면서도 영혼과 육체의 일치와 자연스러운 결합이 존재하는 것이다."[290] 모나드가 정신적 원자일 때 그것이 현실의 물질적 세계와 어떠한 연관을 맺고 있는가가 문제될 수밖에 없는데 라이프니츠는 그것을 고대 그리스의 아리스토텔레스의 작용인(운동인)과 목적인 사이의 조화에서 해결을 구하고 있다. 그러나 이러한 접근은 설득력이 떨어진다. 정신적 원자인 모나드와 현실의 물질세계의 연관이 과학적으로 해명되는 것이 아니라 목적인이라는 개념을 끌어들임을 통해 그 연관이 해명된 것으로 간주한다는 선언에 지나지 않는다. 그리고 목적인 자체가 허구적이고 비과학적인 개념이라는 것은 많은 철학자들에 의해 논박되었는데 그럼에도 라이프니츠가 목적인이라는 개념을 끌어들이는 것은 모나드, 단자론의 결함을 구제하려는 것에 지나지 않는다. 그런데 목적인 개념과 작용인 개념을 이렇게 '조화'시키려

---

289) 앞의 책, pp.252-253
290) 앞의 책, pp.230-231

는 것은 사실 라이프니츠 철학의 본질과 관련된다. 라이프니츠는 뉴튼과 독립적으로 미분과 적분을 발견했다. 그리고 수학적 논리학의 선구가 되기도 했다. 그러나 이렇게 과학의 발전에 큰 공헌을 했지만 라이프니츠는 결정적으로 과학과 신학의 화해를 도모했고 바로 이점이 그의 철학 전반을 규정하고 있다. "자연을 기계론적으로 설명하는 사람들뿐만 아니라 비물체적 본성으로 돌아가는 사람들을 다 같이 만족시키기 위해서 목적인으로 이르는 실과 작용인으로 이르는 두 길의 화해."291) 라이프니츠가 당시의 많은 철학자들의 비판에도 불구하고 목적인 개념을 사용하는 것은 자신의 반대편 사람들이 자연을 '기계론'적으로 설명했다는 것에 근거한다. 즉, 자연에 대한 기계론적 설명의 한계를 라이프니츠는 인식하고 있었는데 기계론으로써 설명하지 못하는 인간의 정신의 영역에 대해 그는 목적인으로 설명하려 했던 것이다. 이는 당시의 과학이 역학적인 기계론적 설명으로 한정되어 있었다는 것이 라이프니츠 철학의 시대적 조건이었음을 보여준다. 그런데 이러한 시대적 제약에도 불구하고 작용인과 목적인의 두 길의 화해는 중대한 오류가 된다. 작용인은 물질 세계의 원인과 결과 관계를 말하는 과학적인 개념인데 반해 목적인은 신학을 끌어들이는 통로가 되는 비과학적 개념이기 때문이다. 따라서 작용인과 목적인의 두 길의 화해는 과학과 신학의 화해를 주장하는 것이며 신학에 위배되지 않는 한에서, 신학의 제약을 감수하는 한에서만 과학의 발전을 용인하는 것에 다름 아니다. 그리고 바로 이 점이 라이프니츠 철학의 한계이다.

라이프니츠는 심지어 플라톤의 상기설을 승인한다. 상기설은 인간의 인식이 일종의 정신적 세계인 이데아의 세계에 있었던 일을 떠올리는 것, 상기하는 것에 불과하다는 인식론인데 신학의

---

291) 앞의 책, p.90

영향을 강하게 받고 있었던 라이프니츠는 상기설을 용인한다. 또한 아리스토텔레스의 질료와 형상 개념도 수용하여 "모든 물체는 자신의 형상을 통하여 항상 능동적으로 행위하고, 자신의 질료를 통하여 항상 수동적으로 행위"292)한다고 본다. 이렇게 라이프니츠는 플라톤, 아리스토텔레스라는 당시 신학의 지주를 승인하고 있다. 그러나 동시에 그는 과학적 인식을 위한 노력도 하는데 이러한 노력이 그의 철학의 변증법적 요소를 구성한다. 그는 물질과 운동의 통일성을 인식하고 있다. "운동은 물체적 실체의 상태로 간주되기 때문에, 실재적으로 그리고 형이상학적으로 엄격하게 말해서 그 운동이 속해 있는 물체적 실체 자체로부터만 야기될 수 있다"293), "운동을 가지고 있지 않은 물체가 운동을 줄 수 없다는 것은 사실입니다. 하지만 저는 그런 물체는 없다고 생각합니다."294) 이는 모든 물질은 운동을 내포하고 있고 운동은 물질의 상태에 다름 아니라고 보는 것인데 데카르트와 마찬가지로 라이프니츠도 물질과 운동의 통일성에 대한 인식을 세우고 있음을 보여준다. 라이프니츠는 미분과 적분 개념의 토대가 되는 극소와 극대 개념을 사용하여 운동에 대한 변증법적 인식을 보여준다. "우리가 운동, 불균등 그리고 탄성에 관해서 말하는 모든 것이, 이 사물이 무한하게 작거나 무한하게 크다고 가정될 때에도 입증되어야 한다는 것을 그들은 고찰하지 않았습니다. 그럴 경우 (무한하게 작은) 운동은 정지가 되고, (무한하게 작은) 불균등은 균등이 되며, (무한하게 빠른) 탄성은 최고 경도(硬度) 외에 다른 것이 아닙니다."295) 무한하게 작다는 극소의 개념을 적용할 경우 운동은 정지로, 불균등은 균등이라는 대립물로 전화된다는 것인데 이는 라이프니츠가 형

---

292) 앞의 책, p.175
293) 앞의 책, p.192
294) 앞의 책, p.245
295) 앞의 책, p.229

이상학적 사고의 제약에도 불구하고 변증법적 인식을 개척하고 있음을 보여준다.

이러한 라이프니츠의 변증법적 인식은 필연과 우연에 대한 관념에서도 잘 드러난다. 라이프니츠는 아리스토텔레스의 모순율을 준거로 하여 필연과 우연을 구분한다. "필연적 진리는 모순율에 의존하다. 우연적 진리는 모순율로 환원될 수 없다. 그렇지 않다면 모든 것은 필연적이 될 것이며, 현실적으로 현존에 이른 것 이외에 어떤 것도 가능한 것이 아닐 것이다."296), "우리는 필연이 아닌 것, 혹은 (그와 같은 것) 그것의 반대가 가능한 것, 모순을 함축하지 않은 것을 우연이라고 부른다."297) 여기서 필연성이 모순율에 의존한다는 것의 의미를 살펴보자. 어떤 것이 필연적이라 하면 그렇게 되지 않는다는 것, 필연의 반대의 것은 참이 아닌 거짓이 된다. 즉, 모순율로써 참, 거짓을 판별하는 것이 가능하게 된다. 모순율에 따라 필연의 반대는 불가능하고 거짓이 되는 것이다. 그런데 우연의 경우는 그렇지 않다. 어떤 것이 우연인 경우 그것의 반대되는 것이 발생하는 것도 가능하다. 즉 어떤 우연적인 것의 반대되는 것이 가능한가에 대해 그럴 수 있다는 판단이 가능하다. 따라서 우연성은 필연성과 달리 모순율로써 판별이 불가능하다. 이와 같이 라이프니츠는 필연과 우연의 구분을 모순율의 도움을 빌어 이루어내고 있다. 우연에 대해 라이프니츠는 있을 수 있고 또 있어야만 한다고 본다. "어떤 분석을 통해서도 동일한 진리 혹은 모순율로 환원될 수 없는 진리가 있을 수 있다는 것, 심지어 있어야 한다는 것 그리고 이런 진리는 이유의 무한한 연결을 갖추고 있으며, 이것은 오직 신만이 알 수 있다는 것이다. '자유로운' 그리고

---

296) 라이프니츠, 우연성에 관하여, 자유와 운명에 관한 대화 외, 책세상, p.91

297) 앞의 책, p.111

'우연적인' 이라고 불리는 모든 것, 특히 시간과 장소를 포함하는 모든 것은 이를 본성으로 한다."[298) 이와 같이 라이프니츠는 우연성을 전적으로 승인하고 있다. 그런데 우연성에 대해 시간과 장소를 포함하는 모든 것의 본성이라고 보는 것은 검토의 필요가 있다. 시간과 장소를 포함하는 것은 물질적 존재, 혹은 현실적 존재를 가리키는데 이들을 우연적인 것이라고 보는 것이다. 그렇게 되면 필연적 존재는 신적인 영역에 속하는 것이 되는데 이는 우연과 필연에 대한 관념론적인 파악이다. 현실성(실재성)과 우연성은 같은 개념이 아니다. 현실성에는 필연적 현실성, 우연적 현실성이 다같이 포함된다. 다만 그 현실성을 발생하게 한 원인이 필연적인 것인가, 우연적인 것인가의 차이가 있을 따름이다. 그럼에도 라이프니츠가 필연성과 우연성에 대해 유물론적으로 접근하지는 않았지만, 모순율을 기초로 필연과 우연의 범주를 분리시키고 대립시킨 것은 변증법의 발전에 있어서 커다란 진전이다.

라이프니츠는 예정조화설로 알려져 있는데 이 세계의 모든 것이 신에 의해 예정되어 있다는 주장이다. 이는 개별적 실체가 그와 관련된 정황과 모든 사건의 연쇄를 포함한다고 주장한 것과 맥락이 통한다. "이것은(세계의 운동, 변화는-필자), 신이 영혼들에게 규정한 것이 물체의 법칙을 교란하게 되는 자연의 전복을 통하여 일어나지 않고, 자연의 왕국과 은총의 왕국 사이, 건축사로서의 신과 군주로서의 신 사이에 영원부터 예정되어 있는 조화를 통하여 자연 사물 자체의 질서에 따라 일어난다."[299) 이렇게 세계의 모든 변화가 신에 의해 예정된 조화에 의해 일어난다는 주장은 전형적인 신학적 주장이다. 이렇게 보면 인간의 주체적 영역은 사실상 존재하지 않게 된다. 그런데 라이

---

298) 앞의 책, p.107
299) 라이프니츠, 형이상학 논고, 아카넷, p.244

프니츠는 이러한 예정의 성격에 대해 필연성이 아닌 우연을 포함한 경향성으로 파악한다. "우리의 행동에 우연성이 있다는 것 그리고 근본적으로 우리의 예정은 필연성이 아니라 단지 경향성이라는 것은 결국 항상 참으로 남습니다. 이것에 우연성의 근원을 구성하는 자연의 놀라운 비밀이 있습니다."300) 이는 자신의 예정조화라는 신학적 관념에 대해 우연성 개념의 도움을 빌어 경직된 이해를 완화하는 것이다.

라이프니츠는 매우 보순적인 철학자이다. 미분과 적분을 발견했다는 것은 라이프니츠가 당시 과학의 첨단에 서있었다는 것을 말한다. 그러나 그는 작용인과 목적인의 두 길의 화해를 주장한 데서 보듯이 과학과 신학의 화해를 지향했다. 라이프니츠는 세계에 대한 기계론적인 접근의 한계를 넘어서고자 했으나 그것은 신학과의 화해, 목적인의 도입으로 귀결되었다. 그런데 라이프니츠는 형이상학적 사고의 경향을 강하게 띠면서도 관념론적이지만, 필연과 우연, 개별과 보편의 상호연관 등 변증법적 사고를 개척하는 길을 걸었다. 라이프니츠의 변증법적 사고는 헤겔에 의한 변증법의 완성으로까지 이어졌다. 이러한 라이프니츠 철학의 모순성은 봉건제와 타협하고 계몽적 절대주의의 도움을 빌어 성장을 도모하던 당시 독일 부르주아지의 한계를 반영한다.

---

300) 라이프니츠, 자유와 운명에 관한 대화 외, 책세상, p.125

12. 흄

흄은 18세기 초에 태어나 18세기 말엽까지 활동한 영국의 철학자이다. "흄이 생애를 보낸 18세기 영국은, 격동의 시대라고 했던 홉스나 로크의 시대와 달리 시민혁명과 산업혁명이라는 2대 변혁 사이에 끼었던 비교적 평온한 시대였다."[301] 또한 이 시대는 "영국 자본주의의 결정적 승리라는 조건이 성숙한 상태였다."[302] 이러한 상황에서 영국 부르주아지는 프랑스 부르주아지의 혁명적 분위기와 달리 보수적 분위기가 지배적이었는데 이러한 분위기가 버클리의 맥을 이으면서 불가지론(不可知論)을 제출한 흄의 철학을 낳게 한 배경이었다.

흄의 철학, 불가지론은 관념론적이면서도 이전의 관념론과 달리 현실 세계에 대한 파악 불가능성, 원인과 결과 관계의 객관성의 부정 등을 주장한다는 점에서 특징적이다. 흄은 자신의 철학을 회의론 철학이라고 부르고 있는데 실은 과학에 대한 부정, 반(反)과학의 체계라 할 수 있다. 흄의 회의론은 데카르트의 방법적 회의와는 전혀 다르다. 데카르트는 확실한 진리를 움켜쥐기 위해 불확실한 것을 쳐내고 의심하는 방법적 회의의 길을 걸은데 반해 흄은 물질의 성질, 외적 세계의 존재, 지각을 넘어서는 세계의 문제 등을 인간이 파악하는 것이 불가능하다고 주장한 점에서 회의론이었고 그런 점에서 불가지론이라 불리게 되었다.

흄의 철학적 주저는 《인간이란 무엇인가》이다. 여기서 그는 유명한 인과율 비판, 혹은 원인과 결과 관계의 객관성에 대한 부정을 제출한다. 원인과 결과의 관계를 승인하는가 여부는 철학적으로 오랜 논쟁거리였다. 그것을 승인하는 입장은 결정론이라 불리었고 부인하는 입장은 비결정론이라 불리었다. 그런데

---

301) 흄, 인간이란 무엇인가, 동서문화사, p.677
302) 러시아 과학아카데미 편, 세계철학사(2), 중원문화, p.286

192

'아니 땐 굴뚝에 연기나랴!'라는 속담처럼 어떤 현상이 있을 때 그것의 원인은 무엇인가라는 접근은 과학적 인식의 초석이 된다. 그런 점에서 원인과 결과 관계의 객관성의 부정은 단순한 철학적 혼돈을 의미하는 것이 아니라 과학 전반에 대한 부정으로 된다. 즉, 반(反)과학의 입장에 서게 된다. 실제로 흄은 추상관념, 필연성과 우연성, 원인과 결과, 시간과 공간 등 제반의 영역에서 과학을 부정하거나 비과학적 주장을 제출한다. 그러면 그의 체계에 따라 불가지론이라 불리는 반(反)과학의 입장을 파헤쳐 보자.

그는 인간의 지각을 인상과 관념으로 나누는데 그러한 구별의 기준은 "지각이 정신을 자극하며 사상 또는 의식에 들어오는 힘과 생동성의 정도에 있다"[303]고 본다. 여기서 인상은 일반적으로 말하는 감각의 단계를 말하며 관념은 이성적 인식의 단계를 말한다. 그런데 그 구분의 기준이 '힘과 생동성의 정도'라는 주관적 기준이다. 이는 흄이 감각과 이성을 구분하고 있지만 그 차이에 대해 과학적 기준을 세우고 있지 못함을 말한다.

그는 보편(일반)과 개별의 문제를 그릇되게 파악한다. "정신이 추상 관념들을 표상할 때 과연 그 관념들이 일반적인가 아니면 개별적인가 하는 것은, 추상관념들이나 일반관념들에 대하여 제기해 온 아주 중요한 과제이다. … 모든 일반관념은 어떤 명사에 뒤따른 개별관념들일 뿐이며 … 추상관념들은 다른 것들을 대표한다는 점에서는 일반적이 될 수 있다고 하더라도, 그 자체로는 모두가 개별적이다."[304] 일반 혹은 보편 관념은 실제로는 개별관념일 뿐이라는 이러한 주장은 일반 혹은 보편 개념을 개별이라는 개념으로 분해하여 보편성(일반성)의 관념을 사실상 부정하는 것이다. 여기서 그는 일반 혹은 보편의 의미를 '다른

303) 흄, 인간이란 무엇인가, 동서문화사, p.18
304) 앞의 책, pp.38-40

것을 대표'하는 것으로 파악한다. 따라서 보편 개념의 독자성, 고유성은 사라지게 된다. 그러나 보편 혹은 일반은 단지 개별을 '대표'하는 의미가 아니라 개별에 존재하는 여러 성질 혹은 측면 중에서 특정한 한 측면 혹은 성질을 추상하는 것이다. 그런 점에서 보편 혹은 일반이 개별의 '대표'라는 관념은 부정확한 파악이다. 보편이 개별을 '대표'한다면 보편은 개별로 환원될 수 있지만 보편이 여러 개별에 공통된 한 측면을 말하는 것이라면 보편은 개별로 환원되지 않고 독자적 범주로 존재하게 된다. 그런데 더욱 더 문제가 되는 것은 흄이 일반(보편)을 개별로 환원하는 근거로 '습관'을 들고 있는 점이다. "우리는 어떤 일반 명사를 쓸 때마다 개별자들의 관념을 이루지만 이 모든 개별자들을 하나하나 드러내는 것은 거의, 또는 전혀 불가능하다. 그 관념이 당장 요구될 때마다 그 개별자들을 우리에게 상기시켜 주는 습관에 의해 나머지 개별자들이 표상될 뿐이라는 것은 아마도 분명한 것 같다. 그렇다면 이것이 곧 추상관념과 일반명사의 본성이다."305) 일반관념은 개별을 우리에게 상기시켜 주는 '습관'일 뿐이라는 것이 요지이다. 일반 혹은 보편과 개별이라는 과학의 기초가 되는 관념에서 흄이 들고 있는 근거는 고작 '습관'이라는 비과학적이고 주관적인 관념일 뿐이다. 그러나 습관이라는 말로써는 개념의 범위와 그 내포가 확정될 수도 없고 무한한 자의적인 판단의 여지를 남겨두는 것이다. 그러나 일반(보편)은 단지 개별을 상기시켜주는 습관이 아니라 개별들에 존재하는 종(種)와 류(類)를 파악하는 것을 가능하게 하는 독자적 범주이다. 따라서 일반 혹은 보편은 습관이라는 비과학적 개념을 매개로 개별로 환원될 수는 없는 것이다. 과학에 대한 흄의 태도는 바로 이러한 것이다.

그는 공간과 시간에 대해서 유물론적인 입장을 비판한다. "연장

---

305) 앞의 책, p.42

과 물질은 같지만 그럼에도 불구하고 진공은 있다는 것, 이것은 역설이다. … 시간은 어떤 실재 대상들이 존재하는 방식일 뿐이라는 이론에 대해, 우리는 그 이론이 하마터면 연장에서의 이와 비슷한 이론과 같은 반론에 부딪치기 쉽다고 볼 수 있다. 우리가 진공에 대하여 논의하고 추리한다는 바로 그 사실이 우리가 진공 관념을 갖는다는 데 대한 충분한 증거라면, 똑같은 이유에서 우리는 변하는 존재없이도 시간 관념을 가져야 한다."306) 연장은 물질의 속성이기에 물질없는 연장을 의미하는 진공은 불가능하다는 데카르트파의 견해를 흄은 비판하면서 진공의 존재를 승인하고 있다. 또 시간에 대해서도 시간이 대상(물질)의 존재방식이라는 유물론적 견해를 비판하면서 변화하는 존재없이도 시간관념은 존재한다고 주장한다. 이러한 흄의 견해는 흄이 기본적으로 관념론의 지반에 서있음을 보여준다. 그러나 현대 과학, 특히 아인슈타인의 상대성이론은 공간과 시간이 물질의 존재형식이라는 것을 과학적으로 증명했고 또한 그러한 견해에 기초하여 아인슈타인은 진공이라는 개념이 의미없다고 말한 바 있다.

흄은 존재와 의식에서 어느 것이 선차적인가라는 철학의 최고 물음을 관념론의 입장에서 해결한다. "우리가 의식하거나 기억하는 어떤 종류의 관념이나 인상도 존재하는 것으로 생각되지 않는 것은 없다. 그러므로 존재에 관한 가장 완전한 관념과 확실한 증거가 이 의식에서 비롯된다는 것은 분명하다. … 존재관념은 우리가 존재한다고 생각하는 것의 관념과 완전히 똑같다. … 정신에 나타난 모든 대상은 반드시 존재해야만 하기 때문이다."307) 존재의 증거는 의식이라는 주장은 존재보다 의식을 일차적으로 사고하는 관점을 보여준다. 또한 존재 관념과 존재한

---

306) 앞의 책, pp.85-86
307) 앞의 책, pp.88-89

다고 생각하는 것의 관념은 똑같다라는 것은 사고와 대상의 동일성, 즉 관념이 곧 대상이라는 관념론적 사고를 보여준다. 그리하여 정신에 나타난 대상은 반드시 존재해야 한다는 주장, 즉 정신이 존재를 규정한다는 주장으로 나아간다. 이렇게 흄은 존재 혹은 외적 세계의 문제를 관념론의 입장에서 파악하고 주장한다. 이러한 흄의 입장은 주관적 관념론자였던 버클리의 입장과 대동소이하다. 그러나 흄은 버클리 이후의 철학과 과학의 발전을 반영하고 있는데 단지 그것들을 반영하면서도 불가지론적으로 비틀고 있는 점이 다를 뿐이다.

흄은 인식론에서 관념론적인 경향을 보인다. "대상들이 우리에게 나타났을 때, 가장 단순한 현상조차도 그 대상들 자체의 성질들로부터 설명될 수 없으며, 우리는 기억이나 경험의 도움 없이 그 현상을 미리 알 수 없다."[308] 어떤 현상을 대상의 성질로부터 설명할 수 없다는 것은 대상의 객관성을 부정하는 것이다. 그리고 단지 기억과 경험으로부터 설명한다는 것인데 이는 대상에 대한 객관적이고 과학적인 인식의 가능성을 부정하는 것이다. 유물론에서는 우리의 인식이란 대상의 반영이고 따라서 대상의 성질 자체에 인식의 근원이 있다는 것을 승인함에 반해 흄은 인식의 근원으로서 대상 자체의 성질을 부정하고 있다. 이로써 대상의 객관적 본질에 대한 접근을 의미하는 과학적 접근은 봉쇄되고 있다. 그러면 이와 관련된 흄의 언급을 조금 더 살펴보자. "이런 관찰들 가운데 어떤 것에서도, 정신은 감각기관에 직접 나타난 것을 넘어서 대상들의 실재 존재나 관계를 발견할 수 없기 때문이다."[309] 정신은 감각만을 알 수 있고 감각을 넘어선 실재 존재나 대상에 대해서는 알 수 없다는 주장! 바로 이것이 불가지론(不可知論)이다. 즉, 객관적 현실, 외적 세계

---

308) 앞의 책, p.91
309) 앞의 책, p.96

196

에 대해 주체가 아는 것, 인식하는 것은 불가능하다는 주장이
바로 불가지론이고 이는 과학적 인식의 가능성을 부정하는 것
이다.

이렇게 대상에 대한 과학적 인식의 가능성을 부정하는 흄은 그
것을 이론적으로 기초짓기 위해 원인과 결과 관계, 그리고 그
관계의 객관성에 대한 부정으로 나아간다. 그는 원인과 결과 개
념을 현상들의 단순한 인접과 시간적 계기로 변환시킨다. "먼저
내가 알 수 있는 것은, 원인이나 결과라고 여겨지는 대상들은
그 대상들이 무엇이든 간에 모두 이웃해 있다는 점이다. … 내
가 살펴볼 두 번째 관계는 인과의 본질적인 관계로서 일반적으
로 인정되지 않고 오히려 논쟁거리가 될 수 있다. 그 관계는 결
과에 대한 원인의 시간적 우선 관계이다."310) 흄은 여기서 결과
를 산출하는 원인이라는 개념을 승인하는 대신, 인접과 시간적
계기라는 인과성의 외관에 대해 서술한다. 이것이 단지 외관에
대한 서술이라면 문제가 없지만 그가 원인 개념을 부정하면서
원인 개념을 이렇게 인접과 시간적 계기라는 개념으로 분해한
다는 것이 문제이다. 그런데 그는 인접과 시간적 계기가 원인
개념을 대체하는데 충분하지 않다는 것을 인식하고 원인과 결
과 개념에 내재하는 필연적 연관이라는 범주를 분해하기 시작
한다. "이제 우리는 인접과 계기라는 이 두 계기가 인과성의 완
전한 개념을 내세운다는 이론으로 만족하고 말 것인가? 절대로
그럴 수 없다. 어떤 대상은 원인으로 여기지 않고도 다른 대상
에 이웃해 있으면서 그보다 앞설 수 있을 것이다. 우리는 필연
적 연관이라고 하는 것을 살펴보아야 하는데, 이 관계는 앞에서
다루었던 다른 어떤 것보다 훨씬 중요하다."311) 여기서 필연적
연관이라는 관념은 원인과 결과 관계의 내용을 구성하는 중요

---

310) 앞의 책, p.98
311) 앞의 책, p.99

한 개념이다. 그리하여 그는 "존재하기 시작한 것은 무엇이든 존재 원인을 가져야 한다는 것이 철학의 일반적 근본원리"[312] 라고 하면서 이 원리를 부정하는 길을 걷는다.

그는 원인과 결과의 관계에 대한 부정, 인과성의 부정을 다음과 같이 수행한다. "독립관념들은 모두 분리될 수 있고 인과의 관념들은 분명히 독립적이므로, 원인이나 생산의 원리 등과 같은 독립 관념을 지금은 존재하지 않으나 다음에 존재할 어떤 대상에 결합시키지 않고도 우리는 그 관념을 쉽게 상징할 수 있다. 그러므로 상상력은 확실히 존재의 발단에 관한 관념에서 원인의 관념을 나눌 수 있다."[313] 원인 개념과 결과 개념은 각각 독립된 개념이며 따라서 그것들을 결합시키지 않고서도 원인 개념을 설정할 수 있는데 이와 같이 원인과 결과의 연관성이 부정되면 원인 개념은 부정되게 된다는 것이 요지이다. 흄의 이러한 사고가 가능한 근본적인 이유는 그가 유물론자가 아니고 주관적 관념론자라는 점이다. 현실적인 원인과 결과의 연관을 주관적으로 분리하고 대체하여 원인 개념은 분쇄되었다고 망상하는 것이 위에서 나타난 흄의 모습이다. 원인과 결과가 관념적으로 볼 때 독립개념으로써 분리될 수 있다는 사고가 원인과 결과의 현실적인 분리, 따라서 그것들의 연관성의 부정으로 나아간 것이다. 그러나 원인 개념과 독립개념이 각각 독립된 개념이 될 수 있다는 것 자체가 원인과 결과의 연관성을 부정하는 것은 아니다. 바로 여기에 흄의 오류가 있는데 주관적 관념론자인 흄에 있어서 주관적으로 원인 개념과 결과 개념이 분리 가능하다면 그것은 곧 원인과 결과 관계가 부정된 것으로 간주된다고 착각하고 있는 것이다. 소위 흄에 의한 인과성 비판의 실체는 바로 이러한 것이다. 이렇게 자신이 인과성이라는 철학의 원리

---

312) 앞의 책, p.101
313) 앞의 책, p.102

198

의 부정에 성공했다고 착각한 흄은 다음과 같이 주장한다. "모든 사물이 저마다 원인을 가져야만 하는가 그렇지 않은가가 바로 문제의 핵심이다. 그러므로 전적으로 타당한 추론에 의하면, 모든 사물이 각각 원인을 가져야만 한다는 것은 절대로 받아들일 수 없다."314) 그러면서 흄은 다음과 같이 자신의 불가지론을 고백한다. "생각건대 감관에서 비롯되는 인상들의 마지막 원인은 인간이성으로는 완전히 밝혀낼 수 없으며, 그 인상이 대상으로부터 직접 비롯되는지 또는 정신의 창조력에 의해 생겨나는지 또는 우리의 조물주로부터 비롯되는지를 확실하게 결정하는 일은 영원히 불가능할 것이다."315) 만약 이렇게 어떤 현상의 원인을 밝히는 것이 원리적으로 불가능하다면 현대의 모든 과학은 애시당초 성립이 불가능했을 것이다.

이렇게 반(反)과학의 입장을 세운 흄은 우연의 문제에서도 비과학적인 입장을 보인다. "우연은 그 자체로는 아무것도 실재하지 않으므로, 정확히 말하자면 어떤 원인을 부정하는 것이므로, 우연이 정신에 미치는 영향은 인과성과 반대인 것이다. 다시 말해 우연의 본질적인 점은, 우발적으로 보이는 사물의 존재·비존재를 고찰할 때 상상이 어느 한쪽으로 치우치는 일이 전혀 없도록 붙잡아 두는 것이다."316) 여기서 흄은 우연을 원인에 대한 부정으로 파악한다. 즉, 어떤 현상이 우연적이라는 것은 그 현상의 원인이 없는 것으로 본다. 흄의 이러한 입장은 그가 변증법에 대해 무지하며 또한 비과학적임을 보여준다. 우연은 원인에 대한 반대 개념이 아니다. 우연은 원인에 대한 반대 개념이 아니라 필연에 대한 대립 개념이다. 따라서 우연적 원인이라는 개념도 얼마든지 성립할 수 있다. 현실은 무수한 필연과 우연이

314) 앞의 책, p.104
315) 앞의 책, pp.107-108
316) 앞의 책, pp.150-151

교차하면서 변화와 운동을 겪는다. 여기서 우연적 원인과 필연적 원인의 차이를 조금 더 살펴보자. 흄은 다음과 같이 말한다. "동일한 원인은 언제나 동일한 결과를 낳고 동일한 결과는 동일한 원인을 제외한 어디에서도 발생하지 않는다."317) 이러한 흄의 말은 일반적으로는 맞다고 할 수 있지만 엄밀하게 말하면 옳지 않다. 동일한 원인은 일반적으로 동일한 결과를 낳지만 반드시 그런 것은 아니다. 원인과 결과 사이에 존재하는 조건이 변동되면 동일한 원인임에도 다른 결과가 발생할 수 있다. 이렇게 어떤 결과가 있을 때 반드시 일정한 원인이 있어야 한다는 것은 타당하지만 그 원인이 필연적 원인인지 우연적 원인인지는 상황에 따라 다를 수 있다.

불가지론자인 흄은 외적 세계의 인식가능성을 부정하는데 그것을 우리 감관의 본성의 문제로 돌린다. "감관이 우리 자신과 외부 대상들을 구별할 수 있으리라고 상상하는 것은 불합리하다. … 감관은 자신이 실제로 작용하는 영역 이상으로는 작용할 수 없다. 왜냐하면 감관이 우리에게 지속적인 존재의 견해를 제공할 수 없기 때문이다. 감관은 독립적인 존재에 대한 의견도 거의 산출하지 않는다. 감관은 재현된 것이든 근원적인 것이든 간에 독립적 존재를 정신에게 제공할 수 없기 때문이다. … 우리가 확신을 가지고 내릴 수 있는 결론은 지속적인 존재와 독립적인 존재라는 의견은 결코 감관에서 발생하지 않는다는 것이다."318) 이것은 감각에 대한 불신을 보여주는데 감각을 통해서는 인간으로부터 독립된 존재, 외적 세계를 파악할 수 없다는 주장이다. 우리 감각은 외적 세계를 인식할 수 없는가? 우리 감각은 주체와 대상의 분리를 인식할 수 없는가? 이에 대해 흄은 불가능하다고 보지만 현실은 그렇지 않다. 왜? 무엇을 통해서?

---

317) 앞의 책, p.196
318) 앞의 책, pp.213-215

200

바로 실천을 통해서다. 실천은 우리에게 우리 자신의 감각과 그리고 독립적인 외적 세계의 존재를 끊임없이 증명한다. 우리의 육체적, 감각적, 나아가 사회적 운동은, 그러한 실천은 우리 자신의 감각과 독립되어 있고 우리의 의지와 독립되어 있는 외적 세계를 끊임없이 인식하게 한다. 주관적 관념론자인 흄에게 인간의 실천은 철학의 영역에 포함하지 않으며, 그리하여 감각의 능력, 감각의 다면성과 풍부함을 부정하지만 실천은 인간의 감각을 최고도로 끌어올리며 외적 세계의 상 그리고 감각과 외적 대상의 분리에 대한 인식을 생생하게 인식 주체에게 가져온다. 그리하여 감각에 대한 이러한 차이에서 관념론과 유물론은 명확하게 구분된다.

흄은 다음과 같이 자신이 주관적 관념론자임을 고백한다. "우리가 직접적으로 지각과 대상이라는 이중존재의 의견을 받아들이도록 인도해 주는 오성의 원리나 공상의 원리는 전혀 없다. … 우리가 확신하는 유일한 존재는 지각들이다."319) 우리의 지각만이 존재라는 이 주장! 주관적 관념론의 핵은 바로 이렇게 지각을 넘어서는 존재를 부정하고 지각 자체가 곧 존재라는 주장이다.

흄은 필연성의 객관성을 부정하고 필연성은 정신의 지각일 뿐이라고 주장한다. "우리가 하나의 대상을 원인이라고 부르고 다른 대상을 결과라고 부를 때, 그 자체로 고려하면 그 모든 대상들은 자연에서의 어떤 두 대상과 마찬가지로 독립적으로 분리되어 있다. 그리고 우리가 그 대상들을 아무리 엄밀하게 조사하더라도 결코 한 대상의 존재에서 다른 대상의 존재를 순수하게 이성적으로 추정할 수 없다. 우리는 오직 그 대상들을 경험하고 관찰할 뿐이다. 그리고 무엇보다도 그러한 추정은 상상력에 작용한 습관의 결과에 불과하다. 우리는 이 경우 항상 합일된 대

319) 앞의 책, p.232

상들에서 원인과 결과 따위의 관념이 발생한다고 말하는 것으로 만족해서는 안된다. 원인과 결과 따위의 관념은 이 대상들의 관념과 동일하므로, 필연적 연관은 오성의 결론을 통해 발견되는 것이 아니라 정신의 지각일 뿐이라고 단언할 수 있다."[320] 필연적 연관은 '발견'되는 것이 아니라 단지 정신의 '지각'일뿐이라는 것은 대상들의 필연적 연관의 객관성을 부정하고 필연성을 주관의 영역으로 돌리는 것이다. 여기서도 흄의 주관적 관념론의 면모가 드러난다. 또한 흄은 원인과 결과의 관계 혹은 한 대상에서 다른 대상의 존재를 '이성적으로 추정'할 수 없고 그것은 단지 '상상력에 작용한 습관의 결과'라고 본다. 이성적 추정과 습관의 결과라는 관점은 커다란 차이가 있는데 전자의 '이성적 추정'에서는 과학의 지향이 가능하지만 후자의 '습관의 결과'에서는 과학적 지향을 찾는 것은 불가능하다. 이렇게 흄은 반(反)과학의 입장을 명백히 보이고 있다.

마지막으로 자유와 필연에 대한 흄의 입장을 들어보자. "결과적으로 자유는 필연성을 제거함으로써 원인도 제거하고, 우연도 마찬가지이다."[321] 자유가 필연성을 제거한다는 것은 자유와 필연의 관계에 대한 대단히 속류적인 인식이다. 흄의 이러한 사고가 가능한 것은 그가 관념론자이기 때문이다. 유물론자의 입장에서 필연성은 객관적인 것이므로 제거하는 것이 불가능하며 단지 필연성에 대한 인식에 입각하여 자신의 실천, 자유의 영역의 확대를 추구하는 것만이 가능하다. 그러나 흄에게 있어서는 필연성은 단지 정신적 지각일 뿐이므로 자유를 통해 필연성을 제거하는 것이 가능하게 된다. 이렇게 자유와 필연성의 대립을 속류적으로 부정한 흄은 자유와 우연을 등치시킨다. "자유와 우연이 동의어라는 점을 증명하기 위해 내가 앞에서 제시했던 것

---

320) 앞의 책, pp.440-441
321) 앞의 책, p.442

…"322) 자유와 우연이 동일하다는 이러한 주장은 자유와 우연 모두 필연적 연관의 부정이라는 점에 근거한다. 자유는 필연성을 제거하는 것이며, 우연은 필연성의 반대이므로 자유와 우연은 동일하다는 주장이다. 이러한 인식은 대단히 속류적인데 필연에 대한 부정으로서 자유는 실제로는 현실(필연성)로부터의 탈출에 불과하며 또한 우연이 원인을 갖지 않는 것으로서 되는 대로 발생하는 현상이라고 보는 흄이 우연과 자유를 동일시하는 것은 인간의 자유와 실천을 한없이 추락시키는 것이다. 이러한 속류성은 흄의 입장에 흐르는 반(反)과학성의 결과이다.

흄의 철학은 18세기 영국 부르주아지의 보수성을 반영하는 것이다. 혁명적 진보가 아니라 소유의 보전이 최대의 관심사였던 당시의 영국 부르주아지로서는 흄의 회의론이 구미에 맞는 것이었다. 흄은 경험론의 입장에 섰으나 베이컨의 경험론이 스콜라학에서 해방되어 과학을 추구하기 위한 무기로서 경험이었다면 흄의 경험은 원인과 결과의 관계를 부정하고 반(反)과학의 길을 걸어가기 위한 논거로 '습관의 결부'라는 의미로서 경험이었다. 이렇게 불가지론이 발생하고 체계화된 것은 과학과 진보, 변혁이라는 18세기 유럽 전체의 흐름과 정반대되는 것이었는데 영국의 부르주아지가 이미 17세기의 혁명들을 통해 지배계급으로 올라서서 보수화된 상태였기 때문이다. 흄의 불가지론은 이후 부르주아지의 무기로서 지속적으로 재생산되는 양상을 보이는데 현대에 있어서도 다양한 형태의 불가지론이 발생하고 있다. 그런데 철학에 있어서 과학적 입장의 해체가 운동에 있어서 가지는 현실적 의미는 그것이 노동자계급의 과학적 실천을 무력화시키는 토대가 된다는 점이다. 따라서 불가지론 혹은 과학의 해체에 반대하면서 노동자계급의 과학적 세계관의 정립과 강화의 길을 걷는 것이 중요하다.

---

322) 앞의 책, pp.448-449

13. 디드로, 엘베시우스, 돌바하

디드로, 엘베시우스, 돌바하는 18세기의 프랑스 유물론자들인데
이들은 직접적으로 프랑스 혁명의 사상적 기반을 구축한 사람
들이었다. 계몽사상가인 루소는 우리에게 잘 알려져 있으나 이
들 프랑스 유물론자들은 한국사회에 거의 알려져 있지 않은데
이들은 직접적으로 혁명을 설파하고 나아가 이후 사회주의의
흐름이 형성되는 원천이 되기도 했다.

맑스는 프랑스 유물론자들의 위상을 다음과 같이 보고 있다.
"'정확하게 그리고 산문적으로 말하자면' 18세기의 프랑스 계몽
사상과 특히 프랑스 유물론은 현존 정치제도들에 대한, 그리고
현존 종교 및 신학에 대한 투쟁일 뿐만 아니라, 마찬가지로 17
세기 형이상학과 모든 형이상학에 대한, 특히 데까르트, 말르브
랑슈, 스피노자, 라이프니츠의 형이상학에 대한 공공연하고도
명백한 투쟁이다."323) 이는 프랑스 유물론자들이 이전의 철학자
들과 달리 직접적으로 기존의 정치체제를 공격하여 혁명을 추
구했고 다른 한편으로 기존의 형이상학에 반기를 들면서 의식
적으로 유물론 철학을 추구했음을 말한다. 맑스는 프랑스 유물
론의 흐름을 다음과 같이 파악한다. "'정확하게 그리고 산문적
인 의미로 말하자면' 프랑스 유물론에는 두 개의 흐름이 있는
데, 그중 하나는 그 원천을 데까르트에 두고 있고, 다른 하나는
그 원천을 로크에 두고 있다. 후자는 무엇보다도 프랑스적 교양
의 일 요소이며, 직접 사회주의로 흘러들어간다."324)

디드로는 직인의 아들로 태어났는데 프랑스의 유물론과 무신론
을 발전시킨 철학자, 사상가, 문인이었다. 그는 백과전서파로 알
려져 있는데 백과전서는 당대의 과학적 지식을 총괄하면서 비

323) 맑스, 신성가족, 맑스·엥겔스 저작선집 1권, 박종철 출판사, p.115
324) 앞의 책, p.115

판의 영역을 반동적인 정치제도로 확대한 것이었다.

디드로는 의식적으로 유물론을 추구하는데 ≪맹인에 관한 서한≫은 디드로의 유물론 사상을 잘 보여준다. 시각이 없는 맹인이 세계를 인식하는 과정에 대한 탐구를 통해 외적 세계의 객관적 실재성과 그 과정에서 감각의 중요성을 역설한다. "우리의 기관과 감각의 상태가 우리의 형이상학과 도덕에 많은 영향을 끼친다는 것, 또 이러한 말이 허용된다면, 가장 순수하게 지적인 우리의 사상이 우리 육체의 구조에 매우 밀접하게 관련되어 있다는 것 …"325) 형이상학과 도덕이라는 인간의 이성의 측면이 감각의 상태에 의해 영향을 받는다는 것의 승인은 유물론적 인식론이다. 인간의 도덕은 이성 자체에 의한 것이며 감각은 천하고 더러운 것이라고 보는 관념론적 주장과는 정반대의 입장이다. 또한 우리의 사상이 육체와 밀접하게 관련되어 있다는 것은 관념이 육체라는 물질에 기초하고 있다는 것으로서 정신보다 물질을 일차적으로 사고하는 유물론적 인식이다. 그는 관념론자들을 다음과 같이 비판하고 있다. "관념론자라 불리는 사람들은 그들의 존재와 자신의 내부에서 일어나는 감각만을 의식하기 때문에 다른 것은 인정하지 않는 철학자들입니다. 그것은 맹인들이 만들어낸 것이라고밖에 생각할 수 없는 기상천외한 체계이며, 인간정신과 철학에 있어서는, 창피한 말이지만 모든 체계들 중 가장 불합리한데도 공격하기 가장 어려운 체계입니다."326) 주로 버클리를 염두에 둔 이 비판은 관념론자들이 자신의 감각만을 승인하고 외적 세계의 객관적 실재성을 부인하는 것을 비판하는 것인데 디드로는 관념론자들의 외적 세계의 부인이 실은 맹인이 외적 세계를 파악하지 못하는 것과 같다고 조롱하고 있다. 디드로는 맹인이 세계를 인식하는 것에서 외부 세

---

325) 디드로, 맹인에 관한 서한, 지만지, p.42
326) 앞의 책, p.76

계의 객관적 실재성을 설득력 있게 논증하는데 외적 세계와 감각을 다음과 같이 분리하여 파악한다. 즉, 그는 맹인이 정육면체와 같은 입방체와 공 모양의 구체를 만지도록 하고 이후 맹인이 수술을 받아 눈을 떴을 때 입방체와 구체에 대해 촉각으로 인식한 것과 시각으로 인식한 것이 일치하는가의 여부를 화두로 던지고 다음과 같이 말한다. "만일 그가 구체의 관념을 그의 시각에 부여하는 것은 입방체이고 구체로부터 입방체의 관념을 얻었다고 말한다면 정말 기묘한 사태가 될 것입니다."327) 맹인이 눈 뜨기 전에 촉각으로 정육면체의 입방체를 인식하고 나서 그 다음에 눈을 뜨고 난 후에 시각으로는 구체라고 파악할 수도 있음을 예리하게 지적하고 있는 것이다. 이는 감각과 구분되는 외적 대상의 객관적 실재성을 논증하는 것으로서 관념론자들에 대한 비판을 수행하는 것이다. 또한 그는 인식의 감각적 단계와 이성적 단계를 다음과 같이 구분하고 있다. "또 사물이 우리를 자극하는 것만으로는 충분하지 못하고 우리가 사물의 인상에 주의를 기울여야 합니다."328) 사물이 우리를 자극하는 것은 감성적 인식을 말하며 우리가 사물의 인상에 주의를 기울이는 것은 우리의 이성으로 대상을 파악하는 것으로서 인식의 이성적 단계를 말한다. 이렇게 디드로는 ≪맹인에 관한 서한≫에서 의식적으로 유물론적 인식론을 수립하고 있다.

디드로는 백과전서의 편찬을 주도했다. 약 20년간에 걸쳐 많은 사람이 참여하여 완성된 백과사전은 이성의 세기라 불리는 18세기의 이정표라 할 수 있다. 그 과정에서 성직자와 기득권자들의 많은 공격이 있었고 그에 따라 중간에 떨어져 나가는 사람도 있었지만 디드로는 이를 극복하고 백과사전을 완성한다. 현대에 있어서 백과사전은 매우 다양하게 발전하고 있지만 18세

327) 앞의 책, p.100
328) 앞의 책, p.108

디드로, 엘베시우스, 돌바하

기 당시에 백과사전을 발간하는 것은 엄청난 일이었다. 더구나 디드로는 단순한 지식의 집합을 넘어서서 백과사전을 통해 종교와 정치에 대한 비판을 수행하였다. 디드로가 편찬한 백과사전에서는 철학에 대해 다음과 같이 서술한다. "철학한다는 것은 사물을 이치에 맞게 설명하거나 이치를 찾아나서는 것이다. 보이는 것만 보고, 본 것을 보고하는 것으로 만족한다면 우리는 그저 역사가일 뿐이다. 사물의 균형, 크기, 가치를 계산하고 측정한다면 우리는 수학자이다. 사물을 존재하게 하고 사물이 다른 방식으로가 아니라 이런 방식으로 있게 하는 이치를 발견하는 것으로 그치는 사람이야말로 본래 의미의 철학자이다. … 또 철학을 두 분과로 구분하고 두 가지 관계로 고려할 수 있다. 이론 철학과 실천 철학이 그것이다. 이론 철학 혹은 사변 철학은 사물을 순전하고 단순하게 성찰하는 것으로 그친다. [···] 실천 철학은 대상에 작용을 가하기 위해 규칙을 제공하는 철학이다."329) 철학을 분류하여 이론 철학과 실천 철학을 구분하고 철학의 본질을 사물의 이치를 발견하는 것으로 파악하는 디드로의 견해는 기본적으로 유물론적이다.

디드로는 예술과 문예에 대해서도 많은 관심을 보였는데 독특한 것은 철학과 문학을 결합하여 철학적 문예작품을 남겼다는 점이다. ≪달랑베르의 꿈≫은 대화체 형식의 문학인데 철학적, 과학적 내용으로 채워져 있다. 디드로는 운동과 감성의 관계를 탐구하면서 활성 감성과 불활성 감성을 나눈다. "그런데 운동과 감성 사이에는 어떤 관계가 있나요? 당신이 활성(活性) 감성과 불활성(不活性) 감성이 있다고 인정하게 되는 것이 혹시 살아있는 힘이 있고 죽은 힘이 있기 때문은 아닐까요? … 우리는 불활성 감성이 활성으로 이행하는 사실로 불활성 감성이 존재한다고 단언할 수 있겠지요."330) 활성 감성은 동물에서 보이는

329) 디드로, 백과사전, 도서출판 b, pp.43-44

일반적 감성, 감각이라 할 수 있다. 그런데 불활성 감성은 무기체에도 감성이 있다고 주장하는 것이다. 예를 들면 도끼로 나무를 쪼개면 나무조각이 튀는 것, 바위를 망치로 내려치면 돌조각이 튀는 것이 일종의 감성이라 파악되는 것이다. 무기체의 이러한 반응은 작용에 대한 일종의 반작용인데 엄격히 말하면 감성이라기보다는 자극에 대한 반응이라고 규정하는 것이 옳을 것이다. 그러나 유기체의 감성의 본질이 외적 세계의 작용에 대한 유기체의 반응이라는 점을 고려하면 무기체의 그러한 반응과 유기체의 감성은 본질에 있어서는 유사한 점이 있다. 그런데 디드로는 여기서 그치는 것이 아니라 불활성 감성이 활성감성으로 이행한다고 주장하고 있다. 이는 무기체에서 유기체가 생성되었다는 것인데 당시의 과학적 수준을 고려하면 천재적 추측이라 할 수 있다. 또한 생명의 탄생이 신에 의한 것이 아니라 자연의 발전의 산물이라는 관점을 주장하는 것인데 이는 무신론을 전제로 하는 것이다.

디드로는 생물체의 변이, 나아가 진화론을 추측하고 있다. "진흙탕에서 움직이고 있는 알아보기 힘들 정도로 작은 벌레가 어쩌면 큰 동물 상태로 변하게 될지도 모르지요. 엄청난 크기로 우리를 놀라게 하는 거대한 동물이 어쩌면 작은 벌레 상태로 변하게 될지도 모르는 일이고요. 어쩌면 그 거대한 동물은 이 지구상의 일시적이고 특이한 산물일지도 모르는 일입니다."[331] 이러한 관점은 생물의 종을 고정되게 보는 시각을 탈피하는 것인데 신에 의한 종의 창조를 부정하는 것이고 아직은 추측이지만 종의 변화를 예측하는 것이다.

디드로는 원자론을 승인하고 있다. "만약 이 우주에 다른 분자와 유사한 분자가 하나도 없고 분자 안에서 하나의 점과 유사

---

330) 디드로, 달랑베르의 꿈, 한길사, p.47
331) 앞의 책, p.57

한 또 하나의 점이 없다면, 원자 그 자체가 하나의 성질을 가지고 있고 분할 불가능한 형식을 갖추고 있다는 것을 인정해야 합니다."[332] 디드로는 원자의 규정으로서 하나의 성질을 갖는다는 것 그리고 분할 불가능하다는 점을 들고 있다. 이 당시는 고대의 데모크리토스, 에피쿠로스의 원자론이 재생되던 시기였는데 원자론이 세계에 대한 유물론적 인식의 초석이 된다는 점에서 디드로도 원자론을 승인하고 있는 것이다. 또한 디드로는 세포의 존재를 추측하고 있다. "그러고 나서 살아 있는 하나의 점 … 그 점 위에 또 다른 점이 접합되고, 거기에 또 다른 점이 접합한다. 그리고 이러한 연속적 접합으로 하나의 존재가 탄생한다. … 나는 분명 하나의 집합체, 감각하는 작은 생명체들로 이루어진 조직체를 보고 있어요. 작은 생명체의 연속으로 이루어져 있기는 하지만 이건 한 마리 동물이라고요!"[333] 하나의 점들의 집합으로서 존재의 탄생 그리고 감각하는 작은 생명체들로 이루어진 조직체, 작은 생명체의 연속으로서 한 마리 동물이라는 인식은 동물이 하나의 점 혹은 작은 생명체의 집합이라는 추측인데 이는 다름아닌 세포의 개념과 동일한 것이다. 이러한 추측은 디드로가 생명체의 본질에 대해 과학적 사고를 한 결과인데 이러한 과학적 접근은 생명체의 탄생에 대한 신학적 사고를 벗어던졌기 때문에 가능한 것이었다.

디드로는 시간과 물질의 관계에 대해 다음과 같이 파악한다. "이 거대한 물질의 바다에 서로 닮은 분자는 하나도 없지. 그리고 어떤 한 순간에 여전히 같은 모습으로 있는 분자 또한 없는 것이야. 매 순간은 사물의 새로운 시작이다. 그래, 이것이 바로 분자의 영원한 비명(碑銘)이지."[334] '매 순간은 사물의 새로운

---

332) 앞의 책, pp.69-70
333) 앞의 책, p.85
334) 앞의 책, pp.100-101

시작'이라는 관점은 물질과 시간의 통일성을 주장하는 것이다. 시간의 본성은 물질의 변화양태에 다름 아니라는 것! 디드로의 이러한 관점은 세계가 분자로 이루어진 물질의 바다라는 것, 그리고 세계 자체는 그러한 물질의 운동에 다름아니고 시간은 그러한 운동의 한 양태라는 인식이다. 이렇게 디드로의 유물론은 물질과 운동, 시간 등 유물론의 초석이 되는 범주들을 정립하고 있다. 디드로는 또한 물질의 영원성을 인식하면서 그에 기초하여 신에 대한 부정으로 나아가고 있다. "물질의 영원성과 그 속성에 대해서, 두 가지 실체의 구분에 대해서, 인간의 본성과 동물의 생성에 대해서, 그 사정을 알지도 못하면서 지고의 영적 존재에 대해 자신의 태도를 정할 수 있다고 생각하십니까?"335) 물질은 창조된 것이 아니라 영원히 존재한다는 것, 그리고 이러한 인식에 기초하여 신에 의한 세계 창조를 부정하는 것! 이러한 유물론의 근본원리를 디드로는 정확히 표현하고 있다. 물질의 영원성, 불멸성에 대한 인식은 이와 같이 신학적 사고와 대결하면서 지난한 과학적 사고의 과정을 거친 결과이다. 그리하여 물질의 영원성, 불멸성에 기초하여 운동의 영원성과 불멸성에 대한 인식으로까지 나아가면 이 세계는 물질의 운동에 다름 아니라는 세계관이 성립하고 신은 부정된다. 그리고 이러한 세계관에 기초하여 디드로는 만물의 상호연관이라는 변증법적 인식으로 나아간다. "긴 대들보의 한쪽 끝을 아주 살짝 두드려도 내가 귀를 다른 쪽 끝에 대고 있으면 그 소리를 들을 수 있지요. 그 들보의 한쪽 끝이 지구에 닿아 있고 다른 쪽 끝이 천랑성에 닿아 있어도 동일한 결과가 발생할 겁니다. 모든 존재는 서로 연결되어 있고 서로 인접해 있는데, 다시 말해서 들보는 실제로 존재하는데, 왜 나는 거기에 귀를 잔뜩 기울여도 나를 둘러싸고 있는 이 광대한 공간에서 일어나는 일을 알아들을

335) 앞의 책, p.108

디드로, 엘베시우스, 돌바하

수 없을까요?"336) 대들보의 한쪽 끝과 다른 쪽 끝이 서로 연결되어 있다는 관찰에 기초하여 디드로는 우주 전체가 연결되어 있다는 인식으로 나아간다. 모든 존재는 서로 연결되어 있다는 인식! 이러한 만물의 상호연관에 대한 인식은 어떻게 가능한가? 그것은 다름 아니라 세계가 물질의 운동에 다름 아니라는 것, 그리고 그러한 물질성으로 인해 만물의 상호연관성이 성립한다는 것! 이러한 인식으로까지 나아가면 그것은 곧 변증법적 유물론의 세계관이 된다. 디드로는 아직 변증법적 유물론의 세계관으로까지는 나아가지는 못했지만 천재적 직관에 의해 그러한 추측을 하고 있다.

디드로는 유물론적 관점에서 원인과 결과의 관계, 결정론을 승인하고 자유의지론을 부정한다. "의지란 언제나 내적 또는 외적인 동기에서 생겨나는 것이고, 현재의 인상이나 과거의 어슴푸레한 기억, 정열, 아니면 미래에 대한 계획에서 생겨나는 것이지요. 그리고 자유에 대해서 한마디만 하겠습니다. 우리들의 행위 중에서 마지막 행위는 단 하나의 원인에서 필연적으로 이루어지는 결과입니다. 우리는 굉장히 복잡하기는 하지만, 결국 유일한 단 하나의 원인에서 필연적으로 이루어진 하나의 결과입니다."337) 우리의 행위에는 원인이 있다는 것, 그리고 그러한 원인과 결과 관계의 필연성이 있다는 것을 디드로는 승인하고 있다. 이러한 원인과 결과 관계는 앞에서 디드로가 만물의 상호연관을 승인한 것에 기초하고 있다. 만물의 무수한 상호연관 관계는 그 내용에서 다양하다. 원인과 결과, 가능성과 현실성, 우연과 필연, 본질과 현상, 내용과 형식 등등, 상호연관성의 종류는 다양하게 분류될 수 있다. 그러나 중요한 것은 그 모든 것이 실은 상호연관이라는 관계의 하나일 뿐이라는 점이다. 변증법은

---

336) 앞의 책, p.121
337) 앞의 책, p.184

이렇게 하나의 도식이 아니라 관계 혹은 상호연관을 승인하고 그것의 구체적 성질을 파악해 들어가는 것이다.

디드로는 철학과 문학을 통일시켜 많은 문학작품 속에 철학적 내용을 담았다. 엥겔스에 의해 변증법의 걸작이라 평가받은 ≪라모의 조카≫또한 일종의 철학 소설이다. 18세기 당시 철학소설은 여러 철학자와 문학가에 의해 시도되었는데 이는 철학적 내용을 자유롭게 표현하고 대중적으로 확산시키기 위해 문학 혹은 소설이라는 형식이 적합했기 때문이다. 디드로는 문학과 예술에도 많은 관심을 기울였는데 그의 예술론은 사실주의, 리얼리즘이다. "이제까지 희곡에서는 성격이 주요한 대상으로 묘사되었고, 사회적 상황은 단순히 부수적인 것에 불과했다. 그러나 사회적 상황이 전면에 나오고 성격은 부수적인 것이 되어야 한다. 이제까지는 성격 위에서 모든 줄거리가 조립되었다. 통상 성격을 두드러지게 하기 위한 장면이 많이 요구되었고, 나중에 이들 장면이 연결되었다. 그러나 작품의 기초를 이루는 것은 사회적 상황이고, 그 의무, 특권, 곤란이어야 한다. 나에게는 이 원천이 성격보다도 보다 풍부하고, 보다 넓고, 보다 유용하다고 생각된다."338) (개인의) 성격과 (사회적) 상황이라는 두 범주사이에서 디드로는 상황에 강조점을 찍고 있다. 성격은 개인의 특성을 잘 드러내는 것으로서 예술성을 높이는데 중요하다. 그러나 디드로는 성격보다도 사회적 상황을 더 중시하고 있는데 이는 현실을 담는 예술, 사상성을 강조하는 리얼리즘 예술이다. 디드로의 이러한 리얼리즘관, 즉 사상성과 예술성의 통일은 예술의 모든 영역에 걸쳐 있다. "화가에게는 두 가지 자질이 필요하다. 도덕의 감각과 투시의 감각이다."339) 이러한 디드로의 철

---

338) 러시아 과학아카데미 편, 세계철학사(3), 중원문화, pp.82-83에서 재인용
339) 앞의 책, p.84에서 재인용

디드로, 엘베시우스, 돌바하

학과 문학, 예술, 그리고 정치적 활동은 프랑스 혁명의 직접적
인 사상적 지반을 창출하는 것이었고 나아가 이후의 사회주의
의 조류로까지 연결된다. 흔히 프랑스 혁명의 사상적 토대로 루
소 등이 언급되지만 실은 디드로, 엘베시우스, 돌바하 등의 프
랑스 유물론자들이 혁명의 직접적 선구자들이다.

엘베시우스는 영국의 로크에게서 영향을 받은 프랑스 유물론자
이다. 그는 인간의 정신을 감각의 비교의 산물로 파악한다. "인
간 속에서 그 정신을 만들어내는 원리는 무엇인가? 그의 신체
적 감성, 기억, 그 중에서도 그의 감각을 서로 결합하는 것에
대해서 갖는 관심이다. 정신은 그러므로 인간 속에서 비교된 그
의 감각의 결과에 불과하다."340) 이러한 관점은 인간의 정신이
일차적인 것이 아니라 감각을 통해 반영되는 외적 세계가 일차
적임을 승인하는 것이다. 또 정신과 감각 중에서 감각이 인식의
일차적인 단계임을 승인하는 유물론적 인식론이다. 그런데 엘베
시우스의 사회이론은 관념론적이었다. "그래서 나는 인민의 비
운이란 언제나 법률의 불완전성, 따라서 도덕적 진리에 대한 그
들의 무지에 의해서 설명될 수 있다는 결론에 도달했다."341) 여
기에는 인민의 처지를 규정하는 사회경제적 생활에 대한 인식
이 빠져 있다. 인민의 삶을 규정하는 경제적 조건, 사회의 물질
적 삶이라는 관점이 결여되어 있다.

이렇게 관념론적인 사회이론을 주장하는 엘베시우스는 인간의
전형을 개인의 정념과 사회의 이익의 합치에서 찾는다. "선한
인간이란 전체의 이익을 위해 자기의 습관과 가장 강렬한 정념
을 희생하는 사람이 아니라(그러한 사람은 있을 수 없다) 그 사
람이 거의 언제나 선할 수밖에 없도록 할 정도까지 그의 강렬
한 정념이 사회의 이익에 합치되는 사람이다."342) 개인의 정념

---

340) 러시아 과학아카데미 편, 세계철학사(3), 중원문화, p.89에서 재인용
341) 앞의 책, p.91에서 재인용

이 사회의 이익에 합치되는 사람이라는 것은 당시 봉건제 사회를 불의의 사회로 보고 개인의 이익과 사회의 이익이 합치되는 새로운 사회를 주장하는 사회이론, 도덕적 이론이었다. 그러나 그러한 개인과 사회의 이익의 일치는 봉건제 극복의 이데올로기로서는 유용했지만 사회 내의 계급대립을 간과한다는 점에서 궁극적으로는 부르주아지의 이해와 일치하는 것이었다. 부르주아지의 자본축적이 개인의 이익과 사회의 이익의 일치라는 기치 하에 수행되는 것! 엘베시우스의 사회이론은 이러한 경향에 봉사하는 것이었고 실제로 그는 사유재산을 신성불가침의 것으로 옹호했다.

또 한 사람의 프랑스 유물론자인 돌바하는 백과전서의 편찬에 참가했다. 그는 세계의 물질성을 승인한다. "현존하는 모든 것의 광대한 집합체인 우주는 어떤 장소에서도 물질과 운동만을 우리에게 보여준다. 이 전체는 원인과 결과의 광대하고 부단한 하나의 연쇄만을 나타낸다."343) 세계를 물질과 운동으로 파악하고 그것들의 연관관계로서 원인과 결과를 인식하는 것은 전형적인 유물론적 인식이다. 그리고 돌바하는 물질과 운동의 통일성에 대해 다음과 같은 심화된 인식을 보인다. "물질은 어디에서 유래했는가 하고 질문한다면, 물질은 언제나 존재해 왔다고 우리는 말할 것이다. 운동은 어디에서 와서 물질 가운데로 들어갔는가 하고 질문한다면, 동일한 이유로써 물질은 영원히 그 자체로 운동하고 있음에 틀림없다고 대답할 것이다. 왜냐하면 운동은 물질의 연장·중량·불가입성·형상과 같이 물질의 존재나 본질 그리고 본원적 특성에서 필연적으로 생긴 결과이기 때문이다. … 운동은 물질의 본능에서 필연적으로 나온 존재방식이다."344) 물질은 언제나 존재해왔다는 것은 물질의 불멸성을 말

---

342) 앞의 책, p.92에서 재인용
343) 앞의 책, p.99에서 재인용

디드로, 엘베시우스, 돌바하

하는 것이다. 또한 운동을 물질의 존재방식으로 파악하는 것은 물질과 운동의 통일성을 공고하게 정립하는 것이다. 물질의 본원적 속성 그리고 존재방식으로서 운동이라는 관점은 물질과 운동을 분리시켜 사고하거나 아니면 운동은 외부의 힘을 필요로 한다고 보는 아리스토텔레스류의 관념을 뒤집고 물질과 운동의 통일성을 확고히 세우는 것이다. 이렇게 18세기 프랑스 유물론을 통해서 오늘날까지도 변증법적 유물론의 가장 근본이 되는 물질과 운동의 통일성이라는 범주가 공고하게 정립되었다.

돌바하는 다른 프랑스 유물론자와 마찬가지로 종교를 비판한다. "종교는 국왕을 인민 위에 군림시키고 인민을 국왕의 권력 밑에 순종하도록 만들기 위해서, 단지 그것만을 위해서 고안된 것이다. 지금 이 세상에서 자신들이 불행하다고 인민이 느끼기 시작하자마자, 그때부터 신의 노여움으로 위협하여 그들을 침묵시킨다. 그래서 그들이 불행의 진정한 원인을 발견하고 그들의 화를 해결하기 위해 자연이 그들에게 부여한 약을 사용하지 못하도록 방해하기 위해서, 그들의 눈을 하늘로 돌리게 만든 것이다."[345] 이렇게 프랑스 유물론자들은 철학에서 유물론을 무신론으로까지 철저하게 관철하였고 천상의 비판을 지상의 비판으로 전화시켰다.

한국사회에는 볼테르, 루소 등의 계몽사상가들은 잘 알려져 있지만 이들 프랑스 유물론자들은 잘 알려져 있지 않다. 왜냐하면 이들 유물론자들은 유물론과 무신론을 철저하게 관철시킨 결과 혁명을 직접 말하고 있고 나아가 사회주의 조류로 발전하는 싹이 되었기 때문이다. 그런데 철학의 발전사라는 점에서 보면 이들의 철저한 유물론은 이후 맑스, 엥겔스에 의한 새로운 유물론, 변증법적 유물론의 창시의 역사적 토대가 되는데 이들 프랑

---

344) 앞의 책, pp.100-101에서 재인용
345) 앞의 책, p.106에서 재인용

스 유물론과 독일고전철학의 변증법이 직접적으로 변증법적 유
물론의 원천이 되었다고 할 수 있다. 단 프랑스 유물론의 한계,
즉 기계적 측면, 비변증법적 측면은 맑스와 엥겔스에 의한 현실
적인 사회운동의 전개 그리고 유물론적 변증법의 정립에 의해
극복되었다.

디드로, 엘베시우스, 돌바하

14. 볼테르, 루소

볼테르와 루소는 18세기 프랑스 혁명을 사상적으로 준비한 사람들이다. 종교에 대한 비판, 봉건제적 억압에 대한 규탄, 혁명의 이론적 기반이 된 사회계약론 등이 그러하다. 그러나 볼테르와 루소는 일정한 차이가 있는데 볼테르가 귀족적이며 궁정을 무대로 활동했다면 루소는 평민출신으로서 민주주의 사상을 전개했다는 깃이 특징적이다.

볼테르는 ≪관용론≫으로 유명하다. 종교적 광신에 대한 비판을 담고 있는 이 책은 사실은 사회를 억누르고 있던 카톨릭 종교권력을 겨냥하고 있다. ≪관용론≫은 칼라스 사건을 다루고 있는데 볼테르는 스스로 이 사건에 개입하여 재심을 통해 무죄판결을 이끌어 내었다.346) 칼라스 가족의 아들이 카톨릭 교도가 아니라는 이유로 취업이 어려운 것을 비관하여 자살한 사건에 대해 마을 사람들이 아들이 카톨릭으로 개종하려는 것을 아버지가 막고서 살해한 것으로 왜곡하여 몰아갔는데 그 결과 아버지가 재판을 받고서 부당하게 처형된 것이 사건의 요지였다. 카톨릭과 신교의 대립이 이 사건에 깔려 있고 또한 국가와 종교의 관계가 이 사건에 담겨 있다. 볼테르는 사건의 본질이 종교적 광신의 문제임을 간파하고 여론을 조직하여 재심을 통해 무죄판결을 이끌어 냈다. 이 사건에는 종교가 국가권력을 좌우하는 현실, 종교적 차이가 사회적으로 인정되지 않는 것 등이 담겨 있는데 바로 이 지점을 볼테르가 비판하고 있다. 사회적으로 종교적 차이가 승인되어야 한다는 것, 국가는 종교적 차이를 보장해야 한다는 것, 그리고 종교적 차이에 대해 관용의 입장에서 접근해야 한다는 것이 볼테르의 주장의 요지이다.

볼테르는 이와같이 종교적 억압으로 상징되는 봉건제의 질곡에

---

346) 볼테르, 관용론, 한길사

대해 맞서며 계몽사상을 펼쳤다. 볼테르의 정치적 입장은 계몽
적인 군주제였으나 후기에 가면 공화제를 긍정하는 쪽으로 바
뀐다. 볼테르의 철학적 입장은 이신론(理神論)이다. 이신론은 신
의 본질을 이성으로 파악하는 입장인데 이는 신학과 이성 간의
타협이다. 볼테르는 신을 우주의 작용원리로 이해한다. "만일
우리에게 모든 결과, 모든 장소, 모든 시간 속에 현존하는 거대
한 필연적 작용원인에 대한 관념이 없다면, 우리는 신의 이름을
앵무새처럼 외우는 자가 될 것이다."[347] 즉, 신이라는 개념보다
우주의 작용원인이라는 개념이 일차적이라는 것으로서 이성을
신의 본질로서 이해하는 것이다. 또한 볼테르는 주관적 관념론
을 다음과 같이 비판한다. "우리의 감각은 우리에게 관념을 부
여해준다. 그러나 우리의 의식이 외부에 어떤 대상도 존재하지
않음에도 불구하고, 이들에 대한 지각을 받아들인다고 말한다
."[348] 이는 주관적 관념론에서 존재하는 것은 우리의 감각뿐이
라고 주장하는 것에 대해 외부의 대상을 전제하지 않는 감각은
오류임을 주장하는 것이다. 볼테르는 의식과 물질이라는 철학의
최고물음에 대해 유물론적 해결의 길을 택한다. "따라서 자연이
나무에 싹을 기르는 것처럼 뇌수에 사상을 기른다는 사실, 우리
가 다리의 도움을 빌어 걷는 것처럼 뇌수의 도움을 빌어 사고
한다는 사실, 그리고 루크레티우스와 마찬가지로 다음과 같이
말해야 한다는 사실은 대단히 확실하다. 즉, 나는 단언한다. 정
신(우리는 이것을 지능이라고 부른다) 그 속에는 우리의 살아
있는 의식도 이성도 있지만, 그것은 손과 발처럼 인간의 어느
일부에 불과하다."[349] 여기에는 인간의 사고가 뇌수라는 물질의
산물임이 명확히 주장되고 있고, 정신 또한 손과 발처럼 인간의

---

347) 러시아 과학아카데미 편, 세계철학사(3), 중원문화, p.43
348) 앞의 책, p.44
349) 앞의 책, p.49

어느 일부에 불과하다는 유물론적 사상이 제출되고 있다. 이렇게 유물론적 입장을 택한 볼테르는 뉴튼 물리학의 보급을 촉진시키기도 했다. 그리하여 "자연에 있어서 모든 것은 운동 속에 있으며, 또한 모든 것이 작용·반작용하고 있다"[350]고 말하였다. 또한 볼테르는 원인과 결과 관계의 승인, 결정론적 세계관을 옹호하기도 했다.

볼테르가 프랑스 부르주아지의 이익과 희망을 반영했다면 루소의 민주주의적 경향은 평민적 입장을 반영했다. 루소는 디종 아카데미에 《학문과 기술의 진보는 습관과 풍속을 순화하는데 공헌하는가?》라는 논문을 응모하여 당선되었는데 이를 통해 사상가로 등장하였다. 루소의 주요 저작은 《인간불평등 기원론》, 《사회계약론》, 《에밀》 등인데 불평등의 기원으로서 사유재산의 문제, 사회와 국가의 구성원리로서 약정, 그리고 당시의 종교적 교육에 반대하는 교육론 등이 담겨 있다.

《인간불평등 기원론》에서 루소는 자연상태에서 인간은 평등하였다고 주장한다. "내가 이같은 원시상태의 가정에 대해서 이처럼 길게 말한 것은 오래된 오류와 뿌리깊은 편견을 깨뜨려야 하기 때문이며, 그러기 위해서는 뿌리까지 파고들어 우리 작가들이 불평등은 자연적인 것이라고 주장하는 현실성과 영향력이 이 상태와 얼마나 거리가 먼지 참된 자연상태에서 찾아보아야 한다고 생각했기 때문이다."[351] 이는 불평등이 자연적인 것이라는 기존의 주장에 반대하여 자연상태에서는 불평등이 존재하지 않았음을 주장하는 것이다. 루소는 원시상태에서 불평등, 지배와 복종의 불가능성을 다음과 같이 설명한다. "하지만 심지어 종속과 지배가 무엇인지 이해시키기도 힘들 미개인에게 이것이 어떻게 적용될 수 있을지 모르겠다. 어떤 사람이 다른 사람이

---

350) 앞의 책, p.50
351) 루소, 인간불평등 기원론, 부북스, p.78

따 놓은 과일, 그가 잡아놓은 사냥감, 그의 은신처인 동굴을 가로챌 수는 있을 것이다. 하지만 그가 어떻게 그 사람을 복종시키는데 이를 것이며, 아무것도 소유하지 않은 사람들 사이에서 의존의 고리가 어떤 의미가 있을까? … 세부사항을 더 나열할 필요도 없이 종속관계란 상호의존과 서로를 결합시키는 필요에 의해서만 형성되므로, 한 사람을 다른 사람 없이는 살 수 없는 상태에 미리 놓아두지 않고서 그를 굴복시키는 것은 불가능하다는 사실을 알아야 한다."352) 상호의존이 전제되지 않는 원시상태에서 지배와 종속, 불평등은 불가능했다는 것이 루소의 논리이다. 이러한 주장은 실증적이라기보다는 논리적 추론에 의한 것인데 상당히 설득력이 있는 주장이다. 루소의 이러한 주장은 불평등의 기원이 사회의 형성, 문명의 발생과 궤를 같이 했다는 다음 주장의 근거로 삼기 위함이다. "이러한 초기의 진보덕분에 인간은 빨리 진보했다. … 뒤이어 오두막집에 점토와 진흙을 바를 생각을 하게 되었다. 이는 바로 가정의 확립과 구별을 형성하고 일종의 소유개념을 끌어들인 최초의 혁명시대였다."353) 원시상태에서 자신의 오두막 건축, 그리고 가정의 형성을 통해 소유개념이 생겨났다는 추론이다. 그러나 이는 역사적 사실의 관점에서는 부정확하다. 루소는 당시 원시사에 대한 자료의 부족으로 씨족단계의 사회를 알지 못했다. 그러나 지금의 관점에서 보면 원시시대에서 문명사회로의 이행 전에, 즉 소유개념의 발생 전에 씨족 단계의 사회가 존재했다. 공동소유, 씨족 중심의 혈연관계가 그 사회의 특징이었는데 당시 부부중심의 가족개념은 존재하지 않았다. 소유개념, 사적 소유의 발생 전에 인류는 수천 년에 걸쳐 원시공동체 사회를 거쳐 왔다.

루소는 이렇게 역사적 사실에 대한 오해가 있지만 불평등의 발

352) 앞의 책, pp. 80-81
353) 앞의 책, p.88

생을 사유(私有) 개념의 발생과 연관시킨다는 점에서는 정확하다. "하지만 사람이 다른 사람의 도움을 필요로 하고 한 사람이 두 사람 몫의 식량을 가지는 것이 유익하다는 것을 알게 되는 순간 바로 평등은 사라지고 사유의 개념이 도입되고 일은 꼭 필요한 것이 되며 드넓은 숲은 인간의 땀으로 물을 줘야하는 우스꽝스러운 들판으로 변했다. 그리고 그 들판에서 곧 노예제도와 빈곤이 싹텄고 수확과 더불어 더 커져갔다."354) 여기서 루소는 불평등의 원인을 사유 개념의 도입에서 찾고 있는데 이는 추론이지만 지금의 입장에서 보면 역사적 사실에 부합하는 것이다. 또한 루소는 사유재산의 발생에서 노예제와 빈곤의 발생을 보았는데 소유가 빈곤을 발생시키는 것으로 본다는 점은 변증법적 접근이다. 엥겔스는 루소의 ≪인간불평등 기원론≫을 변증법의 걸작이라고 했는데 루소의 접근방식에 변증법적인 측면이 있다는 평가일 것이다. 루소는 소유의 기원에 대해 노동을 들고 있다. "노동 이외에 다른 곳에서 사유의 개념을 생각하기가 불가능한 만큼 이 기원은 더 자연스럽다. … 자신이 애써 일군 땅의 산물에 대해 경작자에게 권리를 주므로 결과적으로 내용물에 대해 그에게 권리를 주는 것은 노동뿐이다. 이런 일이 계속적인 점유를 만들어내고 쉽게 사유권으로 변한다."355) 최초에는 사유가 아니라 점유였다는 것은 역사적 사실에 부합한다. 점유는 선점자의 권리로 인정받는 것인데 노동을 통해 경작하면 점유권이 있는 것으로 인정된다. 그러나 점유는 소유와 다른데 소유는 배타성, 항구성이 있는 반면 점유는 그렇지 않다. 그러나 점유는 그것의 지속을 통해서 소유권으로 전화할 가능성을 갖고 있는 것이고 루소는 이러한 점을 지적하고 있는 것이다.

---

354) 앞의 책, p.94
355) 앞의 책, pp.96-97

이와 같이 루소는 ≪인간불평등 기원론≫에서 불평등이 자연적인 것이라는 주장에 대한 비판, 불평등의 원인으로서 사유재산의 문제 등을 제기했고 그 과정에서 역사적 자료의 부족으로 인해 사실과 부합하지 않는 측면이 있음에도 불구하고 전체적으로는 타당한 주장을 했고 사유재산의 신성시와 같은 당시 부르주아들의 주장과는 거리가 있었다.

루소의 ≪사회계약론≫은 홉스부터 이어지던 사회계약 사상의 완결판이다. 루소는 '약정'을 권리의 기초로 삼는다. "어떤 사람도 다른 사람을 지배할 권한을 갖고 태어나지 않는다. 그리고 힘은 어떤 권리도 만들지 않기 때문에, 인간의 합법적 권리 전체의 기초로 남는 것은 따라서 약정들이다."[356] 이렇게 약정 혹은 계약을 권리의 기초로 삼는 것은 민주주의적이면서도 부르주아적이다. 이러한 관점은 많은 계몽사상가들의 사회계약 사상과 동일하다. 그런데 루소의 사회계약 사상의 특징은 일반의지를 강조한다는 점이다. "따라서 만일 사회적 협정에서 본질적이지 않은 부분을 떼내 버린다면, 그것은 다음과 같은 말로 환원된다는 것을 알게 된다. '우리들 각자는 자신의 인격과 자신의 권능 모두를 공통적으로 일반의지라는 지상(至上)의 인도자 아래 위치시킨다. 그리고 우리는 각 구성원을 전체와 불가분한 부분인 한 덩어리로 받아들인다.'"[357] 여기서 일반의지는 사회계약을 통해 형성되는 권력을 산출하는 주체, 본질을 의미한다. 여기서 일반의지의 개념을 조금 더 살펴보자. "주권은 양도될 수 없다는 것과 같은 이유로, 주권은 분할될 수 없다. 왜냐하면 의지는 일반적이거나 일반적이지 않거나 둘 중의 하나이기 때문이다."[358] 일반의지라는 개념을 통해 루소는 주권의 양도불가

---

356) 루소, 사회계약론, 부북스, pp.19-20
357) 앞의 책, pp.29-30
358) 앞의 책, p.43

볼테르, 루소

능성, 분할불가능성을 도출하고 있다. 주권의 분할불가능성은 권력분립을 부정하는 것이다. 이와 같이 루소는 일반의지라는 개념을 통해 국가권력을 이론적으로 성립시키고 있다. 일반의지에 대한 루소의 견해를 좀더 살펴보면 루소는 국가와 구별되는 부분적 사회를 부정한다. "따라서 일반의지가 잘 표출되기 위해서는 국가 내에 부분적 사회가 없어야 하고, 각 시민이 오직 자기 자신의 의견만을 따라야 한다는 것이 중요하다."359) 국가 내에 부분적 사회가 없어야 한다는 것은 국가와 구별되는 시민사회의 개념을 부정하는 것이다. 이는 루소가 역사적으로 볼 때 부르주아 혁명의 결과였던 국가와 시민사회의 분리라는 인식에 도달하지 못했음을 보여준다. 또한 루소가 일반의지라는 개념을 통해 국가 혹은 사회의 구성을 규정짓는 것은 국가 혹은 사회의 형성에 대한 역사적 사실과는 배치된다. 그러나 18세기 당시 일반의지라는 개념은 봉건적 질곡에 맞서서 민중들의 정치적 위상을 높이는 역할을 했다. 모든 민중이 사회계약의 주체이고 이들의 일반의지가 국가와 사회의 본질이라는 주장은 혁명의 논거가 되는 것이었다. 실제로 루소는 다른 사회계약론자와 달리 민중에 대한 고찰에 상당한 부분을 할애한다. "그도 그럴 것이 민중은 단지 야만인의 상태에 있는 한은 스스로 자유로워질 수 있지만, 시민적 태엽이 약화된 때에는 그럴 수 없기 때문이다. 그래서 혼란들은 민중을 파괴할 수 있다. 혁명들이 민중을 다시 세울 수 없게끔 말이다. 그리고 그 쇠고리들이 깨져버리자마자 민중은 지리멸렬해지고 더 이상 존재하지 않는다. 그때부터 그들에게는 해방자가 아닌 지배자가 있어야만 한다."360) 여기서 루소는 분명히 민중을 혁명의 동력으로는 파악하되 스스로 지배자가 될 수 있는 위치로 보지는 않는다. 이와 같이 루

---

359) 앞의 책, p.47
360) 앞의 책, p.67

소의 민중에 대한 입장은 현대 사회주의에서 민중을 바라보는 입장과는 차이가 있다. "어떤 민중이 따라서 입법에 딱 맞는 것일까? 기원, 이해관계 또는 약정의 일치에 의해 이미 연결되어 있지만, 참된 법의 속박을 아직 전혀 짊어지지 않았던 민중, 깊이 뿌리내린 관습이나 미신이 없는 민중, … 다른 민중없이 지낼 수 있고 다른 민중도 그 민중없이 지낼 수 있는 민중, 부유하지도 가난하지도 않고 자급자족할 수 있는 민중, 끝으로 옛시대의 민중의 꿋꿋함과 새 민중의 순종을 결합하는 민중 등이다."361) 루소의 민중에 대한 이러한 태도는 소부르주아적 민중상을 말하는 것이다. '부유하지도 않고 가난하지도 않고 자급자족할 수 있는 민중, 꿋꿋함과 순종을 결합하는 민중' 등의 상은 소부르주아를 이상화하는 것이라 할 수 있다. 루소 당시에 자본과 노동의 대립, 역사적 계급으로서 노동자계급의 상은 거의 존재하지 않았다고 할 수 있고 노동자계급이 역사적으로 등장한 것은 프랑스 혁명 후인 19세기 초, 중엽부터였다.

일반의지에 따라 주권의 분할불가능성을 주장한 루소는 구체적으로 입법권과 행정권의 결합을 주장한다. "법을 만드는 사람은 어떻게 법이 집행되어야 하고 해석되어야 하는지를 누구보다 잘 안다. 따라서 행정권이 입법권에 결합된 구성보다 더 나은 구성은 있을 수 없을 듯하다."362) 이렇게 권력분립을 부정하는 것은 루소의 사회계약론이 일반의지라는 개념을 축으로 구성되어 있고 루소의 사상이 민주주의에 가까운 측면이 자유주의적인 권력분립을 부정하게 하는 것이다. 루소는 이러한 사회계약이 깨질 수도 있고 사회계약이 깨지면 복종의무가 사라지는 것으로 파악한다. "정부가 주권을 찬탈하는 그 순간, 사회협정은 깨지고 자동적으로 자연의 자유를 회복한 모든 보통 시민들은

---

361) 앞의 책, pp.74-75
362) 앞의 책, p.94

복종할 의무가 있는 것이 아니라 복종을 강제당한다."363) 이렇게 사회계약이 깨지면 복종의무가 사라진다는 루소의 주장은 홉스 등과 다른데 홉스는 사회계약의 결과 국가가 성립하면 그것은 신성불가침하다고 보았던 것이다. 즉, 루소의 사회계약은 민주주의 사상을 기반으로 하고 있고 홉스는 절대군주제를 전제로 하고 있는 것이다.

루소는 또한 《에밀》이라는 교육론을 썼는데 이 책은 당시 금서가 되기도 했다. 왜냐하면 《에밀》에서 주장한 교육론은 인간교육, 시민교육으로서 당시 지배적인 종교적 교육과 대립하는 것이었기 때문이다. 종교에 대한 교육을 교육의 제일의 목적과 원리로 삼는 것에 대해 루소는 과감히 반기를 들었던 것이다. 《에밀》에서 루소는 다음과 같이 주장한다. "자연의 질서 안에서 모든 인간은 평등하다. 모든 인간이 평등하다면, 인간으로서 성향에 맞게 교육받은 한 어떠한 직업도 가질 수 있고 수행할 수 있어야 한다."364) 이렇게 루소는 과감하게 평등교육을 선언했는데 이는 당시의 신분제 국가, 신분제에 기초한 종교교육에 대한 반란이었다. 루소는 '자연의 질서에 따라 아이를 가르쳐라' 라고 주장했는데 사회가 아닌 자연을 강조했다. "사회가 인간을 약화시킨다. 사회는 개인이 스스로의 힘에 대해 지닌 권리를 빼앗을 뿐만 아니라, 개인의 욕망에 따른 능력 자체를 제한하기 때문이다. 이 능력의 약화가 욕망의 증대를 불러온다. 어른에 비해 아이가 약한 이유도 이와 같다. 어른이 강한 것은 아이보다 힘이 세어서가 아니라 자연적으로 자립할 수 있기 때문이다."365) 사회가 인간을 약화시킨다는 관점은 교육의 준거로서 사회가 아닌 자연을 주장하는 것이다. 인간이 자연상태로 돌아

---

363) 앞의 책, p.120
364) 루소, 에밀, 돋을 새김, p.18
365) 앞의 책, p.69

가야 한다는 주장을 교육론에까지 관철하는 것이다. 이러한 루소의 견해는 당시 봉건제적 질서에 반대한다는 점에서는 진보적이지만 교육의 준거로서 사회 자체를 제거한다는 것은 문제가 있다. 아이들에게 올바른 사회, 지향해야할 사회를 가르치는 것, 아이들의 사회성을 발전시키는 것 또한 교육의 중요한 하나의 요소가 되기 때문이다.

루소의 교육론은 기본적으로 유물론적인 인식을 기초로 하고 있다. "대상과의 관련에 대한 이해없이 관념은 형성되지 않는다. 아이들이 소리나 형태, 감각 같은 것들은 기억하지만 관념은 기억하지 못하며, 더구나 그 관념들 간의 관계는 더욱 기억하지 못하는 것도 이 때문이다."366) 대상과 관념의 관계에서 대상을 일차적으로 사고하는 것은 유물론적 인식론인데 루소는 교육에서 바로 이러한 유물론적 인식의 필요성을 주장하고 있다. 대상과 관련이 없으면 관념을 이해못하는 것은 단지 아이들만의 문제가 아니라 모든 인간에게도 마찬가지이다. 대상과의 관련을 갖지 않는 관념은 내용없는 기호에 지나지 않고 따라서 이해가 불가능하다. 그런 점에서 관념론적 인식은 공허한 것이라 할 수 있는데 교육에 있어서 루소는 유물론적 인식의 필요를 강조하고 있고 이는 당시의 종교교육의 원리에 정반대되는 것이기도 했다. 루소는 또한 모사를 강조하고 있는데 이는 과학적인 것이다. "공간이나 물체의 크기를 판단하기 위해선 그 대상의 생김새를 먼저 알아야 하는데, 그 점을 숙지시키기에는 모사만한 것이 없다."367) 모사는 유물론적 인식론인 반영론의 핵심개념인데 루소는 우리의 인식이 대상의 반영, 모사라는 점에서 모사 개념을 교육에 적극 도입할 것을 주장하고 있다.

이러한 볼테르와 루소의 계몽사상은 18세기 말의 프랑스 혁명

---

366) 앞의 책, p.104
367) 앞의 책, p.143

을 준비하는 것이었다. 볼테르가 귀족적 입장에서 계몽사상을 펼쳤다면 루소의 사상은 평민적인 것이었다. 그러나 루소의 민중에 대한 입장은 소부르주아를 전형으로 한 것이었다. 이는 18세기 당시 자본과 노동의 대립이 사회적으로 첨예화되지 않고 자본가와 노동자 모두 제 3신분으로 묶여져 있었던 것과 연관이 있다. 루소의 사회계약 사상은 일반의지를 강조한다는 점에서 특징적이며 일반의지로 인해 권력분립의 불가능성을 주장한다. 루소이 교육론은 낭시 지배적인 종교교육에 반대하는 평등한 시민교육이었고 자연을 교육의 준거로 주장했는데 많은 유물론적 요소가 포함되어 있었다.

15. 칸트

칸트는 18세기에 활동했던 독일의 철학자이다. 칸트는 이성비판으로 유명한데 이는 이성이라는 인식의 도구를 먼저 고찰해야 한다는 이전 시기 철학의 흐름을 이어받은 것이었고 또 18세기가 이성의 세기로 불린 것과 관련이 있다. 칸트는 수공업자의 아들로 태어났는데 독일의 한 작은 도시였던 쾨니히스베르크에서 학교를 졸업하고 그 대학에서 강사, 교수, 학장으로 활동했고 그 지방에서 시외로 나가지 않고 평생을 마쳤다.

칸트는 ≪순수이성비판≫으로 비판철학의 시기라 불리어지던 시기 이전에 자연과학에 많은 관심을 기울였는데 조석마찰(潮汐摩擦)에 관한 논문은 조석에 의한 마찰로 인해 지구의 회전이 느려진다는 가설을 제출했는데 이는 지구의 운동, 나아가 천체의 운동이 역사적으로 으로 변화, 발전한다는 사상을 제기하는 것이었고 태양계의 영원성에 의문을 제기하는 것이었다. 또한 칸트는 칸트-라플라스 가설로 유명한데 태양계가 생성될 때 처음에는 분산된 물질 덩어리 상태에서 인력과 척력의 작용으로 소용돌이 운동이 발생하여 태양계가 생성되었다는 가설을 제출하였다. 이는 뉴튼의 만유인력 이론의 한계, 즉 태양계의 운동이 처음에 어떻게 생성되었는가라는 의문에 답을 하는 것이었다. 그런데 칸트는 이러한 자연과학에 대한 관심에서 형이상학에 대한 관심으로 방향을 전환하는데 이후의 칸트의 철학사상은 이른바 비판철학으로 불리어진다. 칸트의 주요저서에서 ≪순수이성비판≫은 인식론에 해당하고≪실천이성비판≫은 윤리학에 해당하며 ≪판단력비판≫은 미학과 목적론을 다루고 있다.

칸트는 ≪순수이성비판≫의 목적을 형이상학의 혁신에 두고 있다. "이제까지의 형이상학의 수행방법을 바꾸려는 기도, 더욱이 기하학자나 자연과학자의 범례에 따라 형이상학 전반에 혁신을

228

꾀함으로써 그렇게 하려고 시도하는 것이 이 사변적 순수이성 비판이 할 일이다. 이 순수이성 비판은 하나의 학문의 체계 자체는 아니다."368) 형이상학의 혁신이라는 칸트의 의도 혹은 목적은 칸트의 비판철학 전체에 관철되는 큰 흐름이다. 칸트의 이러한 의도는 18세기 후반 당시에 기존의 형이상학이 과학과 유물론의 발전에 의해 무너져 내리고 있었다는 사정과 관련된다. "이들 교조적인 형이상학의 모든 요구를 포기하는 것은 그다지 어려운 일이 아니다. 왜냐하면 교조직 수행방법에서 피할 수 없고 거부할 수도 없는 이성의 자기모순들로 인해 이제까지의 모든 형이상학의 권위는 이미 오래전에 박탈되었기 때문이다."369) 형이상학의 권위가 이렇게 무너진 것은 형이상학적 사고의 뿌리에 해당하는 신학의 권위가 무너지고 있었다는 것과 관련된다. 불변성, 고정성, 영원성을 강조하는 형이상학은 사회의 역사적 발전 자체에 의해 무너지고 있었고 중세의 형이상학이라 할 수 있는 스콜라학은 송두리째 권위가 부정되고 있었던 것이다. 바로 여기서 칸트는 형이상학을 혁신함으로써 형이상학을 구원하는 것을 자신의 목표로 했다. 그리하여 칸트의 철학은 형이상학적 사고를 담고 있으면서도 중세의 스콜라적인 내용이 많이 제거되어 있고 또 과학의 발전을 수용하고 있는데 그런 의미에서 칸트 철학은 혁신된 형이상학이라 할 수 있다.

칸트의 철학은 선험철학이라고도 불리는데 그것은 칸트가 경험으로부터 독립되어 있는 선험적 인식을 자신의 철학의 초석으로 놓기 때문이다. "경험이 개념에 따른다고 하는 경우에 있어서는 경험 그 자체가 일종의 인식방법으로서 대상이 주어지기 이전, 내 속에 그것의 규칙이 선험적으로 전제되어 있어야만 하는 것이며, 경험의 모든 대상이 필연적으로 그 규칙에 따르고,

368) 칸트, 순수이성비판, 동서문화사, p.28
369) 앞의 책, p.53

일치해야 하는 선험적인 개념에서 나타나는 것이므로 보다 쉬운 해결방법이 있다는 것을 곧 알게 된다."370) 여기서 칸트는 경험이 가능한 것은 경험이전에 우리 인식의 내부에 선험적 규칙이 있어서 경험을 포괄할 수 있다는 것을 전제한다고 주장하고 있다. 선험성 그 자체의 의미는 경험으로부터 독립되어 있는 인식을 가리키지만 칸트는 단지 경험으로부터의 독립성만을 말하는 것이 아니라 선험적 인식, 개념, 규칙이 전제되어야 경험이 가능하다는 관념론적인 주장으로 나아간 것이다. 그러나 이는 잘못된 주장인데 인간은 개념이 없더라도 무수한 경험을 하고 느끼고 생각한다. 개념 혹은 체계적인 인식은 경험에 의해 자극되고 발전하는 것이 인식의 순서이다. 따라서 칸트의 접근은 앞뒤가 바뀐 것이다. 즉, 칸트의 인식론은 관념론적 인식론이다.

칸트는 경험의 대상으로서 사물과 사물 자체를 구분한다. "우리의 비판은 경험의 대상으로서 사물과, 사물 자체로서의 사물을 구별했다. 만일 이런 필연적 구별이 전혀 이루어지지 않으면, 인과성의 법칙과 또한 인과성에 의해 규정되고 있는 자연의 기계성이 작용인으로서 모든 사물 일반에 전면적으로 타당해야 할 것이다."371) 경험의 대상으로서 사물과 사물 자체로서의 사물을 구별하는 것은 형이상학적 사고이다. 즉, 경험의 대상으로서 사물인 현상과 본질인 사물 자체 사이에 형이상학적 단절을 강요하는 것이다. 그러나 헤겔은 현상은 본질적이고 본질은 현상한다고 했다. 현상이 본질적이기 때문에 현상을 통해 본질에 접근하는 것이 가능하고 본질은 현상하기 때문에 본질에 대해 과학적 인식의 가능성이 성립하는 것이다. 그러나 칸트는 인식 가능한 것은 감각에 의해 확보되는 현상일 뿐이고 현상에 내포

370) 앞의 책, p.25
371) 앞의 책, p.30

된 본질은 인식불가능하다고 본다. 그리하여 사물자체 혹은 물(物)자체는 인식불가능하다는 칸트의 불가지론이 성립한다. 이렇게 사물 자체가 인식불가능하다는 칸트의 사고는 현상과 본질(사물자체)에 대한 형이상학적 단절을 전제로 하는 것이다.

칸트는 또한 자연의 기계적인 필연성, 원인과 결과의 원리가 관철되는 영역이 사물 일반에 걸치지 않는다고 주장하고 있다. 사물 일반, 즉 현상만이 아니라 사물자체까지 포함하여 원인과 결과의 관계가 관철된다면 선험성의 영역은 존재하지 않게 되기 때문에 칸트는 사물과 사물자체를 분리시켜 원인과 결과 관계는 사물자체가 아니라 현상의 영역에서만 관철된다고 본 것이다. 형이상학의 혁신을 꾀하는 칸트의 입장에서는 선험성의 영역, 자유의 영역, 형이상학의 영역 등은 자연의 기계적 인과성, 원인과 결과의 필연성이 관철되는 영역이 아닌 것으로 파악되는 것이다.

칸트는 형이상학의 혁신을 꾀하면서 이를 통해 유물론과 관념론의 대립을 넘어설 수 있는 것으로 생각한다. "이 이성 비판을 통해서만이 일반적으로 유해할 수 있는 '유물론'·'숙명론'·'무신론'·'자유사상적 무신앙'·'광신'·'미신'과 같은 사상에서부터, 학파에게는 위험하지만 대중에게는 전파되지 않는 '관념론'이나 '회의론' 같은 사상에 이르기까지 모두 근절할 수 있다."[372] 이렇게 칸트는 형이상학의 혁신, 소위 이성비판을 통해 유물론과 관념론의 대립을 넘어서려 했다. 칸트가 이렇게 유물론과 관념론의 대립을 넘어서려 했던 것은 18세기 말 당시에 팽팽한 지적 긴장감이 감돌고 있던 상황과 관련이 있다. ≪순수이성비판≫이 출간된 당시는 프랑스 혁명 전의 상황으로 서로 대립하는 학문적 경향이 충돌하고 있었는데 칸트는 이에 대해 '이성의 법정'을 설치하여 이러한 대립을 중재하려 했고 자신의 ≪순수이성

---

[372] 앞의 책, p.34

비판≫이 그러한 역할을 할 것이라고 생각했던 것이다. 그러나 실제로는 칸트의 철학은 사물 자체에 대해서는 알 수 없다는 불가지론이었는데 이는 학문적 대립을 중재하려 한다는 칸트의 의도에도 불구하고 실제로 그것은 가능하지 않다는 것을 의미하였다.

이러한 칸트 철학의 출발점을 정리하면 첫째, 경험으로부터 독립되어 있는 인식으로서 선험적 인식의 개념을 세워 인간 이성 자체의 의미와 논리를 추구한다는 방법론을 세우고 둘째, 현상(사물)과 사물 자체(물자체)를 구별하면서 사물자체에 대한 인식은 불가능하다고 보아 사물자체, 자연 자체, 대상 자체에 대한 접근을 유보하고 사물에 대한 인간의 인식과정 자체, 인간의 사고과정 자체를 규명하는 것으로 자신을 한정했다고 할 수 있다. 그리하여 칸트는 인간의 순수이성을 규명한다는 과제를 세우고 아리스토텔레스 이래의 형식논리학을 넘어서는 새로운 논리학을 세우는 방향으로, 즉 논리의 형식의 문제를 넘어서서 대상과 인식의 일치를 규명하는 논리학, 형식을 넘어선 내용(질료)를 포함하는 논리학인 선험적 논리학을 수립한다.

칸트의 선험적 논리학은 아리스토텔레스의 형식논리학(일반논리학)의 한계를 규명하는 것을 출발점으로 한다. 동일율, 모순율 등의 논리의 형식을 문제삼는 아리스토텔레스의 형식논리학은 어떤 명제가 논리의 형식에 위배되는가 아닌가를 갖고서 참, 거짓을 판별하는 기능만 할 뿐 내용적인 판단에는 무기력했다. 예를 들면 '저 나무는 소나무이다'라는 명제에 대해 형식논리학은 아무런 답변도 못한다. 여기서 형식논리학이 판단하는 것은 '저 나무는 소나무이지만 소나무가 아니다'라는 주장이 그릇된, 모순된 주장인가 아닌가를 모순율에 따라서 판단하는 것으로 그친다. 즉, 형식논리학은 대상에 대한 인식이 올바른가를 검증하는 것과는 무관한 것이다. 그런데 이러한 모순율이 2천년 동안이나 지고의 논리학으로 여겨져 왔는데 이러한 형식논리학은 인간의 실제적인 사고과정, 즉 내용에 대해 판단하는 인간의 사고와는 거리가 있었던 것이다. 칸트는 바로 이 점을 문제제기하면서 형식논리학을 넘어서서 내용을 포섭하는 논리학, 대상과 인식의 일치를 규명하는 논리학으로서 선험적 논리학을 제기했던 것이다.

그런데 칸트의 선험적 논리학은 형식이 아닌 내용을 포섭하는 논리학이기 때문에 내용적 질료를 인간에게 가져다주는 감각의 문제를 우선적으로 고찰한다. 칸트는 감각의 문제를 고찰하면서 인간이 대상을 인식하는 형식으로서 공간과 시간의 문제를 제기한다. 그런데 칸트는 공간과 시간의 객관적 실재성을 부정하고 공간과 시간은 단지 대상을 인식하는 인간의 주관적 형식이라고 본다. "공간이라는 표상은 경험을 통해서 외적 현상의 관계들로부터 빌려온 것이 아니라, 오히려 이 외적 경험 자체가 오로지 그 표상에 의해서 비로소 가능한 것이라 하겠다."[373] 공간이 외적 현상에 존재하는 것이 아니라 우리의 주관에 있는 공간이라는 관념이 현상의 인식을 가능하게 한다는 것이다. 이러한 인식은 전형적으로 주관적 관념론에 해당한다. 저 산의 높이가 400m라는 인식은 산이 400m이기 때문에 우리가 그렇게 인식하는 것인가 아니면 산은 아무런 공간적 실체가 없지만 우리의 인식에 공간이라는 선험적 개념이 있기 때문에 산이 400m라는 인식이 가능한 것인가? 여기서 칸트는 후자의 길을 따르고 있는데 이는 공간의 객관성을 부정하는 것이다. 칸트의 이러한 주장은 공간의 객관성을 인정하면 사물 자체의 객관적 실재성을 승인할 수밖에 없고 그러면 사물 자체는 인식될 수 없다는 자신의 전제와 모순되기 때문이다. 칸트는 자신의 주장의 근거로 기하학을 들고 있다. "기하학은 공간의 속성들을 종

---

373) 앞의 책, p.62

합적으로, 또한 선험적으로 규정하는 학문이다."374) 수학과 기하학은 관념론자들이 선험적 인식의 근거로 빈번하게 들고 있는 사례이다. 그러나 수학과 기하학은 인류의 역사에서 농업, 수리, 건축 등의 현실의 삶 속에서 발전한 학문이다. 이 과정에서 숫자라는 개념, 도형이라는 개념은 현실의 무수한 양(量)과 모양에 대한 반복적 인식을 통하여 성립된 것이다. 즉, 수학과 기하학은 선험적인 것이 아니라 장구한 경험의 축적의 산물이다. 칸트는 인간의 이성 자체, 사고과정 자체를 순수하게 파악하기 위해 선험적 인식이라는 개념을 세웠지만 칸트가 드는 선험성의 사례인 수학과 기하학 또한 경험과 무관한 것이 결코 아닌 것이다.

그러면 시간에 대한 칸트의 주장을 들어보자. "시간은 모든 직관의 기초에 놓여 있는 필연적인 표상이다. 우리는 현상을 시간으로부터 제거하는 데에는 아무런 곤란이 없을지 몰라도 시간 자체를 제거할 수는 없다. 시간은 따라서 선험적으로 주어진 것이다. 전적으로 시간에서만 현상의 현실성이 가능하다."375) 시간에서만 현실성이 가능하다는 것은 옳은 주장이지만 시간 자체를 제거할 수 없는 것은 그것이 선험적이기 때문이 아니라 시간이 객관적이기 때문이다. 변화의 흐름, 계기성을 가리키는 시간 개념은 선험적으로 주어지는 것이 아니라 자신을 둘러싼 외적 세계에 대한 무수한 관찰의 결과 성립한 개념이다. 현실적으로 지구가 계절의 변화를 하기 때문에 일년이라는 시간 개념이 성립하는 것이지 일년이라는 개념이 있기 때문에 지구가 계절변화를 하는 것은 아니다. 칸트가 이렇게 시간에 대해서, 그리고 공간에 대해서 그것의 객관성을 부정하고 단순한 선험적 관념으로서 주관의 인식의 형식이라고 주장하는 것은 사물(현

---

374) 앞의 책, p.63
375) 앞의 책, p.66

234

상)과 사물 자체(본질체)를 형이상학적으로 단절시키기 때문이다. 사물 자체에 대한 인식불가능성을 주장하기 위해서는 사물 자체의 객관성을 부정해야만 하고 따라서 공간과 시간이 사물 자체의 형식이 아니라 주관이 현상을 인식하는 주관적 틀에 불과하다고 보아야 하기 때문이다.

그런데 칸트의 공간과 시간 개념은 주관의 인식의 형식에 지나지 않는다는 주관적 관념론의 관점이지만 그럼에도 칸트가 선험적 논리학의 전제로서 감각의 문제를 제기한 것은 타당한 것이다. 그리고 비록 인식의 주관적 형식으로서 공간과 시간 개념이지만 그것을 통해 대상, 현상이 논리학의 영역에 포섭된다는 점에서 칸트의 접근은 정합성을 갖는 것이다.

그러면 감각 혹은 공간과 시간이라는 전제를 넘어서서 선험적 논리학 자체에 대해 접근해 보자. 칸트의 선험적 논리학은 감성적 질료, 대상을 포섭함에 의해 형식논리학을 넘어섰다. 그런데 대상을 포섭하기 위해서는 대상을 담는 논리적 틀이 필요했는데 그것이 바로 범주이며 이 범주 개념을 정립함에 의해 선험적 논리학은 형식논리학과는 완전히 다른 차원의 논리학이 되었다. 그런데 이 범주들은 칸트가 처음 제기한 것은 아니다. 이미 아리스토텔레스가 범주론을 제기한 바가 있었다. 이러한 아리스토텔레스의 범주들을 칸트는 논리학의 범주로 전환시키면서 일목요연하게 정리하여 제기한다. 칸트는 범주의 종류를 분량, 성질, 관계, 양상으로 나누고 각각의 범주에 하위 범주로 세 가지를 달고 있다. 분량의 범주에는 하위범주로서 단일성, 다수성, 전체성이 있고 성질의 범주에는 하위범주로서 실재성, 부정성, 제한성이 있고 관계의 범주에는 속성과 실체, 원인성과 의존성, 상호성이 있고 양상의 범주에는 가능성-불가능성, 현존성-비존재, 필연성-우연성이 있다. 이러한 범주들의 의미에 대해 칸트는 다음과 같이 말한다. "선험적 개념으로서의 범주의 객관적 타당성은, 범주에 의해서만 경험(사유의 형식면에서)이 가능하다는 사실에 기초를 두고 있다. 이때 범주는 필연적이고도 선험적으로 경험의 대상에 관계한다. 왜냐하면, 범주를 매개로 해서만 어떤 보편적 경험의 대상이 생각될 수 있기 때문이다."[376] 이와 같이 칸트는 범주들을 경험을 가능하게 하는 선험적 개념으로 보고 있다. 범주가 선험적 개념인가의 여부는 비판될 필요가 있지만 중요한 것은 이러한 범주 개념을 통해 '경험'이라는 질료, 내용이 논리학의 영역에 들어오게 되었다는 것이다. 바로이 점이 논리학의 발전에 있어서 칸트가 획기적으로 공헌한 부분이다.

이러한 칸트의 범주론은 변증법의 전제가 되는 것들이다. 이러한 범주 자체가 변증법은 아니지만 그 범주들을 상호 연관시킨다면 변증법의 법칙과 개념들로 발전할 수 있는 것들이다. 그러나 칸트는 이렇게 범주론을 제기했지만 형이상학적 사고의 제약 때문에 범주들의 상호관계에 대한 전면적인 분석과 범주들의 발전을 이루어내지 못했기 때문에 변증법의 완성으로 나아가지 못했다. 그럼에도 칸트는 변증법을 일정하게 인식하고 있었는데 변증법에 대한 칸트의 인식을 추적해 보자. "변화를 그시간적 형식면에서 본다면, 변화의 법칙을 선험적으로 인식할 수 있는 가능성이 명백해진다."[377] 여기서 변화의 법칙은 곧 변증법을 가리키는 것이다. 그러나 칸트는 변화의 법칙이라는 개념, 즉 변증법의 개념에는 도달했지만 칸트의 변증법에 대한 인식은 부정적이다. "이 변증론은 인간 이성에 고착되어 있어서 도저히 제거할 수 없고, 우리가 그 환영을 폭로한 후에도 그 기만을 멈추지 않고 인간의 이성을 끊임없이 순간적인 혼란에 빠뜨리므로, 그때마다 이것을 제거할 필요가 있는 그런 것이다

---

376) 앞의 책, p.114
377) 앞의 책, p.189

236

."378) 이렇게 칸트는 변증법이 인간이성의 산물이라는 점을 간파하고 있다. 이러한 칸트의 인식은 기존에 변증법은 곧 궤변이라고 치부되는 것을 넘어서서 변증법을 철학의 영역에 끌어들이는 것이다. 그러나 변증법을 철학의 영역에 끌어들였지만 칸트는 변증법을 부정적으로 인식하고 변증법이 일으키는 혼란을 제거해야 한다고 본다. 선험적 인식, 순수이성을 으뜸으로 치는 칸트에게서 변화의 법칙, 모순 등의 개념은 혼란에 다름 아니었던 것이다. 즉, 철학의 역사에서 칸트는 객관적으로 변증법으로 나아가고 있었지만 칸트는 형이상학의 제약으로 인해 변증법의 완성으로 나아갈 수 없었다.

칸트는 모순 개념을 파악하고 있었지만 그 개념을 부정적으로 인식한다. "예컨대 상호 대립된 것은 하나의 사물 속에서 공존할 수 없으며 단지 서로 잇따라 있을 수 있을 뿐이다"379) 상호 대립된 것의 한 사물 내에서의 공존이야말로 변증법적 모순개념인데 칸트는 이를 부정하고 대립된 것은 시간적으로 잇따라 나타날 수 있을 뿐이라고 인식한다. 즉, 칸트는 대립물의 통일(동일성)이라는 개념에까지는 도달하지 못하고 있다. 이렇게 변화의 원인, 운동의 원천이 되는 모순 개념을 부정하고서 칸트는 변화의 원인은 불변하는 것에 있다는 형이상학적 주장을 한다. "변화의 원인은 불변적인 것에서 찾아야 하므로, 변화는 오로지 현상의 어떤 규정을 따른 것이며, 또한 현상의 규정을 가르쳐주는 것은 경험뿐이기 때문이다."380) 이러한 주장은 전형적으로 형이상학적 주장인데 변화는 현상의 영역일 뿐이며 변화의 원인은 불변적인 것, 즉 형이상학적 개념인 실체라고 하는 것이다. 칸트는 다음과 같이 실체 개념을 규정한다. "실체의 고정불

---

378) 앞의 책, p.248
379) 앞의 책, p.146
380) 앞의 책, p.163

변성의 원칙. 현상이 어떻게 변화하더라도 실체는 고정불변하며, 자연에서 실체의 분량은 증대되지도 감소되지도 않는다.”381) 변화의 원인으로서 규정된 실체는 고정불변하는 것으로 칸트는 파악하고 있다. 변화는 현상의 영역임에 반해 실체는 본질의 영역이 된다. 로크가 실체 개념을 신, 자연, 정신으로 분해하여 실체 개념은 존재하지 않는다고 선언한 것에 비추어보면 칸트가 실체를 긍정한 것은 철학사에서 후퇴라 할 수 있다. 그런데 칸트가 자연에서 실체의 분량이 증대, 감소되지 않는다고 주장한 것은 과학발전의 성과를 반영하는 것이다. 즉, 데카르트 등이 주장했던 물질과 운동의 통일성, 운동량 보존의 사상이 물질의 불멸성에 대한 관념을 조장했는데 이러한 점이 칸트에게 영향을 미쳤을 수 있다. 칸트는 이렇게 실체 관념을 승인한 결과 변화의 관념을 매우 협소하게 파악한다. “이런 고정불변성에 의거해서 또한 ‘변화’의 개념도 수정된다. 생성과 소멸은 생성하거나 또는 소멸하는 것의 변화가 아니다. 변화란 동일한 대상의 한 실재적 존재 방식에 뒤이어서 따라오는 또 다른 실재적 존재방식이다. 그러므로 변화하는 것은 모두 ‘항존적이며 바뀌는 것은 상태’ 뿐이다.”382) 생성과 소멸이 변화가 아니라는 것은 실체라는 관념 때문이다. 실체는 생성, 소멸하는 것이 아니고 변화는 실체의 변화이므로 따라서 생성과 소멸은 변화가 아니라는 것이다. 그런데 고정불변하는 실체라는 관념의 긍정적 측면은 실체라는 관념이 물질의 불멸성이라는 관념을 조장한다는 점이다. 그런데 물질과 운동이 통일되어 있다는 인식에 이르면 물질의 불멸성이 운동과 변화와 통일되게 되어 실체라는 관념이 불필요하게 된다. 즉, 이 세계는 실체인 것이 아니라 운동하는 물질일 뿐이라는 인식이 성립된다. 이는 물질과 운동의 통일

---

381) 앞의 책, p.170
382) 앞의 책, p.174

238

성이라는 인식이 실체 관념을 대체한다는 점을 가리킨다.

형이상학과 변증법간의 이러한 긴장관계는 칸트의 이율배반(二律背反)이라는 인식에서 정점에 달한다. 칸트는 이율배반을 서로 대립되는 두 주장을 양립시켜서 모순에 빠뜨리는 것으로 본다. 칸트가 이율배반의 예로 들고 있는 것은 다음의 네 가지이다. 첫째, 이 세계, 우주는 무한한가, 아니면 유한한가, 둘째, 세계는 단순체(예를 들면 원자)의 합성물인가 아닌가, 셋째, 세계에는 인과성만 존재하는가 아니면 자유의지도 존재하는가, 넷째, 세계에는 단적으로 필연적인 존재자(즉, 신)이 존재하는가 아닌가. 이렇게 상호대립하는 주장을 정립과 반정립으로 양립시키고서 칸트는 각각의 정립과 반정립의 주장에 대해 그 근거를 들고 있고 각각의 주장이 모두 성립한다고 본다. 그리하여 인간의 이성은 이렇게 하나의 정립된 주장에 대해 반정립된 주장을 세우는 것이 본성이며 이것이 변증법이며 이성을 혼란에 빠뜨리게 된다고 보는 것이다. 예를 들면 '위'라는 개념은 '아래'라는 개념을 전제하고 '성공'이라는 개념은 '실패'라는 개념을 전제한다. 이와 같이 인간의 이성은 대립되는 견해를 다같이 성립시킨다고 보는 것이다. 이렇게 문제, 혹은 주장의 양립을 이율배반이라고 보는 칸트는 결국은 그 진실 여부를 알 수 없는 것이라고 보아 불가지론에 귀착한다. 여기서 주목할 것은 칸트의 이율배반과 헤겔의 모순 개념의 차이이다. 헤겔은 대립물의 통일을 모순이라고 보았는데 칸트의 이율배반 개념은 대립하는 것의 양립만 있지 통일은 없다. 통일이 없기 때문에 대립만 있고 결국은 이율배반이라는 주장에 귀착하는 것이다. 칸트 철학과 헤겔 철학의 근본적 차이는 바로 이 점들이라고 해도 과언이 아니다. 칸트는 변증법을 인식하고 범주론 등을 통해 변증법의 영역을 개척해갔지만 형이상학적 사고의 제약으로 인해 변증법의 완성으로 나아갈 수 없었던 반면에 헤겔은 '개념의 자기운동'으로서 관념론적이었지만 '운동'을 사고하면서 변증법을 완성할 수 있었다.

칸트는 자신이 이율배반으로 제출했던 것이 철학적 문제제기였음을 다음과 같이 말한다. (이율배반의) "물음을 결정하는 것은 우리의 이성의 경계를 넘어선 것이라고 겸손하게 고백하고, 그 범위가 좁은 것을 한탄한다고 해서, 우리에게 과해진 이런 이성의 문제들을 어쨌든 비판적으로 해결해야 하는 책임을 회피할 수 없을 것이다."[383] 이율배반의 물음을 해결하는 것이 우리의 이성의 경계를 넘어선다는 것은 불가지론을 말하는 것이지만 한편으로 해결의 책임을 말하는 것은 칸트 자신이 한 것은 문제제기였다고 고백하는 것이다. 그런 점에서 칸트는 철학사에서 획을 긋는 문제제기를 했으며 이것을 해결하는 것은 이후에 이어지는 헤겔, 맑스 등의 몫이었다고 할 수 있다.

그러면 여기서 칸트가 제출한 선험적 논리학의 철학사적 의미를 고찰해 보자. 칸트는 ≪순수이성비판≫에서 선험적 논리학을 정립했는데 선험적 논리학은 형이상학적인 선험성 개념을 전제로 하면서도 내용적으로는 데카르트 이후의 철학을 총괄하고 있고 변증법을 철학의 영역으로 끌어들였다. 즉, 근대철학의 200여년의 성과가 칸트에게서 집약되고 있다. 선험적 논리학에는 범주론, 모순율, 인과율, 상호연관의 개념이 정립되어 있다. 그런 점에서 선험적 논리학은 아리스토텔레스의 형식논리학, 동일율과 모순율이라는 논리의 형식을 넘어서는 새로운 논리학을 제기한 것이었다. 즉, 형식논리가 아닌 내용상의 논리, 인식의 형식이 아닌 인식과 대상, 인식과 이 세계의 일치를 도모한 새로운 논리학이었다. 칸트는 자신이 제기한 범주들이 순수지성 개념이라 하면서도 범주들을 통해 대상을 사유할 수 있게 됐다는 점을 강조한다. 그런 점에서 칸트의 선험적 논리학은 철학사

---

383) 앞의 책, p.338

240

에서 중대한 발전이었으며 헤겔에게서 완성될 변증법적 논리학을 예비하는 것이었다. 사실 변증법은 발전의 사상이고 상호연관과 모순의 사상이다. 즉, 이 세계를 운동과 변화 속에서 파악하는 관점이다. 그런데 변증법을 형식논리학과의 연관에서 보면 형식논리학이 인식의 형식을 문제삼는데 반해 변증법은 인식의 내용, 인식과 대상의 일치, 인식과 이 세계의 일치를 문제삼는 논리학이다. 변증법적 논리학을 이렇게 파악하면 칸트의 선험적 논리학의 역사적 위상이 분명히 인식되게 된다. 즉, 칸트의 선험논리학은 인식의 형식을 넘어서는 내용의 논리학, 대상을 포섭하는 논리학의 출발이었으며 범주론 등이 그러한 내용을 구성하며 특히 변증법을 철학의 영역에 끌어들이는 성과가 있었다. 그러나 칸트는 형이상학의 혁신이라는 목표의식으로 인해 변증법을 부정적으로 바라보았고 변증법을 완성할 수 없었다. 그리하여 그는 이율배반이라는 철학적 문제제기에 그칠 수밖에 없었고 변증법의 완성은 후대의 몫이 되었다.

그러면 칸트의 인식론을 넘어서서 윤리의 문제를 검토해 보자. 《순수이성비판》이 인식론의 문제였다면 《실천이성비판》은 윤리학의 문제이다. 칸트는 윤리학의 문제에서 자유의 개념을 주춧돌로 삼는다. "자유의 개념은, 그 실재성이 실천이성의 필연적인 법칙에 의해 증명되는 한, 순수이성의, 그리고 사변이성까지도 포함한 모든 체계의 주춧돌이다."[384] 칸트가 이렇게 자유의 개념을 윤리문제의 초석으로 삼는 것은 자유가 전제되지 않으면 윤리적 책임성이 성립할 수 없기 때문이다. 예를 들면 불가항력의 강요에 의해 사람을 죽이거나 물건을 훔쳤다고 했을 때 그 사람에게 윤리적 책임성을 물을 수는 없다는 것이다. 이러한 인식은 윤리성에 대한 근대 부르주아지의 인식을 대변한다고 할 수 있다. 그런데 선험적 인식, 순수이성을 인식론의

---

[384] 칸트, 실천이성비판, 동서문화사, p.569

초석으로 삼았던 칸트는 윤리의 문제, 실천의 문제에서도 선험성의 우위를 주장한다. "실천 법칙들은 전적으로 객관적 필연성을 가질 뿐이지 주관적인 필연성을 가지지 않으며, 또 반드시 선험적인 이성에 의해 인식될 뿐이지 경험에 의해 인식되지는 않는다."[385] 여기서 실천법칙은 실천의 문제를 결정하는 법칙이라는 의미로 쓰이고 있으며 실천법칙이 선험적 이성에 의해 인식된다는 것은 윤리의 문제를 결정하는 법칙은 경험적으로 파악되는 것이 아니라 경험 이전에 이미 존재하는 인식이며 그것이 선험적 인식이라는 주장이다. 즉, 윤리의 문제는 현실의 삶에서 규정되는 것이 아니라 인간 본연의 선험적 인식에 의해 주어진다는 주장이다. 이는 윤리의 문제에 있어서 전형적으로 관념론적인 접근이다. 그러나 이와 반대되는 견해도 가능한데 윤리의 문제에 대한 판단, 윤리의 기준, 잣대는 고정불변의 것이 아니라 주어진 역사적 단계마다 그 사회에 고유한 윤리적 관념이 성립할 수 있다는 유물론적 주장도 가능하다.

칸트는 윤리의 선험성에 기초하여 다음과 같은 유명한 격언으로 나아간다. "네 의지의 준칙이 항상 보편적인 법칙 수립이라는 원리로서 타당할 수 있도록 행위하라."[386] 인간 자신의 실천을 결정하는 준거가 인류 보편적인 법칙, 입법의 원리로서도 타당해야 한다는 주장이다. 그리고 이러한 주장의 근거는 실천의 준거는 선험적 이성에 의해 결정된다는 점이다. 즉, 선험적으로 인간 보편의 윤리적 인식이 가능하기 때문에 그러한 것을 자신의 행동의 준칙으로 삼아야 한다는 것이다. 과연 이러한 주장을 어떻게 보아야 하는가? 선험적 인식이라는 개념이 인식론을 넘어서서 실천의 영역에 도입될 때 어떠한 결과가 초래되는지를 검토해 보자. 인식론의 차원에서 선험적 인식은 그 올바름 여부

---

385) 앞의 책, p.594
386) 앞의 책, p.599

를 떠나 인간의 인식, 사고과정을 순수하게 파악한다는 방법론
의 의미를 가진 것이었다. 그러나 그러한 선험성이 실천에 도입
되면 그것은 숨막히는 윤리를 인간에게 강요하는 것이 된다. 도
대체 어떤 사람이 인간 보편적인 법칙을 자신의 실천의 준거로
할 수 있다는 말인가? 인간은 구체적 삶을 살아가는 존재이며
상황에 따라, 조건에 적응하면서 살아갈 수밖에 없는 존재이다.
그런 인간에게 보편적 입법의 원리가 윤리로서 강요된다면 그
것은 윤리가 아니라 억압이 된다. 윤리에 대한 형이상학적 접근
이 이런 결과를 초래하는 것이다. 그러면 여기서 우리는 윤리의
문제의 본질을 생각할 필요가 있다. 윤리의 문제에서 칸트적 접
근은 전형적인 관념론적이고 형이상학적인 접근이다. 선험적으
로 결정되는 윤리의 잣대에 따라 인간이 행동해야 한다는 주장
은 전형적으로 지배계급의 논리이다. 현존하는 윤리의 잣대는
선험적으로, 인간의 순수이성에 의해 결정된 것이므로 무조건
따라야 한다는 주장이 성립하는데 이는 실제로는 기득권 보호
의 논리가 된다. 과연 윤리는 선험적으로 결정되는 것인가, 아
니면 역사적 조건, 역사적 단계에 의해 형성되는 것인가? 예를
들면 도둑질하지 말라는 것은 중요한 윤리이지만 사유재산제도
가 없는 상태에서는 도둑질 자체가 불가능하다. 공동소유의 원
시공동체에서 도둑질이라는 관념은 불가능했다. 미래의 사회주
의 사회에서도 사적 소유가 완전히 폐지되면 도둑질이라는 관
념은 사라질 것이다. 또한 아리스토텔레스는 당시에 노예제도를
인간 본연의 제도, 자연스러운 것이라고 보았다. 그러나 지금
현대 자본주의에서 노예제도는 혐오스런 것이고 인종차별도 금
지되고 있다. 이러한 것은 도덕관념, 윤리의 역사적 성격을 말
하는 것이 아닌가? 현대 부르주아 사회에서는 자유, 평등의 관
념이 헌법에 의해 보장되고 있다. 그러나 이전의 봉건제 사회에
서는 신분질서, 봉건적 질서에 순응하는 것이 윤리적이었다. 이

와 같이 윤리적 관념, 기준은 역사적 발전에 의해 규정되는 것
이지 결코 선험적 이성에 의해 결정되지 않는다. 따라서 칸트의
선험적 이성에 의한 윤리준칙의 결정 주장은 독단적인 것이다.
그러나 현대 부르주아 형법에서 형벌권의 행사의 근거로서, 형
법을 근거지우는 법철학으로서 칸트의 사상이 상당한 영향을
발휘한다. 자유의지, 책임성 등이 그러한 관념들이다. 그런데 이
러한 관념은 그것이 선험적이기 때문에 작동하는 것이 아니라
역사의 부르주아적 발전 단계에 적합하기 때문에 작동하는 것
이다.

칸트는 ≪판단력 비판≫에서 미학과 목적론에 대해 서술하는데
칸트의 미학은 흔히 말하는 순수예술 관념의 원형을 보여준다.
칸트는 다음과 같이 순수한 취미판단을 말한다. "자극과 감동의
영향을 받지 않는 (비록 자극과 감동이 미에 관한 만족과 결합
될 수 있을지라도) 취미판단, 따라서 단지 형식의 합목적성만을
규정 근거로 갖는 취미판단이 곧 순수한 취미판단이다."387) 형
식의 합목적성만을 근거로 하는 것이 순수한 취미판단, 즉 순수
한 예술이라는 것이다. 이렇게 되면 예술의 내용은 부차적인 것
이 되고 예술의 형식이 으뜸으로 여겨지게 된다. 그리하여 칸트
는 다음과 같이 말한다. "회화나 조각에 있어서, 아니 모든 조
형 예술에 있어서, 따라서 건축예술과 조경예술에 있어서도 그
것이 미적 예술인 한, 본질적인 것은 도안이다."388) 도안, 즉
형식이 본질적이라는 주장이다. 그런데 칸트가 이렇게 형식을
미의 으뜸으로 치는 것은 다음과 같은 이유 때문이다. 즉, 이러
한 칸트의 인식은 "취미판단은 인식판단이 아니"389)며 "미는
개념없이 보편적으로 만족을 주는 것"390)이라는 인식에 기초한

---

387) 칸트, 판단력 비판, 책세상, p.46
388) 앞의 책, p.49
389) 앞의 책, p.24
390) 앞의 책, p.40

244

다. 이러한 칸트의 미학은 미 혹은 예술에 대해 내용을 제거하고 형식만을 추구하는 것이다. 미는 인식과 개념의 문제가 아니라 보편적인 만족이 문제이기 때문에 내용은 제거되고 형식만 남는다는 것이다. 그러나 인식과 개념의 문제가 아니라고 하더라도 미에서 내용이 반드시 제거되어야 한다는 주장은 과도한 것이다. 미적 만족을 위해서는 형식뿐만 아니라 내용 또한 많은 영향을 미치기 때문이다. 예를 들면 아름다운 꽃이라는 인식은 단지 형식만이 아니라 색깔, 모양, 풍취 등의 여러 요소에 의해 결정된다. 이는 미학이라고 해서 내용적인 것이 반드시 배제되어야 하는 것은 아님을 말해준다. 한편 칸트의 이러한 미학은 사회주의 리얼리즘(현실주의)이 사상성, 인민성, 리얼리즘을 추구하는 것과는 상반된다. 사상성, 인민성이라는 내용적 측면은 미적 감동이라는 점에서 많은 영향을 미치는데 칸트의 미학에서는 이러한 점이 허용될 여지가 없다.

칸트 미학의 정점은 이른바 '숭고'에 대한 것이다. 칸트는 인식론에서 지성과 이성을 구분하는데 그러한 구분을 미학에도 적용한다. 지성은 감각의 자료를 받아 인식하고 사고하는 단계이며 이성은 감각과 무관한 인식 단계로 칸트는 파악하는데 이를 미학에 그대로 적용한다. 그리하여 '숭고'에 대해 다음과 같이 설명한다. "미는 비규정적 지성 개념의 현시지만, 숭고는 비규정적 이성 개념의 현시라고 간주할 수 있을 것 같다. … 후자(미)는 직접적으로 생을 촉진하는 감정을 수반하며 그 때문에 자극이나 유희하는 상상력과 결합될 수 있지만, 전자(숭고)는 오직 간접적으로만 일어나는 쾌감이다. … 비록 우리가 자연의 많은 대상들을 아름답다고 부르는 것이 매우 정당할지라도, 자연의 어떤 대상을 숭고하다고 부르는 것은 전혀 정당한 표현이 아니라는 점이다. … 왜냐하면 본래의 숭고란 감각적 형식에 포함될 수 있는 것이 아니고 이성의 이념들에만 관계하기 때문이다."391) 이렇게 칸트는 인식론에서 감각과 관련되는 지성과 감각과 관련되지 않는 이성으로 인위적으로 나누는 것을 기초로 미학에서도 미는 지성에, 숭고는 이성에 대응시키고 있다. 그리고 그러한 숭고의 개념이야말로 미학의 최고봉으로 치고 있는 것이다.

칸트의 철학은 난파위기에 처한 형이상학의 혁신을 목표로 하고 있다. 칸트의 인식론은 경험과 독립적인 순수이성을 성립시켜서 인간의 사고과정 자체를 검증해야 한다는 문제의식에서 출발했다. 그러나 칸트는 형이상학적 사고의 제약 속에서 현상과 사물자체(본질)을 단절적으로 나누어 사물자체에 대한 인식 불가능성을 주장하는 불가지론에 빠졌다. 그러나 당시의 철학과 과학발전을 반영하여 형식논리학을 넘어서는 선험적 논리학을 제기하여 인식과 대상의 일치, 내용적 질료를 포함하는 논리학을 추구하였다. 그리고 선험적 논리학의 구성으로서 변증법의 전제가 되는 범주론을 제기한 것은 성과였다. 그리고 이율배반의 형식이지만 변증법을 제기하고 그것을 철학의 영역에 끌어들인 것은 칸트의 중대한 공헌이었다. 형이상학의 제약으로 인해 칸트는 변증법의 완성으로 나아갈 수 없었지만 그의 선험적 논리학은 형식논리학을 넘어서는 새로운 논리학의 단계를 열었으며 변증법적 논리학을 예비하는 것이었다. 실천, 윤리와 관련하여 칸트는 윤리적 준칙의 선험성을 주장하여 윤리의 역사적 성격을 도외시했으나 당대 부르주아지의 요구를 반영하여 많은 영향을 미쳤다. 또한 미학에서는 순수이성관념을 적용하여 숭고의 개념을 제기하고 순수예술의 근거가 되는 이론을 발전시켰다. 이러한 칸트의 철학은 18세기 말의 독일 부르주아지의 유약성을 반영하는데 프랑스의 부르주아지의 사상적 경향이 유물론의 경향을 띠었던 것과는 대비된다.

---

391) 앞의 책, pp.81-83

16. 피히테, 셸링

피히테는 18세기 말과 19세기 초에 활동했던 독일의 관념론 철학자이다. 피히테는 칸트의 영향을 받아 철학활동을 시작했지만 곧 칸트에게 남아있던 유물론의 영향을 제거하고 주관적 관념론의 길을 걸어갔다. 즉, 칸트가 주관의 밖에 존재하는 것으로 인정했던 사물자체 혹은 물자체를 관념론의 입장에서 비판하고 주관적 관념론인 자아(自我)-비아(非我)의 철학을 제출했다.

칸트의 물자체는 그 자체는 내용이 없는 것이지만 주관의 인식 밖에 존재한다는 점에서 외적 세계의 존재의 승인가능성을 남겨두는 것이었다. 즉, 유물론으로 향하는 통로가 될 수 있었다. 그러나 칸트는 공간과 시간을 주관의 인식형식으로 보아 물자체의 시간적, 공간적 성격을 부인하고 그것의 인식가능성을 부정했다. 그런데 피히테는 이렇게 불완전한 개념인 물자체마저도 유물론적 요소로 치부하여 제거하고 인식 주관을 의미하는 자아를 철학의 최고의 원리로 놓는 견해로 나아갔다. 그런데 피히테가 자아를 최고 원리로 놓는 주관적 관념론의 길을 간 것은 칸트 철학의 한계, 즉 현상과 물자체, 이율배반 등에서 보이는 이원론적 경향은 진정한 철학이 될 수 없다는 문제의식에서였다. 그리하여 피히테는 이원론을 극복할 수 있는 일원론적인 최고의 원리를 추구했고 그 결과 자아 개념을 최고원리로 놓게 된다.

피히테는 제1원칙으로 "자아는 자기 자신을 정립한다."[392]는 것을 놓는다. 여기서 자아는 "자기 자신에 의한 단순한 정립에 의해 존재"[393]한다. 이렇게 자아가 스스로를 정립하고 단순한 정립에 의해 존재하게 된다면 자아는 자연과 같이 자기원인을

---

392) 피히테, 전체 지식론의 기초, 서광사, p.21
393) 앞의 책, p.21

갖는 실체가 된다. 자아가 무엇인지 알 수는 없으나 스스로 활
동하고 산출하고 정립하는 최고의 존재, 궁극적 존재라는 것을
제1원칙에서 피력하고 있는 것이다. 피히테는 모든 실재적인 것
이 자아에 의해 존재한다고 한다. "실재성의 범주가 적용될 수
있는 다른 모든 가능한 것에 대해서는 그 실재성이 자아로부터
그것에로 전가된 것이라는 것, 즉 자아가 존재하는 한에서만 그
것이 존재한다는 것이 제시될 수 있어야 한다."394) 이렇게 제1
원칙을 세운 피히테는 이어서 제2원칙을 세우는데 그것은 자아
가 비아를 정립한다는 것이다. 피히테는 비아(非我)의 개념을
다음과 같이 세운다. "근원적으로 자아 이외에는 아무것도 정립
되지 않았으며, 따라서 오직 자아만이 단적으로 정립된 것이다.
그러므로 오직 자아에만 단적으로 대립될 수 있다. 그리고 자아
에 대립된 것이 비아이다. … 자아에 귀속되는 모든 것의 반대
는 단순한 반정립의 힘에 의해 비아에 귀속되어야 한다."395) 궁
극의, 최고의 개념인 자아가 단적으로 성립한 후에 오직 존재하
는 것은 자아뿐이고 대립이라는 개념이 성립한다면 그것은 오
직 자아에 대해서만 대립될 수 있을 뿐이며 이와 같이 자아에
대립되는 개념을 비아라 칭한다는 것이다. 그런데 비아라는 것
은 자아를 전제하는 개념이고 그런 점에서 자아에 의해 정립되
는 개념이라고 피히테는 주장한다. 비아가 자아에 의해 정립된
다는 것은 관념론적 사고인데 비아라는 개념이 자아 개념을 전
제한다는 것이 곧 자아가 비아를 정립한다는 것을 의미한다는
주장으로 이어지고 있기 때문이다.
이와 같이 자아와 비아를 정립한 피히테는 자아와 비아를 종합
하는 제3원칙을 세우는데 그것은 '자아가 자기 자신과 비아를
정립한다'는 것이다. 이러한 종합의 의미에 대해 피히테는 다음

---

394) 앞의 책, p.26
395) 앞의 책, p.31

과 같이 말한다. "어떠한 반정립도 종합없이는 불가능하다. 왜
냐하면 반정립은 같은 것 안에서 대립된 특징을 찾는다는 점에
서 성립하는데, 여기서 같은 것은 만일 그것들이 먼저 종합적
행위에 의해 동정립되지 않았더라면 같은 것이 아니었을 것이
기 때문이다."396) 정립-반정립-종합으로 이어지는 개념의 연쇄
에서 피히테는 정립과 반정립이라는 개념은 같은 것 내부에서
의 대립이라는 점에서 종합을 전제하는 개념임을 주장하는 것
이다. 그런데 이렇게 사아가 자기자신과 비아를 정립한다는 것
은 자아가 자아와 비아, 즉 온전한 세계 전체를 산출하는 주체
임을 주장하는 것이며 이는 주관적 관념론을 의미한다.

피히테는 주관적 관념론자로서 비아는 자아에 의해 정립되고
규정된다. 그에 따라 자아와 비아의 관계는 유물론적 관점과는
정반대로 전도되어 나타나는데 "객체를 정립함과 자신을 정립
하지 않음은 같은 의미이다"397)라고 한다. 객체, 즉 객관에서의
정립은 자아, 주관에서 비정립과 같다는 것인데 이는 유물론과
는 정반대이다. 유물론에서는 객관세계의 변혁을 통해 주체를
변혁한다는 것으로써 주관과 객관의 관계를 세운다. 그러나 피
히테는 정반대로 객관, 객체, 비아의 정립은 자아의 비정립과
같은 것이다. 객관, 비아가 정립될수록 자아가 비정립된다는 것
은 대립의 관념을 자아-비아라는 식으로, 즉 주관적 관념론적으
로 전개했기 때문에 가능한 사고이다. 이러한 관점에서는 객관
세계를 변혁할수록 자아는 더욱 비정립되게 되는 것이다.

피히테의 체계에서 비아는 자아의 반대로서 객관을 의미한다.
그러나 피히테의 비아는 유물론에서 말하는 객관과 차이가 있
는데 왜냐하면 비아는 자아를 전제해서만 성립하는 개념이기
때문이다. 그러나 유물론에서 객관은 주관 혹은 자아로부터 독

---

396) 앞의 책, p.41
397) 앞의 책, p.129

립되어 있는 실재를 가리키며 자아를 전제로 하는 개념이 아니다. 한편 피히테의 비아는 칸트의 물자체와도 일정한 차이가 있다. 피히테의 비아는 자아에 의해 정립되는 것이다. 즉, 주관의 산물로서 비아이다. 그러나 칸트의 물자체는 주관 밖의 존재를 가리키는 것이다. 즉, 칸트의 물자체는 주관의 산물이 아니며 다만 그것이 무엇인지 인식 불가능한 것일 따름이다.

피히테는 칸트의 이원론을 극복하기 위해 자아를 최고원리로 하는 일원론적인 주관적 관념론의 길을 걸었는데 칸트의 한계를 극복하려는 노력 속에서 많은 변증법적 요소를 발전시켰다. 칸트가 이율배반의 개념을 통해 대립만 있을 뿐 동일성을 보지 못한데 비해 피히테는 대립과 통일을 연관시키고 있다. "대립은 정립하는 자와 대립하는 자의 의식의 통일성의 조건하에서만 가능하다."398) 대립은 통일성을 조건으로 한다는 것은 뛰어난 통찰이다. 정립과 반정립은 상호간에 일정한 통일성을 전제로 성립한다는 것은 과학적이다. 그러나 피히테에게서 그것은 '의식의 통일성'일 뿐이며 절대적 주체인 자아의 자기운동일 뿐이다.

피히테는 자신의 자아-비아의 철학의 논리적 출발점을 동일율에 놓고 있다. A=A라는 동일율을 통해서 칸트의 이율배반의 한계를 극복하려 했던 것이다. 그러했기 때문에 대립이 통일성(동일성)을 전제한다는 것을 발견할 수 있었던 것이다. 피히테는 분석과 종합에 대해 고찰하면서 분석은 "대립되어 있는 특징을 찾는 행위"라고 보고 "종합적 과정은 대립된 것들에 있어서 다시 그것들이 같게 되는 특징을 찾는 과정"399)이라고 보고 있다. 이러한 피히테의 인식은 결정적으로 칸트의 이율배반의 한계를 넘어서는 것인데 이는 대립과 동일성의 문제를 해결하여 동일

---

398) 앞의 책, p.30
399) 앞의 책, p.40

성 속의 대립이라는 변증법적 모순 개념이 탄생할 수 있는 전제를 마련한 것이다.

피히테는 자아와 비아의 대립을 전개하면서 상호연관이라는 변증법의 주요 범주를 도출한다. "우리는 자아와 비아가 종합에 의해 결합되는 한, 그 종합에 의해 결합된 자아와 비아 안에 남겨진 대립된 특징을 찾아내야 하며, 그것을 하나의 새로운 연관 근거에 의해 다시 결합해야 하는데, 그 새로운 연관 근거는 다시 또 모든 연관 근거 중 최고의 연관 근거 안에 포함되어 있어야 한다."400) 여기서 연관의 개념은 대립을 기초지우는 관념적인 것으로서 전개되고 있는 한계가 있지만 중요한 것은 상호연관이라는 범주가 변증법적 전개에 있어 자연스레 제기되고 있는 점이다. 변증법의 제 범주의 출발점은 제 대상(물질)의 상호연관이라는 관념이다. 원인과 결과, 보편-특수-개별, 우연과 필연 등의 제 범주는 결국은 상호연관의 문제이다. 그런 점에서 피히테가 칸트를 넘어서서 변증법을 발전시키면서 상호연관의 문제의식을 전개하는 것은 중대한 진보였다.

피히테는 비록 관념론적이지만 유한과 무한의 관계에 있어서도 형이상학을 극복하고 유한과 무한의 통일을 제기한다. "자아는 비아에 의해 제한되는 한에서 유한하다. 그러나 자아 자체로서는, 즉 자신의 고유한 절대적 활동성에 의해 정립되는 것으로서는 무한하다. 자아 안의 무한성과 유한성은 통합되어야 한다."401) 비록 유한성과 무한성의 통일(통합)이 자아 안의 것으로 제기되고 있지만 유한과 무한의 통일을 제기한 것은 형이상학을 넘어서는 변증법적 인식이다.

피히테는 또한 내용과 형식의 상호규정에 대한 변증법적 통찰을 보인다. "모든 학문론의 최초의 명제는, 그 둘, 즉 내용과 형

---

400) 앞의 책, p.43
401) 앞의 책, p.77

식을 가져야 한다. 그런데 그 최초의 명제는 직접적으로 그리고 자기 자신을 통해서 확실해야 한다. 그리고 그러한 것은 그것의 내용이 그 형식을, 그리고 역으로 그것의 형식이 그 내용을 규정한다는 것 이외에 다른 것을 의미할 수가 없다."402) 여기서 학문론은 지식론과 같은 개념이다. 그리고 최초의 명제는 최고 원리인 자아에 관한 명제를 말한다. 그런데 피히테는 이러한 자신의 학문체계에 있어서 내용이 형식을 규정하고 형식이 내용을 규정한다는 변증법적 방법을 적용하고 있음을 밝히고 있다. 자아라는 관념론적인 바탕 위에서이지만 내용과 형식의 변증법을 거의 완성단계로 제출하고 있는 것은 커다란 성과이다.

피히테는 나폴레옹이 독일을 침략했을 때 독일민족의 단결과 투쟁을 호소하는 강연을 했는데 ≪독일국민에게 고함≫이 그것이다. 여기서 그는 새로운 교육을 주장하고 교육을 통해 독일민족이 각성할 것을 호소한다. "우리는 새로운 교육을 통해 독일국민을 하나의 전체로, 다시 말하면 하나의 관심을 통해 그 모든 구성원에 의해 움직여지고 고무되는 전체로 만들고자 한다. … 새로운 교육은 특수한 계급의 교육이 아니라 단적으로 말해 국민으로서의 국민교육, 한 사람의 예외도 없이 국민 각자에게 실시되는 교육이며, 이러한 교육, 다시 말하면 올바른 것에 대해 마음속으로 기쁨을 느끼게 하는 교육에 있어서는 교육 이외의 발전 분야에서 앞으로 생길지도 모를 모든 계급적 차별은 완전히 지양하고 소멸시켜야 한다."403) 피히테는 나폴레옹의 침략이라는 현실, 독일 민족이 예속 민족으로 전락한 현실에서 새로운 국민교육을 통해 부흥의 길을 찾고자 했다. 여기서 특징적인 것은 계급교육을 부정하고 평등한 국민교육을 주장한다는 점이다. 이는 진보적 요소라 할 수 있는데 피히테는 민족문화,

402) 피히테, 학문론 또는 이른바 철학의 개념에 대하여, 철학과 현실사, p.59
403) 피히테, 독일국민에게 고함, 범우사, p.22

252

민족적 독립의 의미를 강조하기도 했다. 그런데 그 강연에서 피히테는 독일민족의 사명 등 민족주의 경향을 극단적으로 표출하기도 했다.

셸링은 피히테의 뒤를 이어 독일 관념론을 발전시킨 철학자이다. 셸링은 피히테의 후계자로서 등장했으나 곧 주관적 관념론의 불합리성을 지적하고 동일(同一)철학을 제출한다. 동일철학은 주관과 객관의 동일성을 주장하는 것인데 주관을 철학의 출발점으로 삼지도 않고 그렇다고 객관을 주관으로부터 독립한 객관적 실재로 승인하는 것도 아니다. 그런 점에서 셸링의 주관과 객관의 동일성 이론은 일종의 객관적 관념론이라 할 수 있다.

셸링은 주관과 객관을 고찰하면서 객관에서 출발하여 주관으로 나아가는 것은 자연철학 혹은 자연과학이라 하고 주관적인 것에 앞자리가 부여되는 경우는 선험철학이라 구분한다. 그리하여 셸링은 선험철학과 자연철학이 만나는 지점, 동일성이 확보되는 지점을 분석한다. 그러나 셸링은 다음과 같이 외적 세계, 객관적 실재를 승인하는 유물론과 선을 긋는다. "모든 다른 편견을 야기하는 하나의 근본 편견은 우리의 외부에 사물들이 있다고 하는 것이다. … 선험적 지식에서 볼 때는 외부의 사물들이 존재한다는 확신은 단순한 편견에 불과하며, 그 근거를 발견하기 위해서 선험적 지식은 그 편견을 넘어선다."404) 외부의 사물의 존재가 단순한 주관의 산물이 아니라 주관으로부터 독립한 객관적 실재임을 승인하는 것은 객관, 물질적 존재가 주관보다 일차적임을 승인하는 것으로서 유물론을 의미한다. 셸링은 자신의 관념론을 전개하기 위해 우선적으로 철학의 근본문제에 있어서 관념론적 선택을 하고 있는 것이다. 셸링은 유물론과 관념론을 다음과 같이 파악한다. 즉, 유물론적 신념은 "어떻게 표상들이

404) 셸링, 선험적 관념론의 체계, 지만지, pp.34-35

표상들과 완전히 독립적으로 존재하는 대상들과 절대적으로 일치할 수 있는가 하는 것을 설명하는 것이다."405) 그리고 관념론적 신념은 "우리 안에서 자유롭게 그리고 필연성 없이 떠오르는 표상들은 사유세계를 넘어 사실 세계로 나아가서 객관적인 실재성을 획득할 수 있다는 신념이다."406) 여기서 주목되는 것은 셸링에 의해 철학의 근본문제가 일정하게 정식화되고 있는 점이다. 이전의 철학자들은 의식과 물질, 정신과 존재라는 철학의 근본물음을 의식하고는 있었지만 그것을 명료하게 정식화하고 있지는 못했는데 셸링은 유물론과 관념론의 차이의 핵심을 일목요연하게 정리하고 있다. 그러나 셸링은 여기서 관념론의 길을 선택했다.

이와 같이 철학의 근본문제를 정리한 셸링은 자신의 철학의 최고과제를 다음과 같이 제기한다. "이 문제에 대한 해결, 다시 말해, 어떻게 표상들이 대상들을 따르는 동시에 대상들이 표상들을 따르는 것으로 생각될 수 있을까? 하는 물음에 답하는 것이 선험철학의 첫 번째 과제는 아닐지라도 최상의 과제다."407) 표상이 대상을 따르는 것은 유물론이고 대상이 표상을 따르는 것은 관념론인데 셸링은 이 둘을 통합하는 것이었고 그리하여 주관과 객관의 동일성으로 나아갔던 것이다. 셸링은 다음과 같이 주관과 객관의 동일성의 문제를 해결한다. "표상은 주관적인 것이지만 존재는 객관적인 것이므로 과제는 가장 정확하게 다음과 같이 규정될 것이다. 즉, 과제는 주관과 객관이 직접적으로 하나인 지점을 발견하는 것이다."408) 주관과 객관이 하나인 지점을 발견해야 주관과 객관의 동일성의 철학적 토대가 확보된다는 것이 셸링의 의도이다. 이러한 문제에 대해 셸링은 다음

---

405) 앞의 책, p.39
406) 앞의 책, pp.39-40
407) 앞의 책, p.41
408) 앞의 책, p.66

254

과 같이 답을 한다. "저 주관과 객관의 직접적 동일성은 표상된 것이 또한 동시에 표상하는 자이며, 직관된 것이 또한 동시에 직관하는 자인 그런 곳에서만 존재할 수 있다. 그러나 표상된 것의 표상하는 자와의 동일성은 오직 자기의식 안에만 존재한다. 그러므로 우리가 찾아야 할 그 지점은 자기의식 안에 있다."409) 즉, 자기의식은 하나의 주관이면서 동시에 사고활동을 의미하기 때문에 그 활동에 의해 하나의 객관이 된다는 것이 셸링의 설명이다. 이렇게 자기의식을 주관과 객관의 동일성의 지점으로 파악한 셸링은 그것을 자아 개념으로 설명한다. "자기의식 활동을 통해서도 우리에게 어떤 개념이 만들어져야 하는데 바로 이 개념이 자아 개념이다. … 자아란 그 자체 자기의식 활동 이외에 다른 것이 아니다."410)

이렇게 하여 셸링은 자신의 자기의식, 자아 개념을 기초로 주관과 객관의 동일 철학을 세웠다. 그런데 자기의식이 주관과 객관의 통일이라는 셸링의 견해는 객관에 대한 관념론적 이해를 기초로 한다. 자기의식이 객관이란 것은 어떤 것인가? 자기반성의 과정은 자신의 의식, 자기의식을 돌아보는 과정이다. 그러나 그 때의 자기의식이 객관인가? 셸링은 그렇다고 승인하고 있는 것이지만 그것은 관념론적으로 이해된 객관이다. 유물론에서 객관은 주관, 자기의식으로부터 독립된 실재를 가리키는 개념이다. 외적 세계를 가리키는 것이 객관의 본질적 의미인데 셸링의 관념론에서는 자기의식 자체가 주관과 객관의 동일체가 된다.

이렇게 관념론적으로 이해된 객관을 기초로 셸링은 주관과 객관의 동일성, 동일철학을 세웠다. 그런데 여기서 피히테의 자아와 셸링의 자아 혹은 자기의식은 용어는 동일하지만 담고 있는 내용은 다르다는 것을 지적할 필요가 있다. 피히테의 자아는 자

409) 앞의 책, pp.66-67
410) 앞의 책, p.69

연의 자기원인과 같은 것으로서 스스로를 정립하고 나아가 비아를 정립하고 종합하는 절대적 주체이다. 비아, 즉 객관은 자아, 즉 주관에 의해 규정된다. 그러나 셸링의 자아, 자기의식은 객관을 산출하고 규정하는 주관이 아니라 주관과 객관이 동일성으로 용해되어 있는 자아이며 단순한 주관이 아니다. 그에 따라 피히테가 주관적 관념론자라면 셸링은 객관적 관념론자가 된다.

셸링은 주관과 객관의 동일성 문제를 추구하면서 변증법적 방법을 발전시켰다. "지식의 근원적인 내용은 근원적인 형식을 전제하며, 역으로 지식의 근원적인 형식은 지식의 근원적 내용을 전제해 양자는 상호 서로가 서로를 조건으로 하지 않는다면 설명될 수 없다."411) 여기서 형식과 내용의 변증법적 통일이 훌륭하게 구사되고 있다. 형식과 내용은 서로를 조건으로 한다는 것은 형식과 내용의 통일성을 주장하는 것인데 이러한 인식은 앞서의 피히테의 형식과 내용의 변증법과 같은 맥락이다.

셸링은 또한 존재의 원리와 인식의 원리가 하나라는 점을 주장한다. "지식의 최고 원리가 되는 것은 그 원리의 인식근거를 다시 더 높은 어떤 것에 두고 있을 수 없다. 우리를 위해서도 그 존재 원리와 인식 원리는 하나이어야 하며, 하나 안에 총괄되어야 한다."412) 존재의 원리와 인식의 원리가 하나라는 것은 논리학의 진보에 있어서 중대한 공헌이다. 한편으로는 사물에 대한 인식, 사물에 대한 규정과 다른 한편으로는 사고, 인식에 대한 규정, 개념에 대한 개념이 다른 원리가 아니라 하나라는 것인데 이는 인식론과 논리학의 통일의 지반을 마련하는 것이었다. 이를 기초로 하여 헤겔은 "인식과정의 진정한 도식인 변증법과 사고일반의 규칙체계인 논리학을 결합"413)시킬 수 있었다. 레닌

---

411) 앞의 책, p.56
412) 앞의 책, p.73

또한 변증법, 논리학, 인식론의 통일을 ≪철학노트≫에서 주장
했다. "≪자본론≫에는 논리학, 변증법, 유물론의 인식론 이 세
개의 낱말은 필요없다. 그것은 하나이면서 동일한 것이다."414)
이러한 레닌의 입장은 자연의 변증법, 변증법적 논리학, 그리고
인식과정의 변증법이 모두 하나의 전체로 통일된 유기적 총체
임을 주장하는 것이다. 자연의 무수한 변화 자체는 변증법적 과
정으로 진행되며 변증법의 법칙들은 그 자체로 형식논리학을
넘어서는 훌륭한 논리학의 규칙들이 되고 또 인간의 인식과성
은 감성과 이성의 대립을 기초로 진행되는데 개념의 발생, 개념
들의 상호연관과 발전은 그 자체로 변증법적 과정인 것이다. 그
런 점에서 레닌의 입장은 존재의 원리와 인식의 원리가 하나임
을 보여주는데 셸링은 관념론의 지반 위에서이지만 존재의 원
리와 인식의 원리의 통일을 주장하고 있는 것이다.

셸링은 대립을 운동과 연관시켜 말한다. "자아 안에 어떤 대립
도 없다면, 자아 안에는 결코 어떤 운동도, 어떤 생산도 없을
것이며, 따라서 어떤 생산물도 없을 것이다. 대립이 절대적인
것이 아니라면, 그와 마찬가지로 통일하는 활동성도 절대적이지
않을 것이며, 필연적이지도 않고 자의적일 뿐일 것이다."415) 여
기에는 대립과 운동의 관계, 그리고 대립과 통일의 관계가 설명
되고 있다. 대립이 없다면 운동도 없다는 것은 대립, 즉 모순이
운동의 원천임을 주장하는 것이고 이러한 관점은 헤겔에 의해
대립물의 통일과 투쟁으로서 모순 개념으로 발전한다. 또 셸링
은 대립과 통일의 관계를 제기하는데 통일은 대립을 전제한다
는 것은 훌륭한 변증법적 통찰을 보여준다.

셸링은 당시 발전하던 자연과학의 성과를 반영하여 관념론의

---

413) E. V. 일렌코프, 변증법적 논리학의 역사와 이론, 연구사, p.127
414) 레닌, 철학노트, 논장, p.296
415) 셸링, 선험적 관념론의 체계, 지만지, pp.116-117

입장에서 일정한 자연철학을 전개하기도 했다. 자연에 발전이 있다는 사상, 자연과 의식의 연관에 대해 셸링은 다음과 같이 말한다. "이른바 죽어 있는 자연이란 아직 성숙되지 않은 지성일 뿐이고, 따라서 자연현상들 안에는 지성적 특징들이 아직 의식적이지는 않지만 번뜩거린다."416) 자연은 성숙되지 않은 지성이고 자연 안에는 지성적 특징이 번뜩거린다는 인식은 두 가지로 설명될 수 있다. 첫 번째는 자연과 지성 혹은 의식이 단절적으로 구분되는 것이 아니라고 연관되어 있다는 것이다. 이를 밀고 나가면 의식, 지성은 자연의 발전의 산물일 수도 있다는 인식으로 발전하게 된다. 둘째로 셸링은 자연에서 발전이라는 관념을 승인하고 있지만 그것은 자연이 지성 혹은 정신의 산물이라는 점을 전제로 한다는 것이다. 정신의 발전사가 자연의 발전사가 된다는 관념론적 사고가 깔려 있는 것이다. 그럼에도 불구하고 자연에서의 발전이라는 관념은 커다란 진보이다.

셸링은 동일철학을 전개하면서 변증법을 발전시켰는데 후기에 가면 보수적으로 입장을 변화시키면서 소위 계시철학을 주장하면서 공공연히 신학과 합체된 입장이 되었다. 이러한 셸링의 후퇴는 변혁으로 나아가지 못하는 독일 부르주아지의 유약성과 보수성을 반영하는 것이라 할 수 있다.

---

416) 앞의 책, p.30

17. 헤겔

헤겔은 칸트, 피히테, 셸링으로 이어지는 독일 관념론을 완성했고 또한 변증법적 방법을 관념론의 지반 위에서 완성한 철학자이다. 헤겔이 활동한 시기는 프랑스 혁명의 파고가 독일을 덮고 있을 때였는데 이러한 사회적 격동, 비약을 배경으로 헤겔은 발전의 사상으로서 변증법을 완성할 수 있었다.

헤겔의 철학은 방대하다. 정신의 발생, 발전사로서 정신현상학, 변증법적 논리학, 법철학, 자연철학, 미학 등 헤겔이 관여하고 일정한 성취를 이룬 영역은 매우 넓다. 또한 헤겔의 철학은 이전의 철학과 과학 발전의 성과를 흡수하고 그것을 개작하여 자신의 것으로 삼는 것이었는데 그런 점에서 헤겔에게서는 이전의 철학이 나름대로 집대성되어 있다. 이러한 점은 헤겔이 최초로 철학사를 개척했다는 것으로도 나타나는데 그는 철학사를 인류의 정신적 발전사로서 파악했다.

그리하여 헤겔에게는 관념론의 지반 위에서이지만 가치있는 내용이 매우 많다. 특히 발전의 사상, 변증법을 최초로 포괄적으로 완성했다는 것은 헤겔의 지워질 수 없는 공적이다. 그러나 헤겔의 변증법은 개념의 자기운동으로서 매우 사변적이고 신비로운 방식으로 전개되어 있다. 이에 대해 맑스는 다음과 같이 말했다. "변증법이 헤겔의 수중에서 신비화되기는 하였지만, 변증법의 일반적 운동형태를 처음으로 포괄적으로 또 의식적으로 서술한 사람은 헤겔이다. 헤겔에게 있어서는 변증법이 거꾸로서 있다. 신비한 껍질 속에 들어 있는 합리적인 알맹이를 찾아내기 위해서는 그것을 바로 세워야 한다."417) 변증법이 거꾸로서 있다는 것은 헤겔이 변증법을 관념론적으로 전개했다는 것을 의미하며 합리적 핵심은 그럼에도 불구하고 가치 있는 과학

417) 맑스, 자본론 I권 (상), 비봉출판사, 1993. pp.18-19

적인 변증법의 내용과 사상을 말하는 것이다. 이를 비유적으로 보석을 엮은 목걸이에 비추어 말하면 보석은 변증법의 합리적 핵심 혹은 사실상 유물론적인 내용이며 보석을 엮은 실은 관념론적 전개방식이라 할 수 있다.

헤겔의 객관적 관념론의 기초가 놓인 것은 ≪정신현상학≫에서이다. 헤겔은 이 세계가 절대정신의 외화(外化)라고 본다. 절대정신이 이 세계의 근본을 규정하며 현실세계는 절대정신의 표현일 따름이다. 이렇게 객관적 관념론의 입장을 택한 헤겔에게는 정신 자체를 분석하는 것이 중요했으며 그리하여 정신을 그 발생에서부터 고찰하여 정신의 발전사를 분석했는데 이것이 바로 ≪정신현상학≫이다. 여기서는 한 개인의 정신의 발전이 인류의 정신적 발전사의 압축이라는 관점이 깔려 있다. 이는 사실상 유물론적인 관점인데 역사적 접근과 논리적 접근의 통일을 보여주는 것이기도 하다. 헤겔은 정신의 발전 과정을 감각적 확신→지각→오성→자기의식→이성→정신 등으로 배열한다. 무엇인가 있다 혹은 무엇인가 보았다는 감각적 확신의 단계, 대상의 성질을 파악하는 지각의 단계, 감각에 의해 획득된 자료를 분석, 종합하는 오성의 단계, 감각과 지각으로부터 자기자신으로 돌아와 자신을 대상으로 놓는 자기의식의 단계, 그리고 이성의 단계, 정신의 단계가 헤겔이 분석하는 정신의 발전단계이다. 이러한 접근은 정신의 현실적인 발생, 발전이라는 점에서 사실상 유물론적인 접근이다. 그러나 설정은 이렇게 유물론적으로 하였지만 그것을 전개하는 방식은 관념론적이다.

헤겔은 철학사가 진리의 점진적인 발전과정이라는 합리적인 통찰을 한다. "참과 그릇됨이 서로 대립한다는 섣부른 생각이 굳어지면 굳어질수록 사람들은 보통 기존의 철학체계를 놓고 찬성과 반대 중 어느 한쪽으로만 치우침으로써 이 체계에 대해 설명할 때에도 다만 참과 그릇됨 가운데 어느 한쪽을 가려내는데 그치고 만다. 이런 생각을 가진 사람은 여러 철학체계의 차이를 진리의 점진적인 발전과정으로 보지 않고 거기서 오로지 모순만을 관찰한다."[418] 여기에는 철학의 역사를 진리의 점진적인 발전과정으로 보는 관점이 서술되어 있는데 기본적으로 헤겔이 발전의 사상을 배후에 깔고 있다는 것을 보여준다. 이러한 헤겔의 합리성은 비판 혹은 반박에 대한 태도에서도 보인다. "원리와 대립되는 명제나 착상을 밖으로부터 끌어들여서는 안 된다. 고로 근본적인 빈박은 본디 원리를 발선시켜 나가면서 원리의 결함을 보완하는 것이어야 한다."[419] 어떤 견해에 대한 근본적인 반박은 그 견해의 원리의 발전 속에서의 교정이라고 보는 이러한 관점은 헤겔의 변증법적 지양이라는 것과 연관되는데 한편으로 합리적 핵심을 보존하면서 다른 한편으로 극복한다는 지양의 관점이 학문적 비판 혹은 반박에 대한 태도에서도 견지되고 있다.

헤겔은 의식의 1단계로서 감각적 확신을 분석한다. 감각적 확신은 "더없이 풍부한 인식, 아니 무한히 풍부한 인식"인 듯이 보이지만 "사실 이 감각적 확신은 더없이 추상적이고 더없이 빈약한 진리임을 그 스스로 보여준다"[420]고 헤겔은 주장한다. 예를 들면 '지금은 밤이다'라는 감각적 확신에 대해 다음날 낮에는 '지금'은 밤과의 관련성을 잃게 되며 남는 것은 '지금'이라는 추상만이며 이러한 추상적인 보편적 존재가 감각적 확신의 진리라고 본다. 그리하여 감각적 확신은 끊임없이 부정되면서 새롭게 정립되는 과정을 거치게 된다.

헤겔은 의식의 2단계로서 지각을 들고 있다. 지각은 감각적 확신과 달리 개별을 보편과의 관련 속에서 인식하는 것이다. "이

---

418) 헤겔, 정신현상학, 동서문화사, pp.11-12
419) 앞의 책, p.25
420) 앞의 책, p.72

에 반해 지각은 자기가 존재한다고 생각하는 것을 보편적으로 받아들인다. 애초에 보편성이 지각의 원리가 되어 있으므로 지각 속에 직접 구별되어 나타나는 요소들도 또한 보편적인 것이다."[421] 감각적 확신과 달리 지각은 그것이 무엇이고 어떤 성질을 가졌고 어떤 종류의 것이라는 인식단계를 말한다. 예를 들어 '저 꽃은 붉은 색이다'라고 할 경우 여기에는 붉은 색이라는 보편성이 저 꽃의 하나의 성질로 규정되어 있다. 이와 같이 저 꽃이라는 대상이 붉은 색이라는 성질, 보편성과의 관련 하에서 파악되는 인식이 지각이다. 또한 지각 단계의 인식에서는 특수성에 대한 인식이 이루어진다. 성질이 다른 것들 사이의 구별을 의미하는 특수성은 보편성 내에 존재하는 것인데 예를 들면 꽃이라는 보편성 속에 붉은 색 꽃이라는 특수성과 노란 색 꽃이라는 특수성이 구별되는 것이다. 그런 점에서 지각은 감각적 확신에 비해 발전된, 심화된 인식 단계이다.

헤겔이 의식의 3단계로 들고 있는 것은 오성적 인식이다. 오성적 인식은 "다만 대상적인 본질만을 내용으로 삼을 뿐 의식 그 자신을 대상의 내용으로 삼고 있지 않으므로, 의식에 나타나는 결과는 대상적인 의미 속에 있을 터인데 의식은 거기 생성된 것으로부터 아직 물러서 있다."[422] 즉, 오성적 인식은 대상적 진리만의 인식이며 의식 자신을 대상으로 하는 인식이 아니다. 그리하여 오성적 인식은 "아직 의식의 독자적 진리를 뜻하는 개념의 경지"[423]에는 다다르지 못한 인식이다. 그런 점에서 지각이 대상의 보편성과 특수성의 구별에는 도달했지만 본질에는 도달하지 못한 반면 오성적 인식은 대상의 본질에는 도달했지만 아직 개념에는 도달하지 못한 것이 된다.

---

421) 앞의 책, p.82
422) 앞의 책, p.95
423) 앞의 책, p.96

헤겔은 감각적 확신, 지각, 오성이라는 의식의 3 단계에 이어서 자기의식의 단계를 제기한다. 자기의식은 자기 확신의 진리를 의미한다. "대상 그 자체에 대한 개념이 현실의 대상 앞에선 폐기되어 버린다. 다시 말해 경험 속에 직접 나타난 최초의 표상은 폐기되고, 그로써 확신은 사실상 의미를 잃고 만다. 그 대신에 등장하는 것이 지금까지는 나타난 일이 없는, 그 자신의 진리와 일치한다는 확신이다. 확신 그 자체가 바로 이 확신하는 의식의 대상이 되고 의식 자체가 의식에게 그대로 진리가 되는 것이다."424) 오성은 대상적 진리의 인식이지만 아직 개념에 도달하지 못한 것이었다면 자기의식은 진리에 대한 확신 자체가 의식의 대상이 되는 것이다. 오성적 단계에서는 대상에 대한 진리를 확신하지만 그것은 취약하며 무너질 수 있지만 자기의식 단계가 되면 대상 자체에 대한 진리가 아니라 자신이 진리라고 확신하는 자신의 의식 자체가 의식의 대상이 되는 것이다.

여기서 헤겔은 유명한 주인과 노예의 변증법을 전개한다. 자기의식이 또 다른 자기의식과 부딪힐 때, 즉 두 개의 서로 다른 자기의식이 부딪히는 경우 목숨을 건 투쟁이 전개된다고 한다. "두 개의 자기의식의 관계는 목숨을 건 투쟁을 통해 자기 자신과 상호간의 진리를 확인하는 것으로 규정된다. 쌍방이 이러한 투쟁에 뛰어들 수밖에 없는 이유는 자기가 독자적인 존재라고 하는 자기 확신을 자기 자신과 타자 모두에 대해서 진리로 고양시켜야만 하기 때문이다. 말하자면 자유를 보증받으려면 생명을 걸고 나서야 하는 것이다."425) 여기서 목숨을 걸어야 하는 이유는 '자립적인 자기의식으로 인정받'기 위해서이다. 이러한 투쟁에서 한쪽은 자립적인 자기의식으로 고양되지만 다른 한쪽은 자아가 해체되면서 "다른 자기의식과 관계하는 의식, 즉

---

424) 앞의 책, p.121
425) 앞의 책, p.132

사물의 형태를 띠고 존재하는 의식이 성립"하며 "한쪽은 독자성을 본질로 하는 자립적인 의식이며 다른 한쪽은 생명, 곧 타자에 대한 존재를 본질로 하는 비자립적인 의식"이며 "여기서 전자는 '주인'이고 후자는 '노예'이다."426) 두 개의 자기의식이 부딪혀 한 쪽은 자립적인 의식, 주인이 되고 다른 한 쪽은 자아가 해체되면서 사물적 의식이 되며 결국 노예가 된다는 것이다. 이렇게 주인과 노예의 변증법을 성립시킨 헤겔은 노동에 대한 고찰을 통해 그것을 구체화한다. "이리하여 의식은 노동하는 가운데 자기 바깥에 있는 영속적인 장(場)으로 나아가는 것이다. 이렇게 해서 노동하는 의식은 사물의 자립성을 곧 자기 자신의 자립성으로 직관하기에 이른다. … 사물을 형성하는 가운데 스스로가 독자적 존재라는 것을 깨우치면서 마침내 노예의 의식은 자신이 즉자대자적인 완전한 존재임을 의식하기에 이른다. 사물의 형식은 바깥에 자리잡게 되지만, 그렇다고 의식과 별개의 것은 아니다. 이 형식이야말로 노예의 의식 자체가 순수한 독자성을 갖춘 진리의 모습이다. 그리하여 의식은 낯선 힘에 의해 이루어지는 것처럼만 보이던 노동 속에서 오히려 자기 혼자 힘으로 자기를 재발견하는 주체적인 고유의 의미를 이끌어 내는 것이다."427) 사물의 자립성을 자신의 자립성으로 보는 것은 노동의 소외, 소외된 노동을 의미한다. 그러나 노예는 노동 자체의 힘에 의해, 노동과정 자체에서 자신의 존재의 완전성을 깨닫게 되고 주체로서 자신을 재발견하게 된다는 것이다. 주인과 노예를 단지 대립시키는 것만이 아니라 노동의 의미에 천착한 것은 헤겔의 진보적 측면인데 이 측면은 맑스에 의해 전면적으로 계승, 발전되었다고 할 수 있다.

헤겔은 자기의식 다음 단계의 인식으로 이성을 제기한다. 헤겔

---

426) 앞의 책, p.133
427) 앞의 책, pp.136-137

은 이성의 첫 번째 범주로서 '관찰하는 이성'을 제기한다. "사념이나 지각의 대상이었던 사물을 개념으로 포착하는 것, 다시 말하면 사물 속에서 오직 자기 자신에 대한 의식을 찾아내는 일이야말로 이성이 지향하는 바이다."[428] 여기서 헤겔은 이성의 의미를 사물을 개념으로 포착하는 것으로 파악하고 있다. 오성적 인식이 대상에 대한 본질의 인식이고 그 후의 인식이 자기의식의 단계였다면 이성적 단계는 본질을 하나의 개념으로 인식하는 것이며 그를 통해 자아 또한 이성적 주체로 고양되는 단계이다.

이성적 인식의 또 하나의 범주라 할 수 있는 '법칙에 대한 인식'에 대하여 헤겔은 다음과 같이 말한다. "자연 전체를 지배하는 보편적 법칙의 진리를 주장하기 위해서 굳이 모든 개별적인 감각적 사물이 법칙을 체현하고 있음을 입증할 필요는 없다고 할 수 있다. … 개연성이 아무리 크더라도 이는 진리에 비하면 무(無)나 마찬가지이다. … 법칙이 법칙으로서 타당할 수 있는 이유는 그것이 바로 현상 속에 나타나는 것과 동시에 그 자체가 개념이기 때문이다."[429] 개연성이 아무리 높다고 해도 그것 자체는 필연적인 것은 아니기 때문에 법칙성과는 구별된다. 따라서 법칙성이 과연 무엇인가가 문제되는데 이에 대해 헤겔은 현상으로서 나타날 것 그리고 개념으로 표현될 수 있을 것을 주장하고 있다. 이는 매우 합리적인 통찰인데 법칙성은 본질의 심급이기 때문에 현상으로 나타날 수밖에 없고 나타나야 한다는 것 그리고 과학이기 위해서는 과학적 개념으로 표현될 수 있어야만 한다는 것이다.

헤겔은 이성적 인식 단계 다음으로 정신을 놓는다. 헤겔은 이성과 구분되는 정신의 의미를 다음과 같이 설명한다. "정신이 갖

---

428) 앞의 책, p.165
429) 앞의 책, p.172

는 이성이 최후에 실제 이성으로서의 이성이 되고 정신 속에
정신의 세계로서 현실화된 이성이 되어서 정신이 그러한 이성
을 직관하기에 이를 때, 정신은 참다운 정신이 된다. 결국 참다
운 정신이란 현실적이며 인륜적인 본질을 갖춘 정신을 뜻하는
것이다."430) 이리하여 관찰하는 이성, 법칙을 인식하는 이성의
단계를 넘어서 인륜적 본질을 갖추는 것이 인간 정신의 최고의
단계로 표현되고 있다. 그러나 헤겔은 여기서 매우 보수적인 견
해를 피력한다. "국가공동체는 확실히 백일하에 드러난 공명정
대한 상위법칙이며 정부의 통치라는 것을 통해서 현실적인 생
명력을 지닌다. 통치란 자기에게 돌아와 있는 현실의 정신이며
인륜적 실체 전체의 단일한 핵심이다."431) 국가의 통치가 인륜
적 실체의 핵심이라는 것은 국가를 합리화하는 것을 넘어 국가
에 거의 무제한의 권력을 부여하는 것이다. 이러한 헤겔의 견해
는 국가와 시민사회의 관계에서 국가에 우선을 두는 것인데 국
가로부터 시민사회의 해방이라는 부르주아 혁명의 성격과 성과
를 온전히 반영하지 못하고 당시 독일의 반(半)봉건적 국가체제
를 합리화하는 것이라 할 수 있다. 바로 이 지점에서 맑스는 국
가와 시민사회의 관계에서 시민사회에 일차성을 둠으로써 헤겔
을 넘어서고 과학적 사회주의의 길을 열었다. 정신에서 인륜적
본질을 이렇게 보수적으로 해석하면서 헤겔은 계몽과 미신의
싸움, 도덕적 세계관의 문제, 종교 등을 논하고 정신의 궁극적
지점으로서 절대지를 놓는다.
헤겔의 ≪정신 현상학≫은 정신의 발생, 발전사가 직접적인 내
용이지만 동시에 헤겔철학의 기초가 놓인 저작이다. 변증법적
방법의 기본적인 내용이 들어 있고 또 사회이론도 일정하게 담
겨 있다. 또한 절대지를 궁극의 내용으로 하는 객관적 관념론의

430) 앞의 책, p.292
431) 앞의 책, p.299

골격이 담겨 있다. 그러나 헤겔의 주저는 변증법적 방법의 완성을 성취한 ≪대논리학≫이라 할 수 있다. ≪대논리학≫은 3부로 나뉘어 있는데 1부의 존재론에서는 질과 양의 개념, 그리고 질과 양의 통일로서 도량(度量)의 개념이 담겨 있다. 2부의 본질론에서는 본질과 현상, 현실성의 개념이 담겨 있는데 본질 부분에서 동일성, 구별 그리고 모순의 개념이 전개된다. 3부는 개념론인데 보편-특수-개별의 개념, 판단과 추리 등의 개념과 기계론(역학), 화학론, 목적론 그리고 이념이 담겨 있다. 방대한 양의 ≪대논리학≫에 흐르는 기본적인 맥락은 개념의 자기운동으로서 변증법적 논리학이라는 점이다. 실제적으로 또 부분적으로 매우 유물론적인 내용을 담고 있으면서도 그것들을 운동시키고 연관시키는 것은 사변적인 개념의 전개이다. 그러면 맑스에 의하면 거꾸로 서있는 변증법, 즉 관념론적인 사변적 전개에 담겨 있는 변증법의 합리적 핵심, 알맹이를 발견하는 작업에 들어가보자.

먼저, 변증법의 본질이 무엇인가를 알기 위해 우선 엥겔스의 언급을 들어보자. "이와는 반대로 변증법적 사고는-바로 그것이 개념의 본성 그 자체에 대한 연구를 전제로 하고 있기 때문에-오직 인간에게만 가능하고, 인간에 있어서도 비교적 높은 발전단계에서야 비로소 가능하고(불교도들과 그리스인들), 그것의 완전한 발전은 훨씬 뒤에야 근대철학에 의해 이룩되었다."[432] 여기서 엥겔스는 동물 또한 판단과 추리, 분석과 종합 등을 하지만 변증법적 사고는 불가능하다고 보고 있는데 왜냐하면 변증법적 사고는 '개념의 본성'에 대한 연구를 전제로 하고 있기 때문에 인간만이 가능하며 그것도 인간의 높은 발전단계에서야 가능하다고 보고 있다. 즉, 엥겔스는 변증법의 본질이 '개념의 본성'에 대한 파악을 전제로 한다는 것을 주장하고 있는 것이

---

432) 엥겔스, 자연변증법, 중원문화, p.226

다. 이와 유사하게 헤겔은 사변적 사유의 본성에 대해 다음과 같이 말하고 있다. "실로 사변적 사유의 본성이란 오직 상반되는 두 계기를 그의 통일성 속에서 파악한다는데 있다. 즉, 각기 서로가 그 자체로서 자기의 반대율을 자기 자체 내에 간직하는 것으로 나타날 때 모름지기 이들이 각기 지니는 적극적 진리란 앞에서와 같은 통일이나 두 사상을 총괄하는데 있으며, 또한 그 두 계기의 무한성, 즉 직접적이 아니라 무한적인 관계로서의 자기 자신에의 관계에 있을 뿐이다."433) 헤겔에 의하면 사변적 사유의 본성은 상반된 두 계기를 통일 속에서 파악하는 것이다. 실제로 헤겔은 ≪대논리학≫에서 상반된 두 계기의 통일이라는 방법론을 일관되게 적용하고 있다. 예를 들면 그는 양(量)이라는 개념을 연속성과 분리성이라는 상반된 두 계기의 통일로서 파악하고 있다. 그리하여 연속량과 분리량이라는 개념이 성립하는데 이 두 개념은 현실에 있어서 매우 중요한 개념이다. 맑스 또한 상반된 두 계기의 통일이라는 방법을 두루 적용하고 있는데 예를 들면 ≪자본론≫에서 맑스는 상품에 대한 분석에 있어서 상품의 개념을 사용가치와 교환가치(가치)라는 상반된 두 계기의 통일로 보고 있다. 즉, 맑스는 ≪자본론≫의 서술에 있어서 처음부터 변증법을 의식적으로 적용하고 있다.

헤겔은 변증법의 서술에 앞서 먼저 형이상학을 비판한다. "그런데 이보다 앞서간 시기에 형이상학이라고 불렸던 것은 이를테면 뿌리째 뽑혀 버렸으며, 학문의 대열에서 그 자취마저 감추어 버렸다. … 실로 이제는 당대의 형이상학이 지녔던 내용이나 아니면 그 형식에 대한, 혹은 또 더 나아가서 이 두 측면에 대한 관심이 전무한 상태에 이르렀다고 해도 과언이 아니다."434) 이렇게 헤겔은 자신의 방법론, 변증법적 논리학이 형이상학과 대

---

433) 헤겔, 대논리학(I), 벽호, p.151
434) 앞의 책, p.19

척점에 있음을 의식적으로 제기하고 있다.

헤겔은 자신의 방법론의 출발점을 다음과 같이 설명한다. "즉, 반성은 여기서 일단 구체적인 직접적 존재를 초탈하여 이 직접적인 것을 규정작용을 통해서 분리시킨다. 그러나 여기서 그치지 않고 반성은 또한 못지않게 그의 분리작용에 의한 이들 제 규정을 초월함으로써 이들을 서로 연관시켜야 한다. 이와 같이 분리된 제 규정을 다시금 연관시키는 입장에 이르렀을 때 모름지기 그 제 규정 사이의 모순이 대두되는 것이나. 반성적 사유를 통한 이러한 연관작용은 곧 이성의 기능에 속하는 것으로서 바로 이와 같이 반성적인 규정의 단계를 넘어서서 제 규정 사이에 빚어지는 갈등, 모순의 진의를 통찰하는 것이야말로 참다운 이성 개념에 다다르기 위한 거대한 부정의 발걸음을 내딛는 것이 된다."435) 반성과 부정은 여기서 헤겔의 핵심 개념으로 쓰이고 있다. 반성이 '구체적인 직접적 존재를 초탈한다'는 것은 반성적 사유가 대상의 흐름에 따라가는 사유가 아니라 대상과 분리된 의식적 사유를 일컫는 것이고 부정은 변증법적 부정으로서 존재에 대한 단순한 부정이 아니라 긍정의 계기를 내포한 부정의 의미로 쓰이고 있다. 그리고 이러한 반성과 부정을 통해 헤겔은 제 규정사이의 모순을 통찰하는 것이 참다운 이성개념이라 보고 있다. 이와 같이 헤겔에게 있어서 부정이란 개념은 변증법의 전개를 가능하게 하는 핵심적 개념이 되고 있다.

헤겔은 이러한 변증법적 부정을 통해 보다 고차적이고 풍부한 내용으로 나간다고 본다. "여기서 모름지기 부정은 하나의 새로운 개념이면서 동시에 앞서 간 개념보다는 좀 더 고차적이며 좀 더 풍부한 개념이 되겠으니, 왜냐하면 지금의 이 부정은 바로 그에 선행했던 개념의 부정이며 동시에 그 대립자이기도 한 까닭에 그만큼 더 풍부해져 있기 때문이다."436) 여기서 부정은

---

435) 앞의 책, pp.30-31

선행한 것에 대한 단순한 부인을 넘어 선행한 것의 내용을 흡수하고 또 선행한 것에 대립하면서 풍부해지는 것으로 파악된다. 이렇게 변증법적 부정은 헤겔에게서 부정이면서 동시에 발전의 의미로 쓰이는 것이 특징적이다.

헤겔은 자신의 논리학의 출발점을 잡기 위해 학의 시원(學의 始源)이라는 개념을 도입한다. 즉, 자신의 논리학의 시원, 출발점을 무엇으로 잡아야 하는가 자체를 우선 탐구한다. 헤겔은 ≪정신현상학≫에서 정신은 감각적 확신에서 출발한다고 파악했다. 감각적 확신은 무엇인가 있다, 무엇인가 보았다는 의식을 말하는 것인데 아직 대상의 성질, 보편성과 특수성, 본질 등은 감각적 확신에서는 존재하지 않는다. 헤겔이 학의 시원으로 삼고 있는 존재는 바로 이러한 감각적 확신과 연관되는 것이다. 헤겔은 그리하여 아무런 규정성이 없는 순수존재를 학의 시원으로 놓는다. "결국 이 단순한 직접성을 뜻하는 진정한 표현은 순수존재 혹은 존재 일반으로서, 다시 말하면 그밖에 아무것도 없는, 즉 다른 어떤 규정이나 내실도 갖춘 바가 없는 존재인 것이다."437) 타자, 즉 자신의 외부와의 관련도 없고 또한 자체적으로는 아무런 규정도 없는 무규정적 존재가 순수존재이며 이러한 순수존재가 학의 시원을 이룬다고 헤겔은 파악한다. 그런데 여기서 헤겔은 순수존재가 아무런 규정이 없는 것으로서 내용적으로 무(無)와 같다고 본다. 그리하여 학의 시원은 이렇게 존재와 무의 통일로서 파악된다. "따라서, 시원은 이미 존재와 무라는 양자를 내포하면서 동시에 바로 이 존재와 무의 통일이기도 한 것이다.─이를 또 달리 말한다면 시원은 존재이면서 동시에 비존재인가 하면 또한 비존재이면서 동시에 존재이기도 하다는 것이다."438) 이리하여 존재와 비존재(무)의 통일이 학의 시원으

---

436) 앞의 책, pp.43-44
437) 앞의 책, pp.57-58

로 설정된다. 여기서 핵심은 순수존재라는 개념이다. 이것은 일종의 추상적 개념인데 아무런 내용도, 규정도 없는 단지 '있다'라는 의식, 혹은 존재라는 개념에 지나지 않는 것이고 내용적으로는 무와 같은 것으로 규정된다.

이렇게 존재와 무의 통일을 학의 시원으로 설정한 헤겔은 존재와 무의 통일로서 생성이 이루어진다고 본다. 여기서 생성은 현실적인 사물의 생성이 아니라 개념으로서 생성을 가리키는 추상적인 것이다. "순수존재와 순수무는 동일한 것이다. 따라서 진리일 수 있는 것은 존재이거나 또는 무가 아니라 무 속에 있는 존재이며 또 존재 속에 있는 무로서 — 이것은 단지 이행하는 것이 아니다 — 오히려 이행된 상태에 있는 것이다. … 이렇게 볼 때 결국 이 양자의 진리는 한쪽이 다른 한쪽 속에서 직접적으로 소멸되는 운동, 즉 생성에 있거니와, 다시 말해서 이것은 양자가 구별되면서도 또한 이들 스스로가 직접적으로 해소되는 그러한 구별의 과정을 거쳐 가는 운동을 뜻한다."439) 순수존재와 순수무가 동일하다는 것은 그것들이 통일성 속에서의 구별이라는 것을 말한다. 또한 존재와 무의 통일이 생성이라는 것은 존재와 무의 양극의 대립의 결과 주어지는 양극의 상호연관으로 인해 존재가 무로서 해소되고 무가 존재로서 해소되는 것이 불가피하며 그리하여 운동으로서 생성이 발생한다고 보는 것이다. 여기서 운동과 생성은 현실적인 운동과 생성이 아니라 일종의 추상으로서 관념적인 추리에 지나지 않는다. 그러나 이러한 추상은 무의미한 것이 아니라 존재와 무라는 현실의 속성의 고도의 추상이라는 점에서 의미가 있다.

이렇게 존재와 무의 통일로서 생성을 파악한 헤겔은 생성의 두 계기를 고찰한다. "이러한 양식에 따라서 생성은 이제 이중적인

---

438) 앞의 책, p.64
439) 앞의 책, pp.76-77

규정을 지니게 되는바, 즉 한편으로는 존재에 관계하는 무로부터 시작해서 다름아닌 이 존재로 이행하는가 하면 다른 한편에서는 무로 이행하는 존재로부터 시작하는바 — 즉, 이것이 발생과 소멸을 의미한다."440) 여기서 발생과 소멸은 존재와 무의 상호관계에 의해 주어지는 생성의 두 측면을 의미한다. 무에서 존재로 이행이 발생이고 존재에서 무로 이행이 소멸인데 단, 여기서 무는 고립된 무가 아니라 존재에 관계하는, 대립되는 성질로서 무이며 그렇기 때문에 생성이 가능하게 된다. 여기서 생성의 근거로서 무라는 헤겔의 관념은 고대 원자론에서 원자와 공허의 존재로 인한 세계의 운동과 생성이라는 관념과 일맥상통한다. 헤겔은 고대 원자론을 높이 평가하는데 핵심은 운동의 원천으로서 공허, 무, 부정을 파악한다는 점이다. "거기서는 공허함이 곧 운동의 원천으로 파악됐다는 점에서 그 원리가 안고 있는 추상성 외에도 또한 그 속에 사변적인 깊이가 담겨 있었던 것이다. … 결국 공허함이 곧 운동의 원천을 이룬다는 것은 어떤 것이 다만 공허한 상태 속으로만 진행되는 운동을 하는 까닭에 이미 그 속이 충만된 상태에 있는 공간 속으로 운동해 들어갈 수는 없다는 식으로 풀이될 수 있는 것은 전혀 아니다. … 공허함이 운동의 근거를 이룬다고 보는 견해는 곧 부정적인 것 일반 속에 생성의 근거, 말하자면 자기운동이 끊임없이 펼쳐져 나가는 근거가 담겨 있다고 하는 심오한 사상을 내포한다."441) 무 혹은 부정적인 것 일반, 부정성이 운동, 생성의 근거라고 하는 것은 고대 원자론과 헤겔의 경우 모두 동일하다. 사실 운동 자체가 하나의 모순인데 어떤 것이 바로 그것이면서 그것이 아닐 때 혹은 어떤 것이 그 지점에 있으면서 동시에 그 지점에 있지 않을 때 비로소 운동이 되는 것이기 때문이다. 고대 원자

---

440) 앞의 책, p.101
441) 앞의 책, pp.167-168

론의 공허, 헤겔에게 있어서 부정성 일반, 무(無)는 바로 이러한 운동의 원리에 대한 천착인 것이다.

이렇게 존재와 무를 순수존재와 순수무로서 고찰한 헤겔은 규정된 존재, 즉 현존재(現存在)로 나아간다. 헤겔은 규정성을 갖는 현존재에 이르러 비로소 질(質)의 개념이 대두된다고 한다. 헤겔의 개념의 변증법에 의하면 현존재는 대타적 존재(對他的 存在)와 즉자적 존재(卽自的 存在)라는 두 계기의 통일이다. 대다적 존재는 타인, 타자와 관련싱을 말하고 즉자적 존재는 자기 관계로서 존재, 자기동등성으로서 존재를 말한다. 예를 들면 시, 공간 속에 존재하는 현실적인 존재가 자기 외부와의 관련성과 자기 자신과의 관련성이라는 본질적인 두 계기를 갖고 있는 것과 일맥상통한다.

헤겔은 현존재에 있어서 질의 개념으로 나아가기 위해 한계라는 개념을 고찰한다. 헤겔은 한계라는 개념을 다음과 같이 설명한다. "실로 이 한계란 것은 바로 그것이 한계짓는 것, 한계를 마련하고자 하는 것의 원리로서, 이것은 마치 하나가, 예컨대 백번째의 하나로서 한계를 이루면서 동시에 백 전체의 요소가 되는 것과도 같은 것이다."442) 여기서 백번째의 하나는 백 전체의 한계인데 그 하나가 백이라는 규정을 가능하게 하는 요소가 된다. 그런 점에서 헤겔은 한계는 한계짓는 것의 원리가 된다고 본다. 또한 헤겔은 "어떤 것은 오직 그의 한계를 지님으로써만 본래 있는 그대로의 자기 본성을 지니는 것이 된다"443)고 본다. 헤겔은 질의 개념에 대해 "규정이라는 의미와 함께 또한 성질이라는 면도 바로 그 자체 내에 통합한 것"444)이라고 본다. 이는 질이 규정과 성질의 두 계기의 통일이라는 것이다. 즉, 규정

---

442) 앞의 책, pp.124-125
443) 앞의 책, p.124
444) 앞의 책, p.128

된 어떤 성질, 혹은 어떤 성질에 의한 규정성이 곧 질인 것이다. 이렇게 질의 개념을 정립한 헤겔은 이를 구체화하기 위해 성질의 개념을 분석한다. "성질이란 곧 서로가 상이하게 존재하거나 또는 구별되는 다름아닌 그 두 계기의 관계이며 더 나아가서는 바로 단 하나의 관점에 비추어본 이들 두 계기의 관계일 뿐이므로 결국 성질이란 이 두 계기의 그 자체에 있어서의 지양을 의미하는 것이 된다."[445] 어떤 것의 성질은 어떤 것에 존재하는 두 계기의 관계를 의미하며 동시에 그 두 계기는 동일성 속의 두 계기이므로 성질은 결국 지양으로 된다는 것이다. 예를 들면 자본주의 체제는 자본가계급과 노동자계급이라는 두 계기의 상호관계이며 이 두 계기의 관계는 자본주의 사회라는 동일성 속의 두 계기인데 그것은 상호 관계하는 가운데 결국 자본주의의 지양으로 나아갈 수밖에 없다. 여기서 헤겔의 뛰어난 점은 성질을 어떤 고정된 것, 불변의 것이 아니라 어떤 것에 내재된 두 계기의 관계라고 보는 점인데 그런 점에서 헤겔은 "성질 자체가 곧 변화"[446]라고 본다. 왜냐하면 성질이 두 계기의 관계를 의미한다면 그 관계성으로 인해 변화가 불가피하기 때문이다.

헤겔은 질의 개념을 고찰하면서 실재성과 부정성의 관계의 인식으로 나아간다. 헤겔은 부정을 "당위와 제한의 통일"[447]로 보면서 부정이 실재성의 근거가 된다고 본다. 어떤 것을 부정한다는 것은 당위의 측면이 있는데 이러해야 함에도 불구하고 이렇지 못하다는 당위로써 부정하는 측면이 있고 또한 부정은 어떤 것에 대해 제한, 제약을 가하는 측면이 있는데 헤겔은 이렇게 두 측면, 즉 당위와 제한의 통일로서 부정을 파악하면서 나아가

---

445) 앞의 책, p.131
446) 앞의 책, p.132
447) 앞의 책, p.132

274

부정성과 실재성의 관련을 해명한다. 헤겔은 스피노자가 말한 '규정성이란 그 모두가 부정이다'라는 명제를 고찰하면서 다음과 같이 말한다. "그리하여 현존재는 오직 그의 한계를 통해서만 스스로의 본질을 간직할 수가 있으니, 이것은, 즉 현존재는 바로 이와 같은 자기의 부정을 벗어난 곳에서는 있을 수 없다는 것을 의미한다. 이런 까닭에 실재성이 부정으로 이행한다는 것은 필연적일 수밖에 없으려니와 이럼으로써 또한 부정이야말로 실재성의 근거와 본질을 개시하는 것이다."448) 한계를 통해 현존재는 존재하는 것이며 그런 점에서 현존재는 한계, 부정을 벗어난 곳에서는 존재할 수가 없고 그런 점에서 실재성은 부정에 의해 근거지워지고 결국은 실재성이 부정으로 이행할 수밖에 없다는 것이다. 스피노자가 말한 규정은 부정이다라는 명제는 규정은 피규정된 것 자체를 넘어서는 부분에 대한 부정을 의미하고 그런 점에서 규정은 곧 부정이기도 한데 헤겔은 여기서 더 나아가 현존재, 실재성은 부정에 의해 근거지워진다고 통찰하고 있는 것이다.

이렇게 부정성의 의미를 고찰한 헤겔은 유한성과 무한성의 관계로 나아간다. 흔히 유한성과 무한성의 관계는 칸트의 이율배반에서도 제기되었고 또 현대 과학에서도 우주, 세계의 유한성, 무한성 문제로 논쟁이 된다. 그러나 유한성과 무한성의 본성이 무엇인지, 유한성과 무한성의 관계는 무엇인지가 먼저 정리된다면 현대의 철학적 쟁점에 대한 접근이 용이할 것이다. 헤겔은 먼저 유한성을 정의한다. "현존재는 규정, 한정된 것이다. … 이러한 면으로 볼 때 현존재는 단지 규정되는 것이 아니라 또한 제한된 것이기도 하다. 여기서 현존재는 유한적이긴 하면서도 그러나 그것은 이렇듯 유한적일 뿐만 아니라 오히려 유한성이라고 해야만 하겠다. 사물에 대해 우리가 유한적이라고 말한다

448) 앞의 책, p.138

면 이것은 사물이 다만 규정성만을 지니는 것이 아니라 … 오히려 이보다도 존재가 아닌 차라리 제한으로서의 비존재가 그의 본성을 이룬다는 것을 의미한다."449) 이러한 유한성에 대한 정의에서 핵심은 유한성은 규정성을 포함하지만 그보다도 더 중요한 것은 제한의 개념인데 이것은 유한적 존재에는 어떤 것이 존재하지 않는다는 것, 즉 비존재의 개념이 포함된다는 점이다. '제한으로서의 비존재가 본성을 이룬다'는 것은 바로 이러한 점을 말하는 것이다. 여기서 헤겔은 부정성의 내적인 계기인 당위와 제한의 관점에서 유한성을 상세하게 고찰한다. "바로 이 규정적, 한정적인 것은 오직 당위 속에서만 유한적일 수가 있으니, 이것은, 즉 규정적인 것은 바로 자기 자신을 다름아닌 자기의 부정으로 삼고 이를 초월해 나가려는 당위 속에서만 유한적일 수 있다는 것을 의미한다."450) 이것은 당위, 즉 이러해야 함에도 불구하고 이것밖에 안된다는 의미로서 유한성이라는 점을 말하는데 유한성은 이렇게 당위와 견주어서만 비로소 유한적이라는 점을 말한다. 또한 헤겔은 제한의 의미에서의 유한성을 다음과 같이 고찰한다. "그런가 하면 또 유한적인 것은 오직 부정을 뜻할 뿐이지만, 이것은 어디까지나 유한자가 스스로의 부정이 되면서 또한 그 자신을 바로 비존재로 하여 자기에게 관계하는 한에서만, 그리하여 또 이에 못지않게 제한을 지양하는 한에 있어서만 가능할 뿐이다."451) 자신을 비존재로 하여 자신에게 관계한다는 것은 자신의 결여, 자신에게는 무엇이 없다는 비존재로 자신을 파악한다는 것인데 이는 이미 자신의 한계, 자신에 대한 제한을 넘어서서 자신을 바라보고 있는 것이 된다. 그런 점에서 헤겔은 유한 자체가 제한을 지양한다고 본 것이다.

---

449) 앞의 책, p.141
450) 앞의 책, pp.141-142
451) 앞의 책, p.142

276

그리하여 유한적인 것은 그 자체가 자신을 지양하면서 유한자가 무한자로 전화되는 것이다. 이러한 헤겔의 파악에서 주목되는 것은 유한의 부정으로서 무한이 아니라 유한의 본성에 따라 무한으로 전화한다는 관점이다. "전반적으로 볼 때 자기를 초탈하면서 부정을 부정하는 가운데 스스로 무한자로 화(化)하는 것이야말로 유한적인 것 그 자체의 본성인 셈이다. … 결국 유한성 일반이 지양되는 데서 무한성 일반이 성립되는 것이 아니라 오히려 유한자는 이디까지나 자기의 본성에 힘입어서 무한성으로 화(化)하는 것이 된다."452) 유한이 자신의 본성에 따라 무한으로 전화한다는 것은 기존의 유한과 무한에 대한 형이상학적 사고를 넘어서서 변증법적 관점을 도입하는 것이다. 즉, 유한 자체가 비존재, 부정성을 내포하는 개념이기 때문에 유한은 자신의 부정의 논리에 따라 부정의 부정으로 나아가서 무한으로 전화된다. 그리하여 유한에 대한 부정으로서 무한 개념이 아니라 유한의 본성의 발전으로서 무한이라는 변증법적 개념이 성립한다.

무한과 유한의 관계에 있어서 헤겔은 악무한(惡無限)과 진무한(眞無限)을 나누고 있다. 유한을 단지 일차적으로 부정하는 의미로서 무한, 유한의 대립물로서 설정되는 무한을 헤겔은 악무한이라 보고 있다. 즉, 악무한은 유한이 아니다라는 의미로서의 무한인데 "이러한 악무한은 유한자의 무, 무화된 상태로서 이것은 한낱 실재하는 것뿐이며 또한 현존재의 공허하고도 몰규정적인 피안일 뿐이다. … 결국 이러한 무한자는 시원점에 있어서 존재에 무가 대립해 있을 경우에 나타났던 바와 같은 공허한 추상이다."453) 유한이 아니다라는 의미에서 무한은 내용이 없는 몰규정적인 것이며 단지 유한의 피안에 지나지 않는 것이다. 유

452) 앞의 책, p.143
453) 앞의 책, pp.144-145

한에 대한 이러한 부정, 악무한이 끝없이 이어질 때 그것은 무한누진이 된다. 이러한 것이 악무한이라면 진무한은 유한성을 자체 내로 흡수하여 지양하는 무한, 유한에 대한 부정의 부정, "유한성과 악무한이 다같이 그 속에서 지양되는 참다운 무한성"454)를 가리킨다. 즉, 악무한이 유한에 대한 단순한 부정으로서 무한이었다면 진무한은 유한의 지양으로서의 무한, 유한에 대한 부정의 부정으로서의 무한이 된다.

현존재에서 유한성과 무한성의 관계를 고찰한 헤겔은 대자적 존재(對自的 存在)와 일자(一者)를 분석한다. 대자적 존재는 시·공간의 현실적 존재를 넘어서는 일종의 관념적인 것이다. 헤겔은 대자적 존재에 내재하는 두 계기를 다음과 같이 파악한다. "이제 이 개념 속에서는 그의 자기자신에 대한 무한한 관계라는 계기와 일자에 대한 존재라는 계기가 서로 구별되는 바, 이렇듯 반성된 대자적 존재라는 점에서 대자적 존재는 곧 관념성을 뜻하게 된다."455) 자기 자신과의 무한한 관계, 그리고 일자성이 대자적 존재의 두 계기로 파악되고 있다. 그 중 첫 번째 계기인 자기 자신과의 무한한 관계에 대해 헤겔은 다음과 같이 설명한다. "대자적 존재는 자체적으로 완결된 존재이며 자기 자신에 대한 무한의 관계이다. 따라서 그것은 타자와의 관계를 의미하는 경우에도 오직 지양된 것으로서 타자와의 관계일 뿐이니, 따라서 대자적 존재는 타자 속에서도 오직 자기관계를 이루는 것일 뿐이다."456) 즉, 대자적 존재 속에서 타자는 이미 지양되어 있어서 현실적인 타자가 아니라 자기 자신 속에 존재하는 하나의 계기에 지나지 않게 되며 그런 점에서 대자적 존재는 자기 자신과 무한히 관계하는 완결된 존재라는 것이다. 흔히 표

---

454) 앞의 책, p.150
455) 앞의 책, p.155
456) 앞의 책, p.157

현하는 자주적인 자세와 태도가 대자적 존재와 가까운 표현이
라 할 수 있는데 외적인 타자의 존재, 관계 등에 종속되는 것이
아니라 그것을 자기 것으로 소화하여 자주적으로 사고하고 판
단하는 것을 가리킨다. 그러나 이것은 어디까지나 관념적인 측
면을 말하는 것이고 따라서 대자적 존재는 관념적 존재이다.

대자적 존재의 또 하나의 계기는 일자성(一者性)이다. 일자적
존재는 관념적인 계기인데 대자적 존재에서 타자는 외부에 현
실적으로 존재하는 것이 아니라 대자적 존재 내부에 하나의 계
기로서 존재하는 것이고 그럼으로써 대자적 존재는 타자를 지
양하여 일자로 존재하게 되는 것이다. 여기서 일자는 스스로가
하나의 단위가 되는 성질이라 할 수 있고 혹은 자연과학에서
원자 개념, 라이프니츠의 단자(單子) 개념과 유사한 개념이다.
실제로 헤겔은 일자를 고찰하면서 일자의 대립물로서 공허를
놓는데 이것은 고대 원자론의 원자와 공허의 개념과 사실상 동
일한 것이며 다른 점은 고대 원자론의 원자가 현실적인 시·공간
속에서의 원자였다면 헤겔의 일자는 관념성을 본질을 하는 개
념이라는 점이다. 이러한 일자 개념에서 중요한 것은 일자가 자
기 자신과 반발하면서 수많은 일자를 만들어내게 된다고 한다
는 점이다. "일자는 결코 어떤 타자 속으로 이행하는 것이 아니
라 오히려 그것은 자기 자신을 자기로부터 밀쳐낼 뿐이다. 여기
서 일자의 부정적 관계는 반발을 의미하게 된다. 이럼으로써 반
발은 필경 수많은 일자의 생성을 뜻하긴 하지만, 그러나 이것도
오직 일자 자체에 의한 것이다."[457] 여기서는 수많은 일자의 생
성이 관념적이고 신비한 형태로 설명되었다. 현실에 존재하는
수많은 원자의 존재를 관념적으로 일자 스스로의 반발에 의한
수많은 일자의 생성으로 설명한 셈이다. 엥겔스는 ≪자연변증법
≫에서 우주의 질서를 견인과 반발의 통일로 보았는데 헤겔에

---

457) 앞의 책, p.169

게서는 관념적 형태이기는 하지만 반발 개념이 일자와 연관지어 나타난 것이다. 헤겔은 또한 견인을 반발의 반발로 본다. 그리하여 견인과 반발은 동일한 것이며 견인과 반발은 균형을 이루게 된다고 본다. 이렇게 대자적 존재의 하나의 계기로서 일자 개념을 설정하고 일자 스스로의 반발에 의한 수많은 일자의 생성으로 나아간 헤겔은 질에서 양의 개념으로 이행한다.

헤겔은 양을 지양된 질이라고 본다. 질은 대상의 내적인, 자기 관계적인 규정성이지만 양은 외면적인 규정성이고 '존재에게 무관심해진 규정성'이라고 한다. 헤겔은 양을 "연속성과 분리성이라는 두 계기의 통일"458)로 본다. 이러한 연속성과 분리성의 계기에 대해 헤겔은 다음과 같이 설명한다. "이제 직접적인 양, 즉 연속량은 양 그 자체인 것이 아니라 규정적인 양으로서 모름지기 양의 참다운 규정성은 일자인 까닭에 여기서 양은 분리량이 된다. … 결국 분리적인 것이 지니는 연속성이란 모든 일자가 서로 동등하다거나 혹은 이들 일자가 저마다 다같은 통일을 지닌다는 것이다."459) 예를 들면 어떤 책상의 길이가 2미터라고 할 경우 2미터는 책상의 연속된 크기를 가리키는 연속량이다. 그러나 2미터는 각각 1미터로 분리된 양이 될 수도 있고 또한 2미터는 3미터와 분리되는(구분되는) 양이기도 하다. 이와 같이 어떤 양은 연속성의 성질과 분리성의 성질이 함께 있는 것이고 현실의 양은 이러한 연속성과 분리성의 통일이다. 그런데 이 두 계기, 즉 연속성과 분리성은 연속량과 분리량이라는 개념으로 발전하는데 이 개념들은 수학에서 매우 중요한 개념이 된다.

분리량은 하나의 양, 규정된 양을 가리키는데 그것이 정량(定量)이다. 헤겔은 정량을 다음과 같이 설명한다. "정량은 실재적

---

458) 앞의 책, p.200
459) 앞의 책, p.217

인 양으로서 이것은 마치 현존재가 실재적 존재인 것과도 같다. 그것은 일단 규정성이나 한계 일반을 수반하는 양이지만 이것이 스스로의 완전한 규정성을 갖추면 수가 된다."460) 이와 같이 정량은 한정된, 규정된 양이며 따라서 한계를 갖는 양이다. 이렇게 정량의 개념을 고찰한 헤겔은 외연량과 내포량의 개념으로 나아가고 양에 있어서 무한을 고찰한 후 질과 양의 통일로서 도량(度量)으로 나아간다.

도량의 개념은 실천적으로 매우 중요하다. 양과 질이 동일되어 있다는 것은 한편으로 양이 질을 규정하며 다른 한편으로 질이 양을 규정한다는 것을 의미한다. 양이 질을 규정하기 때문에 양적 성장과 발전이 결여된 채로 질적 전화를 도모하는 것은 매우 큰 오류가 된다. 또 다른 한편으로는 질을 확보하지 못한 상태에서 양적 발전을 도모하는 것도 어리석은 것이 된다. 그리하여 이러한 양과 질의 상호작용과 규정의 결과 성립하는 것이 양적 변화의 질적 변화로의 전화이다. 양·질 전화의 법칙이라고 불리는 이 법칙은 전적으로 도량이라는 개념에 근거한다.

헤겔은 이 도량의 개념을 갈릴레이와 케플러가 발견한 법칙과 관련하여 다음과 같이 말한다. "요컨대 이 증명이라고 하는 것은 법칙을 이루는 두 개의 양의 규정을 (시간과 공간의 경우에서처럼) 서로 관계하는 두 개의 질이나 혹은 규정적인 개념에 의거해서 인식한다는 것을 뜻한다."461) 즉, 어떤 법칙을 발견하고 증명한다는 것은 법칙을 구성하는 양의 개념을 질적인 계기에 근거하여 인식한다는 것이다. 법칙의 대상이 되는 현상에 존재하는 양의 계기와 질의 계기를 통일적으로 인식하는 것이 곧 법칙의 발견, 증명이 되는 셈이다.

헤겔은 양적 변화의 질적 변화로의 전화를 다음과 같이 설명한

---

460) 앞의 책, p.221
461) 앞의 책, p.355

다. "이러한 양적 비례의 변화에는 하나의 점이 출현하는 바, 바로 이 점상에서는 질이 변화되거나 정량이 비율화되는 것으로 나타남으로써 여기서는 이렇듯 변화된 양적 비례가 도량이 되며 그럼으로써 또 하나의 새로운 질이나 새로운 어떤 것이 되기에 이른다."462) 양적 변화가 질적 변화를 불러오는 하나의 점, 그 점이 결절점이라 불릴 수 있고 그 점으로부터 새로운 질이 출현하고 나아가 새로운 질에 기초한 새로운 양적 변화가 시작된다. 이때의 양적 변화는 앞선 질에 기초한 양적 변화와는 다를 수밖에 없다는 것은 양과 질의 통일로서 도량 개념에 근거할 때 명백하다. 헤겔은 이러한 양·질 전화를 비약성이라는 개념으로 파악한다. "… 한낱 무관심적인 비례에 따른 진행은 갑자기 중단, 단절될뿐더러 더 나아가서 이러한 진행이 양적인 견지에서 여전히 동일한 방식으로 속행될 경우에는 모름지기 어떤 특수적 비례가 비약적으로, 돌발적으로 출현하는 것이다."463) 즉, 양·질 전화는 진화적 방식으로 점진적으로 이루어지는 것이 아니라 비약의 형태를 띤다. 결절점까지는 진화적으로, 점진적으로 양적인 변화가 이루어지다가 질적 변화를 하는 지점에서는 돌발적인 비약이 이루어지는 것이다. 예를 들면 물을 얼릴 경우 0℃를 넘어서 영하로 내려갈 때 물을 담은 그릇을 건드리면 액체이던 물이 순식간에 얼어붙는 현상이 나타난다. 이러한 비약성은 사회의 경우에도 마찬가지인데 평소에는 느리게만 진행되는 사회적 진보가 혁명의 시기에는 비약적으로, 폭발적으로 전개된다. 이를 가리켜 맑스는 '혁명은 역사의 기관차'라고 하기도 했다. 이와 같이 양·질 전화의 법칙은 변화의 점진성의 중단과 비약으로 특징지어진다.

≪대논리학≫의 2부는 본질론이다. 여기에는 본질과 현상, 모순

---

462) 앞의 책, p.381
463) 앞의 책, p.383

등의 개념이 담겨 있다. 여기서 헤겔은 본질에 대한 고찰을 기초로 형식논리학과 구별되는 변증법의 핵심인 모순 개념을 정립해 간다. 그러면 우선 헤겔이 본질 개념에 대해 접근하는 것을 살펴보자. 헤겔은 본질을 구명하기 위해 우선 가상을 고찰한다. "본질은 존재로부터 발달된 이상 모름지기 그것은 바로 이 존재에 대립해 있는 듯이 보이거니와 하여간에 이러한 직접적 존재는 일단 비본질적인 것임에 틀림없다."464) 즉, 본질이라는 개념은 존재로부터 나오는 것인데 본질은 그 개념 자체가 직접적 존재와 달리 있는 것으로서 직접적 존재는 비본질적인 것으로서 가상에 지나지 않는 것으로 본다. 그런데 가상은 본질의 가상이며 "가상이란 존재의 규정성을 받고 있는 본질 그 자체이다."465) 그리고 "반성이란 본질이 자기 자체 내에서 가상을 헤치고 나타나는 것"466)이다. 이렇게 가상과 구별되는 본질 개념을 이끌어 낸 후 헤겔은 이러한 반성을 통해 동일성, 상이성, 모순이라는 개념으로 나아간다. 동일성, 상이성, 모순으로의 개념의 운동에 대해 헤겔은 다음과 같이 말한다. "이보다도 오히려 존재하는 모든 것을 고찰하는데 있어서 그 자체로서 드러나는 사실이란, 오직 모든 것은 자기동등성 속에서도 어느덧 자기 자신과의 부등한 모순된 상태를 빚는가 하면, 또한 이러한 그의 상이성 및 모순을 간직한 상태에서 어느덧 그것은 자기와의 동일자가 되어 있음으로써 결국 만물은 그 자체로서 볼 때 이렇듯 하나의 규정으로부터 다른 또 하나의 규정으로 이행하는 운동을 뜻한다는 것이다."467) 존재하는 모든 것은 자기와의 동일성 속에 있으면서 어느덧 자신의 내부에 동일성과 다른 상이성이 나타나고 이것이 나아가 모순으로 발전하고 모순의 발전은

---

464) 헤겔, 대논리학(2) 본질론, 지학사, p.22
465) 앞의 책, p.28
466) 앞의 책, p.47
467) 앞의 책, p.52

또 다른 동일성으로 나아간다는 것이다. 이러한 것이 가상에서 본질로의 이행에서 드러나는 제 규정의 운동이다. 그러면 이러한 과정에서 변증법적인 모순 개념이 어떻게 정립되는가를 고찰해 보자.

먼저 헤겔은 본질을 단순한 자기동일성으로 파악한다. 여기서 헤겔은 동일율의 관점에서 동일성의 문제를 고찰한다. A=A라는 동일율은 그 자체로는 동어반복에 지나지 않는다. 그런데 여기서도 드러나는 것은 동일율은 동일성이 상이성과 다르다는 것을 전제하고 있다는 점이다. 그리하여 헤겔은 "진리란 다만 동일성과 상이성의 통일 속에서만 완전한 것이므로, 결국 그 진리는 이러한 통일 속에서만 성립될 수 있다는 뜻이 담겨 있다"468)고 한다. 즉, 동일율 자체가 이미 동일성과 상이성의 구별을 전제하는 개념이므로 올바른 판단, 진리는 동일성과 상이성의 통일 속에서만 주어질 수 있다는 통찰이며 이에 기초하여 헤겔은 동일성 속에 존재하는 상이성, 구별이라는 관념으로 나아간다. 헤겔은 변증법적 모순 개념을 아리스토텔레스의 모순율에 대한 분석을 통해 도출하는데 이 과정을 좀 더 자세히 살펴보자. 헤겔은 'A는 동시에 A이면서 또한 비(非)A일 수는 없다'는 모순율을 분석하여 모순율이 나타내는 것은 동일성 속의 구별임을 분석한다. "A와 비A는 서로 구별되면서도 또한 이렇듯 구별된 양자는 서로가 단 하나의 동일한 A에 관계되는 것이다. 그리하여 여기서 단 하나의 관계 속에 있는 구별성으로서, 혹은 양자에게 다같이 곁들여 있는 단순한 구별로서 받아들여지게 되는 셈이다."469) 관계 속에 있는 구별 혹은 동일성 속의 구별이 모순율에 대한 분석에서 도출되고 있다. 또한 헤겔은 A가 동시에 A이면서 비A(부정)일 수는 없다(부정)는 것 속에서 동일

---

468) 앞의 책, p.55
469) 앞의 책, pp.60-61

성은 부정의 부정으로서 표현되고 있고 그런 점에서 모순율은 종합적인 성질을 지니고 있다고 본다. 이리하여 동일성과 통일되어 있는 구별, 상이성이라는 개념이 성립한다. 그리고 이러한 구별, 상이성의 개념은 대립의 개념으로 발전한다. "결국 이들 두 계기, 즉 동등성과 부등성은 단 하나의 동일한 것 속에서만 서로가 상이하다는 규정이 내려지게 되는바, 이를 또 달리 말한다면 상반된 방향으로 갈라지는 구별이 서로 아무런 차이도 없는 하나의 관계를 이룬다고 하는 규정이 내려지는 셈이다. 여기서 마침내 이 규정은 상호대립으로 이행하게 된다."[470] 동등성과 부등성이라는 상이성, 구별이 동일한 것 속에서의 구별이므로 그것은 동일한 것 속에서의 대립으로 된다는 것이다. 즉, 동일성 속에서의 상이성이 대립이 된다. 그런데 상이성과 대립은 다음과 같은 차이가 있다. "결국 이 두 측면이 상이성 속에서는 상호 무관한 상태에서 뿔뿔이 흩어져 있게 마련이지만, 대립 그 자체에 있어서는 이들 두 측면이 오직 구별을 이루는 두 측면이 되므로 그 중의 한쪽은 다른 한쪽에 의해서 규정을 받는, 다름 아닌 계기의 구실을 하는 셈이다."[471] 즉, 대립은 동일성 속의 구별이므로 각각의 대립의 측면은 계기가 되어 서로가 다른 쪽을 규정하고 또 피규정된다는 것이다. 이것이 바로 대립물의 상호제약이라는 개념이다. 여기서 대립하는 양 측면 중 적극적인 측면은 동일성의 내용을 규정하면서 부정적인 것을 배제하고 대립하는 측면 중 소극적인 측면은 피규정되면서 부정적 성격을 갖게 된다. 예를 들면 자본주의 사회에 있어서 대립의 한 측면인 자본가계급은 적극적인 측면으로서 사회 자체의 자본주의적 성격을 규정하면서 동시에 대립의 다른 측면인 노동자계급을 배제한다. 이리하여 자본가계급과 노동자계급은 자본주의

---

470) 앞의 책, p.74
471) 앞의 책, pp.87-88

사회라는 동일성 내의 구별이며 대립의 측면들이며 상호 제약한다. 이렇게 대립이 동일성 속에서 상호 제약하는 것을 모순이라 한다. 이러한 모순의 의미에 대해 헤겔은 다음과 같이 말한다. "모순에 비해서 동일성이란 것은 단순한 직접적 존재, 즉 죽은 존재라는 규정 이상의 것일 수는 없기 때문이다. 이와는 달리, 모순은 온갖 운동과 활력의 근원인 까닭에 그 어떤 것이건간에 오직 모든 것은 자체 내에 모순을 잉태하는 한에서만 스스로 운동하며 동시에 충동과 활동성을 지니기도 하는 것이다."[472] "모순이란 결코 여기저기서 불쑥 튀어나올 수 있는 그런 비정상적인 성질을 지닌 것은 아니며 오히려 이것은 그의 본질적 규정에 있어서 이미 부정적인 것, 또는 바로 이 부정적인 것이 서술, 표현되는 상태를 떠나서는 그 어디서도 찾아볼 수 없는 온갖 자기운동의 원리라고 해야만 하겠다."[473] 즉, 모순은 운동의 근원, 자기운동의 원리라고 헤겔은 파악한다. 이리하여 변증법에 있어서 모순은 운동의 원천이라는 개념으로 성립되었다. 고대 그리스나 근대에 있어서 모순이라는 개념이 궤변을 가리키는 것이었다면 헤겔에 의해 운동의 원천으로서, 자기운동의 원리로서 모순 개념이 확립된 것은 변증법을 과학으로 성립하게 한 것이었다.

그러면 모순 개념에 대한 고찰을 마무리하고 여타의 변증법적 개념들에 대한 헤겔의 관점을 고찰해 보자. 헤겔은 현실성의 개념을 고찰하면서 주목할 만한 변증법적 개념을 전개한다. 그것은 가능성과 현실성의 관계, 그리고 우연성 등에 대한 개념이다. 헤겔은 가능성을 모순으로 파악한다. "가능성이란 결국은 하나의 가능한 것 속에 그와 다른 또 하나의 가능한 것도 포함되어 있는 그러한 관계라는 점에서, 어느덧 이것은 스스로를 지

---

472) 앞의 책, p.103
473) 앞의 책, p.104

양해야만 하는 모순이기도 하다."474) 하나의 가능성 내에는 어떤 가능성과 또 다른 가능성이 포함되어 있을 수밖에 없고 그런 점에서 모순이라고 한 것이다. 그런데 가능성을 이렇게 모순으로 파악하는 것은 현실성과의 관련에서 중요하다. 가능성은 모순이기에 현실성으로 전화할 수 있다는 것을 의미한다. 그리고 가능성이 없는 것을 가능성이 있는 것으로 파악하는 것은 커다란 오류가 되며 또 다른 한편으로는 가능성의 상태에 머물러 있는 것을 현실성으로 간주하는 것도 커다른 오류가 된다.

헤겔은 또한 우연성을 "가능성과 현실성의 통일"475)로 파악한다. "우연적인 것은 하나의 현실적인 것이긴 하지만, 그러면서도 동시에 이것은 다만 가능한 것으로 규정된 데 지나지 않는 것이므로, 모름지기 그의 타자나 혹은 그의 반대되는 것도 또한 못지않게 존재하는 바로 그러한 현실적인 것이다."476) 어떤 것이 우연적이라 함은 그것의 발생가능성이 분명히 있지만 또한 그와 다른 것, 혹은 반대되는 것도 얼마든지 발생할 수 있음을 의미한다. 그런 점에서 그와 반대되는 것의 발생을 허용하지 않는 필연성의 개념과 우연성의 개념은 대립되는 것이며 필연성이 아닌 현실성이라는 점에서 헤겔은 우연성을 가능성과 현실성의 통일로 본 것이다.

헤겔은 또한 원인과 결과의 연관성을 추적하는데 주목할 만하다. "그리하여 이제 결과란, 도대체 원인이 이미 내포하고 있지 않은 그 어떤 것도 지닌 것이라고는 전혀 없는 셈이다. 그런가 하면 또 반대로, 원인 역시도 그로부터 빚어진 결과 속에 깃들어 있지 않은 것이라곤 전혀 내포하고 있지 않은 것이 된다."477) 즉, 원인과 결과는 단순한 하나의 연관관계가 아니라 결

---

474) 앞의 책, p.280
475) 앞의 책, p.281
476) 앞의 책, p.281
477) 앞의 책, p.309

과를 내포한 것으로서의 원인이며 원인에 의해 주어진 것으로서 결과라는 관계임을 말한다. 이러한 헤겔의 파악은 비결정론을 단호히 거부하고 결정론을 승인하는 것이며 원인과 결과의 상호연관에 대한 천착이라는 점에서 변증법적이다.

≪대논리학≫3부는 개념론이다. 여기에는 보편-특수-개별의 개념, 판단과 추론, 기계론(역학), 화학론, 목적론, 이념 등이 서술되어 있다. 그런데 이러한 지점들을 서술하기에 앞서 헤겔은 먼저 개념 일반에 대해 논하고 있다. 여기서 주목되는 것은 '개념의 본성'에 대한 서술이다. 엥겔스가 변증법은 바로 개념의 본성에 대한 추구를 전제로 한다고 말한 점에서 개념 일반에 대한 헤겔의 입장은 중요하다. "개념의 본성이 무엇인가 하는 문제는 결코 그밖에 어떤 다른 대상의 개념을 직접적으로 제시하는 경우에서처럼 그렇게 직접적으로 적시될 수 있는 성질의 것이 아니다"[478] 개념의 본성의 추구가 변증법의 전제이지만 그것은 특정 개념을 제시하는 것과는 다른 차원임을 말하는 것이다. 그러면 헤겔의 개념 일반에 대한 접근을 살펴보자. 헤겔은 개념이 존재와 본질에서 출발한다고 본다. "개념은 우선 존재와 본질에 대한, 즉 직접적인 것과 반성에 대한 제3자적인 것으로 간주될 수 있겠다. 이런 한에 있어서 존재와 본질은 곧 개념이 생성되는 계기이기도 하지만 더 나아가서 개념은 이들 양자를 자체 내에서 몰락시키면서 동시에 이를 보존한다고도 할 동일성으로서의 바로 그 양자의 기초이며 진리이기도 한 것이다."[479] 이러한 입장은 개념의 출발점은 존재와 본질이며 그에 기초하여 개념이 생성되는데 이때의 개념은 존재와 본질을 내포하는 것임을 말한다. 또 주목되는 것은 '대상을 개념적으로 파악한다는 것'에 대한 헤겔의 언급인데 다음과 같다. "실제로 어

---

478) 헤겔, 대논리학(3) 개념론, 벽호, p.19
479) 앞의 책, pp.19-20

떤 대상을 개념적으로 파악한다는 것은 오직 자아가 바로 그 대상을 자기의 것으로 삼는 가운데 그 속으로 침투해 들어감으로써 다시 이것을 자기의 고유한 형식으로, 다시 말하면 그 자체를 곧바로 규정성이기도 한 보편성으로 혹은 이것을 곧바로 보편성이기도 한 규정성으로 이끌어 들이는데 있을 뿐이다."480) 여기에는 대상의 개념적 파악이 첫째, 대상을 자기 것으로 하면서 그 내부로 침투할 것, 둘째 그것을 자기 고유의 형식, 규정성과 보편성의 통일로 끌어들이는 것으로 제시되어 있다. 따라서 대상의 내부로 들어가지 않고 외부에서만 파악하는 것은 개념적 파악이 아닌 것이다. 또한 내부에 들어가더라도 그것을 보편성과 규정성의 통일로까지 끌어올리지 못하면 또한 개념적 파악이 아닌 것이다. 개념을 이렇게 파악할 때 그 개념은 대상의 본질에 기초한 보편성을 갖는 것이므로 그것은 보편적 영향력을 갖게 된다.

그러면 헤겔이 보편 자체에 대해 어떻게 파악하고 규정하는가를 살펴보자. 헤겔은 개념의 보편성을 다음과 같이 파악한다. "어디까지나 부정성을 통해서만 그 스스로가 정립될 수도 있는 그러한 관계, 즉 개념의 순수한 자기관계야말로 다름아닌 개념의 보편성인 것이다."481) 개념은 곧 규정을 의미하는데 규정은 곧 부정이라는 점에서 부정의 부정을 거치는 과정 속에서 비로소 개념은 보편성을 갖는다는 것이다. 즉, 헤겔은 개념이 갖는 보편성의 성격을 그 개념이 부정성을 통해 생성되고 단련되는 과정에 본질이 있다고 통찰하고 있는 것이다. 그리고 개념이 이러한 보편성을 가질 때 개념은 구체적인 것과도 결합하는데 그것은 구체적인 것에 내재하는 구체의 혼이라고 본다. "이와 반대로 보편의 경우는 비록 이것이 어떤 하나의 규정 속에 정립

---

480) 앞의 책, p.32
481) 앞의 책, p.56

되어진다 할지라도 여전히 자기 본연의 상태를 지키면서 그 속에 잠겨 있는 셈이다. 이를테면 보편은 구체적인 것에 내재하는 바로 이 구체적인 것의 혼일 뿐이며, 오직 이 보편은 구체적인 것의 다양성과 상이성 속에서도 아무 거리낌없이 스스로 자기와의 동등성을 유지하는 것이 된다."482) 구체의 혼 혹은 다양성과 상이성 속에서도 자기 동등성을 유지하는 보편이라는 개념은 보편 개념과 구체성의 개념이 맞닿아 있다는 것을 보여준다. 그리고 이렇게 보편이 구체의 혼이 될 때 그때의 "보편은 결국 자유로운 힘과도 같은 것이어서 오직 이것은 바로 이 보편 자체이면서도 동시에 그의 타자에게도 힘을 뻗치는 것이 된다."483) 어떤 개념이 과학적인 보편성을 띤다면, 그리고 그 때의 보편성이 대상들의 개별성, 특수성 등을 내부에 담고 있는 성질을 지닌다면 그 때의 보편, 그 개념은 자유로운 힘과도 같아서 광범한 영향력을 갖게 된다는 것을 헤겔은 통찰하고 있는 것이다.

그러면 위와 같은 보편 개념에 기초하여 보편과 특수의 관계에 대해 살펴보자. "결국 특수, 특수적인 것은 보편성을 내포하거니와 또한 여기서 보편성은 바로 이 특수적인 것의 실체를 구성하는 것이다. 그리하여 여기서는 유(類)가 그의 종(種) 속에 변함없이 깃들여 있을뿐더러 이때 종은 결코 보편과 상이한 것이 아니며 다만 그들 종 상호간에 있어서 상이할 뿐이다. 따라서 이제 특수는 그 자신과 관계되는 다른 여러 개의 특수적인 것과 함께 다같이 하나의 보편성을 지닌다."484) 즉, 보편성과 특수성의 관계는 여기서 유와 종의 관계로 파악된다. 어떤 유가 있을 때 그 하위 범주인 종은 특수로 파악되고 유는 보편으로

---

482) 앞의 책, p.58
483) 앞의 책, p.59
484) 앞의 책, pp.63-64

파악된다. 그리고 이때의 유 혹은 보편은 특수 위에 있는 것이 아니라 특수의 실체를 구성하는 내용이 된다. 여기서 주목되는 것은 헤겔이 보편과 특수의 관계에 있어서 보편을 특수와 분리된 추상적인 것으로 파악하는 것이 아니라 '특수의 풍요함을 포괄하고 있는 보편'으로 파악한다는 점이다. "… 이제야 비로소 논리적인 것은 주관적 정신에 대한 한낱 추상적 보편으로 그치는 것이 아니라 갖가지 특수적인 것이 지니는 풍요함을 자체 내에 포함하는 보편으로 등상하는 것이다."485) 즉, 헤겔에게 있어 보편은 특수와 분리된 추상이 아니라 특수를 포함하는 구체적인 것이다. 구체로서 보편! 이는 기존에 보편에 대한 인식을 혁신하는 것으로서 보편이 구체성을 띤다는 점에서 보편은 하나의 자유로운 힘이 되는 것이다.

헤겔은 보편, 특수와 관계 속에서 개별을 다음과 같이 파악한다. "이때 특수성은 규정된 보편성이므로 개별성은 스스로 자기와 관계하는 규정성, 즉 규정된 피규정자라고 하겠다."486) 즉, 특수성은 한정된, 제한된 보편성이며 개별성은 보편성과 특수성이 개별에 고착되는 것을 가리킨다. 그러나 이러한 보편-특수-개별의 개념은 상대적인데 특수가 보편으로 올라설 수도 있고 개별이 특수로 올라설 수도 있다. 그 경우 특수로 올라선 개별 밑에는 또다른 개별들이 존재하게 될 것이다. 그런데 중요한 것은 헤겔에게 있어서 보편-특수-개별은 분리된 별개의 것이 아니라 상호연관 속에서 존재하는 변증법적 개념들이라는 점이다. 그리하여 보편은 특수와 개별을 포괄하는 개념이며 특수는 보편을 자신의 실체로 하는 개념이다. 개별은 보편과 특수를 자신의 실체, 내용으로 한다. 이러한 보편-특수-개별의 개념은 대상에 대한 과학적 분석, 대상을 구체적으로 파악해 들어가기 위한

---

485) 헤겔, 대논리학(1), 벽호, p.50
486) 헤겔, 대논리학(3), 벽호. p.85

방법론이라는 점에서 매우 긴요한 개념이다. 1980년대 운동에
서 한국 사회성격논쟁, 혹은 사회구성체 논쟁은 이론적으로 보
편-특수-개별 개념을 무기로 하여 이루어졌고 무엇을 보편으로
볼 것인지, 무엇을 특수로 볼 것인지, 보편과 특수의 관계는 무
엇인지를 놓고 벌어졌던 논쟁이라 해도 과언이 아니다. 그리고
미시적으로는 어떤 대상을 인식할 때 그 대상에 내포된 보편성
과 특수성, 개별성을 정확히 구분하면서 그리고 그러한 구분에
기초하여 상호연관의 통일된 상을 수립하는 것이 과학적으로
중요하다.

이외에 헤겔은 ≪대논리학≫ 3부의 개념론에서 판단과 추론, 기
계론(역학)과 화학론을 다룬다. 화학과 기계론이 개념론에서 다
루어지는 것은 대상에 대한 개념적 파악의 예를 들기 위한 것
이다. 헤겔이 화학을 다루는 것은 의미심장한데 화학은 양적 조
성의 질적 변화를 대상으로 하는 학문이라는 점에서 변증법의
풍부한 예를 보여주기 때문이다. 이외에 인식의 문제에서 분석
과 종합을 다루며 끝으로 절대적 이념을 다룬다. 헤겔의 이 절
대 이념을 다룬 부분에 대한 레닌의 다음과 같은 언급은 인상
적이다. "주목해야할 점은 "절대 이념"에 관한 전체 장에는 신
에 대해 거의 한마디 말도 언급되어 있지 않다는 점이다. … 그
리고 그 이외에—이 점을 주의하라—특별히 관념론을 거의 전혀
내용으로 삼지 않고 있으며 오히려 이 장의 주요 대상을 변증
법적 방법에 두고 있다. 헤겔 논리학의 총괄과 요약, 그 최후의
언급과 핵심은 변증법적 방법이다."[487]

헤겔의 ≪대논리학≫은 관념론적인 사변적 전개의 실타래에 변
증법적 개념들이 줄줄이 매달려 있다. 그리고 그러한 변증법적
개념은 양·질 전화의 법칙에서 화학적 내용이 언급되다시피 사
실상 유물론적인 내용이다. 즉, 과학적인 개념들이다. 그러나 그

---

487) 레닌, 철학노트, 논장, p.192

러한 과학적 개념들은 관념론적인 사변의 과정을 거쳐서 나오고 있다. 그런 점에서 맑스는 헤겔의 변증법이 거꾸로 서있다고 한 것이다. 헤겔은 이외에도 많은 저술을 했다. 특히 헤겔의 ≪법철학≫은 맑스에 의해 철저히 비판받으며 맑스의 사적 유물론의 구상이 발생하는 토대가 되었다. 그런 점에서 맑스는 헤겔을 지양했고 그러한 지양의 결과가 맑스주의이며 변증법적 유물론과 사적 유물론이다. 그러나 헤겔은 과학적인 내용이 풍부하다는 점과 너불어 또한 매우 합리적인 통찰의 과점을 지녔다. 예를 들면 철학사를 단지 모순적인 것으로 보는 것이 아니라 인류의 점진적인 지적 발전 과정으로 보는 것이 그러하다. 이러한 점은 헤겔이 자신의 이전 세대를 나름대로 총괄하며 지적인 비약을 했던 것과 무관하지 않을 것이다. 21세기 지금의 시점에서 헤겔은 관념론의 지반 위에서이지만 변증법의 완성된 형태의 원형을 보여준다는 점에서 중요하다. 헤겔에 대한 고찰은 철학사의 의미, 즉 철학 발전의 합법칙성을 보여주는 하나의 사례이다. 그리하여 철학발전의 합법칙성의 결과 변증법적 유물론, 사적 유물론이 성립했다는 논증의 하나를 이루는 것이기도 하다.

18. 포이에르바하

포이에르바하는 초기에 헤겔주의자였다. 신학을 전공했으나 헤겔을 접하고 철학으로 방향을 돌렸다. 그러나 헤겔 철학의 사변적 성격에 대해 비판적 관점을 보였고 유물론으로 방향을 돌렸다. 포이에르바하는 한편으로 ≪기독교의 본질≫ 등의 저작에서 종교비판을 수행하고 다른 한편으로 칸트부터 이어져 오던 독일관념론을 극복하고 다시 유물론을 복원한 공적이 있다. 그러나 포이에르바하는 헤겔의 장점이고 성과인 변증법을 살리지 못하고 관념론 비판 속에 변증법을 같이 폐기해 버렸다. 그런 점에서 포이에르바하는 헤겔을 부정하고 유물론을 제기한 공적은 있으나 헤겔을 '지양'하지는 못했다고 할 수 있다.

포이에르바하는 자신의 기독교 비판으로 인해 대학 강단에 설 수 없게 되었다. 그리하여 시골로 물러나 연구활동에 전념했는데 바로 이러한 점이 포이에르바하 철학의 협소함 혹은 한계를 구성한다. 그럼에도 ≪기독교의 본질≫로 대표되는 그의 종교비판과 유물론 철학은 독일 나아가 유럽의 철학적 조류에 커다란 변화를 일으키고 맑스, 엥겔스가 유물론 철학을 발전시켜 변증법적 유물론과 사적 유물론을 창시하는 토대가 되었다. 엥겔스는 포이에르바하의 ≪기독교의 본질≫의 해방적 영향에 대해 다음과 같이 말했다. "그때 포이에르바하의 ≪기독교의 본질≫이 나왔다. 이 책은 단도직입적으로 유물론을 다시 왕위에 올려놓음으로써 한 방에 모순을 산산조각 내버렸다. … 금기는 깨졌다; '체계'는 분쇄되어 한 구석으로 내팽겨쳐졌고 모순은 공상 속에만 있는 것으로 해소되었다.—누구든 이 책의 해방 효과를 생각해 보려면 이 효과를 몸소 체험했어야 한다. 누구나 다 열광했다. 우리는 모두 한 순간에 포이에르바하주의자가 되었다."488)

그러면 포이에르바하 철학의 두 요소, 즉 유물론적 측면과 종교비판의 측면을 각각 나누어 고찰해 보자. 먼저 포이에르바하는 자신의 유물론을 다음과 같이 천명한다. "나는 더 잘 사유하기 위하여 머리에서 자신의 눈을 빼내는 철학자들과는 매우 거리가 멀다. 나는 사유하기 위하여 감관 특히 눈을 필요로 한다. 나는 나의 사상을 언제나 감관을 매개로 하여서만 습득할 수 있는 재료를 기초로 만들어간다. 나는 사상으로부터 대상을 산출하는 것이 아니라 반대로 대상으로부터 사상을 산출한다. 그러나 대상은 오직 두뇌의 외부에 실재한다. 나는 다만 실천철학의 영역에서만 관념론자다."[489] 감관에 기초한 사유, 그리고 사상으로부터 대상이 산출되는 것이 아니라 대상으로부터 사상을 산출하는 것! 칸트와 같이 감관과 분리된 사유를 으뜸으로 치는 것을 거부하고 감관에 기초한 사유를 주장하는 것은 유물론적 인식론이다. 또한 사상과 대상 중에 대상을 일차적으로 사고하는 것은 관념론을 거부하고 유물론의 지반에 서는 것이다. 그러나 포이에르바하는 실천의 영역, 즉 사회적 실천, 인간사회에 대한 관점에서는 스스로 관념론자임을 천명하고 있다. 이는 포이에르바하가 자연에 대해서는 유물론적 관점을 지녔지만 사회, 역사에 대해서는 유물론적이지 못함을 말하는데 사실 포이에르바하 이전에 역사에 대한 유물론적 관점은 존재한 적이 없었고 맑스에 이르러 비로소 역사에 대한 유물론, 사적 유물론이 성립했다.

그는 철학의 근본문제라 할 의식과 자연의 문제에서 의식이 자연의 산물임을 주장한다. "자연이나 물질은 지성으로부터 설명되거나 도출될 수 없다. 물질은 지성이나 인격성의 근거며 그

488) 엥겔스, 루드비히 포이에르바하와 독일고전철학의 종말, 칼 맑스, 프리드리히 엥겔스 저작선집 6권, 박종철 출판사, p.251
489) 포이에르바하, 기독교의 본질, 한길사, p.43

자체는 다른 근거를 갖지 않는다. 자연 없는 정신은 단순한 환상물이다. 의식은 다만 자연으로부터 발전되어온다."490) 자연의 산물로서 의식이라는 관점은 철학의 근본문제를 유물론의 입장에서 해결하는 것이다. 또한 고대 유물론이 의식과 자연, 물질의 관계를 정확히 해명하지 못하여 관념론에 자리를 내어준 측면이 있는데 포이에르바하는 그동안의 과학의 발전을 반영하여 의식을 자연의 산물로서 명확하게 주장하고 있다. 그는 정신에 대해 다음과 같이 그 특질을 분석한다. "정신은 물론 인간 속에서 최고의 것이다. 그것은 인류의 고귀함이고 동물과 구분되는 특징이다. 그러나 그렇다고 하여 인간에게 최초의 것이 자연적으로 또는 자연에서도 최초의 것은 아니다. 정반대로 최고의 것, 가장 완전한 것이 최후의 것, 가장 늦게 오는 것이다. 그러므로 정신을 시원이나 근원으로 삼는 것은 자연질서의 전도이다."491) 정신이 인간을 구성하는 요소 중 최고의 것이지만 최초의 것은 아니며 그런 점에서 정신이 시원이 되는 것은 아니며 만약 정신을 시원, 근원으로 삼는다면 그것은 자연질서를 전복, 전도하는 것이라고 명확히 말하고 있다. 정신은 혹은 의식은 자연의 최고의 산물이지만 정신, 의식이 자연으로부터 독립되어 있는 것이 아니며 그런 점에서 일차적인 것은 정신이 아니라 자연, 물질임을 주장하고 있는 것이다. 이렇게 포이에르바하는 유물론을 의식적으로 정립하고 있다.

그러나 그의 유물론은 협소한데 왜냐하면 헤겔의 변증법을 살리고 발전시키지 못하고 헤겔의 관념론과 함께 폐기하기 때문이다. 그리하여 그는 비변증법적인 모습을 보이는데 예를 들면 헤겔에게서 생성과 운동의 주요 요소였던 비존재, 무에 대해 태도가 그러하다. "무나 비존재는 무목적적이며, 무의미하며, 무오

490) 앞의 책, p.176
491) 포이에르바하, 종교의 본질에 대하여, 한길사, 2013, p.234

성적이다. 존재만이 목적과 근거와 의미를 갖는다. 존재만이 이
성이며 진리이기 때문에 존재는 존재한다."492) 헤겔에게서 무
혹은 비존재는 생성의 근거였다. 즉, '생성은 존재와 무의 통일
이다'가 헤겔의 입장이었다. 나아가 헤겔은 부정성이 실재성, 운
동의 근거가 된다고까지 하였다. 그러나 이러한 변증법적 관점
이 포이에르바하에게서는 간단히 폐기되고 있다. 이에 대해 엥
겔스는 헤겔의 철학은 폐기의 대상이 아니라 '지양'의 대상임을
다음과 같이 말한다. "우리는 어떤 철학을 잘못된 것이라고 간
단히 선언함으로써 그 철학을 끝장낼 수는 없다. 그리고 헤겔
철학처럼 민족의 정신발전에 그토록 엄청난 영향을 미친 강력
한 작품은, 손쉽게 무시한다고 해서 제거되지는 않는다. 이 철
학은 말뜻 그대로 '지양'되어야 했다. 즉, 이 철학의 형식은 비
판적으로 폐기되어야 하지만 이 형식을 통해 얻은 새로운 내용
은 구제되어야 한다는 뜻이다."493) 여기서 엥겔스는 헤겔의 관
념론적 체계는 폐기의 대상이지만 새로운 내용, 즉 변증법을 비
롯한 여러 가지 합리적 핵심은 구제되어야 하고 따라서 전체적
으로는 '지양'되어야 함을 강조하고 있다.

포이에르바하는 이렇게 헤겔의 부정을 통한 유물론으로의 전진
은 이루었지만 헤겔을 지양하지는 못했고 따라서 발전, 운동의
사상인 변증법을 발전시키지 못했다. 그리하여 포이에르바하의
유물론은 관조의 철학이라고 맑스에 의해 혹독하게 비판을 받
았다. 맑스는 포이에르바하의 관조에 대립시켜 실천을 다음과
같이 강조한다. "지금까지의 모든 유물론(포이에르바하의 유물
론을 포함하여)의 주요한 결함은 대상, 현실, 감성이 오직 객체
의 혹은 관조의 형식 아래에서만 파악되고 있다는 것; 그리고

---

492) 포이에르바하, 기독교의 본질, 한길사, p.114
493) 엥겔스, 루드비히 포이에르바하와 독일고전철학의 종말, 칼 맑스, 프리드
    리히 엥겔스 저작선집 6권, 박종철 출판사, p.252

감성적 인간 활동으로서, 실천으로서 파악되지 않고, 주체적으로 파악되지 않는다는 것이다. 따라서 능동적 측면은 유물론에 대립해서 관념론에 의하여―물론 관념론은 현실적 감성적 행위 자체를 알지 못한다―추상적으로 발전한다. 포이에르바하는 감성적인 객체들―사유 객체들과 현실적으로 구별되는 객체들―을 추구한다: 그러나 그는 인간의 활동 자체를 대상적 활동으로서 파악하고 있지 않다."494) 포이에르바하 스스로 실천의 영역에서는 관념론자라 했는데 맑스는 포이에르바하의 한계가 실천을, 인간의 활동 자체를 포함하지 못하는 유물론, 따라서 관조의 유물론이라고 보고 있는 것이다.

사실 실천을 철학의 영역에 끌어들이는 것은 엄청난 의미를 갖는다. 실천이 철학의 영역에 포섭되면 세계의 개조를 철학적으로 뒷받침할 수 있게 되고 철학 자체는 변화의 철학, 변혁의 철학으로 나아가게 된다. 그리고 그 과정에서 변화, 발전의 사상인 변증법은 유물론과 결합되게 되어 변증법적 유물론의 세계관이 된다. 철학에 실천을 포섭하는 것의 의미에 대해 레닌은 다음과 같이 말한다. "실천은 (이론적) 인식보다 더 고차적이다. 왜냐하면 그것은 보편성이라는 가치를 가질 뿐만 아니라 직접적 현실성이라는 가치도 가지기 때문이다."495) 실천이 인식보다 고차적이라는 것! 이 말을 인간의 인식과정에 비추어서 본다면 실천이 빠진 인식, 실천에 의해 검증되지 않은 인식은 매우 협소하고 불완전하다는 것이다. 마오쩌둥 또한 실천과 인식의 문제를 파고들었는데 그는 ≪실천론≫에서 인식-실천-재인식-재실천이라는 관점을 제시했다. 실천과 인식의 거듭된 상호작용을 통해 인식의 풍부화, 과학화가 가능하고 실천은 올바른 침로를

---

494) 칼 맑스, 포이에르바하에 관한 테제들, 칼 맑스, 프리드리히 엥겔스 저작 선집 1권, 박종철 출판사, p.184
495) 레닌, 철학노트, 논장, p.169

개척할 수 있는 것이다. 이렇게 맑스주의 철학은 포이에르바하 유물론의 관조적 성격을 극복하고 실천을 철학의 영역에 끌어들임으로써 변혁적 세계관으로 나아갈 수 있었다.

그러면 포이에르바하의 종교 비판에 대해 고찰해 보자. 포이에르바하의 종교비판은 기존의 종교를 부정하면서도 참된 종교를 만들어야 한다는 관점을 취하고 있다. 그리고 진정한 종교는 인간학이라고 한다. 그는 종교에서 비인간적인 본질과 인간적인 본실을 나눈다. "확실히 나의 저서는 부정적이며 파괴적이다. 그러나 그것은 오직 종교의 비인간적인 본질에 대한 것이며 종교의 인간적인 본질에 대해서는 그렇지 않다는 것을 주목하기 바란다."496) 그는 기존의 기독교의 억압과 독재는 종교의 비인간적인 본질 때문이며 신은 인간적 본질의 독립화이기 때문에 올바른 종교는 인간학일 수밖에 없다고 본다. 그는 신적 본질과 인간의 본질과의 관계를 다음과 같이 파악한다. "우리의 과제는 바로 신적인 것과 인간적인 것의 대립은 착각이라는 것, 그것은 일반적인 인간의 본성과 인간 개인의 본성 사이의 대립에 불과하다는 것, 그러므로 기독교의 대상과 내용은 모두 인간적인 것이라는 것을 증명하는 데 있다. … 좀더 정확하게 말하면 신적 본질은 인간본질이 개별적이고 현실적·육체적 인간의 한계로부터 분리되어 대상화된, 곧 개인과 구분되어 다른 독자적 본질로서 직관되고 존경되는 인간의 본질이다. 신적 본질의 모든 규정은 인간본질의 규정이다."497) 신적 본질은 인간의 본질이 대상화된 것에 불과하다는 이 주장은 당시로서는 혁명적인 주장이었고 기존의 기독교의 교리를 전복하는 것이었다. 인간 위에 우뚝 서있는 신, 신이 만들어낸 인간이라는 기독교의 관점에 비해 신은 인간적 본질일 뿐이라는 주장은 기독교의 지반을 허무는

---

496) 포이에르바하, 기독교의 본질, 한길사, p.46
497) 앞의 책, p.77

것이었고 당시의 종교적 억압에 대한 전면적인 거부를 의미하였다. 이렇게 인간 본질의 대상화로서 신이라는 개념을 세운 포이에르바하는 여기서 인간의 소외라는 개념을 제기한다. "신은 가장 주관적이고 가장 본래적인 인간본질인데, 그것이 추상화·독자화되기 때문에 인간 자신이 아무것도 할 수가 없고 모든 선은 신으로부터 나온다. 신이 주체가 되면 될수록, 인간적이 되면 될수록 인간은 더욱더 자신의 주체성과 인간성을 상실한다. 왜냐하면 신 자체가 소외된 인간이고 인간은 다시 소외를 벗어나 스스로가 되기 때문이다."498) 신이 주체화될수록 인간은 소외된다는 것은 당시 기독교의 억압을 규탄하는 것이다. 신의 주체화, 자립화, 그에 대립되는 인간의 왜소화, 상실! 바로 이러한 점들이 맑스나 엥겔스가 ≪기독교의 본질≫이 해방적 작용을 했다고 평가하는 대목일 것이다.

포이에르바하는 종교적 광신이 종교의 본질 속에 이미 내재해 있다고 본다. "종교는 자기 자신의 본질에 대한 인간의 관계다. 여기에 종교의 진리와 도덕적 치료의 힘이 들어 있다. 그러나 인간은 종교에서 자기 자신의 본질로서의 자신의 본질과 관계하는 것이 아니고 자신과 구별되는 또는 상반되는 다른 본질로서의 자신의 본질과 관계한다. 여기에 종교의 비진리, 종교의 제한성, 이성이나 도덕과의 모순이 들어 있고 또 여기에 화를 잉태하고 있는 종교적 광신의 근원이 들어 있으며 여기에 피비린내 나는 인간희생의 최상의 형이상학적인 원리가 들어 있다."499) 자신의 본질이 자기자신과 구별, 대립하는 것으로서의 종교! 바로 여기에 비이성, 광신의 요소가 내재해 있는 것을 포이에르바하는 정확하게 지적하고 있다. 현대 사회에서 많은 종교적 광신도 자신의 본질을 자신과 대립시키는 것에 기초한다고

---

498) 앞의 책, p.99
499) 앞의 책, p.323

볼 수 있다.

그러나 포이에르바하는 이렇게 기독교의 억압에 대한 해방작용은 하였지만 신의 본질은 대상화된 인간본질이라는 인식에 기초하여 참된 종교는 인간학이라는 주장을 하였고 그것의 기초는 사랑이라고 주장하였다. "누가 우리의 구원자며 화해자인가? 신인가, 사랑인가? 그것은 사랑이다. 왜냐하면 신 그 자체가 우리를 구원하는 것이 아니라 신적인 인격성과 인간적인 인격성의 구별을 초월한 사랑이 우리를 구원했기 때문이다."500) 이러한 포이에르바하의 입장은 비판의 여지가 있는데 그에게서는 참다운 인간적 본질, 인간 관계가 참다운 종교로 파악된다. 이에 대해 엥겔스는 다음과 같이 통렬하게 비판한다. "그에게 중요한 것은 이러한 순수한 인간 관계가 실존한다는 점이 아니라이 관계가 새로운 참다운 종교로 파악된다는 점이다. … 포이에르바하가 본질적으로 유물론적인 자연관을 토대로 진정한 종교를 세우려 한 것은 현대 화학을 참다운 연금술로 파악하는 것과 유사하다."501) 포이에르바하가 기독교 비판을 통해 당대의 기독교의 억압을 규탄하고 신의 개념을 인간의 개념으로 환원한 것은 무신론과 유물론을 제기한 것이었지만 그의 유물론은 근원적으로 종교를 지양할 수 있는 전면적인 세계관이 아니었다는 한계가 있다. 포이에르바하가 인간학을 참다운 종교로 세우려 한 것과 그의 유물론이 제한된, 자연에 국한된 유물론이었다는 것은 밀접한 연관이 있다. 인간 사회에 대한 유물론, 역사에 대한 유물론적 관점의 결핍이 종교의 전면적인 지양을 어렵게 했고 참다운 종교로서 인간학이라는 관념적 이론으로 흐르게 했던 것이다.

---

500) 앞의 책, p.130
501) 엥겔스, 루드비히 포이에르바하와 독일고전철학의 종말, 칼 맑스, 프리드리히 엥겔스 저작선집 6권, 박종철 출판사, p.264

칸트부터 시작된 독일의 고전철학이 헤겔에서 완성되었다면 포
이에르바하는 완성된 독일의 고전철학을 부정하면서 다시 유물
론을 복원했다. 특히 그 과정에서 기독교 비판은 주요한 역할을
했다. 그러나 포이에르바하는 헤겔을 부정하기는 했으나 지양하
지는 못했는데 그에 따라 포이에르바하에게는 변증법적 관점이
없고 또 그의 유물론은 자연에 국한된 것이었고 인간 사회에
대해서는 관념론적 경향을 보였다. 이러한 포이에르바하의 한계
의 극복, 인간사회에 대한 유물론의 정립은 맑스와 엥겔스에 의
해 수행되었다고 할 수 있다.

3장, 맑스, 엥겔스에 의한 철학에서의 혁명

1. 맑스, 엥겔스에 의한 변증법적 유물론, 사적 유물론의 창시

맑스, 엥겔스가 활동을 개시하던 1840년대는 유럽에서 자본주의가 급속히 발전하던 시기였다. 그에 따라 자본과 노동의 모순이 전면에 드러나기 시작했는데 영국에서 노동자계급의 참정권 획득 운동인 차티스트 운동, 프랑스에서 리용 방직공들의 봉기, 독일에서 슐레지엔 노동자들의 봉기가 빌생히였다. 이렇게 노동자계급이 역사의 전면에 나서기 시작했다는 점이 맑스, 엥겔스의 사상과 활동을 결정적으로 규정한 요인이었다. 부르주아 혁명이 약속한 자유와 평등의 세상은 소유의 자유와 법 앞의 평등으로 나타났고 무산자인 노동자계급은 소유계급에 의한 억압과 착취에 무방비로 놓여있었고 평등은 사회적 평등, 현실적인 평등이 아니라 형식적 평등에 국한되었다.

맑스와 엥겔스는 처음에는 헤겔주의자였다. 맑스의 박사학위논문인 ≪데모크리토스와 에피쿠로스 자연철학의 차이≫는 고대 원자론을 소재로 한 것이었지만 그것의 전개방식은 관념론적이었다. 그러나 맑스는 대학교수의 길이 좌절되고 나서 실천의 길에 투신하는데 ≪라인신문≫의 편집장으로서 민중들의 삶과 결합하게 된다. 그 과정에서 맑스는 관념론을 극복하고 유물론자로 변모하게 된다. 엥겔스 또한 처음에는 헤겔주의에 심취했으나 노동자계급의 삶을 접하고 유물론자가 되고 노동자의 삶을 규정하는 경제적 현상과 경제학의 중요성을 깨닫게 된다.

한편 맑스와 엥겔스의 세계관의 형성과 발전에 커다란 영향을 미친 것은 당시 자연과학의 발전이었다. 다윈의 진화론, 세포의 발견, 에너지 보존 및 전화의 법칙 등 19세기 중반의 과학의 비약적인 발전이 맑스와 엥겔스의 과학적 세계관이 형성되는데 있어서 중요한 조건이 되었다. 코페르니쿠스의 지동설, 뉴튼의 만유인력의 발견이 이전 시기에 전 세계에 대해 세계관적 충격을 가져왔다면 19세기 중반의 과학의 비약적인 발전은 변증법적 자연관이 형성되는데 결정적인 영향을 미쳤다. 세계 전체가 무수한 연관의 사슬로 이루어져 있는 하나의 전체이고 물질과 운동은 불멸의 것으로서 끊임없이 상호전화하며 우주와 세계 전체는 이러한 물질의 운동에 다름 아니라는 세계상의 성립이 가능해졌던 것이다.

이러한 조건에서 맑스와 엥겔스가 변증법적 유물론이라 불리는 총체적인 세계관을 형성하는데 있어서 관건이 되는 것은 사회에 대한 유물론을 수립하는 것, 인간과 역사에 대한 과학을 수립하는 것이었다. 포이에르바하는 헤겔을 부정하고 유물론을 복권시켰으나 인간사회에 대해서는 관념론적이었고 비과학적이었다. 여기서 맑스와 엥겔스는 포이에르바하의 유물론을 통해 헤겔을 극복하면서도 포이에르바하의 한계의 극복, 즉 인간 사회에 대한 과학적 관점을 수립하는 길로 나아갔다.

맑스는 혁명적 실천으로 나아가면서 철학의 위상을 변화시켰다. "철학이 프롤레타리아트 속에서 그 물질적 무기를 발견하듯이, 프롤레타리아트는 철학 속에서 자신의 정신적 무기를 발견한다. … 이 해방의 머리는 철학이요, 그 심장은 프롤레타리아트이다. 프롤레타리아트의 지양 없이 철학은 자기를 실현할 수 없으며, 철학의 실현없이 프롤레타리아트는 자신을 지양할 수 없다."[502] 여기서 철학은 계급투쟁의 무기로 변모되었다. 맑스 이전의 철학은 이러한 성격이 없었다. 계급과는 무관한, 사회와 세계에 대한 관조로서의 철학이었다. 그러나 맑스는 이러한 철학의 위상을 뒤집고 혁명적 실천의 무기로서 철학, 계급성을 각인한 철학으로 나아갔다. 이러한 관점을 맑스는 다음과 같이 정식화하

---

502) 맑스, 헤겔법철학 비판을 위하여, 맑스, 엥겔스 저작선집 1권, 박종철 출판사, p.15

였다. "철학자들은 세계를 단지 다양하게 해석해왔을 뿐이다. 그러나 중요한 것은 세계를 변화시키는 것이다."503) 세계에 대한 관조, 해석에 머무는 것이 아니라 세계의 변혁으로 나아가는 것! 이것은 그 이전의 철학과 선을 긋고 새로운 철학으로 나아가는 것이었고 철학의 위상을 근본적으로 변화시키는 것이었다. 이렇게 맑스에 의해 새롭게 정립되는 철학은 철학과 실천의 대립을 극복하는 것이었다. 실천을 철학에 전면적으로 끌어들이는 것, 나아가 철학을 실천의 무기로 전화시키는 것! 그런데 맑스는 이렇게 실천을 강조하면서도 이론이 아닌 실천을 주장한 것이 아니라 이론과 실천의 통일을 주장하였다. "비판의 무기는 물론 무기의 비판을 대신할 수 없다. 물질적 힘은 물질적 힘에 의해 전복되어야 한다. 그러나 이론 또한 대중을 사로잡자마자 물질적 힘이 된다. 이론은 대인적(對人的)으로 증명되자마자 대중을 사로잡을 수 있으며, 그것이 근본적으로 되자마자 대인적으로 증명된다. 근본적이라 함은 사태를 뿌리에서 파악하는 것이다."504) 비판의 무기는 이론적 비판을 말하고 무기에 의한 비판은 혁명적 실천을 의미하는 것이다. 즉, 맑스는 이론 자체가 혁명적 실천을 대신할 수는 없다는 것을 주장하고 있다. 그런 점에서 맑스는 비판을 넘어선 혁명을 주장한다. 그러나 맑스는 이론이 아닌 실천을 주장한 것이 아니라 이론과 실천을 통일을 주장한다. 이리하여 관조적 철학의 지양은 맑스에 의해 이론과 실천의 통일로 나타난다.

이렇게 철학의 위상을 변화시키고 이론과 실천의 통일을 정립한 맑스는 철학과 정치의 통일505)을 수행한다. "우리에게 있어

---

503) 맑스, 포이에르바하에 관한 테제들, 맑스, 엥겔스 저작선집 1권, 박종철 출판사, p.189
504) 맑스, 헤겔법철학 비판을 위하여, 맑스, 엥겔스 저작선집 1권, 박종철 출판사, p.9
505) 러시아 과학아카데미 편, 세계철학사(6), 중원문화, p.62

서 공산주의는 조성되어야 할 하나의 상태, 현실이 이에 의거하여 배열되는 하나의 이상이 아니다. 우리는 현재의 상태를 지양해 나가는 현실적 운동을 공산주의라고 부른다. 이 운동의 조건들은 현재 존재하고 있는 전제로부터 생겨난다."506) 철학을 통해 단지 이상적인 상태를 꿈꾸는 것이 아니라 현실을 변혁해가는 무기로서 철학을 상정한 맑스는 이론과 실천의 통일로서 현실을 지양해 가는 운동을 공산주의라 부르고 있다. 그런 점에서 맑스는 실천가이며 현실주의자라고 볼 수도 있다. 그러나 그러한 실천은 철학 혹은 이론에 의해 방향을 잡아가는 실천이다.

이렇게 현실을 지양해가는 운동, 과학으로서의 운동을 지향하는 맑스에게서 가장 긴요한 것은 현실 사회에 대한 과학적 인식이었다. 그는 헤겔 법철학을 비판하면서 사회에 대한 유물론적 인식을 구상한다. 흔히 사적 유물론(史的 唯物論)이라 불리는 인간사회와 역사에 대한 과학의 출발점은 사회적 존재와 사회적 의식의 관계의 문제이다. 전체 철학에서 근본문제가 물질과 의식의 문제였듯이 사회에서는 사회적 존재와 사회적 의식의 문제가 초석이 된다. "자신들의 물질적 생산과 자신들의 물질적 교류를 발전시키는 인간들이 이러한 자신들의 현실과 함께 또한 그들의 사유 및 그 사유의 산물들을 변화시키는 것이다. 의식이 생활을 규정하는 것이 아니라 생활이 의식을 규정한다."507) 여기서 생활은 사회적 존재로서의 생활, 사회적 존재의 규정으로서 생활을 의미하고 의식은 사회적 의식을 의미한다. 사회적 존재와 사회적 의식에서 어느 것이 선차적인가의 문제는 사회에 대해 유물론의 입장에 설 것인가, 관념론의 입장에 설 것인가를 가르는 문제이다. 여기서 맑스는 생활이 의식을 규

506) 맑스, 독일이데올로기, 맑스, 엥겔스 저작선집 1권, 박종철 출판사, p.215
507) 앞의 책, p.202

308

정한다는 점을 분명히 하고 있다. 인간의 삶은 먹고 사는 문제, 사회적 관계, 친교, 문화적 삶, 정신적 삶 등 여러 가지 측면이 있지만 가장 일차적이고 근본적인 것은 먹고 사는 문제임을 맑스는 지적하고 있다. 이것은 개인으로서도 그렇지만 사회 전체적으로도 물질적 삶, 물질적 생산의 문제가 사회의 유지와 발전에 있어서 가장 일차적인 것이라는 의미에서 그러하다. 맑스 이전에 이 문제에 대해, 맑스와 같이 유물론적 견해를 표명한 사람은 거의 없었다. 약간의 역사가들이 유물론적 접근을 한 적은 있으나 철학적 차원에서, 세계관적 차원에서 사회에 대해 유물론적 접근을 한 것은 맑스가 처음이었다. 맑스의 이러한 발견, 즉 생활이 의식을 규정한다는 것, 사회의 물질적 삶, 물질적 생산이 역사의 발전과 사회 전체의 근본 초석이라는 발견은 인류의 정신사에 있어서 거대한 진보였고 사회에 대한 온갖 모호하고 비과학적인 견해를 물리치고 인간사회와 역사에 대한 과학이 성립되게 한 것이었다. 이러한 역사파악을 맑스는 다음과 같이 설명한다. "이러한 역사 파악의 근거는 현실적 생산 과정을 그것도 직접적 생활의 물질적 생산으로부터 출발하여 현실적 생산 과정을 전개하는 것, 그 생산 양식과 연관된 그리고 그 생산 양식에 의해 산출된 교류 형태를, 따라서 그 다양한 단계에 있어서의 시민 사회를 역사 전체의 기초로서 파악하는 것, 그리고 시민 사회를 그 행동에 있어서 국가로서 표현하는 것, 이와 함께 종교, 철학, 도덕 등등의 의식의 각종 이론적 산물들과 형식들을 시민 사회로부터 설명하고, 또한 그 형성 과정을 시민 사회로부터 추적하는 것 등에 있는데, 이렇게 함으로써 사태는 그 총체성 속에서(그래서 또한 이들 다양한 측면들의 상호 작용도) 표현될 수 있다."508) 여기에는 사적 유물론의 기본적 틀이 제시되어 있다. 물질적 생산 그리고 그에 의해 산출되는 교류형

508) 앞의 책, p.220

태(생산관계), 또한 이를 시민사회로 파악하고 이 시민사회가 역사 전체의 기초이며 국가, 종교, 철학, 도덕 등을 시민사회로부터 설명하는 것! 이로써 사회 전체에 대한 일목요연하고 총체적인 관점이 확보되고, 사회 전체의 구성을 유기적으로, 현실적으로 설명하는 것이 가능하게 되었는데 사회발전의 추진력을 정신, 영웅, 신의 섭리 등으로 보는 관점은 더 이상 끼어들 여지가 없게 되었다.

이렇게 사회에 대하여 유물론적 인식을 수립한 맑스는 사회에 대한 해부학으로서 정치경제학을 연구하고 그 결과로서 자본주의의 운동법칙을 폭로한, 자본주의를 하나의 역사적 단계와 과정으로 파악한 ≪자본론≫을 저술한다. ≪자본론≫에서 맑스는 노동자가 산출하는 가치 중에서 노동자에게 지불되는 가치를 넘어서는 잉여가치를 자본가가 취득하는 것이 자본의 이윤의 비밀임을 폭로하고 자본의 운동은 이러한 잉여가치의 취득과 축적에 다름 아님을 밝혔다. 이리하여 한편으로는 물질적 생산을 사회의 초석으로 파악하는 사적 유물론이 성립하고 다른 한편으로는 자본주의의 비밀로서 잉여가치가 폭로되면서 사회주의는 더 이상 이상이 아닌 하나의 과학적 운동으로 성립하게 되었다. 이에 대해 엥겔스는 다음과 같이 말한다. "이 두 가지 위대한 발견들은 맑스의 공로이다: 유물론적 역사 파악, 그리고 잉여가치를 매개로 하는 자본주의적 생산의 비밀의 폭로, 이 발견들에 의해 사회주의는 과학이 되었으며, 지금 무엇보다 중요한 것은 이 과학을 모든 개별성과 연관성의 지점에서 더욱 완성시키는 것이다."509)

이렇게 사회에 대한 과학, 역사에 대한 과학을 성립시킨 것에 기초하여 맑스와 엥겔스는 자연과학의 발전을 조건으로 자신들의 세계관을 더욱 다듬고 정교화하는 길을 걷는다. 이 작업은

509) 엥겔스, 반듀링론, 맑스, 엥겔스 저작선집 5권, 박종철 출판사, p.29

주로 엥겔스가 맡았는데 엥겔스는 맑스와 협력하여 자신들의
세계관에 대한 대중적 개설인 ≪반듀링론≫을 썼다. 여기에는
후에 변증법적 유물론이라 이름붙여진 세계관의 개요가 서술되
어 있다. 엥겔스는 자신의 유물론적 관점을 다음과 같이 설명한
다. "끝으로 나에게 문제가 되었던 것은, 변증법적 법칙을 구성
하여 자연 속으로 가지고 들어가는 것이 아니라 변증법적 법칙
을 자연 속에서 찾아내어 자연으로부터 전개하는 것이다."[510]
변증법적 법칙은 하나의 개념인데 이것으로써 자연을 규정하는
것이 아니라 자연에서 변증법적 법칙, 개념을 찾아내고 나아가
자연으로부터 그 개념을 전개한다는 것이다. 여기에는 개념과
자연 중에서 자연을 일차적으로 사고하는 엥겔스의 유물론적
관점이 선명히 드러나 있고 나아가 변증법과 자연의 관계가 정
리되어 있다. 자연 자체가 변증법적이라는 것! 변증법의 법칙과
개념은 자연에 존재하는 관계, 연관들, 운동들의 반영이라는 것
을 엥겔스는 명료하게 지적하고 있다. 이 서술만으로도 엥겔스
와 맑스의 세계관이 변증법과 유물론의 통일이며 변증법적 유
물론임이 드러난다. 맑스와 엥겔스가 유물론과 변증법을 통일시
켜 변증법적 유물론을 성립시킴에 의해 철학에서는 거대한 변
혁이 이루어졌다. 이에 대한 엥겔스의 언급을 들어보자. "두 경
우에 있어서 현대 유물론은 본질적으로 변증법적이며, 더 이상
다른 과학들 위에 군림하는 철학을 필요로 하지 않는다. 각각의
개별과학이 사물과 사물에 관한 지식의 전체적 연관에서 자신
이 차지하는 위치를 확실히 이해하라는 요구를 받자마자, 전체
적 연관을 취급하는 특수한 과학은 일체 불필요하게 된다. 그럴
경우 지금까지의 철학 전체에서 여전히 독자적으로 존속하는
것은 사유와 사유의 법칙들에 관한 학설이다—형식 논리학과 변
증법. 그밖의 것은 모두 해체되어 자연과 역사에 관한 실증과학

---

510) 앞의 책, p.14

이 되었다."511) 인간사회와 역사에 관한 과학이 성립하고 또 자연에 대한 과학이 발전하여 각 개별과학이 전체적 연관 속에서 발전하면서 전체적 연관 자체를 취급하는 과학은 불필요하게 되고 따라서 과학 위에 군림하는 철학은 사라진다는 것이다. 그리하여 철학은 하나의 단순한 세계관으로 전화되는데 이 세계관은 역사과학과 자연에 대한 과학들에 기초하여 세계전체를 파악하는 관점에 지나지 않게 되는 것이다. 그런 점에서 맑스와 엥겔스가 철학에서 이룩한 혁명은 '철학의 과학적 세계관으로의 전화'512)라고 요약될 수 있을 것이다.

엥겔스는 철학의 역사를 개괄하면서 '철학의 과학적 세계관으로의 전화'에 대해 다음과 같이 말한다. "그것은 더 이상 철학이 아니라 하나의 단순한 세계관이며, 이 세계관은 과학의 과학이라는 특별한 과학에서가 아니라 실제적인 과학들에서 확증되고 실증되어야 하는 것이다. 따라서 여기서 철학은 "지양"되었다. 말하자면 "극복되는 동시에 보존되었다."; 형식에서 보면 극복되었고, 그 현실적 내용에서 보면 보존되었다."513) 고대 그리스 등의 유물론이 인간 정신을 해명하지 못하여 관념론에 밀려났으나 근대 과학의 발전으로 유물론이 다시 부활하는데 현대 유물론은 고대 유물론의 단순한 반복이 아니라 이천 년에 걸친 사상 내용 전체를 담고 있으며 그것은 더 이상 철학이라는 형식을 필요로 하지 않고 단순한 세계관으로서 충분한데 왜냐하면 역사와 자연에 관한 개별과학이 전체적인 연관의 추구 속에서 발전하고 있기 때문이다. 따라서 철학이 형식면에서 단순한 세계관으로 전화한다는 점에서 극복되었지만 그에 담겨 있는 내용은 보존되었다는 점에서 철학은 지양되고 결국 철학의 과

511) 앞의 책, p.28
512) 러시아 과학아카데미 편, 세계철학사(6), 중원문화, p.136
513) 엥겔스, 반듀링론, 맑스, 엥겔스 저작선집 5권, 박종철 출판사, p.155

학적 세계관으로의 전화가 이룩되었다는 것이다. 사실 철학의 발생 자체가 인간의 지식이 어느 정도 축적되면서 비롯되었고 또 유물론과 관념론의 투쟁의 역사에서 철학은 한편으로 과학적 인식을 자극하고 지평을 넓힌 측면이 있다. 그러나 동시에 그 관조적 성격, 사변적 성격으로 인하여 인간의 인식을 속박하는 측면도 있었는데, 이제 여기서 긍정적이고 과학적인 측면은 전체적 연관 속에서 발전하는 개별과학으로 계승되고 부정적인 면은 소멸의 길을 걷고, 인간의 세계에 대한 전체적 인식을 의미하는 세계관은 더 이상 철학이라 불릴 필요가 없으며 개별과학의 기초 위에 개별과학의 전체적 연관의 파악으로 충분한 정도가 되었다는 것이다. 그런 점에서 철학은 과학적 세계관으로 전화된 것이다.

그러면 여기서 남아 있는 것은 변증법과 유물론의 통일의 의미를 보다 분명히 하는 것이다. 혹자는 유물론도 승인하고 변증법도 승인하지만 변증법적 유물론은 부정한다. 이러한 사고는 20세기 사회주의의 붕괴가 남긴 영향 때문이다. 20세기 사회주의의 붕괴가 미친 세계관적 충격이 변증법적 유물론의 변증법과 유물론으로의 분해로 귀착된 것이다. 또한 이러한 점은 20세기 당시에 변증법적 유물론이 하나의 교조로서 강제되었다는 측면에도 기인한다. 변증법의 몇 가지 법칙을 외우면 변증법적 유물론과 철학을 통달한 듯이 여기던 운동의 얄팍한 풍조에 대한 반발이기도 한 것이다. 따라서 이것은 20세기 사회주의의 붕괴가 남긴 혼돈의 측면이다. 이에 대한 유일한 대응은 과학적 접근을 하는 것이다. 과학을 통해 혼돈을 치유하고 노동자계급의 세계관을 다시 수립하는 것! 철학의 영역에서, 그리고 20세기 사회주의에 대한 평가에서 과학적 접근을 수립하여 혼돈을 치유하고 다시금 변혁의 동력을 확보하는 것이 필요하다.

억압받는 민중이라면 그리고 깨어있는 노동자라면 관념론이 아닌 유물론의 길을 쉽게 택한다. 몽상이 아니라 자신의 현실을 설명하는 것은 곧 유물론이기 때문이다. 그러나 여기서 멈춰서는 안된다. 인류가 달성한 성과, 사회주의 운동의 역사적 성과를 자신의 것으로 할 때만 지금의 현실을 변혁할 수 있는 무기를 확보할 수 있기 때문이다. 유물론은 인류 역사에서 진보의 측면, 과학의 측면을 대변해왔다. 그러나 유물론은 각각의 역사적 시기의 한계를 또한 지닐 수밖에 없었는데 그것은 고대 그리스의 직관에 기초한 유물론, 근대에 이르러서는 뉴튼 역학의 영향으로 인한 기계적 유물론과 형이상학적 유물론 등이 그러하다. 형이상학적 유물론은 나름대로 역사적 역할을 했고 17세기, 18세기 과학의 발전을 뒷받침했다. 이러한 형이상학적 유물론의 역사적 성격에 대해 엥겔스는 다음과 같이 말한다. "헤겔이 '형이상학적'이라고 부른 낡은 연구방법과 사유방법은 특히 사물을 이미 주어진 완성물로 보고 연구하는 데 몰두했는데 그 찌꺼기들이 아직도 강하게 사람들의 머리 속에 떠오르고 있다. 이 방법은 그 시대에는 충분한 역사적 자격이 있었다. 과정을 연구할 수 있으려면 먼저 사물을 연구해야 했다. 임의의 사물에서 일어나는 변화를 지각할 수 있으려면 먼저 그 사물이 무엇인지를 알야야 했다. 자연 과학에서의 사정은 이랬다. 사물을 완성된 것으로 받아들인 낡은 형이상학은, 죽은 사물과 살아 있는 사물을 완성된 것으로 연구한 자연 과학에서 생겨났다. 그러나 이러한 연구가 상당히 진척되어 결정적으로 진보할 수 있었을 때, 즉 자연 자체에서 일어나는 이 사물의 변화에 대한 체계적 연구로 넘어갈 수 있었을 때 철학 영역에서도 낡은 형이상학의 사망 시간을 알리는 종이 울렸다."514) 형이상학적 유물론은 자연을 과정으로서, 변화로서 보는 것이 아니라 고정시켜서,

h514) 엥겔스, 루드비히 포이에르바하 그리고 독일 고전철학의 종말, 맑스, 엥겔스 저작선집 6권, 박종철 출판사, pp.275-276

불변의 것으로서 보는 것이다. 이러한 관점은 화학, 물리학, 생물학 등 제반의 자연과학에서 기초적인 인식이 수립되는데 기여했다. 예를 들면 생물학에서 종의 불변성은 종이라는 개념이 수립되는데 기여했다. 그러나 종의 불변성이라는 형이상학적 유물론은 진화론에 의해 종의 변화라는 관점으로 대체되었다. 이러한 사정은 물리학과 화학에서도 마찬가지였는데 예를 들면 종이가 불에 타는 현상, 연소라는 현상의 본질이 무엇인가에 대해 당시로서는 산소의 존재를 몰랐기 때문에 연소를 일으키는 어떤 불변의 고정된 물질이 존재하는 것으로 파악했다. 즉, 형이상학적인 어떤 개념을 설정하면 곧 과학적 인식이 이루어진 것으로 간주되었던 것이다. 그러나 과학의 발전 자체가 과학에서 이러한 형이상학적 사고를 추방했고 과학은 사물을 운동으로서, 상호연관으로서, 과정으로서 파악하기 시작했고 그러한 인식이 철학에서는 변증법으로 정립되었던 것이다. 헤겔의 변증법이 맑스, 엥겔스에 의해 유물론적으로 개작되고 변증법이 관념론적인 신비화에서 해방되면서 유물론과 변증법의 통일이 이루어지기 시작했다. 변증법과 유물론의 통일은 자연의 변증법적 성격이 설명되면서 공고화되었다. 자연 자체가 변증법적으로 운동하고 자연의 모든 과정이 변증법적 과정이라는 것이 정립되면서 변증법과 유물론의 통일은 하나의 세계관으로서 변증법적 유물론으로 정립되었던 것이다.

그리하여 변증법은 사고의 법칙을 넘어 존재의 법칙이 되었고 이를 수미일관하게 설명하는 변증법적 유물론이 성립된 것이다. 이렇게 변증법이 사고의 법칙이면서 동시에 존재의 법칙이기도 하다는 점은 관념론자들에 의해 많은 공격을 받고 있다. 이들은 특히 자연의 변증법을 부정한다. 그러나 과학의 발전 자체가 나날이 자연의 변증법적 성격을 확증하고 있다.

이렇게 변증법적 유물론은 사고의 법칙과 존재의 법칙의 통일인데 사고와 존재 중 일차적인 것은 존재라는 점에서 변증법적 유물론의 초석이 되는 범주는 존재를 설명하는 범주, 특히 과학의 발전을 반영하는 물질이라는 개념과 그 물질의 속성인 운동이라는 개념이다. 즉, <물질과 운동> 혹은 <물질의 운동>이 변증법적 유물론의 구성에서 가장 근본적인 범주가 된다. 변증법적 유물론의 여타의 모든 범주들은 바로 이 물질과 운동으로부터 파생하는 것들이다.

2. 변증법적 유물론의 범주들

1) 물질과 운동

철학의 근본문제는 자연과 정신, 존재와 사고, 물질과 의식 중 어느 것이 일차적인가를 가리키는 것이다. 여기서 자연, 존재, 물질을 일차적으로 보는 관점은 유물론이 되었고 정신, 사고, 의식을 일차적으로 보는 관점은 관념론이 되었다. 정신을 일차적으로 보는 관념론은 자연을 정신의 산물로 보고 나아가 신학에서는 신에 의한 세계의 창조를 긍정한다. 그러나 자연, 존재, 물질을 일차적으로 보는 유물론은 자연을 정신으로부터 독립되어 있는 객관적 실재로 보고 정신을 자연의 발전의 산물로 파악한다. 약 2천년에 걸친 철학의 역사는 이러한 유물론과 관념론의 투쟁의 역사였다 해도 과언이 아니다.

변증법적 유물론도 유물론의 일종이라는 점에서 자연, 존재, 물질을 일차적으로 보는 관점을 계승한다. 그러나 변증법적 유물론은 2천년에 걸친 인류의 지적 발전, 과학의 발전을 담고 있다는 점에서, 그리고 직관을 넘어서는 과학적 세계관이라는 점에서 과거의 유물론과 차원을 달리한다. 그에 따라 자연 혹은 존재라는 개념과 달리 변증법적 유물론은 '물질'이라는 개념을 근본범주로 설정한다.

물질이라는 개념이 철학의 근본범주로 성립한 것은 오랜 기간의 철학과 과학의 발전을 전제로 하는 것이다. 철학의 발생 시기라 할 수 있는 고대 그리스에서 세계의 근본요소는 물이니, 불이니, 흙이니, 공기니 하는 관념이 발생했다. 이러한 관점은 세계가 하나의 근본요소로 이루어진 통일된 전체라는 관념을 전제로 하고 그러한 통일성의 기초가 물, 불, 흙, 공기와 같은 물질적 요소라고 본 것이었다. 소박한 이러한 자연 철학은 아직 자연과 정신의 대립, 존재와 사고의 대립을 포함하고 있는 것은 아니었다. 그러나 고대 그리스에서 관념론이 발생하고 그리하여 유물론과 관념론의 대립과 투쟁이 이루어지면서 철학의 근본문제라는 사고가 발생하였다. 아리스토텔레스는 '철학의 근본물음'이라는 범주를 설정하는데 '있음' 혹은 '무엇임'(존재)을 철학의 근본물음으로 보고 그것을 '실체'라 불렀다. 그리고 실체에는 감각되는 것과 감각되지 않는 정신이 포함되고 감각되는 것을 별과 같은 영원한 것과 생물체와 같이 소멸하는 것으로 나누었다. 이러한 아리스토텔레스의 관점은 실체라 불리는 존재의 문제가 철학의 근본물음이라고 보는 것인데 자신의 선행자인 유물론자인 데모크리토스와 관념론자인 플라톤의 날카로운 대립을 보면서 '있음', '무엇임' 혹은 실체는 무엇인가라는 철학적 물음을 던지고 나름대로 답을 한 것이었다. 이리하여 철학의 근본물음(근본문제)이라는 범주가 성립하고 그 내용으로 실체라는 개념이 성립했는데 아리스토텔레스의 이러한 관점은 이후의 철학에 지대한 영향을 미쳤다.

아리스토텔레스의 실체 개념은 현대의 물질개념과는 차이가 있는데 실체는 자연과 정신을 모두 포함하는 개념이었다. 자연과 정신을 모두 포함하는 실체 개념은 17, 18세기 자연과학의 발전으로 근대 유물론이 등장하기까지 이어져 왔는데 대표적인 것이 스피노자의 실체 개념이었다. 스피노자의 실체는 자연, 정신, 신을 모두 포함하는 개념이었는데 스피노자가 범신론자라는 점에서 스피노자의 실체는 사실상 자연을 의미하는 것이었다. 이러한 실체 개념의 특징은 세계를 구성하는 불변의 요소, 고정된 요소를 파악하려 한다는 점에서 형이상학적이었다. 이후 뉴튼의 만유인력의 발견, 데카르트의 철학이 전개되면서 실체개념과 구분되는 물질 개념이 대두했다.

데카르트의 철학은 이원론이었는데 세계를 사유실체와 연장실체로 파악했다. 사유실체는 정신을 의미했고 연장실체는 물질 혹은 물체를 의미했다. 여기서 데카르트는 물질의 본질을 연장(延長)을 가지는 것으로 이해했다. 즉, 길이, 넓이, 부피 등의 연장을 물질의 본질적인 속성으로 보았다. 연장은 일종의 공간적 속성인데 데카르트는 공간과 물질의 통일성에서 물질의 본질을 보았던 것이다. 한편 데카르트는 데모크리토스에게서 유래하는 고대 원자론을 부정한다. 고대 원자론은 더 이상 분할 불가능한 최소의 물질을 원자로 보는 것인데 데카르트는 그 최소의 물질도 연장을 가진다는 점에서 분할가능하다고 보아 원자는 존재하지 않는다고 보았다. 또한 데카르트는 연장은 물질의 속성이기 때문에 물질이 없는 연장, 즉 진공은 존재하지 않는다고 보았다. 이러한 데카르트의 견해는 17세기 당시에 격심한 과학논쟁을 낳았는데 공간과 물질의 연관, 원자의 존재와 그 개념, 그리고 진공의 문제 등은 현대과학으로까지 이어지는 중요한 쟁점이었다.

이후 과학의 발전은 분할 불가능한 최소단위로서 원자의 개념을 무너뜨렸다. 원자 또한 원자핵과 전자로 나뉘어진다는 것이 발견된 것이다. 그러나 원자 개념은 사라진 것이 아니라 물질의 화학적 성질을 규정하는 최소단위라는 의미로 재정립되었다. 이후 19세기에 방사능이 발견되었는데 물질이 붕괴되고 그것이 방사능으로 전화되는 현상에 대해 당시 과학자들은 물질의 붕괴와 소멸로 파악했다. 또한 전자도 당시에는 물질로 이해되지 않았다. 이렇게 과학의 혁신이 철학적으로 정확히 이해되지 못함에 따라 물질 개념은 붕괴되었다, 유물론은 무너졌다는 주장이 대두되었다. 이러한 상황이 19세기 말, 20세기 초까지의 상황이었다. 이러한 상황에서 레닌은 《유물론과 경험비판론》에서 물질의 개념을 재정의한다. "물질이란 인간의 감각에 의해 주어지고, 우리의 감각에 의해 복사되고 촬영되고 모사되지만, 그것과 독립하여 존재하는 객관적 실재를 표현하기 위한 철학적 범주이다."515) 현대 유물론의 물질개념에 대한 이해는 레닌의 이 정의를 따르고 있는데 여기에는 물질에 대한 이해가 관념론과 불가지론에 대한 대립 속에서 표현되고 있다. 먼저 "물질이란 인간의 감각에 의해 주어"진다는 것은 물질이 인간의 감각 밖에 존재하는 객관적 실재임을 승인하는 것이다. 따라서 이 정의는 물질, 세계는 인간의 감각에 지나지 않는다는 주관적 관념론을 반박하는 것이다. 외적 세계에 대한 명확한 승인, 이것이 현대 유물론의 물질개념의 전제이다. 또한 "우리의 감각에 의해 복사되고 촬영되고 모사"된다는 것은 물질과 인간의 인식의 연관을 해명하는 것이다. 인간의 인식은 외적 세계의 모사이고 반영이라는 점이 여기서 천명되고 있다. 모사, 촬영, 복사라는 것은 인식 주체의 외부에 외적 세계가 존재한다는 점을 전제로 하는 것이고 또한 인간의 인식은 외적 세계를 근사치로 반영한다는 것을 말한다. 인간의 감각과 이성적 개념, 심지어 상상과 공상 또한 근본적으로는 외적 세계의 모사이고 반영이라는 것이다. 이러한 인식론은 변증법적 유물론에서 반영론이라고 불리는 것인데 인간의 인식은 외적 세계의 모사이고 반영이라는 점에서, 인간의 인식은 외적 세계를 인식할 수 없다는 불가지론을 결정적으로 반박한다. 나아가 인간인식의 이러한 반영적 성질로 인해 주체는 외적 세계에 대한 인식을 무한히 확대할 가능성이 주어진다. 즉, 객관적으로 존재하는 세계를 정확히 반영하려는 노력을 통해 점차적으로 외적 세계에 대한 인식을 확장할 수 있는 것이다. 이렇게 이 세계에 대한 무한한 인식의 가능성이 외적 세계의 모사, 반영이라는 인간 인식의 본질에 의해서 주어진다.

515) 레닌, 유물론과 경험비판론, 아침, p.135

또한 물질은 인간의 감각, 인식에서 "독립하여 존재하는 객관적 실재"이다. 바로 이 지점이 현대적인 물질개념의 핵심인데 과거로부터 내려오는 존재, 자연이라는 개념과 현대의 물질개념의 차이가 바로 여기서 주어진다. 존재라는 개념에는 정신적 존재, 신적 존재라는 개념도 얼마든지 성립할 수 있다. 그리고 자연이라는 개념에도 산신령, 요정같은 개념도 포함될 수 있다. 그러나 인간의 인식에서 독립하여 존재하는 객관적 실재에는 정신석 존재, 산신령, 요정 등은 포함될 수 없다. 정신적 존재, 산신령, 요정 등은 객관적 실재가 아니기 때문이다. 또한 객관적 실재라는 개념은 19세기에 새롭게 발견된 방사능, 전자와 같은 현상에 대해 이것 또한 물질이라는 인식을 가능하게 했다. 원자는 물질의 분할 불가능한 최소단위라는 인식으로는 방사능을 물질에 포함시킬 수 없었다. 원자가 붕괴되어 발생하는 것이 방사능이기 때문이었다. 그러나 인간의 인식으로부터 독립되어 있는 객관적 실재를 물질로 파악하면 방사능과 전자 또한 물질의 일종으로 충분히 파악할 수 있게 된다. 이로써 물질개념은 붕괴되었다, 유물론은 결정적으로 반박되었다는 주장은 극복되고 물질 개념은 보다 풍부하고 과학적인 개념으로 재정립되게 되었다.

마지막으로 레닌은 물질을 "객관적 실재를 표현하기 위한 철학적 범주"라고 정의하였다. 여기서 중요한 것은 '철학적 범주'라는 것의 의미인데 의식과 물질의 대립과 구분은 철학의 영역 내부의 대립이라는 의미로 레닌은 '철학적 범주'라는 표현을 사용하였다. 만약 의식과 물질의 대립을 철학의 영역을 넘어서서, 인식론적 차원을 넘어서서 정의한다면 오류가 발생하게 된다. 자연에서, 세계에서, 우주에서 의식과 물질의 대립을 절대적이라고 파악하면 그것은 세계에 대한 이원론이 된다. 즉, 데카르트와 같이 의식, 사유실체와 자연, 물질, 연장실체의 구분이 성립하게 된다. 그러나 이것은 오류이다. 이 세계, 우주는 물질로 구성된 통일된 전체이다. 의식, 사고는 자연, 물질 발전의 최고의 산물이며 사고기관인 뇌를 통한 인간의 활동형식이다. 이렇게 우주와 세계 전체에서는 물질적 통일성이라는 일원론을 명확히 세워야 하고 다만 철학적 영역 내부에서, 인식론적 차원에서는 의식과 물질의 대립을 명확히 하는 것이 필요하다.

이렇게 레닌의 물질에 대한 정의는 과학의 발전을 수용하고 정리하여 그것을 철학적으로 일반화한 것이었다. 20세기 쏘련에서 과학의 발전은 레닌의 이러한 물질에 대한 정의에 기초한 것이었고 그에 따라 쏘련의 과학은 거대한 성취를 이루기도 했다. 20세기, 그리고 21세기 지금도 발전하는 과학은 그 결과에 대한 철학적 인식에 어려움을 겪고 있다. 예를 들면, 전자, 광자 등과 같은 물질의 소(素)립자의 운동법칙에 대한 양자역학, 그리고 공간과 시간 개념의 근본적 전환을 이룬 아인슈타인의 상대성이론, 그리고 공간 개념에 대한 혁명을 이룬 비유클리드 기하학 등은 그것의 철학적 일반화에서 어려움을 겪고 있는데 본질적인 것은 과학의 철학적 일반화에서 관념론적인 지반에 설 것인가 아니면 유물론적인 지반에 설 것인가라고 해도 과언이 아니다.

이렇게 물질 개념은 고대 그리스의 실체 개념에서 출발하여 근대, 현대 과학의 발전의 결과 성립했다. 레닌의 물질에 대한 정의는 여전히 유효하며 과학의 철학적 일반화에서 근간이 되는 개념이다. 그러면 여기서 물질의 본질적 속성이며 존재양식인 '운동'의 개념으로 넘어가 보자. 운동 개념이 중요한 것은 물질과 운동이 통일되어 있고 운동에 의해 물질의 존재가 규정되기 때문이다. 즉, 물질없는 운동은 없고 역으로 운동없는 물질도 없다.

운동 개념에 대한 원초적인 인식은 역시 고대 그리스에서 찾을 수 있는데 헤라클레이토스가 그러하다. "세계, 즉 모든 것으로 이루어진 하나의 것은 신들 및 인간에 의해서 만들어진 것이 아니고 그것은 법칙에 따라 불타고, 법칙에 따라서 꺼지면서, 과거·현재·미래에 걸쳐 영원히 살아 있는 불이다."[516] 이 세계를 법칙에 따라 불타고 또 꺼지고 그러면서 영원히 살아 있는 불로서 파악하는 헤라클레이토스의 관점은 이 세계를 운동으로 보는 것이다. 신이나 인간이 아니라 법칙에 따라 불탄다는 것은 운동의 객관성, 필연성을 말하는 것이다. 또 불타기도 하고 꺼지기도 한다는 것은 운동이 곧 변화를 의미한다는 인식이다. 그리고 중요한 것은 영원히 살아 있는 불이라는 것인데 이것은 근대과학에 의해 정립된 운동의 불멸성에 대한 직관적 인식이다. 이렇게 이 세계를 운동으로서 파악하는 헤라클레이토스의 인식은 직관적인 변증법이라 할 수 있다.

그러나 직관을 넘어서서 운동에 대한 과학적 인식이 이루어지기 시작했던 것은 근대에 이르러 자연과학이 발전하기 시작하면서부터이다. 근대 이전에 아리스토텔레스는 운동을 어떤 물체의 외부의 원인에 의한 위치이동으로 보았다. 또 운동의 종류를 자연스런 운동과 비자연스런 운동으로 나누기도 했다. 그러나 이러한 아리스토텔레스의 운동관은 근대역학이 발전하면서 극복되고 갈릴레이에 의해서는 운동의 상대성의 원리가 파악되기도 했다. 즉, 어떤 물체의 운동은 정지하고 있는 곳에서 보면 운동으로 파악되지만 그 물체와 같이 운동하는 물체에 대해서는 정지하고 있는 것으로 보이기도 하는 것이다. 관찰하는 기준에 따라 운동에 대한 인식이 상대적으로 변화하는 것이다. 이러한 운동의 상대성에 대한 인식은 운동과 정지의 구분이 절대적이 아니라는 인식으로까지 발전한다. 이러한 갈릴레이의 상대성의 원리는 현대의 아인슈타인의 상대성의 이론으로까지 이어지

---

516) 러시아 과학아카데미 편, 세계철학사(1), 중원문화, p.138

고 있다.

갈릴레이 당시는 여전히 운동을 역학적인 위치이동으로 국한하여 보았다. 이 점은 데카르트도 마찬가지인데 데카르트는 운동을 위치이동으로 보면서 중요한 제기를 한다. 즉, 운동의 본질은 외부의 충격이 아니라 운동하는 것 자체에 있다는 주장을 한다. 이 점은 운동은 외부의 원인을 필요로 한다는 아리스토텔레스의 운동관을 결정적으로 극복하는 것이다. 그러나 데카르트에게는 운동의 원천으로서 내적 모순이라는 개념은 아직 등장하지 않는다. 이 당시 운동은 곧 위치이동이라는 인식이었기 때문에 이러한 인식으로는 내적 모순 개념에 도달하기는 불가능했다.

그러나 데카르트는 물질과 운동의 연관에 대한 인식에 있어서 중대한 공헌을 한다. 즉, 물질과 운동의 통일성을 근대과학에 기초하여 제기했다. "물질의 다양함이나 물질의 형상들의 차이는 모두 운동에 의존해 있다."517) 물질의 다양함과 형상이 운동에 의존한다는 것은 물질과 운동의 통일성을 제기한 것이다. 이렇게 물질과 운동은 통일되어 있고 상호 규정한다는 인식이 데카르트에 의해 성립한 것이다. 이러한 물질과 운동의 통일성은 현대의 변증법적 유물론에서도 근간이 되는 범주이다.

데카르트가 기여한 또 하나의 중요한 공헌은 운동량 보존의 사상이었다. "비록 그 운동이 물질의 양태로서 운동하는 물질에 존재하는 것에 불과할지라도, 그 운동은 규정된 특정한 양을 지니고 있다. 비록 물질의 각각의 부분들에 있어서는 그 양이 변한다 하더라도, 우주 전체에 있어서는 항상 동일하다는 것을 쉽게 알 수 있다."518) 운동이 특정한 양을 지니며 우주 전체적으로는 항상 동일하다는 주장은 운동량 보존의 사상을 제기한 것

517) 데카르트, 철학의 원리, 아카넷, p.85
518) 앞의 책, p.97

이다. 즉, 어떤 물질의 운동은 보존되며 다만 다른 운동으로 전화되는 것이며 전화되기 전의 운동량과 전화된 후의 운동량은 동일하다는 것인데 이는 운동의 불멸성이라는 관념을 기초지우는 것이었다. 이러한 인식은 발전하여 이후 에너지 보존 및 전화의 법칙으로 나아가게 된다. 에너지 보존 및 전화의 법칙은 물질과 운동은 파괴되는 것이 아니라 보존되어서 상이한 형태의 물질과 운동으로 전화된다는 것을 표현하는 것인데 이를 통해 물질과 운동의 불멸성이라는 과학적 인식이 공고해졌다.

그러면 여기서 운동의 불멸성에 대한 엥겔스의 언급을 들어보자. 엥겔스는 "운동의 불멸성은 단지 양적으로뿐만 아니라 질적으로도 파악되어야 한다"[519]고 본다. 데카르트가 운동의 불멸성을 양적 측면에서 제기한 것을 넘어서서 엥겔스는 질적으로 서로 다양한 운동으로 전화할 능력을 운동 자체가 이미 갖고 있으며 이러한 성질은 사라질 수 없다는 의미에서 운동은 질적으로도 불멸이라고 보고 있다. "어떤 물질의 순수한 역학적 위치변화가 적합한 조건 하에서는 열, 전기, 화학적 작용, 생명으로 변화할 수 있는 가능성을 지니고 있기는 하지만 스스로 이 조건을 산출할 능력을 갖고 있지 않다면, 그러한 물질은 운동을 상실한 것이다. 자신에 속하는 다양한 형태들로 전화할 능력을 상실한 운동은 여전히 운동의 잠재력은 지닐지라도 활동성은 잃어버린 것이며, 이에 따라 부분적으로 파괴될 것이다. 그러나 두 가지 경우 모두 있을 수 없는 일이다."[520] 위치이동이라는 운동 형태는 열운동, 전자기 운동, 화학적 운동, 생명운동이라는 질적으로 상이한 운동으로 전화할 가능성을 갖고 있다는 것이 엥겔스의 주장의 요지이다. 실제로 지구의 탄생 당시 무기물만 있던 상태에서 무기물의 오랜 기간의 화학작용의 결과 단백질

---

519) 엥겔스, 자연변증법, 중원문화, p.31
520) 앞의 책, pp.31-32

이 생성되어 생명체가 탄생한 것은 운동이 질적으로도 불멸이라는 엥겔스의 주장을 뒷받침하는 것이다.

물질과 운동의 통일성, 그리고 물질과 운동의 불멸성은 과학적 유물론의 초석이 된다. 물질과 운동의 창조 불가능성, 소멸의 불가능성은 신에 의한 세계창조를 원천적으로 부정하는 것이다. 이에 대한 엥겔스의 언급을 들어보자. "우리가 접할 수 있는 전체 자연은 제 물체의 하나의 체계, 하나의 총체적 연관을 구성하며, 이때 제 물체란 천체로부터 원자까지, 나아가 에테르 입자까지 그 존재가 인정되는 한에 있어서는 그 모두를 포함하는 모든 물질적 존재자들을 의미한다. 이 물체들이 하나의 연관을 이루고 있음은 그들이 상호작용한다는 사실을 내포하며, 이러한 물체들의 상호작용이 바로 운동이다. 여기서 이미 운동 없는 물질을 생각할 수 없음이 드러난다. 그리고 만약 물질이 우리에게 어떤 주어진 것, 그리고 이와 마찬가지로 무로부터 창조될 수 없는 것, 소멸시킬 수 없는 것으로 나타난다면, 이로부터 운동 또한 창조될 수 없고 소멸시킬 수 없다는 결론이 도출된다."[521] 물질과 운동의 통일성, 그리고 불멸성, 나아가 물질과 운동의 서로 다른 것으로의 상호전화는 무로부터 물질의 생성, 신에 의한 세계창조를 원천적으로 부정하는 것이다. 왜냐하면 이미 존재하는 물질과 운동은 무로부터 나온 것이 아니라 다른 물질과 운동으로부터 전화된 것이기 때문이다. 이로써 신 개념의 도입 없이도 우주, 그리고 세계, 물질과 운동을 정확히 설명하는 것이 가능하게 되었다. 사실 아리스토텔레스에게서 보이듯 신이라는 개념은 물질과 운동에 대한 과학적 인식의 결여 때문에 도입된 것이었다. 아리스토텔레스는 운동의 원인을 파고들면 원인의 원인이 있을 것이고 이를 무한히 소급하면 운동을 일으키는 최초의, 궁극적 원인이 있는데 그것은 신일 수밖에 없다고 보았

521) 앞의 책, p.66

326

다. 즉, 운동 개념에 대한 과학적 인식이 한계에 부딪혔을 때 아리스토텔레스는 최초의 원인으로서 신이라는 개념을 설정했던 것이다. 그러나 물질과 운동의 불멸성과 상호전화라는 개념은 더 이상 이러한 아리스토텔레스적인 인식이 허용될 여지를 남기지 않는다.

물질과 운동의 통일성이 과학적 인식의 초석이라는 점은 현대 과학의 영역에도 반영되어 있다. 엥겔스는 ≪자연변증법≫에서 '물질의 운동 형태들'이 곧 '제 과학의 분류'임을 서술하고 있다.[522] 이러한 엥겔스의 파악은 정확한데 물리학, 화학, 생물학은 곧 물질의 운동 형태들의 차이에 대한 인식에 기초하여 성립하는 과학이기 때문이다. 원자형태의 운동, 분자형태의 운동, 화학적 운동, 생명이라는 생물체의 운동 등 운동의 특수한 종류가 개별 과학의 대상이 된다. 이를 인간과 사회로까지 확장시키면 사회적 운동에 대한 과학은 사회과학이 된다. 경제학, 언어학, 역사학 등 많은 사회과학들은 사회적 운동의 특수한 형태들을 대상으로 하는 것이다. 이렇게 물질과 운동의 통일성은 근대와 현대 과학의 근간을 이루는 개념이고 변증법적 유물론에 있어서도 가장 근본이 되는 범주이다.

2) 공간과 시간

모든 물질의 존재, 그리고 모든 운동 형태들은 시간과 공간 속에서 나타난다. 어떤 현상, 혹은 개념이 있을 때 그것이 현실적인가 아니면 관념적인가를 판단하는 것은 그 현상 혹은 개념이 시간과 공간 속에서 나타나는가, 아닌가를 보면 된다. 현실성이라는 개념은 곧 시간과 공간을 수반하는 개념이다.

---

522) 엥겔스, 앞의 책, p.249

그런데 시간과 공간 개념은 오랜 과학발전의 결과 많은 변화를 겪어 왔고 또 철학과 과학에서 첨예하게 논쟁이 되는 영역이다. 시간과 공간에 대해서도 관념론적인 이해와 유물론적인 이해가 부딪히고 있다. 근대적인 의미의 시간과 공간 개념은 근대 자연과학이 발전하면서부터 나타났다. 뉴튼의 경우 시간과 공간을 절대시간, 절대공간으로 이해했다. 뉴튼은 공간을 어떤 물체가 담기는 빈 용기와 같은 것으로 보았다. 시간 또한 어떤 물질의 변화가 이루어지는 것을 판단하는 절대적인 기준으로 보았다. 이러한 절대공간, 절대시간이라는 개념은 공간과 시간을 인간의 인식 밖의 객관적인 것으로 본다는 점에서 유물론적이다. 그러나 이때 절대공간과 절대시간은 공간과 시간을 불변의 고정된 기준으로 본다는 점에서 형이상학적이다. 즉, 뉴튼의 절대공간과 절대시간이라는 개념은 형이상학적 유물론의 관점이다. 현대사회에서 많은 사람들이 공간과 시간에 대해 갖고 있는 관념은 여전히 뉴튼의 이러한 시간, 공간 관념이 대부분이다. 실제로 이러한 시간, 공간 관념은 일상생활을 하는데 불편을 주지 않는다. 그러나 이러한 뉴튼의 절대공간, 절대시간 관념의 맹점은 공간과 시간을 물질과 분리시켜 파악한다는 점이다.

뉴튼과 달리 데카르트는 공간을 물질과 통일시켜 파악했다. 길이, 넓이, 부피같은 연장을 물질의 본성으로 보면서 연장이 곧 물질이라고 파악했다. 그리하여 물질없는 연장을 의미하는 진공은 존재하지 않는다고 보았다. 공간을 물질과 결합하여 파악하는 점에서 이 견해는 현대의 공간 개념과 맥이 닿아 있다. 그러나 데카르트는 시간에 대해서는 그렇지 않았다. 데카르트는 시간을 어떤 물체의 현실적인 지속에 첨가되는 우리의 사고의 양태라고 보았다. 즉, 시간에 대해서는 시간의 객관성을 부정하고 주관의 인식틀로 본 것이다. 이는 공간적 속성인 연장만을 물질의 본성으로 본 것에서 비롯되는 것이다.

328

뉴튼이나 데카르트는 공간과 시간, 혹은 공간의 객관성을 승인하는 입장으로서 기본적으로 유물론적이었다. 그러나 이후 공간과 시간 관념에 대한 관념론적인 견해가 등장했는데 칸트가 그러하다. 칸트는 공간과 시간의 객관성을 부정하고 공간과 시간은 객관 현실(현상)을 파악하는 주관적 인식의 형식에 지나지 않는다고 보았다. 칸트의 철학은 선험적 관념론인데 이 관점이 공간과 시간에 대한 이해에도 관철되어 있다. 칸트는 우리가 어떤 대상의 공간적 성격을 인식하려면 이미 공간적 관념이 인식 주체에 선험적으로 존재해야만 한다고 한다. 그리고 그것의 근거로 기하학을 들면서 기하학의 공리는 선험적으로 주어지는 것임을 주장한다. 또한 시간에 대해서도 마찬가지로 시간관념이 선험적으로 존재해야만 대상의 변화의 계기를 파악할 수 있다고 한다. 그리하여 어떤 대상을 우리의 관념에서 지워버리더라도 공간적 관념은 남는다고 보아 대상과 공간의 결부를 부정한다. 즉, 물질과 시간 및 공간의 결부를 부인한다. 이러한 칸트의 견해는 인식 주체의 공간과 시간관념이 객관 사물, 대상의 현실적인 공간적, 시간적 성격의 반영임을 부정한다는 점에서 관념론적이다. 그런데 이러한 칸트의 시·공간 개념은 현대의 물리학에서도 물리적 현상에 대한 관념론적인 이해의 바탕이 되고 있다.

이렇게 공간과 시간의 객관성에 대한 승인 여부는 유물론과 관념론을 가르는 지점이다. 관념론자들의 시간과 공간의 객관성의 부인에 대해 다음과 같은 비판은 적절하다. "공간 및 시간에 관한 관념론적 구상은 사람들의 생활상의 모든 실천적 경험에 의해, 자연과학의 전체에 의해 뒤집혀진다. 공간 및 시간이 의식·정신·이념에 의해 생겨난 것이라든가, 의식의 가운데에 존재한다라든가 하는 주장에 대해, 자연과학이 가르치는 것처럼 의식·정신·이념을 갖춘 인간이 나타나기 전 수백만 년 동안에 지구가 공간 안에 존재해 오고 시간 속에서 발전해 왔다고 한다면, 어떻게 동의할 수 있을까? 이 사실은 공간 및 시간에 관한 관념론적 견해가 성립할 수 없다는 것을 폭로하는 데에는 결정적인 의의를 갖고 있다."[523]

공간과 시간에 대해 유물론의 입장에 설 것인가, 관념론의 입장에 설 것인가는 한편으로 선택의 문제이기도 하지만 한편으로 과학의 문제이기도 하다. 어떤 사물의 길이가 길다, 짧다라는 관념, 낮과 밤으로 이루어지는 하루라는 관념, 봄, 여름, 가을, 겨울로 이루어지는 1년이라는 관념이 발전되어 그것을 일반화하여 공간과 시간관념이 생겨났는데 이러한 공간과 시간관념은 인간에게 선험적으로 존재하는 것이 아니라 인류가 이 세계와 자신을 둘러싼 환경에 대해 장구한 기간 동안 무수한 관찰을 한 결과 생겨난 관념이다. 칸트는 자신의 공간개념의 선험성 주장의 근거로 기하학의 공리의 선험성을 들고 있는데 이것은 고대 그리스에서 유래하는 유클리드 기하학의 특성에 기초한 것이다. 유클리드 기하학의 기초를 이루는 공리들은 증명이 필요 없는 자명한 것으로 간주되었기 때문이다. 그러나 이러한 유클리드 기하학은 비유클리드 기하학의 탄생에 의해 그 한계가 극복되고 있고 비유클리드 기하학은 공간과 물질의 결부에 기초하고 있고 물질의 운동에 의해 공간의 성격이 변화한다는 것을 드러내고 있다.

비유클리드 기하학이 공간 개념에서 혁명을 이루고 있다면 공간과 시간 개념에 대한 총체적인 전환을 이루는 것은 아인슈타인의 상대성 이론에 의한 것이다. 아인슈타인의 상대성 이론에

---

523) 세계철학사 II: 변증법적 유물론, 녹두, p.42-43, 여기서 인용되는 출처인 《세계철학사 II: 변증법적 유물론》은 《철학교정》이라는 원래의 제목을 갖고 있는 쏘련의 변증법적 유물론의 교과서이다. 이 책은 변증법적 유물론에 대한 포괄적인 설명을 담고 있는데 쏘련과 20세기 사회주의의 변증법적 유물론에 대한 견해를 대변한다고 볼 수 있다.

의하면 어떤 물체의 운동 속도가 빨라지면 그 물체의 길이가 수축하고 시간이 느려진다. 즉, 물질의 운동에 의해 공간과 시간이 변화하는 것이다. 이러한 점은 여러 실험과 수학적 논증에 의해 증명되었는데 이러한 발견은 결정적으로 시간과 공간 관념의 전환을 근거지우는 것이다. 물질의 운동에 의해 공간적 길이가 변화한다는 것은 물질과 공간의 결부, 물질과 공간의 통일성을 입증하는 것이다. 그에 따라 뉴튼의 물질과 분리된 절대공간이라는 관념은 무너지고 공간이 물질의 존재형식이라는 관점이 성립한다. 또 물질의 운동에 의해 시간이 느려진다는 것은 물질과 분리된 절대시간이라는 관념을 무너뜨리고 시간과 물질의 결부, 시간과 물질의 통일성을 근거지운다. 그리하여 시간 또한 물질의 존재형식이 된다. 그리하여 뉴튼 역학에 기초한 시간과 공간관념은 아인슈타인의 상대성 이론에 의해 물질의 존재형식으로서의 공간과 시간개념으로 전화되었다. 이렇게 아인슈타인의 상대성 이론에 의해 시간과 공간의 물질과의 통일성이 과학적으로 확립되었는데 시간과 공간이 물질의 운동에 의존한다는 점에서 시간과 공간의 절대성이라는 형이상학이 붕괴되고 시간과 공간의 상대성이라는 변증법적 관점이 수립되었다. 예를 들면 어떤 두 개의 사건이 동시적으로 발생한다고 할 때 그 사건들의 동시성은 관찰하는 기준에 따라 변화한다는 것이 입증되었다. 어떤 기준체에서 관찰할 때는 동시적인 사건이 또 다른 기준체에서 관찰하면 동시적이지 않다는 것이 증명되었는데 이는 시간관념의 절대성을 무너뜨리고 상대성을 증명한 것이었다.

이렇게 아인슈타인의 상대성 이론은 뉴튼적인 공간과 시간관념을 물질과 통일된 상대적인 공간과 시간 개념으로 전화시켰는데 이는 다름아닌 변증법적 유물론의 공간과 시간개념이기도 하다. 아인슈타인은 공간-시간과 물질의 결부에 대해 다음과 같이 간단명료하게 말한다. "나는 공간-시간이 반드시 물리적 실체를 가진 실제 사물과 무관한 별개의 존재로 인정할 수 있는 것이어야 하는 것은 아님을 보이고자 했다. 물리적 사물은 공간 속에 있는 것이 아니라 공간적으로 펼쳐져 있다. 이런 식으로 보면 '빈 공간'이라는 개념은 그 의미를 잃는다."[524] 물리적 물체가 '공간 속에' 있다는 것은 뉴튼적인 절대 공간을 말하는 것이고 물리적 물체가 '공간적으로 펼쳐져 있다'는 것은 공간이 물질의 존재형식임을 말하는 것이다. 그리고 이렇게 공간을 물질의 존재형식으로 보면 '빈 공간', 즉 물질이 없는 공간인 진공이라는 개념은 의미를 잃게 됨을 아인슈타인은 서술하고 있다. 그리고 공간과 시간 개념에서 아인슈타인의 상대성이론에 의해 확립된 또 하나의 중요한 지점은 공간과 시간의 통일성이다. 뉴튼의 절대공간과 절대시간 관념은 공간과 시간을 각각 별도의 분리된 것으로 파악하는 것이었다. 그러나 공간과 시간은 떨어져 있는 것이 아니라 통일되어 있는데 왜냐하면 공간과 시간을 물질의 존재형식으로 보면 공간과 시간은 물질에 의해 상호간에 깊은 연관을 가질 수밖에 없기 때문이다. 그리하여 3차원적인 공간과 1차원적인 시간이 합쳐져서 4차원의 시·공간 개념이 수립되는데 이에 따라 3차원적인 공간만을 가리키는 데카르트 좌표개념은 시간을 포함하는 4차원적인 좌표개념으로 전화된다. 이렇게 과학의 발전에 의해 변증법적 유물론의 시·공간 개념의 올바름이 입증되었다. 그러나 과학의 발전이 즉각적으로 철학적으로 일반화되지 못함에 따라 과학의 발전에 수반하여 그것을 관념론적인 입장에서 해석하는 견해와 유물론적인 입장에서 해석하는 견해는 끊임없이 부딪힌다. 그런 점에서 철학적 차원, 세계관적 차원에서 과학의 발전을 수용하고 정리하고 일반화하려는 노력은 긴요하다.

---

524) 아인슈타인, 상대성의 특수이론과 일반이론, 필맥, p.7

공간은 사물의 배열, 대칭, 공존과 분리 등을 가리킨다. 데카르트가 연장이라는 개념을 통해 공간을 특징지웠다면 현대의 공간 개념은 보다 세분화되고 정교화되고 있다. 또한 비유클리드 기하학의 등장으로 인해 고전적인 유클리드 기하학을 넘어서는 공간 관념의 발전이 이루어지고 있다.

시간은 사물의 변화의 계기를 가리키며 순서, 단계, 발전의 관념이 시간의 개념에 포함된다. 변증법 자체가 변화, 발전의 사상이고 법칙이라는 점에서 시간의 관념에 대한 올바른 이해는 변증법적 유물론의 이해에 있어서 중요한 요소가 된다.

물질의 존재형식으로서 공간과 시간개념의 확립은 과학의 발전에 있어서 하나의 획을 긋는 것이었다. 이러한 시간과 공간에 대한 유물론적인 관념은 세계관의 요소라는 점에서 더 각별하다. 공간과 시간 개념의 형성과 발전은 인간의 자연에 대한 끊임없는 관찰의 결과이며 또한 과학의 발전과 뗄 수 없이 연관되어 있다. 그리고 현대에 이르러서 관념론을 극복하고 온전하게 유물론의 입장에 서기 위해서는 공간과 시간에 대해서도 과학적인 인식을 필요로 한다.

3) 물질과 의식

물질과 의식의 관계는 철학의 근본문제라는 점에서 의식에 대해 어떠한 입장을 취할 것인가는 곧 유물론에 설 것인가, 관념론에 설 것인가를 가르는 문제이다. 그러나 의식의 본성에 대한 이해는 근대에 이르러서 비로소 해명이 되었는데 그 이전의 장구한 세월동안 의식의 본성은 신비에 쌓여 있었다. 철학이 발생하면서 등장했던 고대 그리스의 자연철학, 고대 유물론이 플라톤 등의 관념론에 밀려나게 된 것은 고대 유물론이 의식의 본성을 해명하지 못했다는 것과 깊은 연관이 있다.

고대 유물론의 정점에 있던 데모크리토스의 원자론은 세계, 우주를 원자와 공허로 파악했는데 데모크리토스는 이러한 원자론에 기초하여 의식 또한 설명했다. 그리하여 의식을 원자의 결합과 분리로 보았는데 이러한 관점은 의식을 신비롭게 설명하던 관념론에 맞서 나름대로 과학적 설명을 추구한 것이었지만 현대적 관점에서 보면 속류 유물론적인 설명이었다. 원자의 결합과 분리는 물리적 과정인데 이는 의식이 물리적 과정만이 아니라 심리적 과정 또한 있다는 점에서 잘못된 설명이었다. 이렇게 고대 유물론이 의식의 본성의 설명에 실패함에 따라 이후 관념론이 우위를 점하게 되었고 의식에 대한 과학적 설명은 근대에 이르러 과학이 발전하면서 가능하게 되었다.

근대에 이르러 의식의 본성을 설명하려 시도한 사람 중에 두드러지는 사람은 헤겔이다. 관념론자인 헤겔은 절대정신을 축으로 하는 자신의 체계를 추구하면서 정신의 본성을 해명하려 시도했다. 헤겔이 ≪정신현상학≫에서 시도한 것은 비록 관념론적인 지반 위에서이지만 정신의 현실적인 발생, 발전을 분석이었다. 감각적 확신→지각→오성→자기의식→이성→정신으로 이어지는 정신의 발생, 발전사는 그것의 전개방식이 관념론적이지만 현실적인 정신의 발생사라는 점에서 의미가 있는 것이었다. 그러나 헤겔은 의식, 정신의 발전사는 설명했지만 의식의 본성을 과학적으로 해명하지는 못했는데 왜냐하면 의식, 정신을 자체의 원리에 따라 발전하는 것으로, 즉 관념론적인 전개로써 설명했기 때문이다. 의식을 물질과의 연관성 속에서 설명할 때만 의식에 대한 과학적 설명에 접근할 수 있는데 헤겔의 관념론으로는 이것이 불가능했다.

그러나 과학의 발전은 의식에 대한 올바른 설명을 점차 가능하게 했는데 이 과정은 일차적으로 의식에 대한 속류 유물론적인 해석을 넘어 설 것을 요구했다. 즉, 의식은 쓸개가 쓸개즙을 분비하듯이 뇌가 분비하는 물질이라는 속류적 설명이 있었는데 이들의 설명은 데모크리토스가 인간 정신을 원자의 결합과 분리로 파악한 것과 마찬가지였다. 이러한 속류 유물론을 넘어서서 의식을 뇌라는 물질의 성질로 파악하면서도 동시에 의식은 심리적 과정이라는 인식이 제기되었다. 이러한 인식은 생물학과 뇌에 대한 과학, 심리학 등이 발전하면서 이루어졌다. 의식, 정신을 물질, 자연과 분리된, 나아가 자연보다 일차적인 깃으로 파악하는 관념론적 인식을 극복하기 위해서는 한편으로는 의식을 물질의 산물로 보는 것이 필요하다. 이는 과학적으로 설명이 가능한데 생물체의 오랜 진화의 결과 생겨난 뇌라는 기관이 의식, 정신의 물질적 기초임은 이미 주지의 사실이다. 그러나 속류 유물론을 넘어서기 위해서는 의식, 정신을 물리적 과정과 심리적 과정의 통일로 보는 것이 필요하다. 의식, 정신은 길이, 넓이, 부피와 같은 성질이 없고 또한 고체성, 액체성과 같은 성질도 없다. 즉, 심리적 성질은 물리적 성질과는 판이한 것이다. 따라서 의식, 정신을 물리적 과정과 심리적 과정의 통일로 볼 때만 의식에 대한 과학적 설명이 가능하다. 물리적, 심리적 과정의 통일로서 의식, 정신이라는 파악은 의식을 뇌라는 물질의 성질로 본다는 점에서 관념론을 극복하게 하고 또 의식이 단지 물리적인 것이 아니라 심리적 과정을 포함한다고 봄으로써 속류 유물론을 극복하게 한다. 이렇게 의식에 대한 과학적 해명, 유물론적 인식이 성립함으로써 현대 유물론은 관념론을 극복할 수 있게 되었다.

헤겔은 의식, 정신을 개념의 자기운동으로 보았다. 즉, 의식에 있어서 물질적 기초를 도외시하고 의식, 정신은 물질과 무관하게 스스로 운동한다고 보았다. 이러한 파악은 의식, 정신을 신비롭게 설명하는 것이며 물질과 분리된 자기원리라고 본다는 점에서 관념론적이었다. 물론 의식, 정신은 자기원리를 갖지만 그것은 물질과 연관 속에서의 자기원리이다. 이 세계와 의식, 정신의 관계는 무엇인가? 인간의 의식이 발생하고 발전하는 원리는 무엇인가?

인간의 의식은 크게 보면 감성적 인식과 이성적 인식으로 나뉘어진다. 감성적 인식은 감각을 통해 외적 세계를 인식하는 것이고 이성적 인식은 감성을 통해 받아들인 외적 세계에 대한 자료를 개념의 도움을 빌어 판단하고 추리하고 분석, 종합하는 과정이다. 그런데 유물론적 인식론은 외적 세계와 인간의 인식 중에서 외적 세계가 일차적이라는 것을 전제로 한다. 그리고 이것을 전제로 할 때만 인간의 인식의 본질을 해명할 수 있게 된다. 외적 세계에 대한 감각이 없다면 감성적 인식은 물론 이성적 인식 또한 불가능하다. 그런 점에서 인간의 인식의 본질은 외적 세계가 인간의 의식에 반영되는 과정이다. 레닌은 이러한 과정을 감각을 통한 외적 세계의 촬영, 복사, 모사라고 보았다. 모사, 반영이라는 개념이 변증법적 유물론에서 인간의 인식의 본질을 설명하는 개념이다. 그런데 반영이라는 개념은 인간의 인식의 능동성을 무시하는 것이라고 보기 쉽다. 인간의 인식은 능동적일 뿐만 아니라 감각에서 이성으로, 이성에서 감각으로, 구체에서 추상으로, 추상에서 구체로 등 무수한, 복잡다단한 과정을 거치는데 이것을 어떻게 수동적인 반영이라는 개념으로 설명할 수 있는가 하는 의문이 떠오르는 것은 당연하다.

그런데 여기서 인간의 인식 자체만을 놓고 보는 것이 아니라 인간의 인식과 외적 세계의 관계에서 인식의 본질을 볼 필요가 있다. 인식 자체만을 보면 변화무쌍하고 복잡다단하고 수동성과 능동성이 교차하는 것으로 보이지만 인식과 외적 세계의 관계라는 점에서 보면 외적 세계가 일차적이라는 것은 쉽게 파악할 수 있다. 즉, 인식 주관에 대한 외적 세계의 일차성을 승인하는

336

유물론적 관점이 인간의 인식의 본질을 파악하는 근거가 된다. 이렇게 보면 인간의 인식은 외적 세계와의 관련에서는 외적 세계의 반영이 된다. 그에 따라 인간의 인식, 정신에 대한 신비로운 일체의 설명은 안개가 걷히듯 극복되고 인간 인식의 본질에 접근할 수 있게 된다. 그러나 반영이라는 개념은 단지 수동적인 개념은 아니다. 반영으로서 인간 인식의 과정은 일차적으로 감성적 단계, 감각을 통해 외적 세계를 받아들이는 과정을 겪지만 이차적으로는 감각적 자료를 가공하고 분석, 종합하고 판단하는 과정을 거치며 개념화한다. 이러한 과정 속에서 인식 주체는 대상에 대한 능동적 반사, 즉 실천을 계획하고 목적하고 실행한다. 여기서 다시금 인간 인식의 본질이 반영이라는 점이 확인되는데 왜냐하면 대상, 외적 세계를 올바로 반영하지 못하는 판단과 실천은 오류에 빠지고 곤란을 겪고 실패하기 때문이다. 그리하여 반영으로서 인간 인식이 올바른가는 실천에 의해 검증된다. 이와 같이 변증법적 유물론의 인식론에는 실천이 포함되며 결정적인 의의를 지니고 있다. 그런데 여기서 반영은 단지 1회적인 과정이 아니며 인식-실천-재인식-재실천이라는 끊임없는 과정이다. 즉, 반영은 기계적 과정이 아니며 실천과 상호작용하면서 구체적으로, 끊임없이 변화, 발전하는 과정이다.

이렇게 인간의 인식을 반영으로 파악하는 것은 이 세계, 외적 세계에 대해 인간은 인식할 수 없다는 불가지론을 반박하는 것이다. 불가지론은 다양한 변종이 있지만 그것의 핵심 논지는 인간은 외적 세계를 인식하는 것이 불가능하다는 것이다. 대표적인 사람이 흄과 칸트인데 칸트는 인간은 사물 자체, 물(物)자체를 인식할 수 없다는 주장을 했다. 이에 대해 엥겔스는 과학의 발전에 의해, 실천에 의해 인간이 어떤 대상을 만들어 낼 수 있게 된다면 그 대상, 사물 자체를 인식할 수 있다는 것이 증명된 것이라는 주장을 했다. "칸트의 시대에는 자연의 사물들에 대한 우리의 인식이 매우 단편적이었기 때문에, 그것들 배후에 있는 어떤 특수하고 불가사의한 물 자체를 추측하게 되었다. 그러나 이러한 파악불가능한 사물들은 그 이래로 과학의 거대한 진보로 말미암아 차례로 파악되고 분석되었으며, 더욱이 재생산되기까지 했다. 그리고 우리가 만들 수 있는 것을 인식 불가능한 것이라고 부를 수 없음은 분명하다."525) 이렇게 불가지론은 인간의 실천에 의해, 과학의 발전에 의해 반박될 수밖에 없고 반박되고 있다. 그런데 다른 한편으로 반영론 자체의 논리가 불가지론을 반박한다. 즉, 외적 세계를 정확히 모사하고 반영하는 노력을 통해 인간의 외적 세계, 사물자체, 물자체에 대한 인식이 가능한데 이는 인간의 인식과 외적 세계 간에는 장벽이 없기 때문이다.

한편 이렇게 외적 세계의 반영으로서 인간 인식을 파악하는 것은 인식의 무한한 확대 가능성을 긍정하는 것이다. 세계 자체가 무한하기 때문에 주관의 인식에도 무한성이 반영될 수밖에 없고 인식의 발전은 무한성에 점차 접근한다. 또한 인간의 인식은 개별적 인식을 넘어서서 사회적으로 이루어지기 때문에 사회적 교류와 결합을 통해 인간의 인식은 끊임없이 확대될 수 있다. 그런 점에서 반영론은 인간의 인식에 대한 일체의 속박을 해체하는 것이다. 칸트가 세운 인식에 대한 인위적인 장벽인 물자체 또한 해체되는데 물자체는 대상을, 물(物)을 우리가 재생산함에 의해 우리를 위한 물(物)로 전화될 수밖에 없다.

변증법적 유물론의 인식론은 의식을 뇌라는 물질의 성질로 명확히 하여 관념론을 극복하고 또한 의식을 물리적 과정과 심리적 과정의 통일로 파악하여 속류 유물론을 극복하였다. 그리고 외적 세계의 반영으로서 인간의 인식이라는 관점을 세워서 불

525) 엥겔스, 유토피아에서 과학으로의 사회주의의 발전, 맑스·엥겔스 저작선집, 5권, 박종철 출판사, p.416

가지론을 극복하고 외적 세계에 대한 인식의 무한한 확대가능성을 기초 지웠다. 분석과 종합, 판단과 추리, 구체와 추상 등 인식론의 많은 범주들은 반영으로서 인간의 인식이라는 토대 위에서 전개된다.

4) 원인과 결과

원인과 결과라는 관계는 철학과 과학발전의 역사에서 많은 논쟁이 되어왔다. 이 세계가 원인과 결과라는 연관으로 이루어져 있다는 것을 승인하면 결정론자라 불리웠고 이를 부인하고 원인과 결과가 아니라 자유의지가 이 세계를 지배한다고 보면 비결정론자로 불리웠다. 이 논쟁은 수백 년간이나 이어져 왔고 지금도 새로운 현상의 출현, 과학의 새로운 발견이 있을 때마다 원인과 결과 관계, 즉 인과성을 승인하는가 부인하는가는 일정하게 논쟁이 된다.

민중들은 소박하게 '아니 땐 굴뚝에 연기나랴!'라고 하여 원인과 결과 관계를 인식하고 그에 따라 행동하여 왔다. 원인과 결과에 대한 승인은 그리고 그러한 관계가 이 세계에 객관적으로 존재한다는 것의 승인은 과학적 인식의 초석이 되는 것이다. 어떤 현상이 있을 때 그것의 원인은 무엇인가라는 물음은 과학적 탐구의 출발점이다. 인류의 유년기에 번개가 칠 때 그것이 왜 발생하는가를 몰랐을 때 사람들은 신의 노여움, 자연의 분노 등으로 해석해왔다. 또 전쟁이 일어나거나 가뭄, 홍수가 들면 하늘이 노했기 때문이라고 보기도 했다. 이렇게 인류의 삶이 오랜 기간 이어지고 또 결정적으로는 산업이 발생하기 시작했을 때, 즉 농업과 목축이 발생하고 이어서 건축과 수리, 과학과 예술이 발전하면서 인간의 지적인 수준은 비약을 했다. 이 과정에서 인간은 자연이, 이 세계가 인간이라는 주체, 주관과는 독립되어 있는 객관적 실재임을 무수한 관찰과 실패, 경험을 통해 인식해 갔다. 그리고 자연에는 이치가 있다는 것, 자연에는 질서가 있다는 것을 차츰 깨달아 갔고 이러한 인식 속에서 어떤 현상에는 그것을 일으키는 원인이 있다는 과학적 인식이 성립했다. 속 담에 '콩 심은데 콩나고 팥 심은데 팥난다'는 것은 농사짓는 사람들이 인식하는 원인과 결과의 관계이다.

이렇게 원인과 결과라는 관계의 인식은 인류의 유년기를 통해 인간의 지적 수준이 상승하면서 초보적인 과학적 인식이 이루어진 결과이다. 그러나 초등수학이 없다면 고등수학도 있을 수 없다시피, 원인과 결과라는 기본적인 과학적인 인식이 없다면 현대의 첨단과학도 성립할 수가 없다. 그렇기 때문에 과학의 발전은 원인과 결과에 대한 논쟁을 끊임없이 수반하는데 어떤 현상의 원인을 관념적으로 인식할 것인가, 아니면 유물론적으로 객관적 원인을 승인할 것인가가 논쟁이 된다. 고대사회가 무너지고 중세사회가 성립하면서 과학의 발전이 지체되다가 근대사회가 움트고 근대 자연과학이 발전하기 시작했을 때 원인과 결과 관계, 인과성의 승인여부는 첨예한 논쟁이 될 수밖에 없었다. 인과성을 하나의 직관적 인식을 넘어서는 과학의 원리로 승인할 것인가가 핵심적인 쟁점이었고 이에 반대하는 견해는 자유의지론을 펼쳤다. 자유의지론이 인간의 자유를 긍정한 것은 올바른 것이었지만 인과성과 자유를 대립시킨 것은 오류였다. 이러한 대립은 자유와 필연성의 문제로 발전했는데 많은 철학자들이 이에 매달리면서 자유와 필연성에 대한 올바른 인식이 점차 형성되었다. 그리하여 자유는 필연성을 무시하는 것이 아니라 필연성에 대한 인식에 기초하여 그 영역이 점차적으로 확대되는 것이라는 올바른 인식이 발전해갔다.

변증법적 유물론에서 원인과 결과, 인과성은 중요한 위치를 차지한다. 변증법은 사고의 법칙이면서 동시에 존재의 법칙이며 자연에 있어서도 변증법적 운동이 관철되는데 자연 전체의 운동이 변증법적이라 할 수 있다. 여기서 변증법적 유물론은 사고의 측면에서, 논리의 측면에서 인과성을 승인할 뿐만 아니라 세계전체의 연관성의 승인이라는 점에서 인과성을 승인한다. 이 세계가 무수한 연관의 사슬로 이루어진 하나의 전체라는 인식, 세계의 통일성이라는 인식은 인과성, 원인과 결과의 관계에 대한 승인이 없다면 불가능히다. 엥겔스는 세계의 통일성의 요체는 물질성에 있다고 했는데 이것은 원인과 결과 관계의 승인을 전제로 하는 것이다. 세계의 통일성이 물질성에 있다는 것은 세계 전체가 물질적 연관의 사슬로 이루어져 있다는 것을 의미하며 그러한 물질적 연관 중 으뜸가는 것이 원인과 결과의 관계이다. 원인과 결과는 이 세계에 대한 변증법적 인식, 즉 이 세계가 무수한 상호연관의 사슬이라는 인식을 뒷받침하는 범주이다. 이 세계가 무수한 원인과 결과의 사슬로 이루어져 있다는 것! 원인과 결과는 세계의 무수한 연관 중에서 가장 기본이 되는 연관이라는 것! 이러한 인식은 세계에 대한 유물론적 인식을 기초지우는 것이다. 변증법의 많은 범주들, 예를 들면 보편-특수-개별, 가능성과 현실성, 본질과 현상, 필연성과 우연성 등은 이 세계에 존재하는 많은 연관들의 표현인데 이러한 연관들은 모두 원인과 결과라는 연관을 기초로 한다.

관념론자들은 원인과 결과의 관계를 부정할 수 없게 됐을 때, 원인과 결과를 승인하면서도 그것의 객관성을 부정한다. 즉, 원인과 결과는 현실 세계에서 존재하는 것이 아니라 우리의 주관이 현실 세계를 인식하는 주관의 인식 틀에 지나지 않는다고 본다. 칸트가 시간과 공간의 객관성을 부정하고 그것을 주관의 인식틀로 본 것과 마찬가지이다. 그러나 유물론자는 원인과 결과 관계의 객관성, 그것의 현실성을 전적으로 승인한다. 그리하여 원인과 결과가 자연에, 외적 세계에 현실로 존재한다고 본다. 사실 근대 물리학과 현대 물리학의 발전은 원인과 결과 관계의 객관성에 대한 승인에 기초한다고 해도 과언이 아니다. 어떤 물리적 현상이 있을 때 그것의 원인은 무엇인가를 추구하는 것이 물리학의 본질이 아닌가! 이렇게 원인과 결과 관계의 객관성과 현실성은 과학의 발전에 의해 뒷받침된다.

흄의 경우 원인과 결과, 인과성의 부정으로 유명한데 흄은 원인과 결과를 각각 독립개념으로 분리시키는 것을 토대로 원인과 결과의 연관성을 부정한다. 이러한 접근은 흄이 주관적 관념론자임을 보여준다. 원인과 결과의 연관에서 원인이 자체적으로 독립개념이고 결과 또한 자체적으로 독립개념임은 분명하다. 그러나 주관에서, 인식차원에서 이렇게 원인과 결과를 각각 독립개념으로 볼 수 있다고 해서 객관적인 현실적인 원인과 결과 관계가 부정될 수는 없는 것이다. 왜냐하면 원인과 결과는 객관현실의 연관이기 때문에 개념적으로 분리될 수 있다고 해도 현실적 연관이 부정되는 것은 아니기 때문이다. 그리고 객관현실의 연관이 부정될 수 없기 때문에 논리적으로 분리된 원인개념과 결과 개념은 다시 연관성을 회복할 수 있다. 이러한 흄의 불가지론적 입장은 흄이 주관적 관념론자이기 때문에 가능한 것이었는데 이는 당시 발전하던 과학에 대한 반발이고 부정이었다.

원인과 결과에 대한 변증법적 접근은 헤겔에 의해 수행되었다. 결과를 내포하지 않는 원인이 없고 원인에 함축되어 있지 않은 결과는 없다는 인식, 원인과 결과의 상호연관에 대한 인식이 헤겔에 의해 이루어졌다. 이것은 세계에 존재하는 많은 연관 중 원인과 결과라는 연관의 특수한 성질을 해명한 것이다. 이러한 변증법적 접근은 원인과 결과에 대한 과학적 인식을 제고하는 것이었다.

결정론, 원인과 결과 관계에 대한 승인과 일관된 추구는 과학의 근본 조건이다. 근대에 있어서 한편으로 인과성을 승인하면서도 다른 한편으로 목적인(목적론)을 승인한 사람으로는 라이프니츠가 있다. 목적인은 아리스토텔레스에게서 유래하는 것인데 돼지는 인간에게 잡아먹히기 위해 존재한다는 인식 따위이다. 이러한 목적인 개념은 아리스토텔레스의 맹점인데 중세에 신학을 뒷받침하는 논리이기도 했고 비과학적인 요소라 할 수 있다. 라이프니츠는 작용인(인과성)과 목적인의 조화를 주장했는데 이는 현실적으로 과학과 신학의 타협을 의미했다. 당시 지배적이던 카톨릭과의 타협 속에서 과학을 추구한다는 지향이 작용인(인과성)과 목적인의 조화로 나타난 것이다.

이렇듯 원인과 결과 관계, 인과성의 원리는 과학적 인식의 초석이 된다. 또한 인과성은 세계의 무수한 연관의 사슬 중에서 가장 근본이 되는 연관성이라는 점에서 변증법적 유물론의 여타의 상호연관들, 즉 보편-특수-개별, 필연성과 우연성, 본질과 현상, 가능성과 현실성 등등의 개념의 토대가 되는 개념이다. 물질과 운동의 통일성, 물질의 존재형식으로서의 시간과 공간, 그리고 물질과 의식의 관계라는 유물론의 근본이 되는 범주들 다음으로 세계의 상호연관 질서의 으뜸으로 원인과 결과 관계, 인과성의 원리가 위치 지워진다.

5) 보편-특수-개별

세계는 무수한 상호연관의 질서로 이루어져 있다. 변증법은 세계를 개별로, 분리시켜, 고정시켜 파악하는 것이 아니라 세계를 연관 속에서, 상호작용으로 파악하는 것이다. 그에 따라 제 물질의, 제 대상의 상호연관이라는 개념은 변증법의 기둥이 되는 개념이다. 이러한 상호연관 중에서 가장 기초적인 것은 원인과 결과 관계, 인과성이며 그것은 과학적 접근의 초석이 된다. 그러나 인과성을 넘어서서 본격적으로 변증법적인 상호연관 질서 중 주요한 것으로 보편-특수-개별과 본질과 현상, 필연과 우연, 가능성과 현실성 등이 있다. 이러한 개념들 자체를 각각 분리시켜 파악하면 일상적인 개념에 지나지 않는다. 그러나 그 개념들을 상호연관의 관점에서 파악하면 그 개념들은 변증법적 개념이 된다. 예를 들어 개별과 분리된 보편, 우연과 분리된 필연 자체는 변증법적이지 않다. 그러나 개별과 연관 하에서 파악된 보편, 우연과 연관 하에서 파악된 필연은 변증법적 개념이 된다.

개별과 보편이라는 개념은 인간의 인식에서 개념적 사고의 발전을 표현한다. 어떤 대상이 있을 때 그것을 분리된 하나의 대상으로만 파악하는 것이 아니라 다른 여러 대상과 공통된 성질이 있고 그러한 공통된 성질을 가진 대상들을 전체로 놓고 개별을 그 전체에 귀속시키며 그렇게 개별들에 공통된 성질을 보편이라고 규정하게 되었다. 대상의 인식에 있어서 개별성의 인식에 그치는 것이 아니라 보편성의 인식으로까지 나아가는 것은 고도의 추상능력의 발전을 의미하며 개념적 사고가 발생한다는 것을 의미한다. 예를 들면 토끼는 동물이다라는 판단은 토끼라는 개별을 동물이라는 보다 넓고 보편적인 개념에 귀속시키는 것이다. 여기서 인간에게 동물이라는 개념이 발생하기까지, 즉 보편성이 하나의 개념이 되기까지는 오랜 기간의 인식이 필요하고 그러한 인식이 비약을 이루는 과정에서 보편성을 가리키는 개념이 발생하게 된다.

그러나 개별과 보편에 대한 인식의 발전이 순조롭고 언제나 과학적인 것은 아니었다. 고대 그리스에서 플라톤은 이데아론을 펼쳤는데 이는 보편을 개별로부터 분리시켜 자립화한 것이었다.

344

예를 들면 플라톤은 개별적 집들만이 있는 것이 아니라 집 자체를 가리키는 집의 이데아가 어딘가에 존재한다고 했다. 이는 인간의 인식 중에서 보편에 대한 인식을 신비화시키는 것이었다. 그러나 보편은 개별과 분리되어 개별 위에 우뚝 서는 그러한 것이 아니다. 개별과 보편의 연관에 대해 레닌은 다음과 같이 정식화하고 있다. "개별적인 것은 보편적인 것으로 인도하는 연관 속에서만 존재한다. 보편적인 것은 개별적인 것 속에서만, 개별적인 것을 통해서만 존재한다."526) 개별적인 것은 고립되이 있는 것이 아니라 보편과의 연관 속에서 존재한다는 것! 이것이 개별과 보편에 대한 변증법적 인식의 기초이다. 개별을 고립시켜서, 분리하여 파악하는 것은 형이상학적인 인식이다. 그러나 개별을 연관 속에서, 보편과의 연관 속에서 파악하는 것은 개별을 보다 깊이 있게 파악하는 것이고 변증법적 인식으로 나아가는 것이다. 그리고 레닌은 보편에 대해서도 올바른 정의를 하는데 보편은 개별과 분리된 것이 아니라 개별 속에서만, 개별을 통해서만 존재한다고 본다. 보편이 개별 속에서만 존재한다는 것은 한편으로 플라톤의 이데아론을 반박하는 것이다. 보편은 개별과 분리된 자립적인 것이 아님을 명확히 하고 있기 때문이다. 그러나 다른 한편으로 보편의 현실적인 실재성을 말한다는 점에서 중세 유럽의 유명론(唯名論)을 반박하는 것이기도 하다. 중세 유럽의 유명론은 보편에 대해 보편은 단지 이름뿐이고 실재하는 것은 개별뿐이라고 했고 반대편에 있는 실재론은 보편은 개별과 독립되어 그 자체로 실재한다고 했다. 실재론은 카톨릭의 주류의 논리가 되었고 유명론은 그에 반대하는 논리였는데 유명론이 당시로서는 진보적이었지만 보편의 실재성 자체를 부정한 것은 오류였다. 그러나 과학적 인식이 발전하면서 그리고 변증법이 정립되면서 이러한 역사적 오류를 극복하고 보편

526) 레닌, 철학노트, 논장, p.301

은 '개별을 통하여, 개별 속에서 존재'한다는 올바른 인식이 성립되었다.

그러면 여기서 개별과 보편을 연결하는 고리인 특수에 대해 살펴보자. 일상적 생활에서 특수적이다라고 하면 어떤 예외적인 상황을 가리킨다. 어떤 것이 특수하다고 하면 그것이 보편적인 것에서 벗어난 것이라고 보는 것이다. 그러나 변증법에서 특수는 이와는 정반대이다. 변증법에서 개별과 보편을 연결하는 고리로서 특수는 보편에서 벗어난 예외를 가리키는 것이 아니라 개별적 인식에서 보편적 인식으로 나아가는 중간 단계를 가리키는 것이다. 예를 들면 검둥이는 강아지다, 강아지는 동물이다라고 하면 검둥이는 개별이고 강아지는 특수이고 동물은 보편에 해당한다. 즉, 강아지는 동물의 예외가 아니라 동물이라는 개념으로 나아가는 중간 단계이다. 이전에 단지 개별과 보편이라는 범주가 있을 때와 비교했을 때, 개별과 보편 사이에 특수라는 개념이 도입된 것은 과학의 발전을 반영하는 것이다. 생물학이 발전하면서 종(種)과 유(類)라는 개념이 정립되었을 때 개별과 유 사이에 존재하는 종을 철학적으로 일반화하는 것이 필요했고 그리하여 개별에서 보편으로의 인식의 상승의 과정에서 중간단계가 필요함이 제기되었던 것이다. 이렇게 개별-특수-보편은 인식의 상승과정이면서 대상에 대한 인식을 구체화, 풍부화해 나가는 과정이다.

그런데 개별-특수-보편은 한편으로 인식의 과정을 가리키는 개념이면서 동시에 세계에 현존하는 많은 대상들의 연관을 가리키는 개념이기도 하다. 홍길동-한국사람-인간이라는 개념은 그대로 개별-특수-보편에 해당하는데 단지 인식의 과정만이 아니라 존재의 측면도 가리킨다. 사실 모든 사물, 대상은 개별성과 특수성, 보편성의 통일이다. 과거 80년대 운동에서 한국사회에서는 사회성격 논쟁 혹은 사회구성체 논쟁이 있었다. 한국사회를 변혁하기 위해서는 먼저 변혁의 대상인 한국사회를 과학적으로 분석하는 것이 필요했고 여기서 철학적으로 주요하게 기능한 개념이 바로 개별-특수-보편이었다. 한국사회가 자본주의로서 보편성을 띠는가 아니면 반(半)봉건 사회인가, 그리고 한국사회의 특수성으로서 신식민지 사회인가 아니면 식민지 사회인가가 첨예하게 논쟁이 되었고 자본주의(국가독점자본주의)로서의 보편성과 신식민지라는 특수성의 관계가 어떻게 설정되는가는 곧 변혁 전략의 토대가 되는 것이었다. 여기서 개별-특수-보편은 한국사회를 유물론적으로 구체적으로 인식해 들어가는 방법론이었다. 그리하여 한 사회를 구성체로서, 유물론적인 사회구성체로서 인식할 필요성이 확산되었는데 이는 곧 운동의 발전을 반영하는 것이었다.

이러한 점은 철학이 실천의 무기, 변혁의 무기로 된다는 점을 보여주는데 이는 비단 사회구성체 논쟁에서만이 아니다. 예를 들면 엥겔스는 헤겔을 분석하면서 판단을 개별성의 판단, 특수성의 판단, 보편성의 판단으로 나누고 있다. 개별성의 판단으로 마찰이 열을 만든다는 것, 특수성의 판단으로 하나의 특수한 운동형태인 역학적 운동(마찰)이 다른 특수한 운동형태인 열운동으로 전화한다는 것, 보편성의 판단으로 모든 형태의 운동은 다른 운동 형태로 전화될 수 있고 전화될 수밖에 없다는 것 등이 엥겔스가 개별-특수-보편을 과학적 실천에 적용한 사례이다[527].

이와 같이 개별-특수-보편은 어떤 대상, 현상에 대해 인식을 구체적으로 심화하는 과정을 가리키며 실천적으로 매우 중요하다. 그런데 여기서 주의할 것은 보편을 추상적 보편을 넘어서서 구체적 보편으로 파악하는 것이다. 보편을 단지 개별들에 공통된 성질의 추상으로만 보면 그 때의 보편은 추상적 보편에 머

---

527) 엥겔스, 자연변증법, 중원문화, p.229

물게 된다. 그러나 보편은 실제로는 개별과 특수를 포함하기 때문에 내용적으로 풍부함을 가지게 되며 그때의 보편은 구체적 보편이다. 예를 들면 맑스가 ≪자본론≫에서 펼친 자본의 개념은 추상적 보편이 아니라 수많은 개별과 특수를 포함하는 풍부한 내용을 보여주는 구체적 보편이다. 그리고 개별-특수-보편 규정은 고정된 것이 아니라 유동적이라는 점을 주의해야 한다. 예를 들면 검둥이-강아지-동물은 각각 개별-특수-보편을 가리키지만 강아지-동물-생명체 또한 각각 개별-특수-보편을 가리킨다. 이와 같이 개별인가, 특수인가, 보편인가는 고정되어 있는 것이 아니라 상대적으로 변화하며 대상을 역동적으로 파악해 들어가는 방법론이다.

6) 필연과 우연

고대 그리스의 데모크리토스는 원자론을 전개하면서 세계의 모든 것을 원자의 운동으로 파악했다. 그리하여 세계는 원자의 운동으로 인한 필연성이 지배한다고 보았는데 이를 밀고 나가기 위해 우연은 존재하지 않는다고 보았다. 원자의 운동으로 인해 생겨나는 인과성, 원인과 결과 관계가 필연적으로 관철되며 인과성이 없는 현상은 없고 따라서 우연은 존재하지 않는다고 본 것이다. 그러나 이러한 데모크리토스의 견해는 일면적인데 인과성의 원리를 승인한다고 해서 반드시 우연성을 부정해야만 하는 것은 아니다. 우연적인 것 또한 원인이 있다고 보면 인과성과 우연성의 존재가 양립가능하다. 데모크리토스의 견해는 모든 것을 필연적이라고 본다는 점에서 일종의 숙명론이다. 우연이 존재하지 않고 모든 것이 필연적으로 정해져 있다면 인간의 주체적 활동은 의미가 없기 때문이다. 그러나 우연 또한 존재하며

348

그것은 원인이 없는 것이 아니며 따라서 우연적 원인이라는 개념이 성립된다. 우연은 그것과 다른 것의 발생도 가능하다는 점에서 필연과 구분된다. 그러나 필연은 그와 반대되는 것의 발생혹은 성립을 허용하지 않는 것이다. 현실 세계는 이러한 우연과 필연의 상호 작용 속에서 전개된다.

데모크리토스가 필연만 승인하고 우연을 부정했다면 에피쿠로스는 똑같이 원자론을 견지하면서도 우연을 승인했다. 에피쿠로스는 모든 것이 필연적이리고 주장한디면 모든 것이 우언적이라는 반대되는 견해의 성립도 필연적일 수밖에 없다는 것을 승인할 수밖에 없다고 통박을 하면서 데모크리토스를 비판했다. 에피쿠로스는 원자의 운동에 있어서도 우연적인 빗겨나가는 운동(클리나멘)을 상정하여 데모크리토스의 원자론과 일정한 차이를 보였는데 이 점이 맑스의 박사학위논문에서 높이 평가되기도 했다.

한편 근대에 이르러 필연과 우연의 관계를 해명하려 시도한 사람 중에 라이프니츠가 있다. 라이프니츠는 모순율을 근거로 필연과 우연을 구분하였다. 필연적인 것은 그와 반대되는 것이 성립할 수 없는 것인데 필연의 반대는 모순율에 따라 거짓이라고 판명할 수 있다. 반면에 우연적인 것은 그와 다른 것이 성립된다 하더라도 모순율에 따라 거짓이라고 판명할 수 없는데 라이프니츠는 이 점을 들어 필연과 우연을 구분하였다.

헤겔의 경우도 우연을 필연과 명확히 구분하였는데 헤겔은 우연을 '가능성과 현실성의 통일'로 보았다. 즉, 우연적인 것은 현실로 존재하는 것이지만 그와 다른 것의 가능성도 동시에 존재한다는 점에서 우연을 가능성과 현실성의 통일로 본 것이다.

17,8세기의 유물론자들 상당수는 필연성만 승인하고 우연성을 부정했다. 원인과 결과의 관계, 인과성의 엄격한 관철만이 과학이며 우연성은 과학의 대상이 아니라고 보거나 아니면 아예 우

연의 존재 자체를 부정하였다. 이러한 관점은 당시 과학이 뉴튼의 역학을 기초로 전개되었고 그에 따라 유물론은 형이상학적, 기계적 성격을 띠었기 때문이었다. 실제로 당시 우연을 승인한 라이프니츠와 헤겔은 모두 관념론자였다. 변증법은 이 당시 유물론적 지반이 아니라 관념론적 지반 위에서 개척되고 있었던 것이다. 그러나 필연성만을 승인하고 우연성을 부정하는 것은 사실상 필연성을 우연성의 수준으로 떨어뜨리는 것이다. 예를 들면 1차 대전의 발발의 경우에서 전쟁의 발생의 원인을 제국주의 독점자본의 세계분할 경쟁에 의한 것이 아니라 오스트리아 황태자가 세르비아에서 우연히 암살당했다는 것에 돌리는 것이 그러하다. 이것은 우연적인 어떤 원인에 필연성을 돌리는 것인데 필연적이라는 것이 실은 우연적인 것에 지나지 않게 된다.

이렇게 우연성을 부정하면 필연성의 진정한 의미가 사라진다. 현실 세계는 우연과 필연의 무수한 교차와 상호작용에 의해 이루어진다. 그러한 현상들 속에서 우연적인 것을 걸러내고 필연적인 것을 추출하는 것이 인식의 발전이다. 그러나 우연과 필연은 절대적으로 나뉘는 것은 아니다. 우연은 필연으로 전화되기도 한다. 엥겔스는 진화론에 입각하여 종의 변화를 고찰하는데 어떤 환경에서 특정한 종에서 우연적인 변화가 생겨난다. 이 변화는 유전되기도 하고 유전되지 않기도 한다. 그러나 환경의 변화가 고착화되면 그에 따라 우연적이었던 종의 변화가 일반화되어 새로운 종으로 변화하는데 이때 그러한 변화는 더 이상 우연적인 것이 아니라 필연적인 것으로 된다. 이를 가리켜 엥겔스는 우연성이 기존의 형이상학적인 필연개념을 무너뜨린 것으로 파악한다[528].

이렇게 우연과 필연은 상호 침투하며 심지어 상호 전화한다. 우

528) 엥겔스, 자연변증법, 중원문화, pp.223-224

연이 필연으로 전화되기도 하며 필연성을 가능하게 했던 조건
들이 변화하면 필연은 우연으로 전화될 수도 있다. 예를 들면
계급사회에 있어서 역사발전의 원동력은 계급투쟁이다. 노예제
로부터 시작하여 계급이 발생한 뒤부터 계급투쟁은 역사발전을
좌우하는 필연성으로 관철된다. 그러나 생산수단이 사회화되는
사회에 있어서 계급투쟁은 역사발전의 필연성으로 작용하지 않
는다. 계급이 폐지된 사회에서는 필연성으로서 계급투쟁은 존재
하지 않는다. 그리고 공동체 사회에서 발생할 수 있는 갈등과
분쟁은 필연성으로서 계급투쟁이 아니라 많은 우연적 요소들에
의한 것이 될 것이다.

필연과 우연은 그것이 서로 분리되어 파악되고 단절되면 형이
상학적 사고로 귀결되지만 필연과 우연을 상호 연관 속에서 파
악하면 변증법적 개념이 된다. 인과성을 기초로 하는 필연에 대
한 승인, 그리고 우연에 대한 승인을 기초로 하여 우연과 필연
을 통일적으로 파악하는 것이 변증법적 인식이다. 우연과 필연
은 운동적 실천에서도 중요한 개념인데 필연성에 대한 인식을
기초로 실천을 조직하면서도 다양한 우연의 가능성을 남겨두는
것은 운동이 오류를 범하지 않고 올바른 방향을 설정해 내기
위해 중요하다.

7) 현상과 본질

현상과 본질에 대한 올바른 인식은 형이상학적 사고와의 투쟁
의 결과 정립되었다. 형이상학에서는 현상과 본질을 대립시키고
본질을 절대화한다. 신학적 사고에서 흔히 보이는 이러한 관점
은 과학적 인식을 억누르는 것이었다. 중세 유럽의 스콜라학에
서 본질이니, 존재니 하는 개념이 횡행하였고 근대 과학이 정립

되면서부터는 본질, 존재니 하는 개념은 스콜라적인 개념이라 하여 경멸의 대상이 되었다. 그러한 상황에서 본질 개념을 형이상학으로부터 해방시킨 것은 변증법적 인식이 정립되면서부터이다.

헤겔은 '현상은 본질적이고 본질은 현상한다'고 했다. 현상이 본질적이라는 것은 눈에 보이는 현상에 이미 본질적인 것이 내포되어 있다는 것을 말한다. 이러한 관점은 현상과 본질을 형이상학적으로 분리시키는 것에 반대하는 것이다. 또한 현상은 본질적이고 현상과 본질은 연관되어 있기 때문에 현상은 본질로 다가서는 매개가 된다. 즉, 현상은 본질로 통하는 통로로서 역할한다. 형이상학에서는 현상과 본질은 단절되어 있기 때문에 본질을 현상 밖에서 찾고자 하나 이러한 과정의 결과 성립하는 형이상학적 본질은 과학적인 개념이 될 수 없다. 반대로 현상을 매개로 하여, 현상 속에 내재하는 모순과 대립을 추적하여 본질로 접근하는 것이 변증법적이다. 이러한 변증법적 인식은 과학적 사고를 자극하고 뒷받침하는 것인데 현상들 간에 존재하는 개별-특수-보편의 인식, 내적 모순과 경향들의 대립 등을 추적하여 본질의 심급, 법칙의 인식에 도달하는 것이 가능하며 실제로 이러한 경로 이외에는 본질 혹은 법칙에 도달하는 다른 길이 없다.

헤겔은 한편으로 본질은 현상한다고 했다. 즉, 본질은 겉으로 드러날 수밖에 없다는 것이다. 이는 본질은 현상과 분리되어 숨어 있는 것이라는 형이상학적 사고를 반박하는 것이다. 이렇게 본질은 현상할 수밖에 없기 때문에 과학이 가능한 것이다. 본질과 현상이 일치하면 과학이 필요없을 것이고 본질과 현상이 절대적으로 분리되어 있으면 과학은 불가능할 것이다. 본질과 현상이 일치할 경우 현상 자체가 본질, 법칙이기 때문에 현상 속에 내재하는 법칙, 본질을 발견한다는 작업은 무의미해질 것이다. 또한 본질과 현상이 분리되어 있으면 법칙의 발견, 본질의 발견은 과학적 탐구가 아니라 종교적 기도나 문득 깨달음과 같은 신비적인 방법 이외에는 불가능할 것이다. 이 두 가지 경우 모두 과학은 성립될 수 없다.

그런 점에서 헤겔이 본질과 현상의 연관성을 해명한 것은 한편으로 당시 급속하게 전개되는 과학의 발전을 반영하는 것이면서 다른 한편으로는 과학의 발전을 철학적으로 일반화하여 역으로 과학의 발진을 자극한 것이다.

8) 가능성과 현실성

가능성과 현실성은 현실세계의 상호연관의 질서의 하나이다. 어떤 것이 가능성의 단계에 머물고 있는지 아니면 현실성의 단계인지는 주체에 많은 영향을 미친다. 가능성은 현실성으로 전화할 수 있는 것인데 헤겔은 가능성을 모순으로 파악하였다. 즉, 가능성은 어떤 A의 가능성도 있지만 다른 가능성도 존재한다는 의미에서 가능성이며 이는 곧 모순이라고 보았다. 그러나 가능성이 진정한 의미를 갖는 것은 현실성과의 관련에서인데 가능성의 현실성으로의 전화는 가능성 자체가 갖고 있는 모순의 발전에 다름 아니다.

가능성은 형식적, 추상적 가능성과 실제적 가능성으로 나뉠 수 있다. 예를 들면 봉건제 사회에도 상품생산이 있다는 의미에서 공황의 가능성은 존재하지만 그것은 추상적 가능성이다. 추상적 가능성이 현실성이 되기 위해서는 먼저 추상적 가능성이 실제적 가능성이 되어야 한다. 상품생산은 판매를 위한 생산이라는 점에서, 즉 구매와 판매의 분리를 본질로 한다는 점에서 공황의 가능성을 갖는다. 그러나 공황이 현실성이 되기 위해서는 조건이 필요한데 상품생산의 일반화, 노동력의 상품화를 포함하는 상품생산이 지배적이 되는 자본주의 사회로의 발전이 필요하다. 그런 점에서 봉건제 사회에서 경제공황은 단순한 추상적 가능성, 형식적 가능성에 지나지 않으며 현실성이 될 수 없었다. 이에 반해 실제적 가능성은 현재의 조건에서도 현실성으로 전화될 수 있는 가능성이다. 자본주의 사회, 상품생산이 지배적이 된 사회에서 공황은 실제적 가능성으로 존재하며 주기적 순환에 도달했을 때 공황은 폭발한다.

또한 가능성이 현실성으로 되기 위해서는 일정한 조건이 필요하다. 어떤 것은 가능성이 있는데 현실성으로 전화하지 않고 다른 어떤 것은 가능성이 있는데 현실성으로 전화했다면 그 차이는 바로 조건에 있다. 가능성이 현실성으로 전화하기 위한 조건! 현실성의 개념은 실천과 맞닿아 있는데 그런 점에서 '조건'이라는 개념은 의미가 크다. 흔히 조건이라는 개념은 부수적인 어떤 것을 의미하는 것으로 인식하기 쉽다. 그러나 실천의 성공, 가능성의 현실성으로의 전화에서 결정적인 의미를 갖는 것이 조건이라는 개념이다. 어떤 가능성이 현실성으로 전화되고 있지 못하다면 어떤 조건의 결여 때문인가를 과학적으로 분석해야 한다. 주체적 조건인지, 아니면 객관적 조건인지 등을 면밀히 분석하여 조건의 성취를 이룰 때 가능성은 드디어 현실성으로 전화한다.

원인과 결과(인과성), 개별-특수-보편, 현상과 본질, 우연과 필연, 가능성과 현실성은 대상, 현상, 현실을 파악해가는 인식의 범주이면서 동시에 세계의 현실적인 상호연관들을 표현하는 범주들이다. 변증법을 개척해가던 관념론자들은 이 범주들을 단지 사고의 범주 혹은 개념의 운동으로서만 파악했는데 실은 이 사고의 범주는 객관 세계의 반영이었던 것이다. 맑스, 엥겔스는 이러한 사고의 범주들이 현실세계의 반영이라는 점을 명백히 밝혔고 그에 따라 변증법은 사고의 법칙을 넘어서 존재의 법칙으로 되었다.

변증법 자체는 변화, 발전의 사상이고 법칙이지만 개념들이 변증법적 개념이 되기 위한 전제는 개념들을 세계의 현실적인 상호연관의 반영으로서 인식하는 것이다. 개념과 범주들이 상호연관 속에서 파악되지 않으면 그것은 변증법의 전제에 머물거나 아니면 형이상학적 개념으로 전락한다. 그것은 세계 자체가 변화이고 운동이며 상호연관이기 때문에 개념 또한 상호연관 속에서, 운동 속에서 파악될 때만 정확한 의미를 가질 수 있기 때문이다.

9) 양적 변화의 질적 변화로의 전화

원인과 결과, 개별-특수-보편, 본질과 현상, 우연과 필연, 가능성과 현실성 등은 제 사물의 상호연관의 질서를 가리키는 범주들이다. 그런데 이러한 상호연관을 가리키는 범주들을 넘어서서 제 사물의 운동과 변화, 발전이라는 변증법의 본령에 해당하는 범주로는 양적 변화의 질적 변화로의 전화, 대립물의 통일과 투쟁(모순)의 법칙, 부정의 부정의 법칙 등이 있다. 이에 대해 엥겔스는 다음과 같이 정식화하고 있다. "변증법의 제 법칙은 자연 및 인간사회의 역사로부터 추출된다. 변증법의 제 법칙은 바로 이 역사발전의 두 단계 및 사유 자체의 가장 일반적인 법칙들이다. 나아가 이 법칙들은 전체적으로 세 가지 법칙들로 환원된다. 양의 질로의 전화 및 그 역의 법칙, 대립물의 상호침투의 법칙, 부정의 부정의 법칙."529)

---

529) 엥겔스, 자연변증법, 중원문화, p.58

엥겔스가 변증법의 법칙들로 정식화한 위 법칙들은 각각 고유한 성격을 지닌다. 양적 변화의 질적 변화로의 전화 및 그 역의 법칙은 변화, 발전의 양태를 가리킨다. 즉, 제 사물의 변화, 발전이 일어나는 방식, 양상을 가리킨다. 그리고 대립물의 상호침투의 법칙 혹은 대립물의 통일과 투쟁의 법칙은 운동, 변화, 발전의 원천을 가리킨다. 그리고 부정의 부정의 법칙은 운동, 변화, 발전의 방향성, 발전의 역전불가능성과 전진성 등을 가리킨다. 그러면 양적 변화의 질적 변화로의 전화부터 차례차례 고찰해 보자.

레닌은 발전에 대한 이해에서 근본적으로 부딪히는 두 개의 관점을 대비시킨다. "발전은 대립물의 "투쟁"이다. 두 개의 근본적인(혹은 두 개의 가능한? 혹은 역사에서 관찰된 두 개의?) 발전(진화)관은 감소 및 증가로서의, 즉 반복으로서의 발전과, 그리고 다른 하나는 대립물의 통일(통일물의 상호 배제하는 대립물로의 분열과 그것들 간의 상호관계)로서의 발전이다."530) 여기에는 상이한 두 개의 발전관이 제시되어 있다. 완만한 양적인 증감으로서 발전인가, 아니면 대립물의 통일로서 발전인가가 대비되어 있다. 완만한 양적인 증감으로서 발전은 흔히 진화적 발전이라 불린다. 세계의 변화, 발전은 단지 양적인 증감에 지나지 않는다고 보는 것이다. 그러나 후자의 대립물의 통일로서 발전은 발전을 단지 양적인 것으로 보는 것을 넘어서는 것이다. 대립물의 통일이기 때문에 그러한 발전은 질적인 비약을 내포한다. 대립하는 것 중 진보적인 것이 반대편을 극복하게 될 때 새로운 질이 생겨나고 그 과정에서 발전은 비약적으로 이루어지게 된다. 즉, 점차성의 중단과 비약적인 발전이 이루어지는 것이다. 이러한 질적 비약을 표현하는 개념이 바로 양적 변화의 질적 변화로의 전화이다.

---

530) 레닌, 철학노트, 논장, p.300

이 세계의 모든 사물, 대상, 물질은 양적 규정성과 질적 규정성을 동시에 지니고 있다. 어떤 사물이 바로 그것인 이유는 질에 의해서 규정된다. 물(水)이 물인 것은 물로서의 질을 지녔기 때문이고 철이 철인 이유는 철로서의 질을 지녔기 때문이다. 그러면 질이 무엇인가가 제기될 수밖에 없는데 헤겔은 질을 규정된 성질 혹은 어떤 성질에 의한 규정성이라고 보았다. 그리고 성질은 그 내부의 두 계기의 통일이며 통일 속의 두 계기의 관계이기 때문에 변화이고 결국은 지양된다고 보았다. 자본주의사회의 질은 자본가계급과 노동자계급의 두 계기의 통일이며 대립이기 때문에 변화하며 결국은 지양될 수밖에 없다는 것이 헤겔의 질 개념에서 도출된다. 화학을 예로 들면 물 분자는 H_2O로 표현되는데 수소원자 2개와 산소원자 하나가 결합되어 물의 질을 구성한다. 여기서 수소나 산소 원자 하나가 떨어져 나간다면 그것은 더 이상 물이 아니게 된다. 즉, 양적 변화가 질적 변화를 불러온 것이다. 이것은 어떤 물질의 화학적 질을 가리키는 것인데 과거 추상적으로만 이해되어 왔던 질 개념이 과학의 발전에 의해 명료해진 것이다. 맑스는 ≪자본론≫에서 상품의 성격을 사용가치와 교환가치(가치)의 통일로 보았는데 이것은 바로 상품의 질을 두 계기의 통일로 본 것이다. 그에 따라 이어지는 상품의 모든 운동과 변태, 변화는 사용가치와 가치(교환가치)의 대립의 운동의 결과로서 나타난다.

그러면 양의 개념으로 넘어가 보자. 흔히 양보다 질을! 이라는 관점이 높이 평가된다. 여기서 양은 부차적인 것을 가리키며 질은 관건적인 것을 가리킨다. 그런데 양보다 질을! 이라는 것이 질의 중요성을 가리키지만 양의 의미를 간과한다는 점에서는 한계가 있는 접근이다. 헤겔은 양적 변화는 질을 가리키는 교지(狡智)라고 했는데 이는 뛰어난 변증법적 통찰이다. 질의 변화는 결국 양적 변화에 의해서만 가능하다는 것이 헤겔에 의해 제기되고 있다.

양과 질은 개념적으로 상이하지만 대상의, 물질의 양과 질이라는 점에서 상호간에 서로 연관되어 있는데 양과 질의 이러한 연관성, 통일성을 표현하는 개념이 도량(度量)이다. 헤겔은 도량을 "양적인 질" 혹은 "질적인 양"이라고 불렀는데 이는 질과 양의 통일성을 가리키는 것이다. 액체 상태의 물은 도량을 갖고 있는데 100℃가 되면 끓어서 수증기가 된다. 그런 점에서 액체 상태의 물은 0℃부터 100℃에 이르는 자기의 한계, 즉 도량을 갖고 있다. 이를 좀 더 고찰하면 50℃의 물은 액체상태라는 질을 갖는 물의 양이다. 즉, 현실에서는 모든 대상은 이렇게 질과 양의 통일로서 이러한 도량의 규정성을 갖는다.

도량의 개념은 질이 양에 의해 규정되고 양이 질에 의해 규정되는 것을 가리킨다. 기체상태로의 물의 질적 변화는 100℃로의 온도변화, 즉 양의 변화에 의해 규정되며 또한 1000℃로의 물의 변화라는 양적인 변화는 기체상태라는 질을 전제로 하는 것이다. 즉, 액체상태라는 질에서는 1000℃라는 양적 변화는 불가능하다는 점에서 양은 또한 질에 의해 규정된다. 이와 같이 양과 질은 통일되어 있고 상호규정하며 이를 도량이라는 개념이 표현한다. 이러한 도량이라는 변화는 사회운동적으로도 중요한데 지금의 현실이 양적 변화가 필요한 것인지, 아니면 새로운 질적 도약이 필요한 것인지를 판단하는 준거가 바로 도량이기 때문이다.

양적 변화의 질적 변화로의 전화라는 변증법의 법칙은 이렇게 전적으로 도량이라는 개념에 의거하는 것이다. 과학의 발전이 낮은 수준에 있었을 때 양이 질을 규정한다는 말은 매우 낯선 것이었다. 그러나 과학의 발전 자체가 양과 질의 상호규정성을 나날이 입증했다. 이 과정에서 결정적인 역할을 한 것이 화학의 발전이었다. 화학이라는 학문은 학문 자체가 조성(組成)의 양적 변화가 질적 변화를 가리키는 것이다. 무수한 화학적 변화는 분자를 구성하는 원소들의 양적 변화가 이루어지면 새로운 질을 구성하는 분자로 변화된다는 것을 가리킨다. 또한 과학의 발전에서 중요한 계기였던 멘델레예프의 주기율도 원소를 규정하는 요소(원자량)의 양의 변화에 따라 원소의 질이 변화한다는 것을 근본원칙으로 하여 구성되어 있다. 그리하여 당시까지 발견된 원소들을 분석하면서 그 주기율표에서 비어있는 아직 발견되지 않은 원소의 존재를 예측하기까지 하였고 실제로 이후 주기율표에 맞는 새로운 원소들이 발견되기도 하였다. 이렇게 과학은 양과 질의 상호규정 및 전화라는 법칙에 기초하여 발전하였고 역으로 양적 변화의 질적 변화로의 전화 및 그 역의 전화를 확증하여 왔다.

세계의 양적 변화만을 승인하면 그것은 진화적 발전관이 되며 실천적으로는 개량주의에 봉사하게 된다. 개량주의는 사회발전의 질적인 비약을 부인하거나 먼 미래의 일로 돌리고 현실에서는 점진적인 양적인 개량만을 추구한다. 그러나 현실은 모순이고 모순의 발전이며 그것은 점차성의 중단과 비약을 수반하며 바로 이 점을 양적 변화의 질적 변화로의 전화가 가리킨다. 진화적 발전관과 대비되는 변증법적 발전관 혹은 양적 변화의 질적 변화로의 전화, 점차성의 중단과 비약적 발전이라는 관점은 헤겔이 제기했는데 양과 질의 상호관계에 대한 분석에서 도출된 결론이었다. 그런데 헤겔이 이러한 결론을 내릴 수 있었던 것은 단지 양과 질에 대한 논리적 분석때문만은 아니었다. 헤겔이 변증법적 논리학이라 할 수 있는 ≪대논리학≫을 쓸 당시는 프랑스 혁명의 파고가 독일을 뒤덮고 있을 때였다. 생생하게 목격되는 혁명적 발전, 비약을 목도하면서 헤겔은 점차성의 중단과 비약적 발전의 개념을 승인하고 제출하게 되었던 것이다.

현실에서 발전은 진화적 발전과 비약으로서 발전의 통일이다.

양적인 점차적인 발전 또한 발전의 하나이며 매우 중요한 발전이다. 특히 헤겔이 양이 질의 교지이다라고 한 것에 비추어 보면 양적인 것 하나하나의 발전은 질적인 비약을 예비하는 과정이다. 또한 양적인 발전에 혼신의 힘을 다할 때 다가오는 새로운 질, 요구되는 새로운 질을 파악할 수 있게 된다. 그러나 질적인 비약의 관점을 빼버린 양적인 발전의 추구는 앙꼬없는 찐빵과 같은 것이다. 현재의 질에서는 얼마만한 양적인 변화가 가능한가는 도량의 개념을 빌어 파악할 수 있다. 또한 더 이상의 양적인 발전을 위해서는 어떠한 질이 요구되는가도 도량의 개념을 빌어서 파악할 수 있다. 이렇게 현실의 발전을 양과 질의 통일로서, 점진적 발전과 비약적 발전의 통일로서 파악할 때만 올바르게 실천을 개척해 갈 수 있다.

점진성의 중단과 비약적 발전은 인간의 인식에서도 볼 수 있다. 개념이라는 것의 의미 자체도 일종의 비약을 가리킨다. 즉, 인간이 외적 세계를 관찰하고 분석하고 종합하는 오랜 과정을 거쳐서 인식에서 비약이 일어날 때 하나의 개념이 탄생하게 된다. 그때 개념은 인식에서 일어나는 양적인 변화가 질적인 변화로 전화했음을 가리키는 것이다. 이러한 점은 비단 하나의 개념에서만이 아니라 새로운 학문의 탄생에서도 마찬가지이다. 맑스의 사적 유물론의 탄생 또한 인간의 인식에서 양적인 변화가 질적인 변화를 한 예이다. 장구한 기간의 계급사회의 역사 속에서 나타났고 그리고 자본주의가 발생하여 급속도로 발전하면서 첨예화된 계급적 모순은 그에 대한 설명을 필요로 했는데 이에 대해 정치경제학자들은 이윤, 임금, 지대라는 소득의 범주들을 통해 계급의 존재를 승인했었다. 그런데 맑스는 이러한 점진적인 인식의 발전에 기초하면서 더 나아가 비약을 했는데 물질적 생산이 사회발전의 근본적 규정력이며 계급은 물질적 생산을 둘러싸고 형성되는 관계, 물질적 생산에 의해 규정되는 관계,

생산관계에 의해 규정됨을 과학적으로 논증했고 이를 통해 사적 유물론을 성립시킬 수 있었다. 그리하여 인류의 역사를 생산력과 생산관계의 모순의 운동으로 파악하는 맑스주의 운동이 성립할 수 있었다.

세계는 양적인 진화적 발전과 질적인 비약적 발전의 통일이다. 그리고 그러한 비약적 발전의 필연성은 현실에 내재해 있는 모순, 대립물의 통일에 의해 주어진다. 대립물의 통일과 상호 투쟁 속에서 대립물의 운동이 일어나고 변화, 발전, 비약이 이루어진다. 그러면 양적 변화의 질적 변화로의 전화, 발전의 양태에 대한 고찰을 마무리하고 발전의 원천, 운동의 원천으로서 모순, 대립물의 통일과 투쟁에 대한 고찰로 넘어가 보자.

10) 모순 혹은 대립물의 통일과 투쟁(내용과 형식)

모순 혹은 대립물의 통일과 투쟁은 변증법의 핵이라 할 수 있다. 모순 개념이 변증법의 핵심인 것은 그것이 바로 발전의 원천, 운동의 원천을 해명하기 때문이다. 그러나 변증법의 모순 개념만큼 지배계급과 그 이데올로그들에 의해 공격받은 것이 없을 정도로 모순 개념은 많은 도전을 받고 있다. 변증법은 어떤 대상에 대한 이해에 있어서 긍정 속에 부정의 계기를 내포하고 있고 부정 속에 긍정의 계기를 내포한다. 긍정과 부정이라는 상반되는 계기의 통일이 변증법적 인식인데 이것 또한 일종의 모순이다.

모순의 개념은 두 갈래로 발전되어 왔다. 하나는 아리스토텔레스적인 형식논리학상의 모순 개념이 그것이고 다른 하나는 변증법적 모순 개념이 그것이다. 변증법적 모순 개념은 고대 그리스에서 직관에 기초하여 전개되었는데 운동의 본질에 대한 이해의 추구 속에서 모순개념을 파악했다. 그러나 고대 그리스에서 모순개념은 직관에 불과하였고 그리하여 일종의 궤변이라는 비판으로부터 자유로울 수 없었다.

아리스토텔레스의 모순 개념은 형식논리학 상의 모순율에 기초한다. '어떤 것이 A이면서 동시에 A가 아닐 수는 없다'는 모순율은 논리적 형식상의 모순을 금지하는 것을 기초로 과학적 인식을 추구하는 것이었고 이 모순율에 기초하여 고대과학이 성립했다고 해도 과언이 아니며 헤겔에 의한 변증법의 정립 이전까지 아리스토텔레스의 모순율은 지고의 진리로 간주되었다. 그런데 변증법적 논리학은 아리스토텔레스의 모순율을 부정하는 것이 아니다. 변증법의 모순 개념은 아리스토텔레스의 모순율을 부정하는 것이 아니라 그것의 한계를 넘어서서 형식논리를 벗어나는 운동의 원리, 발전의 원리로서 모순개념이다. 아리스토텔레스의 모순율이 초등수학이라면 변증법의 모순 개념은 고등수학에 해당한다.

모순 개념을 궤변이라는 혐의로부터 해방시킨 사람은 헤겔이다. 헤겔은 관념론자인데 변증법 그리고 모순의 개념을 '개념의 자기운동'으로서 전개하여 정립한다. 헤겔이 모순의 개념을 정립하는 과정은 흥미로운데 아리스토텔레스의 모순율을 분석하여 거기로부터 변증법적 모순 개념을 추출한다. '어떤 것이 A이면서 동시에 비(非)A일 수는 없다'는 모순율에 대해 헤겔은 동일성과 상이성(A와 비A), 분석과 종합, 그리고 부정의 부정이라는 방법론을 써서 분석한다. 비(非)A는 A에 대한 부정이며 또한 '없다'는 것 역시 부정이다. 즉, 헤겔은 아리스토텔레스의 모순율에 두 번의 부정이 있다는 것을 주목한다. 그리고 A이면서 비A라는 것을 동일성 속의 상이성, 대립으로 파악한다. 이렇게 모순율의 구조를 분석한 헤겔은 여기로부터 동일성은 차이를 전제로 한다는 것 그리고 차이는 대립으로 발전하고 그리하여

동일성 속에 존재하는 대립물의 상호관계라는 범주를 도출하는
데 이것이 바로 변증법에 있어서 모순 개념의 원형이다. 이것이
개념의 자기운동으로서 모순 개념이라 할 수 있다. 그런데 이
모순 개념은 헤겔에게 있어서는 개념의 자기운동이었지만 실제
로는 현실의 모순을 반영하는 것이었고 맑스, 엥겔스에 의해 유
물론적인 모순 개념으로 전화된다.

아리스토텔레스는 모순율을 통해 논리형식상의 모순의 금지를
확립했는데 이것 자체, 즉 논리적 모순을 범하면 과학에 어긋난
다는 것 자체는 올바른 것이었지만 여기서 더 나아가 모순은
현실 세계에 존재할 수 없다는 주장을 하였다. 이러한 주장은
당시 존재하였던 헤라클레이토스 등의 직관적 변증법을 의식적
으로 부정한 것이었다. 그리하여 모순개념은 궤변으로 치부되었
는데 헤겔에 의해 개념의 자기운동으로서 변증법적 모순 개념
이 성립하고 이것이 맑스, 엥겔스에 의해 유물론적으로 전화되
면서 변증법적 유물론의 모순 개념이 성립하게 되었다.

헤겔은 모순 개념을 정립하면서 그것의 의미를 운동의 원천으
로 규정하였다. 대립물의 투쟁이 모든 운동을 근거짓는다고 하
는 인식은 이렇게 헤겔에 의해 성립되었다. 이 점은 변증법적
유물론에서도 마찬가지인데 변증법적 유물론에서도 모순 개념
은 운동의 원천으로서 규정된다. 그러면 왜 모순 개념, 대립물
의 통일과 투쟁이 운동의 원천인가를 살펴보자.

모순 개념은 고대 중국에서 창과 방패의 모순(矛盾)으로 설명되
기도 했다. 어떤 방패도 뚫을 수 있는 창과 어떤 창도 막아낼
수 있는 방패를 선전하던 상인은 그 창으로 그 방패를 뚫으면
어떻게 되는가라는 질문에 말이 막혔다는 고사가 전해진다. 그
러나 이것은 변증법적 모순 개념이 아니라 논리형식상의 모순
이라 할 수 있다. 변증법적 모순은 논리형식상의 모순 개념을
넘어서서 모순을 대립물의 통일과 투쟁으로 파악한다. 헤겔은

이를 동일성 속의 대립물이라고 보았는데 여기에 모순 개념의 본질이 담겨 있다. 대립하는 것들은 동일성 속에서, 좀 더 정확히 말하면 통일성 속에서의 대립이다. 통일성(동일성) 속의 대립이기 때문에 대립하는 각각의 것은 상호간을 규정하고 제약하게 되고 대립하기 때문에 투쟁하게 된다. 이것을 대립물의 상호 의존과 상호 부정이라 표현한다. 즉, 대립물들은 한편으로 통일성 속에 있기 때문에 상호의존하게 된다. 그러나 동시에 대립이기 때문에 상호 부정하며 투쟁하게 된다. 이로부터 바로 운동이 생성되는 것이고 발전이 시작되는 것이다. 이를 좀 더 자세히 살펴보자. 자본주의 사회는 자본가계급과 노동자계급이라는 두 대립물의 통일이다. 자본주의 사회의 모든 운동은 자본가계급과 노동자계급의 통일과 투쟁에 다름 아니다. 먼저 상호 의존부터 살펴보면 자본가계급은 잉여가치의 산출을 위해, 자본의 축적을 위해 노동자계급에 의존한다. 그리고 노동자계급도 생계를 위해, 생존을 위해 자본가계급에 고용되어야만 한다. 이러한 관계가 자본주의 사회에서 양 계급의 통일성의 모습이고 상호의존관계이다. 그러나 양 계급은 적대적으로 대립하는데 왜냐하면 자본가계급의 자본의 축적은 노동자계급에 대한 착취로부터, 즉 적대적 대립으로부터 나오는 것이고 노동자계급은 자본가계급의 착취와 억압에 의해 무산자로부터 벗어날 수 없고 또한 자본의 축적과 노동자계급의 빈곤화는 비례하기 때문이다. 상호의존을 전제로 하는 상호 투쟁! 이것이 바로 모순이고 모순관계의 발전이다. 여기서 통일의 측면, 상호 의존의 측면과 대립의 측면, 상호 부정의 측면 중에서 어느 것이 일차적인가하는 문제가 떠오른다. 통일의 측면이 일차적이라고 보면 대립은 이차적이며 따라서 모순의 극복, 지양은 불가능하게 된다. 그러나 이것은 운동의 원천으로서 모순개념과 일치하지 않는다. 따라서 통일과 투쟁 중에서 투쟁이 일차적이며 통일은 이차적이다. 투쟁이 절대적이라고 하면 통일은 상대적이라고 할 수 있다. 바로 통일의 상대성 속에 대립의 절대성이 관철되기에 모순은 운동의 원천으로 되며 모순의 극복, 지양이 가능하게 된다.

그러면 여기서 대립물의 각각의 측면을 분석해 보자. 모순은 대립물의 통일인데 각각의 대립물 중에서 대립의 통일을 지향하고 유지하는 측면이 있는 반면 반대 측은 대립의 극복, 변화를 지향하게 된다. 이를 자본주의 사회에 적용하면 자본가계급은 대립의 유지, 통일의 유지를 지향하는 계급이다. 그러나 노동자계급은 통일의 극복, 즉 자본주의 사회의 극복을 지향하는 계급이다. 이러한 분석으로부터 모순의 개념에서 대립하는 두 측면에 대해 각각 주요한 측면과 부차적인 측면이라는 개념이 도출된다. 어떤 대립물의 통일에서 각각의 대립물 중 어떤 것은 주요한 측면인 반면에 어떤 것은 부차적인 측면이 된다. 그러나 이러한 성질은 고정된 것이 아니며 주요한 측면과 부차적 측면은 변화할 수 있다. 예를 들면 자본주의 사회의 일상적 시기에 주요한 측면은 자본가계급이지만 자본주의 사회의 변혁의 흐름이 강해지는 시기에는 주요한 측면이 노동자계급으로 전화한다. 이와 같이 모순은 변증법에 있어서 운동의 원천으로 자리매김된다. 여기서 레닌의 모순 개념을 살펴보자. "그러나 바로 모순이란 더 나아가 여기저기서 불쑥 일어나는 일종의 변칙에 지나지 않은 것으로 간주되어서는 안되고 오히려 자신의 본질적인 규정에 있어서의 부정적인 것, 모든 자기운동의 원리인 것이며, 이 자기운동은 모순의 한 표현 이외의 그 어디에도 존재하지 않는다. … 그러나 이로부터 나오는 결론은 그 때문에 운동이란 존재하지 않는다가 아니라 오히려 운동은 현존하는 모순 자체이다라는 것이다."531) 운동은 모순 자체이다라는 것은 운동에 대한 깊은 이해를 보여주는 것이다. 돌을 던져서 날아가는 위치

531) 레닌, 철학노트, 논장, pp.88-89

이동을 보면 돌이 어떤 시점에 그 지점에 있으면서 동시에 그 지점에 있지 않을 때 운동이 된다. 특정 시점에 특정 위치에 있는 정지한 점들을 연결한다고 해도 정지의 합이 운동이 되는 것은 아니다. 즉, 운동은 불연속적인 정지한 점들의 합이 아니라 한편으로 연속되면서 다른 한편으로 불연속적인 것의 통일이다. 그런 점에서 그 지점에 있으면서(비연속) 동시에 그 지점에 있지 않을 때(연속성) 운동이 되며 운동 자체는 연속성과 비연속성의 통일, 즉 모순이다. 생명운동을 보면 끊임없는 생리대사로 인해 생물체는 바로 그것이면서 동시에 그것이 아니며 이것이 생명운동의 본질이 된다. 고대 그리스에서 운동의 본질을 추구했지만 그것이 궤변으로 취급되었던 것은 변증법의 인식이 직관에 머물고 과학에 도달하지 못했기 때문이었다. 그러나 운동 자체가 모순이라는 것은 현대의 변증법에 의해 훌륭히 설명되며 모순 개념은 더 이상 궤변이 아니라 과학으로 성립하게 되었다. 원자의 세계를 보더라도 원자 내부의 운동은 모순 자체이다. 원자핵의 핵력과 원자핵 주변을 도는 전자의 운동의 통일이 바로 원자의 운동이다. 이와 같이 대립물의 통일로서 운동이라는 것은 과학의 발전에 의해 나날이 확증되고 있다.

그러면 운동의 원천으로서 모순은 어디로 귀결되는가? 운동 자체가 모순이라면 모순의 발전은 운동의 질적인 비약으로, 새로운 질의 창출로 귀결될 수밖에 없다. 이 점을 좀 더 자세히 살펴보자. 모순은 아리스토텔레스적인 논리형식상의 모순만 있는 것이 아니라 객관현실에도 존재한다. 현실에 존재하는 모든 대상과 물질은 모순을 갖고 있는데 이렇게 그 대상을 규정하는 모순을 대상의 내적인 모순이라 한다. 바로 이 내적인 모순의 운동에 의해 그 대상, 물질의 존재가 규정된다. 물질과 운동의 통일성의 관점에서 보면 내적 모순에 의한 운동 자체가 물질의 존재를 규정한다.

366

내적 모순은 이렇게 객관적 실재이기 때문에 제거할 수가 없다. 즉, 어떤 대상이 있을 때 그 대상의 내적 모순을 제거하는 것은 불가능하다. 이렇게 모순의 제거가 불가능하다면 모순의 극복은 모순의 발전에 의해서만 가능하다는 것이 도출된다. 즉, 통일을 유지하려는 보수적인 측면보다 통일을 극복하려는 대립물의 측면이 우세해지고 그리하여 새로운 질의 창출, 새로운 통일성의 창출로 나아가는 운동, 변화, 즉 지양이 이루어지게 된다. 이것이 바로 모순의 발전이라는 개념이 내포하는 의미이다. 이를 자본주의 사회에 비추어 보면 자본가계급과 노동자계급의 모순은 화해를 통해 극복될 수 있는 성질의 것이 아니다. 그 사회가 자본주의 사회인 한에서 자본가계급과 노동자계급의 모순은 제거될 수도 없고 화해될 수도 없다. 여기서도 모순은 발전을 통해서만 극복될 수 있는데 통일을 부정하려는 세력, 노동자계급의 발전에 의해 새로운 질, 새로운 통일성의 창출, 자본주의 사회의 지양과 계급없는 사회의 창출로 나아갈 수밖에 없다. 이와 같이 모순은 제거될 수도 없고 화해될 수도 없고 오직 모순 자체의 발전에 의해서만 극복 혹은 지양될 수 있다.

이와 같이 내적인 모순은 대상의 존재와 그 운동을 규정하는 것이다. 그런데 이 세계에는 무수히 다양한 대상과 운동이 있듯이 모순에도 다양한 종류가 있다. 모순에는 내적인 모순만 있는 것이 아니라 대상의 외부에서 작용하는 외적인 모순 또한 존재한다. 내적인 모순은 대상의 운동의 원천, 자기운동의 원리이지만 외적 모순은 자기운동의 원리라기보다는 운동의 조건으로 보는 것이 타당하다. 예를 들면 식물은 내적 모순에 따르는 자기운동의 원리를 갖지만 식물은 또한 자기의 생명활동, 운동의 중요한 조건으로서 태양을 필요로 한다. 즉, 식물과 태양과의 관계는 외적 모순이라 할 수 있다. 이러한 외적 모순 관계는 한 사회에 있어서도 마찬가지인데 사회 자체는 자신의 내적인 모순에 의한 운동의 원리, 발전법칙을 갖지만 외적인 환경이 변한다면, 사회의 발전은 영향을 받는다. 내적 모순의 대립물의 통일성과 상호 제약성은 그 자체로 대상의 존재와 질을 규정한다. 그러나 외적 모순은 그 자체로 대상의 존재와 질을 규정하는 것이 아니라 외적인 조건으로서 대상을 규정한다. 식물과 태양을 예로 들면 식물은 태양없이 존재할 수 없지만 태양은 식물없이도 존재할 수 있다. 그러나 내적 모순을 이루는 대립물은 대립물 중의 하나가 없다면 다른 하나도 존재할 수 없고 결국 대상 자체의 존재가 불가능하게 된다.

그러나 외적 모순과 내적 모순은 긴밀한 연관을 띠기도 하는데 때때로 외적 모순은 내적 모순의 표현이기도 하다. 한국사회를 예로 들면 한국사회의 내적 모순은 자본가계급과 노동자계급의 대립, 한국 민중과 독점자본간의 모순이고 한국 민중과 미제국주의와의 모순은 외적 모순이다. 그러나 그러한 외적 모순, 민족 모순, 혹은 신식민지적 모순은 내적인 계급대립이 외적으로 반영되어 관계맺는 것이라고 할 수 있다. 즉, 한국의 예속자본가계급이 노동자계급과 민중을 계급적으로 억압하기 위해서 미제국주의의 신식민지적 지배를 필요로 한다는 것이 바로 한국사회에서 내적 모순과 외적 모순의 관계이다. 여기서 NL파가 미제국주의와 한국민중 간의 모순을 한국사회의 근본적이고 결정적인 모순이라고 보는 것은 오류임을 쉽게 알 수 있다. 한국사회의 가장 근본이 되는 모순은 내적 모순(계급모순)이며 외적 모순(민족모순)은 내적 모순을 통해 관철된다. 즉, 미제의 신식민지 지배는 예속 자본가계급을 통해 관철되는 간접지배이다. 모순론의 의미에서 파악되는 한국사회의 모순구조는 이러하다. 그러나 정세의 변동에 따라, 예를 들면 미제국주의가 한반도에서 전쟁위기를 조성하는 경우에 외적 모순이 일차적 중요성을 획득하는 것도 가능하다.

모순은 이렇게 내적 모순과 외적 모순으로 일차적으로 분류될 수 있다. 그러나 모순의 종류는 이외에도 다양한데 주요모순과 부차적 모순에 대한 많은 논의가 있었다. 주요모순과 부차적 모순의 대두는 변혁운동의 발전과 긴밀히 연관되는데 주요모순 개념은 중국의 해방운동에서 크게 논의가 되었다. 예를 들면 1930년대 중국의 변혁은 반제반봉건 혁명으로 규정되었는데 1937년 중일전쟁이 발발하고 일제의 침략이 본격화했을 때 반봉건의 과제는 뒤로 밀리고 항일이 최대의 과제가 되었다. 즉, 반제가 주요 모순이 되었고 반봉건은 부차적 모순이 되었던 것이다. 이렇게 주요 모순, 부차적 모순은 변혁운동의 과제를 정확히 설정하기 위해서 중요하다.

한편 주요모순과 구분되어야 할 것이 모순의 주요한 측면이다. 주요 모순은 여러 모순들 간의 상호관계에서 주요한 모순과 부차적 모순을 가르는 것이라면 모순의 주요한 측면이라는 개념은 하나의 모순 내부에 존재하는 두 개의 대립물 중에서 주요한 측면이 무엇인가를 가리키는 것이다. 또한 모순의 분류에서 중요한 것은 적대적 모순과 비적대적 모순의 구분이다. 마오쩌둥의 ≪모순론≫에서 처음으로 정식화된 적대적 모순과 비적대적 모순의 구분은 예를 들면 자본가계급과 노동자계급의 적대적 모순과 달리 노동자계급과 농민은 비적대적 모순관계라는 것을 가리킨다. 이 구분은 실천적 전략에서 중요한데 왜냐하면 비적대적 모순을 적대적 모순으로 혼동하면 그것은 곧바로 좌편향의 오류를 범하는 것이 되기 때문이다. 마오쩌둥은 이렇게 변혁운동의 과정에서 적대적 모순과 비적대적 모순을 나누었는데 이러한 관점을 발전시켜 해방 후 사회주의 건설기의 전략 문제에 있어서 '인민내부의 모순'이라는 개념을 제출했다. 인민 내부에도 모순이 존재하지만 그것은 비적대적이며 그 모순의 해결방법은 설득과 교육을 통하는 것임을 주장했다. '인민내부의 모순' 개념은 사회주의 건설기에 있어서 중요할 수밖에 없는데 사회주의 건설 과정 자체가 계급대립의 폐지에 기초하여 계급사회의 잔재를 극복하고 인민들 간에 존재하는 모순과 대립을 극복하는 과정에 다름 아니기 때문이다.

이외에 모순 개념과 맞닿아 있는 것이 내용과 형식의 범주이다. 내용과 형식에 대한 변증법적 인식은 피히테와 셸링이 시도했었다. 그러나 내용과 형식에 대한 전면적인 변증법적 인식은 변증법적 유물론에 의해 정립되었다고 할 수 있다. 내용과 형식이라는 개념 중에 일차적인 것은 내용이다. 그러나 형식은 무의미한 것이 결코 아니다. 때로는 형식에 의해 내용이 규정되기도 한다. 대표적인 것이 생산력과 생산관계의 문제이다. "생산양식의 내용은 생산력이고, 이것이 그 사회적 형식으로서 생산관계를 규정하고 있다."[532] 여기서 내용이 일차적이기 때문에 생산력의 발전이 사회발전의 관건이 된다. 그러나 형식은 내용에 반작용하기 때문에 생산관계가 생산력 발전을 자극하거나 혹은 생산력 발전을 저해하게 된다. 이와 같이 내용과 형식은 밀접하게 통일되어 있다. 그러나 내용은 일차적이며 끊임없이 변화하는 측면이라면 형식은 이차적이며 상대적으로 변화하지 않는 성질이 있다. 그리하여 생산관계라는 형식이 더 이상 생산력 발전이라는 내용과 조응하지 않게 되었을 때 낡은 형식, 생산관계는 파괴되고 내용에 조응하는 새로운 형식, 생산관계가 수립되고 바로 이것이 사회변혁의 본질을 이룬다. 내용과 형식의 변증법은 이외에도 많은 부분에 적용될 수 있는데 특히 예술의 경우 내용과 형식의 관계가 중요하다.

11) 부정의 부정의 법칙

532) 녹두편집부 편, 세계철학사 II: 변증법적 유물론, 녹두출판사, p.202

양적 변화의 질적 변화로의 전화가 발전의 양태의 문제이고 모순, 대립물의 통일과 투쟁의 법칙이 운동과 발전의 원천, 원동력의 문제였다면 부정의 부정의 법칙은 발전의 방향성의 문제이다. 원시공동체에서 공동소유가 부정되고 사적 소유가 성립되어 계급사회가 발생했지만 자본주의적 소유의 부정으로 인해 성립하는 사회주의 사회는 다시 공동체적 소유가 되는데 새롭게 성립하는 공동소유는 공동소유라는 형태는 다시 반복되지만 원시공동체의 공동소유와 비교할 수 없이 높은 수준의 생산력을 기초로 실현된다. 또 밀알이 썩어지는 부정을 통해 싹이 나고 싹이 성장하여 열매를 통해 다시 부정될 때 한 알의 밀알은 어느덧 풍성한 곡식이 된다. 이렇게 부정의 부정을 통해 이루어지는 결과는 최초의 결과를 반복하면서도 훨씬 더 높은 수준의 발전을 결과한다는 경향성을 가리켜 부정의 부정의 법칙이라고 하였고 이를 나선형적 발전이라 일컬었다. 그런데 이때 사용되는 부정이라는 개념은 흔히 일반적으로 사용되는 부정의 개념과는 많이 다르다. 여기서 변증법적 부정의 의미를 보다 분명히 할 필요가 있다.

먼저 일반적으로 사용되는 부정의 의미를 살펴보자. 어떤 것을 부정한다는 것은 곧 그것을 부인하고 없애버리거나 폐지하는 것이다. 또 수학에서 +1의 부정은 -1로서 반대되는 것, 대립되는 것을 가리킨다. 이러한 것이 일반적 의미에서 부정의 의미이다. 변증법적 부정도 어떤 것을 부인한다는 점에서는 동일하다. 그러나 변증법적 부정은 부정 속에 긍정의 계기를 내포하는 부정이다. 즉, 변증법적 부정은 부정하면서도 대상 속에 있는 긍정적인 것을 가져가는 부정이며 그런 점에서 헤겔은 이를 지양이라고 했다. 부정조차도 이렇게 파악하는 것은 변증법 자체가 발전의 사상이기 때문이다. 그런 점에서 변증법적 부정은 혁명적 성격을 갖는 부정이다. 현존하는 것의 긍정적 이해 속에 부정의 계기를 내포하고 반대로 현존하는 것을 부정하면서도 그것의 긍정적인 면을 가져가는 것! 이와 같이 변증법적 부정은 단순한 불모의 부정이 아니라 지양을 의미한다. 맑스와 엥겔스는 사회주의 운동의 본질을 이상의 상태를 꿈꾸는 것이 아니라 현실을 지양하는 운동이라고 했는데 이는 곧 변증법적 부정의 개념을 운동에 적용한 것이었다. 레닌은 변증법적 부정을 다음과 같이 정식화하고 있다. "변증법은 의심할 나위없이 부정의 요소를, 더욱이 그것을 가장 중요한 요소로서 자기 내에 포함하고 있다. 그러나 변증법에서 특징적이고 본질적인 것은 단순한 부정, 무익한 부정, 회의적인 부정, 동요, 의심이 아니다. 아니 오히려 연관의 계기로서의 부정, 발전의 계기로서의 부정, 긍정적인 것을 보존하는 부정, 즉 어떠한 동요도 어떠한 절충도 하지 않는 부정인 것이다."[533]

엥겔스는 변증법적 부정의 의미를 다음과 같이 깊이있게 통찰한다. "변증법에서 부정한다는 것은 그저 아니라고 말한다거나 어떤 사물을 존재하지 않는다고 선언하거나 그 사물을 임의의 방식으로 파괴하는 것을 의미하지 않는다. 이미 스피노자는 다음과 같이 말하였다. 모든 제한이나 규정은 동시에 부정이다. 더욱이 여기서 부정의 방법은 첫째는 과정의 일반적 성질에 의해, 둘째는 그 특수한 성질에 의해 규정되어 있다. 나는 부정할 뿐만 아니라 그 부정을 다시 지양해야 하는 것이다. 따라서 나는, 두 번째의 부정이 여전히 가능하도록 혹은 가능해지도록 첫번째의 부정을 처리해야 한다. … 그러므로 사물의 종류마다 발전이 이루어지도록 부정되는 독특한 방법이 있는 것이며 또 표상들과 개념들의 종류마다 그러하다."[534] 어떤 대상을 부정할

---

533) 레닌, 철학노트, 논장, p.182
534) 엥겔스, 오이겐 뒤링씨의 과학변혁(반-뒤링), 맑스, 엥겔스 저작선집 5권,

372

뿐만 아니라 그 부정을 다시 지양할 수 있는 방식으로 부정하는 것! 즉, 부정의 부정이 가능할 수 있는 부정이 곧 변증법적 부정이라고 엥겔스는 통찰하고 있다. 그리고 이러한 변증법적 부정은 요술방망이가 아니라 발전의 계기로서 부정이기 때문에 사물, 대상마다 부정의 방식이 달라야 함을 말하고 있다. 여기서 엥겔스는 헤겔의 변증법적 부정, 지양이라는 개념을 계승하면서도 그것을 유물론적으로 개작하여 한층 더 풍부하고 심원한 의미를 찾아내고 있다.

이와 같이 변증법적 부정은 긍정의 계기를 내포한 부정이며 발전의 계기로서 부정이다. 그리하여 변증법적 부정의 연속으로서 부정의 부정의 법칙이 성립한다. 헤겔에게서 부정의 부정의 법칙은 개념의 자기운동이라는 점에서 자신의 논리학 전체에 흐르는 일종의 논리적 맥락이다. 논리학의 사변적 구성에서 논리를 이끌어가는 하나의 방법론으로서 부정의 부정이 구사되고 있다. 그러나 엥겔스에 의해 재정리되고 유물론적으로 개작된 부정의 부정의 법칙은 논리적 맥락을 구성하는 방법이라는 의미를 넘어 사물과 대상의 현실적 발전의 방향성이라는 의미로 재탄생되고 있다. 그렇기 때문에 엥겔스는 부정의 방법이 사물과 대상의 종류에 따라 달라야 함을 제기할 수 있었던 것이다.

이렇게 엥겔스에 의해 재정립되고 재탄생된 부정의 부정의 법칙은 커다란 의미를 지니고 있다. 변증법적 부정이 발전의 계기로서 부정이기 때문에 이러한 변증법적 부정의 연속은 발전의 방향성을 가리키는 것이 된다. 그러한 발전의 방향성 중에 두드러지는 것은 발전의 전진적 성격이다. 즉, 발전의 역전 불가능성이 부정의 부정의 법칙에 의해 도출된다. 자본주의 사회에서 봉건제 사회로 돌아가는 것은 불가능하다. 자본주의 사회 초기에 반동이 대두되어 봉건제가 복고되었으나 생산력의 발전의 흐름에 따라 봉건제는 사라지고 따라서 지주계급도 사라지고 전일적인 자본주의 사회가 된 것이 역사적 흐름이다. 지금 20세기 사회주의진영이 붕괴되고 소수의 국가를 제외하고 자본주의의 복고가 이루어졌으나 자본주의 자체의 모순의 심화에 의해 세계는 대공황에 처해 있다. 이러한 모순의 발전은 그 결과 모순의 필연적인 지양을 제기하는 것이며 자본주의의 근본모순이 생산의 사회적 성격과 전유, 취득의 사적 성격간의 모순이라는 점에서 자본주의의 모순의 지양은 계급대립의 폐지이고 사회주의 사회의 창출이 될 수밖에 없다. 생산력의 측면을 보면 다시금 인류가 석기시대로 돌아간다는 것은 불가능하다. 이것 또한 발전의 역전 불가능성, 발전의 전진적 성격을 나타낸다. 또한 지구의 역사를 보면 지구의 탄생 당시 존재하지 않았던 생명체가 단백질의 형성 결과 탄생되어 생물의 역사가 지구에서 이루어지고 나아가 진화의 결과 인류가 탄생한 것도 발전의 전진적 성격을 나타내는 것이다. 이러한 발전의 전진적 성격은 부정의 부정의 법칙에 의해 파악될 수 있지만 그것의 기초를 이루는 것은 물질과 운동의 불멸성과 상호전화 그리고 물질의 운동을 규정하는 내적 모순의 개념과 모순의 제거 불가능성이다.

엥겔스는 부정의 부정의 법칙을 나선형적 발전으로 파악했다. 나선형적 운동 속에서 다시 이전의 것을 반복하지만 이전보다 훨씬 더 발전된 상태에서의 반복이라는 의미이다. 엥겔스는 ≪반뒤링론≫에서 부정의 부정의 법칙의 사례로 맑스의 다음과 같은 언급을 인용하고 있다. "자본주의적 생산 방식과 전유 방식, 따라서 자본주의적 사적 소유는 개인적인 사적 소유, 즉 자신의 노동에 기초한 사적 소유의 첫 번째의 부정이다. 자본주의적 생산의 부정은 자연적 과정의 필연성을 갖고서 그 자신에 의해 생산된다. 이것은 부정의 부정이다."535) 자본주의적 소유는 노동을 하지 않는 자본가의 소유라는 점에서 그리고 자본주의적 소유의 탄생은 노동하는 개인, 소농민 등에 대한 수탈을 통해 이루어졌다는 점에서 노동에 기초한 개인적 소유의 부정이다. 그런데 여기서 맑스는 자본주의적 소유에 대한 부정은 노동에 기초한 진정한 개인적 소유(공동 소유에 기초한 개인적 소유)를 확립한다는 점에서 부정의 부정이라 본 것이다. 엥겔스는 또한 부정의 부정의 법칙의 사례로 철학의 역사를 들고 있다. 고대 그리스의 자연철학, 고대 유물론은 플라톤 등 관념론에 의해 부정되었지만 이들 관념론은 현대 유물론에 의해 다시금 부정되고 있는데 현대 유물론은 2천년에 걸친 철학과 과학 발전의 성과를 담고 있다는 것을 제기하고 있다[536]. 이렇게 엥겔스가 들고 있는 사례에서 알 수 있는 것은 부정의 부정 법칙은 발전의 커다란 방향성을 가리킨다는 점이고 또한 그러한 발전은 역전불가능한 전진적 성격을 나타낸다는 점이다. 그러한 발전과정에서의 역전은 일시적일 수밖에 없고 모순의 발전, 그리하여 모순의 지양은 새로운 질의 창출로 나아가며 그러한 발전은 전진적 성격을 갖는다는 점을 부정의 부정의 법칙은 말한다.

12) 인식론

변증법적 유물론의 구성에서 마지막을 차지하는 것은 인식론의 영역이다. 변증법적 유물론은 인간의 인식의 본질을 외적 세계, 자연의 인간 두뇌로의 반영이라고 보고 있다. 인간의 인식과 외적 세계 간에서 일차적인 것은 외적 세계라는 유물론적 관점이 반영론의 기초를 이루고 있다.

---

535) 반뒤링론, 맑스,엥겔스 저작선집 5권, 박종철 출판사, p.150에서 재인용
536) 앞의 책, pp.154-155

레닌은 인간의 인식의 반영적 성질에 대해 다음과 같이 말한다. "인식이란 사유가 객관에로 끊임없이 무한히 접근하는 것이다. 인간의 사고 속에서 자연을 반영하는 것은 "죽은 것"이 아니라, "추상적인 것"이 아니라, 운동이 없는 것이 아니라, 모순이 없는 것이 아니라 운동의 끊임없는 과정, 모순의 발생과 그 해결의 끊임없는 과정 속에서 이해하여야 한다."537) 인간의 인식은 외적 세계, 자연의 반영의 과정인데 그것은 죽어 있는 반영이 아니라 운동 속에서, 모순의 발생과 해결의 과정으로서 반영임을 레닌은 강조하고 있다.

이러한 반영론에 기초하여 인식과정의 변증법적 성격이 설명된다. 인간의 인식과정은 모순의 발생과 해결, 낮은 단계의 인식에서 점차적으로 높은 단계의 인식으로의 이행, 인식과정에서 비약의 발생 등 변증법적으로 진행되는데 이를 설명하는 것이 개념의 변증법, 사고의 변증법이다. 여기서 개념의 변증법, 사고의 변증법과 현실세계의 변증법, 자연의 변증법과의 관련이 중요하다. 이에 대해 레닌은 사물의 변증법이 사고의 변증법, 이념의 변증법보다 일차적임을 다음과 같이 말한다. "현상과 현실성의 모든 측면에서의 전체와 그들의 (상호) 관계, 바로 이것으로부터 진리가 성립하게 된다. 개념들의 여러 가지 관계(=여러가지 이행=여러가지 모순)=논리학의 주요 내용인데, 이 때 이들 개념(및 그것들의 여러 가지 관계, 여러 가지 이행, 여러 가지 모순)은 객관적 세계의 반영으로 밝혀진다. 사물의 변증법이 이념의 변증법을 산출하는 것이지 그 역은 아니다."538) 개념들은 객관적 세계의 반영이라는 점에서, 객관적 세계의 사물의 변증법이 개념의 변증법, 이념의 변증법보다 일차적임을 레닌은 설명하고 있다. 여기서도 사물의 세계가 이념의 세계, 개념의 세

---

537) 레닌, 철학노트, 논장, p.149
538) 앞의 책, p.150

계, 사고보다 일차적이라는 유물론적 관점이 근본 토대로 작동하고 있다. 이리하여 엥겔스가 강조하였던 다음과 같은 견해, 즉 변증법은 사고의 법칙일 뿐만 아니라 존재의 법칙이며 그 중에서 일차적인 것은 존재의 법칙이라 점이 레닌에 의해 재정립되고 있다.

그런데 레닌은 여기서 더 나아가 인식론과 논리학의 통일성을 말한다. 즉, 변증법적 논리학과 인식론은 분리되는 것이 아니라 통일되어 있다는 주장을 한다. 레닌에 의해 정립된 변증법=논리학=인식론의 통일은 이후 변증법적 유물론이 발전하는데 주요한 공헌을 했다. 그러면 레닌의 언급을 다소 길지만 직접 인용해 보자. ""자연, 즉 이 직접적 총체성은 논리적 이념으로 그리고 정신으로 스스로를 전개시킨다." 논리학은 인식에 관한 학설이다. 즉, 인식론이다. 인식은 인간에 의한 자연의 반영이다. 그러나 그것은 단순한, 직접적인, 총체적인 반영이 아니라 일련의 추상화, 정식화, 여러 개념들이나 법칙들 등등의 형성 과정이다. 그리고 바로 이러한 개념들이나 법칙들 등등(사유, 과학="논리적 이념")이야말로 끊임없이 운동하며 발전해 가는 자연의 보편적 합법칙성을 조건적·근사적으로 포괄하는 것이다. 여기서 실제로 세 개의 항이 있다. 1)자연, 2) 인간의 인식=인간의 두뇌(바로 상술한 자연의 최고의 산물로서의 두뇌), 그리고 3) 인간의 인식 안에서 자연을 반영하는 형식, 그리고 이러한 형식이야말로 다름아닌 개념, 법칙, 범주 등등이다. 인간은 자연을 전체적으로 완전하게 그 "직접적 총체성"을 파악=반영=모사할 수 없다. 인간은 단지 추상화나 개념이나 법칙이나 과학적 세계상 기타 등등을 만들어냄으로써, 이 자연으로 끊임없이 가까이 접근해갈 뿐이다."[539] 여기서 레닌은 논리학이 곧 인식론임을 천명하고 있다. 자연의 반영으로서 인간의 인식은 자연을 직접적

---

539) 앞의 책, pp.134-135

총체성으로서 인식하는 것이 아니라 추상화, 정식화라는 과정을
거치며 그 과정에서 형성되는 개념, 법칙, 범주 등의 논리학은
곧 인식과정의 요소이기도 하다는 것이다. 그런 점에서 논리학=
인식론이라는 정식화를 이루고 있다. 레닌 이전에는 논리학과
인식론을 별개로 파악하는 견해가 대부분이었다. 논리학 하면
아리스토텔레스의 형식논리학을 가리키는 것을 의미했고 또 인
간의 인식과정에 대한 과학적인 해명은 이루어지고 있지 않아
서 논리학과 인식론의 통일이라는 관념은 존재하지 않았었다.
그러나 레닌은 자연의 반영으로서 인식이라는 관점을 기초로
인식의 과정에서 이루어지는 개념, 법칙, 범주 등의 논리적 요
소의 형성이 곧 인식의 과정과 같은 것임을 통찰하고 논리학=
인식론이라는 주장을 세울 수 있었다. 레닌은 ≪자본론≫에 대
해서도 다음과 같이 말한다. "≪자본론≫에는 논리학, 변증법,
유물론의 인식론 이 세 개의 낱말은 필요없다. 그것은 하나이면
서 동일한 것이다."540) 레닌은 ≪자본론≫에 흐르는 변증법적
논리학은 곧 인식의 과정임을 통찰하고 이를 기초로 논리학=인
식론=변증법이라는 일반화, 정식화를 이룬 것이다. 레닌의 이러
한 관점은 논리학의 발전, 인식론의 발전에 과학적 토대를 제공
하는 것이었고 이를 기초로 변증법적 논리학은 비약적으로 발
전했다.
변증법적 논리학은 자연의 변증법에 기초하여 그것을 개념의
변증법으로 발전시킨 것이다. 변증법의 여러 법칙들이 그 자체
로 훌륭한 변증법적 논리학의 내용을 구성한다. 이러한 변증법
적 논리학은 기존에 논리학의 본령으로 간주되었던 아리스토텔
레스의 형식논리학과 구분되는데 형식논리학이 초등수학이라면
변증법적 논리학은 고등수학이라 할 수 있다. 형식논리학은 동
일율, 모순율, 배중율 등으로 구성되는데 논리형식상의 오류의

---

540) 앞의 책, p.296

방지에 초점을 맞추고 있다. 변증법적 논리학은 형식논리학을 부정하는 것이 아니라 그것을 뛰어넘는다. 변증법적 모순 개념은 모순율이 말하는 논리형식상의 모순의 금지를 긍정하면서도 그것을 넘어서서 현실세계에 존재하는 모순이야말로 운동의 원천이라는 점을 가리킨다.

이렇게 인식의 원리로서 반영론, 존재의 변증법을 반영하는 사고의 변증법, 개념의 변증법, 인식론과 논리학과 변증법의 통일 등이 변증법적 유물론의 인식론의 토대가 된다. 변증법적 유물론의 인식론은 여기서 더 심화되는데 본질과 현상, 추상과 구체, 역사와 논리, 실천의 문제, 사고의 형식, 진리의 문제 등이 인식론의 주요 범주로 설정된다.

현상과 본질은 한편으로 객관세계의 상호연관의 범주이면서 동시에 인식론의 범주이기도 하다. 현상은 객관적인 것이고 본질도 객관적인 것이다. 즉, 본질은 단지 관념상에만 존재하는 것이 아니라 현실에 존재하는 객관적 대상의 여러 성질 중에서 가장 깊은 심급, 보편적인 심급, 대상 자체를 규정하는 성질, 측면을 추출하는 것이다. 그런 점에서 본질과 현상은 객관세계의 연관이다. 그러나 이 연관, 본질과 현상의 범주는 인식론의 범주이기도 한데 인식 또한 현상적 수준의 인식이 있고 본질에 접근하는 인식이 있으며 올바른 인식은 현상 속에서 본질을 추적하는 인식이다. 어떻게 본질에 접근하는 인식이 가능한가에 대해서 헤겔은 '현상은 본질적이고 본질은 현상한다'고 하여 그에 대해 답을 했었다. 현상에 대한 과학적 정리와 인식, 분석과 종합을 통하여 본질의 심급에 점차적으로 접근하는 것이 가능하며 이러한 방법 이외에, 즉 현상을 통하는 방법 이외에는 본질에 접근하는 방법은 없다. 그런 점에서 현상과 본질의 범주는 인식론에 있어서도 매우 중요한 범주가 된다.

추상과 구체의 범주는 과학적 인식에 있어서 기본이 되는 범주이다. 레닌이 인식은 자연을 직접적 총체성으로서 인식하는 것이 아니라 개념, 법칙, 범주 등의 형성의 과정을 거치는 반영이라고 했을 때 바로 추상과 구체의 방법론을 사용했다. 현실에 존재하는 대상은 구체적인 대상이다. 코스모스는 붉은 색의 꽃, 녹색의 줄기, 하늘거리는 인상, 일년생 초목 등 매우 다양한 성질을 가진 식물이고 우리의 감각에 일차적으로 들어올 때는 구체적인 대상으로서 들어온다. 그러나 거기서 일년생 초목이라는 하나의 성질을 추출한다면 그것은 코스모스라는 대상에 대해 추상화의 작용을 하는 것이다. 추상한다고도 하고 사상(捨象)한다고도 하는 이 과정은 구체적으로 존재하는 대상의 다양한 여러 측면 중에서 나머지 측면을 버리고 혹은 떼어내고 특정의 한 측면을 남겨두는 방식으로 추출하는 것이다. 이러한 추상의 과정을 거쳐서 분석의 목표가 달성된다. 이러한 추상의 또 다른 예로는 맑스가 ≪자본론≫에서 상품의 분석을 하고 있는 것을 들 수 있다. 맑스는 상품의 성질을 분석하면서 상품의 생산에는 구체적 유용노동과 추상적 인간노동이 들어간다고 했다. 구체적 유용노동은 구두를 예로 들면 구두의 유용성을 구성하는 온갖 기술의 노동을 말하는 것이고 추상적 인간노동은 구두에 들어간 노동이 인간노동 일반으로서의 성질을 갖는 것을 말한다. 구두의 생산에 들어간 노동을 인간노동일반으로서 추상화하는 것은 구두에 들어간 노동의 여타의 다양한 성질을 떼어내고(사상하고) 그 노동 중에서 인간노동 일반이라는 특정한 성질을 추출하는 것이다. 이것이 바로 '구체에서 추상으로'의 방법이다. 이러한 추상화의 의의는 거대한데 이 방법을 통해 추상적 인간노동의 응결물로서 '가치'라는 개념이 탄생하기 때문이다. 인간노동의 응결물로서 가치개념은 노동가치설로 불리며 과학적 정치경제학의 초석이 되는 개념이고 맑스 또한 가치 개념에 기초하여 자본의 운동을 분석한다. 그런데 이렇게 '구체에서 추상으로'

의 방법만으로 그쳐서는 불완전한데 이제는 다시금 '추상에서 구체로'의 역의 방향의 과정을 거쳐야 한다. 이 또한 ≪자본론≫에서 생생한 예를 보여주는데 맑스는 인간의 노동을 추상하여 얻은 가치개념을 기초로 잉여가치의 개념을 정립하고 이를 통해 현실자본주의 사회에 존재하는 자본의 구체적인 운동과 나아가 자본주의의의 축적의 역사적 경향을 해명한다. 여기서 맑스가 적용한 방법은 '추상에서 구체로'의 방법이다. 이러한 예를 통하여 알 수 있는 것은 구체에서 추상으로, 추상에서 구체로의 방법이 단순한 분석방법이 아니라 변증법적 과정을 거치는 과학적이고 풍부한 내용을 정립하는 방법론이라는 것이다. 흔히 추상적이라고 하면 먼저 어렵다는 인식부터 하곤 한다. 왜냐하면 구체는 현실의 풍부한 면을, 그것도 일차적으로는 감성적으로 보여주는 반면에 추상은 현실의 여러 측면 중 특정한 측면을 추출하는 과정이기 때문이다. 과학은 어려운 것이다라는 인식은 이로부터 비롯되는 것이다. 그러나 추상은 현실에 존재하지 않는 무엇을 설정하거나 찾아내는 것이 아니며 대상의 외부에서 개념을 도입하는 것이 아니라 현실에 존재하는 대상의 특정 측면을 추출하는 것에 지나지 않는다. 여기서도 관념론적 인식을 극복하고 추상에 대한 유물론적 인식을 수립하는 것이 관건이다. 이렇게 유물론적으로 추상을 이해하면 추상과 구체의 변증법이 눈에 들어오게 된다. 그리하여 구체에서 추상으로의 방법을 통해 주요 개념을 추출하고 여기서 다시 추상에서 구체로의 방법을 통해 과학적 개념을 적용하여 현실을 한층 더 풍부하고 깊이있게 설명하는 것이 가능해진다.

이러한 추상과 구체의 변증법은 맑스주의를 접하는 사람들은 많이 부딪히고 익숙한 것이다. 그런데 이와 달리 역사와 논리의 변증법은 주목하는 사람이 그리 많지 않거나 아니면 맑스주의자를 자처하는 사람 가운데서도 반대하는 사람들이 꽤 있다. 논리와 역사의 변증법을 논리역사주의라고 하여 탄핵하는 것이 그것인데 이는 근본적으로 유물론적 인식이 취약하기 때문이다. 논리와 역사의 변증법에 대한 반대, 논리역사주의라는 탄핵은 논리와 역사를 별개로 파악하고 논리와 역사의 연관성을 부정하는 것이다.

그러나 맑스는 논리와 역사를 통일시켜 보는 유물론적 관점을 견지했으며 논리를 역사의 반영이라 보았다. 하나의 예를 들어 보자. "요컨대 단순한 범주들은, 한층 구체적인 범주 속에서 정신적으로 표현되어 있는 한층 다면적인 연관이나 관계를 아직 설정하지 않은 채 덜 발전한 구체적인 것이 실현될 수 있는 그러한 관계들의 표현이다; 반면 한층 발전한 구체적인 것은 이 범주를 종속적 관계로 보전한다. 화폐는 자본이 존재하기 전에, 은행이 존재하기 전에, 임금 노동 등등이 존재하기 전에 존재할 수 있으며 또 역사적으로 존재하였다. 따라서 이 측면을 보자면, 한층 단순한 범주는 덜 발전한 전체의 지배적 관계들 또는 더 발전한 전체의 종속적 관계들을 표현할 수 있다고 말할 수 있으며, 이 더 발전한 전체의 종속적 관계들은 전체가 한층 구체적인 범주 속에서 표현될 수 있는 측면으로 발전하기 전에 이미 역사적으로 실존했던 관계들이라고 말할 수 있다. 그런 한에서 가장 단순한 것으로부터 시작하여 복잡한 것으로 상승하는 추상적 사유의 행정은 현실적인 역사적 과정에 조응한다 할 것이다."541) 여기서 맑스는 논리가, 범주가 역사적 발전의 반영임을 명확히 표현하고 있다. 화폐는 자본이, 은행이 존재하기 이전의 발전의 낮은 단계의 표현인데 자본과 은행이 존재하는 발전된 자본주의 사회에서 화폐는 종속적 관계로 포함되고 있다. 낮은 발전단계의 표현인 화폐라는 단순한 범주는 높은 발전

---

541) 맑스, 정치경제학의 비판을 위한 기본 개요의 서설, 맑스, 엥겔스 저작선집 2권, 박종철 출판사, p.463

단계의 표현인 자본이라는 복잡한 범주의 종속적 관계라는 것
인데 이는 범주의 발전, 논리의 발전이 역사적 발전의 반영임을
말하며 맑스는 이를 "단순한 것으로부터 시작하여 복잡한 것으
로 상승하는 추상적 사유의 행정은 현실적인 역사적 과정에 조
응한다"고 명확히 표현하고 있다. 바로 이것이 논리와 역사의
변증법이고 여기서 일차적인 것은 논리적인 것이 아니라 역사
적인 것이다. 또한 ≪자본론≫에서 화폐의 발생사에 대한 맑스
의 분석은 논리와 역사의 통인에 대한 훌륭한 증거가 된다. 맑
스는 ≪자본론≫ 1권 1편 1장 상품에 대한 분석의 제 3 절 가
치형태 또는 교환가치에서 화폐의 발생을 논리적으로 설명하고
있다. 단순한(우연적인) 가치형태→전개된 가치형태→일반적 가
치형태→화폐형태라는 논리적 순서로 화폐의 발생을 설명하고
있는데 이는 다름 아니라 상품의 역사적 발전에 조응하는 가치
형태의 역사적인 발전의 각각의 단계, 과정을 논리적으로 표현
한 것이다. 이렇게 맑스는 논리는 역사적 발전의 반영이라는 유
물론적인 관점을 일관되게 견지하고 있으며 이렇게 논리와 역
사의 변증법을 구사했기에 깊이있는 내용을 끌어내고 과학적인
성취를 할 수 있었다. 레닌 또한 역사와 논리의 변증법을 긍정
하고 있는데 레닌은 ≪철학노트≫에서 역사와 논리의 변증법에
대한 헤겔의 언급을 다음과 같이 인용하고 있다. "…나는 "역사
에 있어서 여러 철학 체계들의 연쇄는, 이념이 갖고 있는 여러
개념 규정들의 논리적 영역에서의 연쇄와 똑같다"고 단언한다
."542),"그 반대로 논리적 진행만을 생각해 보면, 우리들은 논리
적 진행의 주요 계기들에 따라 그 속에서 역사적 현상들의 진
행을 가지게 될 것이다:-그러나 우리들은 물론 이러한 순수개념
들을 역사적 형태가 내포하고 있는 것 속에서 인식할 줄 알아
야만 한다."543) 여기서 레닌은 철학체계들의 연쇄, 즉 철학의

---

542) 레닌, 철학노트, 논장, p.199

역사는 논리적 영역의 연쇄가 같다고 파악하고 있으며 논리적
진행의 계기는 역사적 현상들의 진행과 맞물려 있다고 보고 있
다. 이렇게 레닌 또한 논리와 역사의 변증법을 인식하고 있다.
그런데 이러한 논리와 역사의 변증법에서 유물론적인 관점에
명확히 서기 위해서는 역사가 논리보다 일차적임을 승인할 필
요가 있다. 논리는 역사의 반영이라는 것! 이것은 유물론이면서
동시에 변증법적 인식이다. 이렇게 보면 인식에 있어서 논리적
접근과 역사적 접근의 통일성의 중요성을 인식할 수 있는데 학
문에 있어서 논리적 접근과 역사적 접근의 통일은 대상에 대한
보다 깊이 있는 이해를 가능하게 한다.

변증법적 유물론의 인식론에서 특징적인 것은 실천을 철학의
영역으로, 인식론의 영역으로 끌어들인데 있다. 바로 이 점으로
인하여 맑스주의 철학은 이전의 모든 철학과 구분된다고 해도
과언이 아니다. 맑스는 '포이에르바하에 관한 테제'에서 "철학자
들은 세계를 단지 다양하게 해석해왔을 뿐이다. 그러나 중요한
것은 세계를 변화시키는 것이다"고 하여 실천의 의의를 전면에
내세웠다. 맑스의 묘비명이기도 한 이 테제는 사변적 철학에서
혁명적 철학으로의 이행을 표현하는 것인데 이 점이 바로 인식
론에서 실천의 의미를 기초지운다.

인식론에서, 철학에서 실천의 의미는 헤겔에 의해 예비되었고
맑스에 의해 전면화되었다. 레닌은 ≪철학노트≫에서 헤겔에게
서 존재하는 실천 개념의 의미를 다음과 같이 인용한다. "개념
이 이제 대자적으로 즉자대자적으로 규정된 개념인 이상, 이념
은 실천적 이념, 즉 행동이다."[544] 헤겔은 개념의 자기운동에
따라 즉자대자적으로 규정되면 이념은 실천적으로 되고 따라서
실천과 행동의 개념으로 전화한다고 보고 있다. 레닌은 여기서

---

543) 앞의 책, p.200
544) 앞의 책, p.166에서 재인용

헤겔이 개념적으로 파악한 실천을 고찰하면서 헤겔에게서 이미 실천이 인식론적 사슬로서 위치지워지고 있다고 본다. "헤겔의 경우 실천은 사슬의 고리로서, 더욱이 객관적(헤겔식으로는 "절대적") 진리로의 이행으로서 인식과정의 분석 속에 위치해 있다는 것이다. 따라서 마르크스가 실천이라는 기준을 인식론에 도입할 때, 직접 헤겔을 화제의 실마리로 삼고 있는 것이다. ≪포이에르바흐에 관한 테제≫를 보라."545) 이와 같이 레닌은 맑스가 헤겔을 실마리로 하여 실천의 인식론적 위상을 정립했다고 본다. 그러나 레닌은 여기서 더 나아가 직접 헤겔을 분석하면서 인식론 상에서 실천의 의의를 분석하고 정교화하는데 먼저 레닌이 인용하는 헤겔의 견해를 길지만 살펴보자. "개념 속에 포함되어 있고, 개념과 동등하고, 그리고 개개의 외적 현실성의 요구를 자기 내에 내포하고 있는 이 규정성은 바로 선이다. 선이 절대적이라는 가치를 가지고서 등장하는 이유는, 그것이 개념의 자기 내적 총체성이고 동시에 자유로운 통일과 주관성의 형식을 갖춘 객관적인 것이기 때문이다. 이 이념은 앞에서 고찰한 인식활동의 이념보다 더 고차적이다. 왜냐하면 그것은 보편성이라는 가치를 가질 뿐만 아니라 또 단적으로 현실적이라는 가치도 가지기 때문이다."546) 여기서 헤겔은 외적 현실성의 요구를 내포하는 것이 선이라고 보고 있는데 이때 선이라는 개념은 사실상 실천이라는 개념과 동일하다. 그리고 헤겔은 선(실천)의 이념은 인식활동보다 고차적이라고 보고 있는데 왜냐하면 보편성의 가치와 현실성의 가치를 가지기 때문이라는 것이다. 바로 이 부분이 레닌이 인식론 상에서 실천의 의미를 정립하는 기초가 되는데 헤겔의 이 부분에 대한 분석에 기초하여 레닌은 다음과 같이 실천의 의의를 정식화하고 있다. "실천은 (이론적)

545) 앞의 책, p.167
546) 앞의 책, pp.168-169에서 재인용

인식보다 더 고차적이다. 왜냐하면 그것은 보편성이라는 가치를 가질 뿐만 아니라 직접적 현실성이라는 가치도 가지기 때문이다."547) 여기서 레닌은 외적 현실성의 요구라는 헤겔의 선의 개념을 실천으로 파악하여 실천은 이론적 인식보다 고차적인 것으로 보고 있으며 그 이유는 보편성의 가치와 현실성의 가치를 가지기 때문으로 보고 있다. 이렇게 철학에, 인식론에 실천을 포함하는 것은 헤겔에 의해 단초가 제기되고 맑스에 의해 정립되었으며 레닌에 의해 발전되었다.

사실 실천을 인식론에 포함하는 것의 의의는 지대하다. 인간의 인식 발전에 있어서 결정적인 것은 실천이라는 인식! 이것은 인식론을 관념론에서 해방하여 유물론의 지반 위에 재정립하는 것이다. 인류의 역사를 보더라도 실천이 인식의 발전에 끼친 영향은 결정적이다. 엥겔스는 '원숭이의 인간화에서 노동이 한 역할'이라는 논문에서 인류가 유인원에서 갈라져 나오는 결정적인 계기, 인류로의 정립에서 결정적인 역할을 한 것은 노동임을 논증하고 있다. 노동을 통해서 언어가 발생하고 언어는 인간의 지적 능력을 자극하고 이러한 지적 능력의 발전은 다시금 노동, 실천에 반작용하고 그 과정에서 사회가 형성되고 문화가 발달하여 인류가 발생했다는 것을 논하고 있다. 역사적으로도 그러하며 또한 논리적으로도 실천은 인식의 발전에 결정적이다. 책을 통해 배우는 지식이 살아있는 지식이 되려면, 즉 인식의 발전을 현실적으로 결과하려면 실천과 결합되어야 한다. 실천과 결합되지 않는 지식은 죽어있는 지식에 지나지 않는다. 실천을 통해서 논리가 현실적으로 어떤 의미를 지니는지 파악할 수 있고 잘못된 지식을 교정할 수 있다. 이렇게 인식과 실천의 상호 작용 속에서 인식의 풍부화가 가능하며 그러한 인식의 발전은 올바른 실천을 결과한다.

---

547) 앞의 책, p.169

또한 실천은 진리의 검증기준이기도 하다. 어떤 것이 올바른가를 실천을 떠나 논하는 것은 스콜라적인 것이다. 이에 대해 진리의 올바름은 실천의 문제가 아니라 논리의 문제라는 반론도 가능하다. 논리적으로 딱 맞아떨어지면 진리가 아닌가라고 볼수 있지만 그것은 매우 협소하고 비유물론적이다. 논리의, 개념의 올바름은 어떻게 검증되는가? 그것은 개념과 현실 대상과의 일치여부의 문제로 될 수밖에 없고 결국은 실천의 문제로 된다. 진리를 개념 혹은 인식과 대상의 일치로 보는 것은 오랜 기간의 철학과 과학발전의 성과이다. 수많은 철학자들의 연구와 논의 그리고 근대과학의 발전으로 진리를 인식과 대상의 일치, 개념과 대상의 일치로 보는 견해가 지배적이게 되었다. 그런데 변증법적 유물론에서 진리개념은 여기서 더 나아간다. 변증법적 유물론에서는 진리의 상대성을 강조한다. 우리가 흔히 진리라고 일컫는 것은 일정한 조건 속에서만 타당한 상대적 진리가 대부분이다. 절대적 진리를 내세웠던 형이상학이 과학의 발전에 의해 붕괴됨에 따라 진리의 절대성에 대한 인식이 약화되고 진리의 상대성에 대한 인식이 확산되었던 것이다. 엥겔스는 진리의 상대성에 대해 다음과 같이 말한다. "진리와 오류는, 양극적 대립 속에서 운동하는 모든 사유 규정들과 마찬가지로, 극히 제한된 영역에서만 절대적 통용력을 지닌다. … 우리가 진리와 오류의 대립을 저 상술한 협소한 영역 외부에 적용한다면, 그 즉시 이 대립은 상대적인 것으로 되며, 따라서 정확한 과학적 표현방법으로는 쓸모가 없게 된다; 그런데 만약 이 대립을 절대적으로 통용되는 것으로서 저 영역 외부에 적용하려 든다면, 우리는 완전히 실패하고 말 것이다; 대립의 양극은 그 반대물로 전도되고, 진리는 오류로 되며 오류는 진리로 된다"[548) 여기서 엥겔스가 강조하는 것은 진리와 오류는 일정한 영역, 일정한 조건 속

---

548) 엥겔스, 반뒤링론, 맑스, 엥겔스 저작선집 5권, 박종철 출판사, p.102

에서만 타당하다는 것이다. 만약 그러한 영역을 넘어 진리성을 주장한다면 즉각 오류로 전화된다는 것을 말하고 있다. 즉, 엥겔스는 여기서 종국적 진리, 영원한 진리라는 형이상학적 주장을 반박하면서 진리라는 것이 상대적임을 강조하고 있다. 그러나 엥겔스가 영원한 진리 혹은 절대적 진리 자체를 부정하는 것은 아니다. 형이상학이 시도 때도 없이 절대적 진리를 말하는 것은 비판하여야 하지만 이 세계에 절대적 진리가 있음은 엥겔스도 인정하고 있다. 만약 진리의 상대성만을 내세우고 진리의 절대성 자체를 부정하면 회의주의와 상대주의가 불가피하게 된다. 그리하여 한편으로 절대적 진리의 존재 또한 승인되는데 이로부터 절대적 진리와 상대적 진리의 관계가 제기된다. 변증법적 유물론에서는 절대적 진리와 상대적 진리의 관계를 "상대적 진리의 총화로 구성된 절대적 진리"549)로 파악한다. 즉, 상대적 진리와 분리된, 별도의 절대적 진리는 존재하지 않고 다만 상대적 진리들의 연관 속에서, 그것들의 총합으로서 절대적 진리를 구성한다. 예를 들면 에너지 보존 및 전화의 법칙은 일체의 물리적 현상에 보편타당하게 적용되는 법칙으로 승인되고 있다. 그러나 그 법칙을 구성하는 것은 상대적이다. 즉, 개개의 물질과 운동의 전화는 일정한 상대적인 조건을 필요로 한다. 따라서 에너지 보존 및 전화의 법칙은 일정한 상대적 조건 속에서만 타당한 여러 상대적 진리들의 총합으로서 구성된다. 절대적 진리와 상대적 진리의 관계는 대체로 이러하다. 여기서 핵심은 상대적 진리와 분리된, 별도의 어떤 절대적 진리는 존재하지 않으며 상대적 진리의 연쇄 속에 관철되는 보편성으로서 절대적 진리라고 하는 점이다. 이러한 상대적 진리와 절대적 진리는 모두 객관적 진리이다. 즉, 주관의 인식을 떠난 객관적 현실의 반영으로서 진리이다. 변증법적 유물론은 이렇게 진리의 객관성, 객

549) 녹두 편집부 편, 세계철학사 II:변증법적 유물론, 녹두, p.269

변증법적 유물론의 범주들

관적 진리의 존재를 승인한다.

변증법적 유물론에서 진리의 상대성에 대한 강조는 다음과 같은 명제, 즉 '진리는 구체적인 것이다'로 정식화된다. '진리는 구체적이다'는 인식은 한편으로 객관적 진리의 존재를 승인하면서도 조건에 따라, 시간과 공간에 따라 올바름 여부가 좌우된다는 인식이다. 특정 상황에서는 올바른 명제가 다른 상황에서는 올바르지 못하게 되는 경우는 비일비재하다. 진리는 구체적이기 때문에 항상 변화하는 시·공간의 조건, 여타의 조건들 속에서 진리여부를 판별해야 한다. 진리는 인식, 개념과 대상의 일치여부인데 대상을 의미하는 만물은 고정되어 있는 것이 아니라 변화 속에 있고 유동하는 것이기 때문에 진리는 구체적일 수밖에 없는 것이다.

변증법적 유물론의 인식론은 인식의 본질은 외적 세계, 자연의 반영이라는 것을 기초로 하며 사고의 변증법, 개념의 변증법은 존재의 변증법, 자연의 변증법의 반영이라는 것을 근본 토대로 한다. 여기서 논리학은 곧 인식론이며 따라서 논리학=인식론=변증법이라는 정식이 성립한다. 그리고 형식논리학이 초등수학이라면 변증법적 논리학은 고등수학이며 본질과 현상, 추상과 구체, 역사와 논리의 변증법이 전개된다. 이러한 변증법적 인식에 실천이 포함되면서 인식론에 변혁이 일어났으며 인식과정에 대한 과학적 설명, 보다 풍부한 설명이 가능해졌다. 끝으로 진리의 문제에 있어서 상대적 진리의 총화로서 절대적 진리라는 인식이 정립되었고 진리는 개념과 대상의 일치라는 인식에서 더 나아가 '진리는 구체적이다'라는 변증법적 인식이 성립되었다.

3. 자유와 필연성

자유를 억압으로부터의 자유라고 생각하는 사람에게 자유와 필연성의 관계라는 주제는 낯선 것이다. 지금도 사회에서 지배적인 견해는 자유는 정치적 자유, 사상의 자유, 학문의 자유 등으로 불리는 '억압으로부터의 자유'이고 이러한 것은 권리가 되어 자유권으로 불린다. 이러한 자유권의 개념은 비록 제도화된 것이지만 인류의 계급투쟁의 성과라는 점에서 소중하며 그것들이 부르주아 민주주의를 구성한다 하더라도 노동자계급과 민중의 입장에서는 의미가 크다.

그러나 제도로서 자유 개념을 떠나 본질로서 자유 개념, 철학에서의 자유 개념은 어떤 것인가? 예를 들어 정치적 자유를 살펴보면 노동자계급과 민중들이 독재권력에 맞서 싸울 때 비로소 정치적 자유가 실현된다. 그런데 하늘을 날 수 있는 자유는 인류가 비행기를 만들었을 때 실현되었다. 이렇게 볼 때 억압으로부터의 자유가 주요한 측면이지만 자유를 그것만으로 보는 것은 매우 협소하며 자유의 영역은 정치적 영역을 넘어서서 매우 넓어질 수 있다.

자유라는 개념이 철학에 등장한 것은 봉건제의 태내에서 자본주의적 관계가 발생하던 시점부터였다. 봉건적 질곡에 맞서서 싸움을 시작한 부르주아지는 소유권의 보장, 소유의 자유, 영업의 자유, 직업의 자유 등을 봉건제 권력에 맞서서 획득하는 것을 주요 목표로 삼기 시작했고 봉건제에 맞서 전체 민중들과 함께 싸워야 했기에 소유의 자유를 넘어서는 자유일반, 억압으로부터의 자유를 기치로 내세웠다. 그리하여 철학의 영역에서도 자유 개념이 대두하고 검토되고 정교화되기 시작했다.

자유라는 개념이 등장하면서 그것과 쌍을 이루는 개념이 필연이었다. 자유는 필연과 무관한 것인지, 원인과 결과, 인과성이 관철되는 필연의 영역과 별도로 자유의지라는 것이 존재하는지가 논쟁이 되었다. 이 논쟁이 이른바 결정론과 자유의지론의 논쟁이었다. 이 과정에서 점차적으로 자유와 필연의 관계에 대한 올바른 인식이 정립되었는데 헤겔에 의해서는 자유는 인식된 필연이라는 변증법적 인식이 수립되었고 이러한 인식은 맑스와 엥겔스로 이어진다.

영국에서 자본주의가 태동하던 시기에 홉스는 자유와 필연의 관계를 탐구하였다. "자유와 필연은 양립한다. 물은 물길을 따라 흘러내려갈 '자유'뿐만 아니라 '필연성'도 지니는 것처럼 인간의 자발적인 여러 행위도 이와 같다. 사람의 행위는 그의 의지, 즉 '자유'에서 비롯되는 것이지만 다른 한편으로 '필연성'에서 비롯된다고 할 수 있다. 왜냐하면 인간의 의지에서 비롯되는 모든 행위 및 의욕, 성향은 어떤 원인에서 비롯되고, 그리고 그 원인은 또한 다른 원인에서 비롯되는 등 (그 최초의 고리는 제1원인인 하나님의 손 안에 있다) 이렇게 계속 원인이 사슬처럼 이어져 있기 때문이다. 그러므로 이 원인들의 연쇄를 알 수 있는 자의 관점에서 인간의 모든 자발적 행위가 '필연적'임이 분명하다."[550] 여기서 홉스가 보이는 견해는 결정론자들의 전형적인 견해이다. 자유와 필연의 개념의 연관성을 승인하면서도 결정론의 입장에서 모든 것은 필연적이라고 보고 있다. 모든 것이 원인의 원인이 있고 원인의 사슬에 있기 때문에 필연적이라고 보는 것인데 이러한 관점은 홉스가 기계적 유물론의 관점에 서 있기 때문이었다. 뉴튼 역학이 지배하던 당시 과학의 입장을 추구한다면 기계적 유물론의 입장을 취하는 것이 지배적이었고 자유의지론을 부정하기 위해서는 위와 같은 입장이 불가피하다고 보았던 것이다. 그러나 홉스의 견해에서 자유라는 개념은 형식적으로는 승인되었지만 실제로는 모든 것이 필연적이라고 보

---

550) 홉스, 리바이어던, 동서문화사, p.214

아 자유 개념은 내용을 상실하고 있다. 즉, 홉스에게서 자유 개념은 형해화되어 있다.

홉스보다 후대의 사람인 로크 또한 자유와 필연의 관계를 탐구하였다. 로크는 "자유는 의지에 속하지 않는다"[551]고 보아 자유의지론을 부정한다. 어떤 것을 하거나 하지 않거나 하는 의지는 필연성에 따르는 것이며 따라서 자유가 아니라고 본 것이다. 이러한 로크의 입장은 결정론을 따르는 것인데 그는 그러면서도 "진정한 행복을 추구하는 필연성이 자유의 근저"[552]라고 하여 필연성과 자유의 연관성에 조심스레 다가서는데 자유와 필연성의 관계를 정면으로 분석하기보다 우회하여 '자유와 지성의 관계'를 분석한다. "대체로 자유가 없으면 지성은 아무런 도움도 되지 않으며, 지성이 없으면 자유는 (만일 어느 것을 할 수 있었다고 해도) 아무것도 의미표시를 하지 않는다. 만일 인간이 자신을 위해 선한 것이나 해가 되는 것, 자기를 행복하게 하거나 불행하게 하거나 하는 것을 보아도 (자유가 없이) 그쪽으로, 또는 거기에서 한 걸음도 움직일 수 없다면 보는 것이 무슨 도움이 되겠는가. (또 반대로 지성이 전혀 없는) 완전한 어둠을 방황할 자유가 있는 자, 그와 같은 자의 자유는 바람의 힘으로 거품처럼 이리저리 사라져버렸을 때에 비해 좋은 점이 있을까?"[553] 여기서 지성은 필연성에 대한 인식 혹은 과학적 인식을 일컫는 것이라 할 수 있는데 로크가 자유와 지성의 긴밀한 연관성을 논하는 것은 아직 자유와 필연에 대한 변증법적 인식으로 나아가지는 못하지만 그에 다가서고 있는 것이다.

홉스, 로크보다 후대의 사람인 칸트는 결정론, 원인과 결과 관계에 따르지 않는 자유의 개념을 정면으로 승인한다. "이와 반

---

551) 로크, 인간지성론, 동서문화사, p.289
552) 앞의 책, p.318
553) 앞의 책, p.335

대로 내가 우주론적 의미에서 자유라고 말하는 것은 어떤 상태를 '스스로 시작'하는 능력이다. 따라서 자유의 원인성은, 자연법칙을 따라서, 다시 그 자체를 시간적으로 규정하는 다른 원인에 종속되지 않는다. 자유는 이런 의미에서 하나의 순수한 선험적 이념이다."554) 칸트는 한편으로 자연의 원인과 결과 관계를 승인하면서도 자유 또한 또 하나의 원인이며 그것은 자연법칙을 따르지 않는 선험적인 것이라고 보고 있다. 칸트는 원인과 결과의 결정론이 지배하는 것은 현상의 세계뿐이며 현상은 사물 자체(물자체)가 아니기 때문에 사물 자체 차원의 "본질적 원인은 그 원인성에 관해서는 현상에 의해 규정받지 않는다."555)고 본다. 그리하여 "자유와 자연은 동일한 행위에서 각각 우리가 그 행위를 본질적 원인에 견주느냐 또는 감성적 원인에 견주느냐에 따라, 동시에 그리고 아무 모순없이 양자의 완벽한 의미에서 병립할 수 있을 것이다."556) 이렇게 칸트는 자신의 선험적 관념론의 구상에 따라 자유와 자연(필연)의 관계를 설정한다. 즉, 자연은 현상에 지나지 않고 사물자체(물자체), 본질이 아니며 따라서 본질의 심급에서 자연과 무관한 자유에 의한 원인이 가능하며 따라서 자연과 자유는 별도로 양립가능하다고 본 것이다. 이러한 칸트의 관점은 자유와 필연성의 연관성의 단절, 현상과 본질의 연관성의 단절을 주장하는 것인데 전형적인 형이상학적 주장이다. 그에 따라 자유의 의미는 현실 혹은 자연과 무관한 선험적 개념으로 되며 이러한 형이상학적 자유의 개념이 칸트의 모든 도덕률의 기초를 이룬다.

칸트의 이러한 형이상학적 자유 개념의 극복은 헤겔에 의해 이루어졌다. 헤겔은 필연과 단절된 자유가 아니라 필연과 연관된

---

554) 칸트, 순수이성비판, 동서문화사, p.369
555) 앞의 책, p.371
556) 앞의 책, p.374

자유 개념을 추구했는데 그에 따라 '자유는 인식된 필연'이라고 보았다. "만일 자유를 필연성의 추상적 대립물로서 고찰한다면, 그것은 자유라는 한갓 오성적 개념이지만, 자유라는 참된 이성적 개념은 이에 반해 필연성을 지양된 것으로서 자기내에 포함하고 있는 것이다."557) 자유가 참된 자유가 되려면 필연성과 무관한 것이 아니라 필연성을 지양된 것으로서, 즉 필연에 대한 인식과 그것의 자기 내부로의 고양을 통해서 필연을 내부에 포함하는 자유이어야 한다고 헤겔은 통찰했다. 이러한 헤겔의 자유 개념은 맑스와 엥겔스로 이어졌는데 엥겔스는 ≪반뒤링론≫에서 자유 개념을 다음과 같이 정식화하고 있다. "헤겔은 자유와 필연의 관계를 올바르게 서술한 최초의 인물이었다. 헤겔에게 있어서 자유란 필연에 대한 통찰이다. "필연은 다만 개념적으로 파악되지 않은 한에서만 맹목적이다." 자유는 자연 법칙에 대한 꿈꾸어진 독립에 있는 것이 아니라, 이 법칙들을 인식하는 데 있으며, 그리하여 일정한 목적을 위해 이 법칙들을 계획적으로 작용시킬 수 있는 가능성을 얻는데 있다. … 의지의 자유란, 사태에 대한 지식을 갖고서 결정을 내리는 능력이나 다름없다. 그러므로 특정한 문제점과 관련한 인간의 판단이 더 자유로울수록, 그 판단의 내용은 그만큼 더 큰 필연의 규정을 받는다. … 그러므로 자유의 요체는, 자연 필연성에 대한 인식에 기초하여 우리 자신과 외적 자연을 지배하는 데 있다; 따라서 자유는 필연적으로 역사적 발전의 생산물이다."558) 필연을 지양하여 자신의 내부에 포함하는 자유가 헤겔의 자유 개념이라면 엥겔스의 자유 개념은 여기서 더 나아가 자유를 역사적 발전의 산물로 보는 것이다. 필연에 대한 인식이 자유의 기초이므로 자유의 내용은 필연에 대한 인식의 역사적 발전에 의해 규정되는 것이

557) 레닌, 철학노트, 논장, p.132에서 재인용.
558) 엥겔스, 반뒤링론, 맑스,엥겔스 저작선집 5권, 박종철 출판사, p.127-128

다. 실제로 석기시대 인간이 누린 자유의 폭, 그리고 노예제 시대 인간이 누린 자유의 폭과 현대 자본주의에서 인간이 누리는 자유의 폭은 비교할 수 없을 정도로 큰 차이가 있다. 이는 그 사이의 역사적 기간 동안 인류의 필연에 대한 인식이 그만큼 확장되었기 때문이다. 그리고 나아가 계급사회가 극복된다면, 인류가 필연의 왕국에서 자유의 왕국으로 도약한다면 인간이 누리는 자유의 폭은 무궁무진하게 확대될 것이다.

그런데 여기서 주의할 것은 필연에 대한 인식 자체가 자유는 아니라는 점이다. 헤겔은 자유는 인식된 필연이라고 했지만 이는 자유를 인식의 영역에서만 고찰하는 것이다. 그러나 자유는 실천의 영역 또한 포함하는 개념이다. 그리하여 엥겔스는 자연 필연성에 대한 인식은 자유의 '기초'라고 보고 자유는 그러한 필연성에 대한 인식에 '기초'하여 우리 자신과 자연을 지배하는 것이라고 본다. 사실 필연성에 대한 인식 자체는 과학을 의미하는 것이다. 그러나 과학=자유는 아니며 인간은 필연성에 대한 인식, 과학적 인식에 기초하여 자유의 영역을 스스로 개척해 가야만 한다. 헤겔이 이룩한 것은 자유와 필연의 형이상학적 단절을 극복하고 필연을 자유의 개념에 내포한 것이다. 그러나 필연에 대한 인식 자체가 자유는 아니며 자유는 그러한 인식에 기초하여 획득되고 쟁취되고 개척되어야 하는 영역이다.

홉스에서 로크, 칸트, 헤겔과 맑스, 엥겔스의 자유 개념은 이렇게 다양하고 미묘하게 변화해왔으며 결정적으로 헤겔에 의해 자유와 필연의 연관이 해명되었고 엥겔스에 의해 자유가 역사적 발전의 산물로 파악되었다. 현대 부르주아 사회에서 자유는 형식적 자유개념이다. 이러한 형식적 자유를 실질적 자유로 전환시키는 것은 노동자계급의 자유를 향한 투쟁, 해방을 위한 투쟁을 통해서만 가능하다. 자본주의의 필연적 발전법칙과 자본주의 사회의 사회주의 사회로의 지양의 필연성을 통찰할 때만 자유를 위한 투쟁, 자유의 영역을 확대하는 투쟁이 가능하다.

4. 목적의식성

목적의식성이라는 개념은 80년대 운동에서 크게 논의가 되었던
주제이다. 70년대 운동이 반독재민주화운동이었다면 80년대의
운동은 변혁운동으로 질적인 도약을 하게 되는데 이것을 가능
하게 했던 것은 이론적 측면에서 보면 레닌이 한국사회에 소개
되고 레닌주의 운동을 시도하게 되면서부터이다. 당시 운동은
군사파쇼 하에서 비합법적 성격을 띠고 전개되었는데 《무엇을
할 것인가》, 《민주주의 혁명에서 사회민주주의당의 두 가지
전술》, 《국가와 혁명》 등의 레닌의 저작들이 팜플렛의 형태
로 은밀히 돌고 있었고 레닌의 저작들은 당시 운동의 사상적
지렛대가 되었다. 이때 많은 활동가들은 전위를 지향하는데 헌
신성, 목적의식성, 사상적 통일성 등이 당시 전위개념을 구성하
는 요소였다.

그러나 당시의 운동은 당건설에 성공하지는 못하고 정파운동의
형태로 전개되었는데 정치적 폭압이라는 조건, 운동의 역사의
일천함이 당건설의 걸림돌이었고 이어지는 20세기 사회주의의
붕괴라는 조건 속에서 80년대 폭발적으로 성장했던 운동은 퇴
조의 길로 접어든다.

이와 같이 70년대의 반독재민주화운동에서 80년대의 변혁운동
으로의 도약에서 결정적인 것은 레닌주의의 수용이었는데 철학
적 차원에서 의미를 갖는 것은 목적의식성의 개념이라 할 수
있다. 레닌은 목적의식성을 제기하면서 당건설의 철학적 토대를
놓았고 짜르 러시아에서 볼세비키 운동의 조류를 건설할 수 있
었다.

레닌이 제기한 목적의식성은 대중의 자생성과 사회주의자의 의
식성을 대비시킨 것이었다. 대중운동의 자생적 발전은 사회주의
자에게 보다 깊고 폭넓은 의식성을 요구한다는 것, 자생적 발전

만으로는 노동조합주의를 넘어설 수 없고 노동자 대중이 부르주아 이데올로기를 벗어 버리지 못하기 때문에 자본주의 사회에 대한 과학적 분석에 기초한 사회주의 의식이 외부로부터, 즉 대중운동의 외부로부터 도입되어야 할 것을 주장했다.

'외부로부터'라 불리는 이 정식을 레닌이 도출하는 과정을 검토해보자. 레닌은 카우츠키의 분석으로부터 인용을 통해 '외부로부터'가 불가피하며 필연적이라는 점을 주장한다. "'자본주의 발전이 프롤레타리아트를 증대시키면 시킬수록 프롤레타리아트는 자본주의와 투쟁할 가능성을 얻게 되고, 얻지 않을 수 없다. 프롤레타리아트는 사회주의의 가능성과 필연성을 의식하기에 이른다.' … 그러나 이는 전적으로 그릇된 것이다. 물론 학설로서의 사회주의는 프롤레타리아트의 계급투쟁과 마찬가지로 현대의 경제관계에 뿌리를 두고 있으며, 또한 그런 경제 관계와 마찬가지로 자본주의가 낳은 대중의 빈곤과 비참함에 반대하는 투쟁으로부터 나오는 것이다. 그러나 사회주의와 계급투쟁은 나란히 발생하는 것이지 하나가 다른 하나를 낳은 것이 아니다. 이 둘은 서로 다른 전제 조건 아래서 생겨난다. 현대의 사회주의 의식은 깊이 있는 과학적 지식에 근거해야만 생겨날 수 있다. … 이처럼 사회주의 의식은 외부로부터 프롤레타리아트의 계급투쟁에 도입된 것이지 그 투쟁으로부터 자생적으로 자라나온 것이 아니다."559) 사회주의 의식과 계급투쟁은 나란히 발생한다는 것! 계급투쟁은 대중이 부딪히는 현실 자체, 착취와 억압에 맞서는 투쟁을 본령으로 하는 것이고 이는 대중 스스로 주체가 되어 수행될 수밖에 없다. 그러나 사회주의 의식은 노동자계급의 이해가 자본가 계급의 이해와는 화해될 수 없고, 노동자계급의 이해는 사회체제 전체, 그리고 나아가 국가와도 근본적으로 대립되는 것이며 이러한 모순과 대립의 결과 그것은 계

559) 레닌, 무엇을 할 것인가, 박종철 출판사, pp.49-50에서 재인용

급대립이 폐지되는 사회주의 사회를 지향하는 운동으로 나아갈
수밖에 없다는 의식이다. 이러한 의식, 사회주의 의식은 대중의
자생적 운동, 자생적 의식만으로는 도달할 수가 없고 자본주의
사회의 경제, 정치 등에 대한 깊이 있고 과학적인 분석에 의해
서만 도달할 수 있으며 그런 점에서 사회주의 의식은 계급투쟁
과 나란히 발생하는 것이다. 즉, 과학으로서 사회주의 의식은
자생적 계급투쟁의 외부에서 발생하는 것이다.

레닌은 노동자의 파업 자체가 사회주의 의식을 가져오는 것은
아님을 다음과 같이 말한다. "그 파업들은 노동자와 고용주의
대립이 각성되고 있음을 알려 주었지만, 노동자들에게는 현대의
정치 및 사회체제 전체와 자신들의 이해관계가 타협할 수 없는
대립 관계에 놓여 있다는 의식, 즉 사회 민주주의 의식이 없었
다. 아니, 있을 수 없었다. 이런 의미에서 90년대의 파업은 "폭
동들"과 비교할 때의 그 엄청난 진보에도 불구하고 순전히 자
생적인 운동에 머물렀다. 우리는 사회 민주주의 의식이 노동자
들에게 있을 수 없었다고 말했다. 그것은 오직 외부에서 들여올
수 있을 뿐이었다."[560] 파업은 개별 자본가에 대한 투쟁이다.
그런 점에서 파업을 통해 사회체제 전체에 대한 이해, 노동자가
사회체제 전체와 화해할 수 없다는 의식이 발생하는 것은 아니
다. 사회주의 의식은 개별자본가에 대한 적대를 넘어서서 자본
주의 사회 자체와 노동자계급은 화해할 수 없다는 의식을 의미
한다. 따라서 그것은 자본주의 사회 전체에 대한 과학적 분석을
필요로 하는 것이며 따라서 사회주의 의식은 계급투쟁의 외부
에서 수행되는 과학적 분석의 영역으로부터 '도입'될 수 있을
뿐이다.

레닌은 노동운동의 자생적 발전만으로는 부르주아 이데올로기
의 포로가 될 수밖에 없다는 점을 다음과 같이 말한다. "노동운

---

560) 앞의 책, pp.38-39

동의 자생적 발전은 바로 부르주아 이데올로기에 노동운동을 종속시키는 길이며 ≪크레도≫의 강령을 따라 나아가는 것이다. 왜냐하면 자생적 노동운동이란 노동조합주의, 즉 순수조합주의이며, 노동조합주의란 바로 노동자들이 부르주아지의 이념적 노예가 되는 것을 의미하기 때문이다."561) 자생적 노동운동은 노동조합주의로 귀착될 수밖에 없는데 노동조합주의는 사회전체에 대한 이해 속에서 계급대립의 비화해성을 말하는 것이 아니며 노동자의 시야를 조합 자체 내로 한정한다는 점에서 부르주아 지배를 전제로 하는 의식에 불과하며 따라서 노동운동을 부르주아 이데올로기의 포로로 만드는 것임을 레닌은 말하고 있다. 그리하여 레닌은 "노동운동의 자생성에 굴종하고 "의식적 요소", 즉 사회민주주의 당의 역할을 축소하는 것은 그것이 어떤 것이든—당사자가 원하든 그렇지 않든 아무 상관없이—그 자체로 노동자에 대한 부르주아 이데올로기의 영향력을 강화함을 의미한다"562)고 보고 있다.

이렇게 레닌은 "의식적 요소"를 사회민주주의 당의 역할과 등치시켜 파악하고 있는데 바로 이 점이 레닌이 목적의식성이라는 개념을 통해 당건설의 철학적 토대를 놓고 있는 지점이다. 노동자계급의 당은, 사회주의당의 본질은 대중운동의 자생적 발전에 편승하거나 굴종하는 것이 아니라 대중운동의 자생적 발전이 제기하는 과제를 보다 폭넓고 깊이 있게 인식하고 자생적 발전이 부르주아 이데올로기로 귀착되는 것을 막아내고 그것을 사회주의 의식으로까지 끌어올리는 것이다.

레닌은 이렇게 ≪무엇을 할 것인가≫에서 당건설론을 제기하고 볼셰비키당의 기초를 놓았다. 레닌이 목적의식성의 개념을 통해 당건설의 철학적 토대를 놓았다는 점은 노동자계급의 사회주의

---

561) 앞의 책, p.51
562) 앞의 책, p.48

400

당이 존재하지 않는 한국사회의 지금의 현실에서 여전히 각별한 의미를 갖는다. 그런데 ≪무엇을 할 것인가≫가 레닌의 청년기 저작이라면 ≪철학노트≫는 레닌의 원숙기의 저작인데 레닌은 ≪철학노트≫에서 헤겔을 분석하면서 다시금 목적의식성의 문제를 파고들고 있다.

목적의식성의 개념은 목적 개념과 의식성이라는 개념의 통일이다. 기존에 철학에서 목적론은 자연에 목적이 존재한다고 보고 신학을 뒷받침하는 논리였는데 칸트는 조야한 목적론을 넘어서서 목적론을 합목적성의 관념으로 발전시킨다. 칸트는 자연에 존재하는 여러 가지 질서, 예를 들면 초식동물이 풀을 뜯어먹고 사는 것을 가리켜 풀은 초식동물을 위해 존재한다고 볼 수도 있다는 점을 지적한다. 자연에 무수히 존재하는 이러한 현상을 분석하면서 칸트는 자연에도 목적이 있다고 볼 수 있다고 판단했다[563]. 칸트가 이렇게 자연에 목적이 있다고 보고 자연목적이라는 개념을 구사하는 것은 18세기 말 당시로서는 진화론이 존재하지 않았기 때문으로 볼 수 있다. 유기체에서 나타나는 진화라는 현상, 유전과 환경에 적응하는 것의 끊임없는 반복과 상호작용의 관념이 없었기 때문에 칸트는 자연에 목적이 있다, 합목적성이 있다고 본 것이다.

그런데 헤겔은 이러한 칸트의 목적개념에 주목하면서도 그것을 넘어서는데 "목적론과 기계론의 대립이 무엇보다도 먼저 자유와 필연성의 일반적 대립"[564]이라는 점을 제기한다. 기계론, 즉 원인과 결과 관계가 관철되는 자연의 현상의 영역은 필연성의 영역이라면 그와 대비되는 목적론, 혹은 합목적성, 목적에 따른 행위는 자유의 개념을 내용으로 한다는 헤겔의 파악은 비과학적인 목적론을 극복하고 목적 개념을 과학적으로 정립하는 것

563) 칸트, 판단력 비판, 아카넷, 목적론 부분을 참고하시오.
564) 레닌. 철학노트, 논장, p.138에서 재인용

이었다. 레닌이 헤겔의 목적론 분석에서 주목하는 것은 바로 이 지점이다.

레닌은 헤겔의 목적 개념을 분석하면서 다음과 같이 목적 개념을 정립해간다. "객관적 과정의 두 형식: 즉, 자연(기계적 및 화학적 자연)과 인간의 목적 정립적 활동. 이 두 개의 형식의 상호관계. 인간의 목적은 최초에는 자연에 대한 관계에 있어서 낯선("타자") 것처럼 보인다. 인간의 의식, 과학("개념")은 자연의 본질, 실체를 반영하지만, 동시에 이 의식은 자연에 대한 관계에 있어 외적인 것이다. (이것은 자연과 즉각 그리고 간단히 합치하는 것이 아니다)"565) 여기서 레닌은 자연과 인간의 목적 정립적 활동을 객관적 과정의 두 형식으로 본다. 즉, 인간의 목적에 따른 활동도 객관이며 결국은 자연의 일부로 보는 것이다. 그런데 목적 개념과 관련 하에서 자연과 목적 정립적 활동이 구분되는데 최초에는 목적은 자연의 외부에 있고 자연 외적인 것처럼 보인다고 한다. 그러나 목적이 최초에는, 겉으로는 자연 외적인 것처럼 보이지만 실은 그렇지 않음을 레닌은 다음과 같이 말한다. "실제로 인간의 목적은 객관적 세계를 통해 산출되며 또한 객관적 세계를 전제로 삼고 이것을 주어진 것, 현존하는 것으로 발견한다. 그러나 인간에게는 자신의 목적이 세계외부로부터 유래하고 세계로부터 독립되어 있는 것처럼 보인다("자유")."566) 우리가 어떤 목적을 세울 때 그 목적은 현실 세계, 객관세계로부터 비롯되는 것이고 또 목적을 통해 객관세계를 변혁하려는 것임에도 마치 우리는 목적이 자연 외부로부터, 객관세계 외부로부터 주어지는 것으로 착각한다는 것이다. 레닌의 이러한 파악은 목적 개념에 대해 관념론적 견해를 극복하고 유물론의 관점을 정립하는 것인데 레닌은 이러한 목적 개념이

---

565) 앞의 책, pp.140-141
566) 앞의 책, p.141

자유 개념으로 연결되고 있다는 것을 보여준다. 레닌은 목적과 자유에 대한 헤겔의 다음과 같은 글을 인용한다. "비록 인간은 그의 목적에 따라서 보면 자연에 오히려 종속되어 있다고 할지라도, 인간은 그의 도구로 말미암아 외적 자연을 지배하는 힘을 얻게 된다."567) 목적을 설정하면 유한성에 갇히는 것이고 결국 객관세계를 의미하는 자연에 종속되는 것이지만 목적을 실행하는 가운데 필요로 되는 도구, 수단으로 말미암아 인간이 자연을 지배하는 힘을 얻게 된다고 헤겔은 보고 있다. 여기서 목적에 따른 자연에의 종속이라는 개념과 자연을 지배하는 힘이라는 자유의 개념이 대립되어 있다. 즉, 목적이라는 개념은 종속의 측면, 유한성의 측면과 자유의 측면, 무한성의 측면이 동시에 있게 된다. 이를 인간의 실천에 적용하면 인간의 합목적적 실천은 종속의 측면, 즉 필연성에 대한 인식에 기반하여 자유의 측면, 즉 객관의 변혁으로 나아가는 것이라 할 수 있다.

레닌은 헤겔의 목적 개념에 대한 분석을 다음과 같이 마무리한다. "탁월한 점은 헤겔이 인간의 실천적, 합목적적 활동을 넘어서 개념과 객관의 일치로서의 "이념"으로, 진리로서의 이념으로 나아간다는 점이다. 이것은 인간이 자신의 실천을 통해 자신의 이념, 개념, 지식, 과학의 객관적 정확성을 증명하는 데까지 아주 가까이 접근해 가는 것을 의미한다. … 주관적 개념과 주관적 목적으로부터 객관적 진리로."568) 이러한 레닌의 언급은 매우 의미가 크다. 목적성, 합목적적 활동보다 더 일차적인 것은 객관적 진리라는 것! 따라서 주관적 목적으로부터 객관적 진리로 나아가는 것은 인식에 있어서 질적인 비약이며, 나아가 객관적 진리에 기초한 주관적 목적이어야만 참된 의미를 가질 수 있다는 것을 말해준다.

---

567) 레닌, 철학노트, 논장, p.142에서 재인용
568) 앞의 책, pp.143-144

레닌이 ≪무엇을 할 것인가≫에서 강조한 목적의식성은 대중의 자생성과 비교되어 제출된 것이었다. 여기서 핵심은 사회주의 의식은 자생적 계급투쟁과 나란히 발생하며 따라서 대중운동의 외부로부터 대중운동으로 도입되어야 한다는 것이었다. 여기서 목적의식성은 필연성에 대한 인식으로서 과학이라는 점에 강조점이 가 있다. 그런데 목적 개념이 자유 개념과 연결된다는 ≪철학노트≫에서의 인식은 목적의식성이 단지 과학, 필연성에 대한 인식만을 말하는 것이 아니라 자유를 내포하는 개념임을 말해준다. 이를 당건설의 문제와 관련하여 본다면 당건설의 철학적 토대로서 목적의식성은 필연성에 대한 인식으로서 과학의 문제이면서 동시에 당건설은 노동자계급의 자유의 확대의 과정이기도 하다는 점이다. 필연성에 대한 인식과 자유의 통일로서 목적의식성! 즉, 목적의식성은 단지 과학의 측면, 필연성의 인식의 측면만을 의미하는 것이 아니라 필연성의 인식에 기초하여 자유의 영역을 개척하고 확대하는 것까지를 포함하는 것이다. 목적의식성을 필연성의 인식, 과학적 인식만으로 파악하고 자유의 영역의 문제를 빠뜨린다면 그때의 목적의식성은 기계적 목적의식성으로 전락될 수도 있다. 사회주의적 전위, 레닌주의적 의미에서 전위는 한편으로 과학, 필연성에 대한 통찰을 기초로 하며 다른 한편으로는 계급투쟁의 현실에서 스스로 자유의 영역을 개척해나가는 존재이며 이 두 측면이 레닌주의적 목적의식성의 개념을 구성하는 것이다.

404

5. 사적(史的) 유물론(唯物論)의 범주들

맑스와 엥겔스가 활동을 시작하던 당시는 과학의 급속한 발전으로 형이상학이 무너지기 시작하던 때였다. 종(種)의 불변성이라는 형이상학은 진화론으로 인해 종의 변화라는 개념으로 대체되었고 증기기관은 열운동의 역학적 운동에너지로의 변환을 나날이 증명하고 있었고 이는 에너지 보존 및 전화의 법칙으로 개념화되었다. 이렇게 과학의 발전은 형이상학에서 변증법으로의 이행을 재촉하고 있었는데 헤겔에 의해 변증법이 관념론적 지반 위에서이지만 완성되었고 맑스와 엥겔스는 초기에 헤겔주의자로서 변증법을 흡수할 수 있었다.

이러한 상황에서 맑스와 엥겔스의 총체적인 세계관의 형성에서 관건이 되는 것은 사회에 대한 유물론, 역사에 대한 유물론을 정립하는 것이었고 맑스와 엥겔스의 초기 활동의 대부분은 사적 유물론의 완성을 향한 노력이었다.

맑스는 헤겔의 ≪법철학≫을 비판하면서 사적 유물론의 구상을 가다듬어 갔다. 헤겔은 국가와 시민사회의 관계에 대하여 국가를 으뜸으로 쳤는데 맑스는 이를 거부하고 국가와 시민사회 중에서 일차적인 것은 시민사회임을 간파했다. "그러므로 자연 필연성, 인간의 본질적 속성들,— 그 속성들이 아무리 소외되어 있는 것처럼 보일지라도 — 이해가 시민사회의 성원들을 결집시키는 것이며 정치적 생활이 아닌 시민적 생활이 그 성원들의 진정한 끈이다."569) 부르주아 국가는 정치적 국가인데 정치적 국가에서의 공민으로서 삶과 시민사회에서 시민으로서 삶은 부르주아 사회에서 이중화되어 있으며 그 이중적 삶에서 일차적인 것은 공민으로서의 정치적 삶이 아니라 시민으로서 삶임을 맑스는 드러내고 있다. 이러한 맑스의 파악은 부르주아 사회는 국

569) 맑스,엥겔스, 신성가족, 맑스,엥겔스 저작선집 1권, 박종철 출판사, p.110

가와 시민사회가 분리되어 있다는 것을 전제로 하며 여기서 맑스는 헤겔이 국가에 일차성을 부여하는 것과 달리 시민사회에 일차성을 부여하고 있다.

국가와 시민사회 중에서 시민사회에 일차성을 부여하는 것을 전제로 맑스는 사적 유물론의 가장 근본이 되는 문제, 즉 사회적 존재와 사회적 의식의 관계 문제를 정립해 간다. "이렇게 됨으로써 도덕, 종교, 형이상학 및 그 밖의 이데올로기와 그에 상응하는 의식 형태들은 더 이상 자립성의 가상을 지니지 않는다. 그것들은 아무런 역사도 가지고 있지 않으며, 어떠한 [자립적] 발전도 하지 않는다. 자신들의 물질적 생산과 자신들의 물질적 교류를 발전시키는 인간들이 이러한 자신들의 현실과 함께 또한 그들의 사유 및 그 사유의 산물들을 변화시키는 것이다. 의식이 생활을 규정하는 것이 아니라 생활이 의식을 규정한다."[570] 의식이 생활을 규정하는 것이 아니라 생활이 의식을 규정한다는 것! 바로 이 점이 사적 유물론의 근본이 되는 사회적 존재와 사회적 의식의 관계를 맑스가 해명한 부분이다. 그러나 이러한 규정은 극히 높은 추상을 요구하는 것이다. 맑스가 이러한 규정에 이르기 위해서는 첫째, 부르주아 사회가 국가와 시민사회로 분리되어 있는데 그 중에서 일차적인 것은 국가가 아니라 시민사회라는 것, 둘째, 도덕, 종교 등등의 이데올로기는 자립적 역사를 가지지 않는다는 것, 즉 사회의 이러저러한 의식형태들의 발전은 그 자체로 발전하는 것이 아니라는 것을 인식하는 것, 셋째, 결국 이러저러한 의식형태들은 물질적 삶의 역사적 변화에 의존한다는 것, 물질적 생산과 교류를 변화시키는 인간들이 그러한 삶을 기초로 의식형태들을 변화시킨다는 것의 파악이 필요했다. 이러한 인식에 기초하여 생활, 즉 사회적 존재

---

570) 맑스,엥겔스, 독일 이데올로기, 맑스, 엥겔스 저작선집 1권, 박종철 출판사, p.202

가 의식, 즉 사회적 의식을 규정한다는 사적 유물론의 근본명제가 맑스에 의해 도출되었다. 이를 기초로 맑스는 사적 유물론의 구상을 구체화해간다.

맑스는 시민사회의 개념을 발전시키는데 역사의 진정한 무대는 시민사회라는 인식에 도달한다. "지금까지의 모든 역사적 단계에 존재했던 생산력들에 의하여 조건지어지고 동시에 역으로 그 생산력들을 조건짓는 교류형태가 시민사회인데, 그것은 앞서 말한 바로부터 도출되듯이 단일 가족 및 복합가족, 소위 종족을 그 전제 및 기초로 삼고 있는바, 그에 대한 보다 자세한 규정들은 앞의 서술 속에 포함되어 있다. 이미 여기서, 이 시민사회야말로 모든 역사의 진정한 발생지이자 무대라는 것, 그리고 교만한 군주나 국가의 행위에만 한정된 채, 이 실제적 관계들을 등한시하는 종래의 역사관이 얼마나 불합리한가가 드러나고 있다."571) 여기서 맑스는 생산력의 개념을 정립하고 있고 나아가 생산력에 의해 조건지어지고 역으로 생산력을 조건짓는 교류형태의 개념을 정립하고 있다. 여기서 교류형태라고 규정된 개념은 이후에 생산관계라 일컬어지는 것인데 맑스는 이러한 교류형태를 시민사회로 파악하고 있다. 즉, 맑스에게서 시민사회의 핵심은 경제적 생산관계로 파악되고 있다. 그리고 이러한 경제적 교류형태 혹은 생산관계가 역사의 진정한 발생지이자 무대라고 본다. 생활이 의식을 규정한다는 인식은 사회적 존재와 사회적 의식의 문제였다면 맑스는 여기서 더 나아가 생산력과 교류형태(생산관계)가 역사의 진정한 발생지라고 파악하고 있는데 이는 역사발전의 원천은 무엇인가라는 문제를 해결하는 것이다. 기존에 역사는 왕의 역사, 영웅의 역사, 고귀한 이념의 역사였다면 이러한 인식이 맑스에 의해 전복되고 진정한 역사는 생산력과 생산관계의 역사임을 맑스는 정립하고 있다.

---

571) 앞의 책, pp.216-217

맑스는 역사 발전의 원천의 문제에 대해 다음과 같이 정식화하고 있다. "이처럼 우리의 파악에 따르면, 역사의 모든 충돌들은 생산력들과 교류형태 사이의 모순에 그 기원을 두고 있다. 덧붙이자면 이 모순이 한 나라 안에서 충돌들로 나아가기 위해서 그 나라 자체 안에서 그 모순이 극점으로 추동될 필요는 없다. 확대된 국제적 교류에 의해서 생겨난, 산업적으로 발전된 나라들 사이의 경쟁은 발전된 산업을 별도로 가지고 있지 못한 나라들에서도 유사한 모순을 산출하기에 충분하다"572). 여기서 맑스는 정확하게 생산력과 교류형태(생산관계) 사이의 모순이라는 범주를 정립하고 있고 이것이 역사적 충돌들의 원천, 즉 역사발전의 원천임을 묘사하고 있다.

이러한 역사적 인식을 기초로 맑스는 사적 유물론의 뼈대를 다음과 같이 세우고 있다. "이러한 역사 파악의 근거는 현실적 생산과정을 그것도 직접적 생활의 물질적 생산으로부터 출발하여 현실적 생산 과정을 전개하는 것, 그 생산 양식과 연관된 그리고 그 생산 양식에 의해 산출된 교류형태를, 따라서 그 다양한 단계에 있어서의 시민 사회를 역사 전체의 기초로서 파악하는 것, 그리고 시민 사회를 그 행동에 있어서 국가로서 표현하는 것, 이와 함께 종교, 철학, 도덕 등등 등등의 의식의 각종 이론적 산물들과 형식들을 시민사회로부터 설명하고, 또한 그 형성과정을 시민사회로부터 추적하는 것 등에 있는데, 이렇게 함으로써 사태는 그 총체성 속에서(그래서 또한 이들 다양한 측면들의 상호 작용도) 표현될 수 있다."573) 여기서 맑스는 사회에 대한 총체적인 유물론을 정립하고 있다. 이러한 총체성이 가능했던 것은 물질적 생산을 핵으로 하는 유물론적 접근을 했기 때문이다. 물질적 생산과 교류형태(생산관계) 그리고 이를 시민사

---

572) 앞의 책, p.243
573) 앞의 책, p.220

회로 파악하고 국가, 종교, 철학, 도덕 등등을 시민사회로부터 설명하는 것을 통해 사회를 이루는 일체의 구성요소들이 일목 요연한 상호연관과 총체성 속에서 파악될 수 있었던 것이다.

맑스는 ≪독일이데올로기≫에서 이렇게 사적 유물론을 뼈대를 잡았으나 아직 생산관계라는 개념은 정식화되고 있지 못하고 교류형태, 시민사회라는 용어 등과 혼용되고 있다. 이러한 문제는 ≪철학의 빈곤≫에서 극복되고 여기서 생산관계라는 용어가 정립된다.

이렇게 사적 유물론을 정립시킨 맑스와 엥겔스는 정치적, 변혁적 실천으로 나아가는데 ≪공산주의당 선언≫은 오랜 기간 정립의 길을 걸어온 사적 유물론을 실천적으로 적용한 것에 다름 아니었다. "부르주아지는 생산 도구들에, 따라서 생산관계들에, 그러므로 사회적 관계들 전체에 끊임없이 혁명을 일으키지 않고서는 존립할 수 없다. 이와는 반대로, 이전의 다른 모든 산업 계급들에게는 낡은 생산양식의 변함없는 유지가 그 제1의 존립 조건이었다. 생산의 끊임없는 변혁, 모든 사회 상태들의 부단한 동요, 항구적 불안과 격동이 부르주아 시대를 이전의 다른 모든 시대와 구별시켜 준다."574) 여기서 맑스는 부르주아지를 생산도 구들과 생산관계에 끊임없는 혁명을 일으키는 존재로 파악한다. 그리하여 부르주아 사회의 항구적 동요가 도출된다. 이러한 파악은 사적 유물론을 부르주아지라는 계급에 대한 분석에 적용한 것이다. 맑스와 엥겔스는 프롤레타리아트에 대해서도 마찬가지로 사적 유물론을 적용하여 분석한다. "오늘날 부르주아지에 대립하고 있는 모든 계급들 중에서 오직 프롤레타리아트만이 참으로 혁명적인 계급이다. 다른 계급들은 대공업의 발전과 더불어 쇠퇴하고 몰락한다. 프롤레타리아트는 대공업의 가장 고유

---

574) 맑스, 엥겔스, 공산주의 당 선언, 맑스, 엥겔스 저작선집 1권, 박종철 출판사, p.403

한 산물이다."575) 대공업의 발전과 더불어 부르주아지와 대립하고 있는 여타의 계급은 쇠퇴와 몰락의 길을 걷지만 프롤레타리아트는 대공업의 산물이고 대공업의 발전과 더불어 발전한다는 것은 사적 유물론의 생산력과 생산관계의 모순이라는 범주를 프롤레타리아트 계급 분석에 적용한 것이다. 생산력, 즉 대공업의 발전의 결과 생산관계, 즉 자본가계급의 대립물로서 프롤레타리아 계급의 발전! 바로 이 점으로 인해 맑스주의는 과학으로 성립한 것이고 변혁의 이론이 되었던 것이다.

이렇게 맑스와 엥겔스는 헤겔주의자에서 출발하여 민중의 삶과 노동자계급의 삶과 결합하면서 유물론자로 변신하고 과학의 급속한 발전이라는 시대적 배경 하에서 사적 유물론의 완성으로 나아가고 그것은 ≪공산주의당 선언≫에서 실천적으로 정립되었다. 그런데 사적 유물론에 대한 완전한 정식화는 1848년부터 1851년에 이르는 전 유럽의 혁명의 실패를 거친 후에 ≪정치경제학 비판을 위하여≫ 서문에서 이루어지는데 다소 길지만 사적 유물론의 핵심을 압축하고 있다는 점에서 인용의 가치가 있다.

"나를 엄습했던 의문의 해결을 위하여 시도된 첫 번째 작업은 헤겔의 법철학에 대한 비판적 검토였는데, 그것의 서설은 1844년에 빠리에서 발행된 ≪독불연보≫에 실렸다. 나의 고찰은 다음과 같은 결론, 즉 법 관계들과 국가 형태들은 그것들 자체로부터 파악될 수 있는 것도, 또 이른바 인간 정신의 보편적 발전으로부터 파악될 수 있는 것도 아니며, 오히려 헤겔이 18세기의 영국인들과 프랑스인들의 선례를 따라 '시민사회'라는 이름 아래 그 총체를 총괄하고 있는 물질적 생활 관계들에 뿌리박고 있다는, 그러나 시민 사회의 해부학은 정치경제학에서 찾아야 한다는 결론에 이르게 되었다. 나는 빠리에서 시작했던 정치 경

---

575) 앞의 책, p.410

제학의 연구를, 기조 씨의 추방 명령으로 인해 이주해 갔던 브뤼셀에서 계속하였다. 나에게 분명해졌던, 그리고 일단 획득되자 내 연구의 길잡이가 되었던 일반적 결론은 다음과 같이 간략하게 정식화될 수 있다: 인간들은 자신들의 생활을 사회적으로 생산하는 가운데, 자신들의 의지로부터 독립되어 있는 일정한 필연적 관계들, 즉 자신들의 물질적 생산력들의 일정한 발전 단계에 조응하는 생산관계들에 들어선다. 이러한 생산관계들의 총체가 시회의 경제적 구조, 즉 그 위에 법률적 및 정치적 상부구조가 서며 일정한 사회적 의식형태들이 그에 조응하는 그러한 실제적 토대를 이룬다. 물질적 생활의 생산방식이 사회적, 정치적, 정신적 생활 과정 일반을 조건짓는다. 인간들의 의식이 그들의 존재를 규정하는 것이 아니라 거꾸로 그들의 사회적 존재가 그들의 의식을 규정한다. 사회의 물질적 생산력들은 그 발전의 특정 단계에서, 지금까지 그것들이 그 내부에서 운동해 왔던 기존의 생산관계들 혹은 이 생산관계들의 법률적 표현일 뿐인 소유 관계들과 모순에 빠진다. 이러한 관계들은 이러한 생산력들의 발전 형태들로부터 그것들의 족쇄로 변전한다. 그때에 사회 혁명의 시기가 도래한다. 경제적 기초의 변화와 더불어 거대한 상부구조 전체가 서서히 혹은 급속히 변화한다. 이러한 변혁들을 고찰함에 있어서 사람들은 자연 과학적으로 정확히 확인될 수 있는 경제적 생산 조건들에서의 물질적 변혁과, 인간들이 이러한 충돌들을 의식하고 싸워서 해결하는 법률적, 정치적, 종교적, 예술적 혹은 철학적, 간단히 말해 이데올로기적인 형태들을 항상 구별해야만 한다. 한 개인이 무엇인가를 그 개인이 자신을 무엇이라고 여기는가에 따라 판단하지 않듯이, 그러한 변혁의 시기가 그 시기의 의식으로부터 판단될 수 없으며 오히려 이러한 의식을 물질적 생활의 모순들로부터, 사회적 생산력들과 생산관계들 사이의 현존하는 충돌들로부터 설명해야만 한다. 한 사회구성체는 그것이 충분히 포용하고 있는 생산력들 모두가 발전하기 전에는 결코 몰락하지 않으며, 더 발전한 새로운 생산관계들은 자신의 물질적 존재 조건들이 낡은 사회 자체의 태내에서 부화되기 전에는 결코 자리를 차지하지 않는다. 이와 같이, 인류는 언제나 자신이 풀 수 있는 문제들만을 제기한다. 왜냐하면, 더 자세히 고찰해 볼 때 문제 자체는 그 해결의 물질적 조건들이 이미 존재하고 있거나 적어도 형성 과정 중에 있을 때에만 생겨나기 때문이다. 크게 개괄해 보면 아시아적, 고대적, 봉건적, 그리고 현대 부르주아 생산양식들을 경제적 사회구성체의 순차적인 시기들이라 할 수 있다. 부르주아적 생산관계들은 사회적 생산과정의 마지막 적대형태인데, 여기서 적대적이라고 말하는 것은 개인적 적대라는 의미에서가 아니라 개인들의 사회적 생활 조건들로부터 싹터 온 적대라는 의미에서이다. 그러나 부르주아 사회의 태내에서 발전하는 생산력들은 동시에 이러한 적대의 해결을 위한 물질적 조건들을 창출한다. 이 사회구성체와 더불어 인간 사회의 전사(前史)는 끝을 맺는다 ."576)

위 인용문은 크게 보면 두 부분으로 이루어져 있는데 뒷부분은 사적 유물론의 주요 명제들이 압축적으로 설명되고 있고 앞부분은 사적 유물론을 도출하기까지의 맑스 자신의 여정이 간략하게 소개되고 있다. 먼저 앞부분부터 고찰하면 맑스가 사적 유물론을 구상하게 된 것은 일차적으로 헤겔에 대한 비판에서 비롯되었다는 점을 맑스 자신이 밝히고 있다. 즉, 헤겔은 《법철학》에서 부르주아적 국가와 법원리를 상세히 전개하는데 헤겔의 관점은 기본적으로 국가가 시민사회보다 일차적이라는 것이었다. 맑스는 이 점을 비판하면서 국가가 아닌 시민사회라는 이

576) 맑스, 정치경제학 비판을 위하여, 맑스, 엥겔스 저작선집 2권, 박종철 출판사, pp.477-478

름 아래 총괄되는 '물질적 생활 관계'가 일차적임을 파악했다. 국가와 시민사회의 관계에 대한 천착은 맑스의 여러 초기 저작들에서 보이는데 이러한 천착을 통해 시민사회가 역사의 진정한 무대라는 인식에 도달한다. 그리고 맑스는 시민사회의 해부학으로서 정치경제학의 중요성에 주목하는데 바로 이러한 관점으로 인해 1850년대 이후 맑스는 정치경제학 연구에 몰두하고 그 결과 ≪자본론≫이 완성된다.

이러한 과정을 거쳐 완성된 것이 사적 유물론의 명제들이며 위인용문의 후반부를 이루는 것이다. "인간들은 자신들의 생활을 사회적으로 생산하는 가운데, 자신들의 의지로부터 독립된 … 생산관계들에 들어선다."는 명제는 사적 유물론의 근본이 되는 명제인데 여기서 물질적 생산과 생산관계의 범주가 제기되고 있다. 주목되는 것은 생산관계가 '자신들의 의지로부터 독립된 관계'라는 파악이다. 이는 생산관계가 자의적인 관념적 관계가 아니며 주체의 의지로부터 독립하여 객관적으로 실재하는 물질적 관계임을 말하는 것이다. 실제로 부르주아 사회에서 생산관계는 생산수단에 대한 관계인데 생산수단을 소유하여 임노동을 고용하는 자는 자본가가 되고 생산수단이 결여되어 고용되어야만 생활할 수 있는 자는 무산자, 노동자가 되는데 이러한 관계는 관념적인 관계가 아니라 실제적인, 물질적인 관계이며 따라서 자신들의 의지로부터 독립된 객관적 관계이다. 따라서 주체들에게, 인간들에게 이러한 생산관계들은 주어진 것으로서, 하나의 조건으로서 작용하는 것이며 주체는 그러한 조건들에 적응해야만 생존할 수 있는 것이다.

한편으로 맑스는 생산관계들이 "물질적 생산력들의 일정한 발전 단계에 조응"한다고 본다. 즉, 생산관계는 주체에 따라 자의적으로 설정되는 것이 아니라 생산력에 의해 규정되는 것이다. 실제로 물레와 베틀이라는 생산력은 봉건적 생산관계를 규정하며 기계제 대공업은 부르주아적 생산관계를 규정한다. 이와 같이 근본적으로 생산관계는 생산력의 수준에 의해 규정된다. 그러나 맑스가 직접 언급하고 있지는 않지만 생산관계는 역으로 생산력에 영향을 미친다. 이러한 영향은 긍정적 영향과 부정적 영향이 있을 수 있는데 생산관계가 생산력에 조응하고 있다면 생산관계는 생산력의 발전을 촉진한다. 그러나 생산관계가 생산력에 조응하지 못할 때는 생산관계는 생산력 발전의 족쇄가 된다. 이러한 것이 생산력과 생산관계의 모순의 개념인데 이 모순이 역사 발전의 진정한 원동력이다. 자본주의 사회에서 주기적으로 발생하는 공황은 발전하는 생산력, 사회화된 생산력이 자본주의적 사적 생산관계와 충돌하는 것이다.

그리고 맑스는 "이러한 생산관계들의 총체가 … 법률적 및 정치적 상부구조가 서며 일정한 사회적 의식형태들이 그에 조응하는 실재적 토대를 이룬다"고 파악한다. 이것이 바로 토대와 상부구조라는 개념의 원형이다. 여기서 토대는 생산관계들의 총체이다. 상부구조는 법률적 및 정치적 상부구조인 국가와 사회적 의식형태들 즉, 종교, 도덕, 예술, 철학 등의 이데올로기를 가리킨다. 여기서 경제적 생산관계는 토대로 파악되고 국가와 이데올로기는 상부구조로 파악되는데 바로 이 점이 사회에 대한 유물론적 인식으로 일컬어지는 점이다. 한 사회를 토대와 상부구조라는 하나의 건축물에 비유한 것인데 물질적 삶에서 맺어지는 관계, 생산관계를 사회의 근본토대로 본다는 점에서 이는 사회에 대한 유물론적인 접근이다. 맑스 이전에는 국가 혹은 이데올로기가 사회의 핵심으로 파악되었었다. 단적으로 헤겔이 국가를 신성시하였고 다른 많은 철학자들은 인간의 이성의 발전이 곧 역사의 발전이라고 파악했었다. 그런데 맑스에게서는 국가와 이러한 이데올로기는 물질적 토대에 기초하는 사회의 상부구조로 파악되었다. 그러나 맑스는 국가와 이데올로기를 상

부구조로 파악했지만 그러한 파악이 국가와 이데올로기의 역할
을 무시하는 것은 전혀 아니었고 반대로 국가와 이데올로기에
정확한 위상을 부여하는 것이었다. 물질적 생산관계를 사회의
토대로 규정하는 것은 그것이 사회의 발전을 근본적이고 근원
적으로 규정하며 상부구조에 영향을 미친다는 것을 의미한다.
그러나 국가와 이데올로기는 물질적 생산관계에 의해 근원적으
로 규정되지만 상대적인 독립성이 있다. 바로 이렇게 상대적인
독립성이 있기에 철학의 역사, 종교의 역사, 예술의 역사가 있
는 것이다. 만약 상부구조에 상대적 독립성이 없다면 물질적 경
제사가 곧 철학, 종교, 예술의 역사가 되었을 것이지만 실제로
는 그렇지 않다. 상부구조는 이렇게 물질적 생산관계에 의해 근
원적으로 규정되면서도 상대적 독립성을 갖는데 이러한 상대적
독립성에 기초하여 물질적 생산과 생산관계에 역으로 영향을
미친다.

토대와 상부구조라는 개념을 이전의 개념이었던 국가와 시민사
회라는 개념과 비교한다면 토대와 상부구조라는 개념은 국가와
시민사회라는 개념의 긍정적인 요소를 가져가며 또 국가와 시
민사회라는 개념의 모호성을 극복하고 사회에 대한 유물론적
인식을 분명히 하는 것이다. 국가와 시민사회라는 개념의 정립,
혹은 국가로부터 시민사회의 분리는 부르주아 혁명의 성과를
반영하는 것이다. 봉건적 절대왕정과의 투쟁에서 부르주아 계급
은 국가로부터의 자유를 내걸었고 소유권의 보장을 내세웠는데
바로 이것이 국가와 시민사회의 분리의 핵심 내용을 이루는 것
이었다. 그런데 맑스는 시민사회가 국가보다 선차적이라는 인식
을 세우면서 시민사회의 핵심은 물질적 생산을 둘러싼 관계, 생
산관계라는 것을 포착했다. 국가와 시민사회라는 틀에서는 사회
에 대한 관념론적인 인식이 얼마든지 가능하지만 물질적 생산
관계의 토대와 국가와 이데올로기의 상부구조라는 개념에서는

사회에 대한 관념론적 인식은 불가능하다. 그런 점에서 토대와 상부구조라는 개념은 국가와 시민사회라는 개념의 긍정성을 담지하면서도 사회에 대한 인식을 유물론적으로 고양하고 정립한 것이라 할 수 있다.

맑스는 "물질적 생활의 생산방식이 사회적, 정치적, 정신적 생활 과정 일반을 조건 짓는다."고 하여 사회에 대한 유물론적 인식을 분명히 한다. 그러면서 사적 유물론의 근본 명제 즉, 사회적 존재와 사회적 의식의 문제를 해명하는데 "인간들의 의식이 그들의 존재를 규정하는 것이 아니라 거꾸로 그들의 사회적 존재가 그들의 의식을 규정한다"고 명확히 밝힌다. 맑스에 의한 이러한 정식화는 큰 의미를 갖는다. 세계관 전체에서, 철학 전체에서 근본문제가 물질과 의식의 문제였다면 사적 유물론에서는 근본문제가 사회적 존재와 사회적 의식의 문제로 명료하게 된 것이다. 맑스는 사회적 의식의 문제에 대해 ≪독일이데올로기≫에서 다음과 같이 파악한 바 있다. "의식은 결코 의식된 존재이외의 어떤 것일 수 없으며, 인간들의 존재는 그들의 현실적 생활 과정이다."[577] 의식은 의식된 존재이외의 다른 것이 아니라 것! 바로 이 점으로 인해 의식이 존재를 규정하는 것이 아니라 존재가 의식을 규정한다는 유물론적 관점이 성립한다. 인간의 사회적 의식은 복잡다단하고 많은 요소의 영향을 받지만 결국 의식의 본질은 의식된 존재이며 따라서 사회적 존재에 의해 사회적 의식이 규정될 수밖에 없는 것이다.

이어서 맑스는 사회혁명의 문제에 다가서는데 생산력과 생산관계가 모순에 빠질 때, 생산관계들이 생산력에 족쇄로 변화할 때 사회혁명의 시기가 도래한다고 파악한다. 혁명에 대한 이러한 파악은 혁명에 대한 과학적 설명을 비로소 가능하게 한 것이다.

---

577) 맑스, 엥겔스, 독일이데올로기, 맑스, 엥겔스 저작선집 1권, 박종철 출판사, p.202

이전에는 혁명은 왕의 횡포에 대한 저항, 혹은 비밀결사의 음모의 성공 등으로 보았지만 혁명의 진정한 성격을 드러낸 것은 아니었다. 그런데 맑스에 이르러 비로소 혁명의 비밀은 생산력 발전과 충돌하는 생산관계의 모순으로 파악됐던 것이다. 이를 통해 권력의 교체를 의미하는 정치혁명과 구분되는 사회혁명이라는 개념이 가능해졌다. 정치혁명이라는 개념은 왕정의 공화국으로의 교체, 혹은 하나의 공화국에서 다른 공화국으로의 변화(권력의 계급적 소재의 변화를 포함하여) 등을 가리키는 것이었고 여전히 유효한 개념이다. 즉, 사회혁명만이 진정한 혁명이며 정치혁명이라는 개념은 성립될 수 없다는 주장은 잘못된 것이다. 그러나 사회혁명을 토대로 하지 않는 정치혁명이라는 개념은 비과학적인 주장이다. 사회혁명을 배경으로 하는, 사회혁명으로 나아가는 정치혁명이 진정한 혁명일 수 있다. 이를 맑스는 "경제적 기초의 변화와 더불어 거대한 상부구조 전체가 서서히 혹은 급속히 변화한다"고 파악한다. 경제적 기초의 변화와 상부구조의 변화가 직접적으로, 비례적으로 변화하는 것은 아니지만 경제적 기초의 변화가 상부구조에 영향을 줄 수밖에 없으며 따라서 "서서히 혹은 급속히" 상부구조 또한 변화할 수밖에 없는 것이다. 이는 정치혁명과 사회혁명의 긴밀한 연관성을 제기하는 것이다.

또한 맑스는 변혁에서 "경제적 생산 조건들에서의 물질적 변혁과 …이데올로기적인 형태들을 항상 구별해야만 한다"고 파악한다. 경제적 측면이 이데올로기적 형태를 근원적으로 규정하지만 이데올로기적 형태는 상대적 독립성이 있기 때문에 물질적 변혁과 이데올로기의 문제는 명확히 구분되어야 함을 제기하는 것이다. 변혁의 과정에서 이데올로기적 형태의 변혁 또한 수반될 수밖에 없지만 변혁의 핵심은 물질적 생산관계의 변혁이라는 점에서 양자는 명확히 구분되어야 하는 것이다. 또한 "변혁의 시기는 그 시기의 의식으로부터 판단될 수 없으며, … 오히려 이러한 의식을 물질적 생활의 모순으로부터, 사회적 생산력들과 생산관계들 사이의 현존하는 충돌들로부터 설명해야 한다"고 맑스는 파악한다. 이는 변혁의 시기의 문제는 의식이라는 주관적 요소가 아니라 생산력과 생산관계의 충돌이라는 객관적 요소에 의해 좌우된다는 것이며 의식은 단지 그러한 객관적 요소의 반영임을 말한다.

맑스는 "한 사회구성체는 그것이 충분히 포용하고 있는 생산력들 모두가 발전하기 전에는 결코 몰락하지 않"는다고 본다. 이는 변혁의 본질은 사회구성체의 교체라는 인식에 기초하여 생산력 발전의 문제가 사회구성체 교체의 관건임을 제기하는 것이다. 이는 또한 변혁이 주관적 요소에 의해 좌우되는 것이 아니라 하나의 자연사적 과정임을 말한다. 이러한 혁명의 객관적 성격, 자연사적 성격에 대해 엥겔스는 다음과 같이 말한 바 있다. "공산주의자들은 혁명들이 의도적으로 또 자의적으로 일으켜지는 것이 아니며, 혁명들이란 언제 어디서나 개별적인 당파들이나 계급전체의 의지 및 지도에는 전혀 의존하지 않는 정세의 필연적인 결과들이었다는 것을 매우 잘 알고 있다."[578]

맑스는 역사의 발전을 생산양식의 교체로 파악하는데 "아시아적, 고대적, 봉건적, 그리고 현대 부르주아적 생산양식들을 경제적 사회구성체의 순차적인 시기들"이라고 본다. 생산양식은 생산력과 생산관계의 총체를 가리킨다. 따라서 자본주의적 생산관계, 자본주의적 생산양식이라는 두 가지 개념 모두 가능하다. 아시아적 생산양식이 원시공동체적 소유인지, 노예제적 소유인지는 판단의 여지가 있지만 맑스의 분류는 큰 틀에서 보면 과학적이다. 지금은 아시아적 생산양식이라는 개념보다는 원시공

---

[578] 엥겔스, 공산주의의 원칙들, 맑스, 엥겔스 저작선집 1권, 박종철 출판사, p.331

동체 사회, 노예제적 생산양식, 봉건적 생산양식, 자본주의적 생산양식, 사회주의적(공산주의적) 생산양식이라는 개념이 보다 과학적이라 할 수 있다. 이러한 생산양식 개념이 정립됨으로써 역사에 대한 일체의 신비로운 관념이 무너지고 역사에 대한 과학이 정초되었다.

맑스는 끝으로 "부르주아적 생산관계들은 사회적 생산과정의 마지막 적대적 형태"라고 본다. 왜 자본주의 생산양식이, 자본주의적 생산관계와 소유관계가 마지막 적대적 형태, 즉 계급대립의 마지막 형태인가? 부르주아 경제학자들은 자본주의를 인류가 도달한 마지막 사회라고 본다. 그러나 이러한 사고는 형이상학적이며 비역사적이다. 자본주의는 내적 적대를 갖는 사회이며 자본가계급과 노동자계급의 대립을 본질로 한다. 이러한 모순은 스스로의 운동에 의해 지양될 수밖에 없다. 이것이 논리적 접근이라면 자본주의는 인류가 거쳐 가는 하나의 역사적 형태, 역사적 과정일 뿐이다. 그런데 자본주의는 내적 적대를 갖는 생산양식의 최후의, 최고의 형태이다. 왜냐하면 자본주의는 계급대립을 가장 단순화시켰기 때문이다. 이는 자본주의의 근본모순에 의해 표현되는데 '생산의 사회적 성격과 취득의 사적 성격간의 대립'이라는 자본주의의 근본모순은 그것의 지양태를 다음과 같이 가질 수밖에 없다. 즉, 생산의 사회적 성격에 조응하는 생산관계의 사회적 성격의 수립이 그것이다. 생산의 사회적 성격이 사라질 수는 없다. 그렇다면 변화할 수밖에 없고 변화해야 하는 것은 취득의 사적 성격이며 사적 성격의 대립물은 사회적 성격이기에 사적 성격을 지양하는 사회주의적 생산관계가 성립될 수밖에 없다. 그런 점에서 맑스는 부르주아적 생산관계가 마지막 적대형태, 즉 계급사회의 마지막 형태라고 갈파했던 것이다. 그리하여 맑스는 "이 사회구성체와 더불어 인간 사회의 전사(前史)는 끝을 맺는다"고 결론을 짓는다.

이렇게 사적 유물론을 정립함에 의해 맑스와 엥겔스는 자신들의 총체적인 세계관을 완성할 수 있었다. 사적 유물론의 완성이 없었다면 변증법적 유물론도 불가능하였을 것인데 그런 점에서 사적 유물론은 변증법적 유물론을 사회에 단순히 적용한 것으로 파악되는 것이 아니라 변증법적 유물론의 성립에서 관건이 되는 요소로 파악하는 것이 정확하다.

그런데 사적 유물론은 사회에 대한, 역사에 대한 유물론이라는 점에서 역사적 발전의 내용을 수용하고 구체화되는 길을 걸을 수밖에 없는데 대표적인 것이 레닌에 의한 제국주의론의 정립이다. 레닌의 제국주의론이 사적 유물론의 범주에 포함되는 것은 제국주의론이 자본주의 생산관계의 변화를 담지하고 있기 때문이다. 레닌에 의해 정립된 제국주의론은 이전의 자유경쟁 자본주의가 독점자본주의로 변화했다는 인식을 근간으로 하고 있는데 이는 생산관계에서의 변화를 의미한다. 즉, 독점자본주의의 성립은 생산관계에서의 변화를 의미한다. 그러나 그때의 독점은 자유경쟁과 대립하지만 자유경쟁을 배제하는 것은 아니며 독점은 자유경쟁과 양립하면서도 지배적 성격을 갖는다는 것이 독점자본주의라는 생산관계의 본질을 이룬다.

레닌의 제국주의론은 20세기 들어 명확하게 모습을 드러낸 독점자본주의라는 새로운 생산관계를 경제적, 정치적인 총체적인 관점으로 분석한 것이었다. 자유경쟁 자본주의의 기본원리인 생산의 집적의 결과 곧장 독점이 발생한다는 것, 은행이 산업자본과 결합되어 금융과두제가 형성되고 금리생활자 계급이 팽창한다는 것, 상품의 수출보다 자본의 수출이 더욱 더 중요하게 되고 나아가 자본가 단체들, 그리고 열강들에 의한 세계의 분할과 재분할이 이루어지는 것이 제국주의의 주요 지표임을 레닌은 정립했다. 이러한 인식을 기초로 제국주의는 농업지역을 병합하려는 산업자본의 열망이 아니라 산업국가를 포함하는 세계의

420

모든 지역을 병합하려는 금융자본의 열망이며 금융자본은 자유가 아닌 지배를 원하며 제국주의는 단순한 정책이 아니라 독점자본주의 단계에 성립하는 금융과두제의 지배 자체이며 따라서 자본주의의 새로운 단계라고 레닌은 파악했다.

레닌은 제국주의가 자본주의의 최고, 최후의 단계이며 새로운 사회로의 이행기의 특질을 지니는 자본주의로 파악한다. "왜냐하면 자유경쟁의 토양에서, 즉 바로 자유경쟁 자체에서 성장해 나온 독점은 곧 자본주의 체제로부터 보다 높은 사회경제적 질서로의 과도형태이기 때문이다."[579] 레닌이 독점을 보다 높은 사회경제적 질서, 즉 사회주의로의 과도형태라고 보는 것은 독점이 생산과 자본의 집적의 가속화를 통해 생산의 사회적 성격을 극대화하기 때문이다. 실제로 19세기의 자유경쟁 자본주의와 비교할 때 20세기, 21세기 독점자본주의 혹은 제국주의 하에서 생산의 규모의 거대한 팽창은 그 사회적 성격을 비교할 수 없을 정도로 발전시켰고 생산의 사회적 성격은 완연히 성숙해졌다. 그런데 제국주의는 한편으로 이렇게 생산과 자본의 집적의 가속화를 통해 생산의 사회적 성격을 강화하지만 다른 한편으로 부패해가는 자본주의이다. 즉, 산업자본과 은행자본의 융합을 통한 금융자본의 지배는 이자낳는 자본의 규모를 거대하게 만들었고 또 상품의 수출보다 자본의 수출이 중요성을 띰에 따라 이자를 통해 생활하는 금리생활자 계급은 거대해졌다. 뿐만 아니라 제국주의는 자본수출을 통해 얻는 수입을 자국의 노동자계급의 상층에 나누어 이들을 매수하여 노동운동을 부패하게 한다. 그리하여 레닌은 제국주의에 대한 비판은 노동자계급의 상층부의 이러한 기회주의세력에 대한 비판과 통일되어야만 의미를 갖는다고 본다.

레닌은 이렇게 제국주의의 경제적 본질은 독점자본주의이며 이

579) 레닌, 제국주의론, 백산서당, p.161

는 새로운 사회로의 이행기로서의 자본주의이고 따라서 제국주의는 사멸해가는 자본주의라고 보았다. 그런데 사멸해가는 제국주의라는 규정이 제국주의 혹은 독점자본주의의 자동붕괴를 의미하는 것은 아니며 나아가 독점자본주의의 새로운 갱신을 부정하는 것도 아니다. 제1차 제국주의 전쟁을 전후하여 독점자본주의는 자체의 모순으로 말미암아 격심한 위기에 빠졌는데 이 상황에서 국가는 경제에 전면 개입하여 독점자본을 떠받치는 역할을 하게 되었는데 이것이 바로 국가독점자본주의이다.

레닌은 제1차 제국주의 전쟁의 과정에서 탄생한 국가독점자본주의를 '사회주의의 완전한 물질적 전제'로 보았는데 레닌의 분석은 국가독점자본주의의 탄생 시점의 분석이라는 점에서, 그리고 맑스주의 진영의 초기의 분석이라는 점에서 자세히 고찰할 필요가 있다. "실제적인 혁명적-민주주의 국가가 주어지면, 국가독점자본주의는 필연적으로 그리고 불가피하게 사회주의를 향한 한 걸음, 한 걸음 이상을 의미한다는 것을 당신들은 보게 될 것이다. … 왜냐하면 사회주의는 단지 국가독점자본주의로부터의 다음 발걸음이기 때문이다. 혹은 말을 바꾸면 사회주의는 단지 전체 인민에 봉사하게 되는 그리고 그러한 정도로 자본주의적 독점이기를 멈추는 국가독점자본주의일 뿐이다. … 역사의 변증법은, 전쟁이 독점자본주의의 국가독점자본주의로의 전화를 특별히 촉진함에 의해 그리하여 인류를 사회주의로 특별하게 전진시켰다는 것이다. … 제국주의 전쟁은 사회주의 혁명의 전야이다. 그리고 이것은 전쟁의 공포가 프롤레타리아들의 반란을 일으키기 때문만이 아니라 ― 어떠한 반란도 사회주의를 위한 경제적 조건들이 성숙하지 않는다면 사회주의를 가져올 수 없다 ― 국가독점자본주의는 사회주의를 위한 완전한 물질적 전제, 사회주의의 입구, 그것과 사회주의라 불리는 계단 사이에 아무런 중간의 계단이 없는 역사의 사다리의 계단이기 때문이다

422

."580)

레닌은 국가독점자본주의를 사회주의를 위한 완전한 물질적 전
제로 보고 심지어 사회주의는 인민에게 봉사하는 국가독점자본
주의라고 보았다. 국가독점자본주의와 사회주의 사회에는 중간
단계가 없고 국가독점자본주의는 사회주의의 입구라고 보았다.
이러한 레닌의 파악은 국가독점자본점주의가 생산의 사회적 성
격의 강화라는 사회주의 변혁의 물질적 전제를 성숙시킨다는
인식이다. 국가가 개입하는 경제부문은 실제로 사적 성격이 부
정되고 사회적 성격이 고도로 강조될 수밖에 없다. 프롤레타리
아트가 권력을 장악하게 된다면 국가독점자본주의는 사회주의
로의 이행을 한결 신속하고 수월하게 하는 조건으로 작용한다.
그런데 국가독점자본주의는 사회주의의 완전한 물질적 전제라
는 성격과 함께 다른 한편으로는 독점자본주의의 모순과 위기
를 완화하여 자본주의의 수명을 연장하는 장치라는 성격 또한
갖고 있다. 국유부문의 존재, 국가의 신용과 재정정책, 사회보장
등의 계급대립의 완화정책, 국가의 공황구제로 인한 위기의 완
화 등 국가독점자본주의는 체제 유지의 성격이 강하다. 이로 인
해 제2차 세계대전 후에 국가독점자본주의가 일반화되면서 국
가독점자본주의는 독점자본주의와 구분되는 자본주의의 새로운
단계이며 심지어 새로운 생산관계라고 파악하는 견해가 등장하
기도 했다. 그런데 이러한 견해는 오류인데 국가가 경제에 개입
한다고 해도 그것의 본질은 사적 독점자본을 떠받치는 것이며
지배적인 것은 국가가 아니라 사적 독점자본이다. 그리고 국가
의 재정정책보다 근본적인 것은 금융자본의 사적 신용이다. 그
런 점에서 국가독점자본주의는 새로운 생산관계가 아니며 독점
자본주의의 모순의 격화에 대한 독점자본가계급의 대응이며 독

580) 레닌, 임박한 파국 그리고 그것에 어떻게 맞서 싸울 것인가, 레닌 선집
(progess영문판) 2권, 모스크바, pp.211-212

점자본주의의 발전의 경향이다. 또한 모든 독점자본주의가 국가
독점자본주의로 발전하는 것은 아니며 사회주의 변혁이 지체되
는 사회가 국가독점자본주의로 발전하는 경향을 보인다.
한편 사적 유물론의 범주에 포함되어야 하는 또 하나는 사회주
의 생산관계이다. 20세기 내내 존재했던 사회주의적 생산관계
는 인류가 도달한 자본주의 이후의 사회라는 점에서 사적 유물
론적 차원에서 고찰의 대상이 된다. 쏘련과 중국 등 20세기 사
회주의 진영은 착취를 폐지하고 사회주의 생산관계를 창출했다.
사회주의 생산관계는 공업에서 국가소유, 즉 국유의 형태를 띄
었고 농업에서는 국유가 아닌 집단적 소유의 형태가 지배적이
었다. 국유는 법적으로 국가의 소유를 의미했지만 그것은 국가
의 배타적 소유가 아니라 전인민소유의 법적 형식에 지나지 않
았다. 즉, 국유기업의 소유권자, 지배자는 전인민이었고 이는 기
업에서의 소비에트 혹은 노동자대표 대회의 지배를 통해서, 그
리고 프롤레타리아 국가의 개입에 의해 보장되었다. 한편 농업
에서는 국유 혹은 전인민소유가 아니라 집단적 소유형태가 지
배적이었는데 집단농장을 구성하는 농민들의 집단적 소유가 성
립되었다. 그러나 농업전체가 집단적 소유인 것은 아니었고 발
전된 농업부분은 국영농장 또한 존재했다. 농업에서 이렇게 국
유가 아니라 집단적 소유가 지배적이었던 것은 근본적으로 농
업의 생산력이 공업에 미치지 못했기 때문이었다. 그러나 사회
주의 사회의 발전이 이루어지고 농업의 생산력이 증가하면서
집단농장은 점차 대규모화되었고 나아가 공업과 농업이 융합하
면서 농·공 복합체가 탄생하기도 했다. 1950년대 쏘련에서 농·
공 복합체가 많이 탄생되었고 중국에서도 1950년대 말에 탄생
한 인민공사는 농·공·상·학·병의 공동체였다. 20세기 사회주의가
비록 붕괴되었지만 이러한 농·공 복합체의 탄생은 미래사회의
싹을 보여주는 것인데 계급사회의 잔재가 완전히 소멸하고 정

신노동과 육체노동의 모순, 도시와 농촌의 모순이 해소되는 사회가 되면 농·공 복합체를 기본으로 하는 꼬뮨이 사회의 기초조직이 될 것임을 예상할 수 있다.

20세기 사회주의가 비록 붕괴되었지만 그럼에도 사적 유물론의 차원에서 여전히 의미가 있는 것은 계획경제의 문제이다. 계획경제는 단순한 경제계획의 수립과 조정의 문제가 아니라 사회주의 생산관계에서 비롯되는 경제의 원리이기 때문에 고찰의 대상이 되어야 한다. 자본주의에서는 잉여가치의 법칙이 생산의 목적을 표현하는 최고의 법칙이다. 또한 자본주의에서는 사적 생산이기 때문에 생산의 무정부성이 지배한다. 그러나 사회주의 생산관계에서는 생산의 목적이 잉여가치가 아니라 인민의 복지와 발전이기 때문에 경제 원리가 바뀌고 또한 사적 생산이 아니라 결합된 사회적 생산이기 때문에 무정부성이 극복된다. 사회주의 생산관계에서 비롯되는 이러한 원리의 표현이 바로 계획경제이다. 즉, 계획경제는 관료적 조정이나 명령이 본질이 아니며 사회주의 생산관계의 본질을 반영하는 조직된 경제이다. 그에 따라 생산재 생산과 소비재 생산의 균형, 공업과 농업의 균형, 소비와 축적의 균형 등이 계획되고 수행된다. 이러한 계획은 자본주의에서는 불가능하며 사후에 조정되고 때로는 공황을 통해 조정된다.

쏘련의 경우 이러한 계획경제의 성과로 인해 후진농업국에서 공업강국으로 변모하였고 또 무상교육, 무상의료, 노후연금제를 실시하고 실업이 일소되었다. 그런데 쏘련은 스탈린 사후에 수정주의가 발생하여 자본주의 원리를 사회주의 생산관계에 접목하려다 실패하고 경제가 침몰하여 결국 사회주의 체제 자체가 붕괴되었다. 1965년에 실시된 수정주의적 경제개혁은 코시긴 개혁이라 불리는데 공동체로서 사회주의 기업의 원리를 이윤을 추구하는 자본주의 기업의 원리로 변화시키려 한 것이었다. 그에 따라 이윤을 몰랐던 사람들이 이윤을 중심으로 움직이면서 쏘련 경제와 사회는 침체하고 경제가 균열되었다. 고르바쵸프가 이를 개혁하려 했지만 우익적 편향으로 인해 사회주의를 침식하고 자본주의의 부활을 가져왔다.

중국의 경우 현재 사회주의 시장경제의 노선을 걷고 있는데 이는 사회주의의 근본원리를 부정하는 것이다. 사회주의의 본질은 계급대립의 철폐이고 착취의 폐지를 실현하는 것이다. 왜냐하면 프롤레타리아트가 정치와 경제의 지배계급과 주인이 되는 것이 사회주의인데 착취를 허용하는 것은 곧 사회주의가 아닌 것이다. 덩샤오핑이 생산력의 발전과 해방이 사회주의의 본질이라 한 것은 수정주의적으로 해석된, 실용주의적인 접근이었다. 덩샤오핑 노선이 해방시킨 것은 중국 자본가계급이었고 이들은 2018년 현재 중국의 명실상부한 지배계급이 되었고 노동자계급은 단순한 피고용인으로 전락했다. 현재의 중국이 자신들을 사회주의라고 주장하는 근거는 공산당의 지배와 국유기업이 아직까지 경제의 주력을 형성하고 있다는 점이다. 그러나 현재의 중국의 국유기업은 자본주의 원리에 의해 작동하는 자본주의 기업이다. 뿐만 아니라 중국이 2007년 금융위기 이후 G2로 떠오르면서 사적 기업이 거세게 자라나서 이들 사적 기업이 독점자본으로 발전하는 단계에 접어들었다. 아직까지는 사적 독점보다 국가독점이 우세하지만 사적 독점의 강화의 경향을 되돌리는 것은 불가능하다. 또한 국유기업 혹은 국가독점의 우세를 기반으로 하여 공산당이 집권하고 있지만 그 공산당에게서 맑스주의 원리는 존재하지 않는다. 당의 본질은 사상인데 사상이 변했다면 당 자체가 변한 것이다. 즉, 지금의 중국공산당은 무산계급의 당이 아니라 부르주아 정당, 자산계급의 정당이라 할 수 있다. 맑스는 역사의 진정한 무대는 시민사회이고 생산력과 생산관계의 모순이라 했다. 이를 기초로 보면 중국에서 국유와 집단농업이라는 사회주의 생산관계가 시장경제, 즉 자본주의적 생산관계로 바뀐 것은 역사의 근본적인 변동이라 볼 수 있고 계급적 본질이 변화한 것으로 파악되어야 한다.

중국이 사회주의 시장경제가 사회주의라고 주장하는 또 하나의 논거는 러시아 혁명 직후의 신경제정책(NEP)인데 러시아 혁명 후의 NEP는 노동자계급의 권력과 사회주의 원리를 견지하면서 사적 자본주의적 경제를 일정하게 허용한 것이었고 이는 제국주의 전쟁과 내전으로 피폐화된 경제를 살리고자 하는 과도적 정책이었다. NEP는 그리하여 사회주의 생산관계의 확립으로 가는 과도기였는데 중국의 사회주의 시장경제는 거꾸로 사회주의적 생산관계를 해체하고 자본주의적 생산관계를 확립했다는 점에서 NEP를 근거로 드는 것은 적절하지 않다.

쏘련의 붕괴, 중국의 자본주의화라는 세계사의 대변동은 사회주의운동 내부에서 발생하는 수정주의의 결말을 보여주고 있다. 20세기에 있어서 사회주의운동과 사회주의 진영의 성장이라는 시대적 흐름 속에서 과거 사회주의 진영 외부의 비판자들이 사회주의 진영 내부로 들어와서 사회주의 운동과 사회주의 진영의 조류를 변화시키려 했던 것이 바로 수정주의의 본질이다.

20세기 사회주의는 비록 붕괴했지만 그 역사가 사라지는 것은 아니다. 20세기 사회주의가 어떤 한계와 오류가 있었기에 붕괴되었는지에 대한 철저한 분석을 기초로 21세기 지금의 자본주의의 현실에서 변혁의 이론과 전망을 개척하는 것이 필요하다. 사적 유물론은 바로 20세기 사회주의에 대한 과학적 분석을 가능하게 하고 또 지금의 자본주의 현실을 과학적으로 통찰하게 하는 원칙들이다. 사적 유물론의 원칙을 견지하고 적용하고 창조적으로 발전시키는 것! 이것이 21세기 사회주의자들의 몫일 것이다.

6. 레닌, 스탈린, 마오쩌뚱, 그람시에 의한 맑스주의 철학의 발전

1) 레닌

레닌주의는 흔히 제국주의 시대의 맑스주의라 일컬어진다. 레닌에 의해 정립된 전위당 노선, 부르주아 혁명에서 프롤레타리아트의 헤게모니, 제국주의론, 프롤레타리아 독재론, 사회주의 변혁과 민족해방투쟁의 관계, 사회주의 건설론 등은 20세기 사회주의운동을 규정했다 해도 과언이 아니다.

그런데 이러한 레닌의 노선과 투쟁은 철학적 사고의 발전과 밀접하게 연관이 있는데 레닌은 맑스주의에서 정치는 철학적 사고에 기반한다는 것을 분명히 밝혔다. 레닌은 계급투쟁을 이끌고 전진시키면서 항상 철학적 사고를 가다듬어 갔고 철학적 쟁점에 대해 깊이있는 분석을 가하고 쟁점에 대한 자신의 견해를 명확히 밝혔다.

레닌의 대표적인 철학적 저서인 《유물론과 경험비판론》은 레닌의 철학적 사고의 진면목을 보여준다. 《유물론과 경험비판론》은 1905년의 1차 러시아 혁명이 실패로 끝나고 반동이 지배적이 되고 당조직이 약화되고 심지어는 와해되고 사상적으로는 맑스주의에 대한 공격, 부르주아 이데올로기의 침투가 강화되던 시점에 경험비판론이라 불리는 마하주의와의 철학적 논쟁을 담은 책이다. 이 책이 쓰여진 1909년은 러시아에서 반동이 정점에 달하던 시기였는데 바로 이 시기에 레닌은 철학을 통해 반동의 시대를 헤쳐 나갔다.

경험비판론은 마치 자신들이 유물론과 관념론의 대립을 넘어서

428

는 것이라고 포장을 하고 19세기 후반부터 거세진 과학에서의 새로운 발견과 새로운 조류를 관념론적으로 해석하려고 했는데 레닌은 경험비판론 혹은 마하주의가 버클리의 주관적 관념론의 재탕이라는 것을 밝히고 또 새로운 과학적 발견이 가져온 과학의 위기를 철학적으로 일반화하여 맑스주의 철학을 새롭게 전진시켰다.

19세기 후반에 물리학에서는 전자, 방사능 등이 새롭게 발견이 되었는데 당시에는 전자와 방사능을 물질로 파악하지 못하고 거꾸로 물질이 붕괴되는 것으로 파악했었다. 왜냐하면 당시까지 물질의 최소단위는 원자라는 인식이 지배적이었고 따라서 원자가 붕괴하여 방사능이 발생한다는 것은 곧 물질의 붕괴로 인식되었기 때문이다. 이러한 상황에서 과학자들이 자신들의 발견을 올바로 인식하지 못하고 이 틈을 노려 관념론자들이 물리학 등의 과학을 관념론적으로 이끌어가려고 하는 것이 과학의 위기, 물리학의 위기의 진정한 원인이라는 것을 레닌은 규명했다.

레닌이 ≪유물론과 경험비판론≫에서 이룩한 가장 커다란 공적은 물질 개념을 정립한 것이었다. 엥겔스에 의해 철학의 근본문제가 정식화되었지만 존재와 사고, 자연과 정신 등의 범주로 표현되었는데 당시는 과학의 발전의 성과를 담는 물질 개념이 정식화되지 못한 상태였다. 이러한 상황에서 레닌은 전자, 방사능, 전자기학의 발전 등 과학의 발전을 반영하여 물질 개념을 재정립했다. "물질이란 인간의 감각에 의해 주어지고, 우리의 감각에 의해 복사되고 촬영되고 모사되지만, 그것과 독립하여 존재하는 객관적 실재를 표현하기 위한 철학적 범주이다."[581] 이러한 물질에 대한 정의에서 '모사'개념을 통해 인간의 인식은 외적 세계의 반영이라는 반영론이 천명되고 있고 물질의 본질은 의식, 감각으로부터 독립된 객관적 실재임이 정식화되고 있고

---

581) 레닌, 유물론과 경험비판론, 아침, p.135

또한 물질과 의식의 대립은 철학적 영역 내부의 문제라는 것이 표현되고 있다. 그리하여 물질 개념에 대한 이러한 정식화를 통해 전자, 방사능 또한 물질에 포함되게 되고 그에 따라 과학의 영역에서의 혼돈이 극복될 수 있게 되었다.

또한 레닌은 19세기 후반에 맑스주의 진영으로 침투해 들어오던 신칸트주의에 맞서 유물론을 수호하는데 마하주의자들이 칸트의 물자체 개념을 갖고 들어오는 것에 대해 단호히 비판을 가했다. 칸트의 물자체(物自體)는 인간의 감각, 의식으로부터 독립된 객관적 실재를 인정하면서도 그것이 무엇인지 아는 것은 불가능하다고 주장한다는 점에서 불가지론이었다. 이에 대해 레닌은 실험과 산업 등의 실천을 통해 우리가 그 물(物)을 우리의 목적을 위해 사용하고 재생산한다면 물자체는 우리를 위한 물(物)로 전화된다는 엥겔스의 관점을 들어 신칸트주의를 반박했다.

≪유물론과 경험비판론≫은 당시 과학의 발전을 철학적으로 일반화하고 있는데 물리학상의 위기에 대한 해명, 물리학에서의 관념론적 조류에 대한 비판을 담고 있다. 대표적인 것이 물질이 소멸한다는 견해에 대한 비판인데 물질의 소멸이라는 관념은 당시 물리학에서의 혼돈을 집약적으로 표현하는 것이었다. 전자, 방사능 등의 발견은 그것이 아직 물질로 파악되지 못했기 때문에 물질이 비(非)물질로 전화한다는 관념을 발생시켰다. 이에 대해 관념론자들은 "원자는 탈물질화되며 … 물질은 소멸한다"[582]고 파악했다. 이에 대해 레닌은 물질의 소멸 관념을 다음과 같이 정리하였다. "물리학자들이 "물질은 소멸한다"고 말한 의미는, 지금까지는 과학이 물리적 세계의 연구를 세 개의 궁극적 개념: 즉 물질, 전기, 에테르로 환원시켰는데; 현재는 전기와 에테르만이 남았다는 뜻이다. … "물질은 소멸한다"는 말은 우

---

582) 레닌, 유물론과 경험비판론, 아침, p.275에서 재인용

리가 물질에 대하여 지금까지 알고 있던 인식의 한계가 소멸한다는 뜻이고, 이것은 우리의 인식이 더 깊이 들어간다는 뜻이며; 이전에는 절대적, 불변적, 근원적으로 여겨지던 물질의 성질 (불가입성, 관성, 질량 등)이 마찬가지로 소멸하고 이제는 그것이 상대적이며 오직 물질의 일정한 상태에서만 특징적임이 밝혀진다는 뜻이다."583) 원자의 붕괴 그리고 원자의 구성에서 전자의 발견은 물질의 붕괴로 파악되었는데 레닌은 이에 대해 물질의 소멸로 파악하는 깃은 올바르지 않으며 물질의 소널이라는 관념은 물질의 성질에 대한 우리 자신의 인식의 한계가 무너지는 것이며 따라서 물질에 대한 우리의 인식이 심화되고 있다는 것임을 밝혔다.

또한 물리학에서 관념론적 견해의 대표적인 것이 오스트발트의 에너지론이었는데 레닌은 이에 대해서도 정확한 비판을 가했다. 오스트발트는 에너지 개념을 신비화시키고 관념론적으로 해석했는데 에너지는 물질과 정신의 대립을 뛰어 넘는 것으로 보았다. 그리하여 그는 물질을 전제하지 않는 에너지가 가능하다고 보았는데 레닌은 바로 이 점을 비판하면서 오스트발트의 에너지론이 물질없는 운동을 상정하는 것이라고 통렬하게 반박했다. "오스트발트는 "에너지"라는 말을 무한히 확장시켜 사용함으로써 이 불가피한 철학적 갈림길(유물론 또는 관념론)을 회피하려 애쓴다. … 만약 에너지가 운동이라면 당신은 단지 난점을 주어에서 술어로 옮겨놓았을 따름이며, 물질이 운동하느냐? 하는 문제를 에너지는 물질이냐? 하는 문제로 변화시켰을 뿐이다."584) 오스트발트의 견해는 "물질과 정신의 양 개념을 에너지 개념에 종속시킴으로써 결합시키"585)려 하였는데 바로 이 점이 혼동을

---

583) 레닌, 유물론과 경험비판론, 아침, pp.277-278
584) 앞의 책, p.288
585) 레닌. 유물론과 경험 비판론, 아침. p.288에서 재인용

가져왔던 것이다. 그런데 물질이 에너지로 전화한다고 할 때 그때의 에너지는 비물질적인 것이 아니라 의식 밖의 객관적 현상이므로 에너지 또한 물질적 현상인데 오스트발트는 이러한 관점을 거부하고 에너지는 물질과 정신의 대립을 뛰어넘는 개념이라고 본 것이다. 에너지가 물질과 정신의 대립을 뛰어넘는다는 것은 실은 에너지는 물질을 전제하지 않는, 비물질적인 현상이라고 보는 것인데 에너지가 가리키는 것이 실은 운동이므로 이러한 오스트발트의 에너지론은 물질을 전제하지 않는 운동, 물질과 운동의 분리를 상정하는 것에 다름아니었다. 레닌은 물질과 운동의 분리에 대해 다음과 같이 반박한다. "운동을 물질로부터 분리시키는 것은 사유를 객관적 실재로부터 분리시키는 것, 또는 나의 감각을 외적 세계로부터 분리시키는 것—한마디로 말해서 관념론 쪽에 붙는 것과 같은 것이다."586) 고양이가 내 앞에서 웃고는 사라졌다고 할 경우 운동과 물질의 분리를 주장하는 견해에서는 고양이는 가고 없는데 고양이의 웃음은 남아 있다고 볼 것이다. 물질은 없는데 운동만이 존재하는 것이다. 이러한 관념의 어리석음은 곧 간파되는데 물질과 분리된 운동은 존재하지 않는 것이며 이는 운동 자체가 물질의 속성이기 때문이다. 레닌은 물질과 운동의 불가분성에 대해 다음과 같이 정리한다. "형이상학적, 즉 반(反)변증법적 유물론자는 운동(비록 일시적이고, "최초의 충격" 이전 등등이긴 하지만)이 없는 물질의 현존을 용인할 것이다. 그러나 변증법적 유물론자는 운동을 물질의 불가분한 성질로 간주할 뿐만 아니라, 운동 등을 단순화시키는 견해도 거부한다."587) 운동을 물질의 불가분한 성질로 파악하는 것은 물질의 성질로서 운동이라는 점에서 유물론적 관점이면서 동시에 운동과 물질의 연관성을 승인한다는

586) 앞의 책, p.284
587) 앞의 책, p.287

레닌, 스탈린, 마오쩌뚱, 그람시에 의한 맑스주의 철학의 발전

432

점에서 변증법적이다. 레닌은 오스트발트의 에너지론을 다음과 같이 규정한다. "에너지론적 물리학은 물질없는 운동을 생각하려는 새로운 관념론적 시도의 원천이다."588)

≪유물론과 경험비판론≫이 신칸트주의, 마하주의에 맞서 유물론을 수호하고 19세기 말 이후의 과학의 발전을 철학적으로 일반화한 것이었다면 ≪철학노트≫는 제국주의 전쟁 시대에 혁명을 준비하면서 헤겔을 정밀하게 분석하고 변증법적 사고를 비약적으로 전진시킨 저서이다. 레닌은 ≪철학노트≫에서 논리학=인식론=변증법의 정식을 정립한다. 레닌은 "≪자본론≫에는 논리학, 변증법, 유물론의 인식론 이 세 개의 낱말은 필요없다. 그것은 하나이면서 동일한 것이다."589)라는 인식을 세운다. 왜 논리학=인식론인가? 왜 그것은 또한 변증법과 동일한 것인가? 이에 대해 레닌은 헤겔을 분석하면서 논리학이 인식 발전의 집약임을 말한다. "논리학은 인식에 관한 학설이다. 즉, 인식론이다. 인식은 인간에 의한 자연의 반영이다. 그러나 그것은 단순한, 직접적인, 총체적인 반영이 아니라 일련의 추상화, 정식화, 여러 개념들이나 법칙들 등등의 형성 과정이다. … 여기서 실제로 객관적인 세 개의 항이 있다. 1) 자연, 2) 인간의 인식=인간의 두뇌(바로 상술한 자연의 최고 산물로서의 두뇌), 그리고 3) 인간의 인식 안에서 자연을 반영하는 형식. 그리고 이러한 형식이야말로 다름아닌 개념, 법칙, 범주 등등이다."590) 레닌이 논리학=인식론이라고 단호히 선언하는 근거는 인간의 인식과정의 본질에 있다. 인간의 인식은 자연의 반영이며 그것은 직접적 반영이 아니라 추상화 작용을 거치는 반영인데 이 추상화의 형식이 개념, 법칙, 범주 등의 논리이다. 그런데 바로 그러한 논리의 집약

588) 앞의 책, p.291
589) 레닌, 철학노트, 논장, p.296
590) 앞의 책, pp.133-134

이 논리학이며 따라서 인식론=논리학이라는 정식이 성립한다. 그런데 그러한 개념, 법칙, 범주 등은 또한 변증법이기도 하며 따라서 변증법=논리학=인식론이라는 정식이 성립하는 것이다. 레닌이 정립한 이 정식은 변증법적 유물론의 인식론, 반영론을 한층 더 높은 수준으로 끌어올리며 반영론에 대한 속류적인 비판을 극복하고 변증법적 논리학과 인식론의 발전의 전망을 열어젖힌 것이다.

또한 레닌은 두 개의 대립하는 발전관을 세우는데 진화적 발전관과 변증법적인 발전관이 그것이다. "두 개의 근본적인(혹은 두 개의 가능한? 혹은 역사에서 관찰된 두 개의?) 발전(진화)관은 감소 및 증가로서의, 즉 반복으로서의 발전과, 그리고 다른 하나는 대립물의 통일(통일물의 상호배제하는 대립물들로의 분열과 그것들간의 상호관계)로서의 발전이다."[591] 이러한 발전관의 문제는 변증법의 양적 변화의 질적 변화로의 전화 법칙에 기초하는데 레닌은 이를 발전관의 문제로 정식화한 것이다. 이 세계, 자연, 인간사회는 점진적인 양적 발전에 불과한 것인가, 아니면 양적 변화의 중단과 질적인 비약으로 이루어지는가가 레닌이 제기하는 발전관의 요지이다. 그런데 레닌은 여기서 질적인 비약 혹은 변증법적 발전이 이루어지는 것은 그것이 대립물의 통일로서 발전이기 때문임을 드러내고 있다. 즉, 양적 변화가 질적인 비약으로 나아가는 것은 그것이 대립물의 통일, 즉 모순의 운동이기 때문이다. 이 세계의 모든 대상은 내적 모순이 있고 내적 모순을 구성하는 대립물은 상호 대립하면서 통일되어 있기 때문에 운동을 하게 되고 양적인 운동은 대립물 중의 한 측면이 다른 측면을 극복하게 되면서 질적인 비약을 하게 된다. 레닌은 이러한 변증법의 원리를 발전관의 문제로 정식화한 것이다.

---

591) 앞의 책, p.300

434

레닌이 《철학노트》에서 변증법적 인식을 전면적으로 심화했다는 점은 그가 관념론을 평가하는 대목에서 두드러진다. 유물론의 관점에서 볼 때 관념론은 일반적으로 부조리이고 허황된 것이다. 그러나 레닌은 이러한 관점에 머물지 않고 관념론의 내적 원리를 변증법적 관점에서 파악한다. "철학적 관념론은 조잡하고 단순하며 형이상학적인 유물론의 입장에서 볼 때 단지 부조리일 뿐이다. 이에 반해 변증법적 유물론의 입장에서 보는 철학적 관념론은, 인식의 특징들, 측면들, 한계들 중의 하나를 물질이나 자연으로부터 분리시켜 신격화된 절대자로까지 일면적으로 과도하고 [극단적으로] (디츠겐) 전개(확장, 확대)시킨 것이다. 관념론은 신앙주의이다. 정말 그렇다. 그럼에도 불구하고 철학적 관념론은 ("보다 정확히 말해" 그리고 "이 점 외에") 무한히 복합적인(변증법적인) 인간 인식의 뉘앙스들 중의 하나를 뛰어넘어 신앙주의로 나아가는 길이다."592) 관념론은 인간 인식의 특징들의 하나를 절대화시키고 과도하게 확장시킨 것이라는 레닌의 파악은 매우 변증법적이다. 인간의 인식은 그 자체로 변증법적인데 감성과 이성, 직관과 개념 등등의 끊임없는 상호작용의 연쇄가 인간 인식이다. 레닌은 인간 인식의 이러한 변증법적 성격을 전제로 관념론이 그러한 인식과정의 특정한 측면을 과장하고 절대화한 것이라는 정의를 내릴 수 있었다. 예를 들면 객관적 관념론의 시조인 플라톤의 이데아론은 개별과 보편의 연관에서 보편 개념을 자립화하고 절대화시킨 것이다. 헤겔의 절대정신은 인간의 이성적 측면을 자연으로부터 분리시켜 절대화한 것이다. 이렇게 관념론의 내적 원리, 본질을 파악함에 의해 변증법적 유물론은 관념론을 원리적으로 극복할 수 있게 되었다.

맑스주의에서 철학은 관념론과 같이 독립적이고 관조적인 성격

592) 앞의 책, p.304

을 갖는 것이 아니라 실천과 통일되어 존재한다. 맑스 자신이 철학과 정치의 통일을 이루었고 이러한 성격은 레닌에 이르러 한층 강화되었는데 철학과 정치의 긴밀한 연관성을 보여주는 것이 민주주의와 독재에 대한 레닌의 접근이다. 1917년 10월 혁명이 승리하고 내전을 겪으면서 노동자계급의 권력을 공고히 하고 사회주의 건설을 이루어가는 상황에서 독일 사회민주당의 카우츠키는 러시아의 프롤레타리아 독재를 비판하면서 '독재인가, 민주주의인가'라는 쟁점을 제기하였다. 카우츠키는 속류적 관점에서 프롤레타리아 독재를 비판했는데 프롤레타리아 독재는 계급독재이기 때문에 말 그대로의 독재가 아니며 사회주의 변혁은 민주주의적으로 진행되어야 한다고 보았다. 이에 대해 레닌은 카우츠키가 자유주의적 관점에서 독재와 민주주의 문제를 바라본다고 비판했다. 독재와 민주주의의 내적 연관에 대해 카우츠키는 의도적으로 무시했는데 바로 이 점을 레닌은 비판했다. 레닌은 카우츠키의 순수민주주의라는 개념을 비판한다. ""순수한 민주주의"는 국가의 성격과 계급투쟁의 양자에 대한 이해의 결여를 드러내는 무지한 수사일 뿐만 아니라 세 배나 공허한 수사인데 왜냐하면 공산주의 사회에서 민주주의는 변화하고 습관으로 되는 과정에서 사라질 것이며 결코 "순수한" 민주주의가 되지 않을 것이다."[593] 카우츠키가 프롤레타리아 독재가 아닌 민주주의에 기반한 사회주의 사회로의 이행을 주장할 때, 그 때의 민주주의는 민주주의 일반, 순수한 민주주의를 가리키는 것인데 레닌은 그러한 민주주의는 존재하지 않는 것임을 주장한다. 그러면서 레닌은 민주주의를 다수와 소수의 문제로 접근하는 것은 자유주의적 접근이며 다수와 소수의 문제 이전에 착취자와 피착취자의 관계라는 문제가 근본적임을 주장한

593) 레닌, 프롤레타리아 혁명과 배신자 카우츠키, 레닌선집 3권, (progress 영문판), 모스크바, p.28

레닌, 스탈린, 마오쩌뚱, 그람시에 의한 맑스주의 철학의 발전

다. 즉, 민주주의와 독재의 문제에서 자유주의적 입장에 설 것인가, 아니면 계급적 입장에 설 것인가가 레닌이 카우츠키에 대해 제기한 방식이었다. 레닌은 계급적 관점에 설 때만 민주주의와 독재의 연관성을 해명할 수 있고 부르주아적 독재와 부르주아 민주주의, 그리고 이와 대립되는 프롤레타리아 독재와 프롤레타리아 민주주의라는 접근이 가능하다는 것을 보여주었다. 부르주아 민주주의는 동시에 부르주아 독재이기도 하다는 점, 그리고 프롤레타리아 독재는 동시에 광범하고 진면적인 프롤레타리아 민주주의를 전제한다는 점은 계급적 관점을 기초로 하는 변증법적 인식이다. 이렇게 레닌은 독재와 민주주의에 대한 속류적, 자유주의적인 카우츠키의 접근에 대해 독재와 민주주의의 변증법을 대치시켰다. 독재와 민주주의를 카우츠키처럼 절대적으로 대립시키는 것은 형이상학적이다. 그러나 실제로 독재와 민주주의는 긴밀히 연관되어 있으며 변증법적 관계에 있다. 레닌이 이를 해명한 것은 철학과 정치의 통일을 보여준 것이며 나아가 프롤레타리아 독재론을 한층 더 발전시킨 것이다.

레닌은 맑스주의 철학에서 많은 영역을 개척했다. 당건설의 철학적 토대로서 목적의식성의 문제를 해명했고 전술에서 객관적인 자본주의 발전과 그에 대응하는 주관의 작용으로서 프롤레타리아 헤게모니의 문제를 정립했다. 또한 제국주의에 대한 과학적 분석을 통해 사적 유물론적 차원에서 독점 단계의 자본주의론을 세웠다. 또한 19세기 후반의 과학적 발전을 철학적으로 일반화하여 물질 개념을 정립했고 이후 변증법=인식론=논리학이라는 정식을 수립하여 변증법적 유물론의 발전을 촉진했고 사회주의 건설기에 독재와 민주주의의 변증법을 정립하여 개량주의적 사회민주주의와 구분되는 20세기 사회주의의 길을 개척했다.

2) 스탈린

스탈린은 공과가 엇갈리는 인물이다. 특히 20세기 사회주의가 붕괴하고 난 후 그 모든 것의 원인이 스탈린에게 있는 듯이 악마화되어 있다. 그러나 이러한 접근은 비과학적인 접근이고 사실상 20세기 사회주의가 이룩했던 모든 성과를 무화(無化)시키는 것이다. 맑스-레닌주의자는 이러한 접근을 거부하고 스탈린의 공적과 과오를 있는 그대로 파악해야 한다. 더욱이 인류 최초로 프롤레타리아 독재를 실현하고 나아가 사회주의 건설을 이룩했다는 점에서 스탈린은 단순한 청산의 대상이 될 수 없다. 스탈린으로 표현되는 20세기 사회주의에 대한 전면적인 분석은 여기서 고찰의 대상이 아니지만 맑스주의 철학의 영역에서 스탈린이 차지했던 내용 또한 적지 않다.

스탈린은 1938년 <변증법적 유물론과 사적 유물론>이라는 논문을 발표한다. 이 시기는 쏘련에서 사회주의 경제 건설이 성공적으로 달성되고 경제 전체가 계획경제로 이행한 시기였고 또 제2차 대전 직전의 상황으로서 전쟁의 기운이 높아지던 때였다. 위 논문이 발표된 것은 경제와 정치 영역에서 사회주의 건설의 문제를 일정하게 해결하고 난 후에 철학의 영역에서 쏘련 사회의 방향을 결정할 필요성이 대두된 것이 배경이라 할 수 있다. 스탈린의 위 논문은 그리하여 쏘련에서 철학 교과서의 집필의 지침이 되었는데 이 논문은 20세기 맑스주의 철학의 발전 방향에 지대한 영향을 미쳤다고 할 수 있다.

스탈린은 "변증법적 유물론은 맑스-레닌주의 당의 세계관이다."[594]고 파악한다. 이 언급은 변증법적 유물론이 세계관의 문제이며 동시에 노동자계급의 당의 세계관이라는 것을 말하고 있

---

594) 스탈린, 변증법적 유물론과 사적 유물론, 스탈린 선집 2권, 전진, p.124

다. 당이 세계관을 가질 수 있는가가 논쟁이 될 수도 있지만 변증법적 유물론 자체가 당파적 철학이며 세계관이라는 점을 가리키는 것이다.

스탈린은 변증법을 '방법'으로 파악하고 형이상학의 대립물로 본다. 변증법의 내용으로는 제 물질과 현상, 대상의 상호연관의 문제, 세계를 부단한 운동과 변화의 상태로 본다는 것, 양적 변화의 질적 변화로의 전화, 모순의 문제 등을 언급한다. 그런데 스탈린의 언급에서 빠져 있는 것이 있는데 가장 논란이 되었던 것은 엥겔스가 변증법의 3대 법칙의 하나로 정식화했던 부정의 부정의 법칙이다. 변증법적 부정의 연속으로서 부정의 부정의 법칙은 발전의 방향성을 가리키는 것인데 스탈린의 논문에서는 빠져 있지만 이후 쏘련의 철학 교과서들에는 포함되어 있다.

스탈린은 유물론에 대해서 철학의 근본문제를 정리하고 불가지론을 비판한다. 또한 세계를 운동하는 물질로 파악한다. 그리고 철학적 유물론의 원칙들을 사회적 실천에 확장시킬 것을 강조한다.

스탈린은 사적 유물론에 대해 사회적 존재와 사회적 의식의 관계라는 근본문제를 정리하고 지리적 문제, 인구의 문제에 대해 입장을 밝힌다. 지리적 조건은 사회적 발전에 영향을 미치는 조건의 하나임이 분명하지만 결정적인 영향력이 아닌데 그 이유로 사회가 노예제, 봉건제, 자본제를 거치는 동안에도 지리적 조건은 변화가 거의 없었다는 논거를 들고 있다. 또한 인구에 대해서도 인구의 증대가 사회의 발전에 대해 많은 영향을 미치지만 결정적인 영향력은 아닌데 왜냐하면 인구증대가 사회발전의 관건이라면 인구밀도가 높은 사회가 더 높은 사회체제가 되어야 하지만 실은 그렇지 않다는 것을 논거로 들고 있다. 그러면서 사회체제를 결정하는 힘, 사회의 발전을 결정하는 주요한 힘은 물질적 생산양식이며 생산력의 문제임을 주장한다. 지리적 조건와 인구의 문제를 사적 유물론적 차원에서 검토한 것은 스탈린의 주요한 이론적 기여인데 이는 쏘련에서 실제적인 사회주의 건설의 경험을 반영한 것이다. 스탈린은 맑스의 ≪정치경제학 비판≫ 서문의 사적 유물론에 대한 정식화된 내용을 인용하면서 논문을 끝맺는다. 변증법적 유물론과 사적 유물론에 대한 매우 간략한 정식화를 이루고 있는 이 논문은 쏘련의 철학교과서의 저술 지침이 되었다는 점에서 중요하며 변증법적 유물론과 사적 유물론의 기본적인 원칙들의 정식화라고 할 수 있다.

스탈린은 철학에 대한 전문적인 저술보다 실천적 활동을 통해 철학적 의미를 갖는 많은 내용을 제기하였다. 주요한 것으로는 민족문제에 대한 이론적 기여, 프롤레타리아 독재론의 발전, 일국에서 사회주의를 건설하는 문제, 사회주의 경제의 발전 법칙의 정식화 등이라 할 수 있다.

스탈린은 1913년에 레닌과 협력하여 민족문제에 대한 논문을 쓰는데 <맑스주의와 민족문제>가 그것이다. "민족은 역사적 범주일 뿐 아니라, 특정 시대, 발달하는 자본주의의 시대에 해당하는 역사적 범주이다. 봉건제의 폐지와 자본주의의 성장과정은 동시에 민족적 형성 과정이다."595) 이러한 스탈린의 규정에서 핵심은 민족이라는 범주는 자본주의 발전의 산물이라는 것이다. 자본주의의 생성과정이 곧 민족의 생성과정이라는 것인데 스탈린은 민족의 특징을 다음과 같이 정리한다. "민족이란 공통의 언어, 지역, 경제적 생활 그리고 공통의 문화에 나타나는 심리적 성격을 기초로 하여 역사적으로 형성된 사람들의 안정적 공동체이다."596) 이러한 스탈린의 규정은 민족을 인종적 공동체로 보는 속류적 관점과 대비된다. 민족은 인종적, 종족적 공동체

---

595) 스탈린, 맑스주의와 민족문제, 스탈린 선집 1권, 전진, p.50
596) 앞의 책, p.45

혹은 흔히 말하는 혈연이 본질적인 것이 아니라 언어, 지역, 경제, 문화와 심리 등이 본질적 지표가 되는 복합적인 범주이다. 또한 민족은 자본주의의 산물로서 공통의 경제적 생활의 형성을 토대로 민족이 형성되었다고 할 수 있다. 민족에 대한 이러한 규정은 실천적으로 중요한데 자본주의 시대, 제국주의 시대에 발전하는 민족운동에 대한 맑스주의 진영의 태도를 결정하는데 있어 토대로 작용하기 때문이다.

민족운동에 대한 맑스주의자의 태도는 민족자결권의 옹호인데 이에 대해 스탈린은 다음과 같이 말한다. "모든 나라의 사회민주주의는 민족자결을 주장한다. 민족자결권은 민족 스스로 자신의 운명을 결정할 권리를 갖는다는 것을 의미하며, 이는 또 그 누구도 민족의 삶을 강제로 간섭할 권리, 학교와 다른 시설을 파괴하고 관습과 풍습을 더럽히고 언어를 탄압하고 권리를 침해할 권리를 갖지 않는다는 것을 의미한다. … 민족자결권을 위한 투쟁에서, 사회민주주의의 목표는 민족 억압 정책을 종식시키고 그것을 불가능하게 하며 그로부터 민족들 사이의 분쟁의 지반을 제거하고 그 분쟁의 기세를 꺾고 이를 최소한으로 격감시키는 것이다."[597] 언뜻 보면 당연한 듯이 보이는 민족자결권에 대한 옹호는 실은 많은 반대에 부딪혔었다. 대표적인 견해는 민족자결을 옹호하는 것은 부르주아 민족주의를 부추긴다는 것이었다. 이에 대해 레닌과 스탈린은 민족자결을 통해서 착취의 폐지라는 노동자계급의 궁극목표를 달성할 수는 없지만 자본주의의 발전 자체로 인해 민족문제가 발생하는 것이며 따라서 민족문제의 해결은 민족적 억압에 대한 반대, 약소민족들의 분리의 자유, 독립국가 형성의 자유가 본질이며 민족자결권은 그 이상도 그 이하도 아니며 사회주의적 과제인 착취의 폐지, 노동자계급의 해방을 담지하는 것은 아님을 주장했다. 그리고 이전 시

597) 앞의 책, pp.54-55

기에(19세기에) 민족운동이 부르주아 혁명의 동맹군으로 역할했다면 제국주의 시대에 노동자계급이 민족자결권을 옹호하는 것은 민족운동, 민족해방세력을 사회주의 혁명의 동맹군으로 전환시키는 것임을 레닌과 스탈린은 주장했다. 그런 점에서 스탈린의 위 논문은 제국주의 시대에 민족 문제에 대한 맑스주의 원칙의 수립에 커다란 기여를 한 것이었다.

스탈린은 레닌 사후에 사회주의 건설을 이끌면서 프롤레타리아 독재와 사회주의 건설론에 있어서 많은 진전을 이루었다. 대표적으로 <레닌주의의 문제에 관하여>라는 논문에서 스탈린은 프롤레타리아 독재의 세 가지 측면을 정식화하였다. "프롤레타리아 독재의 주요한 세 측면은 다음과 같다. 1) 착취자들의 억압, 조국의 방어, 다른 나라 프롤레타리아트와의 유대의 강화, 모든 나라에서 혁명의 발전과 승리 등을 위한 프롤레타리아 지배의 활용. 2) 피착취 근로대중을 즉시 부르조아지로부터 분리시키고, 프롤레타리아트의 이러한 대중들과의 동맹을 강화하며, 이러한 대중들을 사회주의 건설 사업에 끌어들이며, 이러한 대중들에 대한 프롤레타리아트의 국가적 지도력을 보장하기 위한 프롤레타리아트 지배의 활용. 3) 사회주의의 조직화, 계급의 폐지, 계급없는 사회, 사회주의 사회로의 이행 등을 위한 프롤레타리아 지배의 활용."[598] 여기서 프롤레타리아 독재는 첫째, 억압의 도구, 지배의 도구로서의 측면과 둘째, 노동자계급과 피착취 대중의 동맹을 강화하고 이들을 지도하는 도구, 동맹과 지도력의 도구라는 측면 셋째, 사회주의 건설의 도구라는 측면으로 정식화되어 있다. 스탈린에 의한 이러한 정식화는 의미가 큰데 이전에는 프롤레타리아 독재는 주로 부르주아지에 대한 억압의 측면만이 강조되어 왔다면 스탈린에 의해서는 지도의 측면, 건설의 측면이 부각되었다. 이러한 정식화는 사회주의 건설을 실

598) 스탈린, 레닌주의의 문제에 관하여, 스탈린 선집 1권, 전진, p.209

442

제로 이끌면서 축적된 경험을 이론적으로 요약한 것이라 할 수 있다.

또한 스탈린은 뜨로츠키주의자들의 영구혁명론을 논박하면서 쏘련에서 사회주의를 건설할 가능성의 문제를 이론적으로 해명했다. 스탈린은 일국에서 사회주의를 건설할 가능성의 문제가 두 가지 측면을 가지고 있음을 밝힌다. "한 나라의 노력으로 사회주의를 건설할 가능성의 문제—긍정적으로 대답되어야 할 문제—와 프롤레다리아 독재가 존재하는 나라기 수많은 다른 니라에서 혁명이 승리하지 않았는데 자신을 개입에 대항하여 그리고 결정적으로 구질서의 회복에 대항하여 충분히 보증된 것으로 간주할 수 있는가의 문제—부정적으로 대답되어야 할 문제."[599] 즉, 한 나라에서 사회주의의 건설은 다른 나라에서 혁명이 성공하지 않은 상태에서도 가능하지만 그것의 완전한 승리, 구질서의 회복불가능성은 세계적으로 혁명이 승리하지 않는다면 여전히 담보되지 않을 수 있다는 것을 스탈린은 밝힌 것이다. 이러한 스탈린의 입장에 대해 당시의 뜨로츠키, 그리고 현재의 뜨로츠키주의자들은 반대하고 있는데 이들은 다른 나라에서, 즉 당시로서는 서유럽의 사회주의 혁명의 승리가 없다면 러시아에서 사회주의 건설은 불가능하다는 것이었다. 그러나 일국에서 혁명의 승리의 가능성과 사회주의 건설의 문제는 스탈린에게 고유한 것이 아니라 레닌이 이미 혁명 전에 밝힌 바가 있었다. "자본주의의 발전은 상이한 나라들에서 극히 불균등하게 전개된다. 상품 생산 하에서 그와 다른 것은 있을 수 없다. 이것으로부터 사회주의는 모든 나라들에서 동시적으로 승리를 획득할 수는 없다는 것이 논박의 여지없이 따라 나온다. 사회주의는 처음에 하나 혹은 몇몇의 나라들에서 승리를 획득할 것인데, 반면에 다른 나라들은 얼마동안은 부르주아적 혹은 전(前)부르

---

599) 앞의 책, p.232

주아적 상태로 남아 있을 것이다."600) 이러한 레닌의 입론은 자본주의에서 불가피한 불균등발전의 결과 사회주의의 승리가 모든 나라에서 동시적으로 이루어지는 것은 불가능하다는 인식에 기초한다. 그리하여 19세기에 맑스와 엥겔스가 전유럽적인 동시혁명을 상정했던 것과 달리 제국주의 시대에는 불균등발전으로 말미암아 심지어는 하나의 나라에서도 혁명의 승리가 가능하다는 것이다. 스탈린이 일국 사회주의 건설이라는 노선을 밀고 나간 것은 레닌의 이러한 인식에 기초한 것이었다. 독일 등 서유럽 혁명이 좌절된 상황에서 서유럽 혁명의 지원이 없다면 쏘련에서 사회주의 건설은 불가능하다는 뜨로츠키의 영구혁명론적 인식은 패배주의를 의미하는 것이었고 따라서 쏘련에서 사회주의 건설을 이루어가면서 세계적 차원의 혁명운동의 발전과 연대하는 것이 당시로서는 최선이었고 과학적 노선이었다. 이는 제2차 대전에서 쏘련의 승리, 그리고 중국혁명의 승리와 세계사회주의진영의 성립에 의해 올바름이 입증되었다.

스탈린에게서 이론적으로 중요한 또 하나는 30여년에 걸친 쏘련에서 사회주의 건설의 경험을 종합하여 사회주의 경제의 문제를 해명한 것이었다. <쏘련에서 사회주의 경제의 문제들>(1952년)이라는 논문에서 스탈린은 사회주의 경제의 문제를 정치경제학의 견지에서 요약했다. 스탈린은 먼저 쏘련에서 사회주의 경제도 일정한 법칙성, 경제법칙을 갖고 있음을 말한다. "일부 동지들은 과학의 법칙들의 객관적 성격과 특히 사회주의 아래에서의 정치경제학의 법칙들의 객관적 성격을 부정한다. … 쏘비에트 정부는 자신이 현존하는 경제법칙을 이른바 파괴하고 새로운 법칙을 "만들어 내었기" 때문이 아니라 오직 생산관계가 생산력의 성격과 필연적으로 조응할 수밖에 없는 경제법칙

600) 레닌, 프롤레타리아 혁명의 군사강령, 레닌선집 1권(progress 영문판), 모스크바, pp.741-742

레닌, 스탈린, 마오쩌뚱, 그람시에 의한 맑스주의 철학의 발전

에 의존했기 때문에 그것을 완수했다."601) 이러한 스탈린의 언급은 쏘련에서 사회주의 경제도 일정한 법칙에 의존한다는 것을 가리키는데 쏘련에서 계획경제에 따른 사회주의 경제건설의 성공으로 인해 일부에서는 쏘련에서 경제법칙은 존재하지 않으며 쏘비에트 정부의 계획과 결정이 경제법칙을 대신한다는 과도한 사고가 발생했다. 이에 대해 계획적 경제건설을 총괄적으로 지도했던 스탈린 자신은 그러한 경제계획이 실은 경제법칙에 의거한 것임을 밝히고 있다. 스탈린은 자본주의 경제의 무정부성과 대비되는 '균형있는 발전법칙'을 사회주의 경제 법칙의 하나로 들고 있다. "우리의 다년간의 그리고 5년간의 계획이 국민경제의 균형잡힌, 비례를 이루는 발전의 객관적 경제법칙과 혼동되어서는 안된다. 국민경제의 균형잡힌 발전의 법칙은 자본주의 아래서의 생산의 경쟁 및 무정부성의 법칙에 반대하여 제기되었다. 그것은 자신의 정당성을 상실한 생산의 경쟁 및 무정부성의 법칙 이후로 생산수단의 사회화로부터 제기되었다. … 그것은 국민경제의 균형잡힌 발전의 법칙은 우리의 계획 기관이 사회적 생산을 올바르게 계획하는 것을 가능하게 만든다는 것을 의미한다."602) 스탈린이 제기한 사회주의 경제의 '균형있는 발전법칙'은 그것을 위배하면 사회주의 경제건설이 제대로 진행될 수 없다는 의미에서 그리고 5개년 경제계획을 가능하게 하는 경제원리라는 의미에서 사회주의 생산관계에서 비롯되는 경제법칙이라고 스탈린은 말한다. 이러한 균형있는 발전법칙의 현실적인 의미는 소비재와 생산재의 균형, 공업과 농업의 균형, 소비와 축적의 균형 등이 경제계획의 기본원리로 작동한다는 것이다. 그러나 이것은 단순한 관료적인 계획과 조정이 아닌데

601) 스탈린, U.S.S.R에서의 사회주의의 경제적 문제들, 스탈린 선집 2권, 전진, pp.226-230
602) 앞의 책, p.231

말단 기업의 노동자들의 계획의 작성과 중앙으로의 반영, 중앙 계획이 말단기업으로 다시 내려가 검토되고 이 결과가 다시 중 앙에 반영되는 등 사회주의 생산관계의 본성에서 우러나는 민 주주의적 과정을 거치기 때문이다.

스탈린은 또한 자본주의에서 가장 근본적인 법칙, 생산의 목적 을 규정하는 잉여가치의 법칙과 대비하여 '사회주의의 기본적인 경제법칙'이라는 개념을 제기한다. 이것은 사회주의 생산의 목 적을 규정하는 법칙이다. "더 높은 기술에 기초한 사회주의적 생산의 지속적인 확대 및 완벽화를 통하여 지속적으로 제기되 는 사회 전체의 물질적·문화적 요구들의 극대만족을 확보하는 것."603) 이것은 사회주의 생산의 목적이 인민의 확대되는 복지 의 요구를 지속적으로 만족시키는 것임을 말한다. 잉여가치의 축적인가, 아니면 인민의 복지인가가 바로 자본주의 생산에서의 목적과 사회주의 생산의 목적을 가르는 지점이다. 이렇게 사회 주의 생산의 목적이 자본주의 생산의 목적과 근본적으로 다른 것은 생산관계가 사적, 자본주의적 생산관계로부터 전화되고 사 회화되어 사회주의적 생산관계로 변화했기 때문이다. 생산관계 의 변화에 따른 생산의 목적의 변화는 합리적이고 과학적인 것 이다.

이외에 스탈린은 사회주의경제에도 가치법칙이 작동하지만 그 것은 지배적인 법칙이 아니라 고려의 대상이 되는 하나의 조건 에 불과하게 된다는 것을 말한다. 가치법칙이 사회주의 사회에 서 작동하는 이유는 잔존하는 상품-화폐 관계때문으로 보고 있 다. 그리고 사회주의 사회에서 자원의 배분을 결정하는 법칙은 자본주의와 달리 가치법칙이 아니라 균형있는 발전법칙임을 말 한다. 즉, 경제전체의 균형있는 발전이 자원배분의 기준이 되는 것이다. 또한 국유기업에서 생산되는 생산수단은 상품이 아니라

---

603) 앞의 책, p.258

는 것을 제기한다. 왜냐하면 I부문, 즉 생산수단의 생산은 국유기업에서 생산되어 국유기업으로 직접 이전되기 때문에 상품으로서 성질을 갖지 않는다고 본 것이다. 그런데 쏘련에서도 상품생산은 존재하는데 그 이유는 집단적 농업의 농민들과 국유부문은 상품적 거래를 통해서만 관계가 이루어질 수 있기 때문임을 제기한다.

스탈린의 위 논문은 쏘련에서 사회주의 정치경제학 교과서 저술의 지침이 되었다. 사회주의 생산관계에 기빈하는 30여년의 계획경제의 총괄이 바로 위 논문이다. 사회주의 사회에도 경제법칙이 존재한다는 것, 그리고 그것은 바로 사회주의 생산관계에서 비롯된다는 것, 사회주의 경제는 자본주의 경제와는 생산의 목적, 자원의 배분의 원리가 달라진다는 것 등은 21세기 지금도 여전히 의미를 갖는 부분이다.

3) 마오쩌뚱

20세기 중반의 중국혁명의 성공은 세계 식민지체제를 붕괴시키고 세계사회주의 진영의 성립을 가져왔다. 그런데 중국혁명은 중국공산당을 중심으로 하는 중국인민들의 투쟁을 통해 성취되었지만 그 과정에서 쏘련 등과 밀접한 연대관계를 형성하면서 이룩된 것이었다. 중국혁명을 이끈 마오쩌뚱 노선은 중국공산당 내의 좌·우편향을 극복하면서 중국인민의 자주적 혁명투쟁을 개척한 것이면서 동시에 맑스-레닌주의를 모토로 하는 쏘련 등 국제사회주의진영의 원조와 지지에 기초한 것이었다. 마오쩌뚱 노선의 사상적 기반, 정치적 원리는 맑스-레닌주의를 중국의 현실에 적용한 것이었는데 마오쩌뚱의 《모순론》, 《실천론》은 레닌의 철학적 노선을 계승, 발전시킨 것이었다.

마오쩌뚱의 ≪모순론≫은 변증법의 핵심원리인 모순 개념을 전면적으로 분석하고 중국 현실에 적용한 것이었다. 마오쩌뚱은 두 가지 세계관으로 형이상학적 세계관과 유물변증법적인 세계관을 들면서 내적 모순의 개념을 정립한다. "사물 발전의 근본 원인은 사물의 외부에 있는 것이 아니라 사물의 내부에 있으며 사물에 내재하는 모순성에 있다. 어떠한 사물이나 그 내부에는 모두 이런 모순성이 있기 때문에 사물은 운동하며 발전하게 된다. 사물에 내재하는 이런 모순성은 사물 발전의 근본 원인이며 한 사물의 다른 사물과의 상호연관 및 상호영향은 사물 발전의 이차적인 원인이 된다."[604] 사물 발전의 원리는 사물에 내재하는 모순에 있고 이것이 일차적이며 내적 모순의 개념을 형성한다. 그런데 이차적으로는 사물과 다른 사물과의 연관성이 그 사물에 영향을 미치며 이 연관성은 내적 원리는 아니지만 사물의 운동과 발전에 이차적으로 영향을 미친다.

마오쩌뚱은 나아가 모순의 보편성과 특수성을 해명한다. 마오쩌뚱은 모순의 보편성을 다음과 같이 파악한다. "모순의 보편성 또는 절대성이라는 이 문제에는 두 가지 측면에서의 의의가 있다. 하나는 모순이 모든 사물의 발전과정에 존재하고 있다는 것이며, 다른 하나는 모든 사물의 발전 과정에 처음부터 마지막까지 모순의 운동이 존재하고 있다는 것이다."[605] 여기서 마오쩌뚱은 모순의 보편성의 두 측면을 첫째, 모든 사물의 운동과 발전에는 모순이 존재한다는 것, 둘째 모순은 사물 발전의 일정 단계에만 존재하는 것이 아니라 사물 발전의 처음부터 끝까지 존재한다는 것을 들고 있다. 이것은 일체의 운동과 발전의 문제를 모순의 관점에서 파악할 것을 주장하는 것이다. 마오쩌뚱은 모순의 보편성의 사례를 광범위하게 들고 있는데 인간의 사고

---

604) 마오쩌뚱, 모순론, 모택동 선집 1, 범우사, p.362
605) 앞의 책, p.366

448

의 영역과 당내 투쟁의 영역에도 모순이 관철됨을 주장한다. "인간의 개념에 있어서의 모든 차이는 그것을 모두 객관적 모순의 반영으로 보아야 한다. 객관적 모순은 그것이 주관적인 사유에 반영되어 들어오면 개념의 모순운동을 조장하고 사유의 발전을 촉진하며 인간의 사상문제를 부단히 해결해 간다. 당내에도 서로 다른 사상의 대립과 투쟁은 늘 발생한다. 이것은 사회의 계급적 모순 및 신구 사물의 모순이 당내에 반영된 것이다. 만일 당내에 모순과 모순을 해결하는 사상투쟁이 없다면 당의 생명도 정지된다."606)

마오쩌뚱은 모순의 보편성에 이어 모순의 특수성으로 나아간다. "먼저 물질의 각종 운동 형태의 모순은 모두 특수성을 띠고 있다. 세계에는 운동하는 물질 외에 아무 것도 없으며 물질의 운동은 반드시 일정한 형태를 취하고 있는 것과 같다. 인간이 물질을 인식한다는 것은 물질의 운동 형태를 인식하는 것이나 다름없다. … 어떠한 운동 형태이든지 그 내부에는 모두 자체의 특수한 모순이 포함되어 있다. 그리고 이 특수한 모순은 그 사물이 다른 사물과 구별되는 특수한 본질을 구성한다. 이것이 곧 세계의 모든 사물에 천차만별적인 차이를 있게 하는 내재적 원인 또는 근거가 된다."607) 물질과 그 운동 형태를 다른 물질과 운동 형태와 구별하게 하는 것은 그 물질과 운동에 존재하는 모순의 특수성 때문이라고 마오쩌뚱은 본다. 앞서의 모순의 보편성은 모든 사물에는 모순이 존재하며 운동의 처음부터 끝까지 모순이 존재한다는 것을 가리키는 것이었다면 모순의 특수성은 물질과 운동의 질적인 차이를 가리키는 개념이다. 이러한 모순의 특수성의 개념은 실천적으로 중요한데 이를 마오쩌뚱은 다음과 같이 말한다. "질적으로 서로 다른 모순은 질적으로 서

---

606) 앞의 책, p.367
607) 앞의 책, pp.369-370

로 다른 방법으로만 해결할 수 있다. 예를 들면 무산계급과 자산계급과의 모순은 사회주의 혁명의 방법으로 해결하며, 인민대중과 봉건제도와의 모순은 민주주의 혁명 방법으로 해결하며, 식민지와 제국주의와의 모순은 민족혁명전쟁의 방법으로 해결하며, 사회주의에서 노동계급과 농민계급과의 모순은 농업집단화와 농업기계화의 방법으로 해결하며, 공산당 내의 모순은 비판과 자기비판의 방법으로 해결하며, 사회와 자연과의 모순은 생산력을 발전시키는 방법으로 해결해야 한다. 과정이 변화하여 낡은 과정과 낡은 모순이 없어지고 새로운 과정과 새로운 모순이 발생하면 모순을 해결하는 방법도 따라서 다르게 된다."608) 마오쩌뚱은 이렇게 중국혁명의 현실에서 모순의 특수성을 탐구하면서 모순이 질적으로 다름에 따라 그것을 극복하는 방법도 달라져야 한다는 것을 제기한다. 매우 평이하면서도 정확한 이러한 서술은 마오쩌뚱에 특유한 것인데 중국혁명운동의 현실에서 형성된 마오쩌뚱의 특색이라 할 수 있다.

이어서 마오쩌뚱은 주요모순과 모순의 주요한 측면의 개념의 정립으로 나아간다. 마오쩌뚱은 주요 모순의 개념을 다음과 같이 정의한다. "복잡한 사물의 발전 과정에는 많은 모순이 있는데 반드시 그 중 한 가지가 주요한 모순이다. 그것의 존재와 발전이 기타 모순의 존재와 발전을 규정하거나 또는 그것에 영향을 준다."609) 사물은 단순한 것이 있는 반면 복잡한 것도 있으며 대표적으로 인간 사회의 발전은 복잡한 과정을 띠는데 이러한 복잡한 과정을 올바로 이해하기 위해서는 복잡한 과정을 형성하는 여러 모순 중에서 주요한 것이 어떤 것인가를 반드시 구별해내야 한다. 예를 들면 1930년대 중국혁명에서 토지혁명, 반봉건의 과제가 주요한 것이었지만 일본제국주의가 중국을 침

608) 앞의 책, p.372
609) 앞의 책, p.381

략한 이후에는 반봉건의 과제가 뒤로 밀리고 반제, 항일투쟁이 주요한 모순으로 전화된다. 이에 대해 마오쩌뚱은 다음과 같이 말한다. "제국주의가 이런 국가에 대하여 침략전쟁을 진행하는 경우에는 이 국가 내부의 각 계급은 일부 반역자를 제외하고는 일시적으로 단결하여 제국주의를 반대하는 민족전쟁을 진행할 수 있다. 이때에는 제국주의와 이 국가 간의 모순이 주요 모순으로 되고 이 국가 내부의 각 계급간의 일체 모순(봉건제도와 인민대중간의 이 주요 모순도 포함한)은 잠시 이차적이며 종속적인 위치로 물러선다. 중국의 1840년의 아편전쟁, 1894년의 중일전쟁, 1900년의 의화단전쟁 및 현재의 중일전쟁은 모두 이러한 상황이다."610)

주요 모순의 개념을 정립한 마오쩌뚱은 이어서 모순의 주요한 측면이라는 개념을 정립한다. "주요 모순이건 부차적 모순이건 모순되는 두 측면을 균등하게 취급할 수 있겠는가? 역시 그럴 수는 없다. 어떠한 모순을 막론하고 모순의 여러 측면의 발전은 불균형적이다. 때로는 세력이 같은 것 같이 보이기도 하지만 그것은 일시적으로 상대적인 상황일 뿐이며 기본적인 형태는 불균형적이다. 모순되는 두 측면 가운데서 반드시 한 측면은 주요한 것이고 다른 측면은 부차적인 것이다. 그 주요한 측면은 모순의 주도적 역할을 하는 측면일 뿐이다. 사물의 성질은 주로 지배적 지위를 차지하고 있는 모순의 주요 측면에 의하여 규정된다. 그러나 이러한 상황은 고정된 것이 아니다. 모순의 주요 측면과 주요하지 않은 측면은 서로 전환하여 사물의 성질도 이에 따라서 변화한다."611) 주요 모순과 모순의 주요한 측면이라는 개념은 혼동하기 쉬운데 서로 다른 개념이다. 주요 모순은 복잡한 사물 혹은 과정에 존재하는 여러 모순 중에서 관건이

---

610) 앞의 책, pp.381-382
611) 앞의 책, p.383

되는 주요한 모순을 추출하는 것인 반면에 모순의 주요한 측면
은 하나의 사물 혹은 과정에 존재하는 모순의 두 측면 중 주요
한 것이 어떤 것인가를 가리키는 것이다. 예를 들면 자본주의
사회의 모순에서 자본가계급과 노동자계급이라는 두 측면 중
어느 측면이 우세한가를 가리키는 것이 모순의 주요한 측면이
라는 개념이다. 이 개념은 실천적으로 매우 중요한데 예를 들면
자본가계급이 우세하고 주요한 측면이라면 자본주의 사회는 안
정화되어 있고 비혁명적이라고 파악할 수 있지만 노동자계급이
주요한 측면이 되었다면 운동이 상승하고 혁명적 정세가 다가
오는 것으로 파악될 수 있다. 마오쩌뚱이 이렇게 주요 모순과
모순의 주요한 측면이라는 개념을 정립한 것은 이 개념들이 혁
명운동에서 실천적으로 중요했기 때문이며 그런 점에서 이 개
념들은 중국혁명의 경험을 이론화한 것으로 볼 수 있다.

마오쩌뚱은 이어서 모순 개념을 구성하는 두 요소, 즉 대립물의
통일성(동일성)과 상호투쟁의 개념을 분석한다. "일체 모순되는
사물은 상호 연관되어 있으며 일정한 조건 하에서 하나의 통일
체 내에 같이 존재하고 있을 뿐만 아니라 또 일정한 조건 하에
서는 상호 전환한다. 이것이 곧 모순의 동일성의 전체 의의이
다."612) 상호 연관, 하나의 통일체 내에서의 동시적 존재, 그리
고 상호 전화가 마오쩌뚱이 파악하는 모순 개념에서 동일성(통
일성)의 의미인데 대립물의 상호 전화까지를 통일성의 개념으로
파악하고 있는 점이 주목된다. 대립물의 상호 전화가 통일성의
개념으로 파악되는 것은 상호 전화는 대립물의 상호 의존을 전
제로 하며 상호 의존은 바로 통일성의 개념을 구성하기 때문이
다. 그런 점에서 대립물의 상호 전화는 통일성의 개념에 포함되
는 것으로 볼 수 있다. 이어서 마오쩌뚱은 대립물의 투쟁을 고
찰한다. 마오쩌뚱은 레닌에게서 다음을 인용한다. "레닌은 '대립

---

612) 앞의 책, p.391

물의 통일(합치, 동일성, 합성)은 조건적이며 일시적이며 과도적이며 상대적이다. 상호 배제하는 대립물의 투쟁은 발전, 운동이 절대적인 것처럼 절대적이다.'라고 말하였다"613) 통일의 상대성, 조건성과 투쟁의 절대성이라는 레닌의 정식에 대해 마오쩌둥은 다음과 같이 파악한다. "어떠한 사물의 운동이나 그것은 모두 두 가지 상태, 즉 상대적 정지의 상태와 현저한 변동의 상태를 취한다. … 사물은 부단히 첫째 상태로부터 둘째 상태로 전환하는데 모순의 투쟁은 이 두 가지 상태 가운데 존재하며, 또 둘째 상태를 거쳐 모순의 해결에 도달한다. 그렇기 때문에 대립물의 통일은 조건적이고 일시적이며 상대적이지만 대립물의 상호 배제하는 투쟁은 절대적인 것이다."614) 사물의 부단한 운동과 발전은 대립물의 투쟁에 의해 주어지기 때문에 투쟁은 절대적인 반면에 사물이 현저한 변동을 통하여 다른 사물로 이행하면 대립물의 통일성은 해체되고 새로운 통일성이 정립된다는 점에서 통일은 일시적이며 상대적이라고 본 것이다.

끝으로 마오쩌둥은 모순에서 적대가 차지하는 위치를 고찰한다. "모순과 투쟁은 보편적이고 절대적이지만 모순을 해결하는 방법, 즉 투쟁의 형태는 모순의 성격이 다름에 따라 서로 다르다. 어떤 모순은 공개적인 적대성을 가지고 있으며 어떤 모순은 그렇지 않다. 사물의 구체적 발전에 의하여 어떤 모순은 비적대적이던 것이 적대적인 것으로 발전하며 또 어떤 모순은 본래 적대적이던 것이 비적대적인 것으로 발전한다."615) 모든 모순이 적대적인 모순인 것은 아니며 또한 적대성은 상대적이며 적대적 모순은 비적대적 모순으로 혹은 역으로 비적대적 모순이 적대적 모순으로 전화할 수도 있다. 이러한 마오쩌둥의 인식은 중

---

613) 앞의 책, p.393
614) 앞의 책, p.393
615) 앞의 책, p.395

국혁명의 경험을 반영하는 것인데 토지혁명, 반봉건 혁명에서 적대적이었던 지주의 존재가 항일전쟁에서는 비적대적으로 변화하는 현실, 그리고 적대적인 자본가계급과 노동자계급의 관계가 항일민족통일전선에는 동지적 관계로 전화하는 현실 등 변화무쌍한 중국혁명의 과정에서 모순에서 적대의 문제에 대해 마오쩌뚱은 이론적으로 해명한 것이다. 마오쩌뚱은 이 지점에서 레닌을 인용하면서 적대적 모순의 개념을 마무리한다. "레닌은 '적대와 모순은 결코 같지 않다. 사회주의 하에서는 전자는 소멸하나 후자는 남는다'라고 하였다. 이것은 적대는 모순투쟁 형태의 하나일 뿐이고 그 일체의 형태는 아니므로 이 공식을 아무 데나 적용할 수 없다는 것을 의미한다."[616] 적대는 모순이지만 모든 모순이 적대는 아니며 적대와 비적대는 상호 전화한다는 것! 만약 비적대적 모순을 적대적 모순으로 혼동하면 그것은 좌편향의 오류에 빠지게 되는데 마오쩌뚱은 다양한 당내 투쟁을 겪으며 편향을 극복하면서 이를 적대적 모순과 비적대적 모순으로 개념화한 것이다.

그런데 적대적 모순, 비적대적 모순의 개념은 혁명의 승리 이후에 사회주의 건설과정에서 인민내부의 모순이라는 개념으로 발전한다. 1957년에 마오쩌뚱은 <인민내부의 모순을 정확히 처리하는 문제에 관하여>라는 논문을 발표하는데 이는 적대와 비적대의 모순의 개념을 사회주의 건설과정에 적용한 것이다. "우리의 면전에는 두 종류의 사회적 모순이 있는데, 이것은 바로 적아(敵我)간의 모순과 인민내부의 모순이다. 이것은 성질이 완전히 다른 두 종류의 모순이다."[617] 적아간의 모순, 즉 적대적 모순과 인민내부의 모순은 완전히 다른 것인데 인민내부의 모순

---

616) 앞의 책, p.396
617) 마오쩌뚱, 인민내부의 모순을 정확히 처리하는 문제에 관하여, 마오쩌뚱 문집 7권, 인민출판사, 베이징, (중국어판), pp.204-205

은 비적대적 모순의 일종임을 말하고 있다. 인민내부의 모순에
대해 마오쩌뚱은 다음과 같이 파악한다. "우리나라의 현재의 조
건 하에서, 소위 인민내부의 모순은 노동계급 내부의 모순, 농
민계급 내부의 모순, 지식분자 내부의 모순, 노농 양 계급간의
모순, 노동자, 농민과 지식분자 간의 모순, 노동계급 및 기타 노
동인민과 민족부르주아지 간의 모순, 민족 부르주아지 내부의
모순 등등이다. 우리의 인민정부는 진정으로 인민의 이익을 대
표하는 정부이며, 인민에게 복무하는 정부이지만, 그러나 그것
과 인민군중 간에도 일정한 모순이 있다. 이 종류의 모순은 국
가이익, 집단적 이익과 개인적 이익 간의 모순, 민주와 집중의
모순, 지도와 피지도간의 모순, 국가기관의 어떤 사업인원의 관
료주의 작풍과 군중 간의 모순이다. 이런 종류의 모순 또한 인
민 내부의 모순이다. 일반적으로 말해서 인민 내부의 모순은 인
민의 이익이 근본적으로 일치한다는 것에 기초하는 모순이다
."618) 사회주의 사회에서 인민을 구성하는 다양한 부문 사이에
모순이 존재한다는 것을 마오쩌뚱은 전적으로 승인하고 있다.
그러나 마오쩌뚱은 이러한 인민 내부의 모순이 적대적 모순이
아님을 강조하고 인민내부의 모순의 해결과정은 적대적 투쟁이
아니라 교육과 설득의 방법 등 평화적 방법임을 말한다. 그런
점에서 이러한 인민내부 모순의 개념의 정립은 사회주의 건설
론에 해당한다. 즉, 사회주의의 건설은 인민내부에 존재하는 다
양한 모순의 해결과정에 다름 아니라는 것을 마오쩌둥은 제기
하고 있다. 예를 들면 노동자계급 내부의 모순인 정신노동과 육
체노동간의 모순의 해결은 낮은 단계의 공산주의인 사회주의
사회가 높은 단계의 공산주의로 진입하기 위해 반드시 해결해
야만 하는 모순이다. 또한 노동자계급의 국유와 농민계급의 집
단적 소유간의 모순은 생산력의 높고 낮음에서 비롯되기 때문

---

629) 앞의 책, pp.205-206

에 생산력을 발전시키는 것을 통해 점차적으로 해결의 길을 걷게 된다. 사회주의 국가와 인민간의 모순은 인민의 교육적 수준의 향상과 사회주의적 민주주의의 확장을 통해 인민들의 행정에 대한 참여가 확대되면서 해결될 수 있는 성질의 것이다. 이와 같이 인민 내부의 모순의 해결과정은 곧 사회주의 건설의 과정이기도 하다. 마오쩌뚱이 이와 같은 인민 내부의 모순의 개념을 제기한 것은 1956년 스탈린 탄핵의 여파가 중국에 밀려오고 특히 헝가리에서 폭동이 일어난 것에 영향을 받았기 때문이다. 이러한 상황에서 인민내부에도 모순이 있으며 그것은 비적대적으로 해결되어야 하며 이는 사회주의 건설의 방법과 연결되어야 한다는 것을 마오쩌뚱은 제기했던 것이다.

마오쩌뚱의 ≪실천론≫은 인간의 인식과 실천의 관계를 해명한 저작이다. 인간의 인식에서 실천의 문제는 헤겔에 의해 단초가 제기되고 맑스에 의해 정립되고 레닌에 의해 심화되는 길을 걸어왔는데 마오쩌뚱은 중국혁명의 경험을 녹여서 인식에서 실천의 문제를 전면적으로 고찰하고 있다. 마오쩌뚱은 맑스 이전의 유물론이 인식에서 실천의 문제를 이해하지 못했음을 비판하면서 실천이 진리의 기준임을 말한다. "마르크스주의자는 인간의 사회적 실천만이 외계에 대한 인간 인식의 진리성의 기준이 된다고 인식한다. 그 실제적인 상황은 다음과 같다. 즉, 사회적 실천을 하는 과정에서 (물질적 생산 과정에서, 계급투쟁 과정에서, 과학적 실험 과정에서) 사람들이 예상하였던 결과에 도달하였을 때에야 비로소 사람들의 인식은 실증된다."[619] 실천을 통해 예상하는 결과를 얻었을 때 비로소 인식의 올바름이 검증된다는 것이다. 마오쩌뚱은 진리의 기준으로서 실천을 고찰한 후 나아가 "실천에 대한 이론의 의존관계, 즉 이론의 기초는 실천인 동시에 이론은 다시 또 실천에 적용돼야 한다"[620]는 것을 말한다.

---

619) 마오쩌뚱, 실천론, 모택동 선집 1, 범우사, p.344

레닌, 스탈린, 마오쩌뚱, 그람시에 의한 맑스주의 철학의 발전

실천을 떠난 이론은 생명력을 가질 수 없고 또 올바른 개념화도 어렵고 나아가 풍부한 내용을 확보할 수도 없다. 그런 점에서 실천에 대한 이론의 의존관계에 대한 마오쩌뚱의 제기는 정확하다.

마오쩌뚱은 인식의 발전과정을 다음과 같이 표현한다. "인식은 실천으로부터 시작되며 실천을 통하여 이론적 인식에 도달한 다음 다시 실천으로 돌아가야 한다. 인식의 능동적 비약에서 표현되어야 할뿐만 아니라, 이성저 인시에서 혁명적 실천에 이르는 비약에서 표현되어야 하는 것이 더욱 중요하다."621) 이러한 인식과정을 정리하면 실천-감성적 인식-이성적 인식-혁명적 실천으로의 비약의 흐름이라 할 수 있다. 즉, 기존에는 인간의 인식과정은 감성적 인식의 단계와 이성적 인식의 단계로만 파악되었는데 마오쩌뚱과 변증법적 유물론에서는 인식의 단계를 감성적 인식단계, 이성적 인식 단계, 실천의 단계의 3단계로 파악한다. 즉, 실천 또한 인식과정의 하나로 파악되는데 이는 실천을 인식론에 포함한 것의 귀결이다.

마오쩌뚱은 인식에 있어서 진리의 문제에 대해 다음과 같이 파악한다. "일정한 사상, 이론, 계획, 방안에 근거하여 객관적 현실의 변혁에 종사하는 실천이 매번 전진함에 따라, 객관적 현실에 대한 인간의 인식도 매번 심화되어 간다. 객관적 현실 세계의 변화운동이 영원히 완결되지 않음에 따라, 실천에 있어서 진리에 대한 인간의 인식도 영원히 완결되지 않는다. 마르크스·레닌주의는 진리를 종결시키지 않으며 진리를 인식하는 길을 실천에서 부단히 개척하려고 하고 있다."622) 현실의 변화운동이 종결되지 않기 때문에 진리는 완결되지 않는다는 것, 맑스-레닌

---

620) 앞의 책, p.344
621) 앞의 책, p.353
622) 앞의 책, p.357

주의는 진리를 종결시키지 않는다는 마오쩌뚱의 주장은 변증법
적이며 실천적으로는 교조주의를 반대하는 것이다. 진리는 완결
되지 않는 것이기 때문에 완전무결한 진리는 존재하지 않는 것
이다. 진리를 과정으로 파악하는 마오쩌뚱의 이러한 변증법적
인식은 실천-인식-재실천-재인식이라는 유명한 정식으로 나아
간다. "실천을 통하여 진리를 발견하고 또 실천을 통하여 진리
를 실증하고 진리를 발전시킨다. 감성적 인식으로부터 이성적
인식으로 능동적으로 발전시키고, 또 이성적 인식으로부터 혁명
의 실천을 능동적으로 지도하여 주관적 세계와 객관적 세계를
개조한다. 실천, 인식, 재실천, 재인식 이러한 형식이 무한히 순
환, 반복되며 모든 순환 과정에서의 실천과 인식의 내용은 매번
이전보다는 한 급 높은 정도에 도달한다. 이것이 바로 변증법적
유물론과 인식론의 전체이며, 이것이 바로 변증법적 유물론의
지행통일관(知行統一觀)이다."623)

마오쩌뚱은 ≪모순론≫과 ≪실천론≫을 통해 맑스주의 철학을
발전시켰지만 그의 철학적 내용이 이에 국한되는 것은 아니다.
마오쩌뚱은 장기간에 걸친 혁명전쟁과 항일전쟁을 지도하면서
많은 군사적 저술을 했는데 그의 군사전략에는 변증법적 인식
이 언제나 녹아 있었다.

<중국혁명전쟁의 전략문제>라는 논문은 아직 항일전쟁이 발발
하기 전에 장개석의 국민당군과의 싸움을 다룬 글이다. 여기서
마오쩌뚱은 변증법의 보편-특수-개별의 범주를 사용하여 전쟁
의 법칙을 탐구한다. 전쟁의 법칙(보편), 혁명전쟁의 법칙(특수),
중국혁명전쟁의 법칙(개별)을 차례로 탐구하는데 변증법의 범주
를 직접 군사전략에 적용한 것이다. 그의 변증법은 전쟁이라는
계급투쟁의 가장 격렬한 형태에 녹아 있는데 "전쟁 상황이 다
름에 따라 전쟁의 지도법칙도 달라지게 된다. 즉, 시간·지역·성

---

623) 앞의 책, p.358

458

격이 다름에 따라 달라진다. … 모든 전쟁 지휘의 법칙은 역사
의 발전에 따라 발전하는 것이고 전쟁의 발전에 따라 발전하는
것으로, 고정불변의 사물이란 존재하지 않는 것이다."624)
일본의 침략이 본격화하면서 홍군의 혁명전쟁은 항일전쟁으로
전화된다. 일본과의 전쟁은 속전속결이 아니라 지구전의 양상으
로 전개되는데 이에 대해 마오쩌뚱은 <지구전을 논함>이라는
논문에서 역시 변증법적 분석을 통해 지구전 전략을 수립한다.
"항전 10개월 동안의 모든 경험은 다음의 두 가지 견해가 옳지
못하다는 것을 증명하고 있다. 하나는 중국필망론이고 하나는
중국 속전필승론이다. 전자는 타협적 경향을 낳고 있으며, 후자
는 적을 경시하는 경향을 낳고 있다. 그들이 문제를 보는 방법
은 모두 주관적이며 일면적이다. 한 마디로 말하면 비과학적이
다."625) 한편으로는 강대한 일본을 이길 수 없다는 패배주의가
존재하고 다른 한편으로는 소국인 일본을 속전속결로 물리칠
수 있다는 경향이 존재하는 가운데 마오쩌뚱은 이 두 가지 경
향 모두를 비판하며 지구전을 통한 필승론을 전개한다. 왜 마오
쩌뚱은 지구전을 통해야만 필승할 수 있다고 보았는가? "전체
적으로 말한다면, 일본의 장점은 그 전쟁역량이 강한 것이고,
단점은 그 전쟁의 본질적 퇴보성과 야만성에 있으며, 그 인력과
물력이 부족한데 있으며, 국제정세에 있어서 그들에 대한 원조
가 적다는 데 있다. 이러한 것들이 일본 측의 특성이다. … 종
합해서 말한다면 중국의 단점은 전쟁역량이 약한 것이고, 장점
은 그 전쟁의 본질적인 진보성과 정의성에 있으며, 큰 나라이자
국제정세에 있어서 그 원조자가 많은 데 있다. 이러한 것들이
모두 중국의 특성이다. … 이러한 특성들은 쌍방의 모든 정치상

624) 마오쩌뚱, 중국혁명전쟁의 전략문제, 모택동 선집 1권, 범우사,
    pp.219-220
625) 마오쩌뚱, 지구전을 논함, 모택동 선집 2권, 범우사, p.126

의 정책과 군사상의 전략전술을 규정하였고 또한 규정하고 있으며, 전쟁이 지구적이며 궁극적 승리가 일본에 있지 않고 중국에 있다는 것을 규정해 주고 있는 것이다. 전쟁은 바로 이러한 특성들의 경쟁이다."[626] 지구전 필승론은 이렇게 적아의 역량과 국제정세, 전쟁의 성격과 본질에 대한 종합적인 분석으로부터 도출된 것이다. 중국필망론은 중국의 전쟁이 정의의 전쟁이라는 점에서, 그리고 일본이 전쟁역량 자체는 강하나 물자가 부족하다는 점에서 또 원조자가 적다는 점에서 그릇된 것이며 속전필승론은 중국이 대국이며 국토가 넓다는 잇점을 살리지 못하고 일본의 전쟁역량이 강하다는 점을 간과한다는 점에서 옳지 못하며 따라서 지구전을 통해서 일본의 역량을 서서히 약화시키면서 국제정세의 잇점을 살리고 중국 측의 전쟁역량을 극대화해나가야 한다는 것이 마오쩌뚱의 전략이었다. 중국의 항일전쟁은 실제로 이와같이 발전되었고 중국은 일본에 승리할 수 있었다. 이러한 마오쩌둥의 군사전략에는 철저히 변증법적 관점이 녹아 있었는데 변증법을 통해 군사전략을 과학의 수준으로 고양시켰다.

일반적으로 마오쩌뚱은 맑스-레닌주의를 중국혁명의 실제에 적용하고 구체화시켰다고 평가된다. 러시아 혁명과 쏘련이라는 존재가 없었다면 중국혁명도 없었을 것이라는 점에서 마오쩌뚱의 노선과 중국혁명은 쏘련, 레닌, 스탈린과 깊은 연관을 지니며 또 마오쩌뚱은 좌익적, 우익적 편향과 싸우며 중국혁명을 개척했다는 점에서 맑스-레닌주의를 중국화한 것이라는 것도 진실이다. 마오쩌뚱은 《모순론》, 《실천론》을 통해 맑스주의 철학을 심화시켰고 그의 군사전략은 철저히 변증법적 유물론을 적용하고 구체화한 것이었다. 이는 철학이 정치에 녹아들 때 어떠한 위력을 보여주는가를 실제로 증명한 것이었는데 맑스주의

626) 앞의 책, pp.135-137

레닌, 스탈린, 마오쩌뚱, 그람시에 의한 맑스주의 철학의 발전

460

자체가 철학과 정치의 통일을 근본 원칙으로 한다는 것을 보여 준다.

마오쩌뚱은 사회주의 건설에서도 원칙을 지키며 나아갔지만 흐루쇼프 수정주의의 발생, 중국에서 주자파(走資派)의 발생이라는 상황에서 문화대혁명을 일으켰는데 문화대혁명은 취지의 올바름에도 불구하고 그 과정에서 좌편향이 발생하여 결국은 실패하였고 이후 중국은 자본주의화의 길을 걸었다. 현대의 중국이 자본주의의 길을 걷는다고 해서 마오쩌뚱의 사상과 원칙이 무화(無化)되는 것은 아니다. 현대 중국의 건국 자체가 마오쩌뚱의 사상과 노선에 기반한 것이었고 철저한 반제반봉건 혁명의 성과가 현대 중국에 이어지고 있다. 그리고 수정주의 하에서 현대 중국자본주의의 발전은 중국의 노동자계급의 발전을 초래할 것이며 그 결과 현대 중국의 노동자계급이 깨어날 날이 올 것임은 필연적이다.

4) 그람시

레닌, 스탈린, 마오쩌뚱은 현실적인 혁명투쟁을 이끌었고 거대한 성취를 남긴 사람들이다. 그런데 그람시는 이들과 달리 이탈리아 혁명의 패배 속에서 파시즘의 감옥에 갇혀서 장기간 투쟁하면서 옥중에서 자신의 생각들을 편지, 수고 등의 형태로 남겼다. 그리하여 그람시에게 남아 있는 것은 옥중수고로 알려진 단편들뿐인데 따라서 레닌, 스탈린, 마오쩌뚱과 달리 체계적인 이론틀을 남기지 않았다. 그러나 그람시의 옥중수고가 단편들의 형식을 띠고 있지만 거기에는 파시즘의 감옥에서의 치열한 자기반성과 모색이 담겨 있다. 특히 주목되는 것은 이탈리아 혁명이 패배한 원인을 분석하는 가운데 러시아 혁명과 유형이 다른 서유럽 혁명의 문제를 파고드는 점이다.

그람시는 러시아에서는 자본주의 발전이 지체되어 시민사회의 성숙이 미약했던 데 반해 자본주의가 발달한 서유럽은 시민사회가 강력히 발전되어 있다는데 주목하고 이를 근거로 러시아 혁명과 서유럽 혁명이 유형을 달리하는 것으로 파악했다. "내가 보기에 일리치(레닌-필자)는 1917년의 동구에서는 성공적으로 전용된 기동전이, 서구에서 가능한 유일한 형태인 진지전으로 바뀔 필요가 있다는 것을 이해했던 것 같다. … 그러나 일리치는 자신의 공식을 확장시킬 시간이 없었다. … 다시 말하여 그 공식을 실천하기 위해서는, 지형에 대한 탐색과 시민사회의 요소들로 표현되는 참호와 요새에 대한 확인이 요구된다. 러시아에서는 국가가 모든 것이었고 시민사회는 아직 원시적이고 무정형한 것이었지만, 서구에서는 국가와 시민사회 사이에 적절한 관계가 형성되어 있었고 국가가 동요할 때는 당장에 시민사회의 견고한 구조가 모습을 드러내었다. 국가는 단지 외곽에 둘러쳐진 외호(外濠)에 불과하며 그 뒤에는 요새와 토루의 강력한 체계가 버티고 있었다."627) 국가는 단지 외호에 불과하고 그 뒤에는 요새와 토루라는 강력한 시민사회가 버티고 있어서 서유럽에서는 러시아와 달리 기동전이 아닌 진지전이 요구된다는 것이 그람시의 문제의식이다. 맑스는 국가와 구분되는 시민사회의 핵심을 경제적 생산관계로 파악했는데 그람시의 문제의식은 여기서 더 나아간다. 즉, 그람시는 생산관계가 시민사회의 핵심이라는 맑스의 관점을 부정하지 않으면서도 발달한 시민사회가 자본가계급의 요새로 작용하는 서유럽의 현실을 지적하고 있다. 이러한 그람시의 문제의식은 러시아 혁명 이후 몰아쳤던 서유럽 혁명의 파고가 물러나고 특히 이탈리아에서는 파시즘이라는 반동이 대두되었던 현실, 혁명의 패배라는 현실을 분석한 결과

627) 그람시, 옥중수고 I, 거름, pp.250-251

였다. 러시아 혁명의 전개과정에서는 부르주아지의 헤게모니가 취약하여 노동자계급이 직접 국가를 공격했던 데 반해 서유럽에서는 부르주아지의 헤게모니가 강력했고 그것은 국가만이 아니라 시민사회 차원에서도 그러했다는 것이다. 이러한 문제의식에서 출발하여 그람시는 국가와 시민사회론, 기동전과 진지전, 헤게모니론 등으로 구성되는 자신의 문제의식을 정리해간다.

그람시는 엄밀한 이론체계를 구축한 것이 아니라 단편적인 문제의식을 치열하게 정리해간 것이기에 언뜻 보면 이론적으로 오류로 보이는 것이 상당히 있다. 그러나 그러한 오류로 보이는 것에 담긴 합리적 핵심은 혁명의 패배를 극복하려는 치열한 노력이라는 점을 정확히 볼 필요가 있다. 먼저 국가와 시민사회를 보면 그람시는 시민사회를 상부구조로 규정하는데 이는 맑스나 레닌과는 외면적으로는 다른 것이다. "적어도 가장 발전된 나라들의 경우에는 정치기술과 정치학에 있어서도 동일한 격하가 이루어져야 한다. 이들 나라들에서는 '시민사회'가 직접적인 경제적 요소들(공황, 불황 등)의 파국적 '기습'에 저항할 수 있는 복합적인 구조로 성장하였기 때문이다. 시민사회라는 상부구조는 근대적 전쟁에서 참호체계와 같다."628) 여기서 그람시는 명백히 시민사회를 상부구조로 규정하고 있는데 이는 국가와 구분되는 시민사회, 시민사회의 핵심은 경제적 생산관계라는 맑스의 관점에서 이탈한 것으로 보인다. 그런데 그람시는 여기서 시민사회를 상부구조로 규정하면서도 시민사회의 핵심이 경제적 생산관계라는 것을 부정하지는 않는다. 그렇다면 그람시가 시민사회를 상부구조로 규정하는 것의 의미는 시민사회가 국가라는 상부구조와 연관되는 지점, 국가가 시민사회에 영향력 혹은 헤게모니를 행사하는 영역을 가리키는 것으로 볼 수 있고 이렇게 보면 그람시의 규정은 합리적 내용을 갖는다. 이러한 그람시의

---

628) 앞의 책, pp.247-248

문제의식은 국가에 대해서도 치열하게 전개되는데 그람시는 국가가 지배계급의 지배도구라는 전통적인 맑스주의적 관점을 부정하지 않으면서도 그 내용을 확장한다. "정치에 있어서도 국가(통합적 의미에서의 국가, 즉 독재 + 헤게모니)의 진정한 본질에 대해 부정확하게 이해하는 데에서 그와 같은 잘못이 일어난다."629), "우리는 여전히 국가와 지배(government)를 동일시하는 풍토 속에 있는데, 이 동일시야말로 경제적·조합주의적 형태의 표현, 다시 말하여 시민사회와 정치사회 사이의 혼동을 보여주는 표현이다. 왜냐하면 국가라는 추상적 개념 속에는 시민사회의 개념에서 도출되어야만 하는 요소들이 포함되어 있기 때문이다(국가=정치사회+시민사회, 다시 말하여 국가='강제의 철갑에 의해 보호되는 헤게모니'라고 말할 수 있다는 의미에서)."630) 국가는 독재와 헤게모니의 총합이고 달리 표현하면 정치사회와 시민사회의 통합이라는 것이 국가와 시민사회의 개념에 있어서 그람시가 제기한 것이다. 전통적으로 부르주아지는 국가와 시민사회의 분리를 내세웠고 맑스 또한 국가와 시민사회의 분리를 전제로 그것을 토대와 상부구조의 개념으로 전화시켰는데 그람시는 국가의 개념에 시민사회를 포함시키고 있고 그것의 합리적 핵심을 헤게모니라는 개념으로 제시하고 있다. 이러한 그람시의 문제의식은 국가가 국가조직에 의한 독재와 폭력의 개념으로만 파악되어서는 안되며 국가가 시민사회에 행사하는 헤게모니까지 포함하여 국가를 이해해야 한다는 것이다. 이러한 그람시의 문제의식은 합리적 핵심이 있는데 시민사회가 발달한 서유럽에서 지배계급의 지배는 국가를 통해 이루어지지만 그것은 단순한 독재 혹은 폭력만이 아니며 시민사회에 대한 다양한 기제를 통한 동의에 기초한 헤게모니를 통해서도 이루

---

629) 앞의 책, p.253
630) 앞의 책, p.279

어지는 것임을 제기한 것이다. 그리고 이러한 동의에 기초한 헤
게모니가 독재 혹은 폭력과 통일되어 있음을 제기한 것이다.
'강제의 철갑에 의해 보호되는 헤게모니'라는 정식이 바로 그것
이다.

그람시의 헤게모니론은 국가와 시민사회에 대한 이러한 파악에
기초하여 제기된다. 그람시의 헤게모니 개념은 현대 사회와 정
치에서 매우 가치있는 것이다. 폭력은 눈에 보이는 것이지만 헤
게모니는 지적이고 도덕적인 것으로 폭력과는 차원을 달리한다.
그러면서도 지배계급의 헤게모니는 국가라는 폭력에 의해 보호
를 받는다. 폭력 혹은 독재와 헤게모니의 통일! 이것이 발달한
자본주의 사회, 발달한 시민사회라는 조건에서 지배가 이루어지
는 기제라고 그람시는 파악한다. 그람시는 부르주아 정치의 위
기를 헤게모니의 위기로 파악한다. "사회계급들은 그 역사적 생
장의 어떤 시점에서 자신들의 전통적인 정당들로부터 멀어지게
된다. 다시 말하여 전통적인 정당들은 기존의 특정한 조직형태,
그리고 그 정당을 구성하고 대표하고 이끌어 온 기존의 인물들
을 가지고는 더 이상 자신들의 계급(혹은 계급 중의 어떤 분파)
의 표현으로서 인정받을 수 없게 된다는 것이다. … 이러한 갈
등적 상황은 맨 처음에 어떻게 발생하는가? 나라마다 그 과정
은 다르다. 하지만 그 내용은 동일한데, 그 내용이란 지배계급
의 헤게모니의 위기이다."[631] 전통적인 정당들 즉, 부르주아 정
당들의 위기라는 것은 그 표현 형태는 나라마다 다르지만 그것
의 내용은 동일한데 그것의 본질은 '지배계급의 헤게모니의 위
기'라는 것이다. 헤게모니의 위기는 부르주아 계급의 영향력의
위기, 동의에 기초한 지배의 위기, 폭력을 행사할 수밖에 없게
되는 위기, 국가의 본질이 드러나게 되는 위기를 의미한다는 것
을 그람시는 정확히 보여주고 있다.

---

631) 앞의 책, p.219

그람시는 부르주아 계급의 헤게모니와 관련하여 이전의 지배계급과 부르주아 계급의 차이를 다음과 같이 파악한다. "이전의 지배계급들은 다른 계급들로부터 자기 자신의 계급으로의 유기적 통로를 건설하고자 하지 않았다는 점에서, 다시 말하여 자기 계급의 영역을 '기술적으로'나 이데올로기적으로 확대시키고자 하지 않았다는 의미에서 근본적으로 보수적이었다. 그들의 개념은 폐쇄적인 신분개념이었던 것이다. 그러나 부르조아 계급은 끊임없이 유동하는 유기체, 전 사회를 흡수할 능력이 있는 유기체, 전 사회를 자기 자신의 문화적·경제적 수준으로 동화시킬 수 있는 유기체로서 자기 자신을 제시했다."632) 이전의 지배계급이 폐쇄적 신분이었다면 부르주아 계급은 전 사회를 자신의 모습으로 동화시킨다는 파악은 정확하다. 부르주아 계급의 이러한 성격에서 부르주아 계급의 헤게모니적 지배의 가능성이 도출되는 것이다. 부르주아적 헤게모니의 원천은 바로 폐쇄성을 극복하고 끊임없이 유동하면서 자신의 모습대로 전 사회를 동화하고 창조하는 능력에 있는 것이다. 그러나 그것은 부르주아 계급이 발전하고 있을 때, 부르주아 계급이 진보하고 있을 때 가능한 것이며 부르주아 계급이 진보를 멈출 때, 반동화될 때는 그러한 헤게모니의 원천은 고갈되는 것이고 국가의 폭력성이라는 본질이 드러나게 된다.

그람시는 운동의 전술과 관련하여 러시아혁명이 기동전이었다면 서구의 혁명은 진지전이 되어야 한다고 했는데 그것은 시민사회의 요새와 토루를 극복하기 위해서라고 했다. 시민사회는 경제적 생산관계를 핵심으로 하지만 부르주아 계급은 생산관계에 기초하여 다양한 시민사회의 조직을 발전시키고 나아가 국가와 시민사회의 밀접한 연관을 건설한다. 바로 이러한 지점을 그람시는 진지, 즉 요새와 토루라고 보았고 지배계급, 국가의

---

632) 앞의 책, p.276

레닌, 스탈린, 마오쩌뚱, 그람시에 의한 맑스주의 철학의 발전

이러한 헤게모니적 지배를 극복하기 위한 진지전이 필요하다고
보았다. 그런데 그람시가 서구에서 진지전을 강조한 문제의식은
올바른 것이지만 많은 사람들이 그람시를 들어 러시아 혁명은
기동전이고 서구는 진지전이라고 도식적으로 구분하는데 이것
은 잘못된 것이다. 러시아 혁명은 단지 1917년의 기동전만이
있었던 것은 아니다. ≪이스크라≫라는 전국적 신문의 창간을
위한 노력, 짜르의 반동적 의회에 대한 참가 등은 그람시의 기
준을 따르더라도 중요한 진지전이었고 이러한 진지전을 기초로
1917년의 기동전이 이루어졌던 것이다. 반대로 서구의 경우 진
지전이 중요하지만 기동전이 배제되는 것은 아니다. 대중의 역
동성이 고양될 때 그것이 기동전으로 표출될 가능성은 언제든
지 있는 것이며 기동전을 예비하는 진지전, 기동전에 봉사하는
진지전, 기동전과 진지전의 올바른 배합이 타당하다.

그람시는 마키아벨리의 ≪군주론≫을 분석하면서 현대의 군주
는 정당임을 말한다. 주목되는 것은 정치적 세력들의 관계에 대
해 논하는 부분인데 여기서 그람시는 3 단계로 정치세력의 발
전을 논한다. "이 중 최초의, 그리고 가장 초보적인 것은 경제
적·조합주의적 수준이다. … 두 번째 계기는, 의식이 어떤 사회
계급의 모든 성원 사이의 이해(利害)의 연대성에까지 미치게 된
계기이다. … 세 번째 계기는, 한 집단이 자기 자신의 조합주의
적 이익이 현재와 미래의 발전과정 속에서 지금까지의 순수 경
제적인 계급의 조합주의적 한계를 벗어나 다른 종속적 집단들
의 이익으로도 될 수 있고 또 되어야 한다는 것을 의식하게 되
는 계기다. … 여기서는 이미 싹터 있었던 이념들이 정당으로
되고, 상호 충돌하고 갈등하면서 그 중 단 하나의 정당, 또는
적어도 몇몇 정당으로 된 단일한 결합체가 우세하게 되고 유리
한 고지를 점하여 자기 자신을 사회 전체에 선전하게 된다."633)

---

633) 앞의 책, p.185

그람시가 논하는 정치세력의 발전은 첫 번째의 조합주의적 단계, 두 번째의 계급적 연대성의 단계, 세 번째의 다른 계급 혹은 정당들과의 관계에서 헤게모니적 우세를 점하는 단계라고 할 수 있다. 그람시의 이러한 분석은 일종의 추상인데 헤게모니의 문제가 본격화되는 것은 세 번째의 단계이지만 헤게모니의 싹은 정치적 발전의 최초 단계부터 나타난다고 볼 수 있다.

한편 그람시는 철학에 대해서도 많은 문제의식의 단편을 남겼는데 첨예하면서도 많은 문제를 제기하는 것은 자유와 필연에 대한 그람시의 사고이다. 그람시는 맑스주의 철학을 숙명론적 세계관으로 규정하는데 그것의 근거로서 자유를 필연성에 대한 인식으로 파악하는 점을 들었다. "실천철학(맑스주의 철학-필자)의 숙명론적 세계관이 역사적으로 해온 역할에 관한 한 아마도 이제 추도사를 준비해야 할 것 같다. 지난 시기에는 그것이 유용했음을 강조하되 또 바로 그 이유 때문에 이제는 마땅히 그에게 돌아가야 할 모든 영광을 안고서 묻혀야 함을 촉구해야 하는 것이다. 실천철학의 이런 역할은 근세 초에 예정조화설이나 은총설이 했던 역할에 실로 견줄 수 있겠다. 이 이론들은 독일 고전철학과 필연성에 대한 인식으로서의 자유 개념 속에서 절정을 이루었다."[634] 여기서 그람시는 실천철학, 즉 맑스주의 철학이 숙명론적 세계관이라고 명확히 밝히고 있다. 그리고 그것의 근거로 자유는 필연성에 대한 인식이라는 주장을 들고 있다. 만약 자유가 필연성에 대한 인식이라고 한다면 그것은 숙명론이라고 하는 그람시의 주장은 올바른 것이다. 그러나 엥겔스는 필연성에 대한 인식은 자유의 '기초'이며 자유는 필연성에 대한 인식에 기초해서 자기자신과 자연을 지배하는 데 있다고 보았다(≪반듀링론≫). 여기서 그람시는 필연성과 자유의 관계를 오해했다. 필연성의 인식 자체에 그친다면 그것 자체는 자유

---

634) 그람시, 옥중수고 II, 거름, p.185

가 아니며 숙명론이다. 그러나 자유는 필연성을 박차고 나가는 것이 아니며 반대로 필연성을 인식하여 그것을 지양하면서 필연성에 대한 인식에 기초하여 스스로 자유의 영역을 개척해가는 문제이다. 그럼 점에서 필연성에 대한 인식은 자유의 개념의 내용을 구성하지만 자유의 개념의 내용 전체가 아니라 단지 '기초'일뿐이다. 맑스주의 진영에서 자유는 인식된 필연이라고 회자되었던 것은 자유와 필연성의 관계에대한 형이상학적 단절을 비판한나는 차원이었시 필연성 자체가 자유라고 의미하는 섯은 전혀 아니었다. 필연성에 대한 인식 자체는 과학을 의미한다. 그러나 과학=자유는 아니다. 즉, 자유는 필연성에 대한 인식에 기초하여 스스로 쟁취하고 개척해가야 하는 영역의 문제이다.

그람시는 러시아 혁명이 전 세계에 불러일으켰던 혁명의 파고가 서유럽에서 지나가고 혁명의 패배 속에서 파시즘이 대두된 상황에서 혁명의 전망을 개척해 갔다. 그람시는 파시즘의 감옥에서 정상적인 이론작업을 할 수 없었음에도 많은 단편들을 통해 서유럽의 상황에서 변화, 발전된 국가와 시민사회의 관계에 대한 이론, 독재와 헤게모니의 통일로서 국가론, 진지전과 기동전 등 많은 문제의식을 벼려냈다. 비록 체계화된 이론은 아니지만 그람시의 분투의 산물은 21세기 지금도 많은 시사점을 던진다. 그람시는 20세기 중반에 개량주의적인 유로꼬뮤니즘의 사상적 지주로 치부되기도 했지만 그람시 자신에게서 개량주의적 내용을 찾기는 어렵다. 그람시의 작업이 체계화된 이론적 산물로 남지 못하고 단편들로 남을 수밖에 없었다는 점이 그러한 악용의 조건이 되었을 것이다. 자본주의 발전이 가져오는 시민사회의 발전, 그것이 지배계급의 진지, 요새와 토루로 작용하는 현실, 지배계급이 폭력만이 아니라 동의에 기초한 지배, 헤게모니적 지배를 구사하는 점 등은 그람시의 치열한 문제의식이 현재적 의미를 갖고 있다는 것을 보여준다.

4장, 부르주아적, 소부르주아적 철학사조에 대한 비판

1. 콩트, 밀

맑스주의가 탄생하고 노동계급운동이 발전하는 상황에서 부르
주아 철학은 중대한 변모를 겪는데 맑스 이전의 부르주아 철학
이 나름대로 진보적 요소를 띠고 과학을 추구하는 면모를 보였
다면 맑스 이후의 부르주아 철학은 변호론을 펼치고 비합리주
의의 면모를 보이게 된다. 이러한 양상은 1871년의 파리꼬뮨
이후 심화되었는데 노동자계급의 성장에 겁을 먹고 반동화되면
서 체제유지에 몰두하게 되는 부르주아지의 분위기가 철학에
반영된 것이었다.

부르주아지가 혁명에 반대하고 보수화되는 흐름이 철학 상에서
반영된 것으로는 콩트를 들 수 있다. 콩트는 실증주의 철학을
제창하고 사회학을 창시했는데 실증주의는 당시 발전하던 과학
의 흐름을 나름대로 수용하여 기반으로 삼고자 한 것이었다. 그
러나 콩트의 실증정신은 과학정신을 속류화한 것이었는데 실증
주의는 혁명의 시대를 마감하고자 하는 의도에서 속류적인 이
론체계를 제출한 것이었다.

콩트는 철학의 영역을 3가지로 파악한다. "사회에 대한 철학의
책임 한계를 정하고 있는 이러한 거대한 종합이 현실적이고 항
구적인 것이 되기 위해서는, 반드시 철학의 3중의 영역, 즉 사
변의 영역, 감정의 영역, 행동의 영역을 동시에 포괄할 수 있어
야 한다."[635] 콩트는 철학의 3가지 영역의 구분을 자신의 이론
체계의 기본으로 삼고 있는데 사변의 영역은 철학자계급이, 감
정의 영역은 여성이, 행동의 영역은 민중계급이 담당하는 것으
로 설정한다. 이러한 설정은 혁명을 방지하고자 하는 의도에서
사회질서에 대한 저항세력을 이루는 민중세력과 여성을 체제내
화하려는 의도에서 비롯되었다.

---

635) 콩트, 실증주의 서설, 한길사, pp.36-37

콩트는 자신의 실증주의를 다음과 같이 규정한다. "오늘날에는 현상의 법칙과 직접적으로 관련되어 있으며, 현실적인 예측능력을 제공하는 이론만이 유일하게 외부세계에 대한 자발적인 행동을 조절할 수 있는 것으로 평가받고 있다. … 수학과 천문학 분야에서 처음으로 비약적인 발전을 거둔 이후, 실증정신은 그 기본원칙이 지속적으로 확장되어 우리의 개념 전체를 체계화하기에 이르렀다."636) 이러한 콩트의 규정은 실증주의가 형이상학적인 철학이 아니라 실질적인 생활에 관계되고 나아가 실증정신은 과학정신에서 비롯되었다는 자신의 입론을 세우는 것이다. 그러나 콩트가 실증정신으로써 과학을 표방하고자 하나 실증정신이 구체적으로 어떻게 과학적인지 제시하지 못하고 반대로 사변, 감정, 행동이라는 철학의 3가지 영역을 구분하면서 인류발전에 대해 도식적인 3단계를 제시한다. "그 3단계는 이러하다. 처음은 신학의 단계로서, 이 단계에서는 어떠한 증거도 지니고 있지 못한 즉각적인 허구들만이 공공연하게 지배한다. 다음은 형이상학의 단계로서, 의인화된 추상이나 본체들의 통상적인 우위가 그 성격을 규정하고 있다. 마지막으로 실증의 단계가 있는데, 이는 항상 외부 현실에 대한 정확한 평가에 기초한다."637) 콩트는 인류의 발전을 신학의 단계, 형이상학의 단계, 실증의 단계로 도식적으로 나눈다. 신학의 단계는 카톨릭의 지배를 말하고 형이상학의 단계는 이성적 철학, 사변적 철학이 지배적이던 단계를 말하고 실증의 단계는 과학의 발전과 대두를 말한다. 그러나 이러한 도식적인 구분은 인류발전의 원천이 무엇이고 어떠한 법칙을 따라서 발전하는가, 즉 사회와 역사발전의 과학과는 거리가 멀고 단지 역사적 발전에 대한 피상적인 접근에 지나지 않는 것이었다. 그러나 콩트는 자신이 역사발전의 법

---

636) 앞의 책, p.39
637) 앞의 책, p.64

칙을 해명했다고 과장하고 이를 기초로 사회에 대한 과학을 세워야 한다고 주장했다.

콩트는 18세기 이후 유럽의 철학사에서 도도한 흐름이었던 유물론에 대해 매우 적대적인 태도를 보인다. "유물론은 낮은 수준의 과학이 높은 수준의 과학을 침식함으로써 생겨나는 것이다. … 내가 보기에는, 공공 본능에 의해 정당하게도 '유물론'이라는 수식이 붙은 과학적인 일탈은 그러한 과장에 속한다."638) 콩트는 이렇게 유물론을 과학적인 일탈로 규정하는데 철학과 과학에서 유물론적 경향이 위험한 것이라고 보고 과학정신을 실증정신으로 바꿔치기 하려는 자신의 의도에 정면으로 배치된다고 본 것이다. 콩트는 과학연구에서 자연발생적으로 발생하는 유물론에 대해 비판한다. "진정한 의미의 철학자는, 대수학적인 계산을 통해 기하학적이거나 기계적인 것을 흡수하고자 하는 현재의 평범한 수학자들의 성향 속에서 유물론의 경향을 알아차린다. 뿐만 아니라 그는 수학전체에 의한 물리학의, 혹은 물리학에 의한 화학의, 무엇보다도 화학에 의한 생물학의 더 분명한 사칭 속에도 유물론이 존재한다는 것을 알아차린다. … 유물론은 어디서나 마찬가지로 본질적인 기본적 해악으로 작용하며, 논리의 남용이다."639) 콩트는 과학발전이 자연발생적으로 가져오는 유물론적 관점을 적대시하는데 이는 18세기 유물론이 혁명의 사상적 원천이 되었다는 점에서 그리고 혁명의 시대를 마감하고자 하는 것이 실증주의의 기본목표라는 점에서 비롯되는 것이다. 그러면서 콩트는 실증주의가 유물론과 관념론(정신주의)의 대립을 넘어서는 것이라고 둘러댄다. "실증주의는 유물론과 정신주의라는 상반된 주장들 속에 존재하는 합당한 것을 충족시키면서, 동시에 유물론은 무정부주의적인 것으로 정신주의

---

638) 앞의 책, p.81
639) 앞의 책, p.82

는 반동적인 것으로 치부함으로써 이 둘을 완전히 거부한다."640) 여기서 실증주의의 사이비성이 드러나는데 실증정신이 과학정신을 말하는 듯이 표방하면서도 구체적으로 실증정신의 과학성의 내용은 무엇인가에 대해서는 도식적인 인류 3단계 발전론 이외에는 콩트는 답을 하지 못한다. 그러면서 유물론에 적대하고 혁명에 적대하는 것이 콩트의 논리의 기본적 흐름이다.

콩트는 실증주의의 사회적 측면을 말하면서 진보의 개념과 질서의 개념을 '화해'시킨다. "모든 측면에서 진보는 질서의 발전된 모습이기 때문에 진보만이 질서를 결정적인 것으로 만들어 준다."641) 이러한 관점에서는 진보는 질서라는 보수적 이데올로기에 봉사하는 것으로 역할이 국한된다. 콩트는 나아가 '질서와 진보의 필연적인 화해'를 주장하고 "질서가 진보의 영원한 조건이라면, 진보는 질서의 지속적인 목적이라고 할 수 있다."642)고 본다. 질서가 진보의 영원한 조건이라면 혁명은 원천적으로 부정되는 것이다. 이러한 관점에서 진보는 내용을 상실하고 형해화된다.

콩트는 부르주아 혁명이 부정했던 중세의 질서, 카톨릭 지배의 역사에 대해서도 정당화를 시도한다. "당시로서는 구체제로부터 뛰쳐나오기 위해서 과거에 대한 맹목적인 증오가 반드시 필요했다. 반대로, 이제부터 완전한 해방은 과거 역사 전체를 완전히 정당화시킬 것을 요구한다."643) 과거 역사에 대한 정당화는 혁명에 대한 부정인데 이는 부르주아지가 지배계급으로 올라선 후에 보수화되는 경향을 압축적으로 표현한 것이다. 그리하여 콩트는 실증철학의 목표가 민중들로 하여금 혁명에서 등을 돌리게 하는 것임을 다음과 같이 말한다. "실증철학은 최종적인

640) 앞의 책, p.83
641) 앞의 책, p.95
642) 앞의 책, p.140
643) 앞의 책, p.120

재 조직화를 주재할 수 있는 권한을 두고 경쟁하는 다양한 유토피아들의 필연적 허무와 근본적 위험을 잘 깨달을 수 있는 유일한 것이다. 그리하여 얼마 지나지 않아 그것은 민중에게 이러한 정치적 소요에서 등을 돌리게 함으로써, 모든 이들로 하여금 여론과 관습들을 완전히 혁신시키는데 관심을 기울이게 만들 것이다."644) 한편으로 과학정신을 실증정신이라는 개념으로 대체하고 다른 한편으로 진보와 질서를 '화해'시키는 이데올로기로서 실증주의를 창출하여 민중들을 혁명에서 멀어지게 하는 것! 바로 이 점이 콩트의 실증주의의 요체라고 할 수 있다. 그리하여 콩트는 혁명과 저항의 주력군인 노동계급과 민중들, 그리고 여성을 실증주의로써 체제내화하는 방안을 제출한다.

콩트는 노동자계급을 실증주의 철학자들의 보조자로 설정한다. "노동자계급만이 새로운 철학자들의 중요한 보조자가 될 수 있다. 무엇보다도, 쇄신의 추진력은 최종질서의 두 극단적 요소들 사이의 긴밀한 유대관계에 의존한다."645) 노동자계급은 중간계급과 달리 개인적 이익의 추구에 물들지 않아서 올바른 도덕성을 담지할 수 있어서 실증주의 철학자계급의 보조자로서 적합하다는 것이다. 그리고 노동자계급과 실증주의 철학자들 간의 유대관계가 쇄신, 즉 질서를 조건으로 하는 진보 혹은 혁명의 체제내화의 동력이 된다는 것이다. 콩트는 실증주의 철학자계급을 영적 권력으로 상정하고 민중들을 자신들의 보조자로 본다. "민중의 기능은 영적 권력이 정부의 행동을 변화시키도록 돕는 것이다. … 영적 권력이 자신의 중요한 사회적 임무를 완수할 수 있도록 하는 민중의 기본 성향은 너무나 당연한 것이기 때문에, 중세 때 이미 가톨릭의 정신성 속에도 이런 경향이 나타났다."646) 영적 권력의 보조자로서 민중의 기능은 민중들이 정

---

644) 앞의 책, pp.154-155
645) 앞의 책, p.164

치적 실천의 장에서 도덕적 담론의 장으로 후퇴하는 것을 의미한다 그런 점에서 민중들은 이윽고 질서의 담지자가 된다. "민중의 참여는 기본 질서를 흐트러뜨리기는커녕, 그것이 정치적인 것이 아니라 도덕적인 것이라는 이유 때문에 그 질서를 가장 확고하게 보장해줄 수 있을 것이다. 이것이 바로, 실증주의로 인한 최후의 변화이다."647) 여기서 콩트는 민중들의 체제내화가 실증주의의 최종목표임을 분명하게 드러내고 있다. 그리하여 "실증주의만이 공산주의자들의 온갖 중대한 시도들로부터 서구를 지켜줄 것"이며 "부자들을 안심시키면서도 가난한 사람들을 만족시켜 준다"648) 그리하여 이러한 실증주의의 구상은 "대혁명의 유기적인 마무리를 이끌어내기 위해 진정한 철학자들과 노동자들이 최종적으로 맺게 될 협약"649)이라고 규정한다.

콩트는 자신의 철학을 사변, 감정, 행동이라는 3가지 영역으로 구분했는데 감정의 영역의 담당자로서 여성을 설정한다. "철학자와 민중이 각각 인간 본성의 지성적 요소와 실천적 요소를 대표하는 것처럼 여성은 인간 본성의 감정적 요소를 대표한다."650) 여성을 감정의 대표자로 보는 콩트의 구상은 겉으로는 여성을 중시하는 듯이 보이지만 실은 정치의 도덕에 대한 종속이라는 구상을 뒷받침하기 위한 것인데 이는 중세의 카톨릭에 대한 세속권력의 종속과 유사한 것이다. "어쨌든 이러한 여성의 성향들은 진정한 의미에서 인간 쇄신의 중요한 조건, 다시 말해 중세보다 더 직접적이고 광범위하며 지속적인 토대 위에 도덕에 대한 정치의 체계적인 종속이라는 원칙을 확립해야 할 필요성을 보여준다."651) 이러한 콩트의 구상은 매우 반동적인데 세

---

646) 앞의 책, pp.173-174
647) 앞의 책, p.186
648) 앞의 책, p.190
649) 앞의 책, p.241
650) 앞의 책, p.243

속권력의 영적 권력에 대한 종속 혹은 도덕에 대한 정치의 종속은 근대 부르주아 혁명이 이룩한 성과를 무력화하는 것이기 때문이다.

그러나 여성을 중요한 담당자로 설정한 콩트는 실은 여성에 대해 매우 편향된 입장을 보여준다. "물론 여성의 정신은 남성에 비해 일반적인 귀납과 심오한 연역, 한마디로 말해 모든 추상적인 노력에 적합하지 못한 것이 사실이다."652), "여성은 가정에서 뛰처나올 것이 아니라 자기 나름대로 가정적인 것까지 포함하는 모든 지배 권력을 철학자들과 노동자들보다 한층 더 잘 포기함으로써 이들과 함께 조절권력에 참가해야 한다."653), "여성이 사변적 일에 일상적으로 참여할 수 있게 되는 것은 바로 시적인 창조에서이다. 왜냐하면 과학 분야에서 말하는 성공이란 여성의 진정한 본성과 양립할 수 없기 때문이다."654) 콩트는 또한 이혼제도를 비판하고 "아무런 법적 규제가 없더라도 관습을 통해 진정한 의미에서 일부일처제의 궁극적 보완인 영원한 수절의 의무를 강화시켜나갈 것"655)을 주장한다. 이러한 콩트의 구상은 여성을 감정의 대표자로서 높이 치켜세우는 듯하면서도 실은 여성의 능력을 폄하하고 여성을 봉건적 굴레에 묶어 두는 것이다.

실증주의 철학을 세속권력에 대비되는 영적 권력으로 설정한 콩트는 카톨릭을 대체하고자 하는 의도를 숨기지 않는데 이를 발전시켜 실증주의 철학을 하나의 종교로 전화시키는데 그것이 인류교이다. "실증주의는 마침내 유일하게 완전하고 현실적인 진정한 의미에서 종교가 되어, 처음에 신학에서 비롯되었던 불

---

651) 앞의 책, p.246
652) 앞의 책, p.264
653) 앞의 책, pp.267-268
654) 앞의 책, p.358
655) 앞의 책, p.280

완전하고 잠정적인 온갖 체계화보다 우위에 서게 될 것이다.".656) "실증주의는 기독교의 계승자이면서도 그것을 뛰어넘는다. … 다양한 시대와 수단은 인류숭배의 창시자들이 스스로를 진보적인 가톨릭 위인들의 진정한 계승자로 간주하는 것을 방해하지 않을 것이다."657) 이리하여 세속권력과 구분되는 영적 권력이라는 콩트의 구상이 완성되었고 콩트의 실증주의는 사변, 감정, 행동이라는 세 요소를 묶어주는 인류 개념을 통해 하나의 종교, 인류교로 전화되었다.

이러한 콩트의 실증주의는 외면상의 논리적 정합성은 갖지만 그 내적 근거는 취약하다. 실증주의가 대중의 관심을 끈 이유는 그것이 과학의 발전을 흡수하는 듯한 외양을 띠었기 때문인데 실증정신은 실은 과학정신의 속류적 표현에 지나지 않았다. 그리고 이러한 실증 개념을 기초로 콩트는 자신의 모든 주의를 민중과 여성을 체제내화 하여 혁명의 시대를 마무리하는 것에 맞추고 있다. 이러한 실증주의의 등장은 프랑스혁명 이후 자본주의 발전이 노동과 자본의 모순을 심화시킴에 따라 부르주아지가 혁명에 반대하고 질서의 옹호자가 되고 보수화되는 경향의 철학적 표현이었다.

콩트와 거의 동시대인인 존 스튜어트 밀은 공리주의를 표방하였다. 공리주의는 처음에는 벤담이 제창했으나 밀은 벤담의 공리주의, 효용이론을 계승하면서도 그것을 심화시켰다. 최대다수의 최대행복을 추구하는 공리주의는 윤리학의 기준 혹은 원리로서 효용이론을 제기했는데 이들은 효용을 "쾌락과 상반되는 것이 아니라 고통으로부터의 해방과 더불어 쾌락 그 자체를 의미"658)한다고 본다. 그리하여 "효용과 최대 행복 원리를 도덕의

656) 앞의 책, p.376
657) 앞의 책, pp.396-397
658) 존 스튜어트 밀, 공리주의, 책세상, p.23

기초로 삼고 있는 이 이론은, 어떤 행동이든 행복을 증진시킬수록 옳은 것이 되고, 행복과 반대되는 것을 낳을수록 옳지 못한 것이 된다."[659) 밀의 공리주의는 벤담의 공리주의와 효용이론이라는 점에서 동일하지만 행복의 내용에 대해서는 일정한 차이가 있는데 벤담이 행복의 양적인 측면에 머물렀다면 밀은 인간의 개성의 발전을 행복의 주요 기준으로 놓았고 그리하여 행복의 질적인 측면을 강조했다고 평가되는데 "만족해하는 돼지보다 불만족스러워하는 인간이 되는 깃이 낫다"[660)는 것을 표방했다.

그런데 밀은 효용 개념에 대해 다음과 같이 파악한다. "그 기준은 행위자 자신의 최대 행복이 아니라 모든 사람의 행복을 합친 총량"[661)이다. 즉, 공리주의의 기준이 되는 행복은 행위자 자신의 행복이 아닌 모든 사람의 행복의 총량이라는 주장인데 과연 이런 기준이 성립할 수 있는가는 의문이다. 왜냐하면 행복을 고통이 없는 상태라고 보는 주장을 따를 때 모든 사람의 행복에 접근하기 위해서는 사람들의 고통의 근원이 무엇인가를 보아야 하고 따라서 사람들이 계급적 존재라는 것에 대한 접근이 이루어져야 하는데 밀에게서는 단순한 최대다수 혹은 모든 사람들의 행복의 총량이라는 실용주의적 접근만이 있을 뿐이기 때문이다. 이러한 문제에 대해 밀은 다음과 같은 주장을 편다. "모든 개인의 행복 또는 (보다 실감나게 현실적으로 이야기하자면) 이익이 전체의 이익과 가능하면 최대한 조화를 이루도록 법과 사회제도를 만들어야 한다."[662) 여기서 밀은 전체 혹은 최대다수의 행복에 접근하기 위해 그들의 고통의 근원, 계급적 존재에 접근하는 대신 이익의 '조화'라는 절충으로써 개인과 전체의

659) 앞의 책, p.24
660) 앞의 책, p.29
661) 앞의 책, p.32
662) 앞의 책, p.42

이익의 문제에 접근한다. 이는 행복을 고통이 없는 상태라고 올바로 봄에도 불구하고 고통의 근원의 문제에 대한 접근을 빼먹고 단순히 행복을 조화, 혹은 조절의 문제로 보는 것인데 이는 공허한 것이며 개인과 전체의 관계에 대한 올바른 접근도 아니다.

밀의 이러한 접근은 칸트와 마찬가지로 밀 또한 어느 시대에나 합당한 혹은 인간 보편에 적합한 윤리의 기준을 시도하는 것인데 그러나 윤리는 인간 보편의 관점에서 규정되는 것이 아니라 사회의 역사적 단계의 성격에 의해 규정되는 것이다. 즉, 노예제 시대의 윤리, 봉건제 시대의 윤리, 자본제 시대의 윤리는 다를 수밖에 없는 것이다. 이러한 역사적 성격에 대한 인식이 없는 밀은 윤리학에서 그동안 불변의 기준으로 삼아왔던 정의 개념에 대해 공리주의의 관점에서 접근하는데 정의 개념과 효용 개념을 통합하고 있다. "나는 효용에 기반을 두지 않은 채 정의에 관한 가상의 기준을 제시하는 모든 이론을 반박하는 한편, 효용에 바탕을 둔 정의가 모든 도덕성의 중요한 부분이 되고, 그 어느 것보다 더 신성하고 구속력도 강하다고 생각한다."663) 윤리의 기준으로서 정의 개념이 갖는 한계는 효용 개념과 정의 개념을 통합하여 '효용에 바탕을 둔 정의' 개념을 통해 극복될 수 있다고 보는 것이다.

이와 같이 밀은 공리 혹은 효용 혹은 유용성(utility)의 개념을 자신의 윤리학의 근본 토대로 삼고 있고 정의 개념조차 효용의 관점에서 파악한다. 그러면 여기서 이러한 효용(유용성) 개념이 과연 무엇을 의미하는지에 대한 맑스의 분석을 인용해 보자. "인간 상호간의 온갖 다양한 관계가 유용성이라는 <단 하나의> 관계로 해소되는 현상, 언뜻 보기에 황당무계하고 형이상학적 추상인 듯이 보이는 이 현상은 근대 부르주아 사회의 모든 관

663) 앞의 책, p.118

480

계가 실질적으로 단 하나의 화폐, 교역관계 아래에 포섭된다는 사실에서 유래한다. … 홀바흐에 따르면 상호 교류 속에서 이루어지는 개인의 모든 활동, 이를테면 말하는 것과 사랑 행위 등은 모두 유용성의 관계 또는 이용관계이다. 여기서 전제로 주어져 있는 현실적 관계 즉 말하기, 사랑 행위 등은 일정한 속성을 갖는, 개인의 특정 활동이다. 그런데 이제는 이 관계들이 그에 내재하는 나름의 <고유한> 의미를 지닌다기보다는 그들 사이에 개입하는 제3의 관계인 <유용성의 관계 내지 이용관계>를 표현하고 있다는 것이다. … 부르주아지의 관점에서 볼 때 해방은 곧 경쟁인데 이 경쟁이 18세기만 하더라도 개인들에게 보다 자유로운 발전의 새로운 활동 무대를 열어 줄 수 있는 유일하게 가능한 방법이었음은 두말할 나위도 없다. 이러한 부르주아적 상황에 상응하는 의식의 이론적 선언, 즉 개인 간의 보편적 상호관계로서의 상호 이용(착취)을 밝힌 이론적 선언은 어쨌든 하나의 대담하고도 공공연한 진보였다. 다시 말해 그것은 봉건제도 아래 자행되던 착취의 정치적, 가부장적, 종교적, 정서적 위장을 폭로하고 그 거짓된 신성을 벗겨내는 <계몽>이었다. …"664) 공리주의 혹은 효용 개념은 인간의 모든 활동이 부르주아 사회에서는 그 자체의 성격으로 나타나는 것이 아니라 상호간의 이용(착취) 관계로 나타난다는 것을 표현한다고 맑스는 파악한다. 그것의 단적인 표현이 화폐관계인데 이러한 인간 활동의 부르주아적 성격을 설명하는 것이 공리 혹은 효용의 개념이고 이를 이론적으로 선언한 것이 다름아닌 공리주의인데 이는 중세에 비해서는 하나의 진보이고 '계몽'이었다고 맑스는 파악한다. 그리하여 벤담과 밀은 효용의 개념으로써 개인과 전체의 관계를 '조화'시키고 행복을 계량하고 심지어 정의 개념조차도 효용에 기반을 두어야만 한다고 보았던 것이다.

---

664) 한국철학사상연구회 편, 철학 대사전, 동녘 pp.112-113에서 재인용

밀은 ≪자유론≫으로 유명한데 19세기 중반의 사회상황을 반영하여 프롤레타리아트를 중핵으로 하는 민중들의 정치참여를 인정하고 이들의 정치적 자유를 보장할 것을 주장하면서 부르주아 민주주의를 구성하는 요소로 자유 개념을 정리한다. 그런데 밀의 ≪자유론≫은 부르주아 혁명의 성과를 반영하고 있다는 긍정적 측면과 동시에 자유 개념을 부르주아 민주주의의 하나의 요소로서 제한하는 성격이 있는데 이는 다름 아니라 자유 개념을 제도화시키는 것이었다.

밀은 "사회가 개인에 대해 정당하게 행사할 수 있는 권력의 본질 및 한계를 주제"665)로 삼는다고 한다. 이러한 밀의 접근은 사회가 개인의 자유를 어디까지 제한할 수 있는가를 주제로 삼는다고 하는 것인데 이는 자유의 본질에 대한 접근이 아니라 부르주아 혁명에 의해 확보된 민중의 정치적 자유를 부르주아 사회에 맞게끔 한계지우고 제도화시킨다는 목적을 드러내는 것이다. 그런 점에서 밀의 자유 개념은 전형적으로 자유주의적 성격을 갖는다. "집단의견이 개인의 독립에 대해 합법적으로 간섭하는 데는 한계가 있다. 이 한계를 발견하여 집단의견이 그 선을 침범하지 못하도록 하는 것은 보다 바람직한 인간 상태를 유지하기 위해 꼭 필요한 일이고, 이 한계를 잘 지키는 일은 정치적 전제에 대한 민중 보호와 다를 바 없다. … 개인의 독립과 사회적 통제 사이의 적절한 조정은 어느 선에서 어떻게 이루어져야 하는가와 같은 실제적 문제는 거의 미해결 상태이므로 지금부터 해답을 찾아 나가야 한다."666) 여기서 밀은 자유를 개인의 독립의 보장의 문제로 본다. 즉, 자유는 개인적 자유라는 것이 전제되어 있다. 이런 관점에서는 집단의 자유, 계급의 자유 문제는 논의 대상이 아예 되지 않는다. 또한 밀은 자유 개념을

665) 존 스튜어트 밀, 자유론, 동서문화사, p.123
666) 앞의 책, p.128

자유에 대한 통제 문제를 전제로 하여 접근하고 있다. 자유의 본질에 대한 접근은 빠진 채로 통제를 전제로 하는 자유에 대한 이러한 접근은 현대 부르주아 사회에서 자유에 대한 접근의 지배적인 방식이다. 실제로 현대 부르주아 헌법의 구조는 정치적 자유를 자유권으로서 승인하면서도 그것을 사회의 이익의 관점에서, 혹은 공공질서의 관점에서 통제하는 이중의 구조로 이루어져 있는데 밀의 접근은 이러한 관점의 원형을 보여준다. 사상의 자유에 대한 밀의 언급은 흥미로운데 자유 개념에 대한 자유주의적 접근의 전형을 보여준다. "영국인의 사회적 불관용은 표면적으로는 아무도 죽이지 않았고 어떤 의견도 근절하지 않는다. 그러나 그것은 사람들로 하여금 자기 의견을 위장하게 만들고, 널리 퍼뜨리려는 적극적인 노력을 못하게 한다. … 확실히 이것은 지적 세계의 평화를 유지하고, 그 안에 존재하는 모든 사상을 그대로 유지해 나가는 매우 편리한 방법이다. 그러나 이러한 지적평화를 위해 치르는 대가는 무엇인가. 바로 인간 정신의 도덕적 용기를 모두 희생시키는 것이다. … 정통적인 결론으로 귀착되지 않는 모든 탐구를 금지함으로써 가장 손해보는 대상은 이단자들의 정신이 아니다. 이단을 두려워한 나머지 정신적 발전이 위축되고 이성이 겁에 질린 사람들이 가장 큰 피해자다."667) 도덕적 용기의 희생, 정신적 발전의 위축이 밀이 제시하는 사상의 자유의 보장 근거이다. 중세에서 근대로의 발전, 부르주아 혁명은 카톨릭의 정신적 압제에 맞서 싸운 과정이었다는 점에서 사상의 자유는 근대에 있어서 널리 확산되어 있었고 밀의 주장에서 그 전형적인 입장이 보인다. 즉, 사상의 자유는 근대 부르주아 사회의 역동성을 유지하고 부르주아 사회의 발전을 이루기 위한 필수조건이라고 밀은 제기하고 있다. 그러나 노동자계급의 입장에서 사상의 자유는 무엇인가? 사상의

---

667) 앞의 책, pp.161-162

자유는 노동자계급의 입장에서 보면 단순히 도덕적 용기의 문제가 아니다. 노동자계급에게 사상의 자유가 필요한 것은 일차적으로 보면 계급적 관점을 벼려내어 자신의 계급적 이익을 관철하기 위한 것이다. 즉, 계급의식의 형성의 자유의 문제이다. 그리고 나아가 사상의 자유는 노동자계급의 해방의 조건과 전망을 내오기 위한 필수조건이다. 그리고 이러한 사상의 자유는 노동자계급의 당건설의 문제로 나아가게 된다. 사상의 자유에 대한 밀의 자유주의적 접근과 노동자계급의 접근은 이러한 차이가 있다.

밀의 ≪자유론≫은 부르주아 민주주의의 요소로서 정치적 자유의 문제를 정리했다는 성과가 있지만 동시에 그것은 자유 개념을 제도의 틀에 가두는 측면이 있고 또한 자유주의적 관점의 한계를 지니고 있다. 밀의 이러한 한계는 진리의 문제에 있어서 잘 드러나고 있다. "진리란 인생의 중대한 실제 문제를 둘러싸고 대립하는 견해들을 화해하고 결합하게 만드는 문제이다."[668] 다수견해와 소수 견해가 있을 때 진리는 그러한 견해들의 적절한 결합 혹은 화해의 문제라는 것이다. 대단히 피상적이고 속류적인 이러한 관점은 실은 자유주의자들 대부분이 갖고 있는 견해이다. 이러한 관점에서는 진리에 대한 과학적 접근은 상정조차 되지 않는다. 과학이 아닌 절충! 그리고 그에 따른 계급화해의 몽상! 이것이 진리의 문제에 대한 밀의 접근이다.

밀의 이러한 자유주의적 접근의 한계는 대중에 대한 태도에서도 드러나는데 그는 천재와 대중을 대립시킨다. "이런 이유로 나는 천재의 중요성과 그들이 사상과 실천이란 두 분야에서 자유롭게 그 재능을 발휘하도록 허락하는 사회적 자유의 필요성을 강조하고 싶다. … 그런데 오늘날은 어떤가. 현대 사회에서 개인은 군중 속에 파묻혀 있다. 정치계를 보면 여론이 세상을

---

668) 앞의 책, p.182

지배하고 있다는 표현이 진부하게 들릴 정도이다. 오늘날 힘이라고 불릴 만한 유일한 것은 바로 대중의 힘이다."669) 밀은 정치적 자유의 보장을 통해 민중의 정치적 참여를 이끌어내고자 하면서도 개인의 능력과 대중의 힘을 대립시키고 있다. 즉, 대중을 격하하고 있다. 이것은 민주주의를 인정하면서도 그것을 자유주의적으로 한계지우는 경향의 반영이다. 그러나 사회주의는 정반대로 대중을 사회변혁의 주체로 승인하고 내세우는 것이다. 개인들의 연합으로서 대중의 개념을 승인하고 오직 대중적 힘을 통해서만 사회변혁이 가능하다는 것을 승인한다는 점에서 밀의 자유주의적 접근과 구분된다.

밀은 심지어 대중의 힘을 개성에 적대적인 세력으로 파악한다. "상황이 이렇다 보니 여론에 동조하지 않는 정치가는 사회적 지지를 전혀 얻지 못하게 된다. 다시 말해, 다수자의 우위에 반대하면서 대중과는 다른 의견 및 경향을 보호하려는 강력한 사회세력이 더 이상 존재하지 않게 된다. 이러한 모든 원인이 복합적으로 작용하여, 개성에 적대적인 하나의 큰 세력을 형성하고 있다."670) 인간의 개성의 발전과 대중적 힘을 대립시키는 이러한 관점은 자유주의적 관점이다. 세태에 따라가지 않고 자신 고유의 길을 걸어가는 개성적 인간! 이러한 것이 흔히 보이는 개성에 대한 부르주아 사회의 관점이고 자유주의적 관점이다. 그러나 노동자계급의 관점에서 보면 개성의 발전은 오직 계급적 단결의 강화, 집단적 힘의 고양에 기초해서만 가능하다. 개성의 발전에 가장 필요한 여가시간의 확보는 노동시간 단축의 문제이고 이는 계급투쟁을 통해서만 확보할 수 있다. 집단적 힘의 고양과 개성의 발전의 통일! 이것이 노동자계급이 개성에 접근하는 방식이다.

---

669) 앞의 책, pp.212-213
670) 앞의 책, p.223

밀의 공리주의는 맑스가 말한대로 모든 관계가 이용의 관계, 효용의 관계가 되는 부르주아 사회의 이론적 표현이다. 행복도 효용의 관점에서 파악되고 정의도 효용의 관점에서 파악된다. 그러나 밀은 행복을 고통이 없는 상태라 보면서도 고통의 원인, 계급의 문제에 대해서는 건너뛴다. 그렇기 때문에 최대다수의 최대행복이라는 공리주의의 구호는 공허하다. 밀은 《자유론》에서 부르주아 혁명의 성과로서 자유 개념을 정리했지만 자유의 본질에 대한 접근을 사상하고 자유의 개념을 제도화시켰다. 그의 자유주의적 관점은 대중에 대한 태도에서, 인간 개성의 문제에서 한계를 보였는데 이러한 자유주의적 관점을 극복할 때만이 노동자계급의 계급의식의 형성이 가능할 것이다.

486

2. 쇼펜하우어, 니체

19세기는 혁명과 진보의 시대였으나 19세기 중반 전 유럽을 휩쓴 부르주아 혁명이 실패로 끝나면서 반동의 시대가 시작되었다. 이 시기에 부르주아 대중은 과학적 푯대를 상실하고 비합리주의에 빠져들었는데 쇼펜하우어와 니체는 비합리주의 철학으로 부르주아 대중의 인기를 끌었다. 칸트, 헤겔 등의 부르주아 철학은 당시 신보하는 부르주아지를 대표했다면 쇼펜하우어와 니체는 반동화, 보수화되는 부르주아지를 표상한다고 할 수 있다. 특히 맑스주의가 등장한 이후, 그리고 노동자계급이 역사의 전면에 등장한 이후 부르주아 철학은 과학적이고 진보적인 내용을 상실하고 변호론적, 아류적 성격을 띠는데 쇼펜하우어는 칸트 철학의 아류인 동시에 칸트 철학을 비합리주의 철학으로 변화시켜서 이후 니체 등으로 이어지는 비합리주의 철학의 출발점이 되었다.

쇼펜하우어 철학의 출발점은 세계를 주관의 표상으로 보는 주관적 관념론이었다. ""세계는 나의 표상이다" … 그럴 경우에 인간은 태양이며 대지를 아는 것이 아니라, 태양을 보는 눈과 대지를 느끼는 손을 지니고 있음에 불과하다는 것, 인간을 에워싸고 있는 세계는 표상으로서만 존재한다는 것, 즉 세계는 다른 존재인 인간이라는 표상하는 자와 관계함으로써만 존재하는 것이 그에게 분명하고 확실해진다."671) 세계는 주관과 독립되어 존재하는 것이 아니라 주관의 표상에 불과하며 따라서 세계는 주관과 관계함으로써만 존재한다는 것을 쇼펜하우어는 천명하고 있다. 이는 전형적인 주관적 관념론인데 그는 "존재하는 모든 것은 주관에 의해서만 존재"672)한다고 본다. 이러한 입장을

---

671) 쇼펜하우어, 의지와 표상으로서의 세계, 을유문화사, p.39
672) 앞의 책, p.43

취한 쇼펜하우어는 의식적으로 유물론을 반박한다. "실재론적 독단론은 표상을 객관의 결과로 고찰하고, 사실은 하나인 이 둘을 분리시켜, 표상과는 완전히 다른 원인, 즉 주관과는 무관한 객관 자체를 가정하려는 것인데, 이는 도저히 생각도 할 수 없는 일이다."673) 표상을 객관의 결과로 보는 것은 유물론적 인식이다. 또한 유물론은 객관을 주관으로부터 독립한 것으로 보는데 쇼펜하우어는 이를 생각할 수 없는 것이라 본다. 그리하여 쇼펜하어는 유물론적 인식을 다음과 같이 반박한다. "우리는 유물론으로 사실 물질을 사유한다고 자부했지만, 실제로는 물질을 표상하는 주관, 물질을 보는 눈, 물질을 느끼는 손, 물질을 인식하는 오성을 사유했을 뿐이었음을 단번에 깨닫게 될 것이다."674) 우리가 인식하는 것은 객관 현실이 아니고 단지 우리 자신의 눈, 손, 오성일 뿐이라는 것이 쇼펜하우어, 주관적 관념론자의 주장이다. 이러한 입장에서 주관의 인식은 객관의 반영이라는 것은 원천적으로 부정되고 인식 가능한 것은 우리의 감각일 뿐이며 객관은 단지 그러한 감각의 표상일 뿐이게 된다. 그러나 이러한 주관적 관념론자가 인식하지 못하는 것은 인간이 실천을 통해, 실험과 산업을 통해 객관 현실을 변혁해가는 과정에서 자신의 감각, 인식과 객관현실의 일치를 검증하고 확인하게 된다는 점이다. 그리하여 우리의 인식은 우리 자신의 눈과 손이, 즉 우리의 감각이 올바른가에 대해, 우리의 감각이 객관을 정확히 반영하는가를 통해 확인하게 된다. 객관의 정확한 반영이 주관의 올바른 인식이고 감각이다. 그러나 세계를 주관의 표상으로 보는 입장에서는 이러한 인식은 불가능하다. 이러한 입장에서는 객관은 주관의 산물일 뿐이고 "주관없이는 객관도 없다"675)는 인식으로 흘러가게 된다.

---

673) 앞의 책, p.57
674) 앞의 책, p.79

쇼펜하우어는 주관적 관념론의 입장에 서면서도 나름대로 과학적 인식을 표방하는데 그의 과학적 인식은 속류적이다. "우리가 알고 있듯이 시간은 전적으로 연속에 불과하고, 공간은 전적으로 위치에 불과하며, 물질은 전적으로 인과성에 불과한 것이다."676) 과연 그러한가? 시간은 연속의 성질만이 아니라 변화의 성질을 동시에 갖고 있으며 공간은 단지 위치인 것만은 아니다. 공간에는 위치뿐만 아니라 길이, 넓이, 공존성 등의 개념이 포함된다. 물질은 인과성만이 있는 것이 아니라 운동이라는 본질적 속성이 있고 물질들 간의 상호 연관성이라는 성격을 갖는다. 이러한 모든 것을 사상하면서 쇼펜하우어는 시간, 공간, 물질이라는 근본 개념을 재단하고 있다. 그러나 주관에 의해 존재하는 객관이라는 입장에서는 시간, 공간, 물질의 객관적 성질의 탐구를 추구하는 것이 아니라 주관에 의해 표상되는 시간, 공간, 물질에 대한 일정 정도의 인식으로도 충분할 수 있을 것이다.

과학에 대한 쇼펜하우어의 이러한 속류적 태도는 개념보다 직관을 일차적으로 놓는데서 잘 드러난다. "증명을 거친 판단도 아니고, 그 판단의 증명도 아니며, 직관에서 직접 건져낸 판단, 모든 증명 대신 직관을 기초로 한 판단이야말로 우주에서의 태양에 비길만한 학문에서의 태양인 것이다."677) 과학적 개념을 통한 증명과 판단이 아니라 직관을 통한 판단이야말로 학문에서의 태양, 즉 진리의 시금석이라는 것이 쇼펜하우어의 주장이다. 과학적 인식의 발전은 직관적 인식을 개념화하고 증명을 거쳐 법칙의 발견으로 나아가는 것인데 쇼펜하우어는 이러한 기본적인 과학의 원리를 부정하고 있다. 쇼펜하우어는 이러한 자신의 주장의 근거로 수학 특히 기하학에서 기초가 되는 공리는

---

676) 앞의 책, p.99
677) 앞의 책, p.137
675) 앞의 책, p.83

직관에 의한 것임을 들고 있다. 기하학의 기본적인 공리가 직관에 기초한 것이라는 주장은 맞는 것이다. 고대 그리스의 유클리드 기하학의 근본을 이루는 공리는 자명한 것으로 여겨져서 증명을 필요로 하지 않는 것으로 간주되었다. 즉, 유클리드 기하학의 공리는 직관에 기초한 것이었다. 그러나 이러한 점이 과학적 개념이 아닌 직관이 진리의 시금석이라는 주장의 근거가 될 수는 없다. 유클리드의 공리가 직관이라는 것은 유클리드 기하학의 한계를 보여주는 것으로 파악되는 것이 올바르며 실제로 유클리드 기하학의 한계는 비유클리드 기하학을 통해 극복되고 있다. 직관은 인간의 인식에 있어서 중요한 단계이고 방법이지만 그것이 개념화될 때만 과학으로 성립할 수 있다. 또한 진리는 직관 자체가 아니라 개념과 대상의 일치를 통해서만 파악될 수 있다. 그러나 쇼펜하우어의 주관적 관념론에서는 개념이 아니라 직관이 진리로 통하는 길이 된다.

세계를 주관의 표상으로 놓고 주관없는 객관도 없다는 주장을 확립한 쇼펜하우어는 거기서 나아가 의지의 철학을 정립한다. 이 점이 쇼펜하우어의 독특한 성격이고 그의 비합리주의 철학을 특징지운다. 그는 의지라는 개념을 다음과 같이 도출한다. "마지막으로 심지어 모든 물질에 강력하게 작용하여 돌을 지면으로, 지구를 태양으로 끌어당기는 중력마저도, 이 모든 것은 현상만을 놓고 보면 서로 다르지만, 내적인 본질로 보면 같은 것으로 인식되고, 그 자체로 그에게는 직접적으로 너무 친숙하여 다른 어떤 것보다 더 잘 알려져 있는 것이며, 그것이 가장 또렷하게 드러나는 경우에 의지라고 불리는 것이다. … 어떠한 종류의 것이든 모든 표상, 즉 모든 객관은 현상이다. 하지만 의지만이 물자체이다."[678] 중력과 같이 뚜렷하게 작용하는 어떤 힘을 쇼펜하우어는 의지라고 보고 그러한 의지는 그 실체를 알

---

678) 앞의 책, p.203

490

수 없다는 의미에서, 그리고 가장 본질의 심급이라는 의미에서 물자체라고 보고 있다. 쇼펜하우어에게서 의지라는 개념은 가장 핵심적인 개념이면서 동시에 신비로운 개념인데 헤겔의 절대정신, 피히테의 자아와 같이 세계와 모든 현상을 궁극적으로 규정하는 개념으로 작용한다. 쇼펜하우어는 자연 속의 모든 힘을 의지로 파악한다. "여태까지 의지라는 개념이 힘이라는 개념에 포함되어 있었지만, 반면에 나는 이를 반대로 돌려, 자연 속에 있는 모든 힘을 의지로 생각할 작정이다."679) 자연 속의 모든 힘을 의지로 파악하는 쇼펜하우어는 무기계에도 의지가 존재한다고 보는데 여기서 의지라는 개념은 신비화되어 비합리주의적으로 적용된다. "새벽의 여명도 대낮의 광선도 햇빛이라는 이름을 공유하듯이, 무기계나 인간의 경우에도 의지라는 이름을 붙이지 않으면 안된다. 그리고 이 의지야말로 세계에서 모든 사물의 존재 그 자체이며, 모든 현상의 유일무이한 핵심을 나타내는 것이다."680) 의지야말로 모든 사물의 존재이며 핵심이라는 쇼펜하우어의 규정은 사실 칸트의 물자체 개념을 의지라는 말로 표현한 것에 지나지 않는다. 그러나 칸트의 물자체가 객관적 성격을 지니지만 알 수 없는 본질을 의미했다면 쇼펜하우어의 의지는 과학으로 나아갈 가능성을 상실하고 비합리주의적으로 왜곡된 물자체라 할 수 있다.

쇼펜하우어는 자연, 세계를 의지의 객관화로 파악하는데 의지가 객관화되는 여러 단계가 존재한다고 본다. 그러면서 "의지의 객관화의 이러한 단계들은 플라톤의 이데아와 같은 것이다."681)라고 본다. 신비로운 의지라는 개념은 스스로를 객관화하는데 이는 플라톤의 이데아아가 선의 이데아 등의 여러 단계가 있는

679) 앞의 책, p.206
680) 앞의 책, p.216
681) 앞의 책, p.234

것처럼 의지 또한 여러 단계로 객관화된다고 본다. 그리하여 쇼펜하우어는 칸트의 물자체 이론과 플라톤의 이데아 이론이 사실은 동일한 것이라고 주장한다. "이 두 학설의 내적인 의미가 완전히 동일하고 양자가 가시적인 세계를, 자체로는 공허하고, 현상 속에서 표현되는 것(칸트에게는 물자체, 플라톤에게는 이데아)을 통해서만 의미를 갖고, 차용한 실재성을 갖는 하나의 현상이라고 간주하는 것은 분명하고 더 이상의 증명을 요하지 않는다."682) 칸트와 플라톤은 모두 현상 혹은 가시적 세계와 본질 혹은 물자체, 이데아를 구분했는데 이러한 접근의 유사성을 지적하면서 자신의 의지 철학 또한 그러한 철학의 노선을 계승한다는 것을 비치고 있다. 그런데 칸트의 물자체는 주관의 인식 밖의 일종의 객관이며 외적 세계를 가리키는 것이고 플라톤의 이데아는 외적 세계 너머의 일종의 정신적 세계를 가리키는 점에서 차이가 있는데 쇼펜하우어가 이를 동일시하고 있는 것이다.

그런데 쇼펜하우어는 물자체와 이데아의 동일성에 기초하여 이념이라는 개념으로 나아간다. 즉, 물자체와 이데아의 동일성을 통해, 물자체와 이데아와 동일한 심급인 의지가 객관화되는 것으로서 이념의 개념이 등장한다. 그리하여 "이념만이 의지 또는 물자체의 적절한 객관성일 수 있고, 표상의 형식 하에서만은 그 자체로 전적으로 물자체이다."683) 즉, 이념은 물자체인 의지가 객관화된 것이다. 이렇게 등장한 이념이라는 개념은 그 실체가 모호한데 쇼펜하우어에게서 예술을 설명하기 위한 도구가 된다. "예술은 순수 직관에 의해 파악된 영원한 이념, 즉 세계의 모든 현상의 본질적인 것과 영속적인 것을 재현한다."684) 쇼펜하우어

---

682) 앞의 책, p.293
683) 앞의 책, p.298
684) 앞의 책, p.314

는 예술의 의미는 이념을 재현하는 것이라고 보면서 예술을 높이 평가한다. 그런데 쇼펜하우어는 이념이라는 개념을 통해 단순히 예술을 설명하는 것에 그치지 않고 이념적 인식인가 아닌가에 따라 대중과 천재를 구분하는 것으로 나아간다. 그는 이념의 인식은 천재적 인식이며 "근거율에 따르지 않는 인식"[685]이라고 본다. 근거율은 충족이유율로도 불리는 것인데 존재하는 모든 것은 그 존재의 충분한 이유가 있다는 원리로서 이 원리는 쇼펜하우어에게서 과학적 인식을 가리키는 것으로서 사용된다. 그런데 천재적 인식, 이념의 인식이 근거율에 따르지 않는다는 것은 천재적 인식, 이념의 인식은 과학에 구애받지 않고 과학을 넘어서는 것이라고 말하는 것이다. 그러면서 그는 "천재성과 광기가 직접 맞닿아 있다"[686]는 주장으로까지 나아간다.

이념의 인식이 과학에 구애받지 않는다는 것, 심지어 이념의 인식 혹은 천재적 인식이 광기와 맞닿아 있다는 인식은 쇼펜하우어의 비합리주의를 잘 드러낸다. 이러한 비합리주의는 여러 가지 모습으로 나타나는데 그의 핵심 개념인 의지 개념 자체가 비합리주의적이다. "순수하게 그 자체로 고찰하면 의지는 인식이 없고, 단지 맹목적이고 제어할 수 없는 충동에 불과하다."[687] 의지는 쇼펜하우어의 핵심 개념으로 세계 자체가 의지의 표현인데 의지가 맹목적이고 제어할 수 없는 충동에 불과하다면 인간의 삶 또한 맹목적인 충동에 불과한 것이 된다.

이러한 의지의 비합리성은 자유와 필연의 관계에서도 드러난다. "의지는 그 자신이 현상이 아니고 표상이나 객관이 아니라 물자체이므로 … 그러므로 필연성을 알지 못하므로 즉 자유로운 것이다. 그러므로 자유의 개념은 그것의 내용이 필연성의 부

685) 앞의 책, p.319
686) 앞의 책, p.324
687) 앞의 책, p.461

정"688)이다. 의지가 필연성의 부정으로서 자유라면 그러한 자유는 맹목적인 충동에 지나지 않게 된다. 칸트에게서 자유는 필연성으로부터 분리된 선험적인 것이었다면 쇼펜하우어에게서는 이것이 발전되어 자유가 필연성의 부정으로서 맹목적인 충동으로 전화된 것이다.

이러한 쇼펜하우어의 비합리주의는 염세주의, 비관주의로 결말을 맺는데 그는 "죽음이야말로 힘겨운 항해의 최종 목표"689)라고 한다. 그런데 이러한 비관주의는 맹목적인 충동으로서 의지철학의 발전의 결과이다. 그는 인간의 삶을 끊임없이 죽어가는 것으로 본다. "인간 개체의 본래적인 현존은 현재에만 있을 뿐이고, 현재가 아무런 저지도 받지 않고 과거로 도망쳐가는 것은 죽음 속으로 끊임없이 넘어가는 것이고, 끊임없이 죽어가는 것이다. … 개체의 현존은 형식적 측면에서 보더라도, 현재가 죽어 있는 과거 속으로 끊임없이 쓰러지는 것, 즉 끊임없는 죽음이다."690) 이러한 쇼펜하우어의 염세주의는 주관적 관념론으로서 의지의 철학을 끝까지 밀어붙인 결과이다. 겉으로는 의지라는 개념을 최고로 내세워 인간의 주체성을 높이는 것 같지만 결국 의지의 내용은 맹목적 충동으로 귀착되고 주체를 둘러싼 세계의 의미는 사라진다. 그에 따라 주체와 객관 세계와의 상호작용으로서 삶이라는 것의 내용이 상실되기 때문에 염세주의에 빠질 수밖에 없는 것이다. 유물론은 이와 정반대로 세계의 객관적 실재성을 승인하기 때문에 과학의 길로 나아갈 수 있고 주체적 측면에서 보면 주체의 능동성을 최고도로 끌어올릴 수 있다. 왜냐하면 주체의 능동성은 자신을 둘러싼 객관 세계에 대한 올바른 인식이 이루어질 때 극대화될 수 있기 때문이다.

---

688) 앞의 책, p.479
689) 앞의 책, p.519
690) 앞의 책, p.516

쇼펜하우어, 니체

쇼펜하우어는 부르주아지가 혁명을 두려워하게 되고 반대하게 되면서 보수화되는 변곡점에서 부르주아지의 이데올로기적 표상을 보여준다. 쇼펜하우어는 처음에는 칸트에서 출발하여 헤겔을 반대하였지만 나아가 의지의 철학을 정립하여 비합리주의 철학의 흐름의 열었다. 니체는 쇼펜하우어의 의지의 철학과 비합리주의를 계승하면서도 그것을 보다 대중적으로 변형하여 표방했다.

니체는 19세기 후반에 자유경쟁 자본주의가 독점자본주의로 전화되는 시기에 그리고 파리꼬뮨의 충격이 유럽에 커다란 영향을 미치던 시기에 이데올로기적 활동을 하였다. 그리하여 니체는 그 시대를 '붕락의 시대'로 파악하고 사회주의에 대한 적대감을 공공연하게 표방하였다. 니체의 철학은 쇼펜하우어의 철학을 더욱 더 속류화시킨 것이었는데 그럼에도 니체가 당시 부르주아 대중의 인기를 끌었던 것은 사회주의에 대한 적대의 표방이 부르주아지의 계급적 이해와 맞아 떨어졌고 또 형식면에서 부르주아 대중의 허위의식을 비판하고 종교, 형이상학 등 무너지고 있는 기성의 가치체계를 공격하였고 이를 아포리즘이라는 간단한 경구 형태로 표현하고 시적인 형식을 구사하여 철학과 문학을 접목시켰기 때문이다. 그러면 니체의 철학을 형식과 내용이라는 측면을 나누어서 고찰해 보자.

먼저 형식을 보면 니체의 저작들은 체계적인 내용이 없고 일관성, 개념의 엄밀성을 구사하지 않는다. 또한 니체는 자신의 주장을 논증하는 것이 아니라 일방적으로 주장할 따름이다. 이러한 니체의 방식을 설명해주는 것이 아포리즘이라는 것인데 아포리즘은 자신의 주장을 간단한 경구형식을 통해서 이해하고 기억하기 쉽게 표현하는 것인데 니체에게서 아포리즘은 실제로는 체계적 주장의 결여와 주장의 일방성을 보여주는 것이다. 아포리즘이 서술상의, 문학상의 형식이라면 니체가 자신의 철학을 전개하는데 일종의 형식으로 구사하는 것은 부르주아 대중의 허위의식에 대한 공격, 종교, 형이상학에 대한 공격이다. 이 공격들이 니체 철학의 내용이 아니라 형식으로서 파악되는 것은 이러한 것이 내용있는 비판을 담지하고 있지 못할 뿐만 아니라 사회주의에 대한 반대, 민주주의와 대중에 대한 경멸이라는 자신의 진정한 내용을 포장하는 것에 불과하기 때문이다. 그러면 니체 철학의 진정한 내용을 다루기에 앞서서 먼저 니체 철학의 포장을 벗겨내 보자.

니체는 아포리즘이라는 간단한 경구 형식을 통해서 부르주아 대중의 허위의식을 비판한다. "인간의 물자체—가장 상하기 쉽고 가장 격파하기 어려운 것은 인간의 허영심이다. 뿐만 아니라 손상을 입음으로써 그 힘을 증대케하고 결국은 거대하게 될 수도 있다."691) 여기서 니체는 허영심이라는 부르주아 사회의 약한 고리를 비판하지만 그것의 원인, 근원 등에 대해서는 접근하지 않는다. 그러면서 니체는 자유정신을 주장하는데 니체의 자유 개념은 내용이 없는 것이다. "더 이상 사랑과 증오의 속박에서 사는 것이 아니라, 긍정도 부정도 없이 자유의지대로 가깝고 멀어지며, 기꺼이 탈주하며 회피하며 펄펄 날아다니고 다시 돌아서거나 또다시 위로 날아오르는 것이다."692) 이러한 니체의 자유 개념은 맹목적 충동에 지나지 않는데 이는 니체철학의 원형인 쇼펜하우어의 자유 개념이 필연성의 부정으로서 자유라는 점에서 비롯되는 것이다. 필연성에 대한 부정, 즉 현실로부터의 탈주가 니체의 자유 개념이라 할 수 있다. 여기에는 필연성의 지양이라는 자유 개념은 전혀 없고 억압에 맞선 투쟁이라는 자유에 대한 기본적인 접근조차 없다.

니체는 19세기 후반이라는 자신의 시대를 붕락의 시대로 표현

691) 니체, 인간적인 너무나 인간적인, 청하, p.323
692) 앞의 책, p.21

하면서 기성의 도덕, 종교, 철학(형이상학)이 붕괴되고 있다는 것을 직감하고 이들을 기성의 가치체계로 규정하고 공격한다. 그는 부르주아 도덕의 허위성을 다음과 같이 비판한다. "도덕적 이상의 승리는, 모든 승리와 동일한 비도덕적 수단에 의해, 즉 폭력, 거짓말, 비방, 불공정에 의해 획득된다."[693] 지배적인 도덕은 비도덕적 수단에 의해 획득된다는 니체의 공격은 부르주아들의 허위의식을 공격하는 것이다. 그런데 니체는 그러면서 부르주아 도덕이 민중들에 의해 영향받고 있음을 비판한다. "유럽의 모든 도덕은 가축떼의 이익을 기초로 하고 있다."[694] 니체는 민중과 대중을 가축떼로 표현하며 경멸하는데 부르주아 도덕이 민중들에 의해 영향받고 있는 것을 탄식하고 있는 것이다. 니체는 기존의 철학 일체를 불신하고 심지어는 개념 자체를 불신한다. "사람은, 지금까지 일반적으로, 마치 무언가의 기적의 세계로부터의 불가사의한 지참금이라도 한 듯이, 스스로의 개념을 신용하고 있었다. … 무엇보다 필요한 것은, 모든 전승된 개념들에 대한 절대적 회의이다."[695] 기존의 철학체계를 회의하는 것은 과학의 추구에 있어서 하나의 조건이다. 그러나 '전승된 개념' 일체를 회의하는 것, 즉 과학 자체를 거부하는 것은 또 다른 문제이다. 기존의 철학 체계를 회의하더라도 거기에 들어 있는 개별적 개념들로 표방되는 성과는 계승되어야 하는데 니체는 니힐리즘, 즉 허무주의를 표방하면서 과학 자체를 거부한다. 니체는 기존의 철학의 골간을 다음과 같이 부정한다. "우리가 주체와 객체라는 개념을 포기하면, 실체라는 개념도 역시 포기된다."[696], "목적과 수단은, 개념과 마찬가지로, 전혀 존재의 본질에 탐닉하는 일이 없다."[697] 주체와 객체, 개념에 대한 부

---

693) 니체, 권력에의 의지, 청하, p.201
694) 앞의 책, p.186
695) 앞의 책, p.256
696) 앞의 책, p.338

정은 과학 자체를 부정하는 것과 마찬가지이다. 기존의 철학을 회의하여 새로운 발전의 길로 가는 것이 아니라 철학의 개념들에 대한 니힐리즘적인 부정이 니체의 주장의 요지이다. 그리하여 니체는 이 세계에 진리는 없다고 선언하며 인과성, 원자론, 다윈의 진화론 등 과학적 성과를 부정한다.

니체는 '신은 죽었다'는 선언으로 유명한데 이것은 무신론이 아니라 기존의 기독교의 권위가 무너지고 있다는 것에 대한 표현에 지나지 않았다. 니체는 신은 죽었기 때문에 지상의 삶이 중요하고 지상의 삶을 가꾸어 나가고 현실의 삶에서 진보를 이룩해야 한다는 주장으로 나아가는 것이 아니라 신은 죽어서 기존의 종교의 권위가 붕괴되었기 때문에 새로운 초인이 나타나야 한다는 주장으로 나아갔다. "모든 신은 죽었다. 이제 우리는 초인이 등장하기를 바란다."698) 대중을 가축떼로 경멸하는 니체는 기성의 종교의 권위를 대체할 수 있는 새로운 권위, 대중 위에 우뚝 서는 초인의 출현을 요구한 것이다.

종교, 형이상학을 비롯한 기존의 철학, 도덕 등에 대한 니체의 공격은 내용있는 비판이 아니라 이미 무너지고 있는 기성의 가치체계에 대한 즉자적 부정에 지나지 않았다. 그런데 니체의 이러한 기성체계에 대한 비판은 니체 철학의 진정한 내용이 아니고 형식, 포장에 지나지 않는데 니체 철학의 초점, 진정한 내용은 사회주의에 대한 반대를 핵심으로 하여 민주주의와 대중에 대한 경멸, 진보에 대한 부정이었다.

니체는 평등에 대해 다음과 같이 말한다. "위계에 관하여. 평등의 전율할 만한 귀결—마침내는 각인이 모든 문제를 거론할 권리를 가지고 있다고 믿고 있다. 모든 위계가 없어지고 말았다."699) 이와 같이 니체는 모든 사람이 평등하게 (사회적) 문제들

---

697) 앞의 책, p.312
711) 니체, 짜라투스투라는 이렇게 말했다. 민음사, p.136

498

을 거론할 수 있다는 사실에 전율한다. 니체는 대중을 한편으로
는 가축떼라고 하여 경멸하면서도 다른 한편으로는 대중의 진
출을 두려워한다. "중층 계급과 하층계급(저급종의 정신과 육체
를 포함하여)이 서서히 출현하고 대두했다는 것, … 이 일에 필
연적으로 동반되는 것은 1.정신의 암울화 … 2.도덕적 위선
…"700) 니체는 이와 같이 대중의 진출이 부르주아들의 정신세
계를 암울하게 하고 스스로를 도덕적으로 위선되게 만들고 있
나는 것을 탄식하고 있다. 니체는 또한 민주주의를 경멸하고 실
질적으로 부정한다. "우리는 아마 민주주의적 특성의 발전과 성
숙을 지원할 것이다. 그것은 의지의 약함을 만들어내기 때문이
다. 우리는 사회주의의 뒤에, 안일을 탐하는 것을 막는 하나의
가시를 인정하는 것이다."701), "국가의 경시와 몰락, 그리고 국
가의 죽음, 사인(私人)―나는 개인이라는 말을 경계한다―의 해방
이 민주적 국가 개념의 귀결이며 여기에 그것의 임무가 있는
것이다."702) 민주주의는 사회주의를 막기 위한 불가피한 하나의
가시라는 것! 민주주의 국가가 되면 국가의 죽음이 불가피하다
는 것! 이렇게 니체는 대중을 경멸하는 것을 넘어서 실질적으로
민주주의를 부정하고 있다.

니체는 사회주의에 대해서는 노골적인 반대를 드러낸다. "다음
세기에는 여기저기서 전대미문의 소요가 일어나, 독일에도 그
변호자와 대변자를 가지고 있는 파리꼬뮨은, 도래할 것에 비하
면, 아마도 가벼운 소화불량에 지나지 않게 되고 말 것이다. 그
럼에도 불구하고 항상 너무나도 많은 유산자가 있을 것이므로,
사회주의는 질병의 발작 이상의 의미를 가질 수 없다."703) 파리

---

699) 니체, 권력에의 의지, 청하, p.510
700) 앞의 책, p.65
701) 앞의 책, p.101
702) 니체, 인간적인 너무나 인간적인, 청하, p.241
703) 니체, 권력에의 의지, 청아, p.98

꼬뮨은 소화불량이라는 니체의 규정은 유산자의 입장에서 노동자계급의 혁명을 부정하는 것이며 전대미문의 소요는 다음 세기인 20세기에 발생할 혁명들을 가리키는 것이다. 니체는 나아가 사회주의에 대한 대처방안까지 제시하고 사회주의를 민중을 전염시키는 페스트로 규정한다. "혁명정신의 소유자와 소유 정신의 소유자—아직도 그대들의 힘에 미치는, 사회주의에 대한 몇 가지 대항 수단은 이런 것이다. 사회주의에 반항하지 말 것, 즉 스스로 절제하며 분수에 맞는 생활을 할 것, 사치를 전시하는 일을 극력 저지할 것, 그리고 국가가 모든 잉여물과 사치품에 심한 세금을 부과할 때에는 국가에 협력할 것, 등등이다. … 이런 일이 바로 사회주의의 가슴에 난 상처자국으로서 오늘날에도 갈수록 대중에게 퍼져가고 있으며 그러나 그대들의 내부에서 처음으로 발생하고 부화된 것, 즉 민중 질환의 독약 살포자인 것이다. 그리고 그 누가 이 페스트를 지금이라도 막아낼 것인가?"704) 이렇게 니체는 의식적으로 사회주의에 대해 대항할 것을 주문한다. 이러한 니체의 입장은 도덕, 종교, 철학 등 기존의 가치체계가 붕괴되고 나아가 파리꼬뮨으로 대표되는 노동자계급의 도전이 가시화되는 가운데 부르주아지가 나아갈 방향을 제시하는 것이다. 즉, 니체는 부르주아지의 반동화를 선동하는 것인데 실제로 니체는 진보의 개념을 부정한다. "진보—속아서는 안된다. … 1888년의 독일 정신은 1788년의 독일정신에 비해 퇴보이다. … 인류는 전진하지 않았고, 그것은 현존하지도 않는다."705), "진보에의 신앙—지성의 저급한 영역에서 진보는 삶의 상승으로 여겨지고 있다. 그러나, 이것은 자기 기만이다. 지성의 고급한 영역에서는 삶의 하강으로 여겨지고 있다."706) 진보라는

704) 니체, 인간적인 너무나 인간적인, 청하, pp.404-405
705) 니체, 권력에의 의지, 청하, p.76
706) 앞의 책, p.91

쇼펜하우어, 니체

500

개념에 속아서는 안되며 그것은 현존하지 않았고 하층에서는 진보가 삶의 상승이지만 상층에서는 진보는 삶의 하강이라는 것이 니체의 주장이다. 이러한 니체의 주장은 니체가 철저히 부르주아 당파성에 입각하고 있다는 것을 보여준다. 니체는 진보의 부정에 이어서 군국주의를 선동한다. "나는, 유럽의 밀리타리즘의 발달을, 내적인 아니키즘의 상태를 기뻐한다."707) 밀리타리즘, 즉 군국주의가 니체에 의해 노골적으로 선동되고 있는 것이다.

니체는 이러한 자신의 주장과 관점을 '권력에의 의지'라는 개념으로 뒷받침한다. 니체는 쇼펜하우어의 의지의 철학을 변형하여 권력에의 의지라는 개념을 창안했는데 이때 권력에의 의지는 단순히 인간 사회의 국가를 중심으로 하는 정치적인 권력 현상만을 가리키는 것이 아니라 자연을 포함한 모든 현상을 권력관계로 보는 것이다. 이것은 명백히 비합리주의인데 이는 니체에 고유한 것이 아니며 쇼펜하우어가 이미 의지라는 개념을 인간 사회를 넘어 자연의 무기계에까지 확대한 것에 기초를 두고 있다. 니체는 "삶이란, 권력에의 의지이다."708)라고 본다. 또한 니체는 진리의 푯대를 권력의지에서 찾는다. "진리의 감각은, 거짓말하지 말지니라의 도덕성이 기각되고 있다면, 다른 법정에 의하여 그 합법성을 인정받지 않으면 안된다─즉, 인간보존의 수단으로서, 권력의지로서."709) 기존의 도덕이 붕괴되고 또 진리의 감각이 도전받는 상황에서 무엇이 진리인가에 대해 니체는 권력이 곧 진리라고 주장하고 있는 것이다. 심지어 니체는 "진리의 표지는 권력 감정의 상승 가운데 있다"710)고 본다. 권력에의 의지라는 니체의 개념은 자연에 대해서까지 확대되는데 그

---

707) 앞의 책, p.99
708) 앞의 책, p.176
709) 앞의 책, p.309
710) 앞의 책, p.330

는 법칙 개념을 권력 개념으로 대체한다. "어떤 현상들이 불변으로 잇달아 발생하는 것이 증명하는 것은 법칙이 아니라 둘 혹은 그 이상의 여러 힘의 사이에서의 권력관계이다."711)

니체가 다윈의 진화론을 반대하는 근거는 고급종은 저급종에서 나올 수 없다는 견해 때문인데 이는 인종주의의 싹을 보여주는 것이다. "유(類)가 진보를 나타내고 있는 것은 세계에 관한 가장 불합리한 주장이다. 당장 유가 나타내고 있는 것은 하나의 수준에 불과하기 때문이다. 고급한 유기체가 저급한 그것으로부터 발달했다는 것은 지금까지 결코 증거가 확립되어 있지 않다."712) 대중을 가축떼로 보고 인간을 저급종과 고급종으로 나누는 니체는 인간이 원숭이에서 나왔다는 진화론을 결코 수용할 수 없는 것이고 이러한 진화론에 대한 반대논리는 인종주의로 나아가는 것이다.

니체에게서 자유정신에 대한 주장, 형이상학, 도덕, 종교에 대한 비판이라는 형식, 포장을 벗겨내면 그 내용으로는 반과학주의, 사회주의에 대한 반대, 대중과 민주주의에 대한 경멸이 드러난다. 또한 그의 권력에의 의지 개념은 쇼펜하우어의 의지철학을 대중적으로 각색하여 의지 개념을 권력 현상과 연관지운 것인데 그것을 인간 사회만이 아니라 전체 자연으로까지 확대하여 그의 비합리주의를 특징지웠다. 이러한 쇼펜하우어와 니체의 비합리주의 철학은 주관적 관념론에 뿌리를 두고 있는데 이후 이어지는 다양한 비합리주의 철학의 출발점이 되었다.

---

711) 앞의 책, p.379
712) 앞의 책, p.410

3. 후설

후설은 20세기 초반과 중반에 활동한 독일의 철학자이다. 후설은 현상학이라는 학문을 창시했는데 기존의 모든 학문과 철학을 부정하고 현상학적 방법에 의한 학문, 철학만이 참다운 철학이라는 주장으로 나아갔다. 그는 과학적 심리학의 학문성을 부정하고 그것에 현상학을 대치시켰다. 그러면 과연 현상학이 무엇인가가 문제되는데 그의 입론을 따라 하나하나 풀어가 보자.

후설은 다음과 같이 기존의 철학을 부정한다. "나는 철학이 불완전한 학문이라고 주장하려는 것이 아니다. 단지 나는 철학이 아직 학문이 아니며, 철학이 학문으로서는 여전히 어떤 출발도 못했다는 것을 주장할 뿐이다."[713] 즉, 후설은 기존의 철학 일체의 학문성을 정면으로 부정하고 있는데 이는 자신의 현상학만이 진정한 철학의 출발점이라는 주장이다. 그러면 후설의 현상학적 방법이 과연 무엇인가가 문제되는데 후설은 사태 그 자체, 즉 현상이 곧 본질이라고 보면서 본질을 파악하는 직관을 통해 현상, 사태 그 자체를 파악하는 것이 참된 방법이라고 주장한다. 이러한 주장은 현상과 본질을 동일시하면서 이를 직관을 통해 파악해야 한다는 것으로서 새로운 주장이 아닌데 후설은 이러한 방법을 진정한 철학이라고 치부하면서 기존의 모든 철학과 학문을 부정하는 길로 나아간다.

후설은 기존의 자연과학과 역사과학, 그리고 세계관 철학을 정면으로 부정한다. 그는 심리학의 학문성을 다음과 같이 부정한다. "이러한 방식으로 현대의 정밀한 심리학은, 비록 심리-물리적 규칙성들에 관계하는 심리적인 것의 의미를 추구하더라도, 즉 참된 심리학적 이해를 통찰하더라도, 현대의 정밀한 심리학이 스스로 이미 방법적으로 완전하고 엄밀하게 학문적인 것이

---

713) 후설, 엄밀한 학문으로서의 철학, 지만지, pp.20-21

라고 간주하는 바로 그 점에 의해 사실상 비학문적이 된다."714) 즉, 기존의 과학적 심리학이 사용하는 과학적 방법 그 자체가 심리학이 학문이 되지 못하는 이유라고 후설은 주장하고 있다. 심리학이 자연과학의 성과를 이어받아 인간의 심리현상에 대해 자연과학적 방법을 도입하여 발전하는 경향에 대해 후설은 반기를 들고 있는 것이다. 그는 심리학에서 자연과학적 방법이 의식의 사물화(事物化)를 초래한다고 본다. "자연과학의 '모형'을 따른다는 것은 거의 불가피하게 의식을 사물화하고, 처음부터 우리를 배리에 얽혀 들어가게 하며, 이것으로부터 항상 새로운 배리적 문제설정과 그릇된 탐구방향에로 이끄는 경향이 일어난다는 것을 뜻한다."715) 의식의 사물화는 의식의 본질이 객관 세계의 사물의 반영이라는 것을 의미하는데 후설은 이러한 과학적 인식을 정면에서 거부하고 있는 것이다. 그러면서 그는 사물과 독립적인 "심리적인 것에 대한 '순수한 내재적' 탐구가 가능"716)하다고 주장한다.

이렇게 심리학을 필두로 '자연주의 철학'(즉, 자연과학 일체)을 부정한 후설은 이어서 역사주의 철학(즉, 역사과학)을 부정한다. 그는 역사적인 것을 관념론적으로 파악한다. "이러한 방식으로 모든 역사적인 것은 그 '존재'의 특성상 우리에게 '이해되고 설명되고', 그것은 바로 '정신적 존재'이고 내적으로 요구되는 의미계기들의 통일체"717)라고 본다. 역사적인 것은 정신적 존재라는 것은 역사의 본질을 정신의 역사로 보는 것이다. 그러면서 그는 기존의 역사주의 철학을 다음과 같이 탄핵한다. "사실들로부터 이념들을 정초하거나 논박하려는 것은, 칸트가 "부석(浮石)에서 물을 구하는 일"이라고 인용했듯이, 배리일 뿐이다

714) 앞의 책, p.55
715) 앞의 책, p.71
716) 앞의 책, p.81
717) 앞의 책, p.102

."718) 역사학에서 사실을 제거한다면 그것은 과학성을 상실하게 되는데 후설은 사실에 기초한 역사학 혹은 역사주의 철학은 그것이 사실에 기초하기 때문에 학문성이 없다고 보고 있다. 그러면서 그는 "정신의 '철학'을 정초할 수 있는 것은 오직 현상학적 본질학뿐이라고 주장"719)한다. 변증법적 인식이 없는 후설은 사실과 본질을 절대적으로 대립시키고 있는데 사실에 기초한 역사학을 탄핵하고 반대로 일종의 형이상학인 (현상학적) 본질학을 주장하고 있는 것이다.

그는 또한 세계관 철학을 부정한다. "세계관의 '이념'은, 그 개념에 대한 위의 분석에서 즉시 통찰할 수 있듯이, 각 시대에 대해 서로 다른 것이다. 반면 학문의 이념은 초시간적이다."720) 세계관 철학은 시대성을 떤다는 이유로 학문이 될 수 없다는 것이 후설의 주장이다. 그리하여 그는 '초시간적' 학문, 즉 일종의 형이상학을 주장하고 있다. 그러면서 그는 철학과 세계관을 의식적으로 분리시킨다. "오히려 철학은 이론적 학문으로서 실천적 세계관을 추구하는 노력에 스스로를 대립시키고, 이러한 노력으로부터 자신을 완전히 의식적으로 '분리시켜야' 한다는 점은 의심의 여지가 없다."721)

이렇게 후설은 자연주의 철학, 즉 자연과학을 부정하고 나아가 역사주의 철학, 즉 역사과학을 부정하고 세계관의 의의를 전면 부정했다. 그러면서 현상학만이 진정한 철학이고 학문이라는 주장을 했는데, 그러면 후설의 현상학이 과연 어떠한 맥락과 내용을 가지고 있는지 살펴보자.

후설은 자신이 현상학을 창시한 배경으로 유럽학문의 위기를 들고 있다. 그는 다음과 같이 철학의 위기를 논한다. "이것은

---

718) 앞의 책, p.108
719) 앞의 책, p.112
720) 앞의 책, p.123
721) 앞의 책, p.135

근대의 모든 학문이 결국 철학의 분과들로서 정초되었고, 따라서 이것들이 자체 속에 지속적으로 지니고 있는 의미상 더욱 더 풀 수 없는 수수께끼로 느껴진 독특한 위기 속으로 빠져 들어갔다는 사실을 뜻한다. … 철학의 위기는 철학적 보편성의 분과들인 근대학문 모두의 위기를 뜻하며, 이것은 유럽 인간성의 문화적 삶이 지닌 의미심장함 전체, 즉 그의 실존 전체에서 맨 처음에는 잠재적이지만 더욱 더 두드러지게 드러난 유럽 인간성 자체의 위기이다. 형이상학의 가능성에 대한 회의, 즉 근대인을 주도한 것으로서의 보편적 철학에 대한 신념의 붕괴는 곧바로 고대인의 '주관적 의견'에 대립하여 '객관적 인식'을 정립한 바와 같이 이해된 '이성'에 대한 신념의 붕괴를 뜻한다."722) 철학의 위기, 형이상학에 대한 회의, 이성에 대한 신뢰의 상실이 후설이 들고 있는 현상학 창시의 배경이다. 그런데 그의 이러한 위기의식은 정당성을 갖고 있는가? 기존의 형이상학이 붕괴되고 있고 그에 대체하여 개별과학이 발전하고 있는 것은 역사의 진보적 현상이었다. 따라서 후설이 느끼는 위기의식은 기존의 관념론 철학, 형이상학적 철학이 과학과 역사의 진보에 의해 무너지게 되고 나아가 철학의 최후의 성역이었던 인간의 의식과 심리현상이 과학적 심리학의 성립에 의해 과학적으로 조명되고 있는 현상에 대한 것이라는 점에서 후설의 현상학의 창시는 철학사에서의 반동이었다.

그는 철학사에서 칸트의 선험주의 철학의 성립을 '혁명'으로 파악한다. "모든 혁명 가운데 가장 위대한 혁명은 과학적 객관주의, 즉 근대의 그러나 또한 수천 년의 모든 철학의 객관주의를 선험적 주관주의로 전회함으로 특징지어진다."723) 칸트 철학의 성립에 의해 수천 년의 과학적 객관주의가 선험적 주관주의로

---

722) 후설, 유럽학문의 위기와 선험적 현상학, 한길사, pp.73-74
723) 앞의 책, p.147

전회한 것이 철학사의 혁명이라는 것이다. 이렇게 철학사를 파악하는 후설은 자신의 현상학을 선험철학의 최종형식으로 규정한다. "내가 여기에서 제시하고자 시도하는 것은 선험철학의 최종형식—현상학으로서—으로 향한 목표이다. 이 현상학에는 근대 심리학의 자연주의적 의미를 근절시키는 심리학의 최종형식이 지양된 계기로서 놓여 있다."724) 이로써 후설의 현상학에 대한 전체적인 설명이 가능해졌다. 즉, 후설의 현상학은 칸트의 선험철학에 뿌리를 두고 있는데 칸트에게서 존재하던 일정한 과학성과 객관성을 제거하고 그것을 일체의 과학들에 반대하는 비합리주의 철학으로 전화시킨 것이다. 후설은 칸트에게 존재하는 유물론적 요소를 다음과 같이 비판한다. "칸트는 비록 경험론에 대립해 있지만, 여전히 영혼에 관한 해석과 심리학의 과제영역에 관한 해석에서 곧바로 그 경험론에 의존한 채 남아 있으며, 그는 자연화된 영혼 즉 자연의 시간과 시간-공간성 속에서 심리-물리적 인간의 구성요소로 생각된 영혼을 영혼으로 간주한다는 사실이다."725) 칸트의 영혼 개념이 여전히 경험론, 즉 유물론적 요소를 담고 있다는 것에 대한 비판이다. 후설은 이렇게 칸트에게 남아있던 유물론적 요소를 제거하면서 선험철학을 주관성으로 되돌아가는 철학으로 규정한다. "선험철학은 학문 이전의 객관주의와 학문적 객관주의에 대립해서 모든 객관적 의미형성과 존재타당성의 근원적 터전인 인식하는 주관성으로 되돌아가는 철학 … "726)이라고 규정한다. 이리하여 후설의 현상학의 주관적 관념론적 성격이 드러난다. 후설은 명확하게 세계가 아닌 주관성을 일차적인 것으로 놓는다. "그 자체에서 제1의 것은 의심할 바 없이 자명한 세계의 존재가 아니다. 말하자면

---

724) 앞의 책, p.149
725) 앞의 책, p.212
726) 앞의 책, p.191

무엇이 세계에 객관적으로 속해 있는가 하는 단순한 물음이 제기되어야 하는 것이 아니라, 오히려 그 자체로 제1의 것은 주관성이다."727), "어떠한 자연의 현존도 의식의 현존을 제한할 수 없다. 왜냐하면 자연의 현존은 실로 그 자체로 의식의 상관자로서 밝혀지기 때문이다. 자연의 현존은, 오직 규칙적인 의식연관들 속에 구성되는 한에서만, 존재한다."728) 세계의 존재가 아니라 주관성이 제1의 것이며 자연의 현존은 의식연관에 달려 있다는 것은 명확한 주관적 관념론이다. 이렇게 후설은 칸트에게서 유래하면서도 그것을 주관적 관념론으로 명확히 방향지웠다. 그러나 후설은 자신은 버클리와 같은 주관적 관념론이 아니라고 변명을 하는데 주관적 관념론도 각양각색인 것은 불가피하다.

주관적 관념론의 입장에서 객관적 진리에 대한 회의는 불가피한데 후설은 객관적 진리에 대해 다음과 같이 의문을 제기한다. "학문적 진리 즉 객관적 진리는 오로지 세계, 다시 말하자면 물리적 세계와 마찬가지로 정신적 세계가 사실상 무엇인지를 확정하는 것이다. 그러나 만일 학문들이 이와 같은 방식으로 객관적으로 확정 가능한 것만을 참이라고 간주한다면, 만일 역사가 정신적 세계의 모든 형태, 즉 그때그때 모든 인간의 삶을 지탱하고 구속하는 이상들, 규범들이 일시적 파도와 같이 형성되고 다시 소멸하는 것이며, 이것은 과거에도 항상 그러하였으며 앞으로도 그럴 것이고 [따라서] "이성은 무의미로 되고 선행은 재앙으로" 되는 것임에 틀림없다는 사실을 가르치는 것뿐이라면, 세계와 그 속에 사는 인간의 현존은 과연 의미가 있을까?"729) 후설은 인간사회의 이상들, 규범들 등을 들며 이것들은

---

727) 앞의 책, p.148
728) 후설, 순수현상학과 현상학적 철학의 이념들 1, 한길사, p.177
729) 후설, 유럽학문의 위기와 선험적 현상학, 한길사, pp.65-66

508

객관적 진리에 속하는 것이 아니며, 따라서 객관적 진리만이 참이라는 것은 인간의 삶을 무의미하게 한다고 주장하고 있다. 이상과 규범이 의미하는 것은 이데올로기적인 현상인데 후설의 주장은 이데올로기적 것은 객관화될 수 없고 객관적 진리의 영역에 포함되지 않는다는 것을 전제로 하고 있다. 주관적 관념론의 입장에서 이데올로기 현상은 객관적 영역에 포함되지 않지만 유물론의 입장에서는 이데올로기도 객관의 반영이므로 객관적 진리의 영역에 포함될 수도 있다. 또한 객관적 진리의 영역에 포함되지 않는다 하더라도 그 자체로 의미가 없다고 볼 수는 없다. 따라서 후설의 주장은 인간 삶의 핵심으로서 정신, 이데올로기라는 현상은 객관적 진리와 무관하고 따라서 주관성이 핵심이라는 것에 다름 아니다. 이렇게 주관적 관념론에서는 객관적 진리가 회의되고 위축되고 부정되게 된다. 그러나 객관적 진리는 과학의 성과이며 과학을 가능하게 하는 것이고 역사의 진보의 기둥이 되는 것이다. 칸트에게서 존재하던 객관성과 유물론의 요소를 거세한 후설은 객관적 진리에 있어서도 주관적 관념론의 입장을 보인 것이다.

그러면 후설이 모든 과학을 부정하면서 대안으로 제시하는 현상학의 논리를 살펴보자. 후설이 일체의 과학을 부정하는 논리는 기본적으로 사실학문과 본질학문을 나누는 것을 기초로 한다. 기존의 자연과학과 역사과학은 사실학문이며 현상학만이 본질학문이라는 것이다. 그러나 이것은 대단히 형이상학적인 주장이며 사실과 본질 사이의 연관을 무시하는 것이다. 후설은 현상, 즉 사태 자체가 본질이며 직관을 통해 현상을 파악하는 것이 진정한 학문, 현상학이라고 강변하고 있다. 그러나 현상은 본질 자체가 아니며 현상은 본질로 통하는 통로로서 역할한다. 현상을 통해 본질에 접근하는 것이 과학적 태도이고 변증법적 태도인데 모든 과학을 부정하는 후설은 사태 자체에 대한 직관을 통한 본질파악을 제일로 친다. 후설이 과학을 부정하는 방법은 흥미로운데 그는 세계에 대한 이해, 과학적 이해에 대한 '판단중지'를 방법으로 내세운다. "요컨대 우리는 객관적인 이론적 관심 전체에 대한 판단중지, 즉 객관적 학자로서 뿐만 아니라 또한 단순히 지식을 열망하는 사람들인 우리에게 고유한 목적 추구나 행동들 모두에 대한 판단중지를 수행한다."730), "내가 세계의 존재나 비존재에 관한 모든 태도결정을 중지하더라도, 내가 세계에 관련된 모든 존재타당성을 단념하더라도, 어쨌든 이 판단중지의 내부에서는 모든 존재타당성이 나를 방해하는 것은 아니다."731) 여기서 판단중지라는 개념은 주관이 객관세계를 지워버리는 방법이다. 객관세계에 대해 판단중지하고 혹은 괄호를 쳐서 순수주관의 영역을 확보하는 방법이다. 그리하여 "판단중지라는 이제까지 우리의 방법에 의해 모든 객관적인 것은 주관적인 것으로 변경되었다."732) 판단중지는 단순히 주관이 객관에 대해 거리를 두면서 객관을 인식하여 객관의 주관화를 이루는 방법이 아니다. 그것이 아니라 판단중지는 객관세계의 존재를 지우는 것이다. "세계에 관련된 존재타당성을 단념"한다는 것으로서 판단중지는 객관에 대한 주관적 인식을 넘어서서 객관의 존재를 지우는 것이며 그를 통해 선험적 혹은 순수한 주관의 영역, 순수자아를 확보하게 된다는 것이다. 따라서 판단중지라는 개념은 객관세계에 대한 주관의 일차성, 우위를 확보하는 방법이다. 이를 통해 객관과 주관의 연관성은 단절되고 플라톤의 이데아 개념에서 현상 세계와 이데아의 세계가 분열되는 것처럼 객관세계의 영역과 현상학적 영역이 구분되게 된다. 실제로 후설은 플라톤의 이데아론을 연상시키는 주장을 하기도

---

730) 앞의 책, p.240
731) 앞의 책, p.159
732) 앞의 책, p.303

510

한다. "만약 우리가 자연에 관한 완전히 이성화한 경험학문의 이념, 즉 이론화함을 통해 이 이론화함 속에 포함된 모든 특수한 것이 자신의 가장 일반적이고 가장 원리적인 근거들로 소급될 정도까지 진척된 경험학문의 이념을 형성한다면, 이때 이 이념을 실현하는 것은 본질적으로 이에 상응하는 형상적 학문을 완성하는 것에 달려 있다는 점이 분명하다."733) 경험학문, 즉 자연과학과 역사과학 등의 학문의 발전은 그에 상응하는 형상적 학문의 발전에 달려 있나는 섯이다. 형상이라는 용어는 고대 그리스의 아리스토텔레스 등에게서 나타나는 용어인데 모양, 꼴 등을 가리키는 것이다. 이 용어를 써서 후설은 경험학문과 형상적 학문이라는 이원론을 구사하는데 경험학문, 즉 현실적 과학의 발전은 그 자체의 논리와 노력에 의해 이루어지는 것이 아니라 저 멀리 있는 이데아의 세계처럼 형상적 학문의 발전 혹은 완성에 달려 있다는 것이다. 이는 명백히 플라톤의 이데아론을 차용한 것인데 후설은 이 혐의를 부정한다. 그러나 후설의 부정에도 불구하고 현상학의 관념이 이데아론을 차용한 것은 명백하다. 플라톤의 이데아론에서는 현실세계의 모든 대상에 상응하는 이데아가 이데아의 세계에 존재한다고 주장하는데 후설은 현실의 각 개별과학과 현상에 상응하는 각각의 현상학과 현상학적 관념이 존재한다고 주장한다. "여기에는 예를 들어 물리적 자연이 배제되고 있지만, 반면 그럼에도 자연과학적 경험작용과 사유작용의 측면에서 자연과학적 의식의 현상학이 존재할 뿐만 아니라, 자연과학 의식의 상관자인 자연 자체의 현상학도 존재한다는 사실이 속한다. 마찬가지로, 비록 심리학과 정신과학이 배제함에 관련되더라도, 인간의 현상학, 그 인격의 현상학, 그 개인적 속성의 현상학, 그 (인간의) 의식경과의 현상학도 존재한다. 더 나아가 사회적 정신, 사회적 제도, 문화형성물들의

---

733) 후설, 순수현상학과 현상학적 철학의 이념들 1, 한길사, p.74

현상학도 존재한다."734) 각각의 개별학문에 상응하는 형상적 학문이 현상학으로서 각각 존재한다는 것은 이데아론의 판박이이다. 또한 이데아의 세계가 현실세계를 규정하는 것처럼 현상학의 영역과 관념들이 그에 상응하는 현실적인 각 개별 학문의 발전을 규정한다고 주장하는 것 또한 마찬가지로 이데아론을 적용한 것에 다름 아니다. 이러한 후설의 주장은 현대적 관점에서 보면 비합리주의에 다름 아니다. 즉, 비합리주의로까지 나아간 주관적 관념론이라 할 수 있다.

후설은 판단중지를 통해 순수자아를 도출하는데 순수자아는 그 내용을 보면 공허한 관념에 지나지 않는데 후설 스스로 이를 말하고 있다. "순수 자아의 '관련방식들'이나 '행동방식들'을 제외하면, 순수 자아는 본질의 구성요소들에서 완전히 공허한 것이고, 해명될 수 있는 어떤 내용도 전혀 갖고 있지 않으며, 그 자체에서 또 그 자체만으로 무엇이라 기술할 수 없는 것이다. 즉, 그것은 순수 자아일 뿐이며, 그 이상 아무것도 아니다."735) 판단중지를 해야만 현실세계를 괄호치고 현상학적 영역에 도달할 수 있는데 현상학적 영역의 핵심인 순수자아는 아무 내용도 없는 공허함이라는 것이 후설의 주장이다. 주관적 관념론이 도달한 핵심 개념인 순수자아가 아무 내용도 없다는 것은 그것이 바로 세계를 괄호쳐서(판단중지해서) 제거했기 때문이다. 객관세계와의 관련성을 상실한 순수자아는 내용을 가질 수 없는 것이다.

후설의 현상학은 자연과학(자연주의 철학), 역사과학(역사주의 철학), 세계관 철학에 대한 부정을 기치로 들고 나왔고 학문과 철학의 위기를 부르짖었으나 그 위기는 칸트의 선험철학으로 대표되는 지배적 철학과 형이상학의 붕괴에 다름 아니었으며

---

734) 앞의 책, p.240
735) 앞의 책, p.265

나아가 과학적 심리학의 발전으로 인간의 의식, 심리가 과학의 영역이 되면서 느끼게 된 위기에 지나지 않았다. 그런 점에서 후설에 의한 현상학의 창시는 철학사에서 반동이었으며 그 내용은 비과학적인 내용으로 점철되었다. 또한 칸트의 선험철학을 주관적 관념론으로 개작하면서 플라톤의 이데아론을 차용하였고 현실 배후의 현상학으로써 현실의 과학과 학문 발전을 규정하려 했다는 점에서 독단적이었다.

4. 하이데거

하이데거는 후설의 제자로 출발했으나 《존재와 시간》이라는 저서를 발표하여 독자적 입지를 굳혔다. 《존재와 시간》은 존재론을 표방하였고 이후 샤르트르 등으로 이어지는 실존주의의 원천이 되는 것이었다. 실존이라는 개념을 매개로 인간 존재의 불안정성 등을 존재론의 입장에서 다루었으며 제1차 대전 이후의 독일사회의 불안정성을 철학적으로 표현했다고 할 수 있다. 하이데거는 나찌가 등장했을 때 적극적으로 동조하기도 했고 반유대주의를 표방했다고도 한다. 그러나 하이데거는 전범으로 처벌되지는 않고 학문적 삶을 계속할 수 있었다.

후설은 현상학을 표방했는데 하이데거는 후설의 현상학적 방법론에 의존하면서도 그것을 그대로 수용한 것이 아니라 '존재 일반'의 문제에 천착하는 존재론의 영역을 개척해 갔다. 후설의 현상학이 실제로는 주관적 관념론의 재탕에 지나지 않듯이 현상학의 계승을 표방하는 하이데거의 존재론 또한 주관적 관념론의 관점을 기초로 하고 있다. 이는 진리는 인식과 대상의 일치라는 관점을 거부하고 진리는 사태 그 자체라고 보는 현상학적 관점, 주관적 관념론의 진리론을 지지하는 것에서도 드러난다. 그러나 하이데거가 후설과 달리 독특한 점은 현상학을 존재론으로 전화시켰다는 점인데 그는 '존재일반'을 규명하는 존재론을 제기하고 실존 개념을 매개로 이후 실존주의의 토대가 되는 이론을 전개했다. 그러나 이러한 존재론 혹은 실존주의는 주관적 관념론의 세계 개념을 전제로 하는 것인데 그것이 세계-내-존재라는 개념이다.

그러면 먼저 하이데거가 마치 새로운 듯이 제기하는 존재 개념부터 검토해 보자. 하이데거는 '존재'의 개념이 명확한 개념이 아니라 어두운 개념이며 따라서 규명이 필요한 개념이라고 본다. "사람들이 '존재'는 가장 보편적인 개념이라고 말할 때, 그것은 사물에 대한 이 보편적·직접적 개념이 가장 명백하고 더 이상의 어떠한 논의도 필요로 하지 않음을 의미하는 것은 아니다. '존재'의 개념은 오히려 가장 어두운 개념이다."736) '존재는 어두운 개념'이라는 하이데거의 주장은 존재 개념을 신비화하는 것인데 실은 존재 개념에 있어서 유물론적 접근을 거부하고 그것을 주관적 관념론으로 전화시키는 것에 다름 아니다. 유물론에서 존재는 대상과 객체, 그리고 세계와 자연을 가리키는 개념이고 이러한 존재 개념은 물질개념으로 발전하였다. 그러나 하이데거는 이러한 유물론적 존재 개념을 거부하고 존재 개념을 신비화시켜 이른바 존재론(혹은 실존주의)을 제기하는 길로 나아간다. 하이데거는 존재의 의미를 묻는 이론, 존재 일반을 탐구하는 존재론의 필요성을 역설한다. "존재론이란 어떤 존재론상의 학파나 경향에 쏠리지 않으면서 가장 넓은 의미에서 생각하는 탐구방식이다. … 존재론적인 물음은 실증과학과 같은 존재적인 물음에 비해 더 근원적인 물음이라 할 수 있다. 하지만 특정한 존재자의 존재를 물으면서 존재일반의 의미를 구명하지 못한다면 역시 그 자체도 소박함과 불투명성을 벗어나지 못한다."737) 실증과학의 존재적 물음은 생물, 화학적 원자, 천체의 운동, 인간사회의 과학과 같이 현실적인 대상을 갖는 것이다. 그러나 하이데거는 이러한 과학이 존재일반의 의미를 구명하지 못한다고 보면서 존재일반의 의미를 묻는 존재론이 필요하다고 역설한다.

그러나 여기서 분명히 해야 할 것은 존재일반이란 것이 과연 무엇인가이다. 구체적인 현실적 대상을 가리키는 것으로서 존재가 아닌 존재일반이라는 것은 실체가 없는 추상적 개념을 제기

---

736) 하이데거, 존재와 시간, 동서문화사, p.13
737) 앞의 책, p.21

하는 것에 지나지 않으며 따라서 존재일반을 대상으로 하는 과학은 그 대상의 무규정성으로 인해 성립하기 어려운 것이다. 대상이 규정되지 않는 과학이 도대체 성립가능할 수 있겠는가? 더구나 하이데거가 말하는 존재는 '사유가 곧 존재'라고 보는 고대 그리스의 파르메니데스와 같은 관점에서의 존재 개념이다. "철학은 옛날부터 진리를 존재와 나란히 취급해 왔다. 파르메니데스는 존재자의 존재를 최초로 발견한 사람인데, 그는 존재란 곧 존재를 수용하면서 이해하는 작용과 '동일'하다고 말한다. 다시 말해서 "그런고로 사유와 존재는 동일한 것이다."라고 말했다."738) 이와 같이 하이데거는 자신의 존재 개념이 파르메니데스의 존재 개념과 동일한 것임을 공공연하게 표방하고 있다. 그런데 사유가 곧 존재라면 그때의 존재는 관념적 존재에 지나지 않으며 주체 밖의 객관적 존재를 의미하는 일반적 존재 개념과 전혀 다른 의미를 지니게 된다. 사유와 동일한 존재라는 의미에서 존재를 대상으로 하는 과학은 심리학 혹은 인식론일 수 있는데 하이데거와 같이 존재일반을 대상으로 하는 존재론은 대상의 무규정성으로 인해 주관적인 억설(臆說)에 지나지 않게 된다. 그러면 하이데거의 논리를 따라 그의 존재론의 비과학성을 추적해 보자.

그는 자신의 존재론의 주요 개념으로 현존재를 내세운다. 일반적으로 철학에서 현존재는 시·공간에서 존재하는 현실적 존재를 가리킨다. 그러나 하이데거에게서 현존재는 이와 다르다. "물음이라는 존재가능성을 지닌 존재자를 우리는 술어적으로 현존재라고 부르기로 한다."739), "현존재란 스스로 존재하면서 스스로 존재에 대해 이해하려는 존재자이다. … 바로 현존재는 실존한다는 존재이다."740) 여기에는 하이데거의 존재 개념으로서 현존

---

738) 앞의 책, p.270
739) 앞의 책, p.17

재의 의미가 제출되어 있다. 첫째, 현존재는 철학에서 일반적으로 이해되는 시·공간 속에서의 현존재를 가리키는 것이 아니라 '스스로를 이해한다는 점에서' 관념적 주체를 가리킨다. 즉, 현존재는 실제로는 관념적인 자아를 일컫는 것에 지나지 않는다. 둘째, 현존재는 실존하는 존재라는 규정은 하이데거가 현존재에게 필요한 공간과 시간의 개념을 실존이라는 개념으로 대체하고 있는 것을 의미한다. 그에 따라 현존재에 대한 규정과 서술은 과학성을 갖는 것이 불가능해지고 단지 실존 개념을 매개로 한 하이데거의 관념의 나열만이 있을 뿐이다.

그러면 하이데거의 현존재 개념을 넘어서서 그의 또 하나의 주요 개념인 실존 개념을 고찰해 보자. "현존재의 '본질'은 그것의 실존에 있다. 따라서 이 존재자에게서 이끌어 낼 수 있는 성격은, 이러저러한 '형상'을 띠는 객체적 존재의 객체적 '속성' 같은 것이 아니라, 그때마다 현존재에게 있을 수 있는 존재 방법이며 또한 그것뿐이다."741) 여기서 실존은 현존재가 그때그때 띠게 되는 존재 방법 혹은 존재 양상이다. 따라서 실존이라는 개념 자체가 무엇인가 새로운 내용을 제기하는 것은 전혀 아니며 단지 존재 개념을 신비화하고 주관적 관념론적으로 비트는 고리일 뿐이다. 이러한 실존 개념은 하이데거의 존재론의 전개에 있어서 매우 중요한 역할을 하는데 실존 개념을 기초로 그는 죽음, 양심의 호소, 불안 등과 같은 소위 실존주의적 개념들을 전개한다. 그는 실존 개념과 유물론적인 객체 개념, 과학적인 객체의 개념을 다음과 같이 구분한다. "실존범주와 카테고리는 존재의 여러 성격 중 근본적 양태가 같은 두 가지 부류이다. 거기에 해당하는 존재자는 일차적으로 물음을 받을 때에 각각 다른 양식을 요구한다. 한쪽은 누군가로 불리는 존재자인데, 그 존재

740) 앞의 책, p.73
741) 앞의 책, p.60

는 실존이다. 다른 쪽은 무엇인가로 불리는 존재자로, 그 존재
는 가장 넓은 의미에서의 객체성이다."742) 여기서는 실존 개념
의 신비한 꺼풀이 살짝 벗겨지고 있다. 누군가로 불리는 존재라
는 의미의 실존 개념은 주관성과 결합된 존재라는 의미에 지나
지 않으며 반면에 무엇인가로 불린다는 것은 (유물론적인) 객관
적 존재를 가리키는 것인데 하이데거는 의식적으로 유물론과
선을 그음으로써 실존개념을 주관적으로 신비화시키고 있는 것
이다.

그러면 존재론 혹은 존재 개념을 하이데거가 주관적 관념론의
방식으로 신비화시키는 것에 대한 비판을 마무리하고 본격적으
로 하이데거의 존재론의 주관적 관념론적 성격이 드러나는 세
계-내-존재 개념에 대해 고찰해 보자. '세계-내-존재'라는 개념
은 하이데거의 존재론의 중심적 개념인데 그가 이해하는 세계
는 현실적인 세계, 자연 혹은 객관적 실재로서의 세계가 아니
다. "실존 범주로서 세계 '곁에 있는' 존재들은, 출현하는 사물
들이 한곳에 늘어서 있는 듯한 객체적 존재를 결코 의미하지
않는다."743) 즉, 하이데거의 세계 개념은 객체 개념, 객관적 실
재가 아니며 실존론적 개념에 지나지 않는데 실은 세계 개념을
주관주의적으로 왜곡하는 것이다. 이렇게 객관적 실재로서 세계
개념을 부정하는 하이데거는 인식 문제에 있어서도 비과학적인
면모를 보인다. "인식이 무엇보다 먼저 주관과 '세계'와의 교제
를 만들어 내는 것도 아니며, 또한 이 '교제'는 세계가 주관에
미치는 영향으로 생기는 것도 아니다. 인식이란 세계-내-존재
에 기초한 현존재의 한 상태이다."744) 세계가 주관에 미치는 영
향으로서의 인식 혹은 주관과 세계와의 교제는 인식 주체인 인

---

742) 앞의 책, p.64
743) 앞의 책, p.76
744) 앞의 책, p.85

518

간이 인식 밖의 세계와 교류하고 접근하고 파악하면서 인식하는 일반적인 과정을 가리키는 것으로서 유물론적인 인식론인데 하이데거는 인식과 세계와의 이러한 연관을 전면 부정하고 있다. 그러면서 하이데거가 제기하는 인식론은 인식은 현존재의 한 상태라는 것이다. 이는 인식과 객관세계와의 연관을 부정하면서 인식의 주관적 측면만을 승인하는 것으로서 이는 후설의 현상학적 방법론에서 유래하는 것이다. 후설은 인식에 있어서 '사태 그 자체'에 대한 직관을 최고의 인식으로 치부한다. 하이데거 또한 현상학적 방법을 계승하고 있기 때문에 후설과 같은 인식론을 가지고 있는 것이다. 그러나 하이데거에 따르면 현존재의 한 상태인 인식은, 실제로는 그 내용에 있어서 외적 세계, 객관 세계와의 연관을 필요로 하며 현실적으로 인식은 주관과 세계와의 교류과정을 그 내용으로 한다. 그러나 사태 그 자체에 대한 파악 혹은 직관은 이러한 주관과 객관의 상호작용을 필요로 하지 않으며 주관에서의 무엇인가 번득이는 깨달음을 최고로 치는 비과학적인 인식론이다.

그러면 하이데거가 이해하는 세계는 과연 무엇인가? 그는 세계 개념을 실존 범주의 하나로 본다. "'세계성'은 일종의 존재론적 개념이며 세계-내-존재의 한 구성계기의 구조를 가리킨다. … 따라서 세계성이라는 것도 하나의 실존범주이다."745) 즉, 하이데거의 세계는 주체를 둘러싸고 있는, 주체 밖의 객관적 실재가 아니며 현존재 혹은 주관 혹은 관념적 자아의 존재양상을 가리키는 실존을 구성하는 범주로서 간주된다. 그런데 이는 세계에서 그 객관성을 거세하고 주관에 의해 규정되는 세계(객관) 혹은 주관과 연관 하의 세계를 말하는 것이다. 바로 이러한 점에서 하이데거의 존재론의 주관적 관념론적 성격이 드러난다. 나아가 하이데거는 자연이라는 개념으로는 세계성을 이해할 수

745) 앞의 책, p.87

없다고 주장하면서 환경세계라는 개념을 도입하여 그것을 매개로 세계성의 개념에 접근한다. "일상적 현존재의 가장 가까운 세계는 환경세계이다. 우리의 근본적 탐구는 이 평균적인 세계-내-존재의 실존론적 성격인 환경세계에서 출발하여 세계성 일반의 이념으로 나아가게 된다."746) 환경세계라는 개념은 주관화한 세계에 지나지 않으며 세계의 객관적 실재성을 부정하는 장치에 지나지 않는다. 이리하여 하이데거는 세계를 주관적 관념론의 방식으로 전면적으로 이해하는 개념들을 전개하는데 그것들이 도구성, 취향성, 지향성 등의 개념이다. 하이데거는 환경세계를 이해하는 매개로써 도구성의 개념을 도입하는데 도구는 주체의 무엇인가의 목적을 위한 수단이라는 점에서 세계와 주관과의 결부를 논하기 위해 적절한 소재가 되는 것이다. 또 도구는 주체의 쓸모를 위해 어딘가에 사용된다는 점에서 취향성을 띠게 되는데 하이데거는 도구성이라는 개념과 취향성이라는 개념을 결합하여 실존론적인 세계성 개념을 정립한다. "취향성이라는 존재양식 안에서 존재자를 만나게 하는 작용의 기초가 되는 것으로서의 자기 지시적인 이해작용이 행하여지는 것, 바로 그것이 세계라고 하는 현상이다. 따라서 현존재가 자신을 그리로 지향하게 하는 기초가 되는 것의 구조가 곧 세계의 세계성을 구성한다."747) 여기에는 주관적 관념론의 입장에서 세계를 이해하는 내용이 고스란히 드러나 있다. 도구는 그것이 도구이기 때문에 일정한 목적을 위한 '지시적인 관계'를 전제로 하는 것이며 취향성과 결합한 이러한 지시적 관계를 통해 주체, 현존재는 일정한 방향을 '지향'하게 된다는 것이며 그리고 그것이 세계의 내용이라는 것이다. 이것은 세계가 객관적 실재로서 의미를 갖는 것이 아니라 진정한 세계성은 주관적 자아를 의미하

---

746) 앞의 책, pp.89-90
747) 앞의 책, p.114

는 현존재를 어떤 방향으로 지향하게 하는 구조라고 하는 것이다. 현존재의 지향 구조로서 세계라는 이러한 세계성 개념은 전형적으로 주관적 관념론의 세계 개념이다.

세계에 대한 이해에 있어서 이렇게 주관적 관념론의 입장을 보이는 하이데거는 주관의 인식 밖의 외부세계가 객관적 실재로서 존재하는가에 대한 답은 불가능하다는 불가지론을 주장한다. "정당하건 부당하건 '외적 세계'의 실재성을 믿는다는 것, 충분하건 불충분하건 이러한 실재성을 증명한다는 것, 명료하건 불명료하건 이 같은 실재성을 전제한다는 것, 이러한 시도는 그 고유의 기반을 완전히 통찰하면서 제어하지도 못한다. … 과연 외부세계는 눈앞에 존재하는가, 또 증명될 수 있는가, 이를 묻는 의미에서의 '실재성의 문제'에 대한 답은 불가능하다."748) 주관의 인식 밖의 외적 세계의 객관적 실재성의 승인은 유물론적 입장을 의미하는데 주관적 관념론의 입장을 갖고 있는 하이데거는 이에 답을 하는 것이 불가능한 것이다.

하이데거는 진리의 문제에 있어서도 주관적 관념론의 입장을 보인다. "진리는 한편의 존재자가 다른 존재자에 동화한다는 의미에서의, 인식작용과 대상과의 일치라는 구조를 전혀 갖추지 않았다."749) 하이데거 이전에 수백 년에 걸친 철학사의 지배적 내용은 진리는 인식(개념)과 대상의 일치라는 것이었는데 하이데거는 이러한 진리개념을 정면에서 부인하고 있다. 그러면서 그는 진리란 '사상(事象) 그 자체'라고 하는 현상학적 개념을 내세운다. "진리란 '사상 그 자체', 즉 자기를 스스로 표시하는 그 당사자, 다시 말하면 '자신이 어떻게 발견되어 있는지를 표시하는 존재자'를 의미한다."750) 진리란 사상(사태) 그 자체라는 것

---

748) 앞의 책, p.262
749) 앞의 책, p.276
750) 앞의 책, p.277

은 후설에게서 유래하는 것이다. 현상이 곧 본질이며 그것은 직관을 통해 인식된다고 하는 후설의 입장에서는 진리는 직관을 통해 사상(사태) 그 자체, 현상=본질을 직접 인식하는 것이다. 이런 입장에서는 개념과 대상의 일치라는 진리 개념이 성립하지 않는다. 그러나 이러한 후설과 하이데거의 입장은 진리에 대한 주관적 관념론에 다름 아니다. 하이데거는 다음과 같이 진리가 주관에 의해 규정된다고 주장한다. "진리는 현존재가 존재하고 있는 한, 또 그런 동안에만 '존재한다'. 존재자는 대체로 현존재가 존재하고 있는 동안에만 발견되며 개시된다. 뉴턴의 법칙이라든지 모순 원리 같은 모든 진리 일반이 참인 것은 현존재가 존재하고 있을 동안 뿐이다."751) 진리가 현존재, 즉 주관에 의해 규정된다고 하는 이런 주장은 명백한 비합리주의인데 직관을 통해 사태 그 자체를 파악한다는 하이데거의 인식이 진리의 문제에서 이러한 비합리주의를 초래한 것이다. 또한 이러한 입장은 객관적 진리를 부정하는 것이다. 직관을 통한 사태 그 자체의 파악은 주관적일 수밖에 없고 따라서 객관적 진리의 부정으로 귀결되게 된다. 그런데 이러한 객관적 진리에 대한 부정은 하이데거 스스로 자신의 존재론이 과학으로 성립할 수 없다는 것을 승인하는 것에 다름 아니다.

진리의 문제에 있어서 주관적 관념론의 입장을 보인 하이데거는 실존 개념에 입각하여 이후 실존주의의 원천이 되는 많은 개념들을 전개한다. 대표적인 것이 피투성이다. "이 존재 성격, 즉 이러한 '현존재'가 존재하고 있다는 사실을, 우리는 이 존재자가 그의 '거기에'로 '내던져져 있다'라고 부른다. 즉, 그것은 현존재가 세계내존재로서 '현(거기에)' 존재한다고 할 그런 '피투성(내던져짐)'이다."752) 현대 사회에서 인간은 내던져지는 존

751) 앞의 책, p.285
752) 앞의 책, p.175

재이다라는 관념은 자신의 존재의 불안정성을 고민하는 많은 사람들에게 솔깃한 것이다. 1차 대전 이후 독일의 사회상황에서 사람들이 느끼는 이러한 불안과 불안정성을 하이데거는 실존 개념을 매개로 하여 전개하여 호응을 받을 수 있었다. 그러나 이러한 실존적 관념의 전개는 사실은 주체로 하여금 이성에 대한 치열한 탐구를 멈추고 자신의 존재를 회의하게 만드는 것이며 주체를 나약하게 하는 것이다. 이러한 실존적 관념으로서 하이데거는 퇴락, 불안, 양심의 호소, 죽음에 임하는 존재 등을 전개한다.

하이데거의 존재론은 존재일반을 가리키는 것으로서 일종의 형이상학적인 구상이었고 그것은 과학으로 성립할 수 없었다. 사유와 존재의 동일성이라는 하이데거의 관념론적인 존재 개념 자체, 그리고 존재일반이라는 대상의 무규정성, 진리문제에 있어서 주관적 관념론적인 편향 등은 하이데거의 존재론의 비과학성을 말해주는 것이다. 하이데거는 실존주의의 사상적 원천이 되었는데 실존주의의 실천적 의미에 대한 다음과 같은 평가는 인상적이다. "실존주의의 사회적 기능은 부정적이다. 이러한 성격은 소위 독일 실존주의 운동에서 두드러진다. 이 운동은 1930년대에 광범위한 부르주아 지식인과 교양있는 소부르주아지를 지적 모험의 소용돌이 속으로 몰아, 이들이 부르주아 고전주의의 참된 인간성에 대한 이상으로부터 일탈하는 과정을 촉진시킴으로써, 쉽사리 독일 파시즘의 이데올로기와 그 실험에 감염될 수 있도록 그들을 연약하게 만들어 버렸다. … 실존주의를 선도하던 대표자들 특히 하이데거가 일찍이 독일 파시즘에 몸을 팔았음은 전혀 우연스런 일이 아니다."[753]

753) 한국철학사상 연구회 편, 철학대사전, 동녘, p.772

5. 프로이트

프로이트는 20세기 초반에 활동한 오스트리아의 심리학자이며 의사이고 이른바 정신분석학의 창시자이다. 프로이트는 정신과 의사로서 신경증 환자들을 치료하면서 신경증의 증상이 성본능에서 비롯된다는 것을 확신하게 되었고 이를 통해 인간의 의식이 무의식에 의해 규정된다는 주장으로 나아갔다. 이를 뒷받침하기 위해 프로이트는 꿈에 대한 연구를 진행하여 ≪꿈의 해석≫을 발표하여 정신분석이론을 창시하게 된다.

프로이트는 꿈 연구의 필요성에 대해 다음과 같이 말한다. "우리의 목적은 꿈의 의미를 명백히 하여 신경증 연구의 기초를 닦는 데 있습니다. 꿈 연구는 신경증 연구의 가장 훌륭한 준비가 될 뿐만 아니라, 꿈 그 자체가 신경증적 증상으로 건강한 사람들에게도 나타나므로 많은 이점이 있습니다. 실제로 모든 사람들이 다 꿈을 꾼다면, 우리는 꿈에서 신경증 연구가 찾아낸 거의 모든 점들을 통찰할 수 있습니다."[754] 이렇게 프로이트는 신경증 연구에서 출발하여 꿈 연구의 필요성을 확신하게 되었고 꿈을 통해 인간의 무의식의 발견이라는 방법으로 나아갔다.

프로이트는 꿈과 무의식의 관계를 다음과 같이 파악한다. "우리의 견해를 꿈 전체에 확대시켜보면, 꿈이 무의식적인 것의 왜곡된 대체물이라는 점이 드러납니다."[755] 꿈을 통해 무의식을 파악할 수 있다고 본 프로이트는 꿈에 대해 체계적인 연구를 진행하는데 다음과 같은 파악은 일정한 합리성이 있다. "각성시 상태의 가장 큰 특징은, 사고 활동이 '표상'에 의하지 않고 '개념'에 의해 행해진다는 점이라고 실라이메르마하는 지적했다. 그런데 꿈은 주로 형상에 의해 생각되고, 수면 상태에 접근함에

---

754) 프로이트, 정신분석 입문, 돋을새김, pp.70-71
755) 앞의 책, p.95

524

따라 의식적인 여러 활동이 곤란해지는 데 반비례하여 자의적
인 표상이 나타난다."756) 즉, 꿈과 꿈을 꾸지 않는 각성시 활동
의 차이는 각성시에는 인간이 개념에 의존하고 사고를 하는데
반해 꿈에서는 그러한 개념이 나타나지 않고 표상, 형상 등에
의존한다는 것이다. 이러한 파악은 일정한 타당성이 있는데 꿈
에서는 개념적 사고가 거의 나타나지 않는 것이 보통이다. 프로
이트는 꿈을 외현적 꿈과 잠재적 꿈으로 구분한다. "지금부터는
꿈이 이야기하고 있는 것은 '외현적 꿈 내용'으로, 연상을 통해
도달하게 되는 숨겨져 있는 것을 '잠재적 꿈 사고'로 부르기로
합시다."757) 외현적 꿈은 실제 꾼 꿈의 내용을 말하고 잠재적
꿈은 외현적 꿈에 숨어있는 무의식적인 내용을 말하는 것이다.
왜 그런 꿈을 꾸게 되었는가하는 의문을 추적하여 꿈에 숨어
있는 의미를 파악하는 것이다. 이렇게 프로이트는 꿈의 해석을
통해 인간의 무의식이라는 개념에 접근한다.

신경증 연구에서 출발하여 무의식의 세계로 접근하는 프로이트
의 출발점은 일정한 합리성이 있다. 실제로 프로이트의 정신분
석학은 최초에는 신경증 치료목적을 자신의 출발점으로 삼았다.
"따라서 성적인 분방함은 정신분석의 치료 효과를 설명할 수
없습니다. 우리에게 필요한 것은 무의식을 의식으로 대체하고,
무의식을 의식으로 해석해 내는 일입니다. 무의식을 의식의 차
원으로 끌어올림으로써 억압과 함께 증상이 나타나는 조건들을
없앨 수 있으며, 병인이 되는 갈등 역시 해결할 수 있는 정상적
인 갈등으로 바꿀 수 있습니다."758) 이렇게 무의식을 의식으로
끌어올림으로써 신경증적 증상을 치료한다는 것이 프로이트의
최초의 목적이었다. 그러나 프로이트는 여기서 더 나아가 무의

---

756) 프로이트, 꿈의 해석, 선영사, p.73
757) 프로이트, 정신분석 입문, 돋을새김, p.99
758) 앞의 책, p.269

식이 의식을 규정한다는 주장을 세우면서 인간의 심리를 본능 (이드)-자아-초자아라는 3가지로 도식적으로 구분하는 일종의 심리학 혹은 정신분석학을 세웠는데 프로이트 스스로는 이를 심층심리학이라 불렀다. 그러면 꿈의 해석을 넘어서 프로이트의 심층심리학 혹은 정신분석학의 의미를 파악해보자.

프로이트는 정신분석학의 방법론에 대해 다음과 같이 말한다. "이런 목적을 위해 정신분석과는 이질적인 모든 해부학적·화학 적·생리학적 가설에서 벗어나야만 합니다. 정신분석은 온전히 심리학적 가설만을 근거로 연구되어야 하는데, 이 점 때문에 여 러분이 더욱 낯설어할까 봐 염려스럽습니다."759) 여기서 프로이 트는 정신분석의 방법이 해부학적·화학적·생리학적 가설에서 벗 어나 온전히 심리적 방법에만 의존해야 한다고 주장하고 있다. 그런데 인간의 심리는 그 자체로 결정되는 것이 아니라 외적 세계로부터의 자극과 그것의 신체적, 생리학적 과정을 거쳐 심 리가 형성되게 된다. 즉, 인간의 심리, 의식은 외적 세계의 반영 이다. 그러나 프로이트가 여기서 세우고 있는 방법론은 이런 유 물론적 접근에서 이탈하여, 외적 세계의 반영을 핵심으로 하는 생리학적 접근을 배제하고 심리학적 가설만을 전제로 하여 정 신분석을 행해야 한다고 보는 입장이다. 이로부터 프로이트 정 신분석이론의 비합리성이 시작된다.

심리학적 가설만을 전제하는 프로이트는 이제 자유롭게 자신의 가설을 펼치는데, 의식에 대한 무의식의 선차성이 그 출발점이 다. "사람들이 거부감을 보이는 정신분석적 주장 가운데 첫째 는, 정신 과정 자체가 무의식적 과정이며 의식적인 것은 전체 정신 활동에서 벗어난 독자적인 것이거나 그 일부분에 불과하 다는 것입니다."760) 즉, 기존에 정신은 의식이라고 생각되는 것

---

759) 앞의 책, p.27
760) 앞의 책, p.28

이 일반적이지만 프로이트는 무의식의 세계를 발견하여 정신과 의식이 동일한 것이 아니라고 주장했고 나아가 무의식이 의식을 규정한다고 주장한 것이다. "'정신적인 것은 의식적인 것이다'라는 추상적 명제가 선입관에 불과하다는 제 주장에 여러분은 아직 선뜻 동의할 수 없을 것입니다. … 정신분석이 발견한 이 명제는 바로, 넓은 의미에서나 좁은 의미에서나 성적(性的)일 수밖에 없는 욕구충동이 신경증이나 정신병을 유발하는 데 중요한 역할을 하고 있다는 것입니다. 더 나아가 이 성적 충동이 인간 정신의 최고의 구현이라 할 문화적·예술적·사회적 창조에 이바지해 왔다는 것입니다."761) 이렇게 프로이트는 의식이 곧 정신이라는 기존의 관점을 부정하고 무의식이 의식을 규정하며 나아가 그러한 무의식은 성적일 수밖에 없는 욕구충동에서 비롯되며 그것이 문화적·예술적·사회적 창조에 이바지해 왔다고 주장하고 있다. 인간의 심리에서 생리학적 기초와의 단절을 방법론으로 세운 프로이트는 성적인 무의식적 본능이 인간의 의식을 규정하는 근본이라는 입론을 이렇게 세우고 있다. 리비도라 불리는 이러한 성적인 본능은 프로이트의 이론에서 핵심적 위치를 차지하고 있다.

프로이트는 신경증의 발생 원인을 리비도에서 찾고 있다. "사람들이 신경증에 걸리는 것은, 자신의 리비도를 만족시킬 수 있는 가능성이 사라졌기 때문인데, 저는 이 경우를 '좌절'이라고 부릅니다."762), "모든 증상들은 리비도 때문에 발생하며, 결국 증상들은 리비도를 비정상적으로 사용하는 데서 오는 대리 만족입니다."763) 이렇게 프로이트는 신경증이라는 정신병의 발생 원인을 성적인 본능인 리비도의 좌절때문이라고 보고 있다. 프로이

---

761) 앞의 책, pp.28-29
762) 앞의 책, p.233
763) 앞의 책, p.255

트가 이런 결론에 다다른 것은 자신의 환자들에 대한 분석을 통해서인데 환자들과의 상담, 환자들의 꿈의 해석을 통해서였다. 그러나 인간에게 본능과 무의식적 세계가 있다는 주장을 넘어서서 그것이 의식 자체를 규정하고 병의 핵심적인 원인이라는 주장은 과학적인 것은 아니다. 프로이트의 정신분석학은 의학계에서 과학으로 승인되지 못했는데 그것은 프로이트의 주장이 과학적 접근, 방법론에 입각한 것이 아니었기 때문이다. 신경증의 발생과 리비도, 성본능은 일정한 관계가 있을 수 있지만 신경증의 원인은 리비도의 좌절이라고 규정하는 것은 또 다른 것이다. 바로 여기에 프로이트 정신분석 이론의 비합리성이 있다. 부분적 현상을 과도하게 일반화하고 또 생리학적 기초와 단절하여 성본능, 리비도라는 개념을 형이상학적으로, 관념적 개념으로 전환시킨 것이 그러한 비합리성의 핵심이다.

리비도, 성본능이라는 개념에 모든 현상을 돌리는 프로이트는 이를 뒷받침하기 위해 오이디푸스 콤플렉스라는 개념을 도입했다. "이러한 애정 경쟁은 분명 성적인 특성을 지니고 있습니다. 아들은 어릴 때부터 어머니에게 특별한 애정을 품어 어머니를 자신만의 것으로 생각하게 됩니다. 따라서 아버지만의 소유를 인정하지 않고 아버지를 경쟁자로 인식하기 시작합니다. 이와 마찬가지로 어린 딸은 어머니를 자신과 아버지 사이를 방해하는 경쟁자로 생각하게 됩니다. '오이디푸스 콤플렉스'로 부르는 이러한 감정이 꽤 오랜 역사를 지니고 있다는 것은 여러 가지 사례를 통해 확인할 수 있습니다."[764] 인간의 의식은 무의식에 의해 규정되는데 무의식의 핵심은 리비도, 성본능이고 그러한 성본능은 오이디푸스 콤플렉스라는 유년기의 성적 경험과 관념에 의해 규정된다고 프로이트는 주장하고 있다. 이러한 관점은 결국 인간의 삶이 어린 시절의 성적 경험에 의해 규정된다는

---

764) 앞의 책, p.153

것인데 매우 비합리주의적인 주장이다.

프로이트는 이러한 관점을 보충하기 위해 이드(본능)-자아-초
자아로 규정되는 도식적인 관점을 제시한다. "그런데 리비도 충
동에 반대하여 개입하는 힘은 무엇일까요? 누가 이 병리적 대
립의 반대편에 있을까요? 넓은 의미에서 볼 때 그것은 성적이
지 않은 충동들입니다. 우리는 이를 포괄적으로 '자아본능'이라
고 부릅니다. 병인으로 작용하는 갈등은 결국 자아본능과 성본
능 사이의 갈등입니다."[765] 여기서 자아 개념은 리비도 충동을
보완하기 위해 등장했는데 프로이트는 자아를 이성적인 사고를
하는 주체로 상정하고 있다. 또한 초자아는 도덕적 금기, 양심
과 같은 사고를 하는 것으로서 사회적, 윤리적 존재, 그러한 정
체성을 의미한다. 그러나 이러한 구분은 매우 도식적인데 바로
본능(이드)이라는 것을 초점으로 그 개념을 보완하기 위해 배치
된 것이기 때문이다. 사회적 사고, 도덕적 사고는 자아를 구성
하지 않는가? 본능과 자아는 현실에서는 통일되어 있지 않는
가? 인간의 의식과 삶은 현실에서는 사회적 관계 속에서 이루
어지는 것이며 따라서 인간은 총체적 존재이다. 사실, 프로이트
가 초자아로 분류한 도덕적 사고, 사회적 사고는 자아를 구성하
는 하나의 요소일 따름이며 그것을 자아와 분리된 초자아로 규
정할 근거는 없다. 프로이트가 도덕과 사회성을 초자아로 분류
한 것은 그것이 본능, 이드, 성 충동을 억압하는 요소라고 보기
때문이다. 그러나 이러한 관점은 리비도, 성본능을 인간 삶의
가장 근원적인 규정적 요소로 고정적으로 사고하는 형이상학적
관점이다. 그리고 프로이트가 이러한 형이상학적 관점에 빠진
것은 무의식이라는 개념 자체 때문이 아니라 인간의 심리를 외
적 세계의 반영으로 보지 못하고 인간의 심리를 규정하는 생리
학적 기초와 단절되었기 때문이다.

---

765) 앞의 책, p.237

프로이트의 이러한 일면성, 형이상학적 사고는 여러모로 드러나
는데 그는 종교적 세계관에 대해 다음과 같이 비판한다. "종교
적 세계관의 비판에 마지막 획을 그은 것은 정신분석학이었습
니다. 정신분석학은 종교의 원천을 어린아이의 무력감으로부터
찾아냈고, 그 내용은 성숙한 시절에 이르도록 살아남은 어린 시
절의 소망과 욕구에서 연유한다는 것을 밝혀낸 것입니다."[766]
어린 시절의 성적 경험과 피억압의 경험, 무력함의 경험이 종교
의 근원이라는 것이다. 이것은 매우 협소하고 비과학적인 관점
인데 종교의 근원은 어린 시절의 경험 때문이 아니며 종교는
인간이 자연에 대해, 나아가 사회에 대해 느끼는 무력감, 공포
때문에 발생하고 유지되어온 것이기 때문이다.

프로이트는 또한 유물론적 역사관에 대해 초자아에 의한 이데
올로기의 계승이라는 관점을 간과했다고 비판한다. "초자아를
고려하는 것이 인류의 사회적 행동—예를 들어, 범죄의 문제—을
이해하는 면에서 얼마나 중요한 도움을 줄지 쉽게 추측할 수
있을 것이며, 그것은 아마도 교육에 있어서도 실제적인 힌트를
줄 수 있을 것입니다. 유물론적인 역사관의 오류는 아마도 이런
중요한 요소를 평가절하했다는 데 그 원인이 있을 것입니다. 그
들은 인간의 '이데올로기'를 동시대의 경제 조건의 산물이자 상
부구조일 뿐이라고 주장하며 그 문제를 쉽게 넘겨 버립니다. …
여러 민족 및 사람들의 과거와 전통은 초자아의 이데올로기 속
에서 전승되며, 이것은 현재의 영향을 아주 조금씩만 받아들이
면서 조금씩만 변화해 갑니다. 그리고 그것이 초자아를 통해 작
용하는 한, 그것은 경제적 조건들과는 독립적으로 인간의 삶에
강력한 영향력을 행사합니다."[767] 프로이트는 이데올로기를 초
자아에 의해 전승되는 것으로 본다. 그리고 유물론적 역사관에

---

766) 프로이트, 새로운 정신분석 강의, 문예출판사, p.278
767) 앞의 책, pp.124-125

대해 이데올로기의 특성을 무시하는 경제 결정론으로 규정한다. 그러나 프로이트의 접근은 일면적인데 유물론적 역사관은 이데올로기의 상대적 독립성을 무시하지 않고 정반대로 이데올로기의 특성에 대해 과학적 분석을 한다. 즉, 유물론적 역사관에서는, 이데올로기는 근원적으로, 궁극적으로 경제적 요인에 의해 영향을 받지만 그것은 상대적 독립성이 있으며 나아가 경제에 반작용하기까지 한다는 것을 승인한다. 그런 점에서 프로이트는 유물론적 역사관의 변증법적 성격에 대해 잘못 파악하고 있다. 프로이트는 신경증 치료에서 출발하였지만 인간 의식과 심리의 물리적 기초, 생리학적 기초와 단절하는 방법론을 통해 성본능(리비도), 무의식이 의식을 규정한다는 비합리주의적인 주장으로 나아갔다. 이러한 관점은 인간의 의식이 외적 세계의 반영이라는 관점과 대립되는 것이며 또한 인간 의식을 규정하는 여러 요소들 간의 상호 관련을 무시하는 일면적인 주장이었다. 그러나 프로이트가 당시 금기시되던 성본능 등을 학문적 대상에 올려놓은 것은 그의 진보적 측면인데 문제는 그것을 과도하게 절대화시켜 비합리주의에 빠진 점이라 할 수 있다.

6. 아도르노, 호르크하이머

아도르노와 호르크하이머는 20세기 중반의 독일의 철학자들인데 초기에는 맑스주의를 추구했으나 파시즘 등장을 전후하여 비관주의에 빠졌다. 나찌 등장 이후에 미국으로 망명하였는데 제2차 대전 말엽에 두 사람이 함께 쓴 ≪계몽의 변증법≫으로 학문적 영향력을 갖게 되었고 종전 후 독일로 돌아가 비판이론 혹은 프랑크푸르트 학파라 불리는 경향을 이끌었다. 이들의 이론에는 한편으로 파시즘에 대한 반대가 표명되고 있으면서도 다른 한편으로 이성에 대한 비관주의, 패배주의가 깔려 있다. 이들은 또한 동구 사회주의를 전체주의로 파악하는데 한편으로는 반파쇼를 표명하고 다른 한편으로는 현실 사회주의 체제에 반대하는 그들의 입장으로 인해 일정한 영향력을 갖게 되었다. 이들의 이론은 이른바 신좌파의 모태가 되었는데 68혁명에 일정한 영향을 끼쳤다. 또한 이들의 이론을 철학적으로 표현한 것이 아도르노의 ≪부정 변증법≫인데 이는 이성에 대한 패배주의를 합리화한 것이었다.

아도르노와 호르크하이머는 자신들의 문제의식을 다음과 같이 표명한다. "우리가 이 과제에 착수하면서 염두에 둔 것은 다만 왜 인류는 진정한 인간적 상태에 들어서기보다 새로운 종류의 야만 상태에 빠졌는가라는 인식이었다."[768] 즉, 아도르노와 호르크하이머는 파시즘의 등장에 대해 야만으로 규정하면서 그것에 대한 입장을 세우는 것을 자신들의 과제로 삼았다는 것을 표명하고 있다. 그런데 그들은 파시즘에 대한 과학적 입장을 정립하기 보다는 인간의 이성 혹은 계몽이 그 자체에 이미 야만으로의 전화가능성을 갖고 있었다고 파악한다. "우리는 우리가 뒤엉켜 들어간 구체적인 역사적 형태나 사회 제도뿐만 아니라

---

768) 아도르노, 호르크하이머, 계몽의 변증법, 문학과 지성사, p.12

이 계몽 개념 자체가 오늘날 도처에서 일어나고 있는 저 퇴보의 싹을 함유하고 있다는 것 또한 분명히 인식하고 있다고 믿는다."769) 그리하여 그들은 계몽의 광기로의 전화를 결론으로 하는 이른바 계몽의 변증법을 전개한다. 이들의 인식에서 주요한 개념은 도구적 이성이라는 개념이다. 즉, 이성이 효율만을 중시하는 도구로 전락했으며 이것은 파시즘에서 전형적으로 나타났다고 파악한다. "인간이 자연으로부터 배우고 싶어 하는 것은, 자연과 인간을 완전히 지배하기 위해 자연을 이용하는 법이다. 오직 그것만이 유일한 목적이다. 자기 자신마저 돌아보지 않는 계몽은, 자신이 갖고 있는 자의식의 마지막 흔적마저 없애버렸다. … 중요한 것은 사람들이 진리라고 부르는 만족이 아니라 "조작", 즉 효율적인 처리 방식인 것이다."770) 이들은 인간의 소외를 자연에 대한 인간의 태도로부터 구한다. "신화는 계몽으로 넘어가며 자연은 단순한 객체의 지위로 떨어진다. 인간이 자신의 힘을 증가시키기 위해 치르는 대가는 힘이 행사되는 대상으로부터 '소외'다. 계몽이 사물에 대해 취하는 형태는 독재자가 인간들에 대해 취하는 행태와 같다. … 이러한 변화 속에서도 사물은 언제나 동일한 것, 즉 지배의 대상이라는 데에 그 본질이 있는 것이다. 이러한 '동일성'이 '자연의 통일성'을 구성한다."771) 자연을 지배의 대상으로 보는 인간은 인간 또한 지배의 대상으로 보며 그것이 '동일성'을 구성한다고 본다. 아도르노에게서 '동일성'이라는 개념은 주요 개념으로 쓰이는데 근대 철학의 주요 개념인 동일성 개념이 아도르노에게서는 지배, 체계, 전체주의, 강압 등을 설명하는 철학적 고리가 된다. 그들은 도구적 이성이라는 개념을 다음과 같이 끌어낸다. "이성은 다른

---

769) 앞의 책, p.15
770) 앞의 책, p.23
771) 앞의 책, p.30

모든 도구를 제작하는 데 소용되는 보편적인 도구로 쓰인다. … 목표를 위한 순수한 기관이 되고자 하는 이성의 오랜 야심은 마침내 이루어졌다. 논리 법칙의 배타성은 이처럼 오직 기능만을 생각하는 데서 생겨난 것으로서 궁극적으로는 자기 유지의 강압적 성격에서 유래하는 것이다."[772] 이성이 진리의 추구라는 목표를 상실하고 단지 효율성을 위한 하나의 도구로 전락했다는 것이 도구적 이성이라는 개념의 내용이다. 이는 현대 사회에서 이성의 의미를 천착하는 것이지만 이성에 대한 신뢰의 상실을 불러오는 것이기도 하다. 즉, 이성에 대한 패배주의를 짙게 깔고 있다. 파시즘의 등장이 이성이 도구적 이성으로 전락한데서 비롯되었다는 인식은 일면적이다. 이러한 접근에는 계급적 관점이 결여되어 있다. 독점자본주의의 위기에 대한 독점자본가 계급의 대응으로서 파시즘의 성립이라는 점을 명료히 하지 못하고 이성의 위기가 파시즘의 등장을 가져왔다고 파악하는 것은 파시즘의 본질을 잘못 짚은 것이다. 그렇기 때문에 계몽(이성)의 광기로의 전화라는 일면적이고 패배주의적인 결론으로 나아가는 것이다.

이들의 계몽의 변증법은 계몽 자체에 이미 퇴보의 싹이 있고 그것이 파시즘에서 광기로 전화된다고 보는 것이다. 이들은 계몽이 대중을 일깨우는 것이었지만 지금은 대중을 기만하는 것이 되었다고 본다. "베이컨의 견해대로 확실히 '인간의 우월성'의 근거인 '지식'은 이제 지배의 해체로 넘어갈 수 있을지 모른다. 그러나 현재 세계에 봉사하고 있는 계몽은 이러한 가능성 앞에서 대중의 총체적 기만으로 변질된다."[773] 이들은 니체를 들어 계몽의 이중적 성격을 분석한다. "니체는 헤겔 이후 '계몽의 변증법'을 인식한 몇 안 되는 철학자 중의 하나다. 그는 '지

---

772) 앞의 책, p.62
773) 앞의 책, p.79

아도르노, 호르크하이머

배'에 대한 계몽의 이중적 관계를 명확하게 표현했다."774) 이들은 니체를 들어 계몽이 한편으로 민중을 일깨우는 것이지만 동시에 계몽은 민중 기만의 수단이며 통치기술이었다고 주장한다. 이러한 파악은 계몽의 이중성을 드러내는 것이지만 계급적 관점이 결여되면 일면적으로 계몽, 이성에 대한 불신을 조장하는 것에 그치게 된다. 이들은 이성에 대한 불신을 칸트의 개념에 빗대어 다음과 같이 표현한다. "'정언 명령'에 따라, 더 깊이는 '순수 이성'에 소응해서, 파시즘은 인간을 사물로, 즉 행동양식들의 총화로 만들었다."775) 인간의 이성의 필연적 산물로서 파시즘이라는 이러한 관점은 파시즘에 대한 과학적 분석을 이성에 대한 패배주의 조장으로써 회피하는 것이다. 이렇게 접근하면 파시즘에 대한 극복의 전망은 사라지게 된다.

이렇게 이들의 계몽의 변증법은 이성에 대한 패배주의이다. 이러한 패배주의 속에서 그들은 니체의 허무주의를 다음과 같이 긍정한다. "인간에 대한 신뢰가 온갖 위안과 보장에 의해 매일 매일 배반당하고 있다 할 때, 니체는 오히려 그의 '부정' 속에서 인간에 대한 흔들림없는 신뢰를 구제했던 것이다."776) 현대사회에서, 특히 파시즘에서 인간에 대한 신뢰가 상실되고 있는데 니체는 이미 인간에 대한 신뢰를 공공연히 부정했다는 점에서 역설적으로 인간에 대한 신뢰를 구제했다는 것이다. 이성에 대한 패배주의는 이렇게 니체의 허무주의를 인간에 대한 신뢰의 회복으로까지 보고 있다.

이들은 도구적 이성이라는 개념과 더불어 이성의 형식화라는 개념을 도입한다. 진리의 추구라는 목표를 상실하고 이성이 껍데기만 남게 되었다는 것이다. "이성의 형식화는 어떤 결과를

---

774) 앞의 책, p.81
775) 앞의 책, p.138
776) 앞의 책, p.102

가져오는가? 정의, 평등, 행복, 관용, 그리고 앞에서 언급한 것 처럼 지난 세기 이성에 내재했거나 이성에 의해 비준받은 모든 개념들은 정신적 뿌리를 상실했다."777) 이성의 형식화라는 개념 은 고전적인 이성 개념에 포괄되었던 많은 가치있는 것들이 상 실되고 있다는 것을 표현하고 있다. 또한 이성의 형식화라는 개 념을 통해 이들은 시민사회 내의 적대감을 포착한다. "이성의 형식화는 역설적인 문화적 상황을 불러온다. 한편으로 이 시대 에는 자아와 자연의 파괴적인 적대감, 즉 시민 사회 문명의 역 사를 개괄적으로 보여주는 적대감이 정점에 이른다."778) 그런데 이들이 파악하는 적대감은 자아와 자연의 적대감이지 계급적 적대감은 아니다. 즉, 이들에게는 계급적 접근이 결여되어 있다. 그리하여 이들은 다음과 같이 과제를 파악한다. "오늘날 대중의 과제는 전형적인 전통적 당파에 매달리는 것이 아니라, 오히려 대중의 고유한 조직 속으로 침투해 그들의 의식을 개별적으로 지배하는 독점적인 구조를 인식하고 그것에 저항하는 것이다 ."779) 바로 이것이 이들의 실천적인 결론이다. 즉, 전통적 당파 에 매달리지 않는 것, 다시 말해 계급투쟁을 수행하는 것이 아 니라 대중 속에 침투하고 지배하는 사회의 독점적 구조를 인식 하고 저항하는 것이 그들의 입장이다. 지배질서에 대한 저항은 논하지만 계급투쟁은 아닌 것! 이것이 이른바 신좌파의 노선의 실체이다. 이성에 대한 패배주의 속에서 저항은 논하지만 과학 적 노선을 이끌어낼 의지와 능력이 없는 흐름이 바로 신좌파인 것이다.

아도르노의 ≪부정 변증법≫은 이성에 대한 패배주의를 철학적 으로 합리화하고 있다. 그러나 아도르노가 파악하는 변증법은

---

777) 호르크하이머, 도구적 이성비판, 문예출판사, p.43
778) 앞의 책, p.202
779) 호르크하이머, 앞의 책, p.184

맑스의 변증법과는 거리가 먼데 이들은 동일성의 개념과 부정이라는 개념을 주요 고리로 하여 부정의 변증법을 전개한다. 아도르노는 이성의 패배주의를 다음과 같이 승인한다. "철학은 단지 세계를 해석해왔을 뿐이고 현실에 대해 체념함으로써 자체로서도 불구화되었다는 일괄적 판단은, 세계변화가 실패한 후 이성의 패배주의로 된다. … 예측 못할 훗날로 연기된 실천은 이제 자족적 사변에 반대하는 장치가 아니라, 대개 행정가들이 변화하는 실천에 필요한 비판적 사상을 공허한 것이라고 묵살하는 구실로 되었다."[780] 여기서 아도르노는 이성의 패배주의를 공공연히 승인하고 있는데 그 근거는 세계변화가 실패했다는 현실인식이다. 즉, 그는 2차 대전 이후 성립한 세계 사회주의진영을 현실을 변화시킨 체제로 보지 않고 전체주의 체제로 보는 것에 근거하여 맑스가 포이에르바하 테제에서 제창한 세계의 변혁, 실천 개념은 이루어지지 않았다고 보고 있으며 나아가 그러한 변혁적 실천은 "예측 못할 훗날로 연기"되었다고 보고 있다. 또한 현재는 실천 개념이 비판적 사상과 이론을 '행정가들'이 억압하는 구실로 전락했다고 본다. 이는 동구의 사회주의 체제를 비판하는 것이면서 동시에 제2차 대전 후에 급속히 확대된 서유럽 공산당들의 의미에 대해서도 행정가들이 비판적 사상을 억압하는 것으로 보는 것이다. 아도르노의 이성의 패배주의에 대한 승인은 이러한 인식에 기초하고 있다.

제2차 대전 후의 세계상을 이렇게 파악하는 것에 기초하여 아도르노는 이론과 실천의 통일에 대해 다음과 같이 말한다. "이론과 실천의 통일에 대한 요구는 부단히 이론을 시녀로 전락시켰으며, 그 통일 속에서 이론이 수행해야 했을 일을 이론으로부터 제거했다. 사람들이 모든 이론에 요구하는 실천적 검증이 검열의 인장으로 된 것이다. 그러나 이렇게 찬양받는 이론-실천에

---

780) 아도르노, 부정 변증법, 한길사, p.55

서 이론이 굴복하자 실천은 비개념적인 것으로 되고 정치의 일
부로 되었다."781) 20세기 사회주의 진영을 전체주의 체제로 보
는 아도르노는 이론과 실천의 통일이 검열의 인장이 되고 또
이론을 시녀로 만들었다고 본다. 그러나 20세기 사회주의가 일
정한 한계와 오류가 있었다는 것을 전제로 하더라도 이는 잘못
된 것이다. 이론은 자족적인 것이 아니라 실천과 결합될 때만
개념의 내용을 확보할 수 있고 진리의 기준을 얻을 수 있다. 이
론의 역할, 그 본질은 시녀라기보다는 실천에 봉사하는 것이다.
이론과 실천의 부단한 상호작용 속에서 운동은 발전하는 것인
데 시녀라는 비판을 통해 실천과의 통일이 결여된 이론의 추구
로 나아가는 것은 이론의 방향성의 상실로 귀결될 수밖에 없다.
아도르노의 부정 변증법은 칸트, 헤겔, 맑스와 엥겔스에 대한
다양한 고찰을 하고 있지만 그는 변증법의 기본적 개념과 맥락
에 대해 맑스, 엥겔스와는 많은 차이를 보인다. 아도르노는 변
증법의 주요개념인 모순에 대해 유물론적 변증법과 다른 관점
을 보인다. "그러한 모순을 최초로 검토한 헤겔이 생각했던 것
보다 더 큰 비중을, 모순은 차지한다. 한때 총체적 동일성을 위
한 매체였던 그것이 총체적 동일성의 불가능성을 말해주는 기
관으로 된 것이다."782) 유물론적 변증법에서 모순은 동일성의
매체가 아니다. 모순은 대립물의 통일을 의미하는데 대립과 통
일성의 결합이 모순 개념이다. 즉, 대립은 단순히 동일성 혹은
통일성을 매개하는 것이 아니다. 그렇기 때문에 모순은 아도르
노의 주장과 같이 동일성의 불가능성을 보여주는 것도 아니다.
모순은 동일성의 부정으로서 비동일성을 가리키는 것이 아니라
동일성(통일성)내에 존재하는 대립을 가리킨다. 그러나 전체주
의, 억압을 동일성 개념을 통해 설명하는 아도르노는 동일성인

781) 앞의 책, p.218
782) 앞의 책, p.229

아도르노, 호르크하이머

가 그에 대한 부정인가를 모순의 의미로 본다. 그러나 이는 모
순 개념을 단순화시키는 것이면서 동시에 모순 개념의 역동성
을 지워버리는 것이다.

모순 개념을 총체적 동일성의 불가능성을 가리키는 것으로 파
악하는 아도르노는 유물론적 변증법의 주요 개념인 '부정의 부
정'에 대해 오류를 보인다. "부정의 부정을 긍정성과 같다고 하
는 것은 동일시의 정수이며, 그 순수 형식으로 환원된 형식적
원칙이다. 이를 통해 변증법의 가장 핵심적인 사리에서 반변증
법적인 원칙, 즉 산수에서 음수 곱하기 음수를 양수로 처리하는
전통적 논리가 주도권을 잡는다. … 부정의 부정은 부정을 없애
는 것이 아니라 부정이 충분히 부정적이지 못했다는 점을 증명
한다. … 부정된 것은 사라질 때까지 부정적이다."[783] 산수에서
음수 곱하기 음수는 양수라는 것은 일종의 형식논리이다. 그러
나 부정의 부정 법칙에서 부정은 변증법적 부정인데 아도르노
는 변증법적 부정 개념을 사용하는 것이 아니라 그것을 형식논
리적 부정으로 바꿔치기 하고 있다. 변증법적 부정은 긍정의 계
기를 내포한 부정이며 그것은 헤겔과 맑스에 의해 지양이라는
의미로 사용된다. 또한 부정의 부정은 단순히 긍정을 도출하는
것이 아니라 이전보다 고양된, 질적으로 상승한 새로운 긍정을
말하는 것이며 나아가 변증법적 부정의 연속을 가리키는 것이
다. 그러나 아도르노에게서는 부정의 부정의 이러한 역동적이고
풍부한 변증법적 성격이 거세되고 그것이 형식논리적으로 재단
되고 있다. 동일성 테제를 근간으로 하여 비동일자의 철학, 부
정의 철학을 추구하는 아도르노는 변증법적 부정, 혹은 지양의
개념을 승인할 수 없는 것이다.

그리하여 아도르노는 자신의 부정 변증법 혹은 부정의 철학에
대해 다음과 같이 말한다. "부정의 부정이 긍정적이라는 원칙

---

783) 앞의 책, pp.236-237

없이는 헤겔의 체계구성이 와해되었을 것이 틀림없지만 변증법의 경험내용은 그러한 원칙에 있지 않고 동일성에 대한 타자의 저항에 있다. 바로 여기서 변증법의 힘이 나온다."784) 여기서 아도르노의 부정 변증법의 핵심이 정식화되어 있는데 그는 변증법적 부정의 승인을 하는 것이 아니라 '동일성에 대한 타자의 저항'을 부정 변증법으로 보고 있다. 전체주의의 논리, 억압의 논리로 파악되는 동일성에 대한 타자, 즉 비동일자의 저항이 부정 변증법이며 '변증법의 힘'으로 파악되고 있다. 이러한 아도르노의 부정 변증법에서는 내적으로 존재하는 대립물의 투쟁을 통한 변증법적 부정, 지양이라는 헤겔과 맑스의 개념은 사라지고 동일성과 타자라는 형식논리가 부정 변증법이라는 이름으로 포장되고 있다.

아도르노는 자유의 개념에서도 변증법과는 거리가 멀다. 그는 자유의 개념을 다음과 같이 파악한다. "전체적 대립관계를 세워가는 가운데에서 자유와 인과성은 서로 겹친다. 칸트의 경우 자유는 이성에 기초한 행위와 같기 때문에 그것은 합법칙적이기도 하다. 즉, 자유로운 행동들도 '규칙들로부터 나온다.' 그로부터 자유는 법칙이 없으면 아무 자유도 아니며 단지 법칙과의 동일시 속에만 자유가 존재한다는, 칸트 이후 철학의 역겨운 저당권이 생겨났다. 그와 같은 것은 독일 관념론을 넘어서 예측할 수 없는 정치적 영향을 발휘하면서 엥겔스에게 전수되었는데, 이는 거짓된 화해의 이론적 근원이다."785) 칸트가 법칙과의 동일시를 자유로 파악했는가는 의문이다. 왜냐하면 칸트는 자유를 선험적 영역으로 보고 필연성과 무관하게 자유를 파악했기 때문이다. 그런데 아도르노는 칸트의 자유 개념을 '법칙과의 동일시'로 잘못 보면서 그것을 엥겔스에게 뒤집어 씌우고 있다. 자

---

784) 앞의 책, p.238
785) 앞의 책, p.338

540

유를 법칙과 동일시하는 것은 오류이며 자유 개념을 형해화하는 것이다. 즉, 자유와 필연성을 동일시하는 것은 자유 개념의 형해화이다. 그러나 엥겔스의 자유 개념은 자유=필연성이 아니라 자유는 필연성의 지양이라고 보는 것이다. 즉, 필연성을 인식하고 그에 기초하여 자기 자신과 자연을 지배하는 것이 자유라고 엥겔스는 규정하고 있다(≪반듀링론≫). 그러나 지양의 개념이 없는 아도르노는 필연성의 지양으로서 자유 개념과 자유=필연성을 같은 것으로 보고 있다. 이와 같이 아도르노는 자유 개념에 있어서도 비변증법적이며 오류를 범하고 있다.

아도르노는 지양의 개념이 없는 대신 '화해'를 변증법의 귀결로 본다. "한편 변증법은 화해로 종결될 것이다. 이 화해로써 비동일자가 해방되고, 정신화된 강압까지도 사라질 것이며, 이제야 비로소 다양한 것들의 다원성이 열릴 것이며, 이에 대해 변증법은 더 이상 아무 힘도 지니지 못할 것이다."786) 전체주의와 강압으로 파악되는 동일성이 '화해'를 통해 극복되면, 비동일자가 해방되고 다원성이 열린다는 것이 아도르노의 주장이다. 그러나 이는 변증법에 대한 무지의 소치이다. 변증법은 화해로 종결되지 않는다. 변증법은 대상의 내적 모순의 지양에 의한 새로운 질로의 고양이라는 운동으로 나아간다. 아도르노는 형식적으로는 변증법을 승인하고 유물론도 승인하지만 그것의 내용은 뒤틀려 있다. 지양이 아닌 화해를 아도르노가 주장하는 것은 그가 모순 개념에 대해 그르쳤기 때문이다. 대립물의 통일로서 모순이 아니라 동일성에 대한 부정을 모순으로 파악하는 그는 지양이라는 개념을 세울 수도, 수용할 수도 없는 것이다. 그는 자연변증법도 부정하는데 내적 모순이라는 개념이 없는 상태에서는 자연에 변증법이 존재한다는 인식으로 나아갈 수 없는 것이다. "변증법을 보편적 설명의 원칙으로서 자연에까지 확장시킬 수

786) 앞의 책, p.59

는 없지만, 또한 사회내적인 변증법적 진리 및 그와 무관한 진리라는 두 종류의 진리를 나란히 설정할 수도 없다."787) 자연변증법, 그리고 일관된 변증법은 자연에 대해서도 변증법적 과정을 승인하는 것이다. 자연의 변증법적 과정은 물질과 운동의 통일성에 대한 승인에 기초하는데 이를 승인할 때만 유물론적인 변증법이라 할 수 있다. 그러나 동일성에 대한 부정을 모순으로 파악하는 아도르노는 자연에 존재하는 모순과 그것의 역동성, 물질의 운동에 대해 변증법적 인식을 할 수 없었던 것이다.

1980년대에 운동이 상승하다가 쏘련 등 20세기 사회주의 진영이 무너지자 운동은 퇴조하고 많은 활동가들이 운동을 떠나갔다. 이들은 ≪계몽의 변증법≫에 심취했는데 그것은 다름 아니라 쏘련 붕괴로 인해 밀려오는 이성에 대한 패배주의를 ≪계몽의 변증법≫에서 확인할 수 있었기 때문이었다. 그러나 이들 프랑크푸르트 학파, 비판이론, 신좌파는 이른바 '전통'과 단절되어 실천과 유리된, 계급투쟁이 아닌 초라한 저항의 이론에 머무르는 것이었다. 계몽의 이중성에 대한 지적은 올바른 것이지만 계급적 관점이 결여되면 그것은 이성에 대한 불신을 불러오는 것에 지나지 않는다. 계급사회의 지양은 이성에 대한 치열한 탐구를 전제로 하지 않는다면 불가능하다. 과학적 노선은 사회와 계급의 현실에 대한 이성적 통찰을 통해서만 산출될 수 있다. 20세기의 현실 사회주의가 일정한 한계와 오류가 있었고 그로 인해 붕괴되었다고 해도 계급투쟁을 떠난 저항의 이론은 정당화될 수 없다. 이성의 패배주의를 합리화한 아도르노의 ≪부정 변증법≫은 지양의 계기가 없는 변증법에 지나지 않는다. 즉, 그것은 새로운 질, 새로운 사회의 탄생이 원천적으로 불가능한 '이론'에 지나지 않는다. 계급사회의 지양은 평탄한 길이 아니라

---

787) 앞의 책, p.216

아도르노, 호르크하이머

542

계급투쟁과 프롤레타리아 독재라는 현실을 거쳐야만 한다. 자유
는 그러한 필연성을 인식하면서 그것을 지양하는 것이다.

7. 샤르트르

샤르트르는 20세기 중·후반의 프랑스의 철학자, 작가이다. 그는 2차 대전 전에 독일로 유학하여 후설, 하이데거 철학을 연구하고 프랑스로 돌아와 2차 대전 말엽에 ≪존재와 무≫라는 실존주의 철학서를 발표했다. 하이데거가 1차 대전 후 독일사회의 불안정성을 바탕으로 실존주의 철학을 전개한 것과 유사하게 샤르트르는 제2차 대전이라는 극한적인 상황에서 실존주의를 탐구했던 것이다. 이후 샤르트르는 맑스주의에 접근하여 실천적 지식인이라는 평가를 받았으나 그것은 사민주의적 경향에 머문 것이었다.

≪존재와 무≫는 후설의 현상학과 하이데거의 존재론, 실존주의의 연장선상에 있는 저작이다. 샤르트르가 이들과 부분적인 차이는 있으나 기본적 골격, 기본적 개념은 이들과 차이가 없다. 먼저 샤르트르는 후설의 현상학의 본질과 현상 개념, 그리고 본질직관이라는 개념을 수용한다. "결국 우리는 나타남과 본질의 이원론을 똑같이 거부할 수 있다. 나타남은 본질을 감추고 있지 않다. 나타남은 본질을 드러내 보인다. 나타남이 '본질인 것이다.'"788) 여기서 샤르트르는 나타남, 즉 현상이 곧 본질이라는 후설의 현상학의 관점을 전적으로 승인하고 있다. 그에 따라 현상과 본질의 구분이 사라지고 있는데 이를 기초로 후설의 본질직관이라는 방법론을 수용한다. "다시 말해서 본질은 그 자체가 하나의 나타남이다. 바로 그렇기 때문에 여러 가지 본질에 대한 하나의 직관(이를테면 후설의 본질직관)이 있을 수 있는 것이다."789) 헤겔의 변증법에서는, 그리고 일반적인 과학에서는 현상과 본질을 나누고 현상을 통해 본질로 접근하는 것이 일반적

---

788) 샤르트르, 존재와 무, 동서문화사, p.13
789) 앞의 책, p.13

인 방법론인데 현상과 본질의 구분을 거부하는 후설과 샤르트르는 현상=본질을 직관에 의해 파악하는 것을 학문의 방법으로 승인하고 있다. 이는 개념적 사고가 아니라 직관을 학문의 가장 근본적인 방법으로 승인하는 것인데 이에 대해 샤르트르는 다음과 같이 공개적으로 천명하고 있다. "직관적 인식 이외에 다른 인식은 없다. 연역과 추론은 부당하게도 인식이라고 불리고 있으나, 실은 직관으로 이끌어 주는 방편에 불과하다."790) 직관만을 올바른 인식으로 승인하는 이러한 입장은 사실상 개념적 사고를 거부하는 것인데 이는 샤르트르 스스로 자신의 실존주의와 존재론이 개념적 사고가 아닌 것, 즉 비과학적인 것임을 천명하는 것에 다름 아니다.

인간의 의식, 심리를 대상으로 하는 과학적 심리학이 학문이 아니라고 주장하는 후설의 주장을 이어서 샤르트르는 다음과 같이 의식에 대한 과학적 접근을 부정한다. "하나의 법칙은 의식의 초월적 대상이다. 법칙에 대한 의식은 있을 수 있으나 의식에 대한 법칙은 있을 수 없다."791) 의식에 대한 법칙은 의식을 과학의 대상으로 놓고 인간의 의식을 규정하는 일정한 법칙성을 탐구하는 것이며 그것이 바로 과학적 심리학과 과학적 인식론이라 할 수 있는데 샤르트르는 이를 부정하고 있는 것이다. 인간의 의식은 자의적으로 발생, 발전하는 것이 아니라 일정한 법칙성이 있는데 이는 인간의 의식이 외적 세계의 반영이기 때문이다. 그러나 후설, 하이데거를 잇는 샤르트르는 인간의 의식이 외적 세계의 반영, 모사라는 점을 승인하지 않고 의식에 대한 법칙이라는 개념을 거부하고 있다. 샤르트르는 인간의 의식을 반영이 아니라 완전한 능동성이라고 본다. "아무리 조그만 수동성이라도 우리는 그것을 지각이나 인식에 부여할 수 있을

---

790) 앞의 책, p.310
791) 앞의 책, p.25

까? 지각과 인식은 완전히 능동성이고 완전한 자발성이다."[792]
샤르트르의 ≪존재와 무≫에서 존재라는 개념은 하이데거와 대동소이하지만 하이데거가 고찰하지 않았던 '무'라는 개념을 샤르트르는 전면적으로 끌어들이는데 이를 통해 자신의 존재론이 철학적 심오함을 갖고 있는 듯이 포장한다. 그런데 존재와 무의 대립의 설정은 헤겔의 ≪대논리학≫의 도입부에서 전면적으로 다루어지고 있다. 그런데 헤겔이 존재와 무의 변증법을 펼쳤다면 샤르트르는 그것을 형이상학적으로 다루고 있다. "존재는 그 자체와의 동일성보다 그밖의 다른 모든 규정의 공허이지만, 비존재는 존재의 공허이다. 다시 말해, 헤겔에 비해 여기서 상기해야 하는 것은 '존재는 존재하고 무는 존재하지 않는다'는 것이다."[793] '존재는 존재하고 무는 존재하지 않는다'는 구절은 고대 그리스의 파르메니데스의 주장을 인용한 것이다. 바로 여기에 샤르트르 철학의 근원적 성격, 하이데거를 포함하는 존재론이라는 형이상학의 뿌리가 놓여 있다. 고대 그리스에서 파르메니데스는 관념론의 원형에 해당하고 헤라클레이토스는 유물론적이고 변증법적인 견해를 대표했는데 존재와 무, 존재와 비존재의 문제에서 날카롭게 대립했다. 헤라클레이토스는 존재와 비존재에 대해 다음과 같은 견해를 보였다. "존재와 비존재는 동일하고 또한 동일하지 않다."[794] 여기서 헤라클레이토스의 비존재는 무와 같은 개념으로 쓰이고 있다. 그런데 파르메니데스는 헤라클레이토스와 달리 '있는 것은 있고 없는 것은 없다'라고 주장한다. 파르메니데스는 '없는 것은 없'기 때문에 비존재는 존재하지 않고 따라서 그에 대해 사고하는 것이 불가능하며 존재하는 것은 오직 존재일 뿐이며 그것은 부동의 정신이며 사고

---

792) 앞의 책, p.30
793) 앞의 책, pp.64-65
794) 러시아 과학아카데미 편, 세계철학사(1), 중원문화, p.149

546

가 곧 존재라고 했다. 이러한 파르메니데스의 견해는 관념론의 원형, 형이상학의 원형을 보여주는 것이라 할 수 있다. 이에 대해 헤라클레이토스는 존재와 비존재는 동일하면서 동일하지 않다고 했는데 이는 존재는 비존재를 근거로 하여 존재하고 또 존재는 끊임없이 비존재로, 비존재는 존재로 전화한다는 것을 표현한다. 그리고 이로부터 생성과 운동의 관념이 나온다. 이것은 곧 변증법을 의미하는데 샤르트르는 자신이 변증법의 노선이 아니라 파르메니데스의 형이상학의 노선을 따르고 있음을 천명하고 있는 것이다. 그리하여 헤라클레이토스에게서는 존재와 무의 통일이 곧 운동이고 생성인 반면 샤르트르에게서 무는 존재의 부정에 지나지 않는다. "무는 판단의 근원에 있다. 왜냐하면 무는 그 자체가 부정이기 때문이다. 무는 '작용'으로서의 부정에 근거를 부여한다. 왜냐하면 무는 '존재'로서의 부정이기 때문이다."795) 여기서 무 혹은 비존재에 대한 헤라클레이토스와 샤르트르의 차이는 다음과 같다. 헤라클레이토스는 무 혹은 비존재를 존재의 대립물로 보는 반면에 샤르트르는 무 혹은 비존재를 존재에 대한 단순한 부정에 지나지 않는 것으로 본다. 그리하여 샤르트르는 존재를 떠나서는 무를 사고할 수 없는 것으로 본다. "우리는 그때 상호보완적이고 추상적인 개념으로서든, 존재가 그 속에 매달려 있는 무한한 환경으로서든, 존재의 밖에서는 무를 생각할 수 없다는 것을 깨달았다."796) 이러한 샤르트르의 관점은 무 혹은 비존재에 대해 전형적으로 형이상학적인 관점이라 할 수 있다.

이러한 샤르트르의 비변증법적인 사고는 운동에 대한 태도에서 잘 드러난다. "변화는 운동이 아니다. 변화는 '이것'의 성질의 변질이다. 우리가 이미 살펴본 것처럼, 이 변화는 하나의 형태

795) 샤르트르, 존재와 무, 동서문화사, p.69
796) 앞의 책, p.73

의 나타남 또는 분해에 의해서 일괄적으로 이루어진다. 그 반대로 운동은 실질(實質)의 항상성을 전제로 한다. … 운동은 하나의 '이것'이 다른 점에서는 변하지 않으면서, 오직 '이것'의 장소만 변화하는 것이다."[797] 여기서 샤르트르는 운동을 물체의 위치이동으로 보고 있다. 이것은 사실상 운동에 대해 뉴턴 시대의 관념을 주장하는 것이다. 뉴턴과 데카르트 당시는 운동은 곧 위치이동, 즉 역학적 운동일 뿐이었다. 그러나 이후 화학과 생물학 등의 발전으로 운동은 역학적 운동만이 아니라 화학적 운동도 포함하게 되었고 나아가 진화론에 의해 생물학에서 과학이 정립됨에 따라 생명체의 운동과 진화라는 관념이 발생하였고 또한 자본주의 생성이래 계급투쟁 현상이 일반화되면서 사회적 운동이라는 관념 또한 발생하였다. 샤르트르는 이러한 모든 성과를 깡그리 무시하면서 운동은 곧 위치이동, 역학적 운동이라는 관념을 고수하고 있는 것이다. 이는 그가 화학, 생물학, 계급투쟁이론의 성과가 표현하는 것, 즉 변증법적 사고를 무시하고 배척하기 때문이다. 샤르트르는 물질의 성질의 변화는 변화이지 운동이 아니라고 하는데 이는 그가 화학적 성질의 변화를 운동으로 보지 않기 때문이다. 그러나 과학의 발전과 변증법 철학의 발전으로 운동과 변화는 동일한 것으로 포괄되게 되었고 이러한 관점은 지금은 일종의 상식이 되어가고 있다.

샤르트르의 이러한 몰과학적, 비과학적 관점은 감각에 대한 태도에서 잘 드러나고 있는데 그는 인식의 원천으로서 감각을 부정하면서 그것을 심리학자의 몽상이라고까지 하고 있다. "감각은 주관적인 것과 대상적인 것 사이의 잡종적인 관념이며, 대상에서 출발하여 고안되고, 이어서 주관에 적용된 관념으로, 그것이 사실상 존재하는 것인지, 아니면 권리상 존재하는 것인지 결정될 수 없는 사생아적 존재이며, 감각이란 결국 심리학자의 순

---

797) 앞의 책, p.365

수한 몽상이다. 감각이라는 관념은 의식과 세계의 관계에 대한 진지한 이론에서는 특히 제외되어야 한다."[798] 인간의 인식에서 감각은 외적 세계를 인식으로 받아들이는 원천이 된다. 따라서 감각이 없으면 인간의 인식은 불가능하며 이는 시각, 청각 등의 감각이 없는 맹인 등의 경우에 대한 관찰과 분석을 통해서 입증되기도 했다. 그러나 존재론이라는 형이상학의 미몽에서 헤매는 샤르트르는 자신의 인식에 방해되는 감각이라는 인간의 성질, 인식에 있어서 감각의 역할을 아예 지워버리고자 하는 것이고 감각이라는 관념은 심리학자의 몽상이라고 매도하고 있다. 이는 후설의 현상학이 본질직관이라는 방법을 통해서 현상=본질을 인식할 수 있다고 보는 관념에서 비롯되는 것이며 샤르트르가 이러한 비합리주의적 관점을 그대로 물려받고 있기 때문이다.

하이데거의 세계-내-존재 그리고 세계성의 개념은 도구 개념을 매개로 하여, 주관, 현존재를 어떤 것을 지향하게 하는 구조가 세계라고 하는 것이었다. 이는 세계의 객관적 실재성을 부정하고 세계에 대해 주관적 관념론의 입장에서 파악하는 것이다. 이러한 관점은 샤르트르에게도 일정하게 나타나는데 샤르트르는 사물, 세계의 객관적 실재성을 승인하는 유물론적 관점을 거부하고 도구라는 개념을 매개로 세계에 대해 주관적으로 접근한다. "그것은 우리가 '실재는 "사물"로서 우리에게 나타나는 것도 아니고, "도구"로서 우리에게 나타나는 것도 아니며, 오히려 "도구-사물"로서 우리에게 나타난다'는 것을 지적했을 때 우리가 보여주었던 것이다."[799] 실재가 '도구-사물'로서 우리에게 나타난다는 것은 세계의 객관적 실재성을 부인하고 이 세계가 하나의 도구로서, 도구-사물로서, 즉 주관과 연관 하에서 파악

---

798) 앞의 책, p.530
799) 앞의 책, p.538

되는 객관이라는 것을 의미한다. 있는 그대로 사물로서인가, 아니면 도구-사물로서 나타나는가는 사실상 이 세계에 대해 유물론적 관점에 설 것인가 아니면 주관적 관념론의 입장에 설 것인가를 가르는 지점이다. 있는 그대로의 사물로 세계를 파악하면 사물과 세계에 대한 객관적 접근, 과학의 추구가 가능해지지만, 도구-사물로서 접근하면 이 세계에 대한 과학의 추구가 아니라 주관적 목적이 일차적으로 설정될 수밖에 없다. 이렇기 때문에 샤르트르는 세계의 진정한 의미는 무엇인지를 존재론이라는 이름하에 따로 물어야만 하는 것이다. 그러나 외적 세계의 객관적 실재성을 승인하는 유물론적 관점에서는 존재 일반의 의미를 묻는 형이상학적인 존재론은 필요하지 않고 반대로 객관적 실재의 각각의 영역에 대한 과학적 접근만이 있을 뿐이다. 또한 각각의 영역이 상호연관 하에 파악되고 그것들이 모여서 하나의 유물론적인 세계관을 형성하게 된다. 그러나 샤르트르, 하이데거처럼 이 세계의 객관적 실재성을 부인하는 입장에서는 사고, 물질, 자연에 대해 존재라는 개념을 매개로 불변의 형이상학을 요청하게 되는 것이다. 그러나 그러한 존재론이라는 형이상학의 현실적인 내용은 불안, 죽음, 자신의 존재에 대한 회의 등으로 귀결되는데 이는 외적 세계, 객관적 실재라는 광대한 현실의 영역에 대한 과학적 접근을 저버렸기 때문이다. 샤르트르는 자신의 실존주의, 혹은 존재론이 하나의 형이상학임을 공언한다. "우리가 이 구체적인 사실에 대한 기술을 마치게 될 때, 우리는 이 세 가지 존재 양상의 기본적인 관계에 대해 결론을 내릴 수 있을 것이다. 그리고 아마도 우리는 존재 일반에 대한 하나의 형이상학적인 이론을 세울 수 있을 것이다."[800]
샤르트르는 자신의 실존주의 혹은 존재론을 휴머니즘으로 포장하는데 그에 따라 그는 자유에 대해 긴 고찰을 하지만 샤르트

---

800) 앞의 책, p.602

르의 자유는 내용이 없는 것이다. "게다가 자유는 본질을 갖지 않는다. 자유는 어떤 논리적 필연성에도 따르지 않는다. … 여느 낱말처럼, 자유라는 말도 하나의 개념을 가리키는 것으로 해석되어야 한다면 '자유'라고 이르는 것조차 이미 위험한 일이다. 규정할 수도 없고 일컬을 수도 없다면, 자유는 기술할 수 없는 것이 아닐까?"801) 자유가 본질을 갖지 않는다면 그것은 자유가 내용을 갖지 않는다는 것과 같은 말이다. 내용이 없는 자유! 이것이 샤르트르의 자유 '개념'이다. 또한 자유는 규정할 수도, 기술할 수도 없다는 것은 자유가 무엇인지 알 수 없다는 불가지론에 지나지 않는다. 이것을 샤르트르는 자유는 '무'라고 파악하여 합리화한다. "자유란 그야말로 인간의 핵심에서 '존재되는' 무이고, 이 무가 인간존재로 하여금 '존재하는' 대신 자기를 만들도록 강요하는 것이다."802) 여기서 무는 운동, 생성의 근거가 되는 변증법적 무가 아니라 존재의 부정에 지나지 않는 무, 내용을 갖지 않는 무인 형이상학적 개념이며 따라서 이를 통해서 자유라는 개념에 내용이 부여되는 것이 아니다. 그리하여 샤르트르의 자유 개념은 사실(현실)로부터의 탈출이라는 관념으로 연결된다. "자유가 주어진 것으로부터의 탈출, 사실로부터의 탈출로 규정된다면, 거기에는 사실로부터의 탈출이라고 하는 하나의 '사실'이 있다. 이것이 자유의 사실성이다."803) 이것이 샤르트르의 자유 개념의 초라한 결과이다. 주어진 사실로부터의 탈출! 샤르트르 자유 개념의 이러한 귀결은 유물론적 관점을 거부하기 때문에 비롯되는 것이다. 유물론적 관점에 선다면, 이 세계의 객관적 실재성을 승인한다면, 세계에 흐르는, 자신의 의도와 무관하게 관철되는 필연성을 통찰하고 그에 대응하여 스스

---

801) 앞의 책, p.722
802) 앞의 책, p.726
803) 앞의 책, p.792

로 자유의 영역을 확보해나가는 것이 가능해진다. 즉, 필연성의 지양으로서 자유라는 개념이 가능해지는데 유물론을 거부하고 형이상학적 관점에 서는 샤르트르는 존재, 실존이라는 개념으로 쪼그라들면서 고작 주어진 사실로부터 탈출로서 자유를 말할 수밖에 없는 것이다. 이를 샤르트르는 "자유는 존재로부터의 탈출"[804]이라고 형이상학적으로 표현한다.

샤르트르가 ≪존재와 무≫라는 저서를 발표한 것은 1943년인데 이는 2차 대전이 한창일 때였다. 전쟁의 참혹함 속에서 존재, 실존을 탐구한 것이다. 이후 2차 대전의 결과 성립한 세계 사회주의 진영의 존재, 서유럽에서 공산당들의 급격한 성장은 샤르트르에게 영향을 주어 그로 하여금 맑스주의에 접근하게 한다. 그러나 샤르트르는 자본주의적 착취에 대한 반대를 표명하고 맑스주의 운운하지만 그것은 사회민주주의적 한계에 머무는 것이었다. 1965년에 발표된 ≪지식인을 위한 변명≫은 2차 대전 이후의 샤르트르의 사상의 궤적을 보여준다. "지식인이 자신이 사는 사회를 이해하는 방법은 유일합니다. 그것은 바로 가장 혜택받지 못한 사람들의 관점에서 사회를 바라보는 것입니다."[805] 그러면서 샤르트르는 프롤레타리아 계급에 의한 혁명 또한 언급한다. 그러나 그것은 현실의 사회주의와 사회주의 운동에 대한 반대를 전제로 하는 것이었다. 샤르트르는 지식인의 과제에 대해 다음과 같이 말한다. "그렇다면 지식인이 하는 이 일은 무엇일까요? 나는 그 일을 다음과 같이 기술할 수 있다고 믿습니다. … 6. 그 일은 모든 권력─ 대중정당과 노동계급의 조직에 의해서 표현되는 정치권력까지 포함한 모든 권력─에 대항하면서 대중이 추구하는 역사적 목표의 수호자가 되는 것입니다."[806] 이는 현실적으로 프롤레타리아 독재, 그리고 쏘련 등의

804) 앞의 책, p.794
805) 샤르트르, 지식인을 위한 변명, 이학사, p.79

552

현실 사회주의에 대해 반대하면서 이를 지지하는 서유럽의 공산당, 프랑스 공산당에 대해 지식인들이 반대해야 한다는 것이었다. 이러한 입장을 가진 샤르트르는 다음과 같이 지식인의 과제를 정리한다. "지식인은 이처럼 그 자신이 지닌 모순 자체를 통해 민주주의의 수호자가 되는 것입니다. 다시 말해 지식인은 그가 지닌 모순 자체를 통해 부르주아 "민주주의"의 권리가 갖는 추상적인 성격에 맞서 저항을 하는 것입니다. 물론 지식인은 부르주아 "민주주의"의 권리를 모두 폐지시키기 위해 저항하는 것이 아닙니다. 즉 한편으로 그는 자유가 지닌 기능상의 진리를 민주주의 전반에 걸쳐 보존해가면서, 다른 한편으로 사회민주주의의 구체적인 권리를 통해 부르주아 "민주주의"의 추상적인 권리를 보충하기 위해 저항하는 것입니다."807) 이러한 샤르트르의 입장은 '소부르주아적 존재'를 갖는 지식인은 자기모순 속에서 민주주의의 수호자가 되어야 하며 그것은 부르주아 민주주의 한계를 사회민주주의를 통해 보충하는 것이라고 보는 것이다.

샤르트르의 실존주의, 존재론은 후설과 하이데거를 잇는 것이었고 유물론에 대한 거부 속에서 존재 일반에 대한 일종의 형이상학의 수립을 시도한 것이었다. 그는 존재 개념에 있어서 고대 그리스의 파르메니데스의 형이상학적인 개념을 따랐고 비변증법적인 길을 걸었다. 샤르트르는 운동과 감각에 대한 관점에서는 매우 비과학적인 모습을 보였다. 외적 세계의 객관적 실재성의 승인이 과학의 추구로 이어지는데 반하여 외적 세계의 객관적 실재성의 승인에 대한 거부가 사고=존재라는 형이상학적 존재론으로 나타난 것이 하이데거, 샤르트르의 존재론, 실존주의라 할 수 있다. 그리고 샤르트르는 실천적 지식인으로 불리기도

806) 앞의 책, p.95
807) 앞의 책, p.106

했는데 이는 2차대전 이후의 맑스주의에 대한 접근때문이지만 그러한 접근은 현실 사회주의(운동)에 대해 반대하는 사회민주주의적 경향이었다.

샤르트르

8. 하버마스

하버마스는 20세기 중·후반의 독일의 사회학자이다. 그는 프랑크푸르트 학파에서 출발했으나 곧 그러한 경향을 벗어나서 의사소통행위론을 세워 독자적 입지를 구축했다. 프랑크푸르트 학파 혹은 비판이론이 도구적 이성 비판에 천착하는데 비해 하버마스는 도구적 이성 개념을 벗어나서 의사소통적 합리성 개념을 정립하여 나름의 체계를 구축하였다. 하버마스는 베버, 미드, 뒤르켐, 파슨스 등의 부르주아 사회학자들의 이론을 검토하면서 목적을 중시하는 목적론적 행위에 대응하는 소통을 중시하는 의사소통행위의 개념 그리고 의사소통행위의 배경으로서 생활세계 개념을 세우고 나아가 생활세계와 체계(국가, 경제의 영역)의 분리를 설정하였다. 이러한 하버마스의 의사소통행위론은 대중의 호응을 일정하게 받았는데 이는 의사소통행위 개념이 주체들의 대등한 상호작용을 의미하고 또 강제가 없는 상호이해를 추구한다는 점에서, 즉 민주주의적 성격을 띤다는 점에서 비롯되었다. 그러나 의사소통행위론은 계급투쟁이 아닌 (행위)조정을 강조한다는 점에서, 그리고 경제영역이 의사소통행위의 마당이 아닌 체계의 영역에 포함된다는 점에서 부르주아 질서의 보전과 항구성을 전제로 하는 이론이며 그런 점에서 독일의 현실에서 사회민주주의적 경향을 이론적으로 뒷받침하는 것이었다. 그러면 하버마스의 체계를 따라가면서 의사소통행위의 개념, 생활세계의 개념, 그리고 생활세계와 체계의 분리라는 개념을 각각 검토해보자.
하버마스는 목적론적 합리성 혹은 인지적-도구적 합리성과 의사소통적 합리성을 대비시킨다. "만일 목표지향적 행위에서처럼 명제적 지식이 비의사소통적으로 사용되는 경우에서 출발한다면, 우리는 인지적-도구적 합리성 개념을 선호하는 쪽으로 미리 결정한 셈이다. 이것이 바로 경험주의를 통해 근대의 자기이해에 강하게 영향을 미친 합리성 개념이다."808) 목적을 중시하는 합리성, 그리고 목적에 따른 수단과 효율성을 중시하는 합리성을 하버마스는 '인지적-도구적 합리성'이라고 개념 정의하고 있고 그러한 합리성이 '근대의 자기이해'에 강하게 영향을 미쳤다고 보고 있다. 하버마스가 이러한 목적론적 합리성 혹은 인지적-도구적 합리성 개념을 고찰하는 것은 그에 이어서 그러한 합리성과 대비되는 의사소통적 합리성이라는 개념을 제기하기 위한 것이다. "이러한 의사소통적 합리성 개념은 최종적으로는 사람들의 생각을 강제없이 합치시키는 논증적 대화의 합의형성적 힘에 대한 근본적 경험에 호소한다는 의미가 있다."809) 의사소통적 합리성은 최근에, 특히 하버마스 자신에 의해 제기되는 것으로서 수단적, 도구적 측면, 효율성의 측면이 아닌, 상호이해와 소통을 추구하는 합리성으로 제시되어 있다. 이러한 하버마스의 접근은 일정한 긍정적인 의미가 있는데 자본주의 사회에서 수단화되고 효율성의 희생양이 되는 사람들에게 있어 그러한 합리성 개념을 비판하고 그에 대비되는 것으로서 소통을 중시하는 합리성 개념이 있다는 것은 긍정적 성격을 갖는 것이다. 이와 같이 하버마스의 체계에서 출발점은 바로 합리성이라는 개념인데 그는 이러한 합리성 개념이 보편성을 띠는 개념이라고 주장한다. 합리성이라는 개념은 보편적 성격을 갖는가? 여기에 대해 하버마스는 합리성 개념이 보편성을 띤다고 승인하고 있다. "… 합리성이 보편성을 갖는다고 여기는─원칙적으로 정당한─입장…"810), "나는 우리가 이제까지 베버의 구상을 추적해본 결과 보편주의적 입장이 도출된다고 주장하고자 한다."811) 이와

---

808) 하버마스, 의사소통행위이론 1, 나남, p.46
809) 앞의 책, pp.46-47
810) 앞의 책, p.127
811) 앞의 책, p.286

같이 하버마스는 명백히 합리성 개념 혹은 서구의 합리화 과정이 보편적 성격을 갖는다고 주장하고 있다. 하버마스의 의사소통행위 개념은 바로 이렇게 합리성의 보편주의적 성격에 기초하고 있다. 따라서 여기서 합리성 개념이 보편적이라는 주장이 맞는 것인가가 우선적으로 검토될 필요가 있다. 합리성은 과학성과는 다른 개념이다. 과학적 개념은 일정하게 보편성을 띠고 있다고 볼 수 있다. 그러나 합리성은 그렇지 않다. 어느 곳, 어느 때에는 합리직인 개념이 다른 곳과 때에는 비힙리적으로 되는 것이 비일비재하다. 자본주의 사회에서 생산수단의 사적 소유를 주장하는 것은 합리적이다. 그러나 사회주의 사회에서 그것은 비합리적인 것이 된다. 미국에서 남북전쟁 이전에 노예제는 합리적인 것이었으나 남북전쟁 후에 노예제는 비합리적인 것이 되었다. 이와 같이 합리성이라는 개념은 과학성이라는 개념과 달리 보편적 성격을 갖기 어렵다. 그러나 하버마스는 합리성이 보편주의적 성격을 갖는다고 승인하면서 이를 기초로 상호이해와 소통을 강조하는 의사소통행위 개념 혹은 그러한 합리성이 이 사회를 이해하는 키워드가 되고 나아가 인류역사의 발전을 해명하는 지주가 된다고 주장하고 있다.

한편 하버마스는 주체들의 대등한 상호이해를 의미하는 의사소통행위가 기존의 철학의 틀인 주체-객체의 접근과는 패러다임을 달리하는 것, 즉 패러다임의 전환이라고 주장한다. 그러나 그는 패러다임은 전환했을지 몰라도 주체-객체 개념에 대해서는 그르치고 있다. "어떤 판정이 객관적일 수 있는 것은 그 판정이 임의의 관찰자와 수신자에게 각 행위주체 자신에게와 동일한 의미를 갖는 초주관적 타당성 주장을 통해서 이루어질 때이다."812), "세계는 언어와 행위 능력이 있는 주체들의 공동체에 대해서 하나의 동일한 세계로 통용됨으로써 비로소 객관성

---

812) 앞의 책, p.45

을 획득한다."813) 여기서 하버마스가 이해하는 객관성은 세계 혹은 어떤 대상이 주체들에게 동일한 의미를 갖는다는 것이다. 그러나 이러한 객관성은 주관주의적으로 이해된 객관성이다. 객관성은 그러한 것이 아니라 대상 혹은 세계의 주체로부터의 독립성을 의미한다. 즉, 어떤 대상이 관련되는 모든 주체에게 붉은 색이라고 인식될지라도 실제로 붉은 색이 아니라 푸른 색일 수도 있다. 하버마스에 따르면 붉은 색이 객관적인 것이지만 실제로는 푸른 색이 대상의 객관적 성격인 것이다. 세계의 객관성을 주체로부터의 독립성으로 인식하면 과학이 시작된다. 그러나 하버마스는 객관의 의미를 그르치고 있기 때문에 과학의 추구가 아닌 합리성의 추구를 자신의 출발점으로 놓았고 그의 의사소통행위 개념은 그렇게 시작된 것이다.

하버마스의 의사소통행위 개념은 따라서 과학은 아니지만 민주주의적 성격을 갖고 있다. 그런 점에서 의사소통행위 개념 자체가 부정될 것은 아니며 그에 포함되어 있는 일정한 진보성은 건져 올릴 필요가 있다. 하버마스는 합리성에 천착하면서 그를 상세하게 분류한다. 목적론적 합리성, 의사소통적 합리성, 규범적 합리성, 표출적 합리성이 그것이다. 목적론적 합리성은 목적과 수단, 효율성의 관점에서 합리성이며, 의사소통적 합리성은 상호이해의 증진의 차원에서 합리성이고 규범적 합리성은 사회적으로 도덕적으로 승인될 수 있는 합리성이며 표출적 합리성은 자신의 '소망이나 감정 혹은 정서'를 정직하게 표현하는 것으로서 합리적이라고 승인되는 것이다. 하버마스는 이것들이 합리성이라고 승인되는 이유에 대해 다음과 같이 말한다. "이들 발언의 합리성 여부에 대해서도 역시 비판가능한 타당성 주장에 대한 상호주관적 인정의 가능성이 결정적이다."814) 즉, 비판

---

813) 앞의 책, p.50
814) 앞의 책, p.54

558

가능한 주장에 대한 주체들의 상호적인 인정이 합리성을 결정한다고 보는 것이다. 이렇게 합리성을 분류하면서 하버마스는 의사소통적 합리성이 가장 관건적인 요소라고 보며 합리성이 진화할수록 의사소통적 합리성이 강화된다고 본다.

그러면 의사소통적 합리성에 이어 하버마스가 이해하는 세계개념과 생활세계 개념으로 접근해 보자. "이에 따르면 인지발달은 외적 세계의 구성으로만 이해되는 것이 아니라 객관세계와 사회세계를 수관세계와 동시에 경세짓는 기준세계의 구성으로서 이해된다. 인지적 발달은 일반적으로 자기중심적 경향의 세계이해가 탈중심화되는 것이다."815) 여기서 하버마스는 세계를 자연을 의미하는 객관세계, 그리고 인간사회를 의미하는 사회세계 그리고 개인의 주관적 영역을 의미하는 주관세계로 나눈다. 그러면서 인지의 발달은 세계이해가 '탈중심화되는 것'이라고 본다. 세계 이해의 탈중심화는 주체의 인식이 주관에서 객관으로 나아가는 것을 의미한다. 하버마스는 이러한 세 가지 세계개념의 의미를 다음과 같이 설명한다. "이때 세 가지 세계 개념은—당사자들 사이에 그때그때 무엇이 사실, 혹은 타당한 규범, 혹은 주관적 체험으로 취급될 수 있는지에 관해 동의가 이루어질 수 있도록—상황맥락에 질서를 부여하는, 공통으로 상정된 좌표체계와 같은 역할을 한다."816) 즉, 하버마스가 나누는 객관세계, 사회세계, 주관세계라는 세 가지 세계 개념은 주체들의 상호 동의를 가능하게 하는 좌표의 역할을 하는 것으로 파악된다. 그러면서 하버마스는 위 세 가지 세계개념과 차원을 달리하는 세계개념을 도입하는데 그것이 생활세계 개념이다. "의사소통행위의 지평과 배경으로서 생활세계"817), "…우리는 생활세계를

815) 앞의 책, p.131
816) 앞의 책, pp.131-132
817) 하버마스, 의사소통행위이론 2권, 나남, p.197

문화적으로 전승되고 언어적으로 조직된 해석 유형들의 비축분으로 대체하여 생각할 수 있다."818) 생활세계라는 개념이 앞의 세 가지 세계 개념과 별도로 제기되는 이유는 의사소통 행위라는 개념을 보충하기 위해서이다. 즉, 의사소통행위가 이루어지는 현실적인 공간이 바로 생활세계이다. "(가족, 이웃, 자유로운 결사체들에 의해 지탱되는) 사적 생활영역 및 사인(私人)들과 시민들의 공론장"819)이 생활세계의 구체적 내용이다.

이러한 의사소통행위 개념과 생활세계라는 개념은 다음과 같은 현실적인 의미를 갖는다. "상호이해 개념은 행위조정과 객관영역에 대한 의미이해적 접근이라는 두 측면에서 우리의 관심을 끌었다. 상호이해 과정은 타당성 주장에 대한 상호주관적 인정에 근거하는 합의를 겨냥한다. …근대화과정이 도대체 합리화의 관점에서 파악될 수 있는가, 파악될 수 있다면 어떻게 파악되어야 하는가?"820) 의사소통행위와 생활세계 개념을 내용으로 하는 합리화는 (유럽의) 근대화 과정을 이해하는 관건적 요소라고 파악되는데 하버마스는 그러한 합리성의 핵심을 '행위조정'과 '객관영역에 대한 이해'라고 보고 있다. 객관영역에 대한 이해는 과학적 인식을 의미하는 것인 반면에 또 하나의 중요한 점은 의사소통행위를 통한 상호이해의 증대를 매개로 한 '행위 조정'이라는 개념이다. 이는 유럽의 근대화, 자본주의 발전을 합리화의 증대로 보는 것인 동시에 합리화의 증대는 '행위조정'의 증대를 의미하는 것으로 본다는 것인데 여기서 계급투쟁의 개념은 거세되고 있다. 바로 이점에서 하버마스의 의사소통행위론의 사회민주주의적 성격이 도출되는 것이다.

그런데 하버마스의 이론은 여기서 그치는 것이 아니라 자본주

818) 앞의 책, p.204
819) 앞의 책, p.482
820) 하버마스, 의사소통행위이론 1권, 나남, p.228

하버마스

의 사회 나아가 인류 역사 전체를 체계와 생활세계의 분리로 보는 것이다. 체계는 국가행정의 영역과 경제행위의 영역을 포괄하는데 하버마스는 체계와 생활세계의 분리라는 개념을 통해 맑스의 역사적 유물론을 수정하는 길을 간다. 그런데 하버마스는 체계와 생활세계의 분리라는 개념을 끌어내기 위해 부르주아 사회학에 대한 이론사적 검토를 하는데 우선 그 과정을 추적해보자.

하버마스는 막스 베버가 "구유럽사회의 근대화를 어떤 보편사적 합리화 과정의 결과로 파악하고자 했던 유일한 사람"[821]이라고 본다. 즉, 근대화 혹은 역사의 진보를 합리성의 증대로 파악하는 관점을 베버에게서 끌어내고 있다. 하버마스는 베버에게서 다음과 같은 근대화 혹은 합리화의 세 가지 요소를 끌어낸다. "자본주의 경제와 근대국가를 위해, 그리고 양자 사이의 교류를 위해 조직수단으로 작용하는 것은 제정(制定)원칙에 기초하는 형식법이다. 사회합리화의 핵심을 이루는 것은 … 바로 이세 가지 요소들이다."[822] 자본주의 경제, 근대국가, 제정법은 부르주아 사회의 지주가 되는 것들인데 하버마스는 이들 세 가지가 합리화의 세 요소라고 보고 있다.

하버마스는 베버를 통해 근대적 의식구조를 고찰하는데 "세계상 합리화의 보편사적 과정으로부터, 그러니까 종교적 형이상학적 세계상의 탈주술화로부터 근대적 의식구조가 나온다."[823]고 한다. 존재, 본질, 부동의 정신, 신 등의 종교적 세계상으로부터 독립 혹은 해방되는 것이 근대적 의식구조의 출현의 출발점이라고 보고 있는 것이다. 하버마스가 베버를 통해 이러한 고찰을 하는 것은 바로 상호이해를 통한 합의라는 의사소통행위 개념

---

821) 앞의 책, p.239
822) 앞의 책, p.260
823) 앞의 책, p.339

을 끌어내기 위해서이다. 그리하여 하버마스는 근대사회에서 "규범적 동의는 전통에 의해 미리 주어진 동의로부터 의사소통 적으로 성취된, 즉 합의된 동의로 이동해야 한다"[824]고 주장한 다. 과거에는 규범 혹은 법적인 동의가 전통에 의해 규정되어 있었다면 근대 부르주아 사회에서는 의사소통적인, 즉 합의를 통한 동의로 변형된다는 것을 가리키는 것이다. 이렇게 하버마 스는 베버의 근대사회의 합리화라는 개념에서 의사소통행위 개 념의 전제들을 끌어내고 있다.

하버마스는 베버를 고찰하면서 다음과 같은 결론을 끌어낸다. "베버도 전반적 합리화 과정을 행위이론의 차원에서는 공동사 회 행위가 이익사회 행위로 대체되는 경향으로 그렸다. 그러나 "이익사회 행위" 안에서 상호 이해지향적 행위와 성공지향적 행위를 구별할 때, 비로소 우리는 일상행위의 의사소통적 합리 화와 목적합리적 경제 및 행정행위를 위한 체계형성을 상보적 발달로 파악할 수 있다."[825] 하버마스는 국가의 행정과 경제영 역을 체계로 보고 사적 영역과 공론장을 의사소통행위가 행해 지는 생활세계로 나누는데 행위론 차원에서 상호 이해지향적인 의사소통 행위는 생활세계로, 성공지향적인 목적합리적 행위는 체계로 연결되는 것으로 그리고 있다. 이러한 파악은 약간 도식 적인 느낌을 주는데 도식을 나누는 기준은 행위를 규정하는 요 소에 따른 것이다. 즉, 생활세계는 의사소통행위가 행위 조정을 하는데 반해 국가의 행정과 경제영역은 권력과 화폐라는 비의 사소통적인 조절매체가 행위를 조정하기 때문에 두 개의 영역 은 생활세계가 아니라 체계라는 이름으로 포괄된다는 것이다. 이렇게 볼 때 생활세계와 체계를 나누는 것은 전적으로 의사소 통 행위라는 개념을 중심으로 하여 의사소통의 영역인가 그렇

---

824) 앞의 책, p.383
825) 앞의 책, p.497

지 않은가에 의한 것임을 알 수 있다.

그러면 하버마스가 그것을 통해 맑스의 역사적 유물론을 대체 혹은 수정 혹은 재구성하려 하는 체계와 생활세계의 분리라는 개념을 본격적으로 검토해보자. 하버마스는 체계와 생활세계의 분리를 다음과 같이 파악한다. "상당한 정도로 진행된 체계와 생활세계의 분리는 유럽 봉건주의의 계층화된 계급사회로부터 초기 근대의 경제적 계급사회로의 이행을 위한 필수조건이다 ."[826] 이러한 하버마스의 인식은 사실은 부르주아 혁명으로 인해 실천적으로 정립되었고 맑스에 의해 이론적으로 표현된 '국가와 시민사회의 분리'를 다르게 표현한 것에 지나지 않는다. 봉건제 국가는 신분제 국가였고 정치와 경제가 분리되지 않은 상태였다. 그러나 부르주아지는 소유권의 보장을 위해 경제적 생산관계를 핵심으로 하는 시민사회를 국가로부터 분리하는 것이 절실하였고 혁명을 통해 그것을 이루었다. 그에 따라 부르주아 사회에서는 공민으로서의 삶과 시민으로서의 삶이라는 이중적 삶이 구조화된다. 이러한 점은 맑스의 <유태인 문제에 대하여>라는 논문에서 충분히 분석된 바가 있다. 그런데 하버마스는 이러한 맑스의 분석을 차용한 것이지만 다른 점이 있는데 그것은 경제적 생산관계가 맑스에게서는 시민사회의 영역에 포괄되지만 하버마스에게서는 경제가 생활세계가 아니라 체계에 포함된다는 점이다. 그리하여 맑스의 시민사회 개념에 비해 하버마스의 생활세계라는 개념은 매우 협소한 내용을 갖는다. 맑스에게는 경제적 생산관계가 핵심인 시민사회가 역사의 진정한 무대라고 파악되는 반면에 하버마스에게서는 생활세계는 의사소통행위가 행해지는 무대이고 또 국가와 경제라는 체계에 의해 침식당하고 식민지화되는 세계이다. 그리고 결정적인 차이는 맑스는 국가와 시민사회의 분리, 그리고 시민사회내의 적대에 대

---

826) 앞의 책, p.440

한 분석을 통해 프롤레타리아트라는 새로운 사회의 주체를 발견하는데 비해 하버마스는 의사소통을 통한 상호이해의 영역으로서 생활세계라는 형태로 쪼그라들어 있다는 것이다. 또한 역사관과 관련해서는 맑스는 역사의 진보는 물질적 삶의 재생산, 즉 생산력과 생산관계의 모순에 의해 규정된다고 유물론적으로 보는 데 반해 하버마스는 역사의 진보는 의사소통의 증대와 그를 통한 생활세계의 합리화를 의미한다고 본다. 맑스의 국가와 시민사회의 분리라는 개념과 하버마스의 체계와 생활세계의 분리라는 개념은 이러한 차이가 있다.

그러면 하버마스의 체계와 생활세계의 분리라는 개념을 하버마스의 내적 논리를 따라 좀더 고찰해보자. "나는 사회적 진화를 이차적 분화과정으로 이해한다. 체계와 생활세계는, 전자의 복잡성과 후자의 합리성이 증가하면서 각각 체계와 생활세계로서 분화될 뿐만 아니라, 동시에 서로로부터도 분리된다는 말이다."827) 이러한 하버마스의 접근은 대단히 피상적이다. 체계의 복잡성과 생활세계의 합리성이 체계와 생활세계를 나누는 기준이며 근거이다. 국가와 경제의 영역이 복잡성을 띠어간다? 이것으로써 국가와 경제의 내용과 본질이 설명가능한가? 생활세계의 합리성의 증대가 우리가 부딪히며 생활해가는 현실적 삶의 영역의 본질을 표현해주는가?

하버마스는 체계와 생활세계의 연관에 대해 생활세계의 식민지화, 생활세계의 기술화(技術化)라는 개념을 도입하여 부르주아 사회의 사회병리현상을 고발한다. 생활세계의 식민지화는 국가와 경제라는 체계에 의해 생활세계가 종속되고 파괴되는 병리현상을 가리킨다. 그리고 생활세계의 기술화는 의사소통을 본질로 하는 생활세계의 영역에 대해 의사소통이 아닌 화폐와 권력 같은 조절매체가 침식하여 그 영역이 생활세계에서 분리되는

---

827) 앞의 책, p.245

것을 가리킨다. 그런데 이러한 생활세계의 식민지화, 기술화라는 관점은 근본적 문제가 있는데 왜냐하면 이러한 개념들이 전제하는 사회적 병리현상이라는 것이 실은 계급대립의 문제이고 나아가 계급투쟁의 문제이기 때문이다. 즉, 하버마스에게서 계급대립의 문제는 사회병리현상으로 포착되고 있다. 그런 점에서 하버마스의 사회민주주의적 관점을 다시금 확인할 수 있다.

하버마스는 유럽에서 사민주의의 성공을 치켜세운다. "정통 맑스주의자들은 국가개입주의, 대중민주주의 그리고 복지국가에 대해 설득력있는 설명을 하지 못한다. 계급갈등의 평화적 해결, 그리고 2차 대전 이래 유럽국가들에서 개량주의가 한층 넓은 의미에서 사회민주주의 프로그램에 따라 이룩한 장기적인 성공에 맞닥뜨릴 때, 경제주의적 접근법은 무너지고 만다."[828] 즉, 유럽에서 복지국가의 성공, 개량주의의 성공이 정통 맑스주의를 무너뜨리고 있다는 것이다. 그러면서 하버마스는 경제에 대한 국가의 성공적인 개입과 민주적 절차로 인한 정당성 획득을 강조한다. 그리고 피고용인이 "프롤레타리아트적 성격을 잃는다"[829]고 파악한다. 그러나 경제적 수준의 향상이 노동과 자본의 대립을 폐지하는 것이 아닌 한, 프롤레타리아트, 즉 무산자로서의 성격이 사라질 수는 없다. 또한 경제에 대한 국가의 개입, 민주적 절차로 인한 정당성의 획득, 대중의 경제적 수준의 향상이라는 개량주의의 성공은 노동자계급이 약화되자 신자유주의에 의한 자본가계급의 노동자계급과 민중에 대한 가차없는 공격으로 대체되고 있고 최근에는 자본과 노동의 고유한 모순의 결과인 경제 공황의 전개가 유럽사회를 내리누르고 있다. 흥미로운 것은 하버마스의 복지국가의 모순에 대한 언급이다. "국가의 복지정책에는 처음부터 자유보장과 자유박탈의 양가성이

---

828) 앞의 책, p.529
829) 앞의 책, p.538

붙어 다녔다. … 삶의 위험에 대한 이러한 법적 보장은 주목할
만한 대가를 요구한다. 그것은 수급권자의 생활세계에 대한 구
조변화를 가져오는 개입을 초래한다. … 복지국가가 생산영역에
서 직접적으로 등장하는 계급갈등을 평화적으로 해결하는 것을
넘어서 개입하고, 수혜자 관계의 망이 사적 생활영역들 위로 널
리 확산됨에 비례해서, 법제화의 예기된 병리적 부작용, 즉 생
활세계의 핵심영역이 관료제화되고 동시에 금전화되는 경향은
더욱 뚜렷하게 등장한다."830) 자본가계급의 양보에 의해 복지정
책이 확대된다 해도 하버마스에 따르면 체계의 영역인 관료제
가 복지 수혜자 망의 확산에 따라 생활세계의 영역에 더욱 깊
숙이 침투한다는 것이다. 이것을 하버마스는 법제화의 병리적
부작용이라 했는데 실은 복지국가에서 계급대립의 문제인 것이
다.

이러한 하버마스의 이론, 즉, 의사소통행위이론 그리고 체계와
생활세계의 분리의 이론은 사실상 계급투쟁의 개념을 의사소통
행위 개념으로 대체하는 것이다. 왜냐하면 역사발전에서 계급투
쟁이 차지하는 역할, 즉 역사발전의 원동력의 역할을 하버마스
는 의사소통행위와 그에 따른 합리성의 증대에 두고 있기 때문
이다. 이러한 관점을 기초로 하버마스는 본격적으로 맑스의 역
사적 유물론을 수정하려 하는데 이를 검토해 보자.

먼저 하버마스는 "스탈린식의 역사유물론 이해는 재구성을 필
요로 한다"831)고 주장한다. 스탈린은 여기서도 부르주아 이론가
에 의해 악마화되는 과정을 거치는데 중요한 것은 스탈린이라
는 이름이 아니라 과학인가 아닌가이다. 하버마스는 우선 역사
적 유물론의 근본 개념인 '사회적 노동'이라는 개념을 공격한다.

830) 앞의 책, pp.555-559
831) 하버마스, 역사유물론의 재구성을 위하여, 의사소통의 사회이론, 관악사,
      pp.14-15

566

인간, 인류만이 사회적 노동을 한 것이 아니라 인류 이전의 원인들도 수렵과 채집이라는 사회적 노동을 했다는 것이며 인류의 형성에서 결정적인 것은 사회적 노동이 아니라 '가족 구조'라고 주장한다. "단지 수렵경제가 가족적 사회구조에 의해 보완될 때만 우리는 호모 사피엔스와 더불어 성립한 <인간적인> 삶의 재생산에 대해 말할 수 있다."832) 하버마스는 수렵을 하는 수컷 집단이 채집을 하는 암컷과 새끼 집단과 관계를 맺어서 아버지 역할을 하면서 유인원 단계를 넘어서 현대적 인류가 형성되었다고 본다. 그러나 이러한 주장은 역사적 사실과 부합하지 않는다. 사적 소유가 발생하면서부터, 즉 계급사회가 발생하면서부터 형성된 부계사회 이전에는 모두 모계사회였고 아버지라는 개념은 거의 없었다고 볼 수 있고 오히려 모계의 외삼촌이 아버지보다 더 가까운 사이였다. 또한 이러한 친족관계의 문제가 인류의 형성에서 사회적 노동과 대등한 것은 아니다. 무리를 이루어야 친족관계가 형성되는데 무리를 규정하는 것은 생존의 문제였고 그것은 수렵과 채집이라는 사회적 노동의 문제였다. 그리고 사회적 노동의 결과 언어가 발생하고 도구를 만들면서 진정한 현대 인류로의 발전이 이루어졌던 것이다. 따라서 인류의 형성에서 사회적 노동이 일차적인 것이라면 친족관계는 이차적인 것이라 할 수 있다.

그러면 하버마스의 역사적 유물론에 대한 인식을 살펴보자. 하버마스는 역사적 유물론을 목적론으로 파악한다. "물론 가장 논란거리가 되는 것은, 역사유물론이 역사에 내재한다고 주장하는 <목적론>이다."833) 이것은 하버마스가 역사적 유물론에 대해 피상적으로 이해하고 있다는 증거가 된다. 역사적 유물론은 목적론과는 정반대에 위치한다. 역사적 유물론이 유물론인 이유는

832) 앞의 책, p.23
833) 앞의 책, p.32

인간의 역사를 하나의 자연사적 과정으로 파악하기 때문이다. 인간 각각의 수많은 목적들이 어우러지지만 그럼에도 불구하고 관철되는 역사발전의 법칙이 있고 그러한 법칙은 인간 개개인과 그리고 인류 전체의 의지와 독립적으로 작용한다는 의미에서 역사발전은 하나의 자연사적 과정으로 파악된다. 심지어 사적 유물론은 인간의 최고도의 목적의식적인 행위인 혁명조차도 자연사적 과정으로 본다. 사적 유물론은 인간의 역사를 물질적 삶의 재생산에 의해 규정되는 것, 즉 생산력과 생산관계의 모순에 의해 규정되는 것으로 보며 그러한 모순은 인간의 의지로부터 독립되어 있는 것으로 본다는 점에서 역사를 자연사적인 성격을 갖는 것으로 파악한다.

역사적 유물론에 대한 피상적 인식을 하는 하버마스는 맑스에 의해 정립된 생산의 사회적 성격이라는 개념을 공격한다. "이 사회에서 생산력의 진보는 아주 세분화된 노동과정의 분화와 산업들 사이에서 노동조직의 분화를 낳는다. 그러나 이러한 '생산의 사회화'에 구현되어 있는 잠재적인 인지능력은, 부르주아 사회를 혁명으로 내모는 사회운동을 가능하게 할 도덕적·실천적 의식과는 아무런 구조적 유사성도 가지고 있지 않다. 따라서 '생산력의 진보'는, ≪공산당 선언≫이 주장하는 것처럼 '노동자의 고립대신에 노동자의 혁명적 결속'을 가져다주는 것이 아니라, 낡은 노동조직 대신에 새로운 노동조직을 산출할 뿐이다."834) 생산의 사회적 성격 자체가 혁명을 가져오는 것은 아니다. 그것이 아니라 생산의 사회적 성격과 취득의 사적 성격의 대립이라는 자본주의의 근본모순이 혁명을 필연화하는 것이다. 생산의 사회적 성격 자체는 일정한 한도 내에서 점진적인 진화적 과정으로 파악될 수 있다. 그러나 생산의 사회적 성격이 발전하면 할수록 그것과 생산관계를 의미하는 취득의 사적 성격

834) 앞의 책, p.41

하버마스

568

간의 대립은 격화할 수밖에 없다. 기업은 자본가의 것이라는 인식이 일정 한도 내에서는 용인될 수 있지만 기업이 망하면 대량해고가 발생하고 지역경제가 망하고 나아가 국가가 기업의 부도를 막기 위해 수천억을 투입하는 사태에 이르면 기업은 단지 자본가의 것만은 아니게 된다. 즉, 생산의 사회적 성격이 그 관계의 사적 성격과 정면으로 충돌하게 된다. 따라서 생산의 사회적 성격에 조응하는 관계의, 취득의 사회적 성격을 수립하라는 요구, 사회주의적 생산관계 수립의 요구는 거세질 수밖에 없다. 그런 점에서 하버마스는 모순의 개념이 없다고 볼 수 있다. 생산의 사회화의 진화적 성격만을 보고 모순의 운동에 의해 발생하는 비약, 질적 변화의 필연성을 보지 못하는 것이다.

하버마스의 이런 진화적 사고는 생산양식의 개념에 대한 태도에서 잘 드러난다. "유적 역사에 관한 역사 유물론적 이해는 사회 발전을 <생산양식의 연속적 발전>으로 재구성할 것을 요구한다."835) 하버마스는 맑스의 이론을 생산양식의 비연속적 발전 이론으로 본다. 그러면서 자신은 생산양식의 연속적 발전이 올바르다고 주장하는 것이다. 봉건제에서 자본제로의 이행은 연속적인 진화적 발전이었는가 아니면 비약을 수반하는 비연속적인 발전이었는가? 또 봉건제와 자본제는 질적 차이가 있는가 없는가? 하버마스는 이렇게 사실상 생산양식의 개념을 부정하고 있는데 이는 그가 역사발전을 의사소통행위 개념을 중심으로 체계의 복잡화와 의사소통적 합리화의 역사로 보기 때문이다.

하버마스는 심지어 국가와 계급사회의 발생을 '학습 메커니즘'의 문제로 설명한다. "우리는 학습 메커니즘의 도움을 통해서만, 왜 단지 몇몇 사회들만이 그 사회의 진화를 자극하는 조절 문제들 일반에 대해 해결책을 발견할 수 있었고 또 왜 바로 이 국가조직이라는 해결책을 발견할 수 있었는가를 설명할 수 있

835) 앞의 책, p.44

다."836) 국가의 발생을 인간의 인식능력과 의사소통, 학습능력으로 설명하는 것은 맑스주의와는 거리가 너무 멀다. 국가의 발생은 사적 소유가 발생하여 사회가 계급분열을 하고 계급분열이 치유될 길이 없을 정도가 되어서 이루어진 것이다. 즉, 계급대립의 비화해성의 산물로서 국가가 발생하는 것이다. 맑스주의는 생산수단에 대한 사적 소유의 발생과 그에 따른 계급으로의 분열이라는 물질적 삶을 기초로 국가의 발생을 설명하는데 반해 하버마스는 학습 메커니즘이라는 관념적인 접근으로 국가의 발생을 설명하는데 이는 자신의 의사소통행위이론에 국가의 발생을 꿰어 맞추는 것이다.

이와 같이 하버마스의 역사 유물론의 '재구성'은 조악한 수준이다. 그런데 그러한 재구성의 핵심은 물질적 삶을 역사발전의 토대로 규정하는 것을 공격하고 그것을 의사소통행위 혹은 학습능력이라는 관념적 개념으로 대체하려는 것이다.

하버마스의 의사소통행위이론은 단지 하버마스의 개인적 작품은 아니다. 의사소통행위 개념이 설정된 역사적 맥락을 보면, 프랑크푸르트 학파의 도구적 이성비판이라는 비판이론을 모태로 하여서 도구적 이성의 대립물로서 의사소통적 합리성이라는 개념이 설정된 것이다. 그리고 그 과정에서 하버마스는 베버, 미드, 뒤르켐 등의 이론을 흡수하면서 그것을 체계와 생활세계의 분리라는 개념으로 정식화했다. 그러나 이러한 정식화는 맑스의 국가와 시민사회의 분리라는 개념을 사실상 차용한 것인데 맑스는 시민사회의 핵심을 경제적 생산관계로 보고 시민사회 내에서 그것을 극복할 담지자로서 프롤레타리아트를 발견했지만 하버마스는 경제적 영역을 체계의 영역에 넣고 의사소통의 영역으로서 생활세계라는 개념으로 쪼그라들었다. 이러한 하버마스의 이론은 전형적으로 개량주의적인 사회민주주의 경향

---

836) 앞의 책, p.64

을 뒷받침하는 이론이다. 그러나 그 과정에서 형성된 의사소통
적 합리성 개념 자체는 민주주의적 성격을 갖는다는 점에서 일
정한 가치가 있다.

9. 알튀세르, 발리바르

알튀세르, 발리바르는 20세기 중·후반의 프랑스의 철학자이다. 이들은 1950년대의 스탈린에 대한 탄핵, 그리고 이어지는 중-쏘 논쟁을 배경으로 서유럽의 공산당과 맑스주의자들이 겪었던 이론적 혼란을 표현하고 있다. 1960년대는 기존의 맑스주의(운동)에 대한 문제제기자로서, 그리고 1970년대는 세계사회주의 진영의 분열이 가시화되고 서유럽의 공산당들이 유러꼬뮤니즘으로 전환하는 것이 명확해지는 상황에서 공산당에 대한 비판자로서 역할했다. 그리고 1980년대는 이른바 맑스주의의 전화, 역사적 유물론의 전화를 내세우면서 계급투쟁노선의 청산, 맑스주의의 알튀세르주의로의 전환을 시도했다.

알튀세르가 이론적 활동을 시작한 것은 1960년대 초반이었다. 이 시기는 무엇보다도 스탈린에 대한 탄핵과 중-쏘 논쟁이 세계 사회주의 운동을 지배하던 시기였다. 알튀세르의 초기의 이론적 저서라 할 ≪마르크스를 위하여≫는 바로 이러한 역사적 배경 하에서 나타났다. 그는 스탈린을 교조주의라 규정한다. 그러면서 동시에 스탈린 탄핵 이후 유행이 된 맑스주의 내에서 휴머니즘의 조류에 대해 비판적 입장을 취한다. 그러나 알튀세르는 이러한 맑스주의적 휴머니즘에 대한 비판과정에서 휴머니즘 개념 자체를 부정하는 방향으로 나아갔다. 알튀세르는 ≪경철수고≫ 등 맑스의 휴머니즘이 나타난 저작들은 미성숙된 것으로서 ≪자본론≫ 등 성숙기의 저작과 구분되며 이렇게 청년 맑스와 성숙기 맑스는 '문제틀'에서 명확히 구분되며 그 사이에는 '인식론적 단절'이 있으며 그 단절은 1845년의 ≪독일 이데올로기≫에서 이루어졌다고 보았다. 알튀세르를 특징짓는 '인식론적 단절'이라는 개념은 이렇게 초기 맑스와 후기 맑스의 차이를 고찰하고자 하는 문제의식에서 출발했으나 그것은 과도했으며 올바른 것이 아니었다. 먼저 알튀세르의 자신의 입장을 살펴보자. "마르크스주의 철학의 특수한 차이의 문제는 그리하여 마르크스의 지적 성장에 있어서 새로운 철학 관념의 등장을 알리는 인식론적 단절이 있었느냐 없었느냐를 가리는 문제—그리고 그 단절의 정확한 지점과 관련된 문제의 형식을 띠고 있다. … 마르크스가 자신의 이전의 철학적(이데올로기적) 의식에 대한 비판으로 내놓았으며 그의 생전에 출간하지 않았던 ≪독일 이데올로기≫에서 마르크스 스스로가 자리매김한 바로 그 지점에서 사실상 "인식론적 단절"이 일어나고 있다는 것은 의심의 여지가 없다. … 그리하여 그 "인식론적 단절"은 마르크스의 사유를 크게 두 개의 근본적인 시기로 나누는데, 그 하나는 1845년 단절 이전의 여전히 "이데올로기적인" 시기이고 나머지 하나는 1845년 단절 이후 "과학적인" 시기이다."[837] 이렇게 '인식론적 단절'이라는 개념은 알튀세르가 맑스를 이해하는 기본적 개념이다. 맑스를 이렇게 '인식론적 단절' 이전의 맑스와 이후의 맑스로 나누는 것은 매우 도식적인 느낌을 준다. 더구나 앞서의 시기는 이데올로기의 시기이고 이후의 시기는 과학의 시기라고 규정하는 것은 흑백논리에 가까운 것이다. 인식론적 단절 개념 자체를 고찰하기에 앞서 우선 이데올로기와 과학이라는 개념부터 살펴보자. 이데올로기는 보통 허위의식이라는 의미로 많이 쓰인다. 따라서 이데올로기 개념과 과학이라는 개념은 대립될 수 있다. 그러나 노동자계급의 이데올로기는 어떠한가? 그것은 이데올로기이면서 동시에 과학인 것, 즉 과학적 이데올로기가 아닌가? 노동자계급의 이데올로기로서 맑스주의는 허위의식이 아니라 진정한 것, 즉 과학적 이데올로기이다. 이와 같이 이데올로기와 과학은 대립될 수 있지만 그 대립을 절대화시키면 오류에 빠지게 된다. 그러면 인식론적 단절이라는 개념을 살펴보

---

837) 알튀세르, 마르크스를 위하여, 백의, pp. 34-37

자. 알튀세르는 맑스의 ≪독일 이데올로기≫에서 "우리의 이전의 철학적 의식의 청산"이라는 문구를 인용하면서 이것이 인식론적 단절의 증거라고 하고 있다. 그러나 이는 매우 편협한 접근이다. ≪독일 이데올로기≫라는 저작 자체는 맑스와 엥겔스가 역사적 유물론의 기본적 틀을 자기정립한 저작이다. 즉 인간의 역사는 물질적 삶과 그에 의해 비롯되는 '교류형태'(생산관계)에 의해 규정된다는 문제의식이 그 저작에서 정립되었다. 그러한 점에서 맑스와 엥겔스는 "이전의 철학적 의식의 청산"을 말했던 것이다. 그러나 이것이 과연 인식론적 단절을 의미하는가? ≪헤겔 법철학 비판을 위하여. 서설≫에서는 "이 해방의 머리는 철학이요, 그 심장은 프롤레타리아트이다."[838]라는 구절이 나온다. 이는 맑스가 이미 시민사회에 대한 해부를 통하여 새로운 사회의 주체로서 프롤레타리아트를 발견하고 있다는 것을 의미한다. 또한 ≪경철수고≫에서는 소외의 개념과 더불어 경제학에 대한 고찰이 나온다. 그리고 이러한 과정을 거쳐 ≪독일 이데올로기≫에서 물질적 삶이 인간 역사의 관건적 요소라는 문제의식이 정립되었던 것이다. 즉, 이 과정은 일련의 연속적인 과정이다. 그럼에도 알튀세르가 인식론적 단절을 주장하는 것은 소위 '문제틀'이 다르다는 이유 때문이다. 즉, ≪독일이데올로기≫ 이전에는 포이에르바하의 문제틀, 영향이 지배적이었으나 이를 ≪독일 이데올로기≫에서 비로소 벗어버렸다는 것이다. 맑스와 엥겔스가 포이에르바하의 문제틀, 혹은 사고틀을 벗어던지고 역사적 유물론의 사고틀을 세웠다는 것 자체는 맞는 것이지만 그것을 인식론적 단절이라고 규정하는 것은 잘못된 것이다. 왜냐하면 인식론적 단절이라는 개념은 비연속성만 강조하고 연속성의 측면을 무시하기 때문이다. 인식론적 단절이라는 것은 인식

---

838) 맑스, 헤겔 법철학의 비판을 위하여, 맑스, 엥겔스 저작선집 1권, 박종철 출판사, p.11

알튀세르, 발리바르

에 있어 일종의 비약을 가리키는 것이지만 인식에서 비약을 단절로 파악하는 것은 타당하지 않다. 인간의 지적 사유를 포함한 이 세계의 모든 운동은 연속성과 비연속성의 통일이다. 맑스는 헤겔에서 출발하여 포이에르바하를 통해 유물론자로 변신하고 정치적으로는 혁명적 민주주의자에서 공산주의자로 변모해갔고 그 과정에서 이론적으로는 인간 사회에 대한 유물론적 관점의 수립, 역사적 유물론의 정립으로 나아갔다. 이 과정은 한편으로 비약의 과정(비연속성)이면서 동시에 연속적인 과정이다. 이렇게 볼 때 인식론적 단절이라는 개념은 비변증법적 개념이며, 맑스와 엥겔스의 역사적 유물론을 향한 운동의 과정을 중간에서 절단시키는 형이상학적 개념이다.

알튀세르는 심지어 '인식론적 단절' 이전의 청년 맑스는 진정한 의미의 맑스가 아니라고까지 한다. "그러므로 어떤 의미에서는, 그 시작을 참작해보면 절대로 "마르크스의 청년기가 마르크스의 일부분"이라고 말할 수는 없을 것인데, 적어도 그 말이, 모든 역사적 현상과 마찬가지로 그 젊은 독일 부르주아의 변화가 사적 유물론의 원리의 적용으로 계발되었다는 뜻이라면 말이다."[839] 청년 맑스는 맑스가 아니다?! 문제틀이라는 개념, 인식론적 단절이라는 개념은 이렇게 맑스를 절단내고 있다. 이러한 알튀세르의 주장은 그리스 신화의 프로크로스테스의 침대[840]를 떠올리게 하는 것이다. 자신의 틀에 맞춰서 청년 맑스를 잘라내고 있으니 말이다.

그러나 알튀세르의 이러한 주장이 우연한 것이 아니다. 알튀세르는 구조주의자로 알려져 있는데 자신이 상정하는 구조 혹은

839) 알튀세르, 마르크스를 위하여, 백의, p.97

840) 그리스 신화에 나오는 프로크로스테스는 행인을 유인하여 자신의 침대보다 키가 크면 다리를 잘랐고 키가 작으면 키를 늘려 죽였다고 한다. 이 신화는 대상을 일정한 틀에 끼워 맞추는 것을 비판하는 것인데 신화에 나오는 그 침대는 형이상학적 틀을 상정한다고 할 수 있다.

문제틀에 맑스를 끼워맞추는 것이다. 이렇게 접근하기 때문에 그는 맑스에게서 헤겔적 요소, 즉 변증법적 요소를 잘라낸다. 알튀세르는 맑스가 거꾸로 선 헤겔의 변증법을 바로 세웠다는 주장을 한 것을 근거로 하여 맑스의 변증법과 헤겔의 변증법을 구분하는데 그 과정에서 변증법의 핵인 모순 개념을 기각하고 나아가 지양, 부정의 부정 등의 개념을 기각한다. 그러면서 변증법의 모순 개념을 구조 개념으로 전환시키는데 이는 사실상 맑스에게 존재하는 변증법의 요소를 거세하고 맑스주의를 앙상한 구조주의로 전환시키는 것이다. 그러면 우선 변증법의 모순 개념이 구조 개념으로 전화하는 과정을 추적해 보자.

알튀세르는 모순 개념을 단순한 것으로 치부한다. "사실 은유적 의미에서가 아니라 그것의 엄격한 본질로서 헤겔적 모델을 취한다면, 우리는 그 모델이 그 "두 개의 대립항을 지닌 단순한 과정", 곧 레닌의 언급으로 환기되는 바, 두 대립항으로 나뉘어지는 그 단순한 통일성을 필요로 한다는 것을 알 수 있다."[841] 이와 같이 알튀세르는 통일성 속에 존재하는 두 개의 대립항이라는 헤겔적 모순 개념을 단순한 것으로 파악하면서 그에 대해 구조 개념을 대치시킨다. "즉 단순성은 오로지 하나의 복잡한 구조 속에서만 존재한다는 것, 단순한 범주의 보편적 존재는 결코 근원적이지 않으며 긴 역사의 종점에서만, 극단적으로 차이 지워진 한 사회적 구조의 산물로서 출현한다는 것, 그래서 현실 속에서 우리가 관계하는 것은, 본질이거나 범주인 단순성의 순수한 존재가 아니라, "구체성들", 즉 복잡하고 구조화된 존재들과 과정들의 존재라는 것, 이것이 바로 모순에 대한 헤겔적 모태를 영원히 거부하는 근본적 원리이다."[842] 통일성 속의 대립이라는 헤겔적 모순은 단순한 것이며 현실은 복잡한 구조 속에

---

841) 앞의 책, p.227
842) 앞의 책, pp. 226-227

알튀세르, 발리바르

존재한다는 것, 구조화된 과정이라는 것이 알튀세르의 주장인데 이는 사실상 변증법의 모순 개념을 기각하는 것이다. 알튀세르에게는 모순 개념보다 구조 개념이 현실을 보다 정확히 반영하는 것으로 보이는 것이다. 현실은 복잡하고 구조화된 존재와 과정이라는 것이 그가 모순 개념에 대치시키는 개념이다. 그러나 언뜻 보기에 두 개의 대립항의 통일이라는 모순 개념이 단순하며 그리고 복잡화된 구조라는 개념이 현실을 더 잘 반영하는 것으로 보일지라도 알튀세르가 여기서 잊고 있는 것은 운동이라는 개념이다. 현실은 운동이며 변화라고 본다면 구조라는 개념은 적절성을 잃는다. 구조라는 개념은 고정된 일정한 틀인데 그 틀로는 운동과 변화라는 과정을 제대로 담을 수 없는 것이다. 그렇기 때문에 아무리 단순한 것으로 보일지라도 모순이라는 개념은 운동의 원천을 가리키는 것으로서 여전히 살아있는 개념이 되며 그 외 변증법의 많은 개념들과 법칙들은 운동과 변화로서의 현실을 가장 정확히 반영하는 것으로서 여전히 살아있는 것이다. 사실 구조라는 개념은 변증법의 주요 개념인 제 물질, 대상의 상호연관이라는 개념에 종속되는 개념이다. 이 세계에 존재하는 무수한 상호연관 질서의 하나를 가리키는 개념으로서 구조라는 개념은 유효하다. 그러나 구조라는 개념으로써 운동과 변화 자체를 대체할 수는 없으며 더구나 운동의 원천으로서 모순 개념이 기각될 수는 없다.

이렇게 헤겔에 대한 공격을 통해 맑스에게서 변증법을 거세하고 있는 알튀세르는 다음과 같이 말한다. "그렇다면 헤겔 변증법의 "모태"가 폐지되었다는 것, 그리고 그것 고유의 유기적 범주들이 그것들이 특수하고 실증적으로 결정된 것인 한 그 모태보다 더 오래 존속할 수 없다는 것, 특히 단순한 근원적 통일성이라는 테마를 "팔아먹는" 범주들, 즉 유일한 전체의 "분열", 소외, 대립항들을 결합시키는 추상(헤겔적 의미에서), 부정의 부정, 지양 등의 범주들이 그렇다는 것은 명백하다."843) 알튀세르는 이렇게 모순 개념을 기각하고 그것을 구조 개념으로 대체하면서 지양, 부정의 부정 등의 변증법의 개념을 기각한다. 그런데 헤겔의 변증법은 맑스에게도 존재하며 단지 그 관념론적 성격이 거세되고 유물론적으로 존재하는 것인데 이렇게 헤겔에 대한 공격을 통해 변증법 자체를 거세하면 이는 맑스주의의 변증법 또한 거세되는 것이 된다. 그러나 이는 근본적인 문제가 있는 것이다. 지양의 개념을 승인하지 않고 운동을 사고하는 것이 가능한가? 맑스는 ≪독일 이데올로기≫에서 지양의 개념을 다음과 같이 승인하고 있다. "우리에게 있어서 공산주의란 조성되어야 할 하나의 상태, 현실이 이에 의거하여 배열되는 하나의 이상이 아니다. 우리는 현재의 상태를 지양해 가는 현실적 운동을 공산주의라고 부른다. 이 운동의 조건들은 현재 존재하고 있는 전제로부터 생겨난다."844) 이와 같이 맑스는 지양의 개념을 전적으로 승인하고 있고 더구나 그 개념은 여기서 운동의 본질을 가리키는 매개로 사용되고 있다. 즉, 지양의 개념없이 맑스주의 운동을 하는 것은 불가능하다. 지양은 긍정의 계기를 내포한 부정의 의미로 흔히 쓰인다. 또한 지양은 통일성 속의 대립을 가리키는 모순의 운동을 통한 새로운 질의 산출을 가리킨다. 이렇게 볼 때 지양의 개념없이 운동의 발전을 사고하는 것은 불가능하며 나아가 새로운 사회의 산출을 사고하는 것도 불가능하다. 따라서 이러한 지양의 개념은 알튀세르의 구조 개념으로는 도저히 대체될 수 없는 의미를 지니는 것이다. 그러나 알튀세르는 이러한 지양의 개념을 맑스에게 존재하는 헤겔적 요소라 치부하면서 거세하고 있다. 알튀세르의 인식론적 단절이라

---

843) 앞의 책, p.229
844) 맑스, 엥겔스, 독일이데올로기, 맑스, 엥겔스 저작선집 1권, 박종철 출판사, p.215

는 개념을 필두로 한 도식주의는 이렇게 맑스에게서 변증법을 거세하는 것과 맞물려 있다.

알튀세르는 맑스에게서 변증법을 사실상 거세하면서 맑스주의 변증법의 진정한 내용은 "중층결정화된 모순"이라고 한다. 통일성 속의 대립이라는 모순 개념은 단순한 것으로서 거세되지만 현실의 복잡한 구조는 중층결정화된 모순 개념에 의해 설명된다고 한다. 그러나 중층결정화된 모순 개념은 하나의 과정, 구조에는 여러 차원의 결정요인이 있다는 것 이상을 의미하지 않으며 거기에서 모순 개념은 변증법적 성격이 상실되고 있다.

그러면 헤겔의 변증법과 맑스의 변증법의 진정한 차이는 무엇인가? 먼저 헤겔과 맑스는 변증법을 대상의 상호연관과 변화, 운동의 과정을 가리키는 것으로 본다는 점에서 공통적이다. 그러나 차이는 헤겔에게 있어서 변증법은 개념의 자기운동을 가리키는 관념적 요소이지만 맑스와 엥겔스에게 있어서 변증법은 관념뿐만 아니라 현실의 제 물질과 대상의 운동의 과정, 연관, 변화를 가리키는 개념이라는 점이다. 예를 들면 부정의 부정은 헤겔에게 있어서 개념의 자기운동으로서 일종의 논리적 맥락이지만 엥겔스는 부정의 부정을 현실의 제 대상의 발전의 경향을 가리키는 개념으로 전환시켰다. 즉, 헤겔 변증법과 맑스, 엥겔스 변증법의 차이는 개념의 자기운동으로서 관념의 변증법인가, 현실의 제 물질의 연관과 운동으로서 변증법인가의 차이이다. 그런 점에서 맑스는 헤겔의 변증법을 거꾸로 세워야 한다고 했던 것이다.

그러면 알튀세르가 소위 인식론적 단절이라는 개념을 통해 절단시켰던 청년 맑스의 의미, 나아가 맑스주의에서 휴머니즘의 문제를 고찰해 보자. 알튀세르는 청년 맑스의 휴머니즘을 미성숙의 징표로 파악한다. 그리고 그것은 과학이 아니라 이데올로기일 뿐이며 진정한 맑스주의가 아니므로 맑스주의에서 제거해야 한다고 본다. 알튀세르의 이러한 주장은 스탈린 탄핵이후 이른바 해빙기 속에서 《경철수고》 등 맑스의 초기저작이 주목받으면서 소외, 인간주의 등이 유행이 된 것에 대한 반발의 성격을 지닌다. 그러나 알튀세르는 굽어진 것을 펴다가 반대편으로 더 굽게 만들었다. 소외, 인간주의 등의 개념이 맑스주의의 본령이 아니라는 알튀세르의 주장은 타당하다. 맑스주의의 본질은 과학적 사회주의로서 노동자계급의 해방의 길을 과학적으로 밝혔다는 점에 있다. 그러나 소외, 인간주의, 휴머니즘 등의 개념이 맑스주의에서 배척되는 것은 아니다. 알튀세르는 맑스주의는 반휴머니즘이라고 주장하지만 이는 잘못된 것이다. 휴머니즘은 과학적 사회주의 정립의 과정에서 제거된 것이 아니라 '지양'된 것이다. 즉, 휴머니즘의 한계는 극복되지만 휴머니즘에 담겨 있는 긍정적 요소, 인간해방이라는 지향은 사적 소유의 폐지를 통한 계급의 철폐라는 목표에 녹아들어 있다. 그런 점에서 맑스주의는 반휴머니즘이 아니라 휴머니즘을 지양된 상태로 내부에 품고 있다. 그리고 이러한 논리적 접근을 떠나 역사적으로 보면 청년 맑스가 휴머니즘에서 출발하여 과학적 사회주의에 도달했던 역정은 21세기 지금을 살아가면서 해방을 꿈꾸는 노동자와 민중이라면 누구나 거쳐갈 수밖에 없는 길이다. 운동은 처음에는 억압과 착취에 대한 분노에서 시작된다. 또한 국가 폭력을 경험하면서 올바른 정치의 길을 고민하게 된다. 이러한 과정, 이 땅, 이 세계의 노동자, 민중이라면 누구나 겪게 되는 이러한 과정이 의미가 없는 것인가? 맑스에게서 청년 맑스를 잘라내는 알튀세르의 입장에서는 이러한 과정이 의미가 없게 보일지라도 이러한 과정에 기초할 때만 인간해방의 목표는 계급대립의 철폐로 정식화된다는 과학적 사회주의의 입장이 이해될 수 있다. 이렇게 볼 때 휴머니즘에 대한 비판으로서 반휴머니즘을 알튀세르가 제기하는 것은 또 하나의 도식주의라 할 수 있

알튀세르, 발리바르

다.

이렇게 알튀세르는 스탈린 탄핵, 세계사회주의 운동의 분열이라는 상황에서 문제제기자로서 출발했지만 그러한 상황에 대한 올바른 입장을 제기한 것이 아니라 왜곡된, 도식적인 입장을 제기한 것이다. 즉, 알튀세르는 출발점 자체가 잘못되었다. 알튀세르의 출발점이 잘못되었다는 또 하나의 증거는 그의 "이론적 실천"이라는 개념이다. 그는 문제제기자로서 자신을 합리화하기 위해 아예 이론적 문제제기를 노동을 통한 생산과 계급투쟁과 동열에 놓는 '실천'으로 자리매김한다. 그러나 이론적 실천이라는 개념은 철저히 잘못된 개념인데 왜냐하면 이 개념은 이론과 실천의 통일을 파괴하는 개념이기 때문이다. 이론과 실천이 통일되기 위해서는 먼저 이론과 실천이 대립되어야 하는데 이론적 실천이라는 개념은 이론과 실천의 대립을 폐기하는 개념이기 때문이다. 알튀세르는 이론과 실천의 통일에 대한 자신의 거부를 다음과 같이 합리화한다. "엄밀한 의미에서 실천에 대한 평등주의적 개념화 … 와 변증법적 유물론 사이의 관계는, 마치 평등주의적 공산주의와 과학적 공산주의의 관계와 같은 것이다."845) 실천에 대한 평등주의적 개념화!? 이 주장을 어떻게 보아야 하는가? 이러한 주장은 소위 이론적 실천을 하는 알튀세르 자신과 여타 민중들의 실천은 동등하지 않다는 것이 아닌가? 나아가 이러한 주장은 사실상 인민 대중이 역사의 주체라는 테제를 부정하는 것이 아닌가? 실천과 통일되지 않는, 통일될 가능성이 없거나 통일을 지향하지 않는 이론은 의미가 없다. 적어도 노동자 계급의 운동과 맑스주의 운동에서는 그러하다. 평등주의적 실천이라는 알튀세르의 비하는 현실의 역사가 수많은 노동대중의 노동과 거기에서 비롯되는 하나하나의 계급적 실천과 계급투쟁에 의해 규정된다는 인식을 거부하는 것이다.

---

845) 알튀세르, 자본론을 읽는다. 두레, p.72

평등주의적 공산주의는 인민대중이 똑같이 노동하고 똑같이 보수를 받아야 한다는 주장으로서 비현실적이고 이상적인 평균주의를 말하는 것이다. 과학적 공산주의는 그러한 평균주의를 거부하고 능력에 따른 노동과 보수를 말한다. 그러나 이것은 과학인가, 아닌가를 가리키는 것이지 알튀세르처럼 실천인가, 이론인가를 가리키는 것이 아니다. 이러한 엉터리 논리로 소위 이론적 실천을 고집하는 알튀세르주의자들에게는 다음과 같은 레닌의 언급이 적절한 비판이 될 것이다. "실천은 (이론적) 인식보다 더 고차적이다. 왜냐하면 그것은 보편성이라는 가치를 가질 뿐만 아니라 직접적 현실성이라는 가치도 가지기 때문이다."846) 이렇게 이론적 실천이라는 개념을 통해 이론과 실천의 통일의 길을 거부한 알튀세르는 진리의 검증기준은 실천이라는 변증법적 유물론의 테제를 거부한다. "만약 제 과학이 진실되게 구성되고 발전한다면, 그것이 생산한 지식을 '진리', 요컨대 지식이라고 선언하기 위해 외부적 제 실천으로부터 검증받아야 할 필요는 조금도 없다. … 최소한 가장 발전된 형태를 갖는 제 과학에 있어서는, 충분하게 습득된 지식의 영역에 있어서, 제 과학 자체가 그 지식의 타당성에 대한 기준을 제공한다."847) 실천과 분리된 이론, 그리고 이론 자체가 스스로를 검증한다는 이러한 주장! 이것은 일반 상식의 입장으로 볼 때 독단론에 다름 아니다. 뿐만 아니라 근대 과학과 철학이 발전하면서 정립해온 진리의 개념에 역행하는 것이다. 근대과학은 많은 가설을 세우고 그것을 실험에 의해 검증하는 것을 통해 즉, 실천을 통해 진리를 정립해 왔다. 일반 과학에서 사정이 이렇다면 산업에서는 어떠한가? 생산력의 발전을 위한 많은 시도와 기술은 그것들이 실제 노동에 의해 만들어질 때 타당한 기술로 검증된다. 여기서도

---

846) 레닌, 철학노트, 논장, p.169
847) 알튀세르, 자본론을 읽는다, 두레, p.74

582

노동이라는 실천이 진리의 검증기준이다. 사회운동에서는 어떠한가? 사회발전을 위한 많은 정책들의 올바름은 그것의 실행을 통한 검증 이외는 올바름의 기준이 없다. 나아가 사회의 해방을 위한 많은 노선들은 역사적 계급투쟁이라는 실천에 의해 진리로 검증되는 과정을 거친다.

위에 언급된 레닌의 견해는 이론과 실천의 통일의 기준을 제시하는 것이다. 실천에 의해 요구받는 이론적 과제를 해결하고 실천에 의해 이론빌진의 방향을 찾아내고 그리고 이론에서 실천으로, 실천에서 이론으로 끊임없는 상호작용을 통해 이론과 실천의 통일과 지속적인 상승을 담보하는 것이 바로 이론과 실천의 통일이라는 개념의 내용이다. 그러나 이론적 실천이라는 개념을 통해 스스로를 자족적인 이론으로 선언하면 이론의 발전과 실천의 발전은 질곡에 처하게 된다. 이후 이어지는 알튀세르의 비극적 행로는 이론적 실천이라는 개념의 오류로부터 비롯되었다고 해도 과언이 아니다.

알튀세르의 또 하나의 커다란 오류는 맑스주의를 반역사주의로 파악하는 관점이다. 알튀세르는 맑스의 모든 저작에 녹아 있는 맑스의 역사적 접근을 "피상적이고 모호한"[848] 것이라고 치부한다. 그러면서 역사적 접근보다 구조적 접근을 제기한다. "헤겔이 역사를 체계적으로 개념화하면서 승화시켰을 뿐인 이 경험론을 우리에게 은폐하는 것을, 우리는 헤겔로부터 보유할 수 있다. 우리는 우리의 간략한 비판적 분석을 통해 생산된 이 결과를 보유할 수 있는 것이다. 즉 그것은, 이 사회적 전체의 '발전'이 고찰되는 역사의 개념화라는 비밀을 사회적 전체 속에서 발견하기 위해서는 사회적 전체의 구조가 엄밀히 음미되어야만 한다는 사실이다."[849] 이와 같이 알튀세르는 맑스의 무수한 역

848) 앞의 책, p.117
849) 앞의 책, pp. 123-124

사적 접근을 도외시하면서 자신의 지고의 논리인 구조적 접근을 제기한다. 실천과 분리된 이론을 주장하는 알튀세르로서 인간 실천의 흐름인 역사는 진리에 접근하는 본질적인 방법이 아니다. 그러나 맑스는 많은 저작에서 역사의 반영으로서 논리라는 변증법을 발전시켰다. "그런 한에서 가장 단순한 것으로부터 시작하여 복잡한 것으로 상승하는 추상적 사유의 행정은 현실적인 역사적 과정에 조응한다 할 것이다."850) 추상적 사유의 행정, 즉 논리는 역사적 과정에 조응한다는 것은 논리가 역사적 과정의 반영이라는 것이다. 맑스가 위 인용문에서 언급하고 있는 사례는 화폐에서 자본으로의 논리적 발전이 실은 역사적으로 이루어진 화폐에서 자본으로의 현실적 발전의 반영이라는 것을 말하는 것이다. 맑스는 정확히 역사의 반영으로서 논리를 주장하고 있는 것이다. 레닌 또한 논리와 역사의 통일에 주목하기는 마찬가지이다. "…나는 "역사에 있어서 여러 철학체계들의 연쇄는, 이념이 갖고 있는 여러 개념 규정들의 논리적 영역에서의 연쇄와 똑같다"고 단언한다."851) 철학의 역사에서 나타난 여러 논리적 철학체계의 역사적 흐름은 발전된 개념이 갖고 있는 내적 논리에서의 연쇄와 동일하다는 것이 레닌의 고찰이다. 이 또한 정확히 역사의 반영으로서 논리, 논리와 역사의 통일을 가리키는 것이다. 그러나 맑스주의를 반역사주의로 파악하는 알튀세르에게서는 이러한 논리와 역사의 변증법은 먼 나라의 일이다. 뿐만 아니라 역사와 단절된 알튀세르의 논리는 현실성을 결여한 논리, 역사의 반영이 아닌 자의적인 논리일 수밖에 없다. 이와 같이 알튀세르는 세계사회주의 운동의 분열과 혼란이라는 시대적 배경 하에서 문제제기자로서 이론 활동을 시작했지만

850) 맑스, 정치경제학의 비판을 위한 기본 개요의 서설, 맑스, 엥겔스 저작선집 2권, 박종철 출판사, p.463
851) 레닌, 철학노트, 논장, p.199

알튀세르, 발리바르

많은 점에서 오류를 저질렀다. 그럼에도 불구하고 알튀세르가 일정하게 대중적 호응을 얻었던 것은 세계 사회주의 진영의 오류를 지적한다는 점 때문이었다. 특히 프랑스 공산당 등 서유럽의 공산당들이 유러꼬뮤니즘으로 방향을 잡아가면서 지리멸렬해졌을 때 알튀세르는 많은 내적인 오류에도 불구하고 마치 대안이론인 것처럼 비쳐졌다. 그러나 알튀세르의 비판작업은 이론과 실천의 통일을 견지한 당적인 접근이 아니었고 알튀세르는 당적 실천의 외부에서의 비판자에 머물렀다. 이러한 점은 알튀세르가 운동에 기여하기 보다는 운동의 파괴자로서 역할하게 했는데 70년대를 거쳐 80년대에 이르러서는 소위 역사유물론의 전화, 맑스주의의 전화를 내세우면서 사실상 계급투쟁 노선의 청산, 맑스주의의 청산의 길을 가게 된다.

알튀세르의 주저인 ≪마르크스를 위하여≫와 ≪자본론을 읽는다≫는 1960년대의 저작인데 알튀세르는 그리고 그의 동료인 발리바르는 1970년대에 줄곧 저술활동을 강화한다. 1970년대 초반의 저술인 ≪레닌과 철학≫에는 철학에 대한 알튀세르의 견해가 제시되어 있다. 알튀세르는 레닌이 '철학은 과학이 아니다'고 말한 것처럼 철학과 과학의 관계를 파악하는데 이는 의문이다. 알튀세르가 이와 같이 파악하는 근거는 "물질은 철학적 범주이다"라는 ≪유물론과 경험비판론≫의 명제인데 물질이 철학적 범주라는 견해가 곧 과학과 구분되는 철학의 독립성을 의미한다는 것은 비약으로 보인다. 알튀세르는 철학과 과학을 구분하는 것을 기초로 다음과 같이 주장한다. "물질이라는 과학적 개념의 내용은 발전과 더불어 즉, 과학적 지식의 심화와 더불어 변화한다. 물질이라는 철학적 범주의 의미는 변하지 않는다."[852] 레닌이 물질이 철학적 범주라고 주장한 것의 의미는 다음과 같다. 레닌은 물질을 주관의 의식으로부터 독립된 객관적 실

---

852) 알튀세르, 레닌과 철학, 백의, p.58

재라고 규정한다. 그런데 이 규정에서 보이는 물질과 의식의 대립은 철학적 영역 내에서 의미를 가지며 물질과 의식의 대립을 인식론적 영역을 넘어 절대화하는 것은 이원론에 빠지게 된다는 점에서 레닌은 물질을 철학적 범주라고 했던 것이다. 그런데 이 점을 들어 알튀세르는 레닌이 과학과 구분되는 철학을 논한 것으로 보고 있는데 이는 잘못된 것이다. 철학은 과학으로부터 독립되어 있지 않다. 또한 철학에서 과학적 영역을 배제하고 남는 것은 세계관이라는 것뿐인데 이 세계관조차 과학적 유물론, 변증법적 유물론의 성립 이후에는 과학적 세계관으로 되었다. 그리고 여전히 철학이라 불리는 영역에서 가치있는 것은 사고에 대한 것, 즉 형식논리학과 변증법이다. 그리고 이렇게 볼 때 철학은 과학이 아닌 것이 아니라 인간 사고에 대한 과학으로서 정확히 자리매김된다. 그런 점에서 레닌이 철학은 과학이 아니라고 주장했다는 알튀세르의 주장은 잘못된 것이다. 또한 물질의 과학적 개념이 변해도 물질의 철학적 범주의 의미는 변하지 않는다는 알튀세르의 주장도 잘못된 것이다. 새로운 과학적 발견이 이루어진다면 '인간의 의식으로부터 독립된 객관적 실재'라는 물질에 대한 레닌의 철학적 규정 또한 새롭게 심화, 발전될 수도 있다.

알튀세르는 역사에 대해 "주체가 없는 과정"으로 파악한다. 먼저 그의 주장을 들어보자. "자연변증법에는 역사란 주체 없는 과정이며, 역사 속에서 작용하고 있는 변증법은 절대자든 단순한 인간이든 그 어떤 주체의 작용은 아니기 때문에 역사에게는 철학적 주체도 철학적 기원도 없다는 논란 많은 의미가 담겨있다."853) 역사에는 주체가 없다? 일반적으로 보면 이 주장은 터무니없는 것이다. 그런데 문제는 알튀세르가 이 주장을 자연변증법을 논하면서 했다는 사실이다. 자연변증법은 자연에 존재

---

871) 앞의 책, p.130

하는 변증법을 말하는데 자연을 구성하는 많은 물질, 생물들이 변증법적으로 생성, 변화, 발전, 소멸한다는 것을 가리킨다. 이에 따르면 인간의 역사 또한 하나의 자연사적 과정이 된다. 그런데 문제는 인간의 역사가 자연사적 과정이라는 것이 역사에는 주체가 없다는 주장으로 이어지지는 않는다는 점이다. 알튀세르가 혼동한 것은 바로 이 점이다. 인간의 역사는 인간 또한 자연의 산물이라는 점에서 자연사적 과정의 일부임이 분명하다. 그러나 인간은 인간을 제외한 다른 자연적 산물과 달리 의식을 가진 존재이고 따라서 목적을 세우고 자연에 대해 노동하고 개조하고 변혁해가고 나아가 인간 사회 자체를 변혁한다. 즉, 인간은 목적을 가진다는 점에서 스스로의 삶을 변혁하고 개척해가며 이것이 곧 인간의 역사이다. 그런 점에서 인간은 분명히 역사의 주체이다. 그러나 인간이 이렇게 역사의 주체라는 점과 역사에는 인간으로부터 독립된 자연사적인 발전법칙이 있다는 점은 상호 배제하는 주장이 아니다. 인간은 역사의 자연사적 과정을 인식하면서 역사를 더욱 더 목적의식적으로 만들어가게 된다. 그런 점에서 알튀세르는 오류에 빠져 있는데 자연사적 과정으로서 역사와 목적의식적 주체가 만들어나가는 역사를 기계적으로 분리시키기 때문이다. 인간이 자유를 가질 수 있다는 것은 필연을 인식하면서도 필연에 숙명적으로 순종하는 것이 아니라 필연을 지양하여 자유를 쟁취할 수 있다는 것을 의미한다. 그런 점에서 역사를 주체없는 과정으로 보는 알튀세르의 주장은 완전히 잘못된 것이다.

발리바르는 1970년대에 ≪민주주의와 독재≫라는 저작에서 프롤레타리아 독재와 사회주의를 논한다. 이는 1970년대가 서유럽에서 유러꼬뮤니즘으로의 전환으로 특징지어지기 때문인데 서유럽 공산당들의 유러꼬뮤니즘으로의 전환은 '프롤레타리아 독재의 포기'를 핵으로 한다. 발리바르는 스탈린이 1936년에 헌법을 개정하면서 프롤레타리아 독재를 포기하고 전(全)인민국가를 선언한 것으로 파악하는데 이는 잘못된 것이다. 1936년 헌법은 전인민국가를 선언한 것이 아니라 계급의 폐지를 선언한 것이었다. 즉, '누가 누구를'이라는 절박한 계급투쟁의 문제가 해결되었다는 것이었다. 지주와 부르주아지의 계급으로서의 소멸, 착취계급의 소멸을 선언하고 정식화한 것이 1936년의 헌법이었다. 그러나 그것이 곧 프롤레타리아 독재의 포기와 전인민국가를 선언한 것은 아니었다. 뿐만 아니라 1936년 헌법은 계급의 존재를 승인하고 있었는데 그것은 노동자계급과 농민이 계급으로서 구분되고 있다는 점을 담고 있었다. 이는 노동자계급이 취하는 소유형태는 국유(전인민소유)임에 반해, 농민이 취하는 소유형태는 집단농장을 중심으로 하는 집단적 소유로서 차이가 있다는 것에 근거하는 것이었다. 그러나 이러한 계급의 존재의 승인이 착취계급의 존재를 승인하는 것은 아니었다. 그러나 잔존하는 반혁명분자의 음모와 사보타지, 제국주의 국가의 위협 등은 프롤레타리아 독재의 필요성을 제기하는 것이었다.

한편 발리바르는 사회주의에서 착취가 소멸되는 것이 아니며 사회주의 하에서 노동력은 여전히 상품이라는 잘못된 주장을 한다. "사회주의는 계급없는 사회가 아니기 때문에, 착취없는 사회, 모든 형태의 착취가 소멸되는 사회가 아니다."854), "… 사회주의는 항상 비상품생산으로의 전화과정에 있는 상품생산과 유통에 기초하고 있다는 사실에서 나온다. 생산양식이라는 차원에서 문제를 제기한다면 … 그 문제는 사회주의 하에서의 상품관계의 존재는 착취관계의 부활과 여전히 존재하는 착취형태의 발전으로의 항상적 경향을 낳는다는 것에서 나오는 것 같다. 이것은 무엇보다도 노동력 자체가 여전히 상품이며 노동이 여전히 ('부르조아 법'의 지배를 받는) 임노동이라는 사실의 결

---

854) 발리바르, 민주주의와 독재, 연구사, p.139

과이다."855) 나아가 발리바르는 계획경제가 상품생산의 (절대적) 대립물이 아니라고 본다. "사회주의 제국에서의 5개년 계획과, '경제개혁'의 역사적 경험을 볼 때 이제 생산수단의 집단적 소유와 더불어 계획은 무엇보다도 오랜 역사적 기간을 걸치는 사실상 상품생산 및 유통의 새로운(수정된) 형태이지 그 절대적 대립물은 아니라고 믿을 수 있는 충분한 이유가 있다."856)

이러한 발리바르의 주장은 20세기 사회주의의 역사에 대한 고찰을 통해 일반적으로 제기될 수 있는 주장들이다. 그러나 그 주장은 피상적인 고찰에 근거하고 있으며 논리적으로, 그리고 역사적으로 타당하지 않다. 먼저 착취의 문제를 검토해 보자. 사회주의 사회가 착취를 폐절하지 못한다면 그 사회는 사회주의 사회로 이행한 것이 아니다. 지주와 부르주아지라는 착취계급의 폐지가 사회주의 건설의 제 일보라는 점에서 착취와 착취계급의 폐지여부가 그 사회가 사회주의 사회인가 아닌가를 결정한다. 국가는 프롤레타리아 독재인 상태에서 착취의 폐지가 2-30년간에 걸쳐 완만하게 진행될 수 있지만 생산수단의 사적 소유의 폐지를 통한 착취의 폐지가 이루어질 때만 사회주의 사회로의 이행, 사회주의 생산관계의 건설이 이루어졌다고 할 수 있다. 사회주의 생산관계 하에서도 노동자계급과 농민이라는 계급구분이 존재하지만 그것은 착취계급, 착취의 존재를 의미하는 것은 아니다. 노동자계급과 농민이라는 계급의 구분의 소멸은 생산력의 발달과 정신노동과 육체노동, 도시와 농촌의 구분의 점차적인 극복을 통해 이루어질 것이다.

둘째, 사회주의 하에서 노동력은 여전히 임노동이며 상품이라는 주장에 대하여. 노동력이 상품이며 따라서 임노동이 되는 것은 노동력이 생산수단으로부터 분리되어 있기 때문이다. 그러나 전

---

855) 앞의 책, p.149
856) 앞의 책, pp.149-150

인민소유를 의미하는 국유와 집단농장 농민의 집단적 소유 하
에서 노동자와 농민은 생산수단으로부터 분리되어 있지 않다.
사회주의 국유기업에서 공장장은 전문경영인으로서 국가에 의
해 임명되지만 기업에 대한 정치적 통제, 생산에 대한 통제는
기업의 노동자 대표 쏘비에트(쏘련) 혹은 노동자 대표자대회(마
오쩌뚱 당시의 중국)에 의해 이루어진다. 기업의 생산과 생산수
단에 대해 노동자가 정치적으로, 경제적으로 통제하고 장악한다
면 그것은 생산수단으로부터 노동자의 분리가 전혀 아니다. 뿐
만 아니라 사회적으로도 국유기업의 노동자와 집단농장의 농민
들에게 기업과 농장은 하나의 공동체가 된다. 내적인 계급적 적
대가 사라지고 공통의 목표를 갖게 되면 그것은 곧 공동체로서
역할하게 된다. 따라서 발리바르가 사회주의 하에서 노동력이
임노동이고 상품이라고 주장하는 것은 사회주의 사회가 상품생
산에서 비상품생산으로 이행하는 사회라는 것을 도식적으로 이
해한 결과이다.

셋째, 계획경제는 상품생산의 새로운 형태라는 주장에 대하여.
상품생산은 사적 생산자가 화폐를 통하여 생산물을 '교환'하는
생산형태이다. 그러나 20세기 사회주의에서 국유기업은 사적
생산자가 아니라 집단적 생산자였다. 따라서 상품생산의 첫 번
째 요소인 사적 생산자에 해당하지 않는다. 또한 화폐를 통한
교환이라는 점을 보면 생산수단의 생산은 화폐를 통한 교환이
전혀 없고 국유기업(생산수단 생산기업)에서 국유기업(소비재
생산기업)으로 직접 이전된다. 따라서 생산수단은 전혀 상품의
성질이 없다. 그리고 소비재 생산의 경우 국유기업에서 생산하
므로 상품이 아니지만 화폐를 통해 소비자에게 이전된다는 점
에서는 상품의 성질이 있다. 즉 소비재는 상품의 성질과 비상품
의 성질이 동시에 있다. 그리고 집단농장의 경우 국유기업은 아
니지만 사적 생산자로서 성격보다는 일정한 집단성을 담보하고

590

있으며 집단농장의 생산은 국가 전체의 생산계획의 일부로 작
동한다. 그러나 집단농장의 생산물이 노동자계급에게 화폐를 매
개로 이전된다는 점에서는 상품적 성질이 있다. 그러나 이러한
점은 사회주의 사회의 계획경제가 새로운 상품생산이라는 주장
의 근거가 되는 것이 아니라 사회주의가 자본주의적 상품생산
사회에서 완전한 비계급사회, 비상품생산사회로 이행하는 사회
라는 주장의 논거가 되는 것이다. 또한 계획경제는 소비재가 화
폐를 통해 이전된다는 성질이 갖는 부작용, 즉 횡령, 사적 생산
의 도모 등 상품생산의 구래의 악습을 적절히 통제할 수 있는
권한과 역할로서 작용하게 된다. 그리고 결정적으로 계획경제는
상품생산 사회의 고유의 특성인 생산의 무정부성을 제거한다.
이러한 점을 고려할 때 발리바르가 계획경제가 또 다른 상품생
산의 형태라고 주장하는 것은 잘못된 것이다. 그러나 발리바르
가 든 사회주의 사회에서 '경제개혁'은 1965년 쏘련에서의 코시
긴 개혁, 리베르만 방식의 개혁을 말하는 것으로 보이는데 그
개혁들은 사회주의기업의 자본주의적 방식으로의 운용을 도모
했다는 점에서 그 개혁 이후에는 상품생산적 성격이 조장되었
다고 할 수 있다.
알튀세르 또한 발리바르와 유사하게 1970년대에 사회주의가 자
신의 고유한 생산관계를 갖지 않는다고 주장했다. "그 자신의
독자적인 생산관계에 의해 규정되는 생산양식과는 달리, 사회주
의는 자체적으로, 그 자신의 고유한 생산관계에 의해 규정될 수
없다. 왜냐하면 그것은 그 자신에 고유한 아무것도 갖고 있지
않으며, 단지 그것이 배태된 자본주의와 그것이 최초국면이 되
는 공산주의 사이의 모순에 의해 규정되기 때문이다."857) 사회
주의가 자본주의와 공산주의 사이의 모순에 의해 규정된다는
점은 타당하다. 그러나 그것이 사회주의가 자신의 생산관계를

857) 알튀세르, 당내에 더 이상 지속되어서는 안될 것, 새길, p.44

갖지 않는다는 것을 의미한다는 것은 잘못된 것이다. 사회주의는 낮은 단계의 공산주의이다. 그런 점에서 사회주의 사회에서 성립하는 생산관계는 공산주의적 생산관계가 낮은 형태로 실현된 것이다. 즉, 국유와 집단적 소유는 사회주의 사회에서 성립하는 공산주의적 관계이다. 뿐만 아니라 사회주의의 본질은 착취의 철폐, 계급대립의 철폐라는 점에서 착취를 폐지하는 사회주의 생산관계가 성립하지 않는다면 그 사회는 사회주의 사회로 규정될 수 없다. 그런 점에서 착취의 폐지를 함축하는 사회주의 생산관계는 사회주의 사회에 고유한 것으로 보는 것이 타당하다.

이와 같이 1960년대, 70년대의 쏘련의 경제가 혼란한 상황은 알튀세르와 발리바르에게 사회주의 사회의 의미, 사회주의 생산관계의 의미를 혼돈하게 하였다. 또한 70년대 프랑스 공산당의 프롤레타리아 독재 포기 선언은 알튀세르와 발리바르가 맑스주의의 근간인 계급투쟁 개념을 회의하고 해체하는 길을 걷게 했다. 알튀세르는 프롤레타리아 독재의 포기를 선언한 프랑스 공산당 22차 당대회에 대한 글에서 "낡은 시대가 지나갔"으며 "인민운동은 새로운 투쟁형태를 찾았으며, 여성, 청년, 많은 다른 층들이 스스로 일어서서 투쟁을 시작하였고, 투쟁목표는 노동 및 생활조건, 주거관계, 교통수단, 위생, 학교, 가족, 환경으로 확산되었다"858)고 서술하고 있다. 이러한 알튀세르의 주장은 서유럽 공산당들의 프롤레타리아 독재의 포기와 유러꼬뮤니즘으로의 전환이 계급투쟁 노선을 회의하고 청산하고 소위 새로운 투쟁 형태들이라는 신좌파 운동으로 유럽의 운동의 대부분을 전환하게 했다는 것을 말해준다. 즉, 유럽에서 '전통적인' 계급투쟁을 축으로 하는 노선이 쇠락하고 여성, 청년, 소수자, 환경 등등의 계급투쟁을 떠난 저항의 담론이 계급투쟁 노선을 대

858) 앞의 책, p.24

알튀세르, 발리바르

592

체하게 되었다는 것이다.

알튀세르와 발리바르는 1980년대 들어서서 세계 사회주의 진영의 쇠락이 역력해지는 상황에서 맑스주의의 전화, 역사유물론의 전화를 주장하는데 이는 곧 계급투쟁 노선의 청산을 의미하는 것이었다.

발리바르의 《역사 유물론의 전화》는 "맑스주의로부터 탈출"859)을 화두로 던진다. 발리바르는 국가, 당, 이데올로기 등에 대한 기존의 맑스주의적 관념을 과감하게 해체해가기 시작한다. 또한 맑스주의를 그 내부의 모순이라는 관점에서 고찰하고 그 모순을 운동시켜 맑스주의를 해체하고자 한다. 그리고 결론적으로 "계급투쟁에서 계급없는 투쟁으로?"860)를 제기하고 계급투쟁의 개념을 대체하는 것으로서 "배제"에 대한 저항을 내세운다. 부르주아 사회에서 이루어지는 여러 영역에서의 소수자들에 대한 배제의 문제가 계급투쟁의 개념을 대신하는 것이다. 이러한 '배제에 맞선 저항'이라는 담론은 알튀세르주의자들의 그동안의 현실적 실천을 지배해온 담론이다.

80년대의 알튀세르주의자들은 청산주의의 모습을 과감하게 보인다. 이들은 심지어 맑스주의가 하나의 세계관이라는 것을 부정하고 모든 과학주의에 대한 부정을 선언한다. "이러한 시각에서 볼 때 마르크스주의는 더 이상 하나의 세계관일 수 없으며 아직 존재하지 않는 것을 향한, 또 영속적인 실험에 의해 특징지어지는 '열려진 체계'이다. … 마르크스주의는 앞에 있는 것에 대하여, 새로운 것에 대하여 긴장을 유지해야 하며 사회에 대한 확정적 법칙들을 정식화한다고 주장하는 모든 과학주의를 거부해야 한다."861) 세계관 그리고 과학주의에 대한 거부! 이것은

859) 발리바르, 역사유물론의 전화, 민맥, p.16
860) 앞의 책, p.253
861) 장-마리 뱅상, 알튀세르와 마르크스주의의 전화, 도서출판 이론, p.69

사실상 맑스주의의 핵심을 청산하는 것이다. 모순과 계급투쟁, 그리고 사회적, 역사적 운동으로 세계를 바라보는 관점을 청산하고 역사의 발전법칙에 대한 관점을 청산하고 난 다음에는 맑스주의에 무엇이 남아 있겠는가?

이들 청산주의의 길을 걷는 알튀세르주의자들 스스로는 알튀세르를 다음과 같이 평가한다. "그러나 알튀세르의 기여에는 다른 종류의 기여, 이론적인 것이 아니라 커다란 윤리적 가치가 있는 기여도 있었다. UNAM의 연구원인 프란시스코 테 라 페냐가 이를 잘 요약해 말하고 있다. "알튀세르의 맑스주의는 우리가 자신을 회개한 전(前)공산주의자로 선언해야 한다거나 자본주의에 대한 비판을 포기해야 한다고 느끼지 않으면서 맑스주의 담론을 내부에서 해체하도록 가르쳐 주었다.""[862] 바로 이것이 알튀세르가 걸어온 길의 본질이다. 맑스주의 담론을 내부에서 마음의 부담을 느끼지 않으면서 편하게 해체하도록 해주는 것으로서 알튀세르주의! 이것이 이론적 실천의 결론이고 스탈린을 교조주의로서 규정한 것의 결말이다.

알튀세르와 발리바르의 이론적, 정치적 궤적의 결말은 씁쓸하기만 하다. 스탈린 탄핵과 중-쏘 논쟁의 소용돌이, 그리고 쏘련의 쇠락이라는 조건에서 문제제기자로서 출발했지만 이들은 프랑스 공산당이 프롤레타리아 독재의 포기를 선언하자 청산주의의 길을 걸었다. 그러나 이들의 이러한 궤적은 우연이 아니라 출발점 자체가 잘못되었기 때문이다. 이론적 실천이라는 독선적이고 자의적인 개념으로 자신들을 정당화하면서 맑스를 인식론적 단절이라는 형이상학으로 절단내고 맑스의 인간해방의 알갱이를 반휴머니즘이라는 개념으로 공격하였다. 또 맑스에게 존재하는 혁명적 운동의 정수인 변증법을 거세하여 그것을 구조라는 앙상한 개념으로 대체하면서 맑스주의를 해체하는 길을 걸은 것

---

862) 페르난다 나바로, 철학적 맑스주의, 새실 아카데미, p.139

알튀세르, 발리바르

이 이들의 경로이다. 이러한 알튀세르주의를 극복하는 길은 한편으로 20세기 사회주의라는 역사적 사회주의의 교훈을 정확히 하는 것과 다른 한편으로는 이론과 실천의 통일을 비롯한 가장 근본적인 맑스주의의 기본 원칙들을 현실에 녹여내는 것일 것이다.

10. 푸코, 들뢰즈, 데리다, 라캉

1) 푸코

푸코는 20세기 중·후반의 프랑스 철학자이다. 쏘련이 붕괴하고 난 뒤에 이른바 프랑스 철학의 열풍이 한국사회에 불 때 푸코는 가장 대중적으로 읽혀졌다. 푸코가 대중적으로 인기를 끈 것은 그가 계급투쟁을 떠난 저항의 담론의 전형을 보여주었기 때문이다. 쏘련의 붕괴로 맑스주의가 타격을 받고 그에 따라 계급투쟁 노선과 이론이 위축될 때 계급투쟁을 떠난 저항의 이론이라는 것은 매력적인 것이었다. 운동을 청산하고 떠난 많은 활동가들이 푸코에 심취한 것은 우연이 아니었다. 계급투쟁을 떠난 저항의 이론을 내세운 것은 푸코가 맨 처음은 아니었다. 아도르노, 호르크하이머의 프랑크푸르트 학파가 이른바 신좌파이론을 내세웠는데 이것이 현대에 있어 계급투쟁을 떠난 저항의 이론의 효시라 할 수 있다.

그런데 푸코는 대중적 영향력이 광범한데 그것은 그가 권력의 미시물리학이라는 개념을 내세웠기 때문이다. 푸코는 감옥, 병원, 광인, 성 등 사회의 여러 분야에서 관철되는 미시적인 권력현상의 문제를 제기하고 그러한 분야에서 관철되는 배제의 논리를 폭로하였다. 기존의 맑스주의는 거시적인, 총체적인 권력현상만을 문제삼아서 미시적 권력 메커니즘을 보지 못했다는 것이 푸코의 주장이다. 또한 푸코는 이러한 자신의 작업에 있어서 관철되는 방법론을 세웠는데 그것이 고고학적 방법론과 계보학이다. 지식의 지층을 파헤치는 것으로서 고고학적 방법과 기존의 과학이 갖고 있는 권력효과에 대항하는 전략으로서 계보학을 푸코는 자신의 이론으로 내세웠다. 그리고 푸코는 그러

596

한 자신의 방법론을 반(反)과학이라고 규정했다.

푸코는 1950년대 초반 프랑스공산당에 가입했지만 2년 후에 프
랑스공산당에서 탈퇴했다. 당시 푸코는 스스로를 니체적 공산주
의자로 규정했는데 프랑스 공산당으로부터 탈퇴는 스탈린에 대
한 의사들의 음모 사건의 영향을 받은 것이었다고 한다. 푸코는
이를 통해 자신의 정치학에 대한 학습을 마쳤다고 스스로 말한
다. 푸코는 프랑스 공산당에 있을 당시 알튀세르를 추종했다고
하고 이후 프랑크푸르트 학파에 대해 매우 친화적인 모습을 보
였다. 또한 푸코는 68혁명의 영향을 많이 받았는데 그는 68혁
명을 통해 유럽의 혁명운동이 맑스주의의 영향력으로부터 벗어
났다고 파악한다. 그러면 푸코의 사상에 대해 권력의 미시물리
학이라는 개념을 중심으로 하는 정치적 성격과 고고학, 계보학
등의 개념을 중심으로 하는 이론적 성격을 각각 나누어서 고찰
해 보기로 하자.

푸코가 저술활동을 시작하여 처음으로 내놓은 저작은 ≪광기의
역사≫인데 이는 전형적으로 계급투쟁을 떠난 저항의 이론의
모습을 보여준다. 푸코는 광기가 비이성으로서 배제되었다고 본
다. "아마 고전주의 시대의 세계에 대해서도 다양한 부분으로
구성된 죄악의 체계에 대한 일반적인 비이성의 경험이 있었다
고 말할 수 있을 것이다. 만약 그렇다면, 대감호에서 피넬과 튜
크의 '해방'까지 150년 동안 광기였던 것에 대해 지평의 구실을
하는 것은 바로 이 비이성의 경험일 것이다."863), "광인은 타자
이다. 즉, 보편적인 것이라는 의미에서의 다른 사람들 사이에서
예외적인 것이라는 의미에서 타자이다."864) 이와 같이 푸코는
광인이 타자로서 배제되는 역사를 그렸는데 이러한 관점이 그
의 사상과 이론 활동의 출발점이 되었다. 또한 푸코는 ≪임상의

863) 푸코, 광기의 역사, 나남출판, p.208
864) 앞의 책, p.316

학의 탄생≫에서 의학과 병원에 존재하는 권력관계를 분석하였다. "점차 어둠에서 출발해 광명의 빛을 찾아 나오는 모든 권력, 언제나 신중하기만 한 모든 의학의 독해, 질병의 추이와 새로운 위험성마저 계산해야 하는 의학의 섬세함, 그리고 아버지의 특권마저 몰수해버릴 만한 의학의 강고한 지배의식, 바로 이런 것들을 통해 임상의학적 시선의 지상권이 우뚝 서게 된다. 알고 결정하는 시선, 즉 지배하려는 시선이 그것이다."[865] 푸코는 의학의 발달을 추적하면서 의사의 시선이라는 개념을 분석하는데 근대적인 임상의학에 이르러서 의사의 시선은 일종의 권력이 되었다는 점을 말하고 있다. 이와 같이 처음에는 광인에서처럼 배제의 문제에서 출발하여 푸코는 점차적으로 사회의 각 영역에 존재하는 미시적인 권력의 문제에 접근하고 있다. 푸코의 권력의 미시물리학이라는 개념이 두드러지는 저작은 ≪감시와 처벌≫이다. 인간의 신체에 가해지는 형벌의 역사, 그리고 감옥에서의 감시의 시선을 분석하는데 특히 판옵틱이라는 감옥체계는 미시적 권력의 전형을 보여주는 것으로 파악된다. 판옵틱은 원형의 감옥의 중앙에 감시탑이 있는 것인데 이러한 구조를 통해 감옥의 죄수를 포함하는 일체의 사람들에 대해 감시의 시선을 완성했다고 본다.

푸코는 권력의 미시물리학에 대해 다음과 같이 말한다. "중요한 것은 앞에서 말한 국가기구와 제도가 작용시키는 이른바 권력의 미시물리학이란 것인데 그것의 유효한 영역은 이러한 기구와 제도의 대규모 작용과, 그것들의 물질성과 힘을 포함하는 신체 자체의 사이에 놓여 있다."[866] 국가기구와 인간의 신체 사이에 놓여 있는 다양한 영역의 권력현상과 그것의 작동 메커니즘을 푸코는 권력의 미시물리학이라는 개념으로 포착하고 있다.

---

865) 푸코, 임상의학의 탄생, 이매진, p.157
866) 푸코, 감시와 처벌, 나남출판, p.57

푸코는 이러한 권력의 미시물리학이라는 개념을 통해 국가 바깥에 존재하는 권력현상을 분석한다. "국가는 일련의 권력관계의 그물망 위에 존재하는 상부구조이며, 실제로 인간의 육체를 규정하고 성이나 가족관계, 인척관계, 지식 그리고 기술 따위를 규제하는 것은 사회전체에 퍼져 있는 섬세한 권력의 그물망일 뿐입니다."867) 이와 같이 푸코는 국가 이외에 다양하게 존재하는 권력 현상을 '섬세한 권력의 그물망'으로 파악하고 있고 그러한 미시적 권력의 작동메커니즘을 파악하는 것을 권력의 미시물리학이라는 개념으로 이루어내고 있다. 그런데 푸코는 여기서 더 나아가 기존의 맑스주의는 미시적 권력에 대해 놓치고 있다고 비판한다. "따라서 판옵틱의 체계는 국가기구에 의해서 이용되었다기 보다는 차라리 역으로 작고 지역적으로 확산되어 있는 판옵틱의 체계에 국가기구가 의존하고 있었다고 말하는 것이 옳을 것입니다. 결국 권력의 섬세한 작동 메커니즘을 제대로 포착하기 위해서는 분석의 초점을 국가기구에만 한정시켜서는 안 된다는 것이 나의 주장입니다. 그리고 바로 이 점이 권력의 문제를 국가기구에만 한정시켜 계급적인 시각에서 분석하려는 맑시스트적인 시각의 한계라 하겠습니다."868) 푸코는 여기서 섬세한 권력의 그물망을 사회 곳곳에 존재하는 판옵틱이라 규정하고 있고 국가 또한 이러한 곳곳의 판옵틱에 의존하여 존재하는 것이며 기존의 맑스주의는 이러한 사회 곳곳의 판옵틱을 바라보지 못하고 국가 자체만을 파악했다고 비판하고 있다. 이러한 푸코의 시각에는 긍정할 부분과 부정할 부분이 모두 담겨 있다. 먼저 긍정할 부분은 국가권력 자체만이 아니라 사회 곳곳의 판옵틱, 즉 감시의 시선, 권력의 그물망을 파악하고 저항의 이론을 세워야 한다는 점이다. 학교, 병원, 감옥, 철거현장, 노동

---

867) 푸코, 권력과 지식, 나남, p.155
868) 앞의 책, p.103

현장에서의 노조파괴 등등 대중이 부딪히는 억압과 감시에 맞서 민주주의를 실현하고 저항의 이론을 세워야 한다는 것은 타당하다. 국가 바깥의 권력의 섬세한 그물망 혹은 권력의 미시물리학이라는 개념은 그러한 점에서 긍정성을 담고 있다. 그런데 문제는 푸코가 여기서 더 나아가 기존의 맑스주의가 자신의 시야를 국가기구에만 한정했다고 비판하는 점인데 여기서 푸코 이론의 맹점이 드러난다. 맑스-레닌주의는 혁명의 근본문제는 국가권력의 문제라고 보는 것을 근간으로 한다. 그리고 이를 위해 맑스-레닌주의는 사회주의 정치의 가장 본질적인 요소는 일체의 억압에 대한 포괄적이고 전면적인 정치폭로라고 보고 있다(레닌의 ≪무엇을 할 것인가≫를 참고하시오). 포괄적인 정치폭로는 푸코에 따르면 권력의 미시적 현상이라고 파악되는 것을 포함하여 일체의 억압을 폭로하고 그에 맞서는 것이다. 그런 점에서 푸코가 기존의 맑스주의가 국가에만 초점을 맞추고 미시적 권력현상을 놓쳤다고 주장하는 것은 역사적 사실과 맞지 않는다.

또한 푸코는 권력의 미시물리학이라는 개념을 강조하기 위해 권력에 대한 과학적 접근을 포기하고 있다. "그러므로 지금까지 살펴본 바와 같이 권력에 대한 자유주의적 시각이나 맑시스트적 시각을 넘어서는 새로운 권력 개념을 완성하는 것이 우리의 임무라고 결론지을 수 있을 것입니다. 그렇다면 경제로 환원되지 않고 권력을 분석하기 위해 어떠한 방법이 가능할까요? 내 생각에 그 방법은 그다지 많은 것 같지 않습니다. 우선 인식의 전환이 필요한데 권력은 주어진 실체도 아니며, 따라서 교환되거나 되찾을 수 있는 것도 아니며, 차라리 권력은 행사되는 영향력이라고 개념화해야 합니다. 또 하나 중요한 것은 권력이 결코 경제를 유지하고 재생산하는 매개체라기보다는 사회 속에 퍼져있는 세력관계라는 것입니다."869) 이러한 푸코의 주장에서

푸코, 들뢰즈, 데리다, 라캉

긍정적인 것은 권력을 영향력의 개념으로 파악하고 세력관계라고 파악하는 것이다. 이것은 권력 개념을 보다 구체화하는 것이라 할 수 있다. 그러나 문제는 권력을 경제와 분리시켜 파악하는 입론이다. 영향력과 세력관계라는 개념이 권력을 보다 현실적으로, 구체적으로 이해하는데 도움이 되지만 그것은 근원적으로 경제적 관계에 의해 규정되는 것이다. 바로 이 점에서 푸코의 권력이론이 일정한 긍정성이 있음에도 불구하고 비과학으로 빠지는 것이며 나아가 푸코 스스로 계급적 접근을 포기하게 하는 것이다. 국가 그리고 국가 바깥의 섬세한 권력의 그물망은, 사회 곳곳의 감시와 억압체제인 판옵틱은 근본적으로 경제적 생산관계에 의해 규정되는 것들이다. 판옵틱은 국가를 비롯한 권력체제의 가일층의 고도화를 의미하는데 국가가 그렇게 발전하는 이유가 과연 무엇인가? 국가는 자본주의 초기에는 야경국가였지만 21세기 지금에 이르러서는 사회 전체를 짓누르는 세력이 되었고 하나의 괴물이 되었다. 국가가 비대해지고 고도화되고 나아가 사회 곳곳의 감시, 억압체제가 발달하는 이유는 바로 사회가 적대적 계급으로 분열되어 있고 그 대립이 갈수록 심화되고 있기 때문이다. 즉, 그러한 국가의 발달의 이유는 단하나, 즉 계급대립의 심화 때문이다. 이것이 국가와 그를 둘러싼 다양한 권력관계, 권력의 그물망의 발달의 본질인데 푸코는 권력에 대한 계급적 접근은 맑스주의적 접근으로 낡은 것이고 경제적 접근과 계급적 접근을 떠나 권력에 대해 새롭게 접근해야 한다고 강변하고 있는 것이다. 푸코처럼 (국가)권력에 대한 경제적, 계급적 접근을 놓치면 남는 것은 사회변혁의 전망의 상실이고 고작해야 사회의 다양한 영역의 권력현상에 대한 저항, 배제의 논리에 대한 저항일 뿐이다. 그리고 이러한 푸코적 접근, 배제의 논리에 대한 저항은 지금은 우리 사회의 운동에서

---

869) 앞의 책, pp.121-122

상당한 영향을 발휘하는 논리가 되었는데 이 과정에서 운동은 전망을 상실하고 있고 역으로 운동의 전망의 상실이 푸코적 논리를 강화하고 있다고 할 수 있다.

푸코의 이러한 접근, 즉 맑스주의적으로 국가에 접근하는 것을 부정하고 권력의 미시물리학만을 강조하는 입장은 논리적으로 보면 사회에 대한 총체적 접근을 부정하는 것이다. 이러한 총체성의 부정을 푸코는 다음과 같이 합리화한다. "그리고 지금까지 우리 인식의 시야에 방해가 되어왔던 소위 총체적인 이론구성의 맹점이 무엇인지도 깨달을 수 있게 되었습니다. 말하자면 저항의 목소리가 들려오는 곳에 귀를 기울이고 그 소리가 어떤 뜻을 갖고 있는지 분석해 낼 수 있는 유용한 도구를 제공하는 것은 총체적 이론이 아니라는 사실을 깨닫게 된 것입니다. 맑시즘과 정신분석학이 그 대표적인 예입니다. 그러나 우리가 이러한 도구를 사용할 수 있기 위해서는 지금까지 총체적인 이론을 구성해 왔던 담화의 내적 완결성이 어느 정도 재단되고 알맞게 조정될 필요가 있습니다. 어쨌거나 총체성이라는 입장에서 사회를 분석하려는 시도는 우리가 바라는 연구결과를 얻는 데는 방해가 된다는 점이 중요합니다."870) 이와 같이 푸코는 맑스주의적 총체성을 권력의 미시물리학의 수립에 방해가 되는 것으로 파악한다. 바로 이 점에서 푸코의 권력의 미시물리학이라는 개념은 일정한 긍정성을 갖고 있음에도 불구하고 운동에 악영향을 끼쳤다고 할 수 있다. 사회에 대한 총체적 접근이 결여되면, 나아가 국가에 대한 맑스주의적 접근이 결여되면 계급투쟁의 개념과 노선은 사라지게 되고 운동은 전망을 상실하게 된다. 따라서 맑스주의적 총체성의 개념은 다시 복원되어야 하며 거시적 접근과 미시적 접근의 통일을 이루어내는 것이 중요하다. 그런 점에서 푸코의 권력의 미시물리학이라는 개념에서 비과학적

---

870) 앞의 책, p.114

인 측면은 걸러내야 하지만 사회와 국가에 대한 총체적 접근을 전제로 하여 권력의 미시물리학이라는 개념은 운동에 포괄될 필요가 있다. 사실 푸코가 강조하는 권력의 섬세한 그물망은 국가의 고도화와 그것에 기초한 사회 곳곳의 억압과 감시체제의 발달에 다름 아니며 그것은 자본주의가 폐지되지 않는 상태에서 계급대립이 갈수록 심화되고 있다는 것을 기초로 한다. 따라서 푸코처럼 권력에 대한 계급적 접근을 거부하면 미시권력에 대한 투쟁 또한 올바로 이루어질 수 없다. 사회와 국가에 대한 총체적 접근, 맑스주의적 접근을 복원하면서 그것을 미시적 접근과 통일시킬 때만 변혁의 전망과 미시권력에 대한 투쟁을 다 아우를 수 있다.

권력의 미시물리학이라는 개념을 중심으로 한 위의 고찰은 푸코 사상의 정치적 측면이라 할 수 있다. 그러면 푸코가 자신의 '배제에 대한 저항', 계급투쟁을 떠난 저항의 논리, 권력의 미시물리학의 이론을 발전시키는데 적용한 고고학과 계보학이라는 방법론을 중심으로 푸코의 이론적 측면을 고찰해 보자.

먼저 푸코는 참된 인식은 직관을 통해서만 가능하다고 본다. "그런데 참된 인식은 직관에 의해서만, 다시 말해 순수하고 세심한 지성의 특이한 행동에 의해서만, 그리고 자명한 사실들을 서로 연결짓는 추론에 의해서만 성립한다."871) 참된 인식은 직관을 통해서만 가능하다는 것은 푸코가 과학적이고 개념적인 사고를 부정하는 것이다. 실제로 푸코는 자신의 이론이 반(反)과학임을 선언한다. "그러므로 계보학은 과학이라고 규정된 엄밀한 지식의 형태로 돌아가려는 실증주의적 시도는 아니지요. 오히려 반과학적 입장을 취하고 있다고 해야 할 것입니다."872) 계보학은 푸코의 주요한 개념 중의 하나인데 기존에 지성사 혹

871) 푸코, 말과 사물, 민음사, p.94
872) 푸코, 권력과 지식, 나남, pp.116-117

은 과학사에서 과학으로 규정되는 것이 아닌 여러 현상과 지식들이 배제되는 것을 규명하고 찾아내려는 방법 혹은 전략을 가리키는 것이다. 그런 점에서 계보학이라는 개념은 푸코 이론의 중심이 되는 것인데 푸코는 계보학을 가리켜 반과학이라고 하고 있는 것이다.

그러면 푸코가 과학에 대해 취하는 입장, '과학의 권력효과'라는 개념을 고찰해 보자. "우리가 진정으로 관심을 두는 것은 차라리 위에서 언급한 <지식의 반란>이라고 할 수 있으며, 여기서 주목하는 것은 지식의 내용이나 방법, 또는 과학적 개념 따위가 아니라, 우리 사회에 존재하는 유기적이며 과학적인 담화의 기능이나 그것이 제도와 연결됨으로 해서 발휘되는 권력의 효과가 무엇인가 하는 것입니다. … 왜냐하면 계보학이 전제하는 투쟁의 목표는 소위 과학적 담화가 발휘하는 권력의 효과에 대항하려는 것이기 때문입니다."873) 푸코는 이와 같이 기존에 과학이라 일컬어지는 것에 대한 '반란'을 선언하고 있다. 그리고 그러한 과학이 발휘하는 권력 효과에 대해 대항하려 하고 있다. 그런 점에서 푸코는 반과학의 입장을 취하고 있는 것이다. 그가 저술한 광기, 임상의학, 감옥, 형벌, 성 등의 영역의 저서들은 과학의 입장에서 배제되는 영역을 고찰하고 그를 기초로 배제에 대한 저항의 논리를 펴는 것들이다. 그러나 푸코가 배제에 대한 저항을 넘어서서 과학의 권력효과라는 개념을 통해 과학=권력으로 인식하고 그에 대한 대항을 선언하고 있는 것은 심각한 오류이다. 과학은 필연성에 대한 인식을 기초로 법칙성을 탐구하는 것인데 여기에 대해 아무리 대항한다고 해서 과학이 부정될 수 있는 것은 아니다. 따라서 푸코의 문제의식을 살리는 것은 과학의 권력 효과에 대한 대항이 아니라 과학의 이름으로 민중들을 기만하는 사이비 과학을 폭로하고 나아가 과학이 계

873) 앞의 책, p.117

푸코, 들뢰즈, 데리다, 라캉

급적 억압의 도구로 전락하고 있음을 폭로하는 계급적 접근으로 나아가는 것이다. 그러나 '지식의 반란'을 제창하는 푸코는 과학 자체에 대한 저항을 주장하고 있으나 이것은 번지수를 잘못 짚고 있는 것이다. 그리하여 푸코는 맑스주의 또한 과학의 권력효과라는 점에서 거부한다는 점을 밝히고 있다. "우리가 맑시즘을 거부하였던 이유는 그것이 효과적으로 과학적인 결과를 가져올 수 있을까 하는 회의 때문이었습니다. … 맑시즘이나 정신분석학 등이 일상적인 생활 속에서 기능하는 면에서니, 이론으로서 성립하기 위해 근거하고 있는 규칙들과 개념들이라는 차원에서, 그러한 분과학문이 어느 정도나 과학이라는 기준에 적합한지를 묻기 전에, 또한 맑시즘과 정신분석학에 동원된 담화 사이에 존재하는 공식적이고 구조적인 유비관계를 의문시하기 전에, 우리는 소위 과학이라는 것에 따라다니는 권력의 효과가 무엇인지 스스로에게 질문해야 한다는 것입니다."874) 맑스주의 또한 과학이라는 것에 따라다니는 권력효과를 갖고 있기 때문에 거부한다는 것이 푸코의 논리이다. 그런데 과학의 권력효과라는 개념은 타당한 것인가? 푸코의 논리를 따르면 과학이 '권력' 효과를 갖는 이유는 무엇인가? 그것은 과학이 객관적인 법칙성, 필연성을 밝히고 있기 때문이 아닌가? 즉, 배제와 억압의 논리이기 때문에, 권력이기 때문에 과학이 영향력을 갖는 것이 아니라 올바르기 때문에 과학이 영향력을 갖는 것이 아닌가? 따라서 과학의 권력효과라는 푸코의 개념은 올바른 개념이 아니다. 만약 푸코의 개념이 올바르다면 과학자는 곧 권력자가 되어야 하지만 현실에서는 그렇지 않다.

그러면 푸코의 방법론인 고고학과 계보학을 본격적으로 고찰해 보자. 고고학에 대해 푸코는 "서양문화의 가장 깊은 지층을 파헤치려는 시도"875)라고 주장한다. 과학에서 배제되어 왔으나 의

---

874) 앞의 책, pp.117-118

미있는 지식들을 역사적 계기를 따라 파헤친다는 의미에서 푸코는 자신의 방법론을 고고학이라 부르고 있다. 그러나 현실의, 일반 사회에서의 고고학이 과학을 추구하는데 반해 푸코의 고고학은 역사적으로 축적된 지식들을 일정한 계기에 따라 파헤치는 것을 가리키고 있다. 더구나 과학이 아닌 직관을 최고로 치는 푸코에게서 과학적 논리는 거의 없다고 해도 과언이 아니다. 푸코의 고고학적 방법이 전형적으로 적용된 ≪말과 사물≫에서 푸코는 유럽의 지성사, 과학사를 고찰하면서 지적인 지형이 변화해가는 것을 추적하고 있다. 그러나 푸코는 지적 지형의 변화를 직관에 기초하여 추적하지만 그 개념은 비과학적이다. 푸코는 정치경제학의 주요 개념인 가치가 생산이 아니라 소비에 의해 형성된다고 주장한다. "가치는 생산에 의해서가 아니라, 자신의 생계를 확보하는 노동자의 소비이건, 이윤을 얻는 기업가의 소비이건, 일을 하지 않고 재산 수익만으로 물건을 구입하는 사람의 소비이건, 소비에 의해 형성되고 증가한다."876) 아담 스미스, 리카르도, 그리고 맑스에 의해 정립되고 발전된 가치 개념은 그것이 인간노동의 응결물이라는 것이다. 즉, 가치는 노동에 의해 형성된다는 것이 노동가치설의 기본적인 내용이다. 그러나 푸코는 과감하게 가치의 형성이 노동, 생산이 아니라 소비에 의해 이루어진다고 주장한다. 그러나 이러한 점을 푸코에게 항의할 수는 없는데 왜냐하면 그는 과학에 저항하는 지식의 반란을 주장하고 있고 또 과학적 개념이 아닌 직관을 최고로 치기 때문이다. ≪말과 사물≫ 전체에 흐르는 지적 지형의 변화의 역사, 푸코의 용어로는 에피스테메의 변화는 16세기, 이어지는 고전주의 시대, 18세기 말 이후의 시기 등에서 각각의 지적인 조건들의 지형의 일단을 보여주지만 그것들은 피상

875) 푸코, 말과 사물, 민음사, p.22
876) 앞의 책, p.281

푸코, 들뢰즈, 데리다, 라캉

606

적인 고찰에 기초한 것이다. 푸코는 각 시대의 지적 지형의 얼개는 묘사하지만 푸코가 과학을 거부한다는 점에서 그것들은 과학적 의미를 갖는 것이 아니다. 푸코는 또한 변증법을 거부하는데 그에 따라 각 시대의 지적 조건들의 상호연관에 대해 변증법적으로 엄밀하게 구사하지 않고 대략적인 스케치로 끝난다. 푸코의 고고학이라는 것은 바로 이러한 것을 가리키는 것이다. 스스로는 지식의 '가장 깊은 지층'을 파헤치려 하지만 그것은 과학적으로 승인될 수 없는 주관적이고 직관적인 시도에 그치는 것이다. 그런 점에서 푸코의 감옥과 형벌, 임상의학, 광인 등에 관련된 '고고학적' 저서들은 폭로로는 일정한 의미를 가질 수 있지만 과학적 의미는 가질 수 없고 따라서 변혁의 이론의 기초가 될 수는 없다.

고고학이 이렇게 켜켜이 쌓여 있는 지식의 지층을 파헤치려는 방법론이라면 계보학은 좀 더 전투적으로 과학에 대항하는 전략을 가리킨다. "따라서 계보학과 과학이라는 서열구조 안으로 지식을 각인시키려 했던 지금까지의 경향과 비교해 본다면 계보학은 이러한 서열구조를 반대하고, 과학적 담화 안에서 요구하는 이론적이고 단일하며 형식적인 언술체계에 대항하여 싸우려는 시도라고 말할 수 있습니다. 또 계보학은 <부분적인 지식> 또는 델루즈(들뢰즈-필자)의 표현에 따라 <작은 지식>을 재활성화해서 과학적 서열구조와 그에 수반되는 권력효과에 대항하려는 시도라고도 말할 수 있습니다. 이것이 바로 기존 질서를 거부하고 파편적인 지식을 재구성하려는 계보학의 목표라고 하겠습니다."877) 계보학은 지식의 지층을 파헤치는 고고학에 따라 이루어지는 성과를 기존의 과학에 대립시키는 전략이라고 할 수 있다. 그리고 그러한 점에서 푸코는 계보학을 '반과학'이라고 선언하고 있는 것이다. 그러나 그러한 반과학은 '과학의

877) 푸코, 권력과 지식, 나남. p.118

서열구조'에 대항할 수는 있지만, 즉 학문적 권력에서 일정한 자리를 만들어줄 수는 있지만 과학 자체를 부정할 수는 없고 따라서 변혁의 이론이 될 수는 없다.

이와 같이 푸코의 고고학과 계보학은 비과학적 방법론이고 나아가 반과학을 선언하는 것이다. 따라서 푸코가 맑스주의를 반대한다는 점에서, 계급투쟁을 떠난 저항의 이론을 표방한다는 점에서 기존의 사회주의 운동을 침식할 수는 있지만 그것은 변혁의 이론과는 거리가 멀다. 푸코는 후설과 니체를 높이 평가하고 프로이트를 중시하는데 후설과 니체는 공공연하게 반과학의 입장을 표방했다는 점에서 푸코의 선행자라 할 수 있고 프로이트 또한 무의식의 이론으로 비과학의 길을 걸었다는 점에서 푸코와 유사하다 할 수 있다.

푸코는 변증법에 매우 적대적이다. 그러나 그의 변증법에 대한 인식은 피상적이다. 그는 모순을 통일성의 외관으로 파악한다. "모순, 그것은 숨는 또는 숨겨지는 어떤 통일성의 외관일 뿐이다: 그것은 의식과 무의식 사이, 사유와 텍스트 사이, 관념성과 표현의 우발적인 신체 사이에서의 어긋남 속에서만 그의 자리를 잡는 것이다. 어쨌든 분석은 가능한 한 모순을 제거해야 하는 것이다."[878] 모순이 단지 통일성의 외관일 뿐인가? 모순은 통일성 내에 존재하는 대립을 가리키는데 푸코에게서 모순의 역동적 성격은 거세되고 모순은 단지 통일성이 어떤 조건에서 어긋나고 불협화음을 일으키는 것이며 따라서 모순은 제거되어야 하는 것으로 파악된다. 이것은 변증법에 대한 매우 피상적인 이해에 기초한 것이며 통일성 속의 대립을 통한 운동이라는 것은 완전히 사라지고 만다. 이렇게 변증법에 대해 매우 피상적으로 접근한 푸코는 변증법을 대체하는 것으로서 전략의 논리를 내세운다. "정확히 말하면 바로 여기에서, 이런 종류의 분석 내

878) 푸코, 지식의 고고학, 민음사, p.211

푸코, 들뢰즈, 데리다, 라캉

608

에서, 속단에 빠지지 않기 위해 변증법이 아닌 논리가 사용되고 또 사용되어야 하는 것입니다. 변증법이 어떤 것이기에 그러는 것일까요? 변증법적 논리, 그것은 서로 모순되는 여러 항들을 동질적인 것의 영역 내에서 작동시키는 논리이기 때문입니다. 그리고 이 변증법의 논리를 대체하기 위해 저는 제가 전략의 논리라고 부르는 바를 제안합니다. 그리고 이 전략의 논리는 서로 모순되는 여러 항을, 모순이 하나의 통일성 내에서 해소됨을 약속하는 동질적인 것의 영역 내에서 활용하는 것이 아닙니다. 전략의 논리는 조화롭지 못한 항들 간에 있을 수 있는 연결이 무엇인지 결정하는 것을 그 기능으로 합니다. 전략의 논리는 이질적인 것을 연결하는 논리이지, 모순적인 것을 동질화하는 것이 아닙니다."879) 푸코는 변증법을 모순되는 것을 동질적인 영역 내에서 작동시키는 논리로 파악한다. 이렇게 변증법을 인식하면 변증법은 매우 보수적인 것이 된다. 서로 모순적이고 갈등하지만 결국은 동질적인 영역 내의 문제가 될 뿐이기 때문이다. 여기서 푸코가 놓치고 있는 것은 운동의 관념이며 나아가 모순의 운동의 결과 성립하는 지양의 개념이다. 그에 따라 푸코는 이질적인 것의 연결을 새로운 논리로 내세우며 그것을 전략의 논리라고 개념 규정한다. 배제에 대한 저항, 계급투쟁을 떠난 저항의 논리로서 이질적인 것의 연결이라는 논리가 변증법을 대체하고 있는 것이다. 모순을 통일성의 외관으로 파악하는 푸코에게 변증법은 변혁과 저항의 무기가 아니며 배제에 따라 성립하는 이질성들의 연합이 저항의 논리가 되는 것이다. 바로 이것이 계급투쟁을 떠난 저항의 논리의 핵이라 할 수 있다.

푸코의 권력의 미시물리학은 국가권력의 비대화, 고도화의 결과 사회 곳곳에 성립하는 억압과 감시의 권력을 지적한다는 점에서 긍정성을 갖지만 그것이 곧바로 사회와 국가에 대한 총체적

879) 푸코, 생명관리정치의 탄생, 난장, pp.75-76

인 맑스주의적 접근을 부정한다는 점에서 오류를 범하고 있다. 변혁은 거시적 관점과 미시적 관점의 통일이다. 미시권력들의 성립과 확산은 이 사회에서 계급대립이 심화되고 있기 때문이라고 파악하는 맑스주의적 관점으로 권력의 미시물리학은 개조될 필요가 있다. 푸코의 방법론인 고고학과 계보학은 과학적 접근을 부정하고 반과학을 표방한다는 점에서 잘못된 것이다. 지식의 지층을 파헤치려는 의도는 좋지만 과학적 방법을 놓치면 피상적이 되며 폭로로는 의미가 있지만 과학적으로 승인될 수 없다는 점에서 변혁이론의 기초가 될 수는 없다. 푸코의 반변증법적 관점은 푸코가 계급투쟁을 떠났다는 점에서 불가피하며 그에 따라 푸코는 배제되는 이질성들의 연합으로서 저항이라는 논리에 귀착되었다.

2) 들뢰즈

들뢰즈는 푸코와 마찬가지로 20세기 중·후반의 프랑스 철학자이다. 들뢰즈는 68혁명의 영향을 받아 반자본주의를 표방했지만 들뢰즈의 반자본주의는 니체-맑스적인 것으로서 반자본주의를 비과학성의 수준으로 떨어뜨리는 것이었다. 그러면 먼저 들뢰즈의 인식론 혹은 방법론이 정립된 저작인 ≪차이와 반복≫을 검토해보자.

들뢰즈는 자신의 논지가 반헤겔주의임을 공공연하게 표방한다. "이 모든 조짐들은 반(反)-헤겔주의로 집약될 수 있다. 즉 차이와 반복이 동일자와 부정적인 것, 동일성과 모순의 자리를 대신 차지하고 있다. 왜냐하면 차이는 동일자에 종속되는 한에서만 부정적인 것을 함축하고 마침내 모순에까지 이르기 때문이다."[880] 이 인용문은 ≪차이와 반복≫이라는 저작 전체의 내용을

610

압축하고 있다고 할 수 있다. 헤겔 변증법의 핵심 개념인 모순 개념은 동일성을 전제로 하는 개념인데 들뢰즈는 동일성을 부정하고 그것을 차이 개념으로 대체하고 있으며 운동은 반복이라고 주장하며 차이와 반복 개념으로써 헤겔 변증법을 대체하려 하고 있다. 이것은 변증법을 일종의 형이상학으로 전환시키는 것인데 그의 논리를 하나하나 추적해 보자.

우선 그의 반복이라는 개념을 보면 그것은 일종의 형이상학적 개념으로서 제시된다. "만일 반복이 가능하다면, 그것은 자연법칙에 반하는 만큼이나 도덕법칙에 반하여 성립한다."[881] 자연법칙에 반하는 것으로서 반복이라면 그 때의 반복은 자연현상을 가리키는 것이 아니다. 또 도덕법칙에 반하는 것으로서 반복이라면 그것은 일반적인 사회적 현상을 가리키는 것도 아니다. 그런 점에서 들뢰즈의 반복은 일종의 형이상학적인 초월적 개념으로서 제기되는 것이다. 그리고 이를 설명하기 위해 들뢰즈는 니체와 키에르케고르를 끌어들인다. "니체는 '그의' 가설을 순환 주기의 가설에 대립시킨다. 그는 영원회귀안의 반복을 존재로 생각한다. … 사실상 법칙의 개념에 대한 비판을 가장 멀리까지 밀고 나갔던 철학자가 어떻게 영원회귀를 자연법칙으로 다시 끌어들일 수 있단 말인가?"[882] 여기서 들뢰즈는 반복 개념의 전형적인 예로서 니체의 영원회귀 개념을 들고 있다. 니체의 영원회귀 개념이 공허한 형이상학적 개념에 지나지 않는다는 점에서 들뢰즈의 반복 개념 또한 일종의 형이상학적 개념이다. 들뢰즈는 또한 키에르케고르를 통해 반복 개념이 초월적임을 주장한다. "키에르케고르가 이해한 바 그대로, 반복은 심리적 의도들로서의 항의와 체념이 공통적으로 지니는 초월적 상관항이

880) 들뢰즈, 차이와 반복, 민음사, p.17
881) 앞의 책, p.33
882) 앞의 책, p.37

다."883) 이와 같이 들뢰즈의 반복 개념은 일반적으로 이해되는 반복의 의미가 아니라 그가 헤겔 변증법을 대체하고자 하는 목적에서 도입하는 초월론적인 형이상학적 개념이다. 이렇게 되면 반복 개념에 어떤 내용이 들어있는지를 파악하는 것은 불가능하게 된다. 그렇기 때문에 들뢰즈는 헤겔 변증법을 부정하고 비판하는 가운데 서서히 반복 개념에 내용을 부여하기 시작한다. 들뢰즈는 운동은 반복이라고 주장하면서 변증법의 대전제가 되는 개념인 운동 개념을 반복의 개념으로 대체한다. "이 운동, 운동의 본질과 그 내면성은 **대립도 아니고 매개도 아닌** 다만 반복일 뿐이다."884) 여기서 들뢰즈는 운동=반복이라고 주장하고 있는데 그 과정에서 운동의 본질은 대립이 아님을 천명하고 있다. 이는 운동의 원천으로서 모순 개념을 부정하는 것인데 모순 개념을 부정하는 고리가 형이상학적인 반복 개념임을 보이고 있다. 그러면 들뢰즈가 파악하는 운동이란 것은 과연 무엇인가가 문제되는데 들뢰즈는 운동에 대해 다음과 같이 형이상학적인 관점을 보인다. "키에르케고르와 니체는 철학에 새로운 표현 수단을 도입한 사람들에 해당한다. 이들과 더불어 철학의 극복에 대해 말한다는 것은 당연한 일이다. 그런데 이들의 모든 저작이 문제 삼고 있는 것은 바로 **운동**이다. 이들이 헤겔을 비난하는 것은 그가 거짓 운동, 추상적인 논리적 운동, 다시 말해서 '매개'에 머물러 있다는 점이다. 키에르케고르와 니체는 형이상학이 운동성과 활동성을 띠게 되기를 원한다. … 중요한 것은 운동 자체를 어떠한 중재도 없이 하나의 작품으로 만드는 것, 매개적인 재현들을 직접적인 기호들로 대체하는 것이다. 직접적으로 정신에 힘을 미치는 어떤 진동, 회전, 소용돌이, 중력들, 춤 또는 도약들을 고안하는 것이 문제이다."885) 여기에는 들뢰

---

883) 앞의 책, p.38
884) 앞의 책, p.44

612

즈가 사고하는 운동 관념이 잘 들어있다. 들뢰즈는 헤겔의 운동 관념이 거짓운동이라고 보는데 그 근거는 헤겔의 운동 관념이 매개되어 있다는 점이다. 그러면서 자신의 운동 관념은 매개가 없는 운동이라고 주장하고 있다. 여기서 운동에 대한 변증법적 관점과 형이상학적 관점이 정확히 구분될 필요가 있다. 헤겔의 운동 관념이 개념의 자기운동으로서 논리적 운동이지만 매개되어 있는 이유는 현실의 운동이 물질의 운동이기 때문이다. 즉, 물질을 떠난 운동, 매개를 떠난 운동은 공허한 것에 지나지 않기 때문에 헤겔은 변증법의 전개에서 운동과 '매개'를 결부시켰던 것이다. 사실 변증법 자체가 발전의 사상이고 운동, 변화의 사상이기 때문에 운동 개념을 어떻게 파악하는가는 변증법적 관점에 설 것인가, 형이상학적 관점에 설 것인가를 가르는 지점이다. 여기서 헤겔은 매개를 통한 운동 관념으로써 변증법적 관점에 섰고 들뢰즈, 키에르케고르, 니체는 매개 없는 운동, 공허한 추상에 지나지 않는 운동, 형이상학적 운동 개념의 입장에 섰던 것이다. 그렇기 때문에 운동은 반복이라는 들뢰즈의 입장은 내용이 없는 공허한 것에 지나지 않는다.

그러면 들뢰즈가 반복 개념과 더불어 하나의 짝으로 설정하고 있는 차이 개념에 대한 고찰로 넘어가자. 들뢰즈의 차이 개념 또한 헤겔의 모순 개념을 부정하는 것을 초점으로 하고 있다. 헤겔의 모순 개념이 동일성을 전제한 대립이라는 점에서 들뢰즈는 먼저 동일성의 개념을 비판한다. 들뢰즈는 아도르노가 동일성을 억압, 전체주의, 강압으로 파악했던 것과 유사하게 동일성 개념과 억압 개념을 연관시킨다. "다시 말해서 나는 체험된 것을 동일성이나 유사성을 띤 어떤 대상의 형식에 맞추어 매개하는 표상을 억압하도록 결정되어 있다."886) 여기서 들뢰즈는

885) 앞의 책, p.41
886) 앞의 책, p.62

자신이 어떤 대상을 동일성의 형식에 맞추어 억압하게 되어 있
다고 보고 있다. 즉, 억압은 대상을 동일성의 형식에 맞추는 것
으로 파악되고 있다. 그런데 동일성=억압이라는 것은 비약이다.
많은 억압들이 동일성을 매개로 하는 것은 사실이지만 동일성
은 또한 피억압계급의 단결이라는 의미를 매개하는 것이 될 수
도 있다. 따라서 동일성의 개념을 개념적으로 부정하는 것은 가
능하지도 않고 필요하지도 않다. 그러나 들뢰즈는 이렇게 동일
성을 개념적으로 부정하는 것을 기초로 자신의 차이 개념을 전
개해 간다. 들뢰즈는 동일성을 개념적으로 부정하는 것을 코페
르니쿠스적 혁명이라고 주장한다. "동일성이 일차적이지 않다는
것, 동일성은 원리로서 현존하지만 이차적 원리로서, 생성을 마
친 원리로서 현존한다는 것, 동일성은 차이나는 것의 둘레를 회
전한다는 것, 이런 것이 코페르니쿠스적 혁명의 내용이다. 이
혁명을 통해 차이의 고유한 개념을 찾을 가능성이 열리게 되었
다. 이제 더 이상 차이는 미리 동일한 것으로 설정된 어떤 개념
일반의 지배 아래 묶여 있는 것이 아니다. 니체가 영원회귀를
통해 말하고자 한 것은 다른 것이 아니다. 영원회귀는 동일자의
회귀를 의미할 수 없다. 오히려 모든 선행하는 동일성이 폐기되
고 와해되는 어떤 세계(힘의 의지의 세계)를 가정하기 때문이
다."887) 여기에서 들뢰즈는 차이가 동일성의 지배에서 풀려났다
고 주장하고 있고 그리하여 니체적인 영원회귀는 동일성의 반
복이 아니라 매번 동일성이 폐기되는 반복이라고 주장하고 있
다. 그러나 이러한 들뢰즈의 주장은 자신의 형이상학을 강변하
기 위해 엉터리 논리를 전개하는 것에 지나지 않는다. 차이가
동일성의 지배에서 풀려난다는 것은 무엇을 말하는가? 기존에
어떤 대상들이 차이가 있다는 것은 동일성을 전제로 하여 그를
기초로 파악되는 차이라는 의미였다. 즉, 차이라는 개념은 개념

887) 앞의 책, p.112

푸코, 들뢰즈, 데리다, 라캉

적으로 동일성을 전제로 한다는 것이 아리스토텔레스 이래 논리학의 일반 상식이었다. 그런데 들뢰즈는 바로 이 점을 부정하면서 이를 가리켜 코페르니쿠스적 혁명이라고 주장하고 있다. 그러나 과연 그러한가? 어떤 두 개의 대상이 차이가 있다면 무엇을 기준으로 차이를 말하게 되는가? 차이가 파악가능하게 되는 기준, 그것은 동일성을 가리키는 것이다. 따라서 동일성을 전제하지 않는 차이 개념은 성립 불가능한 것이다. 그런데 들뢰즈는 바로 이 점을 부정하고 있고 이를 차이가 동일성의 지배에서 풀려나는 것이라고 강변하고 있다. 이 점은 결정적으로 들뢰즈의 철학이 비과학적임을 가리키는 것이고 그의 출발점 자체가 엉터리라는 것을 말한다. 들뢰즈는 헤겔 변증법을 부정하면서 동일성의 부정으로 나아갔지만 그것은 비과학을 전제로 하는 것이었다.

그러면 이렇게 엉터리 출발점을 갖는 들뢰즈의 차이 개념, 동일성으로부터 풀려난 차이 개념이 현실적으로 어떤 의미를 갖는지를 살펴보자. "차이는 어떤 결정적인 경험과 맞물려 있다. 제한 앞이나 안에, 대립 앞이나 안에 처하게 될 때마다 우리는 그런 상황이 전제하는 것이 무엇인지 물어야 한다. 그런 상황은 우글거리는 차이들을 전제한다. 거기에는 자유롭고 야생적인 혹은 길들여지지 않은 차이들의 다원주의가 전제되어 있다."[888] 동일성으로부터 풀려난 차이는 결국 우글거리는, 야생적인 차이들의 다원주의로 귀결되고 있다. 이것은 무엇을 의미하는가? 그것은 동일성의 부정에 기초하는 차이의 다원주의는 (소)부르주아적인 다원주의에 다름 아니라는 것이다. 그리고 이러한 다원주의를 통해서는 자본주의를 지양하는 세력으로서 노동자계급의 역사적 위치라는 개념은 부정되게 되고 자본주의에 맞서는 노동자계급과 인민대중의 단결이라는 정치적 구호는 설 자리를

[888] 앞의 책, p.132

잃게 된다. 들뢰즈의 차이의 철학은 현실적으로는 이렇게 (소) 부르주아적 다원주의로 귀착되고 있다. 더구나 그의 차이의 철학은 자본주의에 대한 혁명적 부정을 거부하는 것인데 그는 동일성을 부정한 것과 마찬가지로 변증법적인 부정의 개념을 거부한다. "차이의 철학이 거부하는 것이 있다. 그것은 "모든 규정은 부정"이라는 명제이다. … 차이는 본질적으로 긍정의 대상, 긍정 자체이다."889) '모든 규정은 부정'이라는 명제는 스피노자의 명제이다. 이 명제는 규정 자체가 어떤 제한이며 그러한 피제약성은 동시에 부정이기도 하다는 뜻을 담고 있다. 이것은 스피노자의 변증법적 통찰인데 스피노자 이후 변증법의 발전은 이 명제에 기초하고 있다는 점에서 들뢰즈는 변증법의 발전의 역사 전체를 거부하고 있다. 그리하여 차이는 긍정 자체라는 공허하고 입에 발린 말에 그치고 있다. 지금도 TV에서 나오는 광고 중에 '차별이 아닌 차이의 긍정'이라는 문구가 있는데 들뢰즈의 차이의 철학은 바로 이러한 부르주아 광고의 철학적 토대라 할 수 있다.

들뢰즈는 차이는 긍정 자체라는 것을 보충하기 위해 긍정이 일차적이며 부정은 긍정의 환영에 지나지 않는다고 한다. "그러나 다른 발상법을 따른다면 긍정이 일차적이다. 긍정은 차이, 거리를 긍정한다. … 부정적인 것은 긍정의 환영, 대용품 같은 환영만을 산출한다. … 부정은 보다 심층적인 발생적 요소의 그림자로서만 출현할 뿐이다."890) 과연 긍정이 일차적이고 부정은 그림자에 지나지 않는 것인가? 헤겔은 생성은 존재와 무의 통일이라고 했다. 그리고 그리스의 고대 원자론은 이 세계는 원자와 공허(비존재)의 통일이라고 했다. 또한 헤겔은 변증법적 부정이 새로운 생성의 원천이라고 했고 이를 발전시켜 운동의 원천으

---

889) 앞의 책, p.136
890) 앞의 책, pp.140-143

616

로서 모순 개념을 정립했다. 그런데 부정이 단지 그림자에 지나지 않는다면 부정은 고유한 내용을 갖지 못하는 것이 된다. 그러나 현실에서는 어떠한가? 어떤 생물이 있을 때 그 생물의 죽음은 그 생물의 부정이며 이때 부정은 단지 그림자가 아니라 생물의 사멸이라는 고유의 내용을 갖는 것이다. 또한 자본주의에 대한 혁명적 부정은 자본주의의 그림자에 지나지 않는 것이 아니라 사회주의라는 새로운 사회 형성의 원천이 된다. 그런 점에서 부정은 단지 그림자인 것이 아니라 자신의 고유 내용과 근거를 갖고 있으며 현실의 생성과 발전, 운동은 긍정과 부정의 통일, 존재와 비존재의 통일이다. 변증법의 지양이라는 개념은 어떤 대상에 대한 불모의 부정이 아니라 그 대상을 부정하면서도 대상의 합리적이고 긍정적인 점을 간직하면서 새로운 질로 나아가는 것을 가리킨다. 그러나 부정이 단지 그림자에 지나지 않는다면 이러한 지양의 개념은 성립할 수 없다. 긍정 자체로서의 차이라는 들뢰즈의 개념은 이렇게 변혁적 사고를 가로막고 질식시키는 역할을 한다. 이를 조금 더 살펴보자. "본연의 차이 자체는 부정적인 것이 아니다. 거꾸로 그것은 비-존재이고, 이 비-존재는 본연의 차이, 곧 반대가 아닌 다름이다."891) 비-존재는 반대가 아닌 다름이라는 것은 현실에서는 무엇을 의미하는가? 비-존재가 반대가 아니라는 것은 대립을 부정하는 것이다. 이는 자본주의 현실에서는 자본가계급과 노동자계급이 대립의 차원에서 연관되어 있다는 것을 부정하고 그것은 단지 다름, 차이에 지나지 않는 것이 된다. 그렇게 되면 자본가계급과 노동자계급의 대립에서 필연적으로 발생하는 계급투쟁은 부정되게 된다. 즉, 들뢰즈의 차이의 철학에서 계급투쟁은 원천적으로 부정되게 된다. 자본가와 노동자는 계급으로서 대립되는 것이 아니라 단지 차이가 있는 존재일 뿐이며 그러한 차이는 이 사회의

891) 앞의 책, p.159

많은 다원주의 요소 중의 하나일 뿐이라는 부르주아적 궤변으로 귀착되게 된다. 그리하여 들뢰즈는 혁명은 부정이 아니라는 강변을 한다. "사회성 능력의 초월적 대상, 그것은 혁명에 있다. 이런 의미에서 혁명은 차이의 사회적 역량, 사회의 역설, 사회적 이념의 고유한 분노이다. 혁명은 결코 부정적인 것을 거쳐가지 않는다. … 실천적 투쟁은 부정적인 것을 경유하는 것이 아니라 오히려 차이를, 그 차이의 긍정하는 역량을 경유한다."[892] 혁명은 부정이 아니라 차이의 긍정이라는 것! 이는 실천적으로는 혁명을 부르주아 다원주의로 용해시키는 것에 지나지 않는다. 그런데 이렇게 부르주아 변호론적인 차이의 철학을 전개한 들뢰즈는 68혁명이 일어나자 그에 영향을 받아 저항의 이론을 펼치는데 1972년의 ≪안티 오이디푸스≫가 그것이다.

프로이트의 정신분석이론이 유행하여 20세기 중반에 서유럽에서 프로이트와 맑스를 양립시키는 프로이트-맑스적인 조류가 있었는데 들뢰즈는 ≪안티 오이디푸스≫에서 프로이트-맑스적 조류에 반발하여 그것에 니체-맑스적인 경향을 대치시켰다. 또한 ≪안티 오이디푸스≫는 "자본주의와 분열증"이라는 부제를 달고 있는데 프로이트를 반박하면서 분열증을 고찰하고 분열증이 자본주의의 극한이라고 주장하고 있다. 그리고 들뢰즈는 서술에 있어서도 분열증적인 틀을 취하는데 이는 그의 차이의 철학에 따른 것이었다. 즉, 동일성으로부터 풀려난 차이는 현실에서는 분열증으로 나타나고 있는 것이다. ≪안티 오이디푸스≫ 그리고 ≪천 개의 고원≫은 반자본주의를 표방하고 있는데 그 내용과 서술방식은 일정한 통일성(동일성)을 갖지 않고 분열증적으로 표현되고 있다. 그러면 들뢰즈의 반자본주의의 실제 내용이 무엇인지 간략하게나마 살펴보도록 하자.

들뢰즈는 자본을 '기관없는 몸'이라고 파악한다. "자본은 그야말

---

892) 앞의 책, p.449

로 자본가의, 아니 차라리 자본주의적 존재의 기관없는 몸이다. 하지만 이런 것이기에 자본은 단지 돈의 흐르고 멈추는 실체는 아니며, 자본은 돈의 불모성에 돈이 돈을 생산하는 형식을 부여하게 된다. 기관없는 몸이 자신을 재생산하듯, 자본은 잉여가치를 생산하고, 싹이 터서, 우주 끝까지 뻗어 나간다. 자본은 기계에게 상대적 잉여가치를 제조하는 임무를 맡기고, 그 자신은 기계 안에 고정자본으로 체현된다."[893] 자본을 기관없는 몸이라고 파악하는 것은 일정한 일리가 있다. 자본은 잉여가치를 낳고 다시 그것을 자신의 본체에 합체하여 더 큰 자본으로 기능한다. 무한한 증식을 향한 자본의 운동을 기관없는 몸이라고 파악할 수도 있을 것이다. 그러나 들뢰즈의 자본에 대한 인식은 매우 협소하다. 그는 자본이 기계에게 상대적 잉여가치 생산을 맡기고 자신은 고정자본에 체현된다고 했는데 이는 자본에 대해 그릇된 인식을 조장하는 것이다. 자본의 본질은 고정자본에의 체현이 아니라 사회적 관계이다. 노동자로부터 더 많은 잉여가치를 착취하기 위한 힘으로서, 사회적 관계로서 기능하는 자본! 기계와 고정자본은 사회적 관계를 떠나서는 단지 사물일 뿐이며 자본으로서 성격을 띠지 않는다. 이렇게 들뢰즈의 자본에 대한 인식은 피상적이다.

들뢰즈는 다음과 같이 반자본주의적 경향을 보인다. "우리는 잘 안다. 결핍이 어디에서 오는지를, 또한 결핍의 주체적 상관물인 환상이 어디에서 오는지를. 결핍은 사회적 생산 속에서 설비되고 조직된다."[894] 이러한 들뢰즈의 주장은 타당하다. 자본주의에서 결핍, 빈곤은 자본주의적 생산의 산물이다. 한편에서 부가 생산될 때 다른 편에서 빈곤이 생산되어야만 자본주의적 축적이 이루어진다. 그런 점에서 들뢰즈는 ≪안티 오이디푸스≫에서

---

893) 들뢰즈, 안티 오이디푸스, 민음사, p.36
894) 앞의 책, p.63

반자본주의를 표방하고 있다고 할 수 있다. 그런데 들뢰즈의 반자본주의는 과학성이 매우 결여되어 있는데 그는 욕망이라는 개념에 특별한 의미를 부여한다. "욕망이 억압되는 까닭은, 아무리 작은 욕망일지라도 일단 욕망이 있게 되면 사회의 기성질서가 의문시되기 때문이다. 욕망이 비-사회적이기 때문이 아니라, 그 반대다. 하지만 욕망은 뒤죽박죽이다. 욕망 기계가 있을 수 있게 되면 사회의 모든 부문은 온통 요동친다. 몇몇 혁명가들이 어떻게 생각하건, 욕망은 본질적으로 혁명적이다. 혁명적인 것은 욕망이지 축제가 아니다! 또한 어떤 사회라도 참된 욕망의 정립을 허용할 수 있게 되면 그 착취, 예속, 위계의 구조가 반드시 위태로워진다."[895] 자본주의 사회에서 노동자와 민중들의 욕망은 일반적으로 억압된다. 그리고 맑스주의는 유물론이라는 점에서 고상한 정신이 아닌 물질적 삶이 역사발전의 일차적 원동력이라 것을 전적으로 승인한다. 그런데 맑스주의에서 물질적 삶을 역사발전의 원동력으로 파악하는 것과 욕망 혹은 욕망기계라는 개념으로 혁명을 설명하는 것은 일정한 차이가 있다. 물질적 삶을 역사발전의 원동력으로 파악하여 접근하면 생산력과 생산관계, 그리고 생산관계로부터 비롯되는 계급의 문제가 관건적인 것이 된다. 그러나 욕망을 키워드로 하여 접근하면 계급의 문제가 사라진다. 그에 따라 맑스주의에서는 물질적 삶에 대한 과학적 접근이 이루어지는 반면 욕망에서는 욕망에 대한 억압, 욕망의 해방이라는 접근이 이루어진다. 따라서 욕망이라는 개념을 통하는 것이 대중에게 가장 직접적으로 호소하는 방식 같지만 실은 대중들이 사회적 문제에 대해 과학적으로 접근하는 것을 가로막는 역할을 하는 것이고 나아가 혁명은 욕망이라고 주장하게 되면 사회변혁이라는 관점은 전적으로 사라지게 된다. 들뢰즈의 반자본주의는 이렇게 과학성을 결여하고

---

895) 앞의 책, p.208

있고 피상적인 것이다.

그의 비과학성의 면모는 여러 곳에서 발견되는데 그는 역사에서 필연을 부정하고 역사는 우연일 뿐이라고 주장한다. "따라서 맑스가 정식화한 규칙들을 정확하게 따른다는 조건에서, 역사 전체를 자본주의의 조명 아래 회고적으로 이해하는 일은 정당하다. 무엇보다, 세계사는 우발들의 역사이지 필연의 역사가 아니며, 절단들과 극한들의 역사이지 연속성의 역사가 아니다."896) 맑스를 인용하면서도 역사에 필연이 없다는 이 주장은 맑스를 대단히 피상적으로 이해하고 있다는 것을 말한다. 역사가 우연의 착종이 아니라 역사에는 발전법칙이 있다는 것을 세운 것이 맑스주의이고 역사적 유물론인데 들뢰즈는 이를 깡그리 무시하고 있다. 역사가 우연일 뿐이라면 사회의 진보와 역사의 발전을 위해 노력하고 투쟁한다는 관념이 성립할 수 있는가? 어불성설이다. 그의 비과학적 면모는 잉여가치에 대한 개념에서 정점에 이른다. 그는 잉여가치의 개념에 대한 정의를 변경한다. "잉여가치의 정의는 가변자본의 인간적 잉여가치와 구별되는 불변자본의 기계적 잉여가치와 관련해서, 그리고 흐름의 잉여가치의 집합의 측정 불가능한 성격과 관련해서 교정되어야만 한다. 잉여가치는 노동력의 가치와 노동력에 의해 창조된 가치 사이의 차이에 의해서는 정의될 수 없다. 오히려 서로 내재하는 두 흐름의 통약 불가능성에 의해, 이 두 흐름을 표현하는 화폐의 두 양상 간의 어긋남에 의해, 또 한편으로 참된 경제력을 측정하며 다른 한편으로 <소득>으로 규정된 구매력을 측정하는 두 흐름과 관련해서 외부 극한의 부재에 의해 정의될 수 있다."897) 잉여가치는 노동력의 가치와 노동력이 창출하는 가치의 차이라는 잉여가치에 대한 정의가 들뢰즈에 의해 기각되고 있

896) 앞의 책, p.246
897) 앞의 책, p.402

다. 그리하여 잉여가치는 노동력, 즉 인간만이 산출하는 것이
아니라 기계 등의 불변자본 또한 잉여가치를 산출한다고 주장
하고 있다. 이러한 들뢰즈의 주장은 그의 반자본주의의 비과학
성의 정점이다. 부르주아들이 핏대를 올리며 주장하는 것이 이
윤은 노동자만 생산하는 것이 아니라 자본 또한 생산한다고 하
는 것이다. 기계, 건물, 원료 그리고 관리자와 자본가 자신의 노
동 또한 이윤(잉여가치)의 생산에 기여하며 노동자의 기여는 극
히 일부분일 뿐이라고 하는 것이 부르주아 경제학의 일반적인
입장인데 들뢰즈와 부르주아지의 차이는 잉여가치라는 개념을
사용하는가 아닌가의 차이밖에는 없다. 들뢰즈는 불변자본 또한
잉여가치를 생산한다고 주장하는데 이는 들뢰즈 자신이 사용하
고 있는 불변자본이라는 개념이 무엇인지를 모른다는 고백이다.
불변자본이 불변자본인 이유는 그것이 생산과정에서 가치가 변
화하지 않는 채로, 즉 불변인 채로 있기 때문이다. 불변자본은
생산물의 형성, 사용가치의 형성에 기여하지만 가치의 차원에서
는 자신이 가진 가치를 생산물에 이전하는 것 이상은 역할을
하지 못한다. 그리고 불변자본과 반대로 노동력은 그리고 노동
력만이 자신의 가치(노동력의 가치, 즉 노동력의 재생산비용)보
다 더 많은 가치를 노동과정에서 생산하며 그 가치를 생산물에
응고시킨다. 그런 점에서 가치는 응고된 노동이며 잉여가치는
노동자의 노동에 의해서만 생산 가능한 것이다. 따라서 불변자
본은 가치를 단지 '이전'할 뿐이며 노동력은 가치를 '생산'하는
것이다. 이렇게 들뢰즈는 잉여가치, 나아가 정치경제학에 대해
서 매우 피상적으로 인식하고 있으며 계급적으로는 부르주아적
인 관점을 보이고 있을 따름이다.
들뢰즈의 사회주의에 대한 입장은 매우 뒤틀려 있다. 그는 사회
주의를 관료제에 의한 지배로 보고 레닌주의가 국가자본주의의
부활을 막지 못했다고 보고 나아가 스탈린주의를 전체주의로

622

보고 있다. 하나하나 인용하면서 비판해 보자. "그러므로 다음 둘 중 하나이다. 프롤레타리아가 그 객관적 이해관계에 맞게 국가기구를 탈취하든가, 아니면 부르주아지가 국가의 통제를 지키든가. 그런데 전자의 경우, 이 조작들은 그 의식의 전위나 정당의 지배아래, 말하자면 <부재하는 위대한> 계급으로서 부르주아지의 등가물인 관료제와 기술 관료제에 이익이 되게 행해진다."[898] 들뢰즈는 여기서 프로레타리아트가 국가기구를 탈취한 사회, 사회주의 사회를 관료제와 기술 관료제의 이익에 따른 사회라고 주장하고 있다. 그런데 여기서 그러한 주장의 근거는 제시되지 않고 있다. 사회주의 사회에도 국가가 존재한다는 것이 관료제의 지배를 의미한다고 볼 수 있다. 그러나 사회주의 사회의 프롤레타리아 독재는 부르주아 국가와는 다르다. 사회주의 사회에서도 국가가 존재하는 한 관료는 존재할 수밖에 없지만 그것은 부르주아 사회의 관료제와는 다른 것이다. 부르주아 관료제는 계급대립의 심화의 산물이다. 즉, 부르주아 사회에서 국가의 팽창의 진정한 이유는 계급대립이 심화되고 있다는 점이다. 반대로 사회주의 사회에서 관료는 인민으로부터 분리되어 있는 것이 아니라 인민에 의해 선출되고 생산활동과 밀접하게 연관되어 있다. 물론 사회주의사회에서도 관료주의가 있을 수 있지만 그것은 계급적 대립과 억압의 문제가 아니라 인민이 문화적 수준이 높아져서 행정에 대한 직접적 참여의 수준이 높아지면 해결될 수 있는 성질의 것이다. 그리고 기술관료는 전문가를 의미하는데 사회주의 사회에서 전문가는 우대를 받지만 이들을 정치적으로 통제하는 것이 프롤레타리아 독재이다. 즉, 전문가는 노동자계급에 의해 정치적 통제를 받는다. 그런 점에서 들뢰즈가 사회주의 사회를 관료제와 기술관료의 이익에 따르는 사회라고 규정하는 것은 매우 주관적이며 사회주의 사회의 의

898) 앞의 책, p.431

미, 그 현실에 대해 왜곡하는 것이다.

들뢰즈는 또한 레닌주의가 국가자본주의의 부활을 막지 못했다고 주장한다. "레닌과 러시아 혁명의 엄청난 성과는 객관적 존재 내지 객관적 이해관계에 부합하는 계급의식을 만들어내고, 그 결과로 자본주의 국가들에 계급의 양극성을 인정하라고 강요한 것이었다. 하지만 레닌주의의 이 위대한 절단은 사회주의 자체 속에서 국가자본주의가 부활하는 것을 막지도 못했고, 또 고전적 자본주의가 자신의 두더지 같은 참된 작업을 계속함으로써 그 절단을 돌리는 것을 막지도 못했다."[899] 레닌주의가 국가자본주의의 부활을 막지 못했다는 들뢰즈의 주장은 기존의 20세기의 사회주의 사회를 국가자본주의라고 주장하는 것이다. 그런데 이는 사실과 맞지 않는데 쏘련에서 국가자본주의의 전형은 1920년대의 신경제정책(NEP) 시대였다. 국유화된 사회주의 기업과 사적 자본주의 기업이 공존하고 또 국유기업에 이윤추구를 일정하게 허용한 것이 NEP 시대였다. 그러나 1920년대 후반에 들어서면 전쟁에 의해 파괴된 생산력이 회복되고 사회가 발전하면서 농업에서도 집단화를 통해 사회주의 생산관계를 성립시켰고 계획경제로 전환되면서 사적 자본이 제거되고 계급으로서 부르주아지와 쿨락이 사라졌다. 또한 국유기업의 활동도 이윤추구가 아니라 인민의 복지와 요구를 위한 것으로 정립되었다. 이렇게 1920년대, 30년대를 거치면서 쏘련에서는 전반적으로 사회주의적 생산관계가 성립되었고 그 사회에서 자본주의적 성격이 사라졌고 남은 것은 노동자계급과 농민의 계급적 구분, 그리고 노동자계급 내의 육체노동과 정신노동의 구분뿐이었다. 그런 점에서 레닌주의가 국가자본주의의 부활을 막지 못했다는 들뢰즈의 주장은 주관적이고 피상적이며 실제로는 서유럽의 부르주아지의 입장을 반복하는 것에 지나지 않는다.

---

899) 앞의 책, p.431

들뢰즈는 부르주아지의 전형적인 주장대로 스탈린주의를 전체주의로 규정한다. "물론 전체주의 국가라는 개념은 파시즘의 발명품이지만, 파시즘을 파시즘 자신이 발명한 개념에 의해 규정할 이유는 없다. 스탈린주의 유형 또는 군사 독재 유형처럼 파시즘 없는 전체주의 국가가 있기 때문이다."900) 스탈린주의 혹은 스탈린 시대의 쏘련을 전체주의로 규정하는 것은 서유럽과 미국이라는 제국주의 진영의 일반적 입장이고 들뢰즈 또한 이를 반복하고 있을 따름이다. 그런데 스탈린 시내 쏘련은 전형직인 프롤레타리아 독재국가였으며 따라서 독재를 공공연하게 했다고 할 수 있다. 그러나 그 독재는 착취계급에 대한 독재였고 착취의 폐지를 위한 독재였다. 그리고 스탈린 시대에 민주주의는 짜르 시대에 비해, 그리고 부르주아 정부 시대에 비해 비약적으로 발전했었다. 물론 스탈린 시대는 역사적 한계로 인해, 즉 인류 최초의 프롤레타리아 독재시대였다는 점에서 시행착오가 있었고 일정한 오류도 있었다. 그러나 그러한 한계와 오류가 스탈린 시대가 착취의 폐지를 위한 프롤레타리아 독재 시대였다는 본질을 가리지는 못한다.

들뢰즈의 차이의 철학은 헤겔 변증법을 형이상학으로 전환시키는 것이었으며 대립과 모순의 개념을 차이의 개념으로 대체하려 했으며 나아가 동일성을 부정하는 차이 개념은 분열증으로 귀착되었다. 들뢰즈는 변증법적 부정 개념을 거부하면서 긍정 자체인 차이를 주장하여 부르주아 변호론으로, 부르주아 다원주의로 나아갔다. 이후 68혁명의 영향을 받아 반자본주의를 표방했으나 그것은 반자본주의를 비과학성의 수준으로 떨어뜨리는 것이었고 기계가, 불변자본이 잉여가치를 생산한다는 주장은 그러한 비과학성의 정점이었다.

---

900) 들뢰즈, 천 개의 고원, 새물결, p.408

3) 데리다

데리다는 푸코, 들뢰즈 등과 같이 20세기 중·후반의 프랑스 철학자이다. 데리다는 해체주의로 유명한데 이성(로고스)중심주의를 언어학 등에서 해체하는 길을 걸었다. 기존의 언어학, 기호학을 로고스적인 것으로 규정하면서 그것을 자신이 창안한 문자학(그라마톨로지)로 전환시키는 것이었는데 그 과정에 쓰인 방법론은 해체주의였고 해체주의를 매개하는 주요고리는 흔적, 차연이라 불리는 관념이었다. 데리다는 이론활동의 초기에 독일의 후설, 하이데거를 연구하였는데 후설의 현상학, 하이데거의 존재론이 데리다의 주장 곳곳에서 영향을 미치고 있다. 그러면 먼저 데리다가 언어학과 기호학을 자신의 그라마톨로지로 전환시키는 과정을 추적해 보고 이어서 그 과정의 주요 방법론인 흔적, 차연 등의 관념을 살펴보도록 하자.

데리다는 자신의 해체주의와 관련하여 '개념'에 대해 다음과 같이 말한다. "또한 본인은 개념이라는 말을 사용하고 있는데 이는 전략상의 편의를 위해서, 그리고 지금 가장 결정적인 순간에 본인이 사용하고 있는 이 개념들을 해체하기 위해서이다."[901] 이와 같이 데리다는 개념을 구사하면서도 그것은 잠정적인 것이고 데리다 자신에게 있어서 본질적인 것은 그러한 개념의 해체라는 점을 공공연히 밝히고 있다. 이렇게 해체라는 방법론을 데리다는 언어학과 기호학을 비롯한 모든 학문에 적용하고 있는데 그 이유는 그가 로고스중심주의에 반대하기 때문이다. 즉, 기존의 철학과 과학이 내포하고 있는 이성중심주의에 대해 반기를 들고 있다. 데리다가 이렇게 이성중심주의에 대한 반대를 자신의 출발점으로 삼는 것은 그가 후설의 현상학에 대한 연구를 자신의 학문활동의 출발로 삼았기 때문이다. 즉, 후설의 현

---

901) 데리다, 해체, 문예출판사, p.134

상학은 기존의 자연과학, 역사과학, 심리학 등 일체의 과학에 대해 공공연히 반대하는 반과학주의를 표방했는데 데리다 또한 후설의 반과학주의를 이어받아 그것을 로고스중심주의에 대한 반대로 표명하고 있다.

데리다의 주저인 ≪그라마톨로지≫(문자학)는 기존의 언어학을 로고스중심주의의 산물이라고 비판하는 것으로 시작되고 있다. "로고스중심주의는 표음 문자의 (가령 알파벳 문자의) 형이상학으로서 그 근본에 있어서 … 가장 독자적이며 가장 강력한 민족중심주의였으며 오늘날 지구 전체에 스스로를 부과, 관철시키는 중인 동시에 …"[902] 데리다는 알파벳이라는 표음문자가 로고스중심주의라는 형이상학의 산물이라고 주장하며 이어서 그 형이상학이 문자언어 개념, 형이상학의 역사, 과학 개념을 지배한다고 주장한다. 그리고 이러한 문자언어 개념, 형이상학, 과학 개념들은 데리다에게 있어 해체의 대상이 된다.

데리다는 기존의 언어학의 지배적인 견해인 소쉬르를 비판한다. 소쉬르는 음성언어와 문자언어의 관계에 대해 음성언어만이 언어학의 진정한 대상이며 문자언어는 음성언어의 파생물이며 언어의 의미와 그것의 표현인 기호와의 관계는 자의성의 관계라고 주장했다. 어떤 특정한 의미를 어떤 기호로 표현할 것인가는 법칙에 따라 결정되는 것이 아니라 자의적인 약속에 따른 것이라는 기호의 자의성 개념은 소쉬르 언어학의 기본적인 축인데 데리다는 이를 거부한다. "따라서 기호의 자의성이란 이름으로 문자 언어를 언어 체계의 '이미지'(즉 자연적 상징)로 파악한 소쉬르의 정의를 거부해야 한다."[903] 데리다가 소쉬르의 기호의 자의성 개념을 거부하는 이유를 보면, 그것을 승인하면 문자언어의 파생성을 인정하는 것이 되고 그렇게 되면 문자언어가 가

---

902) 데리다, 그라마톨로지, 민음사, pp.25-26
903) 앞의 책, p.138

장 근본이 되는 언어라는 데리다 자신의 견해에 배치되기 때문
이었다. 이와 같이 데리다는 소쉬르의 기본적 관점과 체계를 거
부하면서 문자가 언어의 근본이라고 주장하는데 이러한 주장을
체계화하기 위해 문자를 의미하는 에크리튀르라는 개념을 창안
한다. 그런데 데리다에게 있어서 에크리튀르는 단순히 문자 언
어만을 의미하는 것이 아니라 음성언어까지 포함하는 넓은 의
미로 쓰이는데 심지어 "수학의 에크리튀르"904)라는 관념을 쓰
기도 한다. 이렇게 되면 에크리튀르는 의사표현 일반을 가리키
는 것이 된다. 그런데 데리다는 의사표현에서 가장 중심이 되는
것은 문자라고 보고 있으며 그에 따라 문자를 중심으로 한 의
사표현을 가리켜서 에크리튀르라고 부르고 있다. 이러한 데리다
의 견해는 문자언어는 음성언어의 파생물이라는 소쉬르 언어학
에 대한 정반대의 입장이라 할 수 있다. 데리다는 에크리튀르가
음성언어와 문자언어의 공통의 뿌리이며 에크리튀르는 흔적일
뿐이라고 주장한다. "언제, 어디서 음성 언어와 문자 언어의 공
통 뿌리인 에크리튀르 일반, 즉 흔적이 통상적 의미의 '문자 언
어'로 좁혀지는가?"905) 이와 같이 에크리튀르는 문자언어와 음
성언어를 모두 포괄하는 뿌리라는 의미로 쓰이는데 이는 문자
언어의 파생성을 부정하기 위한 논거가 된다.

그런데 데리다는 에크리튀르를 흔적이라고 했는데 흔적이라는
관념은 그것이 개념이 아니라는 의미로 쓰이고 있다. 즉, 언어
학의 형이상학을 해체하려는 데리다에게 있어 자신의 고유한
관념은 형이상학적인 '개념'으로 규정되면 안되는 것이다. 그렇
게 되면 데리다의 흔적이라는 관념은 개념 이전의 관념, 즉 직
관적 인식을 의미하는 것이며 데리다는 이러한 직관적 관념을
통해 기존의 언어학의 해체를 시도하고 있다. 데리다는 흔적이

---

904) 앞의 책, p.47
905) 앞의 책, p.221

628

라는 관념을 다음과 같이 설명한다. "흔적은 아무것도 아니다. 그것은 현전하는 것이 아니며, 무엇이냐는 질문을 넘어선다."906) 아무것도 아니라는 것은 내용이 없다는 것이며 현전하지 않는다는 것은 규정이 가능할 정도로 겉으로 드러나지 않는다는 것이며 무엇이라는 질문을 넘어선다는 것은 규정가능하지 않다는 것이다. 이렇게 되면 흔적이라는 관념은 개념으로 규정될 수 없는, 동요하고 흔들리는 직관적 관념에 지나지 않는 것이 되는데 데리다는 이러한 직관적 관념으로 기존의 과학적 언어학을 해체할 수 있다고 생각한다. 그런데 데리다가 이렇게 접근하는 이유는 그가 후설의 현상학을 배후에 깔고 있기 때문이다. 후설의 현상학은 반과학주의로서 후설은 현상=본질이라고 규정하면서 그것을 본질직관이라는 직관적 인식을 통해서 인식할 수 있다고 주장했는데 데리다가 개념으로 규정하기를 거부하는 흔적이라는 자신의 관념(직관적 인식)으로 기존의 과학과 학문을 재단(해체)하려는 것은 후설의 판박이이다.

이렇게 개념이 아닌 직관적 관념에 지나지 않는 흔적, 에크리튀르라는 관념으로 기존의 언어학을 해체할 수 있다고 생각하는 데리다는 기존의 언어학을 그라마톨로지라는 새로운 문자학으로 대체해야 한다고 주장한다. "일반 그라마톨로지는 더 이상 일반 언어학에서 배제될 수 없을 뿐만 아니라 일반 언어학을 지배하며, 또 일반 언어학을 자신 속에 포함시킬 것이다."907) 로고스중심주의의 산물인 기존 언어학은 형이상학이므로 그것은 해체되어야 하며 그리고 그것이 자신이 창안한 문자 중심의 그라마톨로지(문자학)라는 새로운 학문에 의해 지배되어야 한다고 주장하고 있는 것이다. 나아가 데리다는 기호학 또한 그라마톨로지로 변화되어야 한다고 주장한다. "바로 언어적 대체를 통

906) 앞의 책, p.223
907) 앞의 책, p.135

해 『일반 언어학 강의』프로그램에서 기호학을 그라마톨로지로 바꾸어 놓아야 할 것이다."[908] 이리하여 기존의 언어학과 기호학은 데리다가 창안한 그라마톨로지로 전화되어야 하는 운명을 맞게 되었다! 데리다의 이러한 과대망상은 그라마톨로지가 인간이 만든 과학에 포함되지 않으며 그것을 넘어서는 것이라는 주장에까지 이른다. "여기에서 예시되는 것은 그라마톨로지가 인간 과학들 가운데 하나여서도 안되고 다른 과학들의 틈바구니 속에 끼는 주변 과학이어서도 안된다는 점이다. 그것은 인간 과학 중 하나여서는 안 될 것이다. 왜냐하면 그라마톨로지의 고유한 질문으로 인간이란 명칭에 대한 물음이 우선적으로 제기되어야 하기 때문이다."[909] 그라마톨로지가 인간과학에 포함될 수 없는 이유는 인간이 무엇인가라는 물음이 우선되어야 하기 때문이라고 한다. ?! 여기서 바로 데리다의 해체주의의 본질이 드러난다. 데리다는 인간과학이라는 관념을 제기해놓고 나서는 인간이라는 개념에 대한 물음, 즉 인간 개념의 해체를 주장하고 있는 것이고 그에 따라 자신의 그라마톨로지는 인간 과학에 포함되지 않는다는 주장을 하고 있다. 그리고는 그것은 과학을 넘어서는 것이라는 주장으로 나아간다. "따라서 문자의 성찰에서 예지되는 초합리성 또는 초과학성은 과학에 대한 전통적 관념에 부응할 수 없을 만큼 인간과학에 더 이상 갇힐 수 없다. 그것들은 유일무이하며 동일한 입장으로 인간, 과학, 직선을 넘어선다."[910] 이와 같이 데리다는 자신의 그라마톨로지가 초과학적인 것, 즉 과학을 넘어서는 것이라고 하고 있다. 그러나 그것은 정확히 말하면 초과학이 아니라 반(反)과학이라 할 수 있다. 문자언어가 음성언어의 파생물이며 언어학의 진정한 대상은 음

---

908) 앞의 책, p.147
909) 앞의 책, p.240
910) 앞의 책, p.247

성언어라는 소쉬르의 견해를 데리다는 집중공격하고 있고 그를 위해 기호의 자의성이라는 개념을 부정하고 있다. 데리다는 문자 중심의 언어학, 그라마톨로지를 위해서 심지어 문자언어가 음성언어보다 나중에 발생했다는 근거도 없다고 주장하고 있고 나아가 음성언어와 문자언어의 공통의 뿌리라는 관념, 원문자라는 관념 또한 고안하고 있지만 이러한 주장에 대해 데리다는 합당한 과학적 근거를 대는 것이 아니라 후설의 현상학과 하이데거의 존재론의 관념들을 갖다 붙이고 있다. 그러면서 그러한 자신의 방법론을 해체주의라는 이름으로 정당화하고 있다. 그러면 데리다가 해체라는 방법론을 위해 흔적이라는 관념과 더불어 전가의 보도로 휘두르고 있는 차연이라는 관념을 고찰해 보도록 하자.

차연이라는 관념은 하나의 개념이 아니다. 즉, 개념 이전의 직관적 인식이다. 데리다가 고안한 관념인 차연은 프랑스어의 차이라는 명사(diffe´rence)에서 e라는 스펠링을 a라는 스펠링으로 바꾸어 놓은 것이다. 그러한 바꿈을 통해 데리다는 매우 많은 의미를 차연이라는 관념에 부여하지만 그러면서도 차연을 하나의 개념으로 규정하는 것은 거부한다. 차이라는 개념은 논리학의 주요 개념이며 그것은 동일성과 짝을 이루는 개념이다. 들뢰즈의 차이의 철학은 차이 개념에서 동일성을 떼어내는 것으로서 차이 자체의 철학을 추구한 것이라 할 수 있는데 데리다의 차연 관념은 논리학의 개념으로서 차이 개념을 부정하고 그것을 기존의 개념들을 해체하는 매개 관념으로 전화시키는 것이라 할 수 있다. 데리다는 기존의 차이 개념은 공간적인 개념으로 구분을 의미하는 것이었다면 차연은 지연시키다라는 의미에서 차이 개념에 시간적 관념이 들어간 것이라고 주장한다. 데리다는 차연에 대해 다음과 같이 말한다. "본질적으로 그리고 합법적으로 모든 개념은 연쇄체인이나 체계 속에서 이미 고정되어 있어, 이 구조 안에서 다른 개념이나 개념들은 차이의 체계적 유희를 통해 표시된다. 이러한 유희인 차연은 단순히 개념이 아니다. 일반적으로 개념성, 개념적 과정, 그리고 체계를 있게 하는 가능성이다."[911] 데리다는 차연은 '단순한' 개념이 아니라 개념을 있게 하는 가능성이라고 주장한다. 그런데 개념을 있게 하는 가능성이라는 것은 결국 개념 이전의 직관적 인식이라는 것을 말한다. 그런데 데리다에게 있어 개념은 단순한 것이고 직관적 인식에 지나지 않는 차연이라는 관념은 마치 심오한 의미를 가진 것인 양 서술되고 있다. 데리다의 이러한 인식은 개념보다 직관을 우선시하는 후설의 인식과 같은 것이다. 그러나 과학의 입장에서는 직관적 인식은 개념적 인식의 전단계이며 개념이 대상의 본질을 반영하는 공고한 인식이라면 직관적 인식은 동요하는, 흔들리는, 불완전한 인식에 지나지 않는다. 데리다 스스로도 차연에 대해 "말도 아니고 개념도 아닌 차연"[912]이라고 규정한다. 또한 데리다는 차연에 대해 "결코 나타날 수 없는 것의 흔적, 스스로 나타날 수 없는 흔적, 즉 현상 속에서 이와 같다고 스스로를 나타내고 보여줄 수 없는 차연."[913]이라고 규정한다. 스스로를 나타낼 수 없다는 것은 차연이 온전한 자기 내용을 갖지 못하는 불완전한 인식임을 말한다.

언어학 혹은 그라마톨로지와 관련하여 데리다는 차연을 다음과 같이 설명한다. "(순수한) 흔적은 차연이다"라고 하면서 "이 차연은 지성적으로 파악될 수 없을뿐더러 감각적으로 파악이 안 되지만, 동일한 추상적 차원(가령 음성적 텍스트 또는 표기적 텍스트) 내부에서 기호 사이의 분절을 허용한다. 그것은 (일상적 의미에서) 음성언어와 문자언어의 분절을 가능하게 한다

---

911) 데리다, 해체, 문예출판사, p.132
912) 앞의 책, p.126
913) 앞의 책, p.150

."914)라고 주장한다. 감각적으로 파악이 안되면 차연은 현실적인 감각적 대상이 아니라는 것이며 지성적으로 파악이 안된다는 것은 차연이 개념적 사고가 아니라 불완전한 직관에 지나지 않는다는 것을 말한다. 그럼에도 불구하고 데리다는 차연이 언어학에 있어서 음성적 분절과 음성언어와 문자언어의 분절을 가능하게 하는 것이라고 한다. 이는 차연이라는 관념은 개념이 아니기 때문에 데리다 자신의 자의적인 느낌과 판단에 의존한다는 것을 말한다. 바로 이러한 것이 후설적인 직관 그리고 데리다적인 직관적 인식의 한계이다. 이러한 데리다의 차연이라는 관념은 차이라는 논리학의 개념을 해체주의적으로 전화시킨 것이라 할 수 있다. 간극, 틈, 지연 등의 요소에 시간적 의미를 포함하는 차연 관념을 적용하여 일정한 개념을 해체하고 균열시키는 것이다.

이러한 해체주의를 표방한 데리다는 1990년대 초반 쏘련과 동구사회주의 진영이 붕괴하자 《마르크스의 유령들》이라는 저서를 통해 맑스주의의 존재론적 해체를 주장했다. 데리다는 "마르크스주의는 어디로?"915)라는 질문을 던지고 스스로 답을 한다. 데리다는 《공산당 선언》을 수십 년만에 다시 읽었다고 하면서 '유령'이라는 모티브를 '공산주의라는 유령이 배회하고 있다'고 하는 《공산당 선언》에서 얻었음을 밝힌다. 데리다는 쏘련을 하나의 전체주의 사회로 규정한다. "동유럽의 모든 나라에서 있었던 전체주의적 테러, 소비에트 관료제가 낳은 모든 사회 경제적 재난, 과거의 스탈린주의 및 당시 진행되고 있던 신스탈린주의(간단히 최소의 지표만 지적한다면, 모스크바 재판에서 헝가리의 억압에 이르기까지 볼 수 있었던)에 관해 우리가 알고 있었던 것"916)을 언급하면서 해체과정은 신스탈린주의에서부터,

914) 데리다, 그라마톨로지, 민음사, p.168
915) 데리다, 마르크스의 유령들, 그린비, p.33

즉 스탈린 이후에 이미 시작되었다고 말하고 있다. 프랑스 등 서유럽은 1950년대 스탈린 탄핵 이후 이미 맑스주의의 해체과 정이 시작되었다는 것이다. 그러면서 데리다는 맑스가 당들에 속하지 않는 하나의 고전적 사상으로 자리매김되어야 한다고 주장한다. "그는(맑스는-필자) 공산주의자들, 마르크스주의자들, 당들에 속하지 않고, 우리 서양 정치철학의 위대한 고전 속에서 모습을 드러내야 하오. 마르크스로 돌아갑시다."917) 당이라는 현실적 실천을 떠난 맑스! 위대한 고전 속에 모습을 드러내는 맑스! 이는 맑스주의에서 운동성, 혁명성을 거세하고 많은 부르 주아 철학 중의 하나로서 맑스를 자리매김해야 한다는 주장이 다. 이러한 자신의 주장을 가리켜 데리다는 "비판적 상속"918)이 라고 규정한다.

데리다는 프랜시스 후쿠야마의 역사의 종말론을 비판하면서 여 전히 맑스주의가 필요하다고 주장하지만 그것은 조건이 있는 것이다. 즉, "우리가 마르크스주의를 새로운 조건들 및 이데올 로기에 대한 다른 사고에 맞춘다는 것을 조건"919)으로 하는 것 이다. 그리고 그러한 조건은 다음과 같은 것이다. "오늘날 그 어느 때보다 더 필수적인 것으로 보이는 이러한 마르크스주의 적 비판의 정신을, 우리는 존재론, 철학 또는 형이상학 체계로 서, 변증법적 유물론으로서의 마르크스주의 및 역사 유물론으로 서 또는 방법으로서 마르크스주의와, 또 당의 장치들과 국가장 치들로 또는 노동자 인터내셔널로 합체된 마르크스주의와 구별 해 보고 싶다."920) 데리다의 이러한 주장은 맑스주의의 비판정 신을 그 존재와, 즉 변증법적 유물론, 역사적 유물론을 자신의

916) 앞의 책, p.44
917) 앞의 책, p.78
918) 앞의 책, p.124
919) 앞의 책, p.129
920) 앞의 책, p.146

세계관으로 하고 또 당과 인터내셔널과 결합된 변혁적 운동과 분리하자는 것이다. 이것이야말로 맑스주의는 유령으로 남고 맑스주의는 존재론적으로 해체되는 것이라 할 수 있다. 맑스주의는 필요하지만 단지 유령으로서만 필요하다!?!

데리다는 맑스주의의 존재론적 해체를 다음과 같이 정식화하고 있다. 다소 길지만 인용해보자. "우리는 이러한 정신을 마르크스의 다른 정신들로부터, 곧 마르크스주의를 마르크스주의의 교의에, 이른바 체계적이고 형이상학적인, 또는 존재론적 총체성에(특히 "변증법적 방법"이나 "유물 변증법"에), 노동과 생산양식, 사회 계급이라는 마르크스주의의 기본 개념들에, 따라서 그 장치들(노동자 운동 인터내셔널, 프롤레타리아 독재, 유일당, 국가, 마지막으로 전체주의적 괴물 등과 같은 투사된 장치들이나 현실적인 장치들)의 전체 역사에 고정시키는 정신들로부터 구분할 것이다. 왜냐하면―"좋은 마르크스주의자"로서 말하자면―마르크스주의 존재론에 대한 해체는 단지 마르크스주의 몸체의 이론적이고 사변적인 층위만이 아니라, 이를 세계 노동자 운동의 장치들 및 전략들의 가장 구체적인 역사와 접합하는 모든 것을 겨냥하고 있기 때문이다."921) 계몽정신, 혹은 비판정신으로만 남고 현실적 운동으로서 맑스주의는 해체되어야 한다는 것! 이것이 해체주의를 걸어온 데리다가 맑스주의에 대해 내리는 선고!이다. 데리다는 그러면서 "환영은 결코 죽지 않으며, 항상 도래할 것으로, 다시 도래할 것으로 남아 있다"922)고 하면서 부르주아지에 대한 충고를 잊지 않는다.

데리다의 충고는 현실이 되고 있는데 2007년 발발한 세계대공황으로 인해 맑스주의는 이데올로기적 명맥을 유지하는 것을 넘어서 하나의 운동으로 전화되고 있다. 그리고 그 유령은 유럽

---

921) 앞의 책, p.179
922) 앞의 책, p.198

만 배회하는 것이 아니라 전 세계를 무대로 배회하고 있다.

데리다의 해체주의는 들뢰즈의 차이의 철학보다 한 단계 더 나아간 것이다. 들뢰즈의 차이의 철학은 동일성에서 풀려난 차이의 철학을 추구했다면 데리다는 차이 개념을 해체하여 그것을 차연이라는 직관적 인식으로 전화하였고 그를 매개로 언어학을 비롯한 기존의 철학과 과학 전체를 해체하려 하였다. 그러나 데리다의 해체주의는 실제로는 후설의 본질직관이라는 반과학주의를 무기로 한 것이었고 개념적 사고의 부정이 어떠한 결말에 이르는가를 보여주는 하나의 사례가 되었다.

4) 라캉

라캉은 20세기 중·후반의 프랑스 철학자이며 정신분석학자이다. 20세기 초반에 유행했던 프로이트의 정신분석학이 의학계에서 하나의 과학으로 승인되지 못하고 20세기 중반에 쇠퇴할 때 라캉은 소쉬르의 언어학과 정신분석학을 결합하여 정신분석학을 하나의 과학으로 자리매김하려 했다.

프로이트의 정신분석학이 하나의 과학이 되지 못하는 이유는 그가 인간에게 존재하는 무의식을 실제적인 생리학적 기초와 단절하여 하나의 형이상학적인 개념으로 전화시켰기 때문이다. 생리학적 기초와 단절된 무의식, 심리학의 무의식과 별개의 개념으로서 정신분석학적인 무의식의 개념은 실제로는 성본능이라는 인간의 욕구, 욕망을 가리키는 것이었고 성본능을 하나의 이데올로기로 전화시키는 것이었다. 라캉 또한 프로이트의 이러한 틀을 벗어나지 않는데 다만 그가 프로이트와 차이가 나는 것은 언어학적 개념을 무의식 개념과 결합하여 그것을 하나의 과학으로 포장하려는데 있었다.

636

라캉은 정신분석학이 과학인가 아닌가, 정신분석학을 하는 자신들이 사기꾼인가 아닌가를 자문하는데, 정신분석학과 과학의 관련에 대해 다음과 같이 말한다. "정신분석이 무의식의 과학으로 성립하려면 무의식은 언어처럼 구조화되어 있다는 개념에서 출발해야 합니다."923) 여기서 라캉은 정신분석학이 '무의식의 과학'을 지향한다는 것을 표명하고 있고 또 그것이 과학이 되려면 무의식이 언어처럼 구조화되어 있다는 것을 승인해야 함을 말하고 있다. 하나의 과학은 그것이 고유한 대상을 갖는다는 점에서 무의식의 과학이라는 개념은 성립할 수 있다. 그런데 문제는 라캉이 말하는 무의식은 일반적인 심리학적인 무의식을 말하는 것이 아니라 생리학적 기초와 단절된 형이상학적인, 신비화된 무의식이라는 점이다.

라캉은 다음과 같이 정신분석학의 무의식이 심리학적인 무의식과 구별됨을 말한다. "거꾸로 말하면 의식의 특징적 자질들을 배제한다는 의미에서 합법적으로 무의식이라 지칭되는 많은 심리적 효과들은 프로이트적 의미의 무의식과는 아무 관계가 없다"924) 라캉의 이러한 언급은 라캉에 고유한 것이 아니며 프로이트 또한 마찬가지로 자신의 무의식 개념을 심리학적 무의식 개념과 별개로 제기한다. 즉, 정신분석학의 무의식 개념은 과학적인 심리학의 무의식 개념과 단절된, 특히 생리학적 기초와 단절된 무의식 개념으로서 형이상학적인 무의식이다. 인간의 삶과 의식에서 무의식적 현상은 많이 존재하고 관찰된다. '무의식적으로 그렇게 생각했다, 무의식적으로 그렇게 행동했다'는 일상적 표현들은 인간이 스스로 무의식의 현상을 승인하고 있음을 말한다. 그러나 프로이트와 라캉의 무의식은 이러한 관념을 가리키는 것이 아니다. 정신분석학의 무의식 개념은 심리적 요소

923) 라캉, 자크 라캉 세미나-정신분석의 네 가지 근본개념, 새물결, p.307
924) 라캉, 욕망이론, 문예출판사, p.76

로서 무의식이 아니다. 정신분석학의 무의식은 리비도라 불리는 신비화된 성본능에 의해 규정되는 것이며 그러한 무의식(리비도)는 역으로 인간의 의식을 규정하는 것으로 파악된다. 그런 점에서 정신분석학의 무의식 개념은 과학적 심리학과 단절된 것이며 성본능(리비도)를 이데올로기로 전화시킨 것이다.

사실 과학으로서 무의식 개념은 정신분석학의 무의식 개념과는 내용을 달리한다. 무의식은 철학에서 의식과 대립되는 개념인데 의식의 본성에 대한 탐구는 무의식에 대한 탐구로 확장된다. 그러나 과학으로서, 철학으로서 무의식에 대한 탐구는 정신분석학과는 차원을 달리하는 것이다. 다음의 인용은 과학으로서 무의식에 대한 탐구의 전형을 보여준다. "사실 무의식적인 활동의 영역을 보다 상세히 탐구하고자 하는 시도는 결국 인간이 자신을 특수한 탐구대상으로 전환시켜 자기 자신 내에서 발생한 것이 무엇이며 그것이 어떻게 발생했는가에 관해 특유의 반성을 시작하기 이전에, 그러한 반성과는 무관하게 인간이 수행하는 생명활동의 양식을 탐구하고자 하는 시도를 말한다. 그러나 공간, 시간, 그리고 인과성이라는 조건에 종속된 인간의 모든 생명활동(칸트의 관점으로부터 발생한 것)은 자연과학의 영역 내에서 일어난다. 바꾸어 말하면 무의식적인 활동의 형식과 양식은 물리학, 화학, 생리학, 심리학 등의 개념을 통해서 과학적으로 분명히 서술된다. 왜냐하면 무의식적인 활동은 생명, 유기적 자연 혹은 유기체의 존재 양식에 다름아니기 때문이다."925) 여기서 과학적 의미에서 무의식 개념은 유기체의, 생명활동의 존재양식으로 파악되고 있다. 그렇기 때문에 그것은 자연과학적 접근을 통해서 파악가능한 것이 된다. 이러한 과학적 접근과 소위 리비도로 불리는 성본능으로서 무의식을 설명하는 것은 하늘과 땅의 차이가 있다. 전자는 무의식에 대한 과학적 접근이고

925) E. V. 일렌코프, 변증법적 논리학의 역사와 이론, 연구사, pp.118-119

후자는 무의식에 대한 형이상학적, 신비화된 접근이다. 리비도라 불리는 성본능은 유기체의 존재양식과 같은 것이 아니다. 성본능은 유기체의 존재양식의 주요한 측면이기는 하지만 단지 일부분일 따름이다. 성본능으로 설명되지 않는 무의식적 현상은 무수히 많을 수 있다. 배고픔, 갈증, 자기 방어 등과 관련된 무수한 무의식적 현상이 있을 수 있으며 그것들은 성본능으로 환원되지 않는다. 따라서 이런 것들은 리비도라는 형이상학적 개념이 아니라 생리학과 심리학 등의 과학에 의해 설명되어야 하는 현상이다. 이러한 과학적 접근을 배제한 정신분석학은 생리학적 기초와 단절된 무의식을 설정함에 의해 비과학의 길로 빠졌다. 라캉은 이렇게 출발 자체가 비과학인 정신분석학에 대해 언어학적인 언술을 도입함으로써 그것에 과학적인 포장을 씌우려 했다.

라캉은 정신분석학이 '무의식에 관한 과학'이 되려면 무의식이 '언어처럼 구조화되어 있다'는 것에서 출발해야 한다고 주장한다. 이 명제가 라캉의 핵심적 명제라는 점에서 언어학과 무의식의 결합의 문제를 살펴보도록 하자. '무의식에 관한 과학'은 성립할 수 있다. 왜냐하면 무의식은 인간의 유기체로서의 존재양식이기 때문에 과학적 탐구의 대상이 될 수 있기 때문이다. 그러나 프로이트, 라캉과 같이 성본능으로서의 무의식이 인간 정신의 본성이며 그것이 의식을 규정한다는 것은 의식과 무의식의 관계에 대한 비과학적 접근이며 허구적 접근이다. 이에 대해 언어학적 개념을 갖다 붙인다고 해서 정신분석학의 비과학적 성격이 사라지는 것은 아니다.

라캉은 '무의식이 언어처럼 구조화되어 있다'는 명제를 표방한다. 여기에는 구조 개념이 주요하게 쓰이고 있는데 라캉이 활발하게 활동하던 1950년대, 60년대 프랑스에서 구조주의 열풍이 불었던 것과 무관하지 않다. 구조 개념을 갖다 붙이면, 구조주의를 표방하면, 마치 과학적 개념인 듯이 승인되던 풍조에 라캉이 편승한 것이다. 그러나 라캉의 구조 개념, 구조주의의 구조 개념은 앙상하기 짝이 없는 것이다. 구조 개념이 지배적이 되기 위해서는 현실의 구체적이고 풍부한 제 측면들이 잘라져서 사라져야만 한다. 즉, 도식적이 되어야만 한다. 라캉의 언어학적 개념 또한 그러한 도식성을 보여준다.

라캉은 무의식이 꿈으로 표현된다는 것을 전제로 하면서 꿈의 구조가 언어와 같은 것이라고 주장한다. "꿈의 기제는 차이를 만들어내는 기표가 담론 속에서 분석되는 방식과 꼭 같은 방식으로 설명될 수 있다. 왜냐하면 꿈은 기표들로 이루어진 문자적 구조를 가지고 있기 때문이다. … 기표들은 꿈의 수수께끼 구조가 제시하는 비유들을 설명하도록 해준다. 우리로 하여금 꿈의 판독을 가능하게 하는 언어적 구조가 바로 꿈의 의미(또는 꿈의 해석)를 이루는 원칙이기 때문이다."926) 소쉬르 언어학에서 기의는 대상의 의미를 가리키고 기표는 대상을 가리키는 표상 혹은 개념인데 라캉은 꿈이 기표들로 이루어져 있으며 언어와 같은 구조를 갖고 있다고 주장한다. 그러나 과연 꿈은 언어와 같이 구조화되어 있는가? 먼저 꿈의 구조를 보면 프로이트 스스로 꿈에는 개념적 사고가 등장하지 않고 단지 표상, 형상으로만 나타난다고 주장한 바 있다(《꿈의 해석》). 이러한 프로이트의 주장은 일반적 꿈의 현상과 일치하는 주장이다. 그러나 라캉은 이를 무시하고 꿈에 나타나는 형상 자체를 기표로 파악하고 있다. 이러한 라캉의 주장은 기표가 언어학에서 일반적으로 개념을 가리키는 것과는 맥락을 달리하는 것이다. 따라서 꿈이 기표들로 이루어져 있다는 라캉의 주장은 일방적인 것으로서 언어학의 개념을 자의적으로 꿈에, 정신분석학에 도입하는 것에 지나지 않는다. 한편 라캉은 언어의 구조에 대해 은유와 환유를

926) 라캉, 욕망이론, 문예출판사, p.71

말한다. 은유는 '내 마음은 호수다'와 같은 비유이고 환유는 '청와대의 입장은 다음과 같다'와 같이 대상(대통령)과 가까운 것(청와대)으로써 비유적으로 일컫는 것을 말한다. 이와 같이 라캉은 언어의 구조의 핵심을 은유와 환유로 파악하고 나서는 꿈 또한 은유와 환유로 이루어져 있다고 보아 꿈은 언어와 같이 구조화되어 있다는 자신의 주장이 입증되었으며 따라서 정신분석학은 과학성을 획득했다고 주장한다. 그러나 은유와 환유가 언어의 구조의 본질이라는 것은 비약이며 이는 언어학을 도식적이고 자의적으로 파악하는 것이다. 또한 무의식(꿈)이 언어와 같이 구조화되어 있다 하더라도 그것 자체가 무의식에 대한 과학적 인식을 의미하는 것은 아니며 하나의 유추, 비유에 지나지 않는다. 왜냐하면 구조라는 개념 자체가 과학성을 대표하는 것은 아니기 때문이다.

이와 같이 라캉의 정신분석학은 프로이트의 정신분석학의 비과학성을 언어학의 개념을 도입함으로써 과학으로 포장하려는 것에 지나지 않는다. 그런데 라캉의 정신분석학이 당시에 각광을 받은 것은 인간 이성에 대한 회의, 소위 이성 중심주의에 대한 반발이라는 것과 연관이 있다. 라캉은 데카르트를 비판하면서 데카르트의 사유하는 주체, 이성적 주체의 자리에 대신 욕망의 주체를 올려 놓는다. 라캉이 데카르트의 사유하는 주체(Cogito)를 부정하는 근거는 인간이 유아기에 보이는 정신상태에 대한 분석이다. 라캉은 말을 배우기 전의 어린 아이가 거울에 비친 자기모습을 보면서 반응하는 것에 대한 관찰을 통해 이 단계의 유아는 대상을 보기만 하지 자신이 보이는 대상이라는 것은 알지 못한다고 주장한다. 그리고 이러한 상태, 단계를 거울 단계라 규정하면서 신경증 환자들의 상태가 거울단계의 정신상태와 같으며 이러한 상태에 대한 분석의 결과 데카르트적 확실성을 주는 주체는 불가능하다고 판단한다. "거울단계의 경험은 우리

가 '전혀 의심할 수 없는 사고주체(Cogito)'에 근거한 어떤 철학
도 반대해야 한다고 주장한다"927) 이것은 인간의 유아기의 특
정 상태를 기초로 인간이 이성적 주체임을 부정하는 것이다. 신
경증 환자의 경우 어린 아이와 같은 정신상태에 있을 수 있다.
그러나 그런 일면적인 관찰과 상태를 기초로 인간이 이성적 사
고의 주체임을 부정하는 것은 비약이다. 인간이 사회적 관계를
일반적으로 갖는 경우 그것은 이성적 사고활동을 요구하며 자
신이 단지 대상을 바라보기만 하는 존재가 아니라 보여지기도
하는 대상적 존재임을 인식하는 것은 그 사람의 삶과 활동 속
에 녹아 있을 수밖에 없다.

라캉은 심지어 인간의 지식을 편집증적인 것으로 파악한다. "존
재론적 구조는 지식이란 모두 편집증적인 것에 불과하다는 것
을 보여준다."928) 이것은 인간이 이성적 주체임을 철저히 부정
하는 것인데 지식에 대한 신뢰없이 인간이 무엇을 할 수 있다
는 것인가? 인간의 진보는 '믿음'이 아닌 '앎'에 기초한 삶을 추
구했기 때문에 가능한 것이었다. 인간은 자신이 아는 만큼, 지
식에 기초하여 사고하고 행동할 수밖에 없다. 라캉처럼 지식 자
체를 불신하면 맹목적 삶을 살 수밖에 없다. 실제로 라캉, 프로
이트의 리비도라 불리는 성본능 이론은 그에 기초한 맹목적 삶
의 불가피성을 말하는 것이다. 라캉은 프로이트의 무의식의 발
견을 코페르니쿠스적 혁명이라 하지만 그것은 과학의 길에서
벗어난 작은 샛길에 지나지 않는다.

라캉의 이론 전체는 언어학에 대한 잘못된 이해에서 비롯된 것
이다. 언어학을 학문의 제왕으로 여기면서, 다른 모든 학문을
규정하는 것으로 여기는 것에서 라캉은 잘못 출발했다. 라캉은
다음과 같이 언어학이 다른 학문을 규정하는 것으로 본다. "이

927) 앞의 책, p.38
928) 앞의 책, p.40

푸코, 들뢰즈, 데리다, 라캉

러한 이유로 언어학이 중요한 위치를 차지하게 되고 언어학을
중심으로 과학을 재분류하고 재배치하려는 작업은 늘 그렇듯이
지식체계에 있어 하나의 혁명으로 간주된다."929) 언어학을 중심
으로 과학을 재배치한다는 것은 언어학을 학문의 제왕으로 보
는 것이다. 그렇기 때문에 무의식이 언어처럼 구조화되어 있다
는 명제의 증명이 곧 무의식에 관한 과학의 성립을 의미한다고
라캉은 주장한 것이다. 사실 언어는 인간의 사고에 막대한 영향
을 미친다. 인간의 사고, 의식, 인식은 언어와 무관하게 진행되
는 것이 아니다. 인간은 언어의 도움을 빌어 개념적 사고를 하
고 풍부하고 정확한 사고를 할 수 있다. 소쉬르 언어학이 이러
한 언어학의 발전에서 획을 그었다는 것은 맞는 것이다. 그러나
언어학은 자연과 사회, 인간에 관한 많은 요소 중에서 단지 언
어에 관한 학문일 뿐이다. 또한 언어와 사고의 관계에서 언어가
사고를 전일적으로 규정하는 것은 아니다. 개념이 없더라도 인
간은 직관을 통해 사고한다. 또한 사고, 의식은 언어로부터 많
은 도움을 받지만 사고가 언어로만 표현되는 것은 아니다. 인간
의 사고는 언어를 넘어서서 인간의 활동 자체를 통해 표현된다.
나아가 인간의 삶 자체가 사고의 표현이라 할 수 있다. 정신을
육체적 존재와 분리되어 생각하는 입장에서는 정신의 표현은
언어일 뿐이라고 생각하기 쉽다. 그러나 정신은 육체와 분리되
어 있지 않으며 정신의 표현은 육체적 삶 자체이고 활동 자체
이다. 하나의 학문에서 획기적 진전이 이루어지는 것은 진보적
현상이지만 그것을 절대화하면 오류에 빠지게 된다. 라캉이 범
한 오류는 바로 이것이다.
라캉의 비과학성의 면모는 그가 원인 개념을 취급하는 방식에
서도 여실히 드러난다. "[원인이라는 표현이 쓰이는 경우] 거기
에는 어떤 구멍이 있고 그 틈새로 무언가가 흔들릴 뿐이지요.

---

929) 앞의 책, p.54

요컨대 뭔가 잘못된[절뚝거리는] 것에만 원인이 있다는 것입니다. 자, 저는 프로이트의 무의식이 위치하는 지점이 바로 여기, 원인과 그것이 영향을 미치는 것 사이에서 항상 무언가 잘못된[절뚝거리는] 것이 존재하는 지점이라는 것을 대략적으로나마 보여드리고자 합니다."930) 원인 개념이 쓰일 경우 거기에는 구멍과 틈새가 있고 프로이트의 무의식은 원인 개념과 그 영향 사이의 무언가 잘못된 지점에 존재한다는 것이다. 여기서 원인 개념은 과학을 가리키는 일반적 개념이다. 그리고 구멍과 틈새는 과학적 영역의 틈새를 가리킨다. 프로이트의 무의식 개념은 바로 그러한 과학적 영역의 틈새를 비집고 들어선다는 것을 라캉은 말하고 있다. 이는 라캉 스스로 과학의 영역의 추구가 아니라 그 틈새, 즉 비과학이 가능한 영역을 비집고 들어선다는 것을 말하는 것이다.

라캉은 프로이트의 리비도 이론, 무의식의 이론의 비과학성을 언어학의 개념을 도입함으로써 과학으로 포장하려 했다. 그러나 정신분석학의 무의식 개념 자체가 과학적 심리학과 단절된, 생리학적 기초와 단절된 무의식 개념이라는 점에서 언어학적 개념이 정신분석학에 도입된다고 해서 정신분석학이 과학이 될 수는 없었다. 이러한 라캉의 이론이 유행했던 것은 서유럽에서 유행했던 이성 중심주의에 대한 반발과 연관이 있는데 라캉은 이성적 주체를 해체하고 그 자리에 욕망의 주체를 올려놓으려 했다. 그러나 욕망의 주체로 표상되는 인간의 무의식은 실제로는 생명활동의 존재양식으로서 생리학과 심리학 등의 (자연)과학의 대상일 뿐이다.

---

930) 라캉, 자크 라캉 세미나-정신분석의 네 가지 근본개념, 새물결, p.40

644

11. 지젝

지젝은 20세기 말, 그리고 21세기 지금도 활발하게 활동하는 동유럽의 철학자이다. 유고슬라비아 연방이 분열되어 생겨난 슬로베니아공화국 출신인 지젝은 1980년대 말부터 철학활동을 해왔고 최근까지 많은 저술들을 쏟아냈다. 변증법적 유물론, 레닌주의, 금융위기 등을 화두로 삼아 수많은 말을 쏟아 내고 있는데 정작 그것들은 새로운 전망의 제시로 나타나는 것이 아니라 혼란된 상들만을 제기하고 있을 따름이다. 지젝에게는 패배주의가 짙게 깔려 있다. 쏘련과 동유럽 사회주의의 붕괴라는 대격변을 체험한 그는 변증법이 거세된 헤겔, 맑스의 공산주의 이데올로기의 환상성, 변증법적 유물론이라는 노동자계급의 세계관에 대한 부정 등을 제출하고 있다. 그러면서 지젝은 헤겔을 반복해야 하고 레닌을 반복해야 하고 변증법적 유물론을 재건해야 한다고 주장한다. 20세기 사회주의의 붕괴라는 격변이 지젝으로 하여금 이렇게 비비꼬인 방법론을 취하게 한 것으로 보인다. 그러면 먼저 변증법과 변증법적 유물론에 대한 지젝의 입장을 검토하고 이어서 레닌주의에 대한 입장 등을 살펴보도록 하자.

지젝은 변증법적 분석의 목표를 카오스의 질서로의 전도라고 파악한다. "그리고 마술적 전환의 이러한 계기를, 카오스의 질서로의 이처럼 예견 불가능한 전도가 변증법적 분석의 진정한 목표이다."931) 변증법적으로 분석하고 변증법적으로 접근한다는 것의 결과가 예견 불가능한 카오스(혼돈)라는 것이 지젝의 주장이다. 실제로 지젝의 저작은 혼돈으로 가득 차 있다. 지젝의 저작에서 일관된 것은 20세기 사회주의에 대한 부정, 변증법적 유물론의 부정이지만 그것을 전개하는 논리들은 혼돈 자체이다. 변증법이 이끄는 지점은 혼돈이라는 지젝의 주장은 지젝이 실

---

931) 지젝, 헤겔 레스토랑-변증법적 유물론의 그늘, 새물결. p.516

은 변증법을 이해하지 못하고 있음을 말해준다. 그러나 변증법은 인류의 지적 발전의 결과 성립한 논리학이자 인식론이며 나아가 자연에도 관철되는 변증법(자연의 변증법, 존재의 변증법)이기도 하다. 그런데 이러한 성과가 지젝에 의해서 깊은 혼돈 속으로 내던져지고 있다. 그러면 지젝이 혼란시키고 있는 실타래를 하나하나 풀어보도록 하자.

지젝은 변증법적 유물론을 20세기의 궤변으로 치부한다. "놀랍게도 서구 철학사의 정반대 쪽 끝에서도, '변증법적 유물론'이라고 불리는 20세기 궤변론에서 이와 동일한 점진적 구분법을 발견할 수 있다."932) 이와 같이 지젝은 변증법적 유물론을 하나의 궤변으로 치부하는데 지젝에게서 변증법적 유물론에 대한 제대로 된 비판은 존재하지 않는다. 지젝은 스탈린의 변증법적 유물론에 대한 서술을 인용하고서는 그에 대해 철학적 차원의 비판을 하는 것이 아니라 소위 스탈린의 전체주의적인 악행을 비난하는 것으로 변증법적 유물론에 대한 비판을 대체한다. 그러면서 지젝은 고대 그리스의 궤변론자들(소피스트들)을 비판하며 관념론을 세운 플라톤을 치켜세우면서 "플라톤 사상의 해방적 잠재력"933)을 주장한다. 이는 변증법적 유물론을 '궤변'으로 치부한다는 점에서 고대 그리스에서 궤변론자들과 싸운 플라톤이 지금 부각되어야 한다는 지젝의 의도를 보여준다.

그러면 변증법에 대한 지젝의 태도는 어떠한가를 살펴보도록 하자. 지젝은 변증법적 분석의 요점을 다음과 같이 정리하고 있다. "그와 반대로 변증법적 분석의 요점은 모든 현상이, 발생하는 모든 것이 자체에 고유한 방식으로 실패하며, 자체의 핵심에 균열, 적대, 불균형을 함축하고 있음을 입증하는데 있다."934)

---

932) 앞의 책, p.144
933) 앞의 책, p.93
934) 앞의 책, p.37

변증법이 혼돈(카오스)의 질서로 이끈다고 본 지젝은 변증법에서 실패, 균열, 불균형을 본다. 이는 지젝이 20세기 사회주의의 붕괴로 인한 패배주의와는 별도로 변증법 자체에 대해 왜곡되게 이해하고 있다는 것을 보여준다. 변증법은 대립물의 통일로서 모순의 운동, 그리고 그러한 운동 속에서 관철되는 비약과 발전을 가리키는 사상이고 법칙이다. 그러나 지젝에게서는 변증법이 발전의 사상이라는 것에 대한 진지한 검토가 생략된 채로 변증법은 실패와 불균형의 사상이라고 재단되고 있다. 이렇게 지젝이 변증법에 대해 왜곡되게 이해하는 이유는 '운동'이라는 개념이 지젝에게 존재하지 않기 때문인데 이는 키에르케고르의 영향으로 인한 것으로 보인다. 지젝은 헤겔에 대해 키에르케고르적인 반복의 개념으로 파악한다고 한다. "이 책의 목표는 단순히(또는 좀 덜 단순한 방식으로) 헤겔로 돌아가자는 것이 아니라 오히려 (철저하게 키르케고르적 의미에서) 헤겔을 반복하는 것이다."[935] 그런데 반복개념으로써 운동 개념을 대체한다면, 그리하여 운동 개념을 상정하지 않고는, 변증법을 이해하는 것이 불가능하거나 변증법에 대한 피상적이고 왜곡된 이해가 될 수밖에 없다. 왜냐하면 개념의 변증법이거나 자연의 변증법이거나 그것은 운동을, 그것의 변화, 발전을 표현하는 것이기 때문이다. 그렇지만 지젝의 변증법은 운동이 빠진 변증법이기에 변증법이 실패, 불균형 등으로 왜곡되고 있는 것이다.

지젝은 진리에 대해서도 매우 왜곡된 주장을 한다. "우리가 결국 얻게 되는 것은 선행하는 환상들을 극복한/지양한 진리가 아니다. 유일한 진리는 모든 가능한 환상들이 논리적으로 상호 연결된 정합성 없는 건축물이다. … 이것이 바로 헤겔이 『정신현상학』(그리고 다른 수준이기는 하지만 『논리과학』)에서 행했던 작업이 아닐까?"[936] 진리가 정합성 없는 건축물이라면 진리

---

935) 앞의 책, p.53

에 대해 이해하는 것은 불가능하게 된다. 변증법이 카오스로 이끈다는 주장을 한 지젝은 진리에 대해서도 마찬가지로 카오스적인 주장을 한 것이다. 또한 이는 지젝이 헤겔의 변증법에서 일정한 정합성을 찾아내지 못했다는 것, 즉 헤겔의 변증법을 제대로 이해하지 못했다는 것을 말해준다. 헤겔 철학 전체가 정합적 진리라고 할 수는 없다. 그러나 헤겔과 같은 역사적 지위를 갖는 철학자에게서는 한계와 오류의 측면과 성과의 측면, 정합적인 진리의 측면을 정확히 가려내어 인류의 지적 자산으로 삼는 것이 필요한데 지젝에게서는 헤겔의 변증법이 정합성을 갖지 못하는 것, 즉 가치가 없는 것으로 간단히 매도되고 있는 것이다.

지젝은 유물론과 관념론에 대한 기존의 이해를 바꾸고 있는데 이는 철학의 근본문제를 수정하는 것이기도 하다. "관념론과 유물론 사이의 궁극적 분수령은 존재의 물질성('오직 물질적인 것들만이 실제로 존재한다')이 아니라 없음/공백과 관련되어 있다. 유물론의 근본적인 공리는 공백/없음이 (유일하게 궁극적) 실재라는 것, 즉 존재와 공백은 구분 불가능하다는 것이다."937) 여기서 지젝은 물질이 일차적인가 의식이 일차적인가라는 철학의 근본문제를 없음/공백, 즉 비존재가 일차적이라는 주장으로 대체하고 있다. 그러나 이는 매우 혼란된 주장이다. 관념론과 유물론의 구분은 근대철학에서 물질과 의식 중 어느 것이 일차적인 것인가의 문제로 확립되었으며 이는 정확한 것이다. 그런데 지젝이 주장하는 없음/공백(공허, 비존재, 무)라는 것은 데모크리토스의 원자론에서 유래된 것인데 고대 원자론의 존재와 비존재의 동일성의 문제를 철학의 근본문제로 지젝이 바꿔치기하고 있는 것이다. 그러나 존재와 비존재의 문제는 철학의 근본

936) 앞의 책, p.41
937) 앞의 책, pp.125-126

648

문제를 대신할 수 있는 개념이 아니라 운동과 관련된 개념이다. 즉, 존재와 비존재(무)의 통일로서 운동 혹은 생성이라는 관념이 고대 원자론과 헤겔에 의해 제기된 바 있는데 이는 운동이 모순임을, 대립물의 통일임을 가리키는 것이다. 따라서 없음/공백(공허, 비존재, 무)라는 것은 유물론과 관념론을 가르는 개념이 아니라 운동의 본질을 가리키는 개념으로 정확히 자리매김되어야 한다. 이 또한 지젝 스스로 개념의 혼동에서 벗어나고 있지 못함을 보여준다.

지젝은 유물론과 관념론이라는 개념을 구사하지만 그것의 내용은 매우 뒤틀려져 있다. 지젝은 유물론의 초석이 되는 개념인 물질 개념을 비판하며 외적 세계의 문제는 믿음의 문제라고 한다. "간단히 말해 메피스토펠레스의 '논리의 악마'는 독립적인 외적 현실에 대한 믿음은 믿음의 문제이며, '신성한 물질'의 존재는 변증법적 유물론이라는 '신학'의 기본 교리임을 받아들이도록 우리를 유혹하려고 한다."938) 여기서는 인간의 의식 밖의 외적 세계의 존재가 믿음의 문제라는 주장, 그리고 변증법적 유물론이 신학이라는 주장이 제기되어 있다. 우리를 둘러싸고 있는 외적 세계가, 주관, 주체의 외부에 존재하는 세계가 단지 믿음의 문제인가? 그렇다면 이 세상에 오직 자기 자신만이 존재한다고 생각하는 사람이 다수라도 된다는 말인가? 외적 세계의 객관적 실재성, 주관으로부터의 독립성에 대한 인식은 결코 믿음의 문제가 아니다. 인간이 자연, 동물의 세계로부터 떨어져 나오면서부터 인간은 이 세계에 대해 무수한 관찰을 했고 과학적 인식의 싹을 틔워 나갔다. 그러면서 신앙에 대한 지식의 투쟁이 시작되면서 획득한 인식은 자연은, 외적 세계는 인간의 인식, 주관으로부터 독립한 객관적 실재라는 것이었다. 산과 강, 하늘, 땅의 존재와 그 움직임은 인간의 의지로부터 독립되어 있

938) 앞의 책, p.277

다는 것을 수백만 번의 관찰의 결과 확인한 것이다. 그리고 이러한 인식, 외적 세계, 자연의 객관적 실재성에 대한 인식은 과학이 시작될 수 있는 토대가 되었다. 따라서 외적 세계의 존재는 결코 '믿음'의 문제가 아니라 '앎'의 문제, 지식의 문제, 과학의 문제였던 것이다. 또한 변증법적 유물론의 물질이라는 개념은 '신성한' 개념이 아니라 인류의 지적 발전, 과학 발전의 산물로서 정립된 것이다. 레닌이 물질 개념에 대해 인간의 의식으로부터 독립한 객관적 실재라는 철학적이면서 동시에 과학적인 정의를 내릴 수 있었던 것은 19세기 말의 과학발전을 철학적으로 일반화한 결과였다. 이 과정에는 소위 '신성함'의 문제는 끼여들 여지가 없었고 따라서 지젝이 믿음이니 신성함이니 하고 주장하는 것은 변증법적 유물론의 과학적 성격을 흠집내고 마타도어하는 것에 지나지 않는다. 이렇게 물질 개념 자체를 이해하지 못하는 지젝은 과감하게 '객관적 현실'은 존재하지 않는다고 주장한다. "'객관적' 현실 같은 것은 존재하지 않으며, 모든 현실은 이미 초월론적으로 구성되어 있기 때문이다."939) 객관적 현실에 대한 부정! 이것은 사실 주관 혹은 신만이 존재한다는 주장에 다름아니다. 이렇게 객관적 현실을 부정하면 과학적 사고는 불가능해진다. 그렇기 때문에 지젝은 키에르케고르적으로 해석된(변증법이 거세된) 헤겔과 라캉을 버무려서 기형적인 철학을 제출하고 있는 것이다.

지젝은 '모든 것이 변한다'라는 상식적인 진리를 부정하면서 이러한 부정이야말로 참다운 변증법적 이성으로 나아가는 첫걸음이라고 주장한다. "… 모든 고정된 형태들을 용해시키는 생성의 영원한 흐름이라는 '모든 것은 변한다'는 주제를 철저하게 거부하는 것이 만물은 원초적인 카오스로부터 출현하며, 그런 다음 다시 그것에 의해 삼켜진다는 소위 '심오한' 통찰, 즉 고대 우주

---

939) 지젝, 라캉 카페-변증법적 유물론의 그늘, 새물결, p.1590

론들에서부터 스탈린주의적인 '변증법적 유물론'에 이르기까지 끈질기게 지속하여온 지혜의 형태와 철저하게 양립 불가능한 변증법적 이성으로 나아기 위한 첫걸음이다."[940] '모든 것이 변한다'라는 것을 부정하는 것은 변증법과 대립된다는 의미에서 형이상학을 승인하는 것이다. 사물을 고정되게, 불변의 것으로서, 영원한 것으로서 파악하는 것이 곧 형이상학이기 때문이다. 그런데 지젝은 그러한 인식을 진정한 변증법적 이성의 철걸음이라고 하고 있다. 따라서 지젝의 변증법은 실제로는 변화의, 운동의, 발전의 법칙으로서 변증법이 거세된 변증법이다. 실제로는 '모든 것이 변한다'라는 인식이야 말로 변증법의 '첫걸음'이다. 이 세계가, 외적 자연은 인간의 의지와 무관하게 항상 유동하며 끊임없이 변화한다는 인식에서 출발하여 인간의 인식이 자연의 변화 자체를 반영하게 되었을 때 비로소 변증법의 논리학과 인식론이 수립되었기 때문이다. 따라서 지젝은 변증법의 권위는 취하고자 하나 변증법의 내용은 거세하는 왜곡된 접근을 하고 있다.

지젝의 변증법에 대한 왜곡은 모순 개념에 대한 왜곡에서 정점에 달한다. "헤겔에게서 투쟁의 '진리'는 항상 대립물의 상호 파괴로, 그것은 도저히 피할 길 없이 필연적이다. —어떤 현상의 '진리'는 항상 자신의 자기말살, 자신의 직접적인 존재의 파괴에 있다."[941] 투쟁의 진리는 대립물의 상호 파괴라는 것! 지젝이 이렇게 파악하는 것은 키에르케고르로 인하여 운동 개념을 사고하지 못하고, 객관적 실재로서 물질 개념을 사고하지 못하기 때문이다. 물질의 운동을 사고한다면, 대립물의 운동이 새로운 물질의 운동으로 전화된다는 것을 파악할 수 있지만 이러한 개념이 없기 때문에 지젝은 대립의 철저한 관철은 대립물의 상호

---

940) 지젝, 헤겔 레스토랑-변증법적 유물론의 그늘, 새물결, p.367
941) 앞의 책, p.414

파괴라는 형이상학적인 비극(혹은 희극)으로 나아간 것이다. 자본주의에서 자본가계급과 노동자계급의 대립은 두 계급의 상호 파괴로 끝나며 인류의 존재의 파괴에 있다는 것이 지젝의 인식이다. 이는 지젝이 한편으로 변증법을 운동과 발전의 관점에서 이해하지 못하고 다른 한편으로 20세기 사회주의의 붕괴가 자본주의를 넘어서는 새로운 사회에 대한 인식과 전망을 불가능하게 한다고 보기 때문이다. 혼돈, 카오스, 이것이 지젝의 소위 변증법적 이성의 내용이다.

물질 개념을 부정하는 지젝은 신학적인 주장을 하는데 무로부터의 창조가 그것이다. "태초에(비록 신화적인 태초지만) 실체적 일자는 존재하지 않으며, 없음 자체가 존재한다. 모든 일자는 두 번째로 오며, 이 없음의 자기 관계 맺기를 통해 출현한다. 다시 말해 부정으로서 무는 기본적으로 어떤 것, 실정적인 존재자의 부정이 아니라 자체의 부정이다."942) 모든 일자(즉, 존재 혹은 세계)는 없음(무)의 자기관계 맺기를 통해 출현한다는 것은 세계(일자들)가 없음, 무로부터 출현한다는 말에 다름 아니다. 중세 신학에 대한 과학의 투쟁을 통해 수백년전에 극복되었던 무로부터의 창조라는 발상이 21세기 지금 지젝에 의해 반복되고 있는 것이다. 또한 지젝은 부정은 존재자의 부정이 아니라 부정 자체의 부정이라고 한다. 언뜻 매우 변증법적인 주장으로 들리는 이 말은 실제로는 궤변에 지나지 않는다. 현실에서, 이 세계에서 부정, 무는 존재로부터 분리되어 있지 않다. 존재 자체가, 존재와 비존재(무, 부정)의 통일이다. 존재와 비존재의 통일로서 운동, 삶이 현실적 대상, 사물의 변증법적 과정이다. 존재가 사멸하는 것은 존재 자체에 부정, 무가 있기 때문이다. 그리고 부정은 부정 자체를 부정하는 것이 아니라 존재 혹은 대상을 부정하는 것이기에 대상은 새로운 대상, 새로운 존재

942) 앞의 책, p.679

로 전화하게 된다. 이러한 것이 현실의 변화를 가리키는 것인데 변화 자체를 부정하는 지젝은 부정 자체에 대한 부정, 무에 대한 무라는 공허한 궤변을 마치 변증법적 인식인 것처럼 포장하고 있는 것이다.

그러면 지젝이 현실에 개입하는 철학자라는 점에서, 자본주의에 대한 비판을 소리높여 외치는 반자본주의자라는 점에서 지젝이 자유라는 개념에 대해 어떠한 입장을 갖고 있는지 살펴보자. 지젝은 자유를 현실과 무관한 것으로 본다. "우리가 '진정으로' 그리고 '철저하게' 자유로워지려면 우리의 자유로운 행위에 어떠한 실정적 내용도 연루되어서는 안된다는 조건이 따라야 한다."943) 어떠한 실정적 내용, 즉 현실과 관계된 내용도 자유에 연루되어서는 안된다는 주장, 이 주장을 어떻게 보아야 하는가? 현실은 원인과 결과 관계가 기계적으로 관철되는 영역이므로 자유는 그 영역으로부터 자유로워야 한다는 주장으로 들린다. 그러나 현실적 필연성과 무관한 자유가 성립가능할까? 이러한 자유와 필연성간의 관계의 문제에 대해 지젝은 다음과 같이 말한다. "…자유는 파악된 필연성(스피노자부터 헤겔 그리고 전통적인 마르크스주의자들에 이르기까지 널리 사용된 논리)도 또 간과된(무시된) 필연성(인지과학과 뇌과학의 명제. 즉 자유는 우리 의식을 규정하는 생명-뉴런 과정을 모르는 우리 의식의 '사용자의 환상'이다)도 아니라 상정된 것이자 미지의 것/알려질 수 없는 것으로서의 필연성이라는 것이다."944) 인식된(파악된) 필연은 맑스주의에서 자유의 기초로서 작용하는 개념이다. 인식된 필연에 기초하여 자기 자신과 자연을 지배하는 것이 곧 자유라고 엥겔스는 말한 바 있다. 간과된(무시된) 필연은 자신에게 관철되는 필연을 모르고 있다는 점에서 환상적인 자유, 즉

---

943) 앞의 책, p.388
944) 앞의 책, p.396

현실적인 비자유를 말하는 것이다. 그러면 알려질 수 없는 것으로서의 필연은 무엇인가? 필연이라는 점에서 우리를 규정하는 것은 분명하지만 알려질 수 없기 때문에, 즉 우리가 알 수 없기 때문에 우리는 그것에 종속될 수밖에 없다. 그러나 이것이 자유인가? 필연에 대한 종속은 자유가 아니라 부자유이다. 그런데 이러한 것을 소위 자유라고 주장하는 지젝은 결국은 자유에 있어서 신 개념을 끌어들인다. "이러한 의미에서 도스토옙스키는 옳았다. 즉, 자유를 주는 것은 ― 신이 욕망하는/결핍되어 있는 타자를, 타자 속의 결여를 가리키는 이름인 한 ― 인격화된 신이다. … 만약 나의 존재의 실체가 완전한 인과관계적 망이 아니라 존재론적으로 불완전한 장이면 나는 자유롭다."945) 자유를 주는 것은 (인격화된) 신이라는 이 과감한 주장! 이것은 종속된 자유에 지나지 않으며 인간은 스스로 자유를 쟁취할 수 없고 결국은 신에 의해 자유를 부여받는다는 주장에 지나지 않는다. 또한 인과관계의 망이 아니라 존재론적으로 불완전할 때 자유롭다는 것은 현실로부터 분리되는 불완전한 존재일 때 비로소 자유롭게 된다는 것이며 이는 현실에서는 결코 자유로울 수 없다는 궤변에 지나지 않는다. 인간은 현실에서는 스스로 자유로울 수 없는 존재라는 것! 이것이 지젝의 결론이다.

자유에 대해 이렇게 비과학적인 사고를 하는 지젝은 사회이론에 있어서는 어떠한가? 지젝은 사회적 생산의 최고형태는 상인의 생산이라는 허황된 주장을 한다. "시장 생산에서 나는 나 자신의 욕구와는 무관한 대상을 제조하는 것이다. 따라서 사회적 생산의 최고형태는 상인의 생산이다."946) 자신의 욕구를 위한 생산은 전형적인 사적 생산이다. 그리고 자신의 욕구가 아닌 생산 예를 들면 시장을 위한 생산은 사회적 생산이라 할 수 있다.

---

945) 앞의 책, pp.477-478
946) 앞의 책, p.372

그런데 시장을 위한생산이 사회적 생산의 최고형태인가? 시장을 위한 생산이 아니라 사회를 위한 생산은 그야말로 사회적 생산의 최고형태가 아닌가? 시장을 넘어서는 '사회를 위한 생산', 즉, 사회주의적 생산은 지젝의 관념에는 존재하지 않는다. 이는 한편으로 20세기 사회주의 붕괴로 인해 지젝이 인식한 사회주의의 불가능성 때문이기도 하지만 다른 한편으로는 지젝이 과학적인 정치경제학에 대해 무지하기 때문이다. 자본주의는 사회주의로 전화되는 것이 아니라 대립물의 상호파괴(자본가계급과 노동자계급의 상호파괴)로 끝난다는 것이 지젝의 논리이다. 그러나 20세기 사회주의는 비록 그 대부분이 붕괴되었지만 하나의 역사적 사실로서 시장을 위한 생산을 넘어서는 사회를 위한 생산의 전형을 보여주었다. 계획경제는 그 자체가 사회를 위한 생산을 전제하는 개념이다. 따라서 지젝과 같이 대립물의 상호파괴라는 관점에서 시장을 위한 생산을 사회적 생산의 최고형태로 파악하는 것이 아니라 사회를 위한 생산의 과거, 현재, 미래를 검토, 연구하는 것이 올바른 태도이다.

지젝은 스스로 자신의 한계를 다음과 같이 밝힌다. "그리고 만약 20세기 역사로부터 배울 수 있는 교훈이 있다면 이 세기 안에 일어난 모든 극단적 현상들은 결코 단일한, 모든 것을 아우르는 철학적 내러티브 안에 통일될 수 없다는 것이 아닐까? 즉, 도저히 기술의 진보, 민주주의의 등장, 공산주의 실험의 실패, 파시즘의 공포들, 식민주의의 점진적 종말을 통일시켜 '20세기의 정신현상학'을 쓸 수는 없을 것이다."947) 20세기의 역사발전을 통일적으로 인식하는 것은 불가능하다는 것이 지젝의 주장이다. 이는 지젝이 20세기 사회주의의 붕괴로 인해 자본주의를 넘어서는 전망을 상실했기 때문이다. 그러나 올바른 관점은 20세기 사회주의의 역사적 '실험'의 성과와 한계, 오류를 진지하게

---

947) 앞의 책, p.412

검토하고 또 20세기, 그리고 21세기의 자본주의 발전이 가져온 현실, 그 진보와 모순을 정확히 파악하는 것이다. 통일적 인식은 이러한 전망 속에서만 가능하다. 왜냐하면 통일적 인식은 제 대상들의 상호연관을 분명히 하고 하나의 총체성 속에서, 하나의 역사적 과정으로, 운동으로 파악하는 것이기 때문이다. 지젝은 카오스라고 하지만 혼돈 속에 관철되는 필연성, 법칙성들을 찾아낼 때 20세기의 전 역사적 과정의 통일성은 파악될 수 있다. 그러나 지젝은 '객관적' 현실이라는 개념을 부정하기 때문에 지젝에게서 이를 기대하는 것은 무리이다.

한편 자본주의에 대한 인식에서 지젝은 결정적인 오류를 범한다. 즉, 생산수단에 대한 사적 소유의 문제의 중요성을 간과하는 것이다. 지젝은 현대 자본주의에서 기업의 소유와 경영이 분리되는 현상, 기업이 자신의 자본이 아닌 부채로 경영하는 것이 일반화된 현상을 가리키면서 "빌 게이츠와 함께 '생산수단의 사적 소유'라는 개념은 무의미해졌는데, 적어도 표준적인 의미에서는 그렇다."[948]라고 파악한다. 그러나 지젝의 이러한 인식은 매우 안이한 인식이다. 왜냐하면 현대 자본주의의 모든 문제는 바로 (생산수단에 대한) 사적 소유의 문제에서 비롯되기 때문이다. 실업, 빈곤, 과잉생산, 환경파괴 등등의 현대 자본주의의 문제는 사회를 위한 생산이 아니라 시장을 위한 생산, 사적 소유, 생산수단에 대한 사적 소유의 문제에서 비롯되는 것이다. 지젝은 사적 소유라는 관계가 자본주의 발전에 따라 변화하는 현상에 사로잡혀서 그 본질이 변화하는 것인 양 착각하고 있다. 자본주의의 극복은 생산수단에 대한 사적 소유를 철폐하고 그것을 사회적 관계로 전화시키는 것, 사회주의 생산관계의 수립에 달려 있다는 것은 21세기 지금도 여전한 진실이다.

지젝은 ≪레닌 재장전≫, ≪지젝이 만난 레닌≫ 등의 저작에서

---

948) 앞의 책, p.458

656

마치 자신이 레닌주의를 옹호하는 듯한 외관을 가지려 한다. 그러나 지젝이 헤겔을 언급하면서 헤겔의 변증법을 거세하듯이 지젝이 언급하는 레닌은 혁명적 노선이 거세된 레닌이다. 이를 가리켜서 지젝은 다음과 같이 말한다. "핵심은 레닌으로 회귀하는 것이 아니라, 키르케고르적인 의미에서 레닌을 반복하는 것이다."949) 이는 레닌에게서 혁명성과 과학성을 거세하고 레닌을 부르주아적으로 비틀겠다는 것을 의미한다. 그러면 지젝이 레닌을 어떻게 비틀고 있는지 살펴보자.

지젝은 레닌이 ≪유물론과 경험비판론≫에서 강조했던 물질 개념의 의의, 즉 의식으로부터 독립된 객관적 실재라는 개념을 다음과 같이 비틀고 있다. "따라서 문제는 의식 외부에 의식으로부터 독립한 실재가 있느냐 없느냐가 아니라, 의식 자체가 실재의 외부에 실재로부터 독립해 있느냐 아니냐다"950) 물질개념을 '신성한 물질'이라고 거부하는 지젝의 입장에서는 레닌의 핵심적 주장을 비틀어서 왜곡하고 부정하는 것이 중요한 듯하다. 그러나 지젝은 여기서 기본적인 오류를 범하고 있다. 의식으로부터 독립된 객관적 실재는 물질을 가리키는 개념으로서 인식론적 범주의 문제이다. 그런데 지젝이 이를 비틀어서 의식 자체가 실재의 외부에 있느냐 아니냐라고 설정하는 문제는 인식론적 범주가 아니라 존재론적 범주이다. 의식 자체는 실재의 외부에 있지 않다. 의식은 뇌라는 물질의 성질로서 이 세계, 물질적 세계의 일부분이다. 여기서 지젝은 인식론적 범주의 문제와 존재론적 범주의 문제를 혼동하고 있다. 레닌은 물질 개념에 대한 정의를 내리면서 의식으로부터 독립한 객관적 실재를 가리키는 '철학적 범주'라고 했다. 이는 의식과 물질의 대립은 철학적 영역 내의 문제, 즉 인식론적 차원의 문제라는 것이다. 따라서 의

949) 지젝, 지젝이 만난 레닌, 교양인, p.21
950) 앞의 책, p.291

식과 물질의 대립을 인식론적 범위를 넘어서서 현실의 대립, 존재론적 대립으로 확장하면 그것은 세계에 대한 이원론이 된다. 그런데 지젝은 이렇게 레닌이 제기한 것이 인식론적 차원이었다는 것을 무시하고 의식의 실재로부터의 독립성이라는 존재론적 물음을 제기한 것이다. 이는 인식론을 존재론으로 바꿔치기하여 레닌을 비틀면서 물질개념의 인식론적 의의를 부정하는 것이다. 지젝의 이러한 방식은 비단 이 문제에 국한된 것이 아니라 지젝의 저작 여러 곳에서 사용되는데 이는 철학적 개념에 익숙하지 않은 대중을 기만하는 것이다.

지젝은 레닌의 당에 대한 핵심적 테제, 즉 '외부로부터'라는 테제를 악명높은 것으로 주장한다. "물론 레닌주의 정당이 외부로부터 노동계급에 도입하는 악명 높은 "지식" 역시 정신분석의 지식(으로 여겨지는 것)과 성격이 같다."⁹⁵¹⁾ '외부로부터'라는 정식은 사회주의 의식은 자본가와 노동자의 직접적 대립(경제투쟁)의 영역에서는 스스로 자라나올 수 없고 자본주의에 대한 과학적 분석의 영역으로부터 도입될 수밖에 없다는 의미이며 사회주의당의 역할은 바로 여기에서 주어지는 것이다. 그런데 지젝은 노동자계급과 사회주의의 결합을 위한 핵심 고리가 되는 '외부로부터' 정식의 의의를 부정함으로써 사회주의당을 공격하고 레닌주의를 훼손하고 있다. 사실 사회주의 운동은 대중의 자생적 운동과 달리 목적의식적 운동을 본질로 하는 것이 아닌가? 지젝이 '외부로부터'라는 정식을 부정하는 것은 자신이 반자본주의를 표방하고 있음에도 불구하고 자본주의를 현실로 극복하려는 사회주의 운동, 그 당들과는 선을 긋겠다는 것에 다름 아니다.

지젝은 지금도 왕성하게 활동하는 철학자이며 많은 정치적 담론을 쏟아내는 사람이다. 그러나 그는 20세기 사회주의의 실패

---

951) 앞의 책, p.302

에 대한 과학적 고찰에 실패하면서 기존의 역사적 사회주의와 사회주의이론에 대한 불신을 조장하는 역할을 해왔다. 지젝의 방법론은 냉소적인 접근이다. 지젝이 말하는 변증법은 과학으로서의 변증법과는 거리가 멀다. 또한 현실의 객관성을 부정하고 카오스(혼돈)으로 귀결되는 것이 변증법이라는 주장은 동유럽 지식인의 현재의 황폐화된 정신세계를 보여준다. 지젝은 이 모든 엉터리같은 주장을 스탈린주의에 대한 비난으로 정당화한다. 그러나 자본주의를 님어서는 21세기 사회주의는 가능하며 필연적이다. 이를 위해서는 지젝과 같은 혼돈과 단절하고 20세기 사회주의에 대한 과학적 접근을 해야 하며 그리고 자본주의사회의 모순에 대해 맞서 싸워나가는 전략을 수립할 필요가 있다.

12. 자율주의

쏘련 붕괴 후에 한국 사회운동에는 청산주의가 거세게 몰아쳤고 또 운동의 깃발을 고수하는 진영에서도 뜨로츠키주의, 신좌파 흐름 등이 대두되었다. 그리고 그 과정에서 자율주의라는 무정부주의가 나타났는데 쏘련을 필두로 한 20세기 사회주의에 대한 부정, 계급투쟁 노선의 청산, 이행기에서 국가의 필요성의 부정 등을 내용으로 하였다. 자율주의는 유럽에서 68혁명 후에 나타났는데 68혁명이 맑스-레닌주의적인 공산당 중심의 계급투쟁 노선을 부정하는 신좌파적인 흐름을 창출하는 가운데 그것의 하나의 지류로서 이탈리아에서 무정부주의적인 자율주의가 나타났던 것이다. 자율주의는 자본주의에서 무계급사회로의 이행기에 국가의 필요성을 부정한다는 점에서 무정부주의이지만 맑스 당시의 무정부주의와 다른 점은 푸코, 들뢰즈 등의 철학적 개념을 차용하면서 계급투쟁 개념을 부정한다는 점이다. 그러면 자율주의의 무정부주의적 성격을 중심으로 고찰하면서 이들이 제출하고 있는 제국 개념, 다중(多衆) 개념 등을 차례로 살펴보도록 하자.

자율주의의 대표자인 네그리의 ≪디오니소스의 노동≫의 역자 서문에서 이원영은 쏘련에 대해 다음과 같이 규정한다. "그러나 영구혁명의 이념이 일국 사회주의라는 국가주의 속에 봉쇄된 이후 '현실 사회주의'는 코뮤니즘으로의 이행체제가 아니라 국가에 의한 자본의 관리체제, 자본주의적 노동강제의 계획화 체제로 전화했다."[952] 여기에서 쏘련은 뜨로츠키의 영구혁명 노선이 패배한 후에 국가에 의한 자본주의로 전화되었다고 파악되고 있다. 이러한 파악은 한국에서 자율주의적 흐름이 처음에는 쏘련 붕괴 후에 뜨로츠키주의적 사고에서 출발하여 자율주의로

---

952) 안토니오 네그리, 마이클 하트, 디오니소스의 노동 I, 갈무리, pp.8-9

660

까지 나아갔다는 것을 시사한다. 뜨로츠키 노선의 패배가 곧 자본주의노선으로의 전환이었다는 사고는 전형적인 뜨로츠키주의적 사고이기 때문이다. 그리고 네그리 자신 또한 무정부주의자라는 점에서 국가가 존재하는 쏘련을 코뮤니즘으로의 전환이 좌절된 일종의 억압체제, 자본주의체제라고 보는 것은 이원영씨와 동일하다. 네그리는 "마르크스주의를 현실 사회주의의 역사로 환원하는 것은 도무지 터무니없는 것이다"953)라고 규정한다. 이는 네그리 자신이 맑스주의자임을 자처하면서 쏘련은 맑스주의의 실현이 아니었다고 주장하는 것인데 네그리는 맑스가 자본주의에서 무계급사회로의 이행기에 국가의 필요성, 프롤레타리아 독재의 필요성을 강조했다는 것은 무시하고 있다. 네그리는 맑스주의의 실제 내용에 대해서도 일정하게 왜곡되게 이해하고 있다. "마르크스는 "코뮤니즘은 사물의 현존 상태를 파괴하는 현실적 운동이다"라고 쓴 바 있다."954)라고 네그리는 파악하고 있다. 인용의 출처가 없는 이 문장은 맑스의 ≪독일 이데올로기≫의 한 구절로 보인다. 원래의 구절을 인용해 보면 "우리에게 있어서 공산주의란 조성되어야 할 하나의 상태, 현실이 이에 의거하여 배열되는 하나의 이상이 아니다. 우리는 현재의 상태를 지양해 나가는 현실적 운동을 공산주의라고 부른다. 이 운동의 조건들은 현재 존재하고 있는 전제로부터 생겨난다."955)이다. 원래의 문장과 네그리의 인용의 차이는 바로 파괴인가 지양인가라는 점에 있다. 네그리는 현존 상태의 '파괴'라고 하고 있지만 맑스는 '지양'이라고 하고 있다. 무정부주의의 입장에서는 현존 상태의 파괴가 타당한 것이지만 변증법을 자신의 것으로 하는 맑스에게 있어서는 현존상태의 지양(보존하는 동시에

953) 앞의 책, p.29
954) 앞의 책, p.31
955) 맑스, 엥겔스, 칼 맑스 프리드리히 엥겔스 선집 1권, 박종철출판사, p.215

극복하는 것)이 곧 운동이다. 이렇게 네그리는 맑스를 왜곡되게 이해하고 있는데 무정부주의 입장에서 맑스의 변증법적 과학은 제대로 파악이 안되는 것이다.

네그리는 가치법칙이 곧 착취관계의 표현이라고 주장한다. 네그리는 ≪정치경제학 비판 요강≫에서 맑스가 가치법칙을 착취법칙으로 제시했다고 주장한다. 또한 네그리는 "화폐가 가치법칙이 작동하도록 하는 유일한 형태"956)라고 주장한다. 또한 "가치 유통 및 지배의 수단으로서의 화폐 등의 파괴없이 혁명은 없다"957)고 네그리는 주장하는데 이러한 주장은 혼란된 것이다. 네그리가 맑스의 주장을 이렇게 왜곡되게 이해하는 것은 자신의 무정부주의적 주장을 합리화하기 위한 것이다. 가치법칙이 곧 착취법칙이라는 것은 가치법칙과 잉여가치법칙을 혼동하는 것이다. 가치법칙 자체는 상품생산과 교환의 법칙으로서 상품에 들어 있는 가치는 그것의 생산에 (사회적으로) 필요한 노동이 응고된 것임을 가리키는 것이다. 그리고 노동력이 상품으로 되기 전 단계의 상품생산과 교환(소상품생산)에서는 가치법칙은 존재하지만 착취관계는 존재하지 않는다. 즉, 가치법칙이 곧 착취법칙인 것은 아니다. 그리고 노동력이 상품이 되었을 때 가치법칙은 잉여가치 법칙으로 발전되어 착취관계를 표현하게 된다. 뿐만 아니라 화폐가 발생하기 전에도 상품생산과 교환이 있었는데 그때에도 가치법칙은 작동하는 것이다. 따라서 화폐가 가치법칙이 작동하는 유일한 형태라는 네그리의 주장은 잘못된 것이다. 화폐의 발생은 상품생산과 가치법칙의 작동이 장구한 시일을 경과한 후에 이루어진 것이다. 이렇게 가치법칙과 잉여가치법칙, 화폐의 문제를 혼란되게 이해하고 있기 때문에 네그리는 화폐의 폐지없이 혁명은 없다고 주장하고 있는 것이다. 이

---

956) 네그리, 맑스를 넘어선 맑스. 중원문화, p.91
957) 앞의 책, p.95

는 네그리가 이해하는 혁명이 국가의 즉각적인 폐지와 상품생산의 즉각적인 폐지를 가리키기 때문이다. 그러나 그러한 혁명은 무정부주의자의 사고에만 존재하며 현실에서는 불가능하고 현실에서 혁명은 프롤레타리아 독재라는 국가의 존재, 그리고 상품생산이라는 자본주의 유물과의 오랜 기간의 싸움을 거치는 과정이다.

가치법칙이 곧 착취법칙(잉여가치법칙)이라고 파악하는 네그리는 서기서 너 나아가 가치법칙의 위기를 말하면서 지금은 "가치법칙이 폭파되었다"[958]고 주장한다. 그러면서 네그리는 가치법칙을 통한 자본의 착취관계가 가치법칙의 소멸을 통해 국가의 명령에 의한 생산으로 변화되었다고 주장한다. "탈근대성의 헌법의 물질적 기초들은, 그것이 정치적·통치적 현실인 한에서, 자본이 더 이상 사회적 생산과 어떠한 관계도 없다는 사실로부터 유래한다. 사회적 생산과 관련된 탈근대적 국가의 개념은 명령을 통한 상품생산으로 정의될 수 있다."[959] 가치법칙이 탈근대사회로 넘어오면서 소멸했고 그리하여 자본의 착취관계를 통한 상품생산은 국가의 명령에 의한 상품생산으로 전화되었다는 것이다. 이러한 파악은 매우 많은 개념의 혼동을 보여주는데 첫째, 가치법칙이 곧 착취법칙인 것은 아니라는 점을 혼동하고 있고, 둘째, 명령에 의한 상품생산이라는 것은 실은 국가가 경제에 전면 개입하는 국가독점자본주의의 현상을 왜곡되게 이해하는 것에 지나지 않는 것이다. 1930년대 대공황을 거치면서 그리고 2차 대전 이후에 국가는 경제전반에 개입하게 되었는데 이것이 네그리에 의해 가치법칙의 소멸과 국가의 명령에 의한 상품생산으로 인식된 것이다. 그러나 국가가 경제에 전면 개입하는 상황에서 혹은 국가독점자본주의 하에서 가치법칙은 소멸

---

958) 네그리, 하트, 디오니소스의 노동 I, 갈무리, p.41
959) 네그리, 하트, 디오니소스의 노동 II, 갈무리, p.190

하지 않는다. 국가가 경제에 개입하더라도 자본의 지배가 사라지는 것이 아니고 따라서 상품생산이 사라지는 것도 아니다. 상품생산이 사라지지 않는다면 국가가 개입하더라도 가치법칙은 작동하는 것이다. 왜냐하면 상품생산 하에서는 가치법칙 혹은 가치 개념을 배제하고는 생산물의 교환 자체가 불가능하기 때문이다. 그러나 네그리는 여기에 그치는 것이 아니라 이러한 상황인식을 전략적 차원으로 상승시키는데 그것이 곧 시민사회의 소멸이라는 주장이다.

자본주의 사회에서 시민사회는 국가와 분리된 영역으로 파악된다. 시민사회는 경제적 생산관계의 영역, 사적인 영역, 시민으로 활동하고 생활하는 영역이라 할 수 있다. 수많은 부르주아 혁명들은 바로 국가로부터 시민사회의 분리를 이루어내어 소유권의 보장, 사상의 자유, 집회·결사의 자유 등의 정치적 자유의 보장을 이루어낼 수 있었다. 이것이 국가와 시민사회의 분리의 현실적 의미이다. 그런데 네그리는 탈근대사회가 되면서 시민사회가 국가에 흡수, 종속되었다고 파악하면서 시민사회의 내용을 가리키던 노동조합, 단체교섭 등이 무력화되는 현실을 보면서 이것을 시민사회의 소멸로 파악한 것이다. "근년에 들어, 국가와 제도적 노동의 변증법, 그리고 또 단체교섭의 메커니즘들이 점차 무대로부터 사라졌다. 실질적 포섭의 사회에서 이 변증법은 더 이상 핵심적 역할을 차지하지 못한다. 그리고 자본은 더 이상 생산의 핵심에 노동을 고용하거나 노동을 재현할 필요가 없다. … 국가는 더 이상 합법화와 훈육의 매개적 메커니즘에 대한 필요를 갖고 있지 않다: 적대들은 부재하며 (혹은 눈에 보이지 않으며) 합법화는 동어반복으로 되었다. 실질적 포섭의 국가는 이제 더 이상 매개에 관심을 갖고 있지 않으며 분리에 관심을 갖고 있다. 그리고 이리하여 사회적 변증법의 장소로서의 시민사회의 제도들은 점차 자신들의 중요성을 상실했다. 국가가 아

664

니라 시민사회가 사멸했다."960) 이러한 네그리의 인식은 눈에 보이는 현상은 대략 설명하고 있으나 수많은 개념을 혼동하면서 과학적 인식에는 실패하고 있다. 네그리가 고찰하는 20세기 중·후반의 서유럽의 상황은 노동운동이 개량화되면서 서서히 무력화되던 상황이었다. 또한 시민사회는 국가독점자본주의 하에서 역동성을 상실하고 국가가 노동자계급을 통제하는 장소, 위상으로 변모되고 '적대가 부재'하는 모습이 되었다. 그러나 이러한 상황이 곧 시민사회의 소멸을 의미하지는 않으며 자본의 노동에 대한 실질적 포섭이라는 개념 자체가 시민사회의 소멸을 강제하는 것도 아니다. 자본의 노동에 대한 실질적 포섭이 강화되더라도 그것은 노동에 대한 자본의 가일층의 억압을 의미하며 따라서 노동자의 단결의 경향을 제거할 수 없고 노동자의 단결이 이루어지는 공간인 시민사회 또한 사라질 수는 없는 것이다. 따라서 네그리의 시민사회의 국가에의 종속 혹은 시민사회의 소멸이라는 인식은 국가독점자본주의라는 개념을 거부하면서 비롯된 뒤틀린 인식, 무정부주의적 인식에 지나지 않는다. 국가독점자본주의 하에서 노동에 대한 자본의 관계, 착취관계가 사라지는 것은 전혀 아니다. 또한 국가와 자본의 관계는 국가독점자본주의 하에서 더욱 더 결합, 융합되는데 그것의 본질은 사적 독점자본에 대한 국가의 전면적인 종속에 지나지 않는다. 그런 점에서 네그리가 시민사회의 소멸을 주장하는 것은 무정부주의의 입장에서 모든 초점을 국가의 폐지에 맞추기 위한 자의적인 논리에 지나지 않는다. 가치법칙의 폭파 → 시민사회의 소멸 → 국가 혹은 주권에 대한 부정이 네그리의 무정부주의적 논리의 맥락이다. 그러나 그 과정에서 네그리는 매우 비과학적으로 논리의 오류를 범하고 있는데 가치법칙과 잉여가치법칙을 혼동하는 점, 국가와 시민사회의 분리의 의미를 잘못 이해하는

---

960) 앞의 책, pp.137-138

점, 국가와 (독점)자본의 관계에 대해 잘못 이해하는 점 등이 그러하다.

네그리는 다음과 같이 자본주의에서 무계급사회로의 이행에서 국가의 필요성을 부정한다. "코뮤니즘은 협력적이고 비물질적인 산 노동의 생산성 외부의 행위자들을 전혀 필요로 하지 않는다. 이행은 국가에 대한 필요를 전혀 갖고 있지 않다."961) 비물질적인 산 노동은 그 자체의 힘으로 협력하면서 '코뮤니즘'을 건설할 수 있기 때문에 자본주의 국가가 폐지된 후에는 국가의 필요성, 프롤레타리아 독재의 필요성이 전혀 없다는 것이다. 이는 전형적인 무정부주의적 논리인데 다만 과거 무정부주의와 다른 점은 '비물질적인 산 노동'이라는 개념을 사용한다는 것이다. 과거 새로운 사회의 주체였던 산업 프롤레타리아트는 탈근대사회가 되면서 헤게모니를 상실하고 정보, 지식 등의 산업에서 노동하는 사람들을 중심으로 한 다중(多衆)이 새로운 사회의 주체로서 즉각적으로 '코뮤니즘'을 건설할 수 있다는 것이다. 그러나 이것은 무정부주의라는 점을 떠나서 보더라도 매우 비과학적이고 공상적인 것이다. 산 노동이 해방되었을 때 그것이 새로운 사회의 건설의 원동력이 된다는 것은 맞는 것이다. 그러나 그러한 산 노동이 계급으로 조직되지 않고서 무정형적인 다중으로 머물러 있다면 자본주의 잔재의 척결, 제국주의의 위협에 대한 대처, 사회를 이루는 다양한 층들의 차이의 점차적인 제거 등을 어떻게 이룰 수 있다는 것인가? 자본주의 이후의 문제에서 그렇다면 자본주의 하에서 해방을 위해 투쟁을 조직하는 것이 다중으로 어떻게 가능하다는 것인가? 다중 또한 자본가가 아닌 이상 가진 것이 없는 사람일텐데 그들이 통일적인 조직이라는 무기없이 느슨한 네트워크만으로 자본주의를 폐지하는 것이 어떻게 가능하다는 것인가? 이러한 나약한 공상은 자율주의가 푸

961) 앞의 책, p.179

코, 들뢰즈 등의 철학을 통해 신좌파적으로 변형된 무정부주의이기 때문이다. 계급없는 투쟁, 계급투쟁을 떠난 저항이라는 신좌파의 논리가 무정부주의적으로 변형된 것이 바로 자율주의인 것이다.

신좌파적인 무정부주의! 이들은 무정부주의라는 점에서 겉으로는 매우 급진적인 외양을 띠지만 그것의 내용은 신좌파적인 나약한 것밖에는 없다. 이들이 제출하는 제국이라는 개념, 그리고 다중이라는 개념 또한 그 내용을 보면 매우 나약하고 비과학적일 뿐만 아니라 현실의 계급투쟁의 이론과 전선을 해체하려 한다는 점에서 보면 매우 해로운 것이다. 그러면 네그리가 제출한 제국 개념과 다중 개념을 차례차례 검토해보자.

네그리는 ≪제국≫에서 "전 지구화된 현대 세계에서의 일반적인 권력론"962)을 제시하려 한다고 한다. 세계화 혹은 지구화라는 조건에서 그러한 지형 전체를 관통하는 권력론을 세운다는 것 자체는 좋은 것이다. 그러나 그러한 시도는 곧바로 기존의 레닌주의적인 제국주의 개념에 대한 부정으로 나아가고 있다. "달리 말하면, 우리의 애초의 가설은 제국주의는 더 이상 전 지구적 권력 구조를 이해할 수 있는 적합한 개념이 아니라는 것이다."963) 네그리가 이렇게 제국주의를 부정하는 근거를 보면, 제국주의는 근대적 주권국가의 팽창인데 세계화, 지구화된 지금에서 근대국가의 주권이 전 지구적 권력인 제국으로 이전되었기 때문에 제국주의 개념은 더 이상의 적합성이 없다는 것이다. 따라서 네그리의 제국 개념에 대한 고찰에서 관건적인 것은 근대국가의 주권이 과연 전 지구적 권력체계에 이양되었는가를 밝히는 것이다.

네그리는 제국주의에서 제국으로 이행에서 미국의 예외적 역할

962) 네그리, 하트, 제국, 이학사, p.11
963) 앞의 책, p.12

을 강조한다. 미국은 전 세계에서 예외적 위치를 차지하고 있는 데 자신의 국민적 이익이 아니라 전 인류의 이익의 이름으로, 군사력을 행사하고 세계질서를 좌우하며 이러한 미국의 예외적 지위와 더불어 초국적 기업과 WTO, IMF, UN 등의 세계적 기구를 통해 근대 국가의 주권이 전 지구적 권력인 제국으로의 이양되었기 때문에 근대국가의 확장인 제국주의 개념은 더 이상 타당하지 않다는 것이다. 미국의 군사력 행사, 예를 들면 1991년의 이라크에 대한 미국의 침략이 인류의 이익때문인지, 아니면 미국의 제국주의적 이익 때문인지는 잠시 논외로 접어두자. 보다 중요한 것은 근대 국민국가의 주권이 제국이라는 전 지구적 권력체계로 이양되었는가 여부이다. 네그리는 세계 사회주의 진영의 붕괴, 그리고 걸프전 이후 제국이 형성되었다고 본다. 그리고 그 제국은 특정국가의 주도성이 관철되는 것이 아니라 전 지구적 네트워크로 운영된다고 주장한다. 그러나 이러한 주장은 실제로는 사회주의 진영 붕괴 후로 회자되었던 팍스아메리카나, 혹은 미국주도의 세계화를 가리키는 것에 지나지 않는다. 그리고 결정적으로 과연 근대 국민국가의 주권이 그러한 세계적 권력, 제국으로 이양되었는가 하면 그렇지 않다는 것이 중요하다. 팍스 아메리카나 혹은 세계화, 지구화 시대에도 근대적 국민국가는 여전히 국가권력 혹은 주권이라는 점에서 보면 세계질서의 관적적인 요소이다. 미국의 위세 그리고 세계적인 네트워크화, 세계화의 진전에도 불구하고 근대적 국민국가는 약화되기는 커녕 각 국가에서 자본주의 발전에 따라 점차적으로 강화되어 가고 있다. 왜 그런가? 그것은 그 사회가 자본주의 사회인 한, 그리고 세계에서 자본주의 질서가 지배적인 한, 국민국가는 주권의 핵심적인 담당자가 될 수밖에 없기 때문이다. 19세기 근대 유럽에서 자본주의 발전은 상부구조에서 국민(민족)국가의 형성을 가져왔다. 이러한 경향은 2차 대전 후에 식민지 체제가 붕괴하면서 독립한 많은 나라들이 자본주의 발전에 따라 국민(민족)국가를 형성하고 발전해왔다는 것에서도 관철되고 있다. 즉, 자본주의의 상부구조는 국민(민족)국가라는 것이 지난 200여년에 걸친 역사적 진실이다. 그것은 국민국가 혹은 민족국가가 그 나라의 자본주의 발전에 가장 적합한 정치적 형태이기 때문이다. 레닌의 경우 바로 이러한 점을 간파하고 20세기 초에 독립적 민족국가 형성의 자유를 의미하는 민족자결권을 옹호하는 것을 통해 프롤레타리아 해방운동과 민족해방운동의 동맹을 구축했던 것이다.

그러면 네그리가 제국적 주권이라고 부르는 요소들을 살펴 보자. UN은 세계적 기구이지만 실은 주권국가들의 연합에 지나지 않는다. WTO는 세계무역을 관장하지만 주권국가들의 무역질서들을 조정하는 역할에 지나지 않는다. IMF는 어떠한가? IMF는 전 지구적 이익, 인류적 이익이 아니라 소수의 제국주의 국가들의 이익을 위해 활동한다는 것은 그야말로 '전 지구적으로' 알려진 사실이 아닌가? 그러면 예외적 위치라고 네그리가 주장하는 미국은 전 인류의 이익으로 행동하는가? 걸프전이 전인류의 이익의 이름으로 행해졌다는 것은 20세기 내내 존재했던 제국주의 세력의 약소국에 대한 침략이 인류의 이익이라는 이름으로 행해졌던 것과 본질적인 차이가 있는가? 인권이라는 전 인류적 가치는 현실에서는 약소국가를 강대국이 압박하는 장치로 쓰이고 있지 않은가? 네그리는 근대국민국가의 쇠퇴를 하나의 굳어진 경향으로 파악하는데 그렇지 않다. 2008년 이후 세계대공황이 발발한 후에 어느덧 세계화, 지구화라는 구호는 잦아들고 각 국민국가의 이익이 첨예하게 부딪히고 있다. EU의 각국의 재정위기는 국민국가적 틀을 넘어선 EU에서조차 채무국과 채권국간의 이익의 충돌을 나날이 보여주고 있다. 또한 미국은 최근에는 세계화, 지구화라는 구호와 정반대되는 행보를 보이고 있는데 자국에서의 생산의 증대를 위해 보호주의적, 고립주의적 경향을 보이고 있다. 또 G2로 떠오르고 있는 중국은 미국을 대신해서 세계화를 이끌겠다고 하면서도 실은 '중화민족의 꿈'의 실현을 모토로 하고 있다. 이렇듯이 사적 소유를 본질로 하는 자본주의 하에서 주권의 형태의 본질적인 요소는 국민국가, 민족국가가 될 수밖에 없다. 따라서 지구화 시대에는 주권이 국민국가에서 제국으로 이전되었다고 하는 네그리의 주장은 팍스아메리카나, 그리고 세계화, 지구화 시대라는 구호에 취해서 자본주의 현실을 보지 못하는 공상에 지나지 않는다.

사실 네그리의 제국이라는 주장은 새로운 것이 아니다. 레닌은 일찍이 네그리가 주장한 제국 개념과 같은 내용을 초제국주의라는 개념으로 검토한 바가 있다. 레닌은 ≪제국주의론≫에서 카우츠키가 초제국주의를 주장한 것을 비판한 바 있다. 제국주의의 발전은 결국은 세계적인 트러스트(연합)으로 귀결될 것이라는 카우츠키의 주장에 대해 비판하면서 레닌은 그러한 초제국주의는 하나의 추상에 불과하며 현실에서는 그러한 초제국주의, 세계적인 트러스트연합에 도달하기 전에 제국주의 모순이 폭발하여 사회주의 혁명이 발발할 것임을 주장했었다. 실제로 네그리는 레닌의 주장에 대해 "세계공산주의 혁명이냐 아니면 제국이냐가 레닌의 저작에 함축되어 있는 선택지"964)라고 파악하는데 이는 네그리의 제국이라는 개념이 실은 레닌이 분석하고 비판했던 초제국주의와 같은 것임을 말해준다. 다만 카우츠키의 초제국주의와 네그리의 제국이 다른 것은 시대적 조건인데 카우츠키의 초제국주의는 제국주의 시대 초기에 추상적 경향성을 말한 것이었다면 네그리의 제국은 쏘련의 붕괴로 인해 찾아온 미국의 시대, 미국 헤게모니 하의 세계화, 지구화시대에 대한 개념화에 지나지 않는 것이다. 그럼에도 레닌이 초제국주

---

964) 앞의 책, p.315

670

의에 도달하기 이전에 사회주의 혁명의 필연성과 현실성을 도출했던 것과 같은 이유로 세계화 시대라 할지라도 주권의 소재는 제국이 아니라 근대국민국가일 수밖에 없다. 세계화 시대에서 자본 간의 경쟁은 과거와 비할 수 없이 치열해질 수밖에 없고 그 자본들이 최후에 의존하는 권력은 국민국가, 민족국가일 수밖에 없기 때문이다.

그리고 제국주의라는 개념은 세계화 시대에 더욱 더 이론적으로 유효한데 왜냐하면 네그리가 제국이라 부르는 세계화, 지구화 시대는 다름 아니라 레닌이 제국주의의 본질이라고 규정한 금융자본의 지배의 전세계적 확장을 의미하기 때문이다. 그리고 제국주의 개념은 세계화시대에 더욱 더 정치적으로 유효한데 왜냐하면 금융자본의 세계적 확장으로 인해 세계질서에 있어서 야수적인 힘의 논리가 강화되고 있는데 이는 기존의 반제국주의 논리를 부정하는 것이 아니라 오히려 강화해야할 필요성을 높이고 있기 때문이다. 더구나 쏘련 등 사회주의진영의 붕괴 이후에 제국주의 세력을 견제할 세력이 사라진 상태에서 제국주의 개념의 부정은 곧 반제투쟁의 약화, 제국주의 강대국에 대한 약소국의 종속의 강화로 귀결될 것이기 때문이다. 따라서 네그리와 같이 제국주의의 부정=제국 논리로 이행하는 것이 아니라 쏘련 붕괴 후의 제국주의 질서에 대한 과학적 분석과 새로운 반제투쟁의 논리를 형성해가는 것이 타당하다. 그런 점에서 볼 때 네그리의 제국 개념의 현실적인 의미는 그가 무정부주의의 입장에서 제국이라는 소위 지구적 권력 개념을 매개로 근대 국민국가에 대한 부정을 수행하고 있는 것에 지나지 않는다. 제국 개념은 실체가 없는 것이고 실제적으로는 현실적인 국가, 즉, 근대 국민국가에 대한 부정만 남아 있는 것이다. 그런 점에서 제국이라는 개념은 신좌파적 무정부주의의 결말이다.

그러면 네그리가 저항의 주체, 나아가 새로운 사회의 주체로 설정하고 있는 다중(多衆)이라는 개념을 살펴보도록 하자. 네그리는 자신의 무정부주의적 관점에 따라 기존의 민중, 대중 개념을 다음과 같이 비판한다. "민중은 저 다양성을 통일성으로 환원하며 인구를 하나의 동일성으로 만든다. 민중은 '하나'이다. … 분명히 대중은 온갖 유형들과 종류들로 구성되어 있다. 대중의 본질은 무차별성이다. … 이 대중은 일치해서 움직일 수 있다. 왜냐하면 그들은 구별적인 동형의 집합체이기 때문이다."965) 이와 같이 네그리는 민중을 하나의 통일성을 갖는 개념이라고 보고 있고 대중은 무차별적이지만 하나의 동형의 집합체라고 보고 있다. 그러면서 자신이 제기하는 다중 개념은 수많은 내적 차이로 구성되어 있다는 점에서 민중과 다르고 동형의 집합체인 대중과도 다르다고 주장한다. 그러면서 다중은 "사회적 다양체가 내부적으로 다르게 남아 있으면서도 공동으로 소통하고 공동으로 활동할 수 있는 것"966)을 가리키는 것이라고 주장한다. 즉, 민중, 대중과 달리 다중은 내부적 차이와 다양성을 내포하면서도 공통성을 추구하는 것이라고 개념 정의되고 있다. 그러나 이러한 네그리의 주장은 매우 피상적이다. 민중 개념이 내적 차이를 전제하지 않는 개념인가 하면 그렇지 않다. 네그리는 민중 개념에 획일성이라는 이미지를 덧씌우지만 민중개념은 수많은 다양성을 내포하면서도 지배질서에 의해 억압받는 점, 그리고 그 지배질서를 변혁해가려 한다는 점에서 동질성을 갖는 것이다. 또한 네그리는 다중을 노동계급과 구별한다. 그는 노동계급을 일컫는 산업노동자계급의 헤게모니가 탈근대사회에서 정보, 지식노동 등을 하는 비물질노동이 지배적이 되면서 사라졌다고 본다. 또한 생산적 노동만이 아니라 기존에 비생산적 노동이라 일컫는 부분까지 포함하여 그것을 사회적 생산이라는 개념으로

---

965) 네그리, 하트, 다중, 세종서적, pp.18-19
985) 앞의 책, p.19

보고 그러한 사회적 생산을 하는 주체를 다중이라 규정한다. 이 것은 기존의 맑스주의에서 노동계급을 가치를 생산하는 생산자로 파악하는 것과는 다른데 이는 네그리가 가치법칙이 탈근대사회에서 폭파되었다고 보는 것의 연장선상에 있는 것이다. 네그리는 계급을 생산수단과의 관계에서 파악하지 않고 나아가 생산수단에 대한 사적 소유의 문제는 탈근대사회에서 의미를 잃었다고 본다. 즉, 네그리는 계급이라는 개념을 원천적으로 부정하고 있다. 이러한 관점, 징확히 말하면 비맑스주의적인 무정부주의적 관점에서 상정되는 것이 바로 다중 개념이다.

무차별적인 대중을 일컫는 것에 지나지 않는 다중 개념에 대해 네그리는 다중이 차이에도 불구하고 공통성을 추구한다는 점 그리고 그들이 가난하다는 점을 들어 저항의 주체라고 한다. 이러한 관점은 한편으로 소박하고 한편으로 낡고 판에 박힌 인식에 지나지 않는데 여기에 대해 네그리는 새로운 옷을 입힌다. 즉, 정보, 지식 등의 비물질노동을 하는 사람들이 헤게모니를 쥐게 되었다고 보면서 이들이 바로 새로운 저항과 새로운 사회의 주체라고 주장한다. 그리고 이를 뒷받침하기 위해 네트워크라는 개념을 사용하는데 새로운 저항주체들은 네트워크로 구성되어 있어서 하나의 중심을 형성하지 않으면서도 전 지구적 투쟁에 나서게 된다고 한다. 이에 따라 네그리는 기존의 중앙집중적인 조직형태의 저항이 아닌 네크워크를 통한 민주적 의사결정구조가 저항의 중심이 된다고 한다. 즉, 전통적인 계급투쟁모델은 의미를 상실하고 무력화되었다고 주장한다. 이러한 다중개념에 대해 네그리는 "특이성들이 공통적으로 공유하고 있는 것을 기초로 해서 행동하는 다중은 능동적인 사회적 주체"이며 "다중은 다양함을 유지하고 내적으로 차이를 유지한다 할지라도 공통적으로 행동할 수 있으며, 따라서 스스로를 지배할 수 있다"[967]고 한다. 언뜻 보기에 이러한 주장은 매우 매력적이다.

특이성을 공유하고 다양성을 유지하면서도 공통적으로 행동한다는 것은 매우 그럴 듯하고 이런 점 때문에 자율주의가 일정한 영향력을 획득할 수 있었다.

그러나 이러한 주장은 현실에서는 무정부주의적인 것에 지나지 않는다. 첫째, 이 주장은 기존의 맑스주의 운동은 특이성을 존중하지 않고 개성이 말살된 운동이라는 주장을 전제하는 것이다. 그러나 이는 마타도어이고 운동의 외부자들에게 맑스주의 운동을 전체주의로 오해하게 하는 것이다. 사회주의 운동, 맑스주의 운동은 변혁운동이며 그것은 객관 세계만 변혁하는 것이 아니라 주체 또한 변혁하는 운동이다. 따라서 그 과정에서 각 주체는 서서히 자신의 주체적 능력을 고양하고 개성을 발전시키게 된다. 둘째, 이 주장은 현실적으로 사회를 변혁해 가는 투쟁의 관점이 될 수 없다. 현실의 계급투쟁의 수행은 특이성을 전제로 하는 공통성이라는 차원에 머물 수 없다. 객관세계에 대한 치열한 탐구, 한국사회의 특수성에 대한 탐구, 정세의 변화에 대한 기민한 반응, 나아가 지배세력의 탄압에 대한 대응 등 계급투쟁의 측면들은 다양하다. 이 과정에서 주체는 객관세계에 대한 이해의 공통성을 세우고 공통의 과제를 도출하고 실행한다. 이러한 전 과정에서 강고하게 조직된 힘이 없다면 아무리 특이성과 다양성을 외친다 해도 투쟁은 승리할 수 없다. 즉, 중앙집중적인 통일이 빠진 상태에서 다양성 속의 공통성이라는 것은 투쟁과 조직에서 무정부주의에 지나지 않는다. 현실의 운동이 발전하고 하나하나의 투쟁이 승리의 길로 가기 위해서는 중앙집중적인 통일 속에서의 다양성, 특이성이 되어야 한다. 네그리는 다양성을 유지한 공통성이라고 하지만 단지 공통성에 그치는 것이 아니라 통일성으로까지 나아가야 한다. 바로 여기에 무정부주의와 맑스주의의 차이가 있다. 계급을 부정하는 네

---

967) 네그리, 앞의 책, p.136

그리는 동의할 수 없겠지만 무산자로서 노동자의 투쟁, 민중의 투쟁은 강력한 조직없이는 불가능하다. 가진 것이 없기에 오직 조직을 통해 뭉칠 때만 힘을 가질 수 있는 것이다. 그러한 조직이 가능해지기 위해서는 네트워크만으로는 부족하고 통일성을 확보하려는 노력이 필요하다. 맑스-레닌주의의 민주주의적 중앙집중주의(민주집중제)라는 원칙은 다양성과 통일성의 결합을 의미하며 현실로 조직과 투쟁을 만들어내면서도 민주성(다양성)의 원리를 실현하여 조직을 살아서 생동치게 하는 것으로 민주와 집중이라는 두 대립물의 통일이다. 네그리가 통일성을 부정하고 회피하면서 내세우는 공통성은 현실에서는 통일성을 위한 치열한 노력을 부정하는 것에 지나지 않는다. 그리고 통일성을 위한 치열한 노력이 없다면 운동의 발전은 고사하고 운동의 성립도 불가능할 것이다.

네그리는 '코뮤니즘'을 민주주의로 표현한다. 다중의 민주주의가 곧 코뮤니즘이라고 보는 것이다. 여기에서도 네그리의 무정부주의적 측면이 드러난다. 민주주의가 국가를 통하지 않고서, 국가를 통해 실현되는 과정없이 코뮤니즘으로 표상된다는 것은 실제로는 민주주의에 대한 공상적 이해를 보여주는 것이다. 민주주의는 그것이 국가라는 강제력에 의해 뒷받침될 때만 현실을 변혁하는 힘을 가질 수 있으며 그러한 과정이 없는 민주주의는 수다쟁이들이 토론에 지나지 않는다. 그리고 엄밀히 따지면 네그리가 코뮤니즘이라 부르는 무계급사회가 되면 민주주의 또한 사멸한다. 그때는 민주주의는 하나의 습관이 되어 더 이상 정치적 성격을 가지지 않음에 따라 소멸하는 것이다. 따라서 네그리의 다중의 민주주의로서 코뮤니즘이라는 주장은 지금의 현실에 있어서도 쓸모없고 미래의 무계급사회에 대해서도 잘못된 것이다.

자율주의는 한국사회에서 쏘련 붕괴 뒤의 청산주의의 한 흐름이 발전한 결과이다. 맑스-레닌주의에 대한 부정이 처음에는 쏘련에 대한 부정과 뜨로츠키주의에 대한 긍정으로, 그 다음에는 푸코, 들뢰즈 등의 신좌파적인 개념의 수용으로 나아갔고 거기서 무정부주의적 관념으로 발전했다. 가치법칙의 폭파, 비물질 노동의 헤게모니 등의 개념은 현란하지만 매우 비과학적인 것이다. 이들은 현실적으로는 계급투쟁 노선의 청산을 가장 철저히 수행했다고 할 수 있다. 이들의 제국 개념은 실제로는 근대 국가에 대한 부정이라는 무정부주의에 지나지 않으며 다중 개념은 계급투쟁에 필요한 통일성에 대한 부정에 지나지 않는다. 다중의 민주주의로서 코뮤니즘이라는 이들의 결론은 신좌파적 무정부주의의 표어라 할 수 있다.

13. 이진경

이진경은 1980년대 맑스-레닌주의 운동을 했으나 쏘련 붕괴 후 그 운동을 청산하고 한국 사회의 운동에 청산주의를 확대시키는 역할을 해왔고 지금도 하고 있다. 처음에는 알튀세르 등을 도입하여 맑스-레닌주의에서 이탈하고 그리고는 푸코, 들뢰즈 등의 프랑스 철학을 보급해 왔으며 이들의 신좌파적 노선에 따라 계급투쟁 노선을 해체하는 길을 걸어왔다. 이진경은 쏘련의 붕괴라는 사태에 대해 과학적인 접근을 하는 것이 아니라 근대성에 대한 고찰, 노동가치론에 대한 해체, 철학에서 물질개념이 사라진 유물론 등 맑스주의의 골간에 해당하는 원칙들을 해체해왔다. 그는 이를 외부성에 의한 사유, 외부성에 의한 정치로서 코뮨주의라는 개념으로 합리화하고 있다. 이러한 이진경의 역정과 이론은 한국사회에서 지금 존재하는 청산주의를 대표하고 요약하고 있다. 그러면 이진경이 밟아온 길을 따라 가면서 그의 청산주의, 맑스주의의 원칙의 왜곡과 해체의 논리를 살펴보도록 하자.

이진경은 쏘련 붕괴라는 사태에 대해 다음과 같이 그것은 이해 불가능하다고 말한다. "붕괴로 끝난 사회주의의 역사, 아니 좀 더 정확히는 자본주의로 회귀하는 것으로 귀착된 사회주의의 역사를 이해할 수 있는 맑스주의자가 있을 수 있을까? '국가자본주의'나 '관료사회주의'처럼 비-사회주의를 뜻하는 개념을 끌어들이지 않고, 다시 말해 사회주의를 사회주의로서 정의하고서도, 그 사회주의의 붕괴와 해체, 자본주의적 회귀를 이해할 수 있는 맑스주의자가 있을 수 있을까?"968) 이와 같이 이진경은 쏘련의 붕괴라는 사태에 대해 그것을 맑스주의자로서는 이해할 수 없는 것이라고 보고 있다. 그런데 그는 이에 대해 쏘련의 역

---

968) 이진경, 맑스주의와 근대성, 그린비출판사, p.21

사, 사회주의 사회의 내적 발전의 논리와 모순을 고찰하는 것이 아니라 맑스주의에 대한 재검토, 나아가 근대철학과 근대성에 대한 고찰로 나아간다. 이후 이진경의 전체적인 궤적은 쏘련의 역사에 대한 진지한 검토가 빠진 채로 맑스주의 자체의 모순, 한계 등을 규명하는 것으로 나아가는데 이렇게 역사에 기초하지 않은 관념적인 접근이 이진경으로 하여금 되돌릴 수 없는 청산주의의 길로 나아가게 했다.

이진경이 맑스주의 자체에 대한 재검토, 근대성에 대한 고찰을 통해 끄집어 낸 것은 소위 주체생산양식이라는 것이다. 이진경은 쏘련 붕괴에서 드러난 것으로서, 인민들이 사회주의적이지 않았으며 사회주의(공산주의) 생산양식은 존재했지만 그에 맞는 주체로서 사회주의 인민이 없었다고 보면서 이로부터 주체를 생산하는 문제를 검토해야 하며 그것은 주체생산양식이라는 개념으로 제기된다고 한다. 다소 길지만 이진경의 문제의식을 그대로 인용해보자. "결국 사회주의적 인민이든 자본주의적 인민이든 '주체'의 문제를 포착해야 하는 지대는 의식이나 생산관계로 환원되지 않는 영역인 셈인데, 이를 우리는 프로이트를 따라 '무의식'이라고 부를 수 있다. 다시 말해 사회적 주체에는 생산관계로 환원되지 않는 요소가 있고, 그 요소가 의식에 비하면 차라리 일차적이고 결정적이며, 그것은 바로 무의식이라는 결론에 이르게 한다는 것이다. 그렇다면 이는 맑스주의자가 맑스주의의 역사를 이해할 수 없다는 역설에, 납득할 수 있는 하나의 통로를 제공한다. 즉 기존의 맑스주의에서는 주체 내지 인민을 무의식의 차원에서 다룰 수 있는 개념이 없었던 것이고, 무의식의 형성과 연관해 주체와 역사의 문제를 다룰 수 있는 이론이 없었던 것이다."[969] 쏘련 해체 당시에 인민들이 사회주의적이지 않았다는 것은 맞는 것이다. 그렇기 때문에 쏘련이 해체될 수밖

---

969) 앞의 책, p.28

678

에 없었고 심지어는 공산당의 간부들이 쏘련 해체를 주도했으며 이들이 해체 후의 부르주아 사회의 지배층이 되었다는 것도 맞는 것이다. 그런데 이에 대해 이진경은 쏘련의 역사가 어디서 부터 왜곡되기 시작했는지, 그러한 왜곡의 내적 논리는 어떠한 것이었는지를 검토하는 것이 아니라 무의식에 의해 규정되는 주체라는 매우 안이하고 관념적인 접근을 하고 있다. 객관과 분리된 채로 주체의 문제를 해결하면 모든 것이 잘 풀린다는 것인가?

이렇게 엉터리같은 접근을 이론적으로 보강하기 위해 이진경은 역사유물론을 왜곡하는데 역사유물론의 이중적 성격이 그것이다. "여기서 우리는 맑스가 개척한 역사유물론의 대상이 '이중적'이라는 것을 알 수 있다. 하나는 잘 알려져 있듯이 물질적 생산양식으로서 물질적 생산의 배치를 통해 파악되는 것이다. 자본주의, 사회주의 등등이 이러한 배치를 통해 구성된 개념이란 것은 익히 잘 아는 바다. 다른 하나는 생활양식 혹은 활동양식으로서, 욕망의 배치를 통해 파악되는 것이다. 이는 양식화되고 일상화된 반복적 실천을 통해 개개인을 특정한 형태의 주체로 생산해 낸다는 점에서, 이를 우리는 '주체생산양식'이라고 부를 것이다."970) 이와 같이 이진경은 주체생산양식이라는 개념을 끌어내기 위해 기존의 역사유물론에 대한 왜곡을 서슴지 않는다. 역사적 유물론의 이중성이라는 것은 물질적 생산양식과 구별되는 생활양식을 주체 생산양식이라고 이진경이 자의적으로 파악하는 것에 지나지 않는다. 그러나 한 사회에서 생활양식은 물질적 생산양식과 분리되어 있는 것이 아니라 생산양식에 의해 규정된다는 것은 맑스주의의 ABC이다. 노동자의 생활양식은 자본가에게 고용되는 것을 통해 임금을 받아 생활하는 것인데 여기서는 생산양식과 생활양식은 통일되어 있는 것이다. 그런데

---

970) 앞의 책, p.142

이진경이 생활양식으로부터 정식화하는 주체생산양식이라는 것은 이러한 현실을 가리키는 것이 아니라 소위 무의식이라는 개념을 통해 주체를 규정하기 위한 것이다. "주체의 생산을 개념화하기 위해서는 '인간' 내지 주체의 활동 내지 '물질적 생활 자체의 생산'을 생산양식으로 환원하지 않고 독자적으로 다룰 수 있어야 하며, 결국은 무의식화된 활동방식으로서 생활양식을 다룰 수 있어야 한다."971) 이와 같이 무의식을 통해 규정되는 주체생산양식이라는 것은 주체에 대한 과학적인 접근과는 거리가 멀다. 주체가 프로이트 혹은 니체적인 무의식 개념을 통해 규정된다는 것은 그가 현실로부터 탈출하여 몽상의 세계, 비과학의 세계로 날아가고 있다는 것을 보여주는 것일 따름이다. 주체는 과연 어떻게 생산되는가? 맑스가 말한 생활양식 혹은 '광범위한 인간변혁'이라는 개념은 어떻게 해석되어야 하는가? 맑스는 혁명이 필요한 이유로 그것을 통해 객관세계의 변혁이 가능하다는 점뿐만 아니라 혁명을 통할 때만 광범위한 대중이 부르주아 사회에서 불가피한 모든 오점, 찌든 때를 벗어버리고 새로운 사회의 주체로 거듭날 수 있다는 점을 들었다. 바로 이 점, 객관세계의 변혁과 구별되어 주체의 변혁을 그 자체로 고찰하는 맑스의 접근이 이진경으로 하여금 주체생산양식이라는 개념을 제출하게 했지만 그러나 이진경은 맑스를 피상적으로 이해한 것에 지나지 않는다. 맑스는 혁명을 통할 때만, 즉, 객관세계를 변혁할 때만 주체가 변혁된다고 보았고 혁명을 통한 주체의 변혁을 '광범위한 인간변혁'이라는 개념으로 포착했다. 그러나 이진경은 이러한 접근을 하는 것이 아니라 무의식에 의해 규정되는 주체의 생산이라는 관념적인 접근을 하고 있다. 여기서 우리는 객관과 주체의 관계에 대해 유물론적인 접근을 해야만 한다. 즉, 객관세계의 변혁을 통하지 않는 주체의 변혁, 주체의 생산

---

971) 앞의 책, p.145

680

이라는 것은 불가능하다. 나아가 프로이트적, 니체적인 몽매한 무의식 개념을 핵으로 하는 주체생산양식이라는 것은 객관과 주체에 대한 올바른 접근을 가로막는다는 점에서 주체의 생산을 영원히 불가능하게 하는 것이다.

이와 같이 이진경의 주체생산양식이라는 개념은 쏘련 붕괴라는 사태에 대한 과학적인 접근이 전혀 아니다. 또한 주체는 객관과 떨어져서는 결코 생산되지 않으며 객관세계를 변혁할 때만 비로소 주체도 변혁되고 생산된다. 객관세계의 변혁이 빠진 채로 아무리 무의식을 강조해보았자 주체는 퇴보하고 타락하는 길을 갈 수밖에 없다. 그런 점에서 역사적 유물론의 이중성이라는 개념은 맑스의 역사적 유물론을 해체하려는 시도에 다름 아니다. 물질적 생산양식과 무의식의 주체생산양식으로 역사적 유물론을 이분화시키는 것은 물질적 생산양식에 의해 규정되는 주체, 그리고 그 생산양식을 변혁하는 주체라는 역사적 유물론의 의미를 혼란시키는 것이다. 맑스는 물질적 생산양식, 생산력과 생산관계의 모순, 계급투쟁이라는 개념을 통해 객관세계와 주체의 관계를 과학적으로 해명했고 이를 통해 맑스 이전의 역사에 대한 온갖 비과학적 관념을 청산하고 역사를 과학의 지반 위에 올려놓았다. 쏘련 붕괴라는 사태가 이러한 맑스의 역사적 유물론의 과학성을 부정할 수 있는 것은 아니다. 반대로 맑스의 과학적인 역사적 유물론은 이진경으로서는 이해할 수 없는 쏘련 붕괴라는 사태, 쏘련의 역사를 해명하는 열쇠가 된다.

그러면 이진경이 왜곡시키는 또 하나의 맑스주의적 원칙, 이진경이 물어뜯으면서 해체하려고 시도하고 있는 노동가치론, 잉여가치의 개념에 대해 접근해 보자. 이진경이 기계도 잉여가치를 생산한다고 주장하는 점은 익히 알려져 있다. 그러나 이진경은 그러한 단순한 일탈에 그치는 것이 아니라 가치의 원천으로서 노동이라는 개념, 즉 노동가치설 자체를 해체하려고 시도한다.

그러나 그러한 시도는 엉터리같은 추론, 특히 변증법의 결여에 기초한다.

이진경은 맑스의 핵심적 테제를 공격하면서도 맑스주의의 포장을 걸치려 하고 있다. 이진경은 맑스의 "노동은 가치를 갖지 않는다"는 주장에 대해 맑스가 이 주장을 통해 노동가치론을 부정했다고 왜곡하여 주장한다. 이진경은 노동이 노동력의 사용가치라는 맑스의 올바른 주장에서 출발하지만 "사용가치란 질에 속하는 것인 반면, 가치는 양에 속하는 것이고 따라서 사용가치는 가치론의 영역에 포함되지 않"972)는다고 주장한다. 나아가 "…가치가 양적인 측면이라면 사용가치는 질적인 측면이다. 그런데 질적인 측면은 양적인 측면과 독립적이다. 즉, 노동이 사용가치이고 질적 성분인 한, 그것은 가치라는 양적 성분의 변화와 무관하다. 심지어 가치는 노동의 질과도 무관하다."973)고 주장한다. 노동은 노동력의 사용가치로서 질이고 가치는 양인데 양과 질은 독립적이므로 노동은 가치의 실체가 될 수 없다는 것이 이진경의 주장의 요지이다. 여기서는 많은 개념들이 혼동되고 있는데 하나하나 반박해 보자. 기존의 맑스주의 정치경제학에서 가치의 실체는 응고된 노동이라고 승인되어 왔고 맑스의 ≪자본론≫ 또한 그러한 관점에서 서술되어 있다. 그리고 이러한 가치개념은 맑스가 처음 발견한 것이 아니라 아담 스미스, 리카르도 등에 의해 널리 승인되고 확립되었다. 가치가 응고된 노동이라는 것은 상품들의 교환에서 그 비교가 되는 척도는 각각의 상품의 생산에 들어간 노동시간이라는 것을 말한다. 아마포 한 필에 노동시간이 5시간 들어가고 맷돌 하나에 노동시간 20시간이 들어갔다면 아마포 4필과 맷돌 1개가 교환되는 것이다. 여기서 알 수 있는 것은 상품의 가치(교환가치)를 결정하는

972) 앞의 책, p.87
973) 이진경, 자본을 넘어선 자본, 그린비, pp.121-122

척도, 그 실체는 노동이라는 점이다. 이러한 가치 개념은 상품 생산에 고유한 것이라는 점에서 자본주의 발생 이전의 상품생산, 즉 소상품생산에도 관철되는 것이었다. 그런데 자본주의적 상품생산이 과거의 상품생산과 다른 점은 노동력이 상품으로 되는 단계, 사회라는 점이다. 이러한 새로운 상황에서 가치론은 새롭게 발전되었다. 노동력의 가치는 노동력의 재생산에 들어가는 노동시간, 즉 노동력의 재생산비용이며 그러한 노동력이 상품으로 팔려서 자본가의 지휘 하에 노동을 할 때 새로운 가치가 형성된다. 그리고 이 과정에 대해 맑스는 노동력의 사용에 의한 가치의 형성에서 노동력의 재생산비용(임금)보다 더 많은 시간의 노동을 하게 될 때 이 잉여노동은 자본가의 몫이 되는 잉여가치가 됨을 밝혔다.

그런데 이진경은 이러한 점을 왜곡하면서 공격을 감행하고 있다. 그는 노동력의 사용가치가 노동이라는 맑스의 올바른 주장에 대해, 양과 질의 개념을 비변증법적으로 사용하여 비틀어 버리고 있다. 알튀세르, 푸코, 들뢰즈 등 현대 프랑스 철학의 대부분은 변증법을 부정하거나 왜곡하는 입장을 가지고 있는데 이들을 소개하는데 열심이었던 이진경 또한 변증법을 부정하는 방식으로 자신의 주장을 펴고 있다. 그러면 이진경과 반대로 변증법을 긍정하는 입장에서 노동가치론을 옹호해보자. 먼저 양과 질은 서로 다른 개념이지만 상호 연관되어 있고 나아가 통일되어 있다. 즉, 양이 질을 규정하고 질이 양을 규정한다. 변증법을 모르더라도 화학이라는 학문을 조금만 알고 있다면 양과 질의 통일성을 부정할 수는 없다. 그런데 이진경의 논지의 대전제는 양과 질이 서로 독립되어 있다는 것이다. 그러나 양과 질은 개념으로서는 서로 '독립되어' 있지만 현실에서는 양이 질을 규정하고 질이 양을 규정한다. 이진경은 가치는 양이라고 하는데 그 양을 규정하는 질은 무엇인가? 즉, 양을 갖는 가치의 내용, 질은 무엇인가? 이에 대해 이진경은 답변할 수 없는데 왜냐하면 그는 양과 질을 독립되어 있는 것으로 보기 때문이다. 이에 대해 맑스는 ≪자본론≫에서 추상적 인간노동이라는 개념을 통해 동질적으로 파악되는 인간 노동이 가치의 실체임을 말하고 있다. 인간 노동이 추상적 인간노동으로 파악된다는 것은 수많은 서로 다른 구체적인 유용노동이 동일한 지반 위에서 파악된다는 것을 의미한다. 구두 만드는 노동, 양복을 만드는 노동은 서로 다른 구체적 유용노동이지만 그것은 인간노동이라는 점에서는 동일한 질로 파악되는 것이다. 바로 이렇게 추상적 인간노동이라는 질의 기반에 서 있기 때문에 노동시간이라는 양의 개념이 성립하고, 비교가 가능하게 되고 노동은 응고된 노동이 되어 가치의 실체를 형성하게 된다. 추상적 인간노동이라는 질이 없다면 비교의 척도로서 노동시간이라는 양도 성립하지 못한다. 이렇게 양과 질은 통일되어 있으며 상호 규정한다. 양적인 질, 질적인 양으로서 도량이라는 헤겔의 개념은 이러한 현실의 양상을 반영하는 것이다. 이와 같이 변증법을 이해하지 못하거나 아니면 청산하였기 때문에 이진경은 양과 질의 독립성이라는 비과학의 입장을 과감하게 주장하면서 이를 기초로 노동은 가치의 실체가 될 수 없다는 엉터리 주장을 했던 것이다.

나아가 이진경은 "노동은 가치를 갖지 않는다"는 맑스의 올바른 주장을 "노동은 가치를 낳지 않는다"라는 자신의 엉터리주장으로 슬며시 바꿔치기한다. "예를 들면 ≪자본론≫ 1권의 전반부는 정치경제학의 가장 기초적인 영역인 가치론에 대한 비판이다. 특히 스미스와 리카도의 노동가치론에 대한 비판이 행해지고 있다. 그 핵심은 한 마디로 말해 "노동은 가치를 낳지 않는다"는 것이고, 따라서 '노동가치'란 개념은 잘못된 말이며, 나아가 그것은 자본주의의 비밀인 '자본의 증식'을 설명할 수 없다는 것이다."974) 이진경은 맑스의 "노동은 가치를 갖지 않는다"는 말과 자신의 "노동은 가치를 낳지 않는다"는 말을 동일한 것으로 인식하고 있다. 그러나 "노동은 가치를 갖지 않는다"는 것은 노동 자체가 가치의 실체이기 때문에 노동 스스로는 가치를 가질 수 없다는 말이다. 맑스는 당시에 '노동의 가치'라는 말이 유행하는 것에 대하여 비판하기 위하여 "노동은 가치를 갖지 않는다"고 말했던 것이다. 그리고 '노동의 가치'라는 개념 대신에 '노동력의 가치'라는 개념을 정립했고 '노동력의 사용가치로서 노동'이라는 개념을 세웠다. 그런데 이 모든 것이 이진경에게서는 뒤죽박죽이 되고 있다. 그 결과 노동이 가치의 실체이기 때문에 노동 자체는 가치를 가질 수 없다는 맑스의 주장이 이진경에게서는 "노동은 가치를 낳지 않는다"라는 정반대의 주장으로 왜곡되고 있다.

이렇게 가치의 실체로서 노동이라는 개념을 부정하는 이진경은 기계 또한 잉여가치를 생산한다고 주장한다. 잉여가치는 절대적 잉여가치, 상대적 잉여가치만 있는 것이 아니라 기계적 잉여가치도 있다는 것이다. 예를 들면 인간이 기계에 접속하는 것(예를 들면 은행의 현금인출기에 접속하는 것)을 통해 자본가가 이윤을 얻게 되면 그것이 기계적 잉여가치라는 것이다. 이러한 관점은 전적으로 자본가의 관점을 대변하는 것인데 자본가의 입장에서는 노동자만이 아니라 기계, 불변자본이 이윤을 생산하는 요소이기 때문이다. 과학의 푯대를 상실하면 이 사회에서 지배적인 부르주아적 입장으로 흘러갈 수밖에 없다는 것을 이진경은 예증하고 있다.

가치의 실체는 노동이라는 주장을 부정하는 이진경은 가치법칙에 대해서도 왜곡된 주장을 한다. 즉, 가치법칙은 곧 잉여가치법칙이라는 것이다. 그런데 이러한 주장은 이진경에 고유한 것이 아니라 자율주의의 네그리 또한 그렇게 주장한 바가 있다.

974) 이진경, 맑스주의와 근대성, 그린비출판사, p.122

네그리는 가치법칙=잉여가치법칙이며 따라서 가치법칙을 폭파 시켜야 한다는 무정부주의적 주장을 했는데 이진경 또한 가치 개념을 그르치면서 가치법칙=잉여가치법칙이라고 주장한다. 이 진경이 이해하는 가치 개념 혹은 가치법칙의 내용은 다음과 같 다. "증식된 가치의 기원, 아니 가치 자체의 기원은 노동이라기 보다는 차라리 노동의 가치화이다. … 가치화과정은 노동이라는 사용가치를 가치라는 양으로 변형시킴으로써 증식된 가치를 획 득하는 과정이다."975) 여기서 이진경은 가치의 기원에 대해 "가 치화"라는 동어반복을 말하고 있다. 이는 이진경이 가치 개념을 이해하지 못하고 있다는 것을 드러내는데 이렇게 가치개념을 그르치고 있기 때문에 이진경은 "가치화"가 "증식된 가치를 획 득하는 과정"이라고 엉터리 주장을 한다. 이는 가치법칙과 잉여 가치법칙을 동일시하는 주장이다. 그러나 이진경의 이러한 주장 은 단순 소상품생산에서는 가치화는 이루어지지만 증식된 가치 의 획득은 없다는 간단한 반증으로 반박될 수 있다. 단순한 소 상품생산은 상품생산이라는 점에서 판매를 위한 생산이지만 고 용된 노동력이 없기 때문에 노동력의 상품화가 없고 수공업자 나 농민 자신의 노동만이 있다. 이 과정에서 노동은 상품에 응 고되어 가치를 형성하지만 고용노동이 없기 때문에 가치의 증 식은 일어나지 않는다. 이와 같이 이진경이 가치법칙이 곧 잉여 가치 법칙이라고 주장하는 것은 잘못된 것인데 이진경이 이러 한 오류를 범하는 이유는 상품생산 일반과 자본주의적 상품생 산을 동일시하기 때문이다.

이진경은 화폐에 대해서도 엉터리 주장을 한다. 이진경은 다음 과 같이 상품생산과 화폐의 관계에 대해 말한다. "생산물이 상 품이 되려면, 이미 본 것처럼 경제학적 의미의 가치 개념이 성 립하려면, 일반적 등가물인 화폐가 있어야 하기 때문이다. 이는

---

975) 이진경, 자본을 넘어선 자본, 그린비, pp.128-129

화폐는 시장에서 상품교환이 확대되고 발전하여 나타나는 게 아니라, 다시 말해 상품교환의 발전을 통해 발생하는 게 아니라, 화폐가 있으므로 인해 비로소 생산물이 상품으로 교환될 수 있음을 뜻한다."976) 이러한 이진경의 입장은 그가 ≪자본론≫을 전혀 이해하지 못하고 정치경제학의 ABC를 모르는 헛똑똑이라는 것을 보여준다. 그는 ≪자본론≫에 나오는 가치형태의 발전, 화폐의 발생사를 길게 논하지만 응고된 노동으로서 가치라는 개념을 부정하기에 화폐의 발생이 가치형태의 발전의 역사의 귀결이라는 점, 화폐가 가치를 갖는다는 점을 이해하지 못한다. 그는 다음과 같이 화폐는 가치를 갖지 않는다고 말한다. "결코 가치를 갖지 않는 '초월적인' 어떤 대상(화폐)을 통해서만 상품이 자신의 가치를 표현해야 한다는 사실을 두고 맑스는 '물신주의'라고 했다."977) 화폐는 가치를 갖지 않는다는 이러한 주장은 이진경이 가치 개념의 이해에 실패하고 있는 것의 자연스런 귀결이다. 응고된 노동으로서 가치 개념이 없다면 화폐가 가치를 갖는다는 것을 이해하는 것은 불가능하다. 이진경은 상품교환의 발전의 산물로서 화폐가 발생하는 것이 아니라 화폐가 있음으로써 상품교환이 가능하다고 주장하는데 이는 전형적으로 상품-화폐관계에 대한 속류적인 인식이다. 그러나 역사적 사실은 화폐의 발생 이전에 장구한 기간의 상품교환의 역사가 있었다는 것을 말해준다. 그리고 논리적으로 보더라도 맑스가 ≪자본론≫에서 전개한 가치형태의 발전은 그 자체가 상품교환의 역사이며 화폐가 발생하기 이전의 상품교환의 성격과 단계들을 보여주는 것이다. 상품 A와 상품 B의 교환은 그것이 아무리 단순하고 우연적일 지라도 자신의 가치를 상대적으로 표현하는 측과 자신이 상대방의 가치를 표현해주는 등가물의 측으로 나눌 수

---

976) 앞의 책, p.90
977) 이진경, 미-래의 맑스주의, 그린비, p.132

밖에 없다. 그리고 이어지는 전개된 가치형태, 일반적 가치형태, 그리고 화폐형태(즉 화폐의 발생)는 단순하고 우연한(화폐가 개입되지 않은) 상품교환에 내재한 모순의 발전과정에 다름아니다. 이러한 가치형태의 발전과 화폐의 발생사에 대한 이해는 응고된 노동으로서 가치라는 개념이 없다면 불가능하다. 또한 화폐가 등가물이라는 것은 화폐 스스로 응고된 노동이라는 가치를 가지고 있음(지폐가 아니라 화폐로서 금과 은을 생각해 보라)을 전제하는 것이다. 가치의 증식으로서 자본의 운동, 축적에 대한 이해는 이와 같이 상품-화폐의 관계에 대한 과학적 인식을 전제하는 것인데 이진경은 이러한 기본적 인식에서 실패하고 있다. 그리고 그 결과가 가치법칙과 잉여가치법칙을 동일시하고 나아가 기계도 잉여가치를 생산한다는 허황된 주장(정확히 자본가계급의 입장에 부합하는 주장)을 하고 있는 것이다.

그런데 이진경이 이렇게 노동가치론을 해체하려 하는 시도는 정치적으로, 그리고 이론적으로 변혁의 주체로서 노동자계급이라는 테제를 부정하는 것으로 나아간다. 기존에 맑스주의에서는 부르주아지에 맞서는 다른 모든 계급은 자본주의 발전의 결과 해체, 몰락하지만 노동자계급(프롤레타리아트)은 대공업의 고유한 산물로서 대공업의 발전과 더불어 발전하기 때문에 자본주의에 반대하는 유일한 혁명적 계급이라고 파악되었다. 이를 기초로 맑스주의의 전략, 전술에서 노동자계급의 헤게모니라는 개념이 성립되었고 이는 1917년 러시아 혁명에서 전형적으로 실현되었다. 그런데 노동가치론을 부정하는 이진경은 그러한 부정에 기초하여 노동자계급의 정치적, 이론적 위상을 해체한다. 먼저, 이진경은 노동자계급이라는 개념과 프롤레타리아트라는 개념을 분리한다. 노동자계급은 자본가에게 고용되어 존재한다는 점에서 부르주아 계급의 일부로 파악된다. 그리고 자본주의에서 부르주아지는 계급으로서 존재하는 유일한 계급이며 자본주의 착취와 억압으로 인해 형성되는 무산자들, 즉 프롤레타리아트는 비계급으로 파악된다. 해체로서, 비계급으로서 프롤레타리아트라는 이러한 발상에 대해 이진경은 그것을 맑스의 <헤겔 법철학 비판을 위하여, 서설>의 내용에 근거한 것으로 주장한다. 그러면 먼저 맑스의 주장 자체를 인용해 보자. "뿌리깊은 굴레에 얽매여 있는 한 계급, 결코 시민 사회의 계급이 아닌 시민 사회의 한 계급, 모든 신분들의 해체인 한 신분, 자신의 보편적 고통 때문에 보편적 성격을 지니고 있고 특수한 부당함이 아니라 부당함 그 자체가 그들에게 자행되기 때문에 어떤 특수한 권리도 요구하지 않는 한 영역, 더 이상 역사적 권원을 증거삼을 수 없고 단지 인간적 권원만을 증거삼을 수 있는 한 영역, 독일 국가제도의 귀결들과 일면적으로 대립하고 있는 것이 아니라 그 전제들과 전면적으로 대립하고 있는 한 영역, 마지막으로 사회의 모든 영역들로부터 자신을 해방시키고 그리하여 사회의 모든 영역들을 해방시키지 않고는 해방될 수 없는 한 영역, 한 마디로 말하면 인간의 완전한 상실이고 따라서 인간의 완전한 되찾음에 의해서만 자기 자신을 찾을 수 있는 한 영역의 형성에 [있다]. 하나의 특수한 신분으로서의 사회의 이러한 해체는 [바로] 프롤레타리아트이다."978) 여기서 맑스는 사회의 해체로서 프롤레타리아트, 완전한 상실로서 프롤레타리아트, 따라서 인간의 완전한 되찾음, 즉 인간해방을 통해서만 해방될 수 있는 계급으로서 프롤레타리아트를 정식화하고 있다. 그런데 이에 대해 이진경은 상실로서, 해체로서 프롤레타리아트, 그리고 하나의 신분이라는 구절을 근거로 하여 프롤레타리아트는 계급이 아니라 비계급이라고 주장하고 있다. 그러나 이진경의 이러한 입장은 청산주의라는 색안경을 끼고 있지 않다면 있을 수

---

978) 맑스, 헤겔 법철학 비판을 위하여, 맑스,엥겔스 저작 선집 1권, 박종철출판사, p.14

없는 것이다. 이진경은 계급이라는 단어가 그렇게도 무서운 모양이다. 계급이라고 부르든 계층이라고 부르든, 혹은 신분이라고 부르든, 프롤레타리아트는 사회의 해체이고 인간의 완전한 상실이고 따라서 정치적 해방을 넘어서는 인간 해방을 통해서만 해방될 수 있고 나아가 사회의 다른 모든 영역을 해방시키지 않고서는 스스로 해방될 수 없는 존재라는 것이 맑스의 주장이다. 바로 이러한 점이 프롤레타리아트의 지워질 수 없는 혁명성의 근거이며 이러한 성격은 부르주아 사회 자체가 규정하고 생산하는 것이다.

비계급으로서 프롤레타리아트에 대해 이진경은 다음과 같이 규정한다. "특정한 적극적 규정이나 요건을 전제하지 않으며 단지 기존의 신분이나 계급적 규정의 상실만으로 충분히 귀속될 수 있다는 점에서, 프롤레타리아트는 극히 다양하고 이질적인 '기원'이나 경로, 형태를 갖는 사람들의 집합이다."979) 이러한 이진경의 주장의 현실적인 의미는 프롤레타리아트는 계급적 통일성을 가질 수 없다는 것이다. 이질적인 존재의 집합으로서 프롤레타리아트라는 이러한 주장을 어떻게 보아야 하는가? 이러한 주장은 자율주의의 다중 개념과 유사하다. 그런데 이렇게 계급적 통일성이 부정되면 계급투쟁은 원천적으로 불가능하게 된다. 계급투쟁을 떠난 저항의 이론을 펼치는 신좌파들, 푸코, 들뢰즈 등의 주장과 이진경의 주장은 이렇게 맞닿아 있다.

맑스는 해체, 상실로서 프롤레타리아트를 보면서 이를 통해 인간해방이라는 개념을 끌어냈다. 그리하여 프롤레타리아트의 근원적 혁명성에 다가가고 프롤레타리아트의 계급적 단결을 주장한다. 그러나 이들 신좌파, 그리고 이진경은 프롤레타리아트에게서 이질성을 보고 계급적 통일의 불가능성을 본다. 맑스의 주장과 이진경의 주장 사이에 일말의 공통점이라도 찾을 수 있는

979) 이진경, 미-래의 맑스주의, 그린비, p.240

가? 전혀 불가능하다.

이렇게 노동자계급, 프롤레타리아트를 정치적으로, 이론적으로 해체하고 있는 이진경은 프롤레타리아트를 공장 프롤레타리아트와 거리의 프롤레타리아트로 나뉜다. 이는 현재 신자유주의로 인한 정규직과 비정규직, 불안정 노동자의 구분과 대략 일치하는 것이다. 그러나 이러한 노동자계급의 분열은 자본에 의해 강요된 것인데 이진경은 아예 이러한 분열을 이론화하고 있는 것이다. 이진경은 거리의 프롤레타리아트로 규정되는 비정규직, 불안정 노동자를 프레카리아트라는 용어로 부른다. 이 프레카리아트라는 용어는 겉으로는 불안정노동자에 천착하는 듯하지만 실은 혁명성의 담지자로서 프롤레타리아트를 부정하고 해체하고 분열시키는 용어이다. 그러나 한국사회에서, 나아가 전 세계에서 노동자계급의 혁명적 발전은 자본의 신자유주의적 지배전략에 의해 강요된 노동자계급의 분열, 정규직과 비정규직의 분열을 극복하고 단결을 이룰 때만 가능하며 자본주의에 맞서는 변혁전략은 바로 이러한 전망에 기초한 것이어야 한다.

그러면 이렇게 청산주의, 맑스주의 운동의 해체의 길을 걸은 이진경이 대안으로 제시하는 내용을 검토해 보자. 먼저 철학에서 이진경은 기존의 유물론과 관념론에 대한 이해를 수정한다. 그는 기존의 유물론에 대해 다음과 같이 평가한다. "이런 의미에서 유물론이란 구체적인 사유의 과정에서 사용되는 어떤 방법이라기보다는 차라리 세계의 물질성이나 객관성에 대한 믿음의 문제와 결부된 것처럼 보인다."980) 이진경은 기존의 유물론을 물질성에 대한 믿음이라고 보고 있다. 그러면서 그때의 유물론은 구체적 사유과정의 방법이 아니라고 하고 있다. 이는 청산주의 전의 이진경이 얼마나 유물론을 피상적으로 이해하고 있었는가를 드러내는 대목이다. 한때 맑스-레닌주의자였던 이진경은

---

980) 앞의 책, p.19

유물론을 사유의 방법이 아니라 믿음으로 취급했었던 모양이다. 그러나 1980년대 운동에서도 세계관이라는 개념은 분명히 쓰이고 있었다. 세계관이라는 개념을 승인한다면 그것은 유물론을 사유과정에서 가장 근원적인 방법으로 사용하고 있었다는 것을 의미한다. 그러나 이진경은 유물론이 구체적 사유방법이 아니라 물질성에 대한 믿음이라고 주장하는데 이는 이진경 스스로 자기 머리로 하는 사고과정없이 단지 믿음으로 운동했었다는 것을 스스로 고백하는 것이다. 피상적 운동, 그리고 그것에 대한 과감한 청산!

이진경은 유물론으로부터 물질 개념을 제거하고 그 대안으로 외부라는 개념을 도입하고 있다. "비록 나중에 다시 끌어들이는 한이 있더라도, '물질'이란 말로부터 유물론을 해방시켜 주지 않고서는 유물론에 대한 적절한 정의에 이를 수 없다는 것이 우리의 생각이다. '물질'이라는 말없이 유물론을 정의하는 것, 그러나 '물질 없는 유물론'이라는 역설적 문구에 멈출 순 없다. 실제로 사유의 방법으로, 변혁을 사유하는 무기로 유물론을 벼리어내기 위한 적극적이고 긍정적인 정의를 찾아야 한다. 미리 결론부터 말하면, 유물론이란 "외부에 의한 사유" 혹은 "외부를 통한 사유"로 정의되어야 한다."981) 이진경은 기존의 유물론을 물질에 대한 믿음으로 규정하고서는 물질을 제거하고 외부라는 개념으로 유물론을 재정의하고자 한다. 과연 물질 개념과 외부 개념의 차이는 어떠한 것일까? 물질성을 부정하고 외부성을 도입한다는 것이 무슨 뜻인지 계속 이진경의 주장을 추적해 보자. "우리는 맑스의 역사유물론이 바로 이러한 유물론의 정의에 부합한다고 믿는다. 유의할 것은 거기서 '역사'라는 말은 어떤 것의 본질을 규정하는 조건들의 집합, 따라서 그것이 달라지면 그 본성 역시 달라지는 조건들의 집합이다. 이런 점에서 그것은 어

---

981) 앞의 책, p.20

692

떤 것의 본성이 내부에 있는 것이 아니라 통상 '역사'라고 불리는 외부 조건들에 기대고 있음을 표현한다. 이런 점에서 역사유물론에서 '역사'란 바로 이런 '외부성'과 관련된 말이지, 우리가 통상 표상하는 식의 역사, 즉 과거에서 현재로 이어지는 사실들의 시계열적 집합이 아니다. 따라서 유물론은 처음부터 항상-이미 역사유물론이다. 다시 말해 우리에게 역사유물론이란 역사를 대상으로 하는 과학의 한 종류가 아니라, 외부에 의해 사유하는 방법을 지칭하는, 맑스에 의해 명료화된 유물론 자체의 이름이다."982), "모든 것의 본질은 그 내부가 아니라 외부에 의해, 어떤 것이 만나고 접속하는 외부에 의해, 그 외부와의 관계에 의해 결정된다. … 외부라는 개념이 유물론에 결정적이라는 것은 여기서 다시 분명해진다. 맑스의 역사유물론은 단지 본질이나 원리가 기대고 있는 현실적 조건이나 '역사'를 고려하고 주목하는 유물론이 아니라 본질이나 원리 자체가 외부에 의해 결정되고 달라진다고 보는 유물론이다. 그것은 모든 것을 항상 그 외부에 의해 사유하는 사유방법이다."983) 이진경은 유물론에서 물질 개념을 제거하고 외부라는 개념을 도입하면서 유물론은 곧 역사유물론이라 하고 또 그러면서 역사는 시간적 계열이 아니라 외부적 조건을 의미한다고 주장하고 있다. 이진경의 문제의식이 집중되어 있는 외부성 혹은 외부적 조건에 천착한다는 것은 좋은 것이다. 내적 원리 혹은 공리에만 주목하면서 외적 조건을 보지 못한다면 그것은 어리석은 것이고 현실주의적이지 못한 것이다. 이진경이 이렇게 외적 조건, 외적 연관관계의 의미 자체를 강조하는 것에 멈춘다면 이진경은 그릇된 것이 없을 것이다. 그러나 이진경은 거기서 멈추는 것이 아니라 그러한 외부성 개념으로 물질성이라는 개념을 대체하고 있고 나아가 유

---

982) 앞의 책, pp.20-21
983) 앞의 책, pp.43-44

물론은 외부성으로 해석되는 역사유물론 자체라고 하고 있다. 이러한 주장을 어떻게 보아야 하는가? 여기에는 두 가지의 수정 혹은 왜곡이 있다. 첫째, 역사유물론은 곧 외부성의 유물론이라 것은 맑스의 역사유물론에 대한 수정이다. 맑스의 역사유물론은 역사를 단지 외적 조건의 문제로 파악하지 않는다. 역사는 단지 사유의 외적 조건인 것이 아니라 그 자체가 삶이고 현실이고 변화이고 대립하는 모순의 운동이다. 나아가 인간의 역사는 그 물질적 성격으로 인해 자연사의 일부이며 따라서 필연성의 영역에 자리잡고 있고 그에 따라 역사의 발전법칙이라는 개념이 성립한다. 그런 점에서 역사유물론을 단지 외부에 의한 사유로 파악하는 이진경의 사고와 맑스의 사고는 천양지차이다. 둘째, 유물론은 곧 역사유물론이라는 이진경의 주장은 맑스주의의 세계관인 변증법적 유물론을 묵시적으로 부정하는 것이다. 그리고 바로 이 점이 이진경의 외부성의 철학이 청산주의적 성격을 띠는 핵심적인 지점이다. 체계적으로도 그렇고 논리적으로도 외부성의 철학은 변증법적 유물론을 부정하는 것이다. 외부성의 철학에서는 내적 모순이라는 개념이 성립하지 않는다. 역사에서 그리고 (자연)세계에서 내적 모순이라는 개념은 그 모든 변화와 운동을 설명하는 고리가 되는데 외부성의 철학에서는, 외적 조건의 문제를 일차적으로 사고하는 관점에서는 내적 모순 개념이 자리 잡을 여지가 없다. 모든 본질은 그 내부가 아니라 외부에 의해 결정된다는 것은 일정한 일리가 있다. 즉, 모든 대상, 물질은 주변의 제 물질, 대상과의 상호연관의 관계에 있고 그 관계에 의해 규정된다. 이진경이 인간의 본질은 사회적 관계의 총체라는 맑스의 주장을 이러한 외부성 철학의 근거로 드는 것은 그럴 듯하다. 그러나 인간, 그리고 모든 대상, 물질은 상호연관에 의해 규정되면서도 스스로는 내적 모순을 간직하고 있다. 그리고 그 내적 모순에 의해 그 대상의 존재와 운동이 근본적으로 규정된다. 여기서 외부적 조건, 제 대상의 상호연관은 그러한 내적 모순의 운동에 영향을 미치는 외적 모순 혹은 조건이 된다. 이러한 것이 현실세계의 모습이다. 그러나 이진경은 외부성, 외적 조건, 상호연관들에만 주목하며 외부성이라는 개념으로써 물질 개념을 청산하고 내적 모순의 개념을 묵시적으로 부정한다. 이 점은 이진경이 푸코, 들뢰즈와 같이 변증법을 부정하는 관점을 갖고 있다는 점을 드러내준다. 외부성의 철학이 단지 열려진 태도, 외적 조건의 문제, 외적인 상호연관의 문제를 천착하는 것이라면 그것은 청산주의가 아니라 좋은 것이다. 그러나 외부성의 철학이라는 이름하에 물질 개념이 청산되고 변증법적 유물론이라는 세계관이 청산된다면 그것은 또 다른 문제이다.

이렇게 청산주의적인 외부성의 사유, 철학에 기초하여 이진경은 혁명의 문제에서 결정적으로 그릇된 주장을 한다. "혁명, 그것은 주어진 조건에서, 주어진 원리나 법칙에서 벗어나는 이 편위적인 힘이 표현되는 하나의 방식이라고 해야 할지도 모른다. 그것은 처음부터 존재하는 원리의 외부, 법칙의 외부, 일자의 외부, 필연성의 외부이다. 혁명을 사유한다는 것은 바로 이 또 하나의 외부를 사유하는 것이고, 바로 그 외부를 통해서 새로운 삶을, 새로운 운동을 사유하는 것이다."[984] 편위라는 개념은 에피쿠로스의 원자론에서 유래하는 것으로서 원자들의 운동이 일직선으로 낙하하는 운동만 있는 것이 아니라 사선으로 빗겨나가는 운동이 있다는 것을 가리킨다. 이 편위, 사선운동을 통해 우연적인 운동이 존재하게 되고 원자 상호간의 결합이 이루어지면서 다양성이 가능하게 되는 것으로 설명된다. 그러나 혁명은 단지 이러한 우연적인 요인의 산물인 것은 아니다. 이진경은 필연성의 외부로서 혁명을 사고하기에 편위, 우연성을 강조하지

---

984) 앞의 책, p.50

만 그것은 안이하고 비과학적인 것이다. 혁명을 단지 사고한다는 것과 혁명에 주체로 참가한다는 것은 차원이 다르며 그것은 의식성인가, 현실성인가의 차이와 같다. 의식을 넘어선 현실로서의 혁명은 그에 대한 과학을 필요로 하며 따라서 현실성, 물질성, 역사성으로서 혁명을 사고할 것을 요구한다. 그렇기 때문에 필연성의 외부로서 혁명이라는 개념은 공상에서는 가능하지만 현실성을 가질 수 없다. 현실에서 혁명은 우연성 속에 관철되는 필연성에 근거해야만 한다. 그러한 근거없이는 주체의 의식적 행위는 성립할 수 없다. 필연성에 근거한 전략은 현실의 혁명에서는 없어서는 안되는 것이다. 물론 자본주의의 착취와 억압에 찌들은 민중의 입장에서 자본주의의 외부를 사유한다는 것은 당연하고 자연스런 것이다. 그러나 그것이 필연의 외부로 규정되면 그것은 억압으로부터의 탈출은 될지언정, 억압에 맞서는 변혁운동은 아니다. 변혁운동이 되려면 외부성의 사유를 넘어서서 필연성의 영역에 진입해야만 하며 필연과 우연의 통일을 이루어내야 한다.

이진경은 자신의 이러한 청산주의적 사고를 코뮨주의 운동이라는 개념으로 정식화한다. 그러나 그때의 코뮨주의는 계급투쟁을 통해 자본주의를 극복하고 도래하는 무계급사회를 일컫는 것이 아니다. 그것이 아니라 자본주의로부터 탈주선을 그리는 외부로서 코뮨의 형성을 의미한다. 즉, 계급투쟁을 통해 자본주의를 변혁하는 운동과 그러한 사회가 아니라 자본주의 내에서 자본주의의 외부를 꿈꾸는 공동체로서 코뮨의 형성이다.

그리하여 이진경은 계급투쟁을 대신하여 감각의 정치를 대안으로 제시한다. "이런 점에서 우리는 의식(화)의 정치학과 감각(화)의 정치학을 구별할 수 있을 것 같다. 의식(화)의 정치학은 인민들의 지성에 대한 신뢰 속에서, '진실'을 있는 그대로 드러내고 폭로하여 그들의 의식을 '진리'로 일깨우고 의식화시킴으로써 올바른 정치적 방향으로 나아갈 수 있으리라고 본다. …
반면 감각(화)의 정치학은 정치의 문제, 집합적인 행동의 문제
란 일차적으로 의식이 아니라 감각의 문제고, 중요한 것은 의식
을 일깨우는 것이라기보다는 오히려 집합적인 어떤 감각을 형
성해 내는 것이라고 보는 그런 정치학일 것이다."985) 의식을 축
으로 하는 계급투쟁을 부정하고 나면 남는 것은 감각밖에 없을
것이다. 필연성, 법칙성, 역사의 발전법칙이라는 것은 너무 무거
우므로 그런 의식적 쟁점에 얽매이지 않고 대중을 감각화를 통
해 조직하고 동원한다는 것이다. 그러나 이런 주장에 대해서는
빛좋은 개살구라는 말밖에는 덧붙일 수 있는 것이 없을 것이다.
이진경은 1980년대 광주항쟁의 영향이 지배적이던 시절에 운동
을 시작하고 반제반파쇼운동 나아가 맑스-레닌주의 운동을 하
였다. 그러나 쏘련이 붕괴되자 청산주의의 선두에 서기 시작했
는데 알튀세르의 보급, 푸코와 들뢰즈 등의 프랑스의 신좌파 철
학을 소개하는데 열심이었다. 신좌파는 계급투쟁을 떠난 저항의
이론을 꿈꾼다는 점에서 현실적으로 계급투쟁 노선의 청산에
기여하는 것이었다. 이진경의 역사적 궤적과 논리적 귀결 또한
이러한 청산주의이다. 자본주의로부터 탈주선을 그리는 코뮨주
의 운동이라는 것은 겉보기에 솔깃하지만 계급투쟁을 떠난 코
뮨은 공상적이거나 아니면 자본주의의 보완물에 지나지 않는
것이다. 이제는 이러한 신좌파적 논리, 계급투쟁 노선의 청산의
흐름을 '청산'해야 한다. 그리하여 한국 자본주의와 현대 제국주
의 그리고 그에 맞서는 노동자계급의 변혁전략의 문제를 다시
금 시야에 넣어야 할 때다.

---

985) 이진경, 대중과 흐름, 그린비, p.97

14. 롤즈의 ≪정의론≫, 마이클 샌델의 ≪정의란 무엇인가≫

최근 한국사회에는 정의와 관련된 논의가 유행이다. 특히 세계 대공황으로 인하여 제기된 자본주의의 영원성에 대한 의문, 그리고 2016년, 17년의 촛불시위에서 나타난 민주주의에 대한 열망 등은 올바른 사회, 올바른 국가, 정의로운 사회에 대한 관심을 높였다. 이런 상황에서 마이클 샌델의 ≪정의란 무엇인가≫라는 책은 베스트셀러가 되기도 했다. 그러나 정의를 구호가 아니라 하나의 이론으로 접근한다는 것은 또 다른 문제이다. 정의에 대한 이론은 고대 그리스의 아리스토텔레스의 정의론, 즉 분배적 정의, 교환적 정의, 시정적 정의에서부터 출발하여 수천년의 역사를 갖고 있다. 최근에는 미국의 롤즈의 정의론이 유행했었는데 운동진영의 상당수도 "자유주의의 이론 체계 속에 사회주의적 요구를 통합"[986]했다는 롤즈의 정의론에 끌려들어가기도 했다. 그런데 기존의 상당수의 정의론들은 하나의 과학이라기보다는 이데올로기적 성격이 강하다. 아리스토텔레스, 공리주의, 칸트, 롤즈 등 정의에 대한 많은 이론은 엄밀한 과학성을 갖는 것이 아니라 각각의 시대에 어울리는 정의에 대한 요구를 이론화했다는 성격을 갖는다. 그런데 이러한 각각의 정의론들은 정의에 대한 논리의 측면만 있는 것이 아니라 그 자체가 각각 상정하는 사회상이 있으며 따라서 어떤 사회상을 그리고 있는가를 주목하면 각각의 정의론의 사회적 성격 혹은 계급적 성격을 파악할 수 있다.

롤즈는 자신의 정의에 대한 이론이 기존의 다수적 입장인 공리주의를 비판하며 그에 대한 대안을 제시하려 한다는 것임을 밝

---

986) 황경식, 롤즈의 ≪정의론≫ 후기, 이학사, p.755

한다. "나는 공리주의에 대한 합당하면서도 체계적인 대안을 제시하는 정의관을 고안하고자 했다. 사실 공리주의는 이런저런 형태로 모습을 달리하면서 앵글로색슨의 정치사상을 지배해왔다. 이와 같은 대안을 찾고자 한 일차적인 이유는, 내가 볼 때 공리주의적인 교설의 취약성, 즉 입헌 민주주의적 제반 제도의 기초로서의 공리주의의 취약성 때문이다. 특히 생각해보건대, 공리주의는 민주적인 제도들을 해명하는데 있어서 최우선적으로 중요한 요구사항인 자유롭고 평등한 인격체로서의 시민들의 기본적 권리와 자유에 대해 만족스런 해명을 제공하지 못한다."[987] 이와 같이 롤즈는 공리주의에 대한 비판을 자신의 이론의 출발점으로 삼았는데 최대다수의 최대행복을 말하는 공리주의가 시민적 자유를 일차적으로 사고하는 것과는 거리가 있다는 점에서 시민적 자유의 문제를 우선시하는 '계약론'적인 정의론을 구상했다. 공리주의에서는 최대다수의 최대행복을 위해 소수의 자유를 희생시키는 것이 가능하다. 롤즈 또한 이러한 점을 비판하면서 누구의 자유라 할지라도 다수의 행복을 위해 희생될 수는 없다는 논리를 편다. 그리하여 시민적 자유를 일차적인 것으로 놓는 정의론을 제시하는데 그것은 정의의 제1원칙으로서 평등한 시민적 자유를 강조한다. 그리고 이러한 평등한 자유는 시민들이 서로 간에 평등한 원초적 입장에서 '합의'를 통해 인정된다는 점에서 계약론적인 성격을 띠게 된다. '합의'를 통해 정의의 원칙을 선택한다는 점에서 그것은 근본적으로 계약의 성질을 갖게 되는 것이다. 바로 이 점에서 롤즈는 로크, 루소, 칸트 등의 사회계약설의 전통을 잇고 있다고 스스로 주장한다. 이러한 계약의 배경이 되는 평등한 원초적 입장이라는 것은 롤즈에게 있는 독특한 개념인데 실은 수많은 사회계약론이 전제하고 있는 '자연상태'라는 개념을 현대화한 것이며 이는 롤즈

---

987) 롤즈, 정의론, 이학사, p.16

스스로 인정하고 있다. 자연상태라는 개념을 현대화한 원초적 입장은 일종의 가설적 조건인데 롤즈는 이에 대해 사람들이 자신의 사회적, 계급적 처지가 어떤지 전혀 모르는 상태를 상정하면서 이를 무지의 베일이라 규정한다. 자신이 자본가인지, 노동자인지, 건강한 사람인지, 쇠약한 사람인지, 남성인지, 여성인지 등을 모르는 상태에서 정의의 어떤 원칙이 합당한지 합의를 하자는 것이다. 이렇게 무지의 베일에 쌓인 원초적 입장에서 롤즈는 평등한 자유를 정의의 제1원칙으로 사람들이 합의하게 된다고 본다. 이렇게 보면 롤즈의 정의론은 전형적인 자유주의적 이론이 되는데 여기서 롤즈는 정의의 제2원칙으로 차등의 원칙을 상정하며 이 점이 롤즈의 정의론의 독특한 성격을 규정한다. 차등의 원칙은 "재산과 권력의 불평등을 허용하되 그것이 모든 사람, 그중에서도 특히 사회의 최소 수혜자에게 그 불평등을 보상할 만한 이득을 가져오는 경우에만 정당한 것임을 내세우는 것이다."988) 불평등을 승인하되 그러한 승인의 조건으로서 가장 처지가 열악한 사람들 혹은 집단에게 불평등을 보상하는 이득이 주어지는 것을 전제하자는 것이다. 이러한 차등의 원칙은 이중적 성격이 있는데 이는 처지가 열악한 사람들의 처지를 개선해야만 한다는 것을 사회질서의 기본조건으로 상정한다는 점에서 정의의 이론이라 할 수 있지만 다른 한편으로는 그러한 최소수혜자의 처지의 개선을 조건으로 사회질서의 하나로서 불평등을 승인한다는 점이다. 이렇게 불평등이 사회질서로서 승인된다면 그것은 사회의 계급적 분열을 하나의 질서로서 승인하는 것이 된다. 바로 이 점에서 차등의 원칙의 이중적 성격이 있는 것이며 이러한 이중성은 롤즈의 정의론 전체에 걸쳐 있다.

롤즈의 정의론은 제1원칙으로서 평등한 자유, 그리고 제2원칙으로서 차등의 원칙을 골간으로 한다. 여기서 차등의 원칙이 아

---

988) 앞의 책, p.49

니라 평등한 자유를 제1원칙으로 한다는 점에서 롤즈의 정의론은 자유주의적 성격을 띄는데 롤즈는 평등한 자유의 우선성에 대해 다음과 같이 말한다. "자유의 우선성을 말할 때 내가 의미하는 것은 평등한 자유의 원칙이 정의의 제2원칙보다 우선적이라는 것이다. … 자유의 우선성이 의미하는 것은 자유란 자유 그 자체만을 위해서 제한될 수 있다는 것이다."[989] 자유 자체만을 위해서 자유를 제한할 수 있다는 것은 다음과 같은 의미이다. 즉, 시민의 자유의 제한은 제2원칙에서 주로 다루는 경제적 이득, 복리의 증대를 위해서 제한할 수 없다는 것이다. 혹은 경제적 이득, 복리를 대가로 자유를 제한해서는 안된다는 것이다. 이러한 인식은 제2원칙의 사회적 복리의 증대 문제와 제1원칙의 자유의 문제는 차원이 다르며 제1원칙의 자유의 문제는 자유의 문제를 조건으로 해서만 제한 가능하다는 것을 가리킨다. 이렇게 보면 평등한 자유는 절대적인 것이 되지만 실제로는 롤즈는 그러한 자유 또한 공공의 이익을 위해 제한할 수 있다고 본다. 이 점은 롤즈가 일반적인 자유주의자들과 대동소이한 점이다.

이러한 것이 롤즈의 정의론의 대략적인 골간이다. 여기서 차등의 원칙이 평등을 지향한다는 점에서 롤즈의 정의론은 사회주의적인 요구를 수용했다고 평가받는다. 그리고 롤즈의 정의론은 계약론이라는 점에서, 그러한 차등의 원칙은 상호간에 무지의 베일에 쌓인 원초적 입장에서는 누가 열악한 처지가 될지 모르기 때문에 만장일치로 합의가 가능하다고 상정된다. 이 점은 원초적 입장이 하나의 가설적 조건이며 또 롤즈의 이론이 하나의 계약론이라는 점에서 수긍할 수 있는 대목이다. 그러나 롤즈의 정의론은 이러한 논리적 측면만을 갖는 것이 아니라 정치적, 사회적 성격을 갖는데 이 점을 검토해 보자.

---

989) 앞의 책, p.329

롤즈는 자신의 정의론이 상정하는 사회를 재산 소유 민주주의 혹은 자유주의적 사회주의라고 본다. 롤즈는 재산 소유 민주주의에 대해 다음과 같이 말한다. "재산 소유 민주주의에서 목적은 자유롭고 평등한 사람들 간의 장기간에 걸친 공정한 협력체계로서 사회라는 관념을 실행하고자 하는 것이다. 따라서 기본적인 제도들은 처음부터 일부 소수의 수중이 아니라, 사회에 충실히 협력하는 성원이 되고자 하는 시민 일반의 수중에 생산적 자산을 두어야 한다."990) 생산적 자산, 즉 생산수단을 일부 소수의 수중이 아니라 시민 일반의 수중에 두어야 한다는 것은 자본가계급의 생산수단에 대한 소유를 부정하는 것으로 해석될 수 있다. 이 점은 실제로 롤즈가 의도하는 것으로 보인다. 그러나 시민일반의 수중에 생산적 자산을 둔다는 것이 사회주의적 공동소유를 의미하는 것인지는 불확실하며 사회주의적 소유가 아니라면 그것은 생산수단에 대한 소부르주아들의 평등한 소유를 의미하는 것일 수 있다. 그러나 현대적 산업에 대한 이러한 소부르주아적 평등 소유는 현실에서는 불가능하며 공상에 그칠 수밖에 없다. 그러면 여기서 롤즈가 상정하는 사회상을 좀 더 추적해 보자.

롤즈는 사적 소유와 사회주의적 소유의 관계에 대해 애매한 태도를 취한다. "사유 재산 경제와 사회주의 간의 선택은 줄곧 그대로 남겨 두었으며 정의의 관점에서만 본다면 여러 가지 기본 구조가 그 원칙을 만족시키는 것으로 나타날 것이다."991) 이러한 입장은 롤즈가 상정하는 정의로운 사회가 사적 소유 사회인지, 사회주의 사회인지에 대해 열려진 태도로 판단의 여지를 남겨둔다는 것이다. 롤즈가 말하는 자유주의적 사회주의가 무엇을 의미하는지 불분명하다는 점에서 이 또한 여지를 남겨둘 수 있

---

990) 앞의 책, p.22
991) 앞의 책, p.349

을 것이다. 그런데 롤즈는 시장의 문제에 대해 다음과 같이 명확하게 말한다. "시장제도는 사유 재산 체제나 사회주의 체제에 공통된 것임을 인정하고 가격이 갖는 할당적 기능과 분배적 기능을 구분할 필요가 있다. 사회주의 아래에서는 생산 수단과 천연자원이 공유된 것이므로 분배적 기능이 상당히 제한되는 반면, 사유 재산 체제에서는 두 가지 목적을 위해 가격을 여러 가지로 이용한다. 이러한 두 체제나 여러 가지 그 중간 형태 가운데서 정의의 요구 사항에 가장 충실히 부응하는 것이 어느 것인가는 미리 결정할 수가 없다고 생각한다."[992] 사유 재산 체제와 사회주의 체제는 선택의 여지가 있는 문제인데 그럼에도 불구하고 시장이라는 제도는 공통된 것이라고 롤즈는 보고 있다. 시장을 전제하는 사회주의라는 롤즈의 주장은 사실상 자본주의화한 중국과 같은 사회주의 시장경제를 말하는 것이거나 아니면 시장과 같이 가는 소부르주아 사회주의를 상정하는 것이다. 그리고 롤즈는 다음과 같이 자본가계급의 존재를 승인하고 있다. "사회가 투자 기금을 마련하기 위해서 부자들에게 그들이 마땅히 자신들이 소비할 수 있다고 생각하는 것 이상을 소유할 수 있게 하는 경우는 오직 귀족 계층의 방종과는 반대되는 자본가계층의 절약정신을 내포하는 특수한 여건에서이다."[993] 롤즈는 이렇게 절약정신을 조건으로 자본가계급의 존재를 승인하면서도 '임금노예제'를 다음과 같이 부정한다. " … 시장이란 실상 이상적인 체제는 아니다. 그러나 필요한 배경적 제도가 있을 경우 소위 임금노예제라는 최악의 측면이 없어질 것은 확실하다."[994] 시장이라는 제도가 있을지라도 필요한 배경적 제도, 즉 평등한 자유와 차등의 원칙 등의 정의의 원칙이 구현된 제도가

---

992) 앞의 책, p.367
993) 앞의 책, p.397
994) 앞의 책, p.375

있을 경우 임금노예라는 상태는 사라질 것이라고 롤즈는 보고 있다. 그러면 이렇게 상호 모순적인 롤즈의 여러 가지 관점을 종합적으로 살펴보자.

롤즈는 시장을 사유 재산 체제와 사회주의에 공통된 것으로 보면서 전적으로 승인하고 있다. 또 절약정신이라는 것을 조건으로 자본가계급의 존재를 승인하고 있고 반면에 재산소유 민주주의에서는 생산 자산을 시민 일반의 수중에 놓아야 한다고 보고 있다. 그러면서 시장이 있더라도 정의의 원칙이 구현된 제도가 작동하면 임금노예라는 상태는 사라질 것으로 보고 있다. 롤즈의 이러한 모순된 입장을 어떻게 보아야 하는가? 롤즈의 입장이 말해주는 사회상은 실제로는 시장이 지배적인 사회, 즉 자본주의 사회를 가리키지만 그것은 자본가가 주도하는 사회가 아니라 시민 일반, 즉 소부르주아들이 주도하는 사회이다. 소부르주아적 자본주의! 실제로 차등의 원칙이 말하는 최소수혜자의 이익을 증대시키는 것을 조건으로 불평등을 승인한다는 것은 가장 비참한 임금노예의 상태를 개선하는 것을 조건으로 계급 질서를 승인한다는 것을 말하는 것이다. 그런 점에서 롤즈의 정의론은 진보적인 외양을 띠고 있으나 실제로는 계급질서를 영구화하는 이론이며 진보와 변혁의 이론이 아니라 질서의 이론이다.

롤즈의 정의론이 질서의 이론이라는 점은 롤즈 스스로 여러 곳에서 피력하고 있다. 이 점을 좀 더 살펴보도록 하자. 롤즈는 형식적으로는 혁명까지도 승인하고 있다. "기본구조가 아주 부정의하다고 생각되거나 그 자체가 공표한 이상과는 거리가 멀다면 우리는 극단적인 변화나 혹은 혁명적인 변화를 위한 방도까지도 마련하도록 노력해야 한다."995) 기본구조는 권리와 의무를 분배하는 사회의 기본적인 제도를 말하는 것인데 롤즈가 말

---

995) 앞의 책, p.480

하는 정의의 두 원칙, 즉 평등한 자유와 차등의 원칙 등이 사회의 기본구조에서 관철되지 않는다면 혁명까지도 필요하다고 말하는 것이다. 그러나 정의의 두 원칙이 관철된다고 상정되는 사회에 대해서는 롤즈는 판이한 입장을 취한다. 그러한 사회에서 롤즈가 상정하는 저항의 최대치는 비폭력적인 시민불복종, 양심적 거부이다. 부정의한 전쟁에 대한 징집거부, 종교적 양심에 따른 거부 등이 그러한 사례이다. 뿐만 아니라 정의의 두 원칙에 대한 승인은 최종적 성격을 갖는 합의, 계약이라는 점에서 그러한 승인 이후에 사회의 기본구조에 대해 저항하는 것은 부정의한 것이 된다. 즉, (형식적으로) 평등한 자유와 차등의 원칙이 지켜지는 사회에서 평화로운 시민불복종을 넘어서는 계급투쟁은 부정의한 것이 된다.

롤즈는 정의를 상충하는 요구들 간의 균형으로 보고 합리적 선택으로서 정의 관념을 채택했다. 그리고 합리적 선택으로서 정의의 원칙이 수립되고 난 후의 사회는 질서 정연한 사회로 상정된다. 이렇게 합리성으로서의 정의론은 결국은 질서의 이론으로 귀착되는 것이다. 그러나 노동자계급의 입장에서 계급투쟁은 어떠한가? 계급투쟁은 합리성의 결과로서 인정될 수도 있지만 합리성에만 국한되는 것은 아니다. 계급투쟁은 합리성을 넘어서서 계급대립과 이익의 충돌로서 필연성의 영역, 과학의 영역에 위치한다. 이렇게 볼 때 과연 노동자계급의 입장에서 정의는 무엇인가가 제기된다. 노동자계급의 계급적 이익과 정의는 동떨어진 것인가? 아니면 노동자계급의 입장에서 사회 보편적인 혹은 역사 보편적인 정의는 존재하지 않으며 노동자계급의 이익의 관철이 정의라고 주장할 수 있는가? 이렇게 보면 정의가 과연 무엇인가가 문제로 되는데 사실 정의라는 관념 하에 논의되어 온 것의 대부분은 분배의 문제였다. 아리스토텔레스가 분배적 정의를 논한 이후로 각자에게 각자의 것을 준다는 것이 정의의 문제의 주요한 내용이었다. 그러나 노동자계급의 입장에서 계급의 폐지를 논하는 대신 지금의 상태의 약간의 개선이 정의라는 이름하에 강요된다면 그것은 또 다른 문제이다. 이렇게 보면 정의는 단지 분배의 문제에 그치는 것이 아니라 사회진보의 방향성을 설정하는 문제로 확대된다. 그리고 그것은 이 시대, 자본주의 사회에서는 계급대립의 폐지문제로 압축될 수 있다. 즉, 이 시대, 자본주의 사회에서 참다운 정의는 계급의 폐지 문제라고 정식화될 수 있다. 이렇게 보면 노동자계급의 계급적 이익의 문제와 정의의 문제는 대립하는 것이 아니라 통일될 수 있다.

마이클 샌델의 ≪정의란 무엇인가≫는 롤즈의 자유주의적 정의관을 비판하는데 왼쪽이 아니라 오른쪽에서 비판한다. "자유주의 정치론은 정치와 법이 도덕적·종교적 논란에 휩쓸리는 일을 막기 위해 탄생했다. 칸트와 롤즈의 철학은 그러한 야심을 아낌없이, 그리고 더없이 분명하게 드러낸다. 그러나 이 야심은 성공할 수 없다. 정의와 권리에 관한 뜨거운 쟁점 중 상당수가 도덕적·종교적으로 논란이 되는 문제를 피해가지 못한다. 시민의 권리와 의무를 규정할 때, 좋은 삶에 관한 여러 견해를 항상 배제할 수는 없다. 가능하다 하더라도 바람직하지 않을 수 있다."[996] 이는 마이클 샌델이 자유주의의 오른쪽에서 자유주의를 비판하는 것이다. 자유주의, 혹은 자유주의 정치는 정치와 종교를 분리한다. 이러한 정교분리는 근대 부르주아 민주주의 혁명의 성과이다. 그러나 롤즈와 달리 정의를 공동선의 입장에서 파악하는 샌델은 정의의 문제에서 도덕적 혹은 종교적 신념의 문제가 포괄되어야 한다고 주장한다. 반면에 롤즈는 자유주의적 사회주의의 입장에서 권리와 의무의 할당에 관한 사회의 기본구조를 정의론의 주요 대상으로 놓았다. 이러한 롤즈의 구상은 근대 부르주아 민주주의의 진보적 측면을 바탕으로 하는 것이

---

996) 마이클 샌델, 정의란 무엇인가, 김영사. p.337

다. 반면에 샌델은 도덕적, 종교적 신념의 문제를 정의론의 주요 내용으로 포괄하려 하는데 이렇게 되면 정의의 문제에서 사회제도가 초점이 되는 것이 아니라 어떤 사안이 도덕적, 종교적 신념에 어긋나는가 아닌가가 초점이 된다. 그리고 이는 롤즈에 비하면 한참 후퇴한 것이 된다. 미국의 부르주아 민주주의에서 롤즈가 마치 부르주아 좌파를 대변한다면 샌델은 부르주아 우파를 대변하는 격이 된다.

정의의 분제는 한 두 마디로 규정될 수 있는 것은 아니다. 왜냐하면 수많은 사람들이 정의라는 관념으로 이해하는 내용은 천양지차이기 때문이다. 그리고 이론적으로 볼 때 정의의 문제가 분배의 문제로 좁혀지면 그것은 지배계급에 봉사하는 것이 된다. 왜냐하면 분배할 자산(권리와 의무들)을 쥐고 있는 것은 지배계급일 수밖에 없기 때문이다. 롤즈의 정의론이 일정하게 진보적 색채를 띠고 있는 것은 분명하지만 그것이 결국은 질서의 이론으로 귀착되는 것은 정의의 관념을 분배의 문제 그리고 나아가 합리적 선택의 문제로 보기 때문이다. 그러나 정의의 문제는 단지 분배의 문제로 국한되어서는 안되며 사회의 진보의 방향성을 결정하는 문제로 확대되어야 한다. 그럴 때만 정의의 개념, 정의론이 지배계급에 봉사하는 것을 멈추고 노동자계급의 무기가 될 수 있다.

5장, 과학의 발전과
그에 대한 철학적 일반화

인간의 지적 발전은 곧 인간의 이 세계에 대한 인식의 심화의 과정이었다. 신앙에 대해 지식이 충돌하면서 철학이 발생하였고 그러한 지식은 이 세계에 대한 과학적 지식에 다름 아니었다. 고대 세계에서 이미 인과성의 원리, 즉 원인과 결과 관계에 대한 인식이 발생하였고 아리스토텔레스의 동일율, 모순율은 초보적 과학의 탄생이었다. 또한 고대 세계의 원자론은 세계를 원자와 공허(빈 공간)의 통일로 파악했는데 이는 직관에 기초한 것이지만 이 세계에 내한 과학적 인식을 추구한 것이었다.

코페르니쿠스의 지동설은 이 세계가 천상의 세계와 지상의 세계로 나뉘어 있고 태양이 지구의 주위를 돈다고 설교하던 성직자들의 세계관, 신학적 세계관을 붕괴시키는 것이었다. 그리고 이러한 세계관의 혁명을 통해 비로소 근대과학의 출발점이 형성되었고 이후 과학은 가속적으로 발전되었다.

근대과학은 초기에 뉴튼, 갈릴레이에 의해 대표되는 역학을 중심으로 발전되었는데 이는 엥겔스에 따르면 중세 유럽이 중국이나 중세 아랍과 달리 아무 것도 남겨놓은 것이 없어서 가장 기초적인 위치이동에 대한 과학, 즉 역학으로부터 출발할 수밖에 없었기 때문이었다. 이후 뉴튼 역학은 지배적인 위치를 차지하게 되었는데 이로 인해 역학적, 기계적 세계관이 철학에서도 지배적이게 되었다. 왜냐하면 뉴튼 역학은 물체의 위치와 속도(운동량)을 알면 그 다음의 결과도 예측가능하다고 보았는데 이는 자연에 대해 기계적인 인과성이 지배적이라는 인식, 그리고 그에 따른 기계적 세계관을 조장하는 것이었기 때문이다. 또한 뉴튼 역학은 형이상학적이었는데 공간과 시간이 물질과 무관하게 절대적으로 존재한다는 것을 역학의 전제로 삼고 있어서 공간과 시간, 그리고 자연의 불변성을 강조하고 있었기 때문이었다.

이후 자연과학의 발전은 이러한 역학적 사고, 기계론적, 형이상학적 길을 따라 발전하였다. 이러한 형이상학적 사고는 18세기 경에 지배적이었는데 이는 당시로서는 불가피한 것이기도 했다. 즉, 과학의 기본이 되는 사실자료의 수집, 그리고 과학적 대상의 분류는 고정된, 불변의 기준을 요청하는 것이었기 때문이다. 예를 들면 생물학에서 종(種)이라는 개념은 여러 생물 중에서 동일한 부류를 모아 공통의 성질을 부여하는 것이었다. 이러한 종이라는 개념의 성립에 형이상학적 사고는 적합한 것이었다. 그에 따라 린네의 경우 종의 불변성을 하나의 원리로 수립하기도 했다. 그러나 형이상학적 사고가 당시로서 불가피한 면이 있었을지라도 그것은 명백한 한계를 갖는 것이었고 과학의 발전을 제약하기도 했다. 예를 들면 근대적 화학이 수립되기 전에 물체가 불에 타는 현상, 즉 연소에 대해 과학자들은 잘못된 인식을 갖고 있었는데 연소라는 현상이 발생하는 이유는 모든 물질에 연소를 일으키는 플로지스톤이라는 물질이 포함되어 있기 때문이라고 보았다. 그리고 연소 과정에서 플로지스톤이 빠져나가는 것으로 인식했다. 이는 연소라는 과학적 현상에 대해 그것의 원인을 찾는 것이 아니라 연소를 일으키는 물질인 플로지스톤이라는 개념을 세우면 그 현상이 해명된 것으로 간주하는 것에 다름 아니었다. 이러한 엉터리같은 형이상학적 접근은 이후 산소의 존재가 발견되면서 교정될 수 있었다.

이렇게 18세기까지 근대과학은 각각의 과학 영역에서 사실자료를 수집하고 분류하고 각 영역의 뼈대를 (형이상학적 길을 따라) 세우면서 발전하였다. 그리고 이 시기의 자연관은 뉴튼의 역학적 세계상에 따른 형이상학적 자연관이었다. 즉, 영원불변한 자연의 질서라는 관점이었다. 태양계는 뉴튼의 만유인력에 따라 영원히 존재하는 것이었다. 그런데 이러한 형이상학적 자연관은 서서히 깨져 나가기 시작했는데 예를 들면 18세기 말 칸트와 라플라스의 가설은 태양계 생성에 대해 가스 덩어리로부터 나선형의 회전의 결과 태양계가 생성되었다고 설명하였다. 이는 태양계의 영원성에 의문을 제기하는 것이었으며 동시에 태양계의 생성, 발전, 소멸까지 설명하는 것으로서 변증법적 인식에 다름 아니었다.

이러한 형이상학적 자연관에 대한 도전은 19세기 중반 경 세포의 발견, 다윈의 진화론, 에너지 보존 및 전화의 법칙이라는 3대 발견이 이루어지면서 질적인 전환을 한다. 즉, 세포의 발견은 동물계와 식물계 간의 형이상학적 단절, 동물계와 인간계의 형이상학적 단절을 무너뜨리고 생물계의 통일성이라는 관점을 고취시켰다. 또 다윈의 진화론은 한편으로 인간이 신의 창조물이라는 종교적 관점을 무너뜨리면서 다른 한편으로 그동안 인정되어왔던 종의 불변성이라는 형이상학적 관점을 타파하고 종의 변화를 통한 진화라는 변증법적 관점을 수립한 것이었다. 이러한 발견은 단순한 과학적 성취를 넘어 전 사회에 세계관적 충격을 주는 것이었고 자연에 대한 인식을 근본적으로 변화시키면서 자연은 고정된 것이 아니라 변화, 발전하는 통일된 전체라는 인식, 즉 변증법적 자연관을 고취시켰다.

에너지 보존 및 전화의 법칙의 발견은 한편으로 물질과 운동의 불멸성을 말하는 것이다. 물질은 소멸하는 것이 아니라 단지 다른 물질로 전화될 뿐이라는 것, 그리고 물질의 본질적 속성인 운동 또한 사라지는 것이 아니라 다른 형태의 운동으로 전화될 뿐이라는 것을 에너지 보존 및 전화의 법칙은 과학적으로 뒷받침한다. 이러한 인식, 물질과 운동의 불멸성이라는 인식은 일거에 이루어진 것이 아니라 근대과학의 점진적인 발전과정에 기초하는데 예를 들면 데카르트는 이미 운동량 보존이라는 사상을 제기하기도 했다. 이러한 인식은 이 세계가 물질의 운동에 다름 아니며 하나의 물질의 운동이 끊임없이 다른 물질의 운동으로 전화되는 것이 이 세계의 모습이라는 것을 말하는 것이었다.

이렇게 세포, 진화론, 에너지 보존 및 전화의 법칙이라는 3대 발견은 결정적으로 뉴튼 이래의 형이상학적 자연관을 무너뜨리고 변증법적 자연관을 수립하였고 자연과학에서 이러한 발전은 철학에서 헤겔에 의한 변증법의 정립, 그리고 맑스, 엥겔스에 의한 변증법적 유물론의 전개와 맞물려 있었다.

엥겔스는 ≪반듀링론≫에서 다음과 같이 말한다. "끝으로 나에게 문제가 되었던 것은, 변증법적 법칙을 구성하여 자연 속으로 가지고 들어가는 것이 아니라 변증법적 법칙을 자연 속에서 찾아내어 자연으로부터 전개하는 것이었다."997) 이 언급은 변증법적 유물론의 정신이 무엇인가를 훌륭히 설명하고 있다. 변증법적 법칙을 구성하여 자연 속으로 가지고 들어가는 것은 헤겔적인 관념론적 접근이다. 그러나 엥겔스는 정반대로 자연에서 변증법적 법칙을 찾아내어 자연으로부터 전개하는 것이라고 했는데 여기에는 변증법적 법칙으로 상정되는 인간정신보다 자연이 일차적이라는 유물론적 접근과 자연 자체가 변증법적이라는 인식이 통일되어 있다. 그리고 바로 이러한 인식은 맑스, 엥겔스에 의해 변증법적 유물론이라는 총체적인 세계관으로 발전하여 노동자계급의 과학적 세계관이 될 수 있었다.

엥겔스의 당시의 과학에 대한 고찰은 과학의 발전을 철학적으로 일반화하는 것의 성공적인 사례이다. 여기서 다소 길지만 과학과 철학의 관계에 대한 엥겔스의 정식화된 입장을 인용해 보자. "현대 유물론은 자연 과학이 이룬 근대의 진보를 총괄하는 바, 거기에 따르면 자연도 시간상의 역사를 갖고 있으며, 천체들이나 조건이 양호한 경우에 그 천체에 살고 있을 유기체 종들이나 모두 발생하고 소멸하며, 순환이라는 것이 도대체 있을법한 한에서 그 순환은 엄청나게 거대한 규모를 취한다고 한다.

---

997) 엥겔스, 반듀링론, 맑스-엥겔스 저작선집 5권, 박종철 출판사, p.14

712

두 경우 모두에 있어서 현대 유물론은 본질적으로 변증법적이며, 더 이상 다른 과학 위에 군림하는 철학을 필요로 하지 않는다. 각각의 개별 과학이 사물과 사물에 관한 지식의 전체적 연관에서 자신이 차지하는 위치를 확실히 이해하라는 요구를 받자마자, 전체적 연관을 취급하는 특수한 과학은 불필요하게 된다. 그럴 경우 지금까지의 철학 전체에서 여전히 독자적으로 존속하는 것은 사유와 사유의 법칙들에 관한 학설이다—형식논리학과 변증법, 그 밖의 깃은 모두 해체되어 자연과 역사에 대한 실증 과학이 된다."998) 변증법적인 현대 유물론은 근대과학의 진보를 총괄한다는 것, 그리고 기존에 철학이라 불렸던 것들은 개별 과학으로 해소되고 남는 것은 형식논리학과 변증법이라는 사유에 대한 학설뿐이라는 것이 엥겔스의 인식이다. 여기서 엥겔스의 언급에 대해 덧붙인다면 형식논리학과 변증법 또한 과학과 무관한 것이 아니라 사고에 대한 과학으로서 추구되어야 한다는 점이다.

엥겔스의 ≪자연변증법≫은 19세기 당시의 자연과학의 발전을 총괄하면서 그것을 철학적으로 일반화한 대표적인 저작이다. 변증법적 유물론의 근본적인 범주는 물질과 운동인데 이는 맑스와 엥겔스가 창안한 것이 아니며 근대과학 발전의 산물로서 물질과 운동이라는 범주가 갖는 의미를 변증법적 유물론이 철학적으로 수용하고 일반화한 것에 다름 아니다. 물질과 운동이라는 범주는 물질과 운동의 불멸성을 전제하는데 이에 대해 엥겔스는 다음과 같이 말한다. "이제 근대 자연과학은 운동의 불멸성이라는 명제를 철학으로부터 받아들여야 했다. 이 명제 없이는 근대 자연과학은 존재할 수 없다. 그러나 물질의 운동이란 단순히 조야한 역학적 운동이나 위치의 변화만을 의미하는 것이 아니라 열과 빛, 전기적, 자기적 장력, 화학적 결합과 분해,

998) 앞의 책, pp.27-28

생명 나아가 의식까지를 포함하는 것이다. … 운동의 불멸성은 단지 양적으로 뿐만 아니라 질적으로도 파악되어야 한다. 어떤 물질의 순수한 역학적 위치변화가 적합한 조건 하에서는 열, 전기, 화학적 작용, 생명으로 변화할 수 있는 가능성을 지니고 있기는 하지만 스스로 이 조건을 산출할 능력을 갖고 있지 않다면, 그러한 물질은 운동을 상실한 것이다. 자신에 속하는 다양한 형태들로 전화할 능력을 상실한 운동은 여전히 운동의 잠재력은 지닐지라도 활동성은 잃어버릴 것이며, 이에 따라 부분적으로 파괴될 것이다. 그러나 두 가지 경우 모두 있을 수 없는 일이다."999) 여기서 주목되는 것은 엥겔스가 운동의 불멸성을 운동량 보존이라는 양적 차원만이 아니라 질적으로 전화하는 능력 자체, 질적인 불멸성을 말하고 있는 점이다. 이는 단순한 위치이동이라는 역학적 변화가 화학적 변화, 생물학적 변화, 나아가 인간의 의식이라는 운동으로까지 전화할 가능성을 갖고 있다는 것을 말하는 것이다. 실제로 이는 충분히 추론 가능한데 태양계가 생성될 당시 그것은 가스 덩어리에 지나지 않았고 가스 분자 상호간의 견인과 반발 운동이 지배적이었다. 그 뒤 태양계가 회전운동에 의해 생성되고 지구가 만들어졌을 때 뜨거운 지구상에 생명체는 존재하지 않았다. 그러나 지구가 식으면서 적당한 조건이 만들어졌을 때 무기물의 화학적 작용을 통해 단백질이 만들어지면서 생명체가 탄생하고 생명체의 진화와 발전은 의식을 가진 인간의 탄생으로까지 이어졌다. 이 전 과정은 엥겔스가 말한 운동의 질적인 불멸성, 어떤 운동의 새로운 질의 운동으로의 전화의 가능성을 말하는 것이다. 물질과 운동이라는 근본 범주에 대한 엥겔스의 이러한 깊이 있는 천착은 과학의 철학적 일반화의 전형이다.

여기서 물질과 운동에 대한 엥겔스의 견해를 조금 더 살펴보자.

999) 엥겔스, 자연변증법, 중원문화, pp.31-32

714

엥겔스는 물질과 운동의 불멸성을 말할 뿐만 아니라 물질과 운동의 통일성에 대해서도 천착한다. "우리가 접할 수 있는 전체 자연은 제 물체의 하나의 체계, 하나의 총체적 연관을 구성하며, 이때 제 물체란 천체로부터 원자까지, 나아가 에테르 입자까지 그 존재가 인정되는 한에서는 그 모두를 포함하는 모든 물질적 존재자들을 의미한다. 이 물체들이 하나의 연관을 이루고 있음은 그들이 상호작용한다는 사실을 내포하며, 이러한 물체들의 상호작용이 바로 운동이다. 여기서 이미 운동없는 물질을 생각할 수 없음이 드러난다. 그리고 만약 물질이 우리에게 어떤 주어진 것, 그리고 이와 마찬가지로 무로부터 창조될 수 없는 것, 소멸시킬 수 없는 것으로 나타난다면, 이로부터 운동 또한 창조될 수 없고 소멸시킬 수 없다는 결론이 도출된다."1000) 여기서는 운동의 본질이 압축적으로 표현되어 있다. 물질들의 상호작용!이 곧 운동이다. 그리고 제 물질의 불멸성과 제 물질의 상호연관성이 이러한 결론의 전제들이다. 이는 그동안의 과학적 성과에 기초하여 운동의 본질에 대한 해명이라는 철학적 과제를 엥겔스가 해결한 대목이다.

엥겔스는 당시 화학의 발전의 산물인 멘델레예프의 주기율과 헤겔의 양·질 전화의 법칙의 관계를 해명하고 있다. "헤겔의 법칙은 최종적으로 화합물뿐만 아니라 화학적 원소 자체에도 적용된다. … "원소의 화학적 성질은 원자량의 주기적 기능이라는 것" … 그리고 이에 따라 원소의 질은 그 원소량에 의해 조건지어져 있다는 것을. 이의 검증은 훌륭하게 이루어졌다. 멘델레예프는 원자량에 따라 배열된 계열 내부의 동류의 원소들에서도 서로 다른 비어 있는 자리가 존재하며, 이는 여기서도 여전히 새로운 원소가 발견될 수 있음을 암시하고 있다는 사실을 증명하였다."1001) 멘델레예프의 주기율은 화학원소의 성질이 원

1000) 앞의 책, p.66

소의 원자량이라는 양에 의해 규정된다는 원리에 따라 원소들을 체계적으로 배치한 것이다. 그 결과 동일한 성질을 갖는 원소들이 주기성을 갖고 배치되었는데 이를 통하여 원소의 세계, 즉 물질의 세계에 일정한 통일성이 존재한다는 것이 밝혀졌다. 멘델레예프가 작성한 주기율표에는 빈자리도 있었는데 멘델레예프는 이 빈자리의 원소의 성질을 예측하였고 이후 빈자리의 원소가 발견됨에 따라 주기율표의 과학성이 입증되었다. 이러한 주기율(표)는 원자량이라는 양이 원소의 성질이라는 질을 규정하는 전형적인 사례인데 이는 헤겔의 양·질 전화의 법칙을 과학적으로 확증하는 것이었다.

엥겔스 이후 레닌에 이르는 시기, 즉 19세기 말과 20세기 초는 자연과학에서 새로운 최신의 혁명이 준비되고 이루어지던 시기였다. 새로운 사실의 발견, 새로운 이론의 발생에 대해 당시 자연과학자들은 이를 어떻게 해석하고 종합할 지를 몰라 "물질은 소멸하였다"고 주장하거나 과학의 위기를 외쳤다. 이러한 상황은 이후 아인슈타인의 상대성이론과 양자역학이라는 최신의 과학혁명을 통해 해소되었다. 그러면 아인슈타인의 상대성이론과 양자역학의 전제가 되는 과학적 발견과 이 과정에서 과학의 위기의 전개 그리고 그에 대한 레닌의 해석을 먼저 살펴보도록 하자.

19세기 말이 되면서 기존의 뉴튼 역학으로는 해명이 되지 않는 발전이 이루어졌는데 그것은 패러데이, 맥스웰에 의한 전자기역학의 발전이었다. 영국의 물리학자 패러데이는 "전자기학에 관한 일반적 학설의 기초를 다졌다. 그 연구에서 그는 자연의 '여러 힘들'과 제 현상의 통일성의 보편적 관련이라는 변증법적 사상을 지침으로 삼았다."[1002] 패러데이는 자기와 전기, 열에너

1001) 앞의 책, p.63
1002) 러시아 과학아카데미 편, 세계철학사(7), 중원문화. p.390

지, 화학작용, 빛 등의 여러 힘들이 깊은 연관 속에 통일되어 있다는 인식을 발전시켰다. 이러한 패러데이의 성과를 바탕으로 맥스웰은 전자기장의 제 법칙을 연구하여 전기역학을 정립했다. 이러한 패러데이와 맥스웰의 성과는 뉴튼 역학을 넘어서는 것으로서 아인슈타인의 상대성이론으로 이어졌다. 아인슈타인은 자신의 특수상대성이론이 맥스웰의 전기역학을 '정제'한 것이라고 말한 바 있다.[1003]

19세기 말, 20세기 초의 전환기에 최신의 과학혁명이 발생했는데 "이 최신 혁명은 우선 물리학이 원자 내부의 현상(극미현상)에까지 침투했다는 점에서 이전의 혁명과 본질적인 차이가 있다. 이로 말미암아 물질의 구조와 성질에 관한 낡은 견해는 뿌리째 흔들렸다."[1004] 이 시기에 세 가지의 주요한 발견이 있었는데 "첫째, 물질 속으로, 즉 원자의 전자껍질 속으로 깊이 침투해 들어가는 능력을 지닌 뢴트겐선의 발견(1895년) 둘째, 방사능의 발견(1896년), 이 발견으로 방사능의 물질적 담당자인 라듐이 발견되었다(1898년). 셋째, 이 모든 원자의 일반적인 구성부분인 전자의 발견(1898년)이다. … 이후 20세기 물리학의 모든 발전은 실제로는 이 세 가지 발견의 연속이자 심화이며, 이 발견 속에는 자연과학에서 시작된 혁명의 본질이 드러나 있다. 즉 원자의 전자층에 대한 연구는 양자역학을 창설하는 밑거름이 되었고, 핵 연구는 핵물리학을 발전시켰다. 과학 발전의 이 두 가지 방향은 '소'(素)립자 물리학에서 하나로 일치되었다."[1005] 전자의 발견은 기존의 더 이상 분할되지 않는 원자라는 개념을 최종적으로 분쇄하였고 이제는 원자의 내부가 물리학의 대상이 되는 단계를 열었다. 또한 방사능의 발견은 '물질

1003) 아인슈타인, 상대성의 특수이론과 일반이론, 필맥, p.66
1004) 러시아 과학아카데미 편, 세계철학사(10), 중원문화, p.46
1005) 앞의 책, pp.46-47

의 붕괴'를 보여준다는 점에서 많은 과학자들이 물질이 소멸한 다고 사고하게 하면서 이른바 과학의 위기를 불러왔다. 그런데 이러한 발견을 해석하고 계승, 발전시키면서 원자 내부의 세계에 대한 양자역학과 물질의 가장 근본적인 존재형태인 시간과 공간에 대한 혁명(아인슈타인의 상대성 이론)이 이루어지면서 20세기는 물리학의 시대가 되었고 물리학은 전체 과학을 선도하는 위치에 서게 되었다.

그러면 이러한 상황, 즉 새로운 발견들이 이루어졌으나 그에 대한 해석의 실패로 인한 과학의 위기, 그리고 철학적인 인식론상의 위기에 대해 레닌이 어떻게 대처했는지 살펴보도록 하자.

이러한 상황에서 레닌은 ≪유물론과 경험비판론≫에서 당시의 과학적 발전을 총괄하면서 철학적 일반화를 이루었다. 레닌은 "물질이 소멸하였다"라는 주장에 대해 다음과 같이 반박한다. ""물질은 소멸한다"는 말은 우리가 물질에 대하여 지금까지 알고 있던 인식의 한계가 소멸한다는 뜻이고, 이것은 우리의 인식이 더 깊이 들어간다는 뜻이며; 이전에는 절대적, 불변적, 근원적으로 여겨지던 물질의 성질(불가입성, 관성, 질량 등)이 마찬가지로 소멸하고 이제는 그것이 상대적이며 오직 물질의 일정한 상태에서만 특징적임이 밝혀진다는 뜻이다."1006) 과학자들은 원자의 붕괴라는 사태에 대해 망연자실하며 물질이 소멸한다고 외쳤지만 레닌은 그것은 물질의 소멸이 아니라 물질에 대한 우리 자신의 기존의 인식의 한계의 소멸이라고 정확하게 규정하고 있다. 더 이상 나누어지지 않는 원자라는 기존의 우리 자신의 인식은 소멸하지만 무궁하고 무한한 물질의 내부에 대한 우리의 인식은 확장된다는 것이다. 그러면서 레닌은 새로운 과학적 발견을 일반화하여 물질에 대한 새로운 정의를 내린다. "물질이란 인간의 감각에 의해 주어지고, 우리의 감각에 의해 복사

1006) 레닌, 유물론과 경험비판론, 아침, pp.277-278

되고 촬영되고 모사되지만, 그것과 독립하여 존재하는 객관적 실재를 표현하기 위한 철학적 범주이다."1007) 이러한 물질에 대한 레닌의 정의는 방사능, 전자 등의 발견을 반영하고 있는데 우리의 감각, 의식으로부터 독립한 객관적 실재라는 개념을 통하여 방사능도 물질적 현상으로 포괄되고 전자 또한 물질로 분류되기 때문이다. 이러한 레닌의 개념은 기존의 물질에 대한 인식이었던 더 이상 나누어지지 않는 원자라는 물질 개념을 대체하는 것으로서 당시 과학의 발전을 철학적으로 일반화하고 나아가 과학의 위기에 대한 철학 상의 해법을 제시하는 것이었다. 20세기 초의 과학의 최신혁명이 원자의 내부를 대상으로 함에 따라 기존의 과학상의 성과인 멘델레예프의 주기율도 재해석되게 되었다. 과거에는 원자량이라는 양적 측면이 원소의 성질이라는 질을 규정한다는 차원에서 접근했다면 이제는 원자핵과 전자와 연관지워 주기율을 해석하게 되었다. 즉, "원소의 순위번호(즉 멘델레예프의 주기계에서 그 위치번호)는 원자핵의 전하의 수치, 곧 중성원자의 껍질 속에 있는 전자의 총수를 가리킨다는 결론이 나왔다."1008) 이러한 해석은 기존에 화학상의 구조였던 멘델레예프의 주기율을 물리학상의 총체적인 법칙으로 전화시키는 것이었다. 또한 이 과정에서 원자핵의 양전하의 양적 증가에 따라 다른 원소로의 이행이 일어난다는 것이 밝혀졌는데 이는 전하의 양의 변화에 따라 하나의 원소의 다른 원소로의 질적 전화라는 변증법적 과정이 일어남을 말해주는 것이었다. 이러한 과정을 통해 멘델레예프의 주기율은 물리적 세계의 (물리학상 그리고 화학상의) 가장 근본적인 변증법을 표현하는 것으로 위치지워졌다.1009)

1007) 레닌, 앞의 책, p.135
1008) 러시아 과학아카데미 편, 세계철학사(10), 중원문화, p.387
1009) 앞의 책, p.393

그러면 20세기 초반의 과학혁명의 하나인 아인슈타인의 상대성 이론에 접근해 보자. 아인슈타인의 상대성이론은 운동의 상대성의 문제를 철저히 천착한 결과 공간과 시간에 대한 인식에서 혁명을 가져오고 그에 따라 뉴튼 역학의 절대성을 붕괴시키고 물질의 운동에 대한 새로운 이해를 가져왔다.

그러면 먼저 아인슈타인 이론의 출발점인 운동의 상대성을 고찰해 보자. 근대과학에서 운동의 상대성은 갈릴레이에 의해 먼저 파악되었다. 정박해 있는 배의 선실에 매달려 있는 전등은 배가 출발하여 같은 속도로 등속운동을 하면 여전히 동일하게 매달려 있다. 즉, 정지해 있을 때나 일정한 속도로 움직일 때나 선실 내의 운동 상태는 동일하다. 이것이 운동의 상대성 원리의 기본적인 모습이다. 지구가 빠른 속도로 운동하지만 지상의 사람이 그 운동을 느끼지 못하는 것 또한 지구가 같은 속도로 등속운동을 하기 때문인데 이 또한 운동의 상대성 원리의 예이다. 아인슈타인은 이러한 운동의 상대성 원리와 맥스웰의 전기역학 그리고 빛의 속도가 언제나 동일하다는 광학의 원리를 결합시켜 특수상대성 이론을 제출했다. 특수상대성 이론에 따르면 빠르게 운동하는 물체는 길이가 수축되고 시간이 느리게 가는데 이는 물질의 운동에 의해 공간과 시간이 규정된다는 것을 말한다. 이러한 인식은 뉴튼 역학과 충돌하는 것인데 뉴튼 역학의 대전제는 공간과 시간은 절대적인 것으로서 물질의 운동과 무관하게 존재하는 것으로 규정되어 있었기 때문이다. 절대공간, 절대시간이라 불린 뉴튼의 이론은 철학적으로 보면 형이상학적 유물론이었는데 이 관점이 아인슈타인에 의해 붕괴되고 물질의 운동에 상대적으로 의존하는 시간과 공간 개념으로 변환된 것이었다. 이러한 아인슈타인의 시·공간 개념은 시간과 공간이 물질의 존재형식이라는 변증법적 유물론의 관념을 확증하는 것이었고 자연과학에서 형이상학의 붕괴와 변증법의 자연발생적인

720

침투를 가져오는 것이었다. 이러한 특수상대성 이론의 성과를
조금 더 들어 보면 대표적인 것이 동시성의 상대성이다. 어떤
두 지점에서 번개가 동시에 치는 것이 A지점에서 관찰되었지만
그와 다른 B지점에서 관찰하면 번개가 동시에 치지 않은 것으
로 관찰된다. 이는 시간의 동시성의 상대성을 말하는 것인데 뉴
튼적인 시간의 절대성을 무너뜨리고 시간의 상대성을 수립하는
것이었다. 뿐만 아니라 특수상대성 이론에 따르면 운동하는 물
체는 각각 자신의 고유한 시간을 갖고 있다는 인식이 성립되있
다. 이에 대해 아인슈타인은 다음과 같이 말한다. "모든 기준체
(좌표계)는 각각 그 자신의 특수한 시간을 갖고 있다."1010) 이
말은 운동하는 각각의 물체는 각각 서로 다른 시간의 움직임이
있다는 것이다. 예를 들면 기차가 지나가고 그 주변 도로를 버
스가 지나간다면 기차에서의 시계와 버스에서의 시계는 가는
시간이 다르다는 것을 의미한다. 일상생활에서 이를 느끼지 못
하는 것은 그 차가 매우 적기 때문인데 빛의 속도에 가깝게 운
동하는 물체에서는 그 차가 매우 클 수 있다. 이러한 아인슈타
인의 발견은 공간과 시간은 결코 절대적인 것이 아니라 물질의
운동에 근거하고 의존한다는 것으로서 공간과 시간 관념의 혁
명이었다. 바로 이 점에서 뉴튼 역학은 그 절대성이 붕괴되고
단지 특정한 조건과 상황에서만 관철되는 이론으로 상대적으로
위치지워졌다.
특수상대성 이론에서 밝혀진 또 하나의 중요한 점은 질량과 에
너지의 연관성이다. 기존의 뉴튼 역학에서는 질량은 불변이며
에너지와 독립적인 것으로 파악되었다. 그러나 특수상대성 이론
은 운동하는 물체에 에너지가 가해지면 그 물체의 질량이 증가
함을 밝혀냈다. 이는 질량과 에너지의 연관성을 수립하는 것인
데 이 결과 $E=mc^2$(에너지는 질량에 빛의 속도를 제곱한 것과

1010) 아인슈타인, 상대성의 특수이론과 일반이론, 필맥, p.42

같다는 원리)라는 유명한 공식이 탄생했다. 이 공식에 따르면 에너지가 질량의 증감에 영향을 줄 뿐만 아니라 거꾸로 일정한 질량은 일정한 에너지를 갖고 있다는 것이 표현되고 있다. 아인 슈타인은 이 공식에 근거하여 핵물질의 분열로 발생하는 거대 한 에너지를 예견하고 2차 대전 당시 핵무기의 등장에 대해 경 고하기도 했다.

그런데 이러한 이론이 '특수'상대성 이론이라 불리는 이유는 그 이론이 전제하는 물질의 운동이 갈릴레이, 뉴튼 당시와 동일한 좌표계, 즉 등속운동하는 좌표계에 대해서만 성립하는 운동으로 전제되었기 때문이다.(여기서 좌표계라는 개념은 물질의 운동에 객관성을 부여하는 기준이라는 의미이다.) 즉, 특수상대성 이론 은 등속운동하는 물체의 운동에 대한 고찰의 결과였다. 그러나 현실의 물체, 물질의 운동에서 동일한 속도의 운동, 등속운동은 예외적인 것이고 대부분의 물질의 운동은 속도가 변하는 가속 도 운동이다. 따라서 특수 상대성 이론은 그 적용의 범위가 매 우 제한적인 것이었다. 이러한 상황에서 아인슈타인은 물질이 등속의 운동을 하는 경우만이 아니라 가속도 운동, 나아가 중력 에 의한 운동까지 포함하여 모든 운동 형태에 있어서 상대성원 리를 수립했는데 그것이 일반상대성 이론이다.

일반상대성 이론에 따르면 중력장에서 중력에 의한 물체의 가 속도 운동은 중력이 없는 공간에서 물체에 힘을 가하여 가속도 운동을 하는 것과 본질적으로 동일하다. 아인슈타인은 이러한 인식을 기초로 중력장에서의 운동, 가속도 운동에서도 물체의 운동에 있어서 상대성 원리가 성립함을 입증했다. 그런데 이렇 게 일반상대성 이론으로 나아갔을 때 공간과 시간의 개념은 더 욱 더 변화했는데 아인슈타인에 따르면 중력장에서 공간은 휘 어져 있다고 한다. 중력장에서 공간의 휘어짐은 실제 관측에 의 해 입증되었는데 이 관측의 성공으로 일반상대성 이론의 타당성이 승인되었다. 그런데 휘어지는 공간이라는 개념은 기존의 공간 개념인 유클리드적 공간 관념을 넘어서는 것이었다. 그리고 기존의 공간을 표현하는 데카르트적 3차원 좌표 또한 시간을 포함하는 4차원의 가우스좌표로 변화되었는데 이러한 공간 개념의 변화는 유클리드적 공간을 넘어서는 비유클리드적 공간 개념을 제출하는 것이었다. 그리고 중력장에서 멀어질수록 중력의 세기는 감소하는데 중력장이 센 곳에서는 시간이 느려진다는 깃이 밝혀졌는데 이는 빠른 속도로 운동하는 물체에서 시간이 느려지는 것과 같은 이치이다. 이러한 사실들이 종합되면서 공간과 시간의 관계 또한 변화되었는데 시간과 독립된 공간 개념이 사라지고 시간과 통일된 공간개념으로 정립되었다. 이러한 상황은 기존의 철학에서 논의되던 시·공간 개념을 변혁하는 것이었다. 변증법적 유물론에서 주장하는 물질의 존재형식으로서 시간과 공간 개념에 더해 시간과 공간의 관계라는 어려운 문제를 해명해야 하는 과제가 제기된 것이다.

그리고 일반상대성 이론은 기존의 중력이론이던 뉴튼의 중력 개념을 변혁하는 것이었다. 뉴튼은 중력을 빛의 속도를 능가하는 순간적인 원격작용으로 설명했는데 아인슈타인은 그러한 원격작용은 존재하지 않으며 중력은 중력장이라는 물질적 성격을 갖고 있고 이 중력장에 의해 물체는 가속도 운동을 함을 밝혔다.

이와 같이 아인슈타인의 상대성 이론은 뉴튼 역학과 별도로 존재하던 전기역학을 수렴하면서도 뉴튼 역학을 지양한 이론으로 성립했고 그 결과 물질의 존재형식으로서 공간과 시간이라는 변증법적 유물론의 시간, 공간 개념을 뒷받침하고 있다.

그러면 아인슈타인의 상대성이론과 함께 20세기 물리학의 또하나의 흐름인 양자역학에 대해 접근해 보자. 양자역학은 원자의 세계 내부를 다루는 학문이다. 앞서 발견된 전자, 방사능, 뢴

트겐선이 양자역학의 흐름을 만드는 토대가 되었다. 그런데 상대성이론은 아인슈타인이라는 한 인물에 의해 완성되었다면 양자역학은 많은 과학자들의 발견이 축적되면서 완성된 것이었다. 양자역학에서 사용되는 양자(量子)라는 개념은 플랑크에 의해 만들어진 것이다. 물체가 에너지를 방출 혹은 흡수할 때 그 에너지의 흐름은 연속적인 것이 아니라 불연속적으로 주파수에 비례하는 최소량의 양자로 방출 혹은 흡수된다는 이론이다.[1011] 아인슈타인은 플랑크의 발견에 기초하여 빛이 파동의 성질만 갖는 것이 아니라 입자의 성질을 갖고 있다는 것을 증명하였고 이러한 빛의 입자적 성질을 광양자(광자光子)라고 불렀다. 이러한 발견, 즉, 빛이 파동의 성질과 입자의 성질이라는 이중적인 성질을 갖고 있다는 것은 많은 과학자들을 혼란스럽게 했는데 이는 변증법적인 모순 개념을 요구하는 것이었다.

빛의 이중적 성질이 밝혀지는 가운데 과학자들은 원자 내부의 세계를 심도깊게 분석하기 시작했다. 톰슨은 1904년에 원자모형을 제출했는데 원자내부를 양전하와 전자의 배분으로 된 구조로 파악했다. 또한 전자에 대한 연구가 심화되었는데 전자의 질량은 고정되어 있는 것이 아니라 그 속도에 따라 변한다는 것이 밝혀졌다. 그리하여 원자 내부의 세계는 뉴튼적인 역학이 아니라 전자기이론에 의해 규정된다는 것이 밝혀졌다. 그리하여 "이 과정에서 낡은 역학적 세계상 대신에 전자론에 부합하는 물리적 세계상이 형성되었으며 이는 물질의 전자적(電磁的) 세계상이라고 할 수 있다."[1012]

"1911년에 러더퍼드가 원자의 중심에 있는 실재하는 물질입자인 원자핵을 실험적으로 발견"[1013]하였는데 이를 통해 원자핵

1011) 한국철학사상연구회 편, 철학대사전, 동녘. p.844
1012) 러시아과학아카데미 편, 세계철학사(10), 중원문화, p.379
1013) 앞의 책, p.384

을 중심으로 전자가 운동한다는 사실이 확인되면서 미시세계와 태양계 등 거시세계의 운동의 유사성이 주목받았다. 그리고 원자핵의 양전하의 양의 변화에 따라 원소가 다른 원소로 변한다는 것, 즉 원소의 질이 변한다는 것이 밝혀짐으로써 변증법의 양·질전화의 법칙을 뒷받침하였다.[1014]

이후 빛이 입자적 성질과 파동적 성질이라는 모순된 이중성이 있다는 것에 기초하여 전자 또한 입자적 성질만 있는 것이 아니라 파동적 성질을 갖고 있는 것이 아닌지에 대한 연구가 진행되었고 실험 결과 전자 또한 파동적 성질을 갖고 있음이 입증되었다. 이러한 결과는 이 세계의 근본적 구성요소라 할 빛과 전자(모든 원자의 구성요소) 모두가 입자적 성질과 파동적 성질이라는 이중성을 갖고 있다는 것을 말하는 것이었다. 물질파로 불린 전자의 파동성은 이후 과학자들 내부의 인식론상의 격렬한 대립을 가져오게 된다.

한편 하이젠베르크는 원자내부의 세계에서 불확정성의 원리를 발견했는데 전자와 같은 원자 내부의 소립자는 뉴튼 역학과 달리 위치와 운동량이 동시에 확정될 수 없음을 밝혔다. "예컨대 어떤 전자의 위치를 가능한 한 정확하게 측정하려면 이 전자에 파장이 극도로 짧은 빛을 입사시켜야 한다. 그러나 이렇게 하면 전자의 운동량이 변한다. 반대로 에너지가 적고 파장이 긴 빛을 입사하면, 운동량은 영향을 적게 받지만 위치는 불확정적으로 된다."[1015] 뉴튼 역학에서는 위치와 운동량을 파악하면 그 다음 결과를 예측할 수 있다고 보았고 이러한 결정론(기계적 결정론)이 이 세계를 지배한다고 보았다. 그런데 원자 내부의 미시세계는 뉴튼과 같은 결정론이 관철될 수 없음이 밝혀진 것이다. 이

1014) 앞의 책, p.387
1015) 한국철학사상연구회 편, 철학대사전, 동녘, p.577

리하여 원자내부의 세계는 결정론, 인과관계가 관철되는 것이 아니라 우연이 지배한다는 사고가 싹트게 되었다.

이 과정에서 슈뢰딩거는 전자의 파동이 고전역학과 같은 파동이 아니라 확률적으로만 파악가능한 성질을 갖고 있음을 밝혔고 이를 확률파라 불렀다. 이를 통하여 불확정성 원리와 마찬가지로 원자내부의 세계는 결정론이 지배하지 않는다는 주장이 강화되었다.

이렇게 점차적으로 발전하여 오던 양자역학은 1920년대가 되면서 그 성과를 어떻게 해석할 것인지를 두고 철학 상의 격렬한 인식론적인 대립을 낳았다. 1927년 코펜하겐에 모인 물리학자들은 대립지점을 두고 토론을 하였는데 대표적인 인물은 유물론 진영의 아인슈타인과 관념론 진영의 보어였다. 논쟁의 쟁점은 전자의 입자와 파동성의 이중성이라는 모순에 대해 어떻게 볼 것인가, 모순 개념을 인정할 것인가의 여부, 그리고 불확정성의 원리, 확률파에 대해 결정론을 승인할 것인가, 부정할 것인가, 나아가 미시세계에서 작동하는 우연적 요소를 어떻게 볼 것인가 등이었다. 이 논쟁에서 아인슈타인은 유물론의 입장에 서서 보어 등을 반박했지만 보어는 불확정성의 원리, 확률파 등 미시세계의 특징에 근거하여 아인슈타인을 재반박했고 실험적 검증에서 아인슈타인은 패배했고 이 논쟁에서 다수가 된 입장이 코펜하겐 해석이라 불리며 이후 양자역학의 주류가 되었다. 아인슈타인이 유물론의 입장, 즉 과학적 입장이었지만 패배한 이유는 그가 변증법적이지 못했다는 점 때문이었다. 아인슈타인은 신은 주사위놀음을 하지 않는다고 주장하면서 미시세계에서 우연의 요소, 확률적 성격을 부정하였다. 그러나 재차 실험했음에도 불확정성의 원리와 확률파(우연의 요소)라는 것은 미시세계의 객관적 성질임이 입증되어 아인슈타인은 패배하게 되었고 이후 양자역학으로부터 멀어졌다.

그러면 코펜하겐논쟁에서 쟁점이 되었던 것들을 정리하면서 그것들을 변증법적 유물론의 입장에서 분석해 보자.

첫째, 빛과 전자의 입자-파동 이중성에 대하여. 빛과 전자의 입자-파동 이중성의 성질은 물리학자들 특히 관념론적 물리학자들을 당혹하게 했는데 이는 변증법적 관점의 결여 때문이었다. 즉, 모순 개념, 대립물의 통일과 투쟁이라는 개념을 적용하면 정확한 해석이 가능하다. 빛과 전자의 운동은 입자적 성질(불연속성)과 파동직 싱질(연속성)의 통일이다. 다만 그것이 고진역학이 관철되는 일상세계에서와 같이 기계적으로 관철되는 것이 아니라 미시적 세계의 특성을 반영하는 방식으로 관철된다. 그럼에도 그것은 모순임이 분명하고 모순의 운동이며 연속성과 불연속성의 통일로서 운동이다. 이미 이전에 변증법의 입장에서는 운동의 본질을 모순으로 파악하고 있었다. 화살이 날아가는 간단한 역학적 운동조차 운동의 본질은 연속성과 불연속성의 통일이다. 즉, 화살이 특정시점에 그 지점에 있으면서(불연속성) 동시에 그 지점에 있지 않다(연속성)는 성질의 통일이 역학적 운동의 본질이다. 이러한 관점에서 미시세계, 전자의 운동의 파동성과 입자성의 모순은 인식론적으로 모순 개념의 승인을 통해 적절히 해석된다. 그러나 양자역학 주류, 변증법을 모르거나 거부하는 입장에서는 모순이라는 현실이 최대의 난제가 되었고 그들은 결국 코펜하겐 해석을 통해 모순 개념을 부정하는 결론에 도달했다. 양자역학 주류의 대표적 인물인 하이젠베르크는 다음과 같이 말한다. "그(아인슈타인-필자)는 파장가설과 <입자가설> 간의 해소될 수 없는 모순이 있다는 사실 또한 부인할 수 없었다. 그는 이 해석의 내적 모순을 거부하는 시도를 하지 않았다. 오히려 이 모순을 먼 훗날 완전히 새로운 사고과정을 통해 이해될 수 있을지도 모르는 무엇이라고 받아들였다."1016),

---

1016) 하이젠베르크, 물리학과 철학, 온누리, p.19

"그리하여 결국 1927년 초에 학자들은 모순 없는 양자론의 해석에 도달했는데, 이는 흔히 [코펜하겐 해석]이라 일컬어졌다."1017) 이와 같이 양자역학의 주류, 코펜하겐 해석은 미시세계의 객관적 현상인 모순에 대해 개념적으로 모순을 지워버리는 방법을 택했는데 이들이 모순 개념을 부정하는 방식은 주관적 관념론의 방식이다. 슈뢰딩거의 고양이라 불리는 예는 이들이 대표적으로 드는 사고실험의 사례이다. 상자 안에 고양이가 있는데 상자 안에는 독극물이 든 병이 있고 그 병은 방사성물질의 붕괴에 의해 깨어지게 되어 있고 언제 방사성물질이 붕괴될지는 모른다. 상자 밖의 관찰자의 입장에서 고양이는 산 것도 아니고 죽은 것도 아닌 상태이며 상자를 열었을 때 비로소 고양이가 죽었는지 살았는지의 객관적 상태가 확정된다. 이들이 모순 개념을 부정하는 것은 고양이를 산 것도 아니고 죽은 것도 아니라는 상태로 규정하는 것, 즉 모순의 객관적 실재성을 주관적으로 부정하는 방식이다. 그리고 상자를 여는 것, 즉 관측행위라는 주관에 의해 비로소 산 것인지 혹은 죽은 것인지라는 객관적 실재성이 결정된다고 보는 것인데 이는 전형적인 주관적 관념론이다. 슈뢰딩거의 고양이라는 사고실험을 양자역학의 미시세계에 적용하면 다음과 같다. 상자 안의 고양이가 죽은 것도 아니고 산 것도 아니라는 규정은 미시세계의 소립자가 관측 전에는 파동도 아니며 입자도 아닌 상태라고 주장하는 것이며 단지 관측행위에 의해 비로소 파동인지, 입자인지가 결정된다고 주장하는 것이다. 이는 전자 등의 소립자의 운동이 입자성과 파동성의 통일이라는 보는 것, 즉 모순 개념을 통해 인식하는 것을 거부하는 것이다. 이러한 코펜하겐 학파의 주장은 모순의 객관성을 주관적 관념론의 방식으로 부정하는 것인데 모순 개념에 대한 부정이 이렇듯 과학자들을 엉터리같은 입장으로

1017) 앞의 책, p.29.

내몬 것이다.

둘째, 확률파에 대한 해석에 대하여. 여기서 최대의 쟁점은 우연의 문제이다. 확률파는 원자 내부의 전자의 운동에 우연적 요소가 있다는 것을 말하는 것이다. 아인슈타인은 이 점을 부정하였기에 실험적 검증에서 패배했다. 그러나 변증법적 유물론의 입장에서 우연적 현상은 아인슈타인과 달리 전면적으로 승인된다. 전자의 운동이 고전역학을 따르지 않는 전자적 운동이라고 할 때 뉴튼의 고전역학과 같이 위치와 운동량이 동시에 확정될 수 없고 나아가 파동이 확률적으로만 파악가능하다는 것은 변증법적 인식을 요구하는 것이다. 왜냐하면 변증법은 우연과 필연의 통일을 승인하고 있으며 확률이라는 개념 또한 우연 속에 관철되는 필연을 의미하기 때문이다. 아인슈타인이 신은 주사위 놀음을 하지 않는다고 하면서 미시세계에서 관철되는 확률의 개념을 부정한 것은 오류였다. 따라서 미시세계의 이러한 우연적 현상에 대한 해석은 변증법을 전면적으로 적용할 것을 요구하는 것이다. 그런데 코펜하겐 해석, 양자역학 주류는 확률의 요소, 우연의 요소를 들어 미시세계에서는 결정론이 관철되지 않고 우연이 지배한다는 엉터리 결론으로 나아갔다. 이 점을 좀더 살펴보자.

셋째, 미시세계에서는 원인과 결과 관계, 결정론이 관철되지 않는가 여부. 코펜하겐 해석은 우연의 요소를 비변증법적으로 해석한다. 즉, 우연은 원인이 아니라고 본다. 그에 따라 이들은 우연이 지배하므로 원자 내부의 세계는 원인과 결과 관계, 결정론이 지배하지 않는다고 본다. 그러나 변증법적 유물론의 입장에서는 우연 또한 원인의 한 종류이다. 뉴튼과 같은 입장에서는 필연만이 원인이다. 그런 점에서 뉴튼의 고전역학의 결정론은 기계적 결정론이다. 이러한 기계적 결정론이 미시세계에서 관철되지 않기 때문에 확률파라는 개념이 제출된 것이다. 그러나 전자의 운동이 원인없이 이루어진다는 것은 비과학적인 것이다. 전자가 궤도상에서 비약적으로 이동을 할 때, 예를 들어 바깥 궤도에서 안쪽 궤도로 이동하거나 반대로 안쪽 궤도에서 바깥 궤도로 이동을 할 때 그 현상은 에너지의 증감에 따른 것이다. 즉, 전자의 운동 또한 에너지의 증감이라는 원인이 작용한다. 뿐만 아니라 우연 또한 그것을 일으키는 원인이 반드시 존재한다. 다만 필연과 다른 것은 우연적 원인은 필연적 원인과 달리 예측이 불가능하다는 점이다. 그런 점에서 코펜하겐 해석이 불확정성의 원리와 확률파라는 개념을 통해 원자 내부의 세계에서 뉴튼과 같은 기계적 결정론이 관철되지 않는다고 하는 것은 맞지만 결정론 자체를 부정하는 것은 옳지 못하다. 즉, 원자 내부의 세계에서는 우연과 필연의 통일로서 변증법적 결정론이 관철된다. 우연과 필연이 정확히 어떻게 통일된 관계로 나타나는가는 과학적 실험과 연구의 몫이지만 원자 내부의 운동을 우연과 필연의 통일로서 규정하는 것은 철학 상의, 인식론 상의 문제이다.

하이젠베르크는 다음과 같이 자신이 관념론의 길을 걷고 있음을 천명한다. "현대 물리학은 분명 피타고라스학파와 플라톤이 걸었던 길과 동일한 정신적 행로를 걷고 있다."1018) 그러면서 그는 "양자론은 자연에 대한 완전히 객관적인 서술을 허용하지 않는다"1019)라고 하고 있다. 불확정성의 원리, 확률파 등의 개념이 완전히 객관적이지는 못한, 불완전한 서술이라는 의미라면 그것은 맞는 것이지만 문제는 이들이 그 개념들을 근거로 미시세계의 객관성은 측정행위(주관)에 의해 규정된다고 주장하고 나아가 미시세계는 결정론이 지배하지 않고 우연이 지배한다고 주장하는 점이다. 이렇게 되면 원자의 세계 내부에 대한 과학적

1018) 앞의 책, p.61
1019) 앞의 책, p.96

접근은 원천적으로 불가능하게 된다. 따라서 원자의 세계 내부를 전면적으로 변증법적으로 조망할 때만 코펜하겐 해석을 넘어서는 새로운 발전이 가능할 것이다.

새로운 과학적 발견은 철학적 일반화를 통하여 기존의 철학을 정교하게 다듬고 풍부하게 발전시키는 토대가 된다. 그러나 과학의 발전은 그것이 철학적으로 정확하게 일반화되지 못하면 질곡에 처한다. 양자역학 진영 내부의 논쟁과 상황이 보여주듯이 과학은 철학적으로 무낭파적인 영역이 아니다. 근대과학의 발전, 뉴튼 역학의 붕괴와 아인슈타인의 상대성 이론에 의한 새로운 시간, 공간의 관점 정립은 과학의 발전이 유물론을 강화한다는 것을 보여준다. 양자역학 또한 객관적으로는 원자의 세계 내부에 대해 변증법적 유물론적인 접근이 전면화되어야 한다는 것을 말해준다. 그러나 주체적으로는 아직까지는 양자역학이 관념론의 도피처가 되고 있다. 이러한 상황은 과학의 영역에 대한 철학적 일반화가 하나의 당파적 투쟁임을 우리에게 보여준다.

6장, 철학과 종교

철학은 고대세계에서 지식이 축적되면서 지식이 신앙과 충돌하기 시작하면서 발생했다. 이는 종교는 철학의 발생 이전에 발생했다는 것을 말한다. 고대세계에서 종교의 최초의 모습은 자연물에 대한 숭배였다. 호랑이, 곰에 대한 숭배, 나아가 태양신에 대한 숭배 등이 그러하다. 그러면 이러한 종교는 최초에 어떻게 발생한 것인가?

그것은 한편으로 자연의 거대한 힘 앞에서 초라하기 그지없는 인간의 무력감에 근거한다. 그러나 자연에 대한 이리한 공포가 신앙으로 전화되기 위해서는 조건이 필요하다. 즉, 자연에 대한 공포가 신 개념으로 전화하기 위해서는 인간 자체의 사고에서 자연물을 추상화시켜서 신으로 규정짓는 것이 필요하다. 그런데 인간은 수백만 년 동안 원시시대를 살아가면서 자연에 대한 무수한 관찰을 하면서 '일반화능력'을 발전시켜 왔다. 많은 산들을 보면서 그것들을 보편적 명사인 '산'으로 규정하고 산에 존재하는 많은 동물들을 보면서 그것들을 아울러 '짐승'이라 부르는 일반화를 하게 되었다. 그런데 이러한 일반화 능력은 일반적 개념이 공상으로 전화할 가능성을 갖는 것이었다.1020) 즉, 일반적 개념이 실제 대상으로부터 분리되어 독립적으로 사고될 가능성이 일반화 과정 자체에 이미 존재하는 것이었다. 이러한 일반화 과정이 자연에 대한 공포와 결합되었을 때 특별한 자연물을 숭배하는 현상이 나타난 것이다. 이렇게 최초의 신앙은 자연물에 대한 신앙이었다.

그런데 인간 사회가 노예주와 노예라는 계급으로 분열된 계급사회로 진입하면서 자연물에 대한 숭배는 사회적 힘에 대한 숭배로 변형되었다. "계급사회의 발생과 발전에 따라 원시적인 신화적 관념들은 본질적인 변화를 겪게 되었다. 이전에는 자연의 힘이 인격화된 것이었던 신들이, 이제는 사회적 속성을 가지게

1020) 러시아 과학아카데미 편, 세계철학사(1), 중원문화, p.46

되어, 불가항력적인 자연의 힘만큼이나 가공스럽게 불가사의한 사회의 여러 힘들이 인격화되었다."1021) 대표적인 것이 왕권에 대한 신성시이다. 인류 최초의 문명인 이집트의 경우 파라오가 신의 아들로 여겨졌다. 또 그리스 신화를 보면 신의 모습은 인간사회의 여러 모습과 다를 바가 없다. 이러한 것들은 사회적 힘이 신앙의 대상이 되었음을 말하는 것이다.

그리하여 각 종족마다 자신의 신을 갖게 되었는데 그러한 종족 신은 각 종족의 특성을 반영하는 것이었다. 그런데 이러한 각 종족 혹은 민족의 신은 로마라는 세계 제국이 만들어지면서 세계 종교로 탈바꿈한다. 기독교라는 세계 종교의 탄생에 대해 엥겔스는 다음과 같이 말한다. "고대 민족 신들은 멸망하였고 도시 로마의 협소한 테두리에만 알맞게 편성되어 있던 로마의 민족 신 또한 멸망했다; 세계 제국을 세계 종교로 보충하려는 욕구는, 어떤 종류의 것이든 간에 존경할만한 모든 외국의 신들을 로마의 토착 신들과 나란히 인정하고 그들을 위한 제단을 마련하려는 노력에서 분명히 드러난다. 그러나 새로운 종교는 황제의 명령에 의해 이런 식으로 만들어지지 않는다. 새로운 세계 종교, 기독교는 일반화된 근동 신학, 특히 유태인 신학과 통속화된 그리스 철학, 특히 스토아 철학의 혼합으로 이미 조용히 생겨나고 있었다. 기독교가 본래 어떤 모습이었는지를 알자면 우리는 면밀한 연구를 해야 한다. 왜냐하면 우리에게 전해진 기독교의 공인된 형태는 국교이고, 니케아 회의에 의해 이 목적에 알맞게 만들어진 것에 지나지 않기 때문이다. 아무튼 기독교가 250년 후에 벌써 국교가 되었다는 사실은, 기독교가 시대 상황에 상응하는 종교라는 것을 증명한다."1022) 세계 제국인 로마에

1021) 앞의 책, p.56
1022) 엥겔스, 루드비히 포이에르바하 그리고 독일 고전철학의 종말, 맑스-엥겔스 저작선집 6권, 박종철 출판사, pp.285-286

요구되는 세계 종교로서 기독교가 형성되었는데 그것은 유태인의 민족신앙과 스토아 철학의 혼합물이며 나아가 니케아 회의에 의해 하나의 국교로서 만들어졌다는 것이다. 이렇듯 기독교라는 세계 종교는 로마라는 세계 제국의 산물이다. 그리고 로마가 멸망했을 때, 봉건제가 시작되면서 기독교는 그에 알맞게 변형된다. "중세에 봉건제가 발전함에 따라 기독교는, 정확히 그에 상응하는 적절한 봉건적 교권 제도를 갖춘 종교로 완성되었다. 그리고 시민 층이 성장했을 때 봉건적 카톨릭에 대립하여 프로테스탄트 이교가 발전하였는데, 그것은 처음에는 프랑스 남부 도시들의 최고 전성기에 그곳의 알비파 사이에서 발전하였다. 중세는 그밖의 모든 이데올로기 형식들, 즉 철학, 정치학, 법학을 신학에 합병하여 신학의 하위 분과로 만들었다. 그리하여 모든 사회운동과 정치운동은 신학적 형식을 취하지 않을 수 없었다."[1023] 중세 기독교에서 교황권은 각 민족의 왕권보다 우월하였다. 또한 철학은 신학의 시녀로 전락되었고 사람들의 지적 발전은 신학의 한계 내에서만 인정되었다. 그리하여 엥겔스의 언급처럼 민중들의 반란 혹은 정치운동은 신학적 형식을 취하지 않을 수 없었는데 중세 말의 많은 종교개혁이 그러하다.

네덜란드가 스페인에서 독립하게 된 발단도 종교개혁운동의 영향 때문이었다. 유럽 최초의 부르주아 혁명이라 할 네덜란드 혁명은 발흥하는 부르주아지를 역사의 전면에 대두하게 했는데 네덜란드의 철학자 스피노자는 그러한 부르주아지의 진취성을 반영하여 종교비판을 감행하였고 신학으로부터 철학의 독립을 선언하였다. 스피노자는 예언(즉, 종교적 신앙)이 자연적 인식(즉, 철학적, 과학적 인식)보다 하위라고 선언한다. "표상은 본질적으로 모든 의심할 여지없이 명확한 관념들과 같지 않게, 단독으로는 확실성을 지니지 못한다. 우리가 표상한 것의 확실성

1023) 앞의 책, p.286

을 얻기 위해서는, 표상에 더한 어떤 것, 즉 추리[논증]이 있어야 한다. 그러므로 예언은, 내가 밝혔듯이, 전적으로 표상에만 의존했기 때문에, 스스로 확실성을 지닐 수 없다. … 그렇기 때문에, 이점에서, 예언은 자연적 인식보다 하위인데, 자연적 인식은 징표를 필요로 하지 않고, 본질적으로 확실성을 지닌다."[1024] 자연적 인식은 철학적 인식 혹은 과학적 인식을 말하는데 스피노자는 예언에 징표만 있을 뿐 논증이 없다는 점에서 예언, 즉 신학적 인식이 자연적 인식보다 하위라고 단언하고 있다. 이러한 인식을 기초로 스피노자는 신학으로부터 철학의 분리를 공식적으로 선언한다. "이제 나에게 마지막으로 남은 것은, 한 편에 있는 신앙 및 신학과 다른 편에 있는 철학 사이에는 아무런 관계가 없고 유사함이 없다는 것을 제시하는 것인데 … 철학의 목적은, 아주 간단히, 진리이고, 반면에 신앙의 목적은, 우리가 풍부하게 제시했듯이, 순종과 경건 이외에 아무것도 아니다. 또 철학은 일반적으로 타당한 공리들의 기초 위에 놓여 있고 오로지 자연만을 연구하는 것으로 구성되어야 하지만, 그와 달리 신앙은 역사와 언어에 기초를 두고 있으며 … 오로지 성서와 계시에만 의거해서 이끌어내져야 한다."[1025] 철학은 진리를, 신앙은 순종과 경건을 목적으로 한다는 것은 철학과 신앙 사이에 연관성이 없다는 것, 즉 신앙으로부터 철학의 분리를 선언하는 것이다. 17세기 당시에 아무리 부르주아 혁명이 이루어진 네덜란드의 정치적 상황이었지만 기독교의 영향이 전 유럽을 압도하던 당시에 이러한 선언을 하는 것은 목숨을 거는 행위였다. 그런데 스피노자는 신앙 자체를 부정하는 입장은 아니었다. 즉, 스피노자는 자연이 곧 신이라고 보는 범신론자였는데 이러한 범신론은 종교를 탈피하여 유물론과 과학의 길로 가는

1024) 스피노자, 신학정치론, 신아출판사, p.44
1025) 앞의 책, pp.243-244

중간 다리였다.

네덜란드의 혁명에 이어 영국에서 17세기에 두 차례의 부르주 아 혁명이 일어나고 18세기에 프랑스 혁명이 일어나서 종교와 정치의 분리가 공식화되었다. 흔히 정교분리라 일컬어지는 이러 한 상황은 부르주아 혁명의 성과였는데 기독교는 더 이상 국교 가 아니라 시민사회의 자발성의 영역으로 간주되었다. 즉, 기독 교를 믿고 안 믿고는 더 이상 강제사항이 아니라 시민들의 선 택의 문제가 되었다. 그러나 이데올로기적으로 기독교의 영향력 은 여전히 막강했는데 이러한 기독교에 대해 이데올로기적 타 격을 가한 인물이 바로 포이에르바하이다.

포이에르바하는 인간의 본질이 곧 신이라는 주장을 했는데 이 는 기존의 카톨릭의 종교교리를 전복하는 것이었다. "종교는 인 간이 자기의 본질, 곧 유한하고 제한된 본질이 아니라 무한한 본질에 대해 갖고 있는 의식에 불과하다."1026), "우리의 과제는 바로 신적인 것과 인간적인 것의 대립은 착각이라는 것, 그것은 일반적인 인간의 본성과 인간 개인의 본성 사이의 대립에 불과 하다는 것, 그러므로 기독교의 대상과 내용은 모두 인간적인 것 이라는 것을 증명하는 데 있다."1027)

나아가 포이에르바하는 광신의 문제가 사실은 종교에 내포되어 있는 문제라고 밝힌다. "종교는 자기자신의 본질에 대한 인간의 관계다. 여기에 종교의 진리와 도덕적 치료의 힘이 들어 있다. 그러나 인간은 종교에서 자기자신의 본질로서의 자신의 본질과 관계하는 것이 아니고 자신과 구별되는 또는 상반되는 다른 본 질로서의 자신의 본질과 관계한다. 여기에 종교의 비진리, 종교 의 제한성, 이성이나 도덕과의 모순이 들어 있고 또 여기에 화 를 잉태하고 있는 종교적 광신의 근원이 들어 있으며 여기에

1026) 포이에르바하, 기독교의 본질, 한길사, p.62.
1027) 앞의 책, p.77.

피비린내 나는 인간희생의 최상의 형이상학적인 원리가 들어 있다."[1028] 포이에르바하가 파악하기에 종교는 인간의 본질의 문제인데 현실에서 종교는 인간이 자신과 구분되는 자신의 본질(신)과 관계하는 것이기에 비진리이며 광신의 싹이 있다는 것이다. 자신의 본질이 자기의 것이 아니라 종교의 것, 신의 것이 되는 것에 광신의 싹이 있다는 것을 포이에르바하는 예리하게 지적하고 있다.

그러나 포이에르바하는 이렇게 기독교에 대해 날카롭게 비판하지만 그것은 무신론으로 고양되는 것이 아니라 스스로 참된 종교라 일컫는 인간학의 창설로 이어진다. 포이에르바하는 위계화된, 소외된 형태의 기독교가 아니라 사랑을 매개로 하는 인간학을 세워서 참된 종교를 설립하고자 했다. 이에 대해 맑스와 엥겔스는 철저히 비판하며 포이에르바하와 분리를 통해 과학적 사회주의의 길을 간다. 그러면 포이에르바하에 대한 엥겔스의 언급을 살펴보자. "종교는 포이에르바하에 따르면 사람과 사람 사이의 감정 관계, 마음관계이며, 이 관계는 지금까지 현실의 환상적 영상 속에서─인간의 속성들의 환상적 영상인 하나의 신 혹은 여러 신을 매개로 하여─자신의 진리를 구했지만 이제는 나와 너의 사랑 속에서 매개없이 직접 진리를 찾는다. 따라서 포이에르바하의 경우 결국 성애가 그의 새로운 종교를 실행하는 최고 형식은 아니지만 최고 형식들 가운데 하나가 된다."[1029] 기존의 종교는 현실의 환상적 파악이었지만 포이에르바하는 그러한 환상의 매개 없이 직접 인간 사이의 관계를 사랑을 통해 파악한다는 것이다. 포이에르바하의 기독교 비판의 결론은 무신론이 아니라 참된 종교가 되고 있다. 이에 대해 엥겔

1028) 앞의 책, p.323
1029) 엥겔스, 루드비히 포이에르바하와 독일고전 철학의 종말, 맑스-엥겔스 저작선집 6권, 박종철 출판사, p.263

스는 "포이에르바하가 본질적으로 유물론적인 자연관을 토대로 진정한 종교를 세우려 한 것은 현대 화학을 참다운 연금술로 파악하는 것과 유사하다."[1030]고 비판한다.

포이에르바하가 기독교의 교리를 전복시키고 종교 비판을 감행한 것은 당시의 기독교의 억압적 성격에 대한 고발이었다. 그러나 포이에르바하는 유물론적 자연관, 즉 자연에 대해서는 유물론이었지만 사회에 대해서는 관념론적이었다. 이러한 한계, 불철저함이 그를 무신론으로 고양시키지 못하고 '참다운 종교'라는 인간학의 길로 나아가게 한 것이다. 이러한 포이에르바하의 한계를 넘어서서 종교에 대한 근본적 비판 그리고 그러한 비판의 무신론으로의 고양은 맑스와 엥겔스에 의해 이루어졌다.

맑스는 <헤겔 법철학 비판을 위하여. 서설>에서 '종교는 인민의 아편'이라는 유명한 비판을 수행한다. "종교는, 인간적 본질이 아무런 진정한 현실성도 갖고 있지 못하기 때문에 그 인간적 본질의 환상적 현실화인 것이다. 따라서 종교에 대한 투쟁은 간접적으로, 그 정신적 향료가 종교인 저 세계에 대한 투쟁이다. 종교적 비참은 현실적 비참의 표현이자 현실적 비참에 대한 항의이다. 종교는 곤궁한 피조물의 한숨이며, 무정한 세계의 감정이고, 또 정신 없는 상태의 정신이다. 종교는 인민의 아편이다. 인간의 환상적 행복인 종교의 지양은 인민의 현실적 행복의 요구이다. 그들의 상태에 대한 환상을 포기하라는 요구는 그 환상을 필요로 하는 상태를 포기하라는 요구이다. 따라서 종교의 비판은 맹아적으로, 그 신성한 후광이 종교인 통곡의 골짜기에 대한 비판이다. ··· 그러므로 진리의 피안이 사라진 뒤에, 차안의 진리를 확립하는 것은 역사의 임무이다. 인간의 자기 소외의 신성한 형태가 폭로된 뒤에, 그 신성하지 않은 형태들 속의 자기 소외를 폭로하는 것은 무엇보다도 바로 역사에 봉사하는 철학

1030) 앞의 책, p.264

의 임무이다. 이리하여 천상의 비판은 지상의 비판으로, 종교의 비판은 법의 비판으로, 신학의 비판은 정치의 비판으로 전환된다."[1031] 종교는 인간적 본질의 환상적 현실화라고 맑스는 규정한다. 즉, 종교에서 신성하다고 하는 것, 신의 섭리라고 하는 것이 실은 인간의 본질을 추상화한 것이고 인간적 바람을 신학으로 전환시킨 것에 다름 아니라고 맑스는 보고 있다. 여기까지는 맑스의 종교비판이 포이에르바하와 유사하다. 그러나 맑스는 종교비판을 무신론으로 고양시키면서 천상의 비판을 지상의 비판으로 전환시킨다. 포이에르바하가 종교비판을 하고 나서도 시골로 물러앉아 관조적 삶을 살았다면 맑스는 종교적 환상을 필요로 하는 상태에 대한 비판, 지상의 비판으로 나아가고 있다. 종교비판이 그 자체로 끝난다면 그 종교를 낳았던 사회적 관계는 변화되지 않는다. 그렇기 때문에 종교를 낳을 수밖에 없는 사회적 관계의 변혁, 지상의 비판을 맑스는 새로운 출발점으로 제시하고 있다. 종교가 최초에는 자연에 대한 공포로부터 출발했지만 계급사회가 되면서 사회적 힘에 대한 공포가 종교를 낳고 육성하는 것이었기 때문에 인간이 공포를 느끼는 이 사회적 힘의 실체들을 까발리고 그 힘들을 인간적 힘으로 전화시키는 것이 맑스에 의해 정식화되고 있다.

그러면 종교의 소멸에 대한 엥겔스의 언급을 들어 보자. 엥겔스는 종교가 "인간의 일상적인 현존을 지배하는 외적인 힘이 인간의 머리 속에 환상적으로 반영된 것"에 지나지 않는다고 보면서 논리를 전개하는데 그것을 종교의 소멸에 대한 전망으로까지 확장시킨다. "인간이 생각하고 신(요컨대, 자본주의 생산방식의 외적인 지배)이 조종한다. 아무리 부르주아 경제학의 인식보다 더 넓고 깊은 인식이라 하더라도, 단순히 인식만으로는 사

1031) 맑스, 헤겔 법철학 비판을 위하여, 맑스-엥겔스 저작선집 1권, 박종철출판사, pp.1-2

740

회적 힘을 사회의 지배에 복종시키기에는 충분하지 않다. 그러기 위해서는 무엇보다도 사회적 행동이 필요하다. 그리고 이 행동이 완수될 때, 즉 사회가 일체의 생산 수단을 점유 획득하고 그것을 계획적으로 운용함으로써 사회 자신과 그 성원 모두를 그들이 현재 빠져 있는 예속으로부터 해방시킬 때, 그들 자신이 생산하였으나 극복할 수 없는 외적인 힘으로서 그들과 대립하고 있는 생산 수단 때문에 야기된 예속으로부터 해방시킬 때, 따라서 인간이 생각할 뿐만 아니라 조종하게 될 때, 그때에야 비로소 아직까지도 종교에 반영되고 있는 최후의 외적인 힘이 소멸할 것이며, 그와 함께 종교적 반영 그 자체도 소멸할 것인데, 이는 그때에는 이미 아무것도 반영할 것이 없게 된다는 단순한 이유 때문이다."1032) 종교는 인간을 지배하는 외적인 힘이 환상적으로 머리 속에 반영된 것인데 자본주의에서 그것은 자본에 의한 지배를 의미하며 따라서 자본의 지배를 종식시키고 사회 자체가 생산수단을 장악하여 계획적으로 운영하면, 더 이상 종교적 환상으로 반영될 수 있는 실체가 사라지기 때문에 종교는 서서히 소멸의 길을 걷게 된다는 것이다. 원시시대에는 자연에 대한 공포가, 그리고 계급사회에서는 사회적 힘에 대한 공포가 종교를 낳는다고 볼 때 자본의 지배가 종식되고 이후 사회가 연합의 원리에 의해 구성되고 운영된다면 종교는 그 토대를 상실하고 서서히 사라질 것이다. 왜냐하면 종교 또한 하나의 이데올로기적 현상인데 이데올로기는 그 물적 토대와 운명을 함께 할 수밖에 없기 때문이다.

그러면 종교에 대한 비판을 넘어서서 사회주의 당과 종교의 관계에 대한 레닌의 언급을 살펴보도록 하자. 레닌은 <맑스주의와 수정주의>라는 글에서 수정주의자들이 부르주아적 교수들의 "과학"의 뒤를 쫓아가는 것을 비판한다. 레닌은, 부르주아 교수

1032) 엥겔스, 반듀링론, 맑스-엥겔스 저작선집 5권, 박종철 출판사, p.347

들이 칸트로 돌아가자고 하면서 헤겔을 죽은 개 취급하고 변증법을 진부한 진화적 관점으로 대체하고 그 교수들이 자신들의 관념론을 지배적인 신학에 적합하게 맞추고 있다는 것을 비판한다. 그러면서 "그리고 수정주의자들은 그들(교수들-필자)에게 가깝게 다가서는데, 종교를 현대국가와의 관계에서 있어서가 아니라 선진 계급의 당과 관련하여 "사적인 일"로 만들려 시도하고 있다."[1033]고 비판한다. 이러한 레닌의 언급은 종교에 대한 사회주의당의 관계를 말하고 있는 것이다. 부르주아 혁명은 종교를 국가와 분리시켜 종교를 "사적인 일"로 만들었다. 그리하여 기존의 종교는 더 이상 국교가 아니라 시민사회의 영역에 포괄되게 되었다. 그러나 종교는 여전히 사회에서 지배적인 이데올로기이고 광범한 영향력을 갖고 있다. 이러한 상황에서 레닌은 사회주의당에 있어서, 당원들 간의 관계에서 종교는 "사적인 일"이 아님을 말하고 있다. 즉, 사회주의당 차원에서 종교는 당원 개인의 사적인 차원의 일이 아니라 당적 차원에서 비판해야 할 대상임을 분명히 하는 것이다. 물론 사회주의당은 사회 전영역에 있어서 정교분리를 지지해야 한다. 즉, 종교는 국가적 영역이 아니라 시민사회의 영역임을 지지해야 한다. 그리고 사회주의 혁명 이후에도 종교는 국가 차원에서는(프롤레타리아 독재 하에서) 그 자유가 인정되어야 한다. 그러나 당 차원에서는 정력적인 무신론적인 선전을 해야 한다. 바로 이 점이 국가의 영역, 그리고 시민사회의 영역 그리고 노동자계급의 사회주의당의 영역과 종교가 관련되는 내용이고 방식이다.

맑스의 말대로 종교에 대한 비판은 현실의 비참함에 대한 항의이고 비판이다. 종교의 지양은 현실적 행복의 쟁취의 요구이다. 한국사회에서 종교비판은 그동안 금기시되어 왔다. 그러나 한국

1033) 레닌, 맑스주의와 수정주의, 레닌 저작선집(progress 영어판) 1권. 모스크바, p.51

사회의 이데올로기 영역에서 기울어진 운동장은 이제 바로 잡혀야 한다. 그리하여 한국사회에서 종교에 대한 비판까지도 바탕에 까는 정치비판이 수행되어야 한다. 그리하여 종교와 정치를 포함하는 일체의 억압, "통곡의 골짜기"에 대한 비판이 전면적으로, 포괄적으로 수행되어야 한다.

1판 1쇄 발행 2018년 8월 15일
지은이 : 문영찬
펴낸이 : 채만수
편　집 : 김태균
교　정 : 이동건
디자인 : 이규환
펴낸곳 : 노사과연

등록: 302-2005-00029 (2005.04.20.)
주소: 서울시 동작구 본동 435번지 진안상가 나동 2층
　　　(우156-060)
전화: (02) 790-1917 ‖ 팩스: (02) 790-1918
E-메일: wissk@lodong.org
홈페이지: http://www.lodong.org

ISBN